KB106598

1일 1페이지
인문학 여행
한국편

인문학 전문가 김종원의
지적 안목을 넓혀주는 열두 달 교양 수업

1일 1페이지 인문학 여행 한국편

초판 발행 · 2022년 11월 11일

지은이 · 김종원
발행인 · 이종원
발행처 · (주) 도서출판 길벗
출판사 등록일 · 1990년 12월 24일
주소 · 서울시 마포구 월드컵로 10길 56 (서교동)
대표전화 · 02)332-0931 | **팩스** · 02)323-0586
홈페이지 · www.gilbut.co.kr | **이메일** · gilbut@gilbut.co.kr

기획 및 책임편집 · 민보람(brmin@gilbut.co.kr) | **제작** · 이준호, 손일순, 이진혁
영업마케팅 · 한준희 | **웹마케팅** · 김선영, 류효정, 이지현 | **영업관리** · 김명자 | **독자지원** · 윤정아, 최희창

여행지 글 · 사진 권현지 | **교정교열** · 임인철 | **디자인 및 조판** · 한효경 (@high_jane)
CTP 출력 · 인쇄 · 교보피앤비 | **제본** · 경문제책

ISBN 979-11-407-0179-7 (03030)
(길벗 도서번호 020192)

정가 22,000원

독자의 1초까지 아껴주는 길벗출판사
(주)도서출판 길벗 | IT교육서, IT단행본, 경제경영서, 어학&실용서, 인문교양서, 자녀교육서 www.gilbut.co.kr
길벗이지톡 | 어학단행본, 어학수험서 www.eztok.co.kr
길벗스쿨 | 국어학습, 수학학습, 어린이교양, 주니어 어학학습, 학습단행본 www.gilbutschool.co.kr
페이스북 · www.facebook.com/gilbutzigy | **트위터** · www.twitter.com/gilbutzigy

독자의 1초를 아껴주는 정성!
세상이 아무리 바쁘게 돌아가더라도
책까지 아무렇게나 빨리 만들 수는 없습니다.

인스턴트 식품 같은 책보다는
오래 익힌 술이나 장맛이 밴 책을 만들고 싶습니다.

땀 흘리며 일하는 당신을 위해
한 권 한 권 마음을 다해 만들겠습니다.

마지막 페이지에서 만날 새로운 당신을 위해
더 나은 길을 준비하겠습니다.

독자의 1초를 아껴주는 정성을 만나보십시오.

이 책의 교정 · 교열 원칙

• 이 책의 맞춤법과 외래어 표기법은 국립국어원의《표준국어대사전》에 따르되 여기에 없는 용례는〈우리말샘〉을 참고했습니다.

• 단체명 · 시설명 · 건물명 · 시상명, 관형화된 복합 어휘(외래어+국어, 복합 외래어 등)는 붙여 썼습니다.

• 한 권의 책으로 간주할 수 있는 저작물(책 · 장편소설 · 중단편집 · 희곡집 · 논문집 · 잡지 · 신문(정기간행물) · 온라인매체 · 영화 · 드라마 시리즈)은 겹화살괄호(《 》)로, 영화 · 노래 · 연극 · 오페라 · 교향곡 · 노래 제목 · 미술품 · 중단편소설 · 희곡 · 논문 · TV드라마는 홑화살괄호(〈 〉)로 구분했습니다.

• 인명이나 지명, 저작물 등의 경우 가능하면 한자나 영문을 병기해 이해를 도왔습니다. 단, 인덱스의 색인어에는 병기하지 않았으므로 본문에서 확인하면 됩니다.

'오늘의 우리'를 이루는 365개 인문 키워드로의 초대

한 해의 달 수에 맞춰 문화와 미술, 철학과 음악, 과학과 경제 등 전방위적인 관점에서 본 한국이라는 나라의 모든 것을 열두개의 분야로 나누었다. 각 분야는 한 발 더 들어간 구체적 키워드를 제시해 독자에게 제공하고 싶다는 생각으로 집필을 시작했다. 그러나 높았던 목표 이상으로 집필은 예상을 훨씬 뛰어넘는 어렵고 힘든 과정이었다. 지금까지 70권에 가까운 책을 썼지만, 이번처럼 죽을 만큼 힘든 집필은 처음이었다. 다른 책을 쓸 때와는 비교조차 할 수 없을 정도로 고통스러웠다. 하지만 '그만 쓰고 싶다'는 생각이 들 때마다 나는 '그의 말'을 떠올렸다.

"가장 강하고 가장 폭력적인 증오는 언제나 문화 수준이 가장 낮은 곳에서 보게 될 것이다."

한국의 현실을 적나라하게 드러낸 것처럼 들리는 이 말은, 놀랍게도 독일의 대문호 괴테가 남긴 말이다. 그가 활동하던 당시 독일의 문화 수준은 다른 유럽 국가에 비해 매우 낮았다. 결국 이 말은 나라를 걱정하는 괴테의 안타까움에서 나온 '대국민 경고'라고도 볼 수 있다. 하지만 중요한 건 그가 자기 나라의 국민을 방치하지 않았다는 사실이다. 말년에 피를 토하며 죽음 근처까지 갔던 그였지만, 그는 "사람이 태어나서 오직 자신만 할 수 있는 일이 여전히 남아 있다면 '죽음아 물러나라!'라고 외칠 수 있어야 한다"라며 병마를 이겨낸 뒤, 60년에 걸쳐 집필해왔던《파우스트》를 완성했다. 이처럼 괴테는 국민의 지적 수준을 높이기 위해서 자신의 모든 삶을 바쳤다. 그가 쓴 수많은 책과 말이 그 사실을 증명한다. 내가 이 책을 기획해서 쓰기 시작한 동기도 마찬가지다.

이 책을 통해 여러분은 알고 있다고 생각했지만 제대로 몰랐던 것, 알아야 했지만 존재조차 몰랐던 것에 대해서 알게 될 것이다. 내 생각을 조금 더 분명하게 말한다면, '당신의 삶이 이 책을 읽지 않았던 때와 읽은 후로 나뉠 수도 있다'. 그렇다고 어려운 책은 결코 아니다. 모두가 쉽게 읽고 즐길 수 있다. 쉽게 쓰기 위해 매우 어려운 시간을 견뎌야 했지만 멈추지 않았던 까닭이 바로 여기에 있다. 초등학교에 다니는 어린이부터 시작해서 그들의 부모, 대학생이나 직장인, 인생 2막을 시작한 중년들과 노후를 근사하게 즐기고 싶은 노년들에 이르기까지 나는 아래의 메시지를 전하고 싶었다.

'오늘의 한국을 있게 한 인문학적 기반과 그걸 자기만의 방식으로 해석해서 흡수하고 다양한 방식으로 활용하는 법'

지식을 습득하는 방법에는 크게 두 가지가 있다. 하나는 다른 사람의 공부와 사색에서 나온 지식을 그대로 흡수하는 방법이고, 나머지 하나는 암기해야 할 최소한의 정보만 머리에 담고 자신의 경험을 통하여 재분류하고 자신에게 필요한 방식으로 해석하고 연결하는 방법이다. 전자의 방법을 통해 지식을 습득하는 사람들에게는 늘 겪는 어려움이 하나 있다. 읽고 흡수할 때는 "아, 그렇지!"라는 깨달음을 얻지만, 온전히 자신의 것이 되지 않고 쉽게 사라진다는 점이다. 읽고 듣고 흡수한 것은 많지만 시간이 지나 돌아보면 남는 것이 별로 없다. 하지만 후자의 방식을 따르면 달라진다. 얻은 정보는 적지만 재분류하고 해석하는 과정에서 고스란히 내면에 쌓인다. '재분류와 해석'이라는 공부 과정을 통해 진정한 '자기 지식'이 되는 것이다.

많은 사람이 '특별한 삶'을 원하지만, 그에 걸맞게 성장하려고 노력하는 사람은 별로 없다. 성장의 끝에 도달해야 비로소 '특별한 삶'이 시작되는 법이므로 '특별한 삶'을 구하는 사람에게 들려줄 말은 오직 하나 '성장하려고 노력하라'는 조언뿐이다. '성장을 위한 노력'에는 무엇이 필요할까? 다음 두 가지다. 하나는 '단순히 아는 것만으로는 충분하지 않다'라는 것이고, 나머지 하나는 '의지만으로 가질 수 있는 건 없다'라는 사실이다. 아는 것과 알고 싶은 것을 서로 연결해 삶에 적용할 수 있어야 하고 실행할 수 있어야 한다. 자기만의 시선으로 주변을 바라보는 순간, 그것들을 어떻게 활용해야 하는지 깨닫게 된다.

이제 당신은 '특별한 삶'에 한 발 더 다가설 수 있다. 이 책에서 언급하는 열두 가지 카테고리 안의 이야기를 통해서, 단순한 검색만으로 누구나 찾을 수 있는 정보를 얻는 것에서 한 걸음 더 나아가 세상을 바라보는 자기만의 시각과 방식을 배울 수 있고 찾아낼 수 있기 때문이다. 이 책을 읽고 나면 일년 365일 하루 24시간 내내 자신의 몸과 마음이 머무는 모든 공간에서 이전과는 다른 깨달음과 영감을 얻게 될 것이다.

어리석은 자는 현명한 사람과 함께 지내도 무엇 하나 배우지 못하지만, 현명한 사람은 어떤 어리석은 자와 시간을 보내도 수많은 깨달음을 얻는다. 깨달음은 주는 자의 몫이 아니라, 그것을 발견해서 가져가는 자의 몫이기 때문이다. 세상과 부딪쳐야 하는 여러분의 모든 감각이 더욱 예리하고 섬세해지는 데에 이 책이 도움이 되기를…….

<1일 1페이지 인문학 여행 한국편>에 오신 것을 환영합니다!

이 책은 한국인이라면 꼭 알아야 할 위대한 인물, 작품, 주요 사건은 물론 미처 몰랐던 숨겨진 이야기를 문학 · 미술 · 음악 · 음식 · 건축 등의 분야별 열두 가지 파트로 나누어 소개하고 있습니다. 1월 1일부터 12월 31일까지 하루에 한 페이지씩 찬찬히 읽다보면 우리나라에 대한 인문학적 교양과 지식이 쌓여나가도록 구성되어 있습니다. 매일의 소주제에 대해 더 알아보고 싶은 분을 위해서 관련 사진이나 큐알코드도 넣어 두었습니다. 날짜를 따라서 순서대로 읽어도 좋고, 차례를 살펴서 관심이 가는 주제에 따라 자유롭게 읽어도 좋습니다. 물론 며칠 사이에 전체를 다 읽어도 무방합니다. 읽는 도중에 각주에 언급된 관련 서적이나 웹 사이트를 따라가며 더 공부하는 것은 독자 여러분의 선택 사항입니다. 여기에 더해 월마다 매일의 소주제와 관련 있는 여행지도 소개하고 있으니 현상 여행을 통해 인문학을 접하는 것도 의미 있는 일일 것입니다.

삶을 살아가는 지혜를 얻고 세상을 바라보는 안목을 더 넓히고 싶다면, 지금 이 책을 펼치십시오. 당신의 생각과 시야가 한 단계 더 깊어지고 넓어집니다. 가볍게 시작해서 듬직한 성취감으로 끝나는 열두 달 인문학 여행으로 여러분을 초대합니다.

❶ 오늘의 키워드: 매일 그날의 키워드를 선정하고 '잘 알려진 이야기'와 '미처 몰랐던 이야기'를 함께 풀어두었습니다.

❷ 큐알코드 ❸ 이미지 : 본문 내용과 관련된 추가 정보를 연결하는 큐알코드와 관련 이미지를 수록했습니다.

7 2月

<마상청앵도> ❶

아름다운 멜로디가 그린 풍경

❷ (마상청앵도)

간송미술관에 소장된 <마상청앵도(馬上聽鶯圖)>는 단원 김홍도의 대표작 중 하나다. 작가의 대표작은 주로 후세의 대중과 전문가들이 정하는 경우가 많은데, 이 작품만은 그런 경우를 따르지 않아도 된다. 왜냐하면 그림이 스스로 자신을 강하게 추천하고 있기 때문이다.

<마상청앵도>에서 키워드는 음악적 감성이다. 이 작품을 감상하고 있을 때 아름다운 멜로디가 환청처럼 들리는 이유는, 평화로운 물가에서 듬직한 말을 타고 지나가다가 문득 수양버들 위에서 아름다운 소리로 노래하는 꾀꼬리를 바라보는, 꿈결과도 같은 풍경이 눈을 감아도 보이기 때문이다. 이렇게 그림 자체가 한 곡의 근사한 교향곡처럼 풍성하게 느껴지는 이유는 결코 우연이 아니다. 김홍도 화백 내면에 존재하는 진한 음악적 감수성 덕분이다. 그의 스승 강세황은 《단원기(檀園記)》*에서 그를 이렇게 평했다.

'김홍도는 유난히 거문고와 피리가 내는 청아한 소리를 사랑한다. 그래서 아름다운 꽃이 피고 달이 밝은 밤에는, 때때로 밖으로 나가 즉석에서 연주하며 그 시간을 즐겼다.'

실제로 김홍도의 그림에는 다양한 악기를 연주하는 자신의 모습이 나온다. 그가 자기 집에서 가졌던 모임을 회상하며 그린 <단원도>를 보면 거문고를 타는 모습으로 등장하고, 자화상의 성격이 짙은 작품인 <포의풍류도(布衣風流圖)>**를 보면 당시 흔치 않은 현악기인 당비파(唐琵琶)를 안고 연주하는 모습으로 나온다. 이처럼 김홍도는 음악을 지극히 사랑했으며 스스로 연주하며 때로는 감정을 이기지 못해 눈물을 흘리기도 했다. 그 감성이 그대로 <마상청앵도>에 드러난 것이다. 고개를 들어 꾀꼬리 울음을 듣는 선비의 자세가 그 사실을 증명한다. 누가 봐도 음악을 감상하는 모습이기 때문이다.

<마상청앵도>에는 특이하게도 왼쪽 상단에 그림의 풍경을 잘 설명해주는, 마치 노래의 가사처럼 아름다운 화제(畫題)가 적혀 있다. 여러가지 해석이 있지만 내가 가장 적절하다고 생각하는 것은 간송문화도록에 나온 해설이다. 시를 읽듯 단원과 같은 공간에 빠져들어보자.

'아리따운 사람이 꽃 밑에서 천 가지 소리로 생황을 부는 듯하고, 시인의 술동이 앞에 황금 귤 한 쌍이 놓인 듯하다. 어지러운 금북(金一)이 버드나무 언덕 누비니, 아지랑이 비 섞어 봄 강을 짜낸다.'

해설을 시처럼 읽으니, 말에 올라 봄을 찾아 나선 선비가 꾀꼬리 한 쌍이 서로 기뻐하며 노니는 것에 넋을 빼앗긴 채 서서 하염없이 바라보는 광경이 눈앞에 그려진다. 이렇듯 언제나 영감은 하나다. 다만 그것을 음악가는 멜로디로, 화가는 그림으로 다르게 표현할 뿐이다. 예술은 언제나 그걸 발견하는 자의 것이다. 발견한 '그 무엇'을 자신의 방식으로 해석하고 표현하면 된다.

❹ + *《단원기》: 스승 강세황이 쓴 김홍도 전기. 소략한 전기이지만 작가 김홍도의 전모를 그려볼 수 있는 수십 가지의 내용이 압축적으로 담겨 있다.

**<포의풍류도>: '흙벽에 종이창을 내고 종신토록 포의 처람으로 시나 읊으며 살아가리라' 는 마음을 그린 김홍도의 자전적인 작품.

62

8 2月

<서직수 초상>

세상에 모두에게 좋은 것은 없다

❸ <서직수초상>, ⓒ국립중앙박물관 소장

정조 어진(御眞)을 그린 김홍도는 또 다른 초상화도 그렸다. 그 중 <서직수 초상(徐直修 肖像)>을 특기할 만한데, 두 화가가 협업해 그린 그림이라서 그렇다. 김홍도 외의 한 사람은 이명기(李命基)다. 그는 조선 후기에 활동한 도화서 화원으로 초상화에 매우 뛰어난 재능을 가지고 있었다. 정조 어진에서부터 대신과 정승들의 영정 등 초상화 분야에서 최고의 실력을 발휘하던 사람이었다. 운동 경기로 비유하자면 '드림팀'이 출전한 것이다. 그 사실만으로도 놀랍지만 동시에 이런 의문이 생긴다. "대체 누구의 초상화인데 그 두 사람이 함께 그린 거야? 왕이라도 되나?" 그도 그럴 것이 당시 개인의 초상화를 의뢰할 경우 막대한 돈을 내야 했으며, 게다가 그리는 사람이 김홍도와 이명기였으니 그 금액은 상상 이상이었을 것이기 때문이다. 실제로 그들에게 초상화를 의뢰한 의문의 인물은 대가로 노비 세 사람 값을 내며 부탁을 했다. 그림의 주인공은 '서직수'라는 인물이다. 그래서 작품명도 <서직수 초상>이다. 서직수는당시의 영의정 서명균(徐命均)의 조카로서, 집안이 풍족했으며 관직에는 있지 않았다는 사실만 전해진다. 우리가 눈여겨볼 점은 완성된 초상화를 본 그의 반응이다. "이 두 화가가 그림으로 이름은 났지만, 나의 정신은 그려내지 못했구나. 산속에서 도를 닦지 않고 쓸데없이 시간을 보내느라 마음의 힘을 잃은 것인가?" 자신의 초상을 확인한 서직수는 이렇게 평가했다. 요즘 말로 거의 '악플'에 가까울 정도의 부정적인 평가를 내린 것이다. 과연 작품이 어땠길래 그런 최악의 평을 준 걸까?

두 화가의 합작품인 이 초상화는 이명기가 얼굴을 그리고 김홍도가 몸체를 그렸다. 훗날의 평가 역시 대단한데, '천재 화가 김홍도와 그런 그를 초상화 분야만큼은 앞섰다는 평가를 받는 이명기가 함께 그린 조선시대 최고의 초상화 작품'이라고 말하는 사람이 대부분이다. 보물 제1487호로 지정될 만큼 그 가치를 인정받는 작품인 것이다. 누가 보더라도 딱히 흠 잡을 데가 없고, 게다가 당시 대부분의 초상화가 좌상임에도 최초로 입상으로 그려져 창의력마저 돋보이는 작품이라고 말할 수 있다.

서직수의 부정적인 반응은 두 가지로 해석해 볼 수 있다. 하나는 서직수가 그들을 비난하고 싶었던 '원망의 마음'이다. 세 사람의 관계에 대한 기록은 나와있지 않지만, 후대에 훌륭한 업적으로 평가받는 인물도 당시의 관계에 따라 다른 해석이 나올 수 있다. 또 하나는 '사람의 눈은 모두 다르고, 모두에게 좋은 것은 세상에 없다'라는, 평범하지만 늘 잊게 되는 진리를 깨우쳐준다는 것이다. 서직수의 반응 중 '나의 정신을 그려내지 못했다'는 부분에서, 인간의 정신이라는 것은 그려내기 매우 애매한 것이며 보는 사람마다 주관적인 해석이 나올 수 있다는 것을 알 수 있다. 모두에게 좋은 것은 없다. 결국 답은 그 하나뿐이다.

+ *이명기: <관폭도>, <산수인물도> 등을 그린 조선 후기의 화가. 정조 어진의 주관화사(主管畫師)를 지냈다.

63

❹ 각주: 어려운 개념이나 용어, 인물이나 사건 등에 대한 각주를 달아 페이지를 넘기지 않고 즉시 참고하도록 했습니다.

1月 **문학** 작가는 세상을 이해하고 사랑하는 만큼 쓸 수 있다

2月 **미술** 자기 눈으로 보고 있는가, 혹은 세상이 보라는 대로 보고 있는가

3月 **건축** 현실적 필요와 관념적 아름다움을 엮어 동결한 예술

4月 **음악** 가야금에서 가요까지 사람의 마음을 치유한 손길의 시간

5月 **문화** 스스로 깨어나 자신만의 시각을 완성한 자들의 기록

6月 **종교** 세상과 진리는 변하지 않는다. 언제나 변하는 것은 사람의 마음일 뿐

7月 **음식** 밥은 봄처럼, 국은 여름처럼, 장은 가을같이, 술은 겨울처럼 빚으라

8月 **역사** 세상의 변화를 감지하는 넓고 깊은 안목을 전해주는 30장면

9月 **철학** 너의 죽음을 기억하라. 죽음을 기억할수록 오늘의 삶이 빛나리니

10月 **과학** 이전에 없던 세상을 만들려면 이전에 없던 생각이 필요하다

11月 **경제** '경제'라는 자전거는 '욕망'이라는 페달을 밟아야 넘어지지 않고 달린다

12月 **공부** 세 사람이 길을 가면, 반드시 그중에 나의 스승이 있다

❺

2월 미술

방에서 떠나는 인문학 여행지

5, 7일 김홍도미술관 & 간송미술관

10, 17, 21일 국립중앙박물관

19일 리움미술관 / 21일 원주 법천사 / 27일 나혜석거리

12일 겸재정선미술관

14일 석파정

18일 논산 개태사

28일 이상의집 & 국립현대미술관

29일 환기미술관

❺ 관련 인문학 여행지: 그 달의 내용 중 실제 찾아가볼 수 있는 여행지를 엄선해 소개했습니다. 수록된 주소를 웹 지도 검색에서 찾으면 바로 위치 확인이 가능합니다.

365일 체크 리스트

다 읽은 페이지는 체크해서 하나씩 채워보세요.

	1월 문학	2월 미술	3월 건축
1일	요절 애상	고구려의 고분벽화	전통 목조건축
2일	4인이 이룬 5년의 기적	솔거와 김생	한옥
3일	〈님의 침묵〉	〈몽유도원도〉	마루와 온돌
4일	〈알 수 없어요〉	〈고사관수도〉	벽
5일	최고의 책	김홍도 《행려풍속도》	병풍
6일	백석	신윤복 《행려풍속도》	마당
7일	고독한 반역자	〈마상청앵도〉	한국 최초의 아파트
8일	8월 15일	〈서직수 초상〉	씨티극동아파트
9일	최인호	〈이제현 초상〉	초고층 건설 공사
10일	〈북어〉	영모화조화	선유도공원
11일	황순원문학촌	마음이 맑아지는 조선의 그림 세 점	서산방조제 물막이 공사
12일	박완서	진경산수	서대문형무소
13일	《칼의 노래》	조희룡	조선시대 5대 궁궐
14일	《난중일기》	대필 화가의 등장	수원화성
15일	《삼국유사》	김명국	해인사 장경판전
16일	유서	불상의 족보	숭례문
17일	독서	반가사유상	황룡사
18일	사가독서제	불상	첨성대
19일	세종의 사색훈	아미타불화	천관사
20일	사색과 사상	장엄구	불국사
21일	《택리지》	고려시대 석조미술	수덕사 대웅전
22일	《동의보감》	토기	탑의 규칙
23일	연암	토기에서 도기로	석탑의 진화
24일	〈제가야산독서당〉	상감청자	경천사지십층석탑
25일	황진이	백자달항아리	금석문
26일	부부별곡	백자의 길상문	묘비명
27일	〈진달래꽃〉	나혜석	조선의 묘와 조각
28일	〈너를 기다리는 동안〉	〈친구의 초상〉	주막
29일	조병화	김환기	시전 건설
30일	〈꽃〉		암사동 유적
31일	윤동주문학관		일산밤가시초가

	4월 음악	5월 문화	6월 종교
1일	방탄소년단	한국식 나이	한국 불교의 시작
2일	〈희망가〉	결혼 연령 제한	이차돈
3일	박인환	족보	원효
4일	김현식	보자기	불교의 아웃사이더 4인방
5일	〈학교 종이 땡땡땡〉	젓가락	선종과 교종
6일	윤이상	결	다가가는 불교
7일	조수미	일석이조	조계종의 재건
8일	민요	빈 수레	비구 18물
9일	추임새	담배	대웅전
10일	농악에서 사물놀이까지	임꺽정	불교와 장례
11일	유랑예인 집단	만능 엔터테이너의 시초	법주사 팔상전
12일	관현맹	가위바위보	신유학자의 탄생
13일	악공과 악생	짚신	《불씨잡변》
14일	비사비죽	임전무퇴	학자수
15일	서상수	어부바	삼년상
16일	해금과 아쟁	텔레비전과 유튜브	효자
17일	매화점장단	스마트폰을 든 손	시집살이
18일	남학	남이섬과 PPL	천주교와의 전쟁
19일	거문고	예능 프로그램	정약용 형제의 수난
20일	정악대	백종원	황사영백서
21일	이마지	다이어트	천주교의 확장
22일	강장손과 이장곤	김연아	평등사상
23일	최초의 음악 기획자	시든 잔디밭	김수환 추기경
24일	심용	3D 애니메이션 뽀로로	이태석
25일	세조	밸런타인데이	이현령비현령
26일	우륵	생명이 자본이다	배유지
27일	백결 선생	88서울올림픽	원두우
28일	〈정과정곡〉	쓰레기통과 북한	아이고
29일	〈관동별곡〉	사교육	판수
30일	숨비소리	'여기 앉으세요'와 '식사 하셨어요?'	설날
31일		연탄	

	7월 음식	8월 역사	9월 철학
1일	☐ 왕의 밥상	☐ 고조선 팔조법금	☐ 강감찬
2일	☐ 기미	☐ 음서	☐ 일과 일상
3일	☐ 오훈채	☐ 훈요십조	☐ 정도전
4일	☐ 미식가 고종	☐ 위화도회군	☐ 조선을 살린 왕
5일	☐ 《식시오관》	☐ 신덕왕후	☐ 세조
6일	☐ 《사소절》	☐ 정종	☐ 왕의 기품
7일	☐ 밥상	☐ 결정적인 대화	☐ 신사임당
8일	☐ 조선의 채식주의자	☐ 부모 마음	☐ 이황
9일	☐ 이리 오너라	☐ 조선을 이끈 두 사람	☐ 이언적
10일	☐ 고수레	☐ 붕당 정치	☐ 통제사 이순신을 애도함
11일	☐ 조선의 독주	☐ 사약	☐ 관찰사 홍재철
12일	☐ 감자	☐ 역사 속으로	☐ 최한기
13일	☐ 한국의 전통 전투식량	☐ 무교가	☐ 선교사들의 철학
14일	☐ 한솥밥	☐ 전조	☐ 이회영
15일	☐ 김치	☐ 조선의 해안과 배	☐ 유형
16일	☐ 김치국물	☐ 배수의 진	☐ 다인
17일	☐ 묵은지	☐ 마름쇠	☐ 짐작
18일	☐ 매운맛	☐ 수렴청정	☐ 장마
19일	☐ 콩나물	☐ 조선시대 최고의 부업	☐ 조선의 연회
20일	☐ 양념과 고명	☐ 명성황후	☐ 책임감
21일	☐ 비빔밥	☐ 중퇴	☐ 한국을 지킨 말들
22일	☐ 설렁탕	☐ 유관순	☐ 도자기
23일	☐ 국밥	☐ 소년병의 편지	☐ 손기정
24일	☐ 평양냉면	☐ 김시습	☐ 엄홍길
25일	☐ 골목상권	☐ 허균	☐ 이어령
26일	☐ 원조	☐ 격구	☐ 강수진
27일	☐ 분홍 소시지	☐ 투전	☐ 김군자 할머니
28일	☐ 초코파이	☐ 한복	☐ 이국종
29일	☐ 콘치즈	☐ 1950년대 명동	☐ 대박
30일	☐ 숭늉과 믹스커피	☐ 빨랫방망이	☐ 국립중앙도서관
31일	☐ 신선로와 은수저	☐ 수원역급수탑	

	10월 과학	11월 경제	12월 공부
1일	☐ 인쇄술	☐ 개성상인	☐ 공부
2일	☐ 도천법	☐ 상업과 농업 사이	☐ 문방사우
3일	☐ 세종대왕	☐ 시전	☐ 스님의 공부
4일	☐ 집현전	☐ 저울	☐ 정몽주
5일	☐ 조선의 의료 제도	☐ 이익	☐ 문해력 천재 세종
6일	☐ 조선의 의사들	☐ 관영 수공업	☐ 원리
7일	☐ 허준	☐ 사절	☐ 장영실
8일	☐ 운주당	☐ 문제는 경제	☐ 신숙주
9일	☐ 의병장 전유형	☐ 대동법	☐ 조선의 여성 자기계발서
10일	☐ 《구수략》	☐ 명목화폐의 유통	☐ 궁중의 숙수
11일	☐ 실학	☐ 불법 노점상	☐ 서경덕
12일	☐ 화성 건설	☐ 차인 제도	☐ 전문성
13일	☐ 과학자	☐ 상업적 농업	☐ 조선 시대 서원
14일	☐ 서유구	☐ 독점과 정보	☐ 퇴계 이황
15일	☐ 김정호	☐ 조선의 사채업자	☐ 임진왜란
16일	☐ 의문당	☐ 쌀값	☐ 애민
17일	☐ 지석영	☐ 집값	☐ 이순신
18일	☐ 우장춘	☐ 전세	☐ 선비 정신
19일	☐ 장기려	☐ 식민지 공업 정책	☐ 관찰
20일	☐ 김용관	☐ 조선의 유통	☐ 자기 계발
21일	☐ 만보기	☐ 한성권번	☐ 박지원
22일	☐ 지폐	☐ 달걀 꾸러미	☐ 일의 철학
23일	☐ 애니콜 화형식	☐ 꽁초와 잔술	☐ 출발
24일	☐ 인터넷	☐ 한국 경제의 발전	☐ 조선왕조 최연소 급제자
25일	☐ 토기	☐ 한강	☐ 법정
26일	☐ 땅	☐ 능내역	☐ 창조력의 비밀
27일	☐ 처마	☐ 이건희	☐ 한류의 시작
28일	☐ 물독대	☐ 한일시멘트	☐ 박찬호
29일	☐ 화로	☐ 주인의 시선	☐ 조성진
30일	☐ 포대기	☐ 한강 나루	☐ 문해력
31일	☐ 허준이		☐ 검색

01

문학

작가는 세상을 이해하고
사랑하는 만큼 쓸 수 있다

1
1月

요절 애상

현대시는 여기에서 시작한다

현재를 살아가고 있는 많은 문인과 여전히 그를 잊지 못하는 독자들은 가끔 이런 가정을 한다. "만약 그가 죽지 않았더라면 얼마나 더 멋진 글이 세상에 나왔을까!" 이런 탄성은 어느 분야든 최고 수준에 도달한 사람에 대해서만 느껴지는 감정이다.

그는 대중가수로 치면 김현식, 유재하, 김광석 정도의 의미를 가진 사람이었다. 영화나 건축 혹은 경제를 비롯한 한국의 거의 모든 분야의 수많은 크리에이터들이 그를 좋아하거나 여전히 그의 시를 읽고 있다는 증거는 여기저기에서 드러난다. 〈봄날은 간다〉, 〈질투는 나의 힘〉이 영화의 제목으로 쓰인 것만 봐도 짐작할 수 있다. 그의 시가 수천 갈래로 분화되어 여기저기에서 창조의 재료로 쓰이는 것이다. 지워지지 않는 족적을 남긴 모든 창조자가 그렇듯 그의 삶과 시는 서로 닮았다.

1989년 3월 7일, 그는 서울 종로 파고다극장에서 숨진 채 발견됐다. 만 스물아홉 생일을 일주일 앞둔 날이었다. '급성뇌졸중'이라는 사후 진단이 내려졌다. 마치 제임스 딘의 죽음처럼, 이 모든 것이 그가 남긴 시처럼 쓸쓸하고 고독하다. 그의 대표작 중 하나인 〈빈집〉을 읽어보면, 그가 남긴 시가 40년도 더 지난 지금까지 읽히는 현상과 현대시의 표본으로 사랑 받는 이유를 짐작할 수 있다.

'사랑을 잃고 나는 쓰네
잘 있거라, 짧았던 밤들아
— 중략 —
잘 있거라, 더 이상 내 것이 아닌 열망들아
장님처럼 나 이제 더듬거리며 문을 잠그네'

짧은 시에서도 일상에서 느끼는 현대인의 감정이 적나라하게 드러난다. 그래서 그런 걸까? 그가 남긴 유일한 시집 《입 속의 검은 잎》은 지금까지 50만 부 이상이나 판매되며 시집으로는 독보적인 위치에 올랐다. 놀라운 사실 중 하나는 1985년 1월 《동아일보》 신춘문예에 시 부문에서 〈안개〉로 당선되어 문단에 나온 이후 불과 4년 2개월 후 세상을 떠났는데, 당시에는 원고가 출판사로 넘어가지는 않은 단계라 아직 시집을 발간하지 않은 상태였다는 것이다. 그러니까 그의 시집은 그가 죽은 지 두 달 만에 다른 사람의 손길을 거쳐 유고집 형태로 세상에 나온 것이다. 아직 시집 한 권 내지 않았던, 이제는 하늘로 떠난 그의 시를 수많은 독자가 불러내 이루어진 기적이다. 그의 30주기(周忌)가 되는 2019년에는 그를 사랑하는 젊은 시인들의 헌정 시집 《어느 푸른 저녁》까지 나와서 한국 최초이자 마지막으로 시집 한 권을, 그것도 사후에 세상에 내놓고 자신을 기리는 헌정 시집까지 갖는 인물이 되었다.

시를 위해서 태어났고, 그가 있어서 시도 있었다. 고등학교 시절 성적도 매우 좋았던 그가 서울대를 가지 않고 연세대에 진학한 이유는 단 하나였다. '윤동주의 시처럼 오랫동안 사람들이 사랑할 좋은 시를 쓰자'. 그는 자신이 그 멋진 꿈을 이뤘다는 사실을 알고 있는지 모르겠다. 그는 기형도(奇亨度)다.

2

1月

4인이 이룬 5년의 기적

마지막까지 지성의 언어를 포기할 수 없다

일제강점기 동안 한국문학은 깊은 우물에라도 빠진 양 한없이 암울했다. 특히 1940년에서 1945년까지 해방 직전 5년은 마치 '문학적 무정부 상태'라도 된 것처럼 허공에 붕 뜬 풍선과 다를 바 없었다. 눈에 띄는 작품도 나오지 않았으며 변화도 거의 없었다. 일제의 탄압이 극에 달한 탓이었다.

1939년에 시작된 일제의 문화 말살 정책으로《조선일보》와《동아일보》가 강제 폐간*되었고,《문장》** 등의 각종 문예지가 사라지거나 친일문학지로 탈바꿈했다. 한없이 치욕스러웠지만 지금 생각하면 엄혹한 시대 상황에서 그 정도까지 버틴 것도 대단한 일이었다. 언제든 소리 소문도 없이 죽을 수도 있는 현실에서, 백성들의 의식을 깨우기 위해 올바른 언어를 전파하는 일은 목숨을 걸지 않으면 할 수 없는 것이었기 때문이다.

가장 안타까운 것은 그 격동의 5년 동안 한국을 대표하는 소중한 문인들을 연이어 잃었다는 사실이다. 1941년에는 1919년 삼일운동 시위 행사를 준비했으며 1921년에《백조》***의 동인으로 활동했던 이상화를, 1944년에는 한국인이라면 누구나 사랑하는 민족시인 한용운과 꺼지지 않는 겨레의 정신을 노래한 이육사를, 해방을 불과 몇 달 앞둔 1945년 2월에는 별과 같은 인생을 살며 먼 후대의 기형도에게까지 시인의 꿈을 심어주었던 윤동주도 잃었다.

이들의 공통점은 모두 일제강점기에 끝까지 민족의 양심을 지키며 죽음으로써 항거한 문인이었다는 사실이다. 누군가는 모진 고문에 또 누군가는 자신만의 안위를 위해 숨거나 변절을 선택할 때, 그들은 마지막까지 생명을 다해 저항했다. 목숨을 걸어도 아무런 보상을 기대할 수 없었던 시대였지만, 오히려 그런 이유로 그들은 웃으며 자신의 삶을 통째로 걸었다. 가치 있는 죽음이라고 생각했기 때문이었다.

나는 변절했거나 아무것도 하지 않고 민족의 비극을 모른 채 외면했던 사람들을 비난하거나 분노하지 않는다. 누구라도 자신의 생명이 걸린 일에 선뜻 나서는 것은 고단한 일이니까. 일제는 자기들이 시작한 전쟁의 판도가 불리해지자 그 분노를 해소라도 하듯 더욱 강력하게 문화 말살 정책을 벌였지만, 앞서 가신 문인들의 숭고한 정신과 순결한 언어가 있어 지금까지 우리의 소중한 언어를 지키며 이렇게 살아갈 수 있다고 생각한다.

+ *《조선일보》와 《동아일보》의 강제 폐간: 1940년 일제의 조선총독부에 의하여 폐간되었다. 두 신문 모두 해방 직후인 1945년에 복간했다.

**《문장》: 일제강점기인 1939년 민족문학의 계승과 발전을 위하여 창간한 문예 잡지.

***《백조》: 일제강점기인 1922년 출판사인 문화사에서 배재학당과 휘문의숙(휘문고등학교의 전신) 출신의 문학청년들이 모여서 발행한 문예동인지.

3

1月

〈님의 침묵〉

그대 침묵하라, 아니면 침묵보다 가치 있는 말을 하라

해방을 한 해 앞두고 세상을 뜬 한용운(韓龍雲)을 한마디로 정의하기란 매우 어려운 일이다. 시인이자 승려, 그리고 독립운동가로 어느 한 부분 소홀함 없이 자신이 선택한 공간에서 멋지게 활약했기 때문이다. 이렇게 세상이 정한 직업으로 판단할 수 없는 사람은 다른 기준을 세우면 된다. 그에게 맞는 기준은 바로 '침묵'이다.

한용운이 한참 나라를 위해 싸우던 시절로 돌아가보자. 하루는 만주로 향하면서 굴라재라는 고개를 넘고 있었다. 키도 작고 게다가 스님이라 머리칼마저 매우 짧게 깎았기 때문에 멀리에서 보면 일본군으로 오해를 받기 십상이었다. 마침 주변을 정탐하던 독립군 후보생 청년들이 그를 일본 군인으로 착각해서 쏜 총알이 머리에 박혔다. 당신이라면 어떤 생각을 가장 먼저 했을까? "같은 편도 못 알아보면서 전쟁에 이길 수 있겠냐?"라며 불같이 화를 내지 않았을까? 하지만 그는 목숨이 위태로울 정도의 치명상을 입은 상황에서도 자기를 쏜 사람을 욕하지 않았다. 그는 일본군에게 발각당하지 않기 위해 자신을 쏜 청년들과 일단 재빨리 그곳에서 몸을 피했고, 병원에 가서 수술할 때는 그 청년이 마음 아파할까 걱정되어 아무런 소리도 내지 않았다. 더구나 마취도 받지 못한 상태였는데도.

"당신이 바로 살아 있는 부처입니다."

치료를 도운 독립운동가 김동삼(金東三)*이 경탄하며 던진 말이다. 더욱 놀라운 건 청년들이 용서를 빌자 한용운은 자애로운 표정으로 오히려 청년들을 다독이며 이렇게 말했다.

"뭘 사과할 것이 있나? 청년들이여, 아무 걱정 마시오. 나는 독립군이 그처럼 용감한 줄은 미처 몰랐습니다. 덕분에 이제 마음을 놓았소. 조선의 독립은 그대들 같은 용사들이 있어서 아주 희망적이오."

총에 맞아 생사를 오갈 때는 침묵했으면서, 용서를 구하며 고개를 숙이는 청년을 향해서는 입을 열어 인간이 줄 수 있는 가장 뜨거운 언어를 선물한 것이다. 〈님의 침묵〉을 통해서 우리는 그가 얼마나 언어를 중요하게 생각하는지 알 수 있다.

'님은 갔습니다. 아아 사랑하는 나의 님은 갔습니다.
— 중략 —
우리는 만날 때에 떠날 것을 염려하는 것과 같이, 떠날 때에 다시 만날 것을 믿습니다.
아아 님은 갔지마는 나는 님을 보내지 아니하였습니다.
제 곡조를 못 이기는 사랑의 노래는 님의 침묵을 휩싸고 돕니다.'

비난과 조롱 등 자신의 입에서 귀한 말이 나오지 않을 것 같다는 생각이 들면 그는 침묵했다. 침묵보다 가치 있는 말을 찾기 위해서다. 언어를 향한 그의 이런 태도는 그의 삶을 더욱 단단하게 만들었다. 그를 회유하기 위해 일제가 "도장만 가져와 찍으면 성북동의 땅 20만 평을 그냥 주겠다"고 했던 적도 있다. 그의 답변은 어떤 침묵보다 아름다운 말이었다.

"도장이 없다."

*김동삼: 일제강점기 서로군정서 참모장, 대한통의부 위원장, 정의부 참모장 등을 역임한 독립운동가.

〈알 수 없어요〉

물음표와 느낌표로 바라봐야 보이는 것들

나는 한용운이 단 하나의 일을 평생 반복해서 해냈다고 생각한다. 그것은 '물음표와 느낌표 사이를 오가며 살았던 삶'이었다. 평생을 일제에 맞서 모든 것을 바쳐서 투쟁하며 살았던 그. 1919년 삼일운동 때는 독립선언서의 행동강령인 공약 3장을 썼고, 민족 대표 33인*의 한 사람으로서 독립운동에 적극 참여했다.

독립운동으로 인해 일본 경찰에게 붙잡혀 혹독한 감옥살이를 했지만, 그 안에서도 언제나 당당하고 의연한 모습을 잃지 않았던 그가 자신의 온 마음을 담아 쓴 시가 하나 있다. 〈알 수 없어요〉가 그것이다.

'바람도 없는 공중에 수직(垂直)의 파문을 내이며
고요히 떨어지는 오동잎은 누구의 발자취입니까.
지리한 장마 끝에 서풍에 몰려가는 검은 구름의 터진 틈으로
언뜻언뜻 보이는 푸른 하늘은 누구의 얼굴입니까. /
꽃도 없는 깊은 나무에 푸른 이끼를 거쳐서 옛 탑(塔) 위의
고요한 하늘을 스치는 알 수 없는 향기는 누구의 입김입니까.
근원은 알지도 못할 곳에서 나서 돌뿌리를 울리고
가늘게 흐르는 작은 시내는 구비구비 누구의 노래입니까. /
연꽃 같은 발꿈치로 가이없는 바다를 밟고 옥 같은 손으로
끝없는 하늘을 만지면서 떨어지는 해를 곱게 단장하는 저녁놀은 누구의 시(詩)입니까. /
타고 남은 재가 다시 기름이 됩니다.
그칠 줄을 모르고 타는 나의 가슴은 누구의 밤을 지키는 약한 등불입니까.'

시에서 무엇이 느껴지는가? 물음표와 느낌표 사이를 오가며 그는 계속 무엇을 느꼈느냐고 묻는다. 글로 적혀 있지는 않지만 시의 마지막에서 '나는 아무것도 알 수가 없습니다'라고 부르짖는 음성이 들리는 듯하다.

이유가 뭘까? 끝까지 변절하지 않고 누구보다 강하게 독립을 외치던 그가 왜 이런 내용의 글을 쓴 걸까? 그는 알고 있던 것이다. '세상은 결코 이성적이지 않다'는 사실을. 여기에 더해 인간도 논리적인 존재가 아니라는 것을. 인간이 논리적이고, 세상이 이성적이라면 죽고 죽이는 이 세상과 서로를 향해 총을 겨누는 상황이 현실로 나타날 리 없으니까. 그는 '나는 모른다'라는 생각을 평생 간직하고 살았기 때문에 오히려 모두가 변절하고 뜻을 바꾸는 상황에서도 첫 마음을 유지할 수 있었다. 알 수 없었기 때문에 더욱 머뭇거리지 않고 무언가를 감행하고 부조리한 현실을 바꾸려고 노력했다.

이해할 수 없는 일이 일어날 때마다 한용운이 그랬던 것처럼 물음표와 느낌표 사이를 오가며 세상을 보라. 보이지 않았던 것이 하나씩 제 모습을 드러내리니.

✚ *민족 대표 33인: 1919년 3월 1일 기미독립운동 때 선포된 기미독립선언서에 서명한 33인. 기독교, 천도교, 불교에서 각 16명, 15명, 2명이 참가했다.

5

1月

최고의 책

생명과 희망을 파괴한 자가 죄인이다

조국의 해방을 눈앞에 두고 타계한 시인들의 '민족 저항'은 이미 강제 합방의 서류에 도장이 찍히기 전부터 싹튼 필연이었다. 그 신호탄은 1909년 10월 26일 안중근 의사가 하얼빈 역에서 이토 히로부미를 척살한 의거였다. 척살에 성공했다는 사실이 중요한 이유는, 그가 제1대 조선 통감이었으며 네 차례나 일본 총리를 지냈고, 을사늑약을 체결하는 데 결정적인 역할을 한 인물이었기 때문이다.

결과가 중요했던 만큼 과정은 세밀하게 진행되었다. 이토가 만주에서 러시아와 회담* 을 갖는다는 소식을 접한 안중근은 당시 조도선, 우덕순, 탁공규, 김성화, 유승렬, 유동화 등과 함께 척살 계획을 세웠다. 10월 26일 오전 9시 15분 이토가 열차에서 내려 사열을 마치고 러시아군 앞을 지나갈 때 안중근 의사는 총탄 세 발로 이토를 명중시켰다. 나머지 네 발 중 세 발로는 수행 비서들까지 쏘았다. 그리고는 바로 이어 우렁차게 외쳤다. 러시아 말(국제어인 에스페란토어 라는 설도 있음 – 편집자 주)로 '대한민국 만세'라는 의미의 '꼬레아 우라'였다.

이토는 바로 사망했고 의거를 치른 그해 11월 안중근 의사는 러시아 헌병대에서 뤼순** 에 있는 일본 감옥으로 이송되었다. 심문 후에는 살인 혐의로 재판을 받았다. 일제의 고문에 조금도 자신의 뜻을 굽히지 않았던 그는 법정에서 이토 히로부미의 열다섯 가지 죄를 지적하며 '대한의군(大韓義軍) 참모중장의 자격으로 적장 이토를 처단한 것'이라고 당당하게 외쳤다. 나는 그가 외친 열다섯 항목의 내용이 최근 100여 년 동안 한국에서 발행된 그 어떤 책보다 위대하다고 생각한다.

1. 명성황후를 시해한 죄
2. 고종 황제를 폐위시킨 죄
3. 을사 5조약과 정미 7조약을 강제로 체결한 죄
4. 무고한 한국인을 학살한 죄
5. 정권을 강제로 빼앗아 통감 정치를 한 죄
6. 철도, 광산, 산림, 농지를 강제로 빼앗은 죄
7. 제일은행권 지폐를 강제로 사용한 죄
8. 군대를 강제로 해산시킨 죄
9. 민족 교육을 방해한 죄
10. 한국인들의 외국 유학을 금지한 죄
11. 교과서를 압수하여 불태워 버린 죄
12. 한국인이 일본인의 보호를 받고자 한다고 세계에 거짓말을 퍼뜨린 죄
13. 한국과 일본 사이에서 일어난 전쟁으로 살육이 끊이지 않는데, 한국이 태평무사한 것처럼 천황을 속인 죄
14. 대륙 침략으로 동양의 평화를 깨뜨린 죄
15. 일본 메이지 천황의 아버지인 고메이 태천황을 죽인 죄***

1910년 2월 14일 치러진 마지막 공판에서 안 의사에게 사형이 언도됐다. 주변의 권유에도 그는 상고하지 않았고, 1910년 3월 26일 "이토 처단은 동양의 평화를 위해 결행한 것이므로 앞으로 한일 두 나라가 화합하여 서로의 평화에 이바지하기 바란다"라는 말을 남기고 순국했다.

내가 이토의 열다섯 죄를 하나하나 나열하며 이것이야말로 '최고의 책'이라고 말한 이유는, 이 시대를 살아가는 한국인이라면 이 15개 항목을 마치 책의 목차처럼 새기며 읽어야 한다고 생각하기 때문이다. 그의 삶을 보라. 때로 책은 종이가 아닌 한 사람의 '삶의 엮음'으로 이루어지기도 한다.

+ *러시아와 회담: 일본 대표 이토 히로부미가 미국 및 유럽 열강의 만주 간섭에 대항해 러시아 대장대신(大藏大臣) 코코프체프(Kokovtsev,V.N.)와 만난 회담.

**뤼순: 안중근 의사가 감금되어 재판을 받았던 곳의 지명. 한국어로 여순(旅顺)이며 현재의 중국 뤼순커우구에 해당한다.

*** 일본 메이지 천황의 아버지인 고메이 태천황을 죽인 죄: 일본의 메이지유신파가 1866년 유신에 비협조 적인 고메이 천황을 살해했고, 뒤이어 등극한 어린 메이지 천황을 이용해 유신을 펼치려 했다는 의혹을 받았다.

백석

언어와 시선의 높이가 같을 때 대중은 반응한다

생각을 글로 표현해서 대중이 읽었을 때 널리 받아들여질 수 있는 글을 쓰려면 변하지 않는 시선이 필요하다. 언어와 대상을 바라보는 시선의 높이가 같아야 한다는 말이다. 백석*의 시가 여전히 우리에게 감동과 영감을 주는 이유도 바로 거기에 있다. 1930년대 당시 시는 상류층 지식인들을 위해 쓰였다. 그러나 백석은 철저하게 서민 입장에서 서민의 눈으로 본 것을 시로 썼다. 더 중요한 지점은 그가 시를 문학적 목적으로만 쓴 것이 아니라, 시를 구성하는 언어 역시도 토속적으로 써서 서민에 다가갔다는 것이다. 다른 시인에게서는 볼 수 없는 감각과 텍스트로 표현하는 능력은 바로 그 진정성이 백석에게 준 선물이다.

'어린 딸은 도라지꽃이 좋아 돌무덤으로 갔다.

산꿩도 섧게 울은 슬픈 날이 있었다.

산절의 마당귀에 여인의 머리오리가 눈물방울과 같이 떨어진 날이 있었다.'

안중근이 적시한 우려는 그대로 현실이 됐다. 백석의 시 〈여승〉은 그 시대상을 있는 그대로 그린 '서민의 현실'이었다. 남편이 가출하고 어린 딸마저 일찍 여윈 여염집 아낙이 중이 되어 삭발하는 사연을 그린 이 시에서, 우리는 언어와 대상을 바라보는 시각을 서민의 그것에 맞춰 표현한 백석의 관심이 어디를 향하고 있는지 알 수 있다. 그냥 '꽃'이라고 하면 될 것을 '도라지꽃'으로, 그냥 '새'라고 해도 될 것을 굳이 '산꿩'이라고 썼다. 구체적이라 더욱 사실적이고, 보다 분명해서 선명하다. 이는 억지로 그렇게 표현한 것이 아니라, 실제로 그런 시선으로 주변을 바라보며 느꼈기 때문에 가능한 일이다. 그의 다른 시도 이런 관점으로 읽어보면 흥미로운 부분을 발견할 수 있을 것이다. 백석의 부친과 절친한 사이였던 독립운동가 조만식**은 자신이 느낀 백석을 이렇게 평가했다.

"백석은 성적이 반에서 3등 정도였으며 문학에 비범한 재주가 있었다. 특히 암기력이 뛰어나고 영어를 잘했다. 회화도 썩 잘해 선생들에게 칭찬을 받았다. 나이가 어렸지만 용모도 출중하고 재주가 비범했다. 또한, 부친을 닮아 성격이 차분했고, 친구가 거의 없었다."

뛰어난 성적에 재능까지 겸비한 그였다. 하지만 그보다 인상적인 것은 마지막 줄 '친구가 거의 없었다'라는 부분이다. 곁에서 지켜본 사람의 증언이니 맞는 사실이라고 가정하면, 친구가 없던 백석의 삶은 그가 남긴 시와 닮았다. 모두가 상류층을 위한 시를 쓸 때 홀로 토속적인 시를 쓰기란 쉽지 않았을 터이므로. 그는 언어와 시각을 일치시키며 쓰는 삶의 가치를 믿었던 것이다. 안타깝게도 우리에게 백석의 1940년대 이후의 삶과 문학이 전해지지 않는 이유는 그가 월남하지 않고 북한에 남았기 때문이다. 해방 이후 고향(평안북도 정주)인 이북에서 문예 활동에 전념했으며, 자신이 옳다고 생각하는 가치를 포기하지 않았다.

+ *백석: 1912년 평북 정주 출생으로 일제강점기에 오산학교와 동경 유학생을 거쳐 기자 생활과 창작 활동을 겸한 시인. '토속적 현대시'를 개척했다는 평가를 받는다.

**조만식: 일제강점기의 독립운동가. 조선물산장려운동을 주도하고 항일단체 신간회 활동을 했으며, 해방 후에는 정치가로 활약했다.

1月

고독한 반역자

문학적 성장을 위해 겪어야만 했던 고통의 나날들

무엇 하나 원하는 대로 할 수 없었던 1910년대는 한국인이라면 누구에게나 암울했던 시기였다. 지식인이라고 불리는 사람들에게는 더욱 그랬다. 일제는 의도적인 통치 수단의 하나로 조선의 문화와 예술을 강압적으로 훼손했다. 민족의 영혼이 담긴 말과 글, 일상의 관습, 전통 의례까지 일제의 제재를 받아야만 했다.

이에 대항하려면 지성이 더 밖으로 뻗어 나아가야만 했고, 그러기 위해서는 신교육에 의지할 수밖에 없었다. 그러나 두 가지 문제가 있었다. 첫째, 그 시대에 이른바 신교육을 받은 지식인들은 민중의 삶을 제대로 모르는 경제 · 사회적으로 넉넉한 집안의 자제들이었다. 둘째, 그보다 더 모순된 것은 신교육을 받기 위해 간 곳이 우리의 주권을 강탈한 일본이었다는 사실이다. 선진 문물을 배우기 위해 조국을 떠나 도착한 일본에서도, 모든 것을 배우고 돌아온 조국에서도 그들의 입장은 그 두 가지 이유로 애매했고 난감했다. '유학생'이라는 특수한 신분을 가진 그들은 두 사회 중 어느 곳에서도 뿌리내리지 못하고 흔들렸다. 일본에서는 조선이라는 힘없는 식민지에서 온 고독한 학생이었고, 조선에서는 나라를 떠난 배신자로 취급받기 일쑤였다. '경계인'이 되고 만 것이다.

그렇다고 조국의 지배 계층이 도움을 준 것도 아니었다. 당시 지배 계층은 그들을 돕기에 너무나 어리석었다. 여전히 실생활에 전혀 도움이 되지 않는 주자학적 사고에 빠져 있었고, 자신에게 금력과 권력을 나누어주는 달콤한 식민 정치의 틀에서 빠져나올 생각도 하지 않았다. 나라 꼴이 비틀어지자 민초들의 삶도, 지식인의 정신도 왜곡될 수밖에 없었다,

그러나 세상에 나쁜 일만 있는 것은 아니었다. 입으로는 차마 말할 수 없는 억울한 감정과 조국에 전하고 싶은 생각은 글로 쓰여 '단편소설'이라는 양식으로 탄생했고, 그렇게 한국의 근대소설을 대표하는 작가들이 대거 출현했다. '최초의 근대소설'이라는 평가를 받는《무정》의 이광수를 비롯해 일본으로 유학을 떠난 1914년부터 1917년까지 모두 6편의 단편소설을 썼던 현상윤, 〈배따라기〉, 〈감자〉, 〈발가락이 닮았다〉 등을 발표한 김동인과 〈독약을 마시는 여인〉, 〈K와 그 어머니의 죽음〉, 〈화수분〉 등을 발표한 작가이자 목사 전영택이 바로 그들이다.

이들이 다양한 소설 형식 중 단편소설을 주로 활용한 이유는, 단편소설이 그 당시에 비사회적이고 비타협적인 문학이라 자기 이야기를 마음껏 털어놓기 좋았기 때문이다.

우리는 모두 성장을 꿈꾼다. 이를 위해서는 현실에서 벗어나 가고자 하던 목표 지점으로 이동해야 한다. 하지만 그 과정에서 고독이 수반되며, 떠난 곳으로부터 들리는 '배신자'라는 비난을 감수해야 한다. 그 모진 길을 통해 우리는 비로소 한 칸의 계단을 오를 수 있다. 변화와 성장은 그렇게 차근차근 순리대로 이루어지는 거니까.

8

1月

8월 15일

여기 여전히 울고 있는 사람이 있다

오장환(吳章煥) 역시 일제강점기에 활동했던 문학가(시인)다. 해방 후 월북 전까지 활발한 작품 활동을 했는데 〈다시금 여기를〉, 〈어머니의 품에서〉, 〈한술의 밥을 위하여〉 등 좋은 시가 많지만 여기에서는 〈병든 서울〉을 소개한다.

시는 이렇게 시작한다.

'나라 없이 자란 서른 해, 나는 고향까지 없었다.'

그리고 이렇게 이어진다.

'8월 15일 밤에 나는 병원에서 울었다.
너희들은 다 같은 기쁨에
내가 운 줄 알지만 그것은 새빨간 거짓말이다.
일본 천황의 방송도
기쁨에 넘치는 소문도
내게는 곧이가(=곧이: 바로 그대로) 들리지 않았다.
나는 그저 병든 탕아로
홀어머니 앞에서 죽는 것이 부끄럽고 원통하였다.'

시의 일부다. 8월 15일을 겪지 못한 후세 사람들은 그날 모두가 거리에 나와 광복을 축복하며 기쁨의 함성을 질렀을 것이라 '추측'한다. 하지만 황달, 두통, 늑막염, 신장병 등을 앓던 오장환은 수술 여부 결정을 앞두고 있어 외출이 금지된 병상에서 광복을 맞았다. 수많은 사람이 만세를 외치며 거리로 뛰쳐나간 8월 15일, 외로움만 가득한 병실에 누워 어머니보다 먼저 세상을 떠날 수도 있다는 현실에 아파하며 시름시름 앓았다.

일제의 지배를 받던 그 캄캄한 시절, 적지 않은 동료 시인들이 절필하거나 변절해서 친일할 때, 그는 비겁하게 절필하지도 않았고 친일을 위한 작품도 쓰지 않았다. 그렇게 지조를 지키며 나라를 위해 헌신했지만 정작 그에게 날아온 건 죽음을 전하는 '반송 불가 편지'였다. 생전에 그는 서정주*와 시를 주고받는 사이였다. 자신이 운영하는 서점에서 자기 시집은 수수하게 만들면서도 서정주의 첫 시집은 화려하게 만들 정도로 절친한 사이였다. 하지만 서정주가 변절한 이후로는 관계를 끊고 평생 다시 만나지 않았다. 그만큼 삶의 원칙이 분명했고 지조가 있는 사람이었다. 그렇게 모든 것을 바쳐서 세상과 사람을 사랑하고 또 믿고 의지했지만, 마음의 흐름은 인간이 어찌할 수 있는 것이 아니었다.

그래서 우리는 다시금 깨닫게 된다. 문학은 트렌드를 예측하거나 유행을 선도하는 지적 무기가 아니다. 오장환의 작품을 통해서 그 시대를 살아야만 알 수 있는 감정과 생각을 짐작할 수 있게 되는 것처럼, 문학으로 당시 사회를 들여다볼 수는 있어도 그 시대가 아닌 다른 시대를 예측할 수는 없다. 모든 시대는 그 시대에 맞는 문학을 갖게 마련이다.

*서정주: 일제강점기 김광균, 오장환과 함께 동인지 《시인부락(詩人部落)》을 창간한 시인. 해방 전에는 친일을, 해방 후에는 우익 측에 서서 문단 활동하며 《귀촉도》, 《동천》 등을 발표했다. 친일반민족행위자로 규정되었다.

9

1月

최인호

자신이라는 멋진 뉴스를 세상에 알려라

지금도 그렇지만 — 아직 희미하게나마 그 의미가 남아 있기는 하지만 — 신춘문예 당선은 모든 문학 지망생에게는 그야말로 꿈의 고지였다. 가진 재능 모두를 다 바쳐도 당선이 쉽지 않았기 때문이다. 소설가 최인호는 그 어렵다는 신춘문예의 역대 최연소 당선자다. 놀랍게도 그는 1963년 서울고등학교 2학년 재학 중에 한국일보 신춘문예 소설 부문에 〈벽 구멍으로〉라는 작품으로 입선했다. "에이, 운이 좋았던 것 아니야?"라는 주변의 우려를 불식시키며, 그는 3년 뒤인 1966년 단편소설 〈견습 환자〉로 이번에는 조선일보 신춘문예에 당선됐다.

놀라운 그의 행보는 멈추지 않고 이어진다. 문단의 화제작 《별들의 고향》을 연재할 당시 그는 겨우 27세였고, '최연소 신문 연재 소설가'로 기록되었다. 출판계에서 그를 가만둘리 없었다. 1973년 예문관에서 연재한 글을 엮어 상하권 단행본으로 출판했는데, 나오자마자 100만 부가 팔려 나갔다.

후배 소설가 이문열은 그를 두고 이렇게 회고했다.

"내가 등단할 무렵인 1970년대 후반에는 소설가 중에서 부업 없이 글만 써서 밥 먹고 사는 소설가는 최인호 선배 정도뿐이었던 것 같다."

최인호를 단숨에 그런 위치에 도달하게 만든 힘은 타고난 재능이었을까? 하지만 그의 삶 전체를 아는 사람이라면 결코 '재능'이라는 말로 그의 실적을 치부하지 못 한다. 이 세상에 그보다 글을 잘 쓰는 사람은 있을 수 있어도, 죽을 때까지 잠시도 포기하지 않고 글을 쓴 사람은 없기 때문이다.

실제로 그는 2011년 지독하게 아픈 몸을 이끌고 쓴 《낯익은 타인들의 도시》를 발표했고, 2013년 9월 세상을 떠났다. 죽는 날까지 쓴 것이다. 얼마나 아팠고 얼마나 치열했을까? 생전에 그는 항암 치료의 후유증으로 손톱 한 개와 발톱 두 개가 빠지자 고민에 빠졌다. 컴퓨터로 원고를 쓰지 않고 직접 만년필로 원고지에 글을 써왔는데, 빠진 손톱에서 오는 통증을 참기 힘들었기 때문이다. 그는 아플수록 치열해졌고, 치열한 의지는 힘든 상황을 해결할 방법을 찾아냈다. 바로 골무였다. 약국에서 고무 골무를 사와 손가락에 끼우고 매일 20~30매 분량의 원고를 썼다. 암으로 인해 몸은 고통스러웠으나, 열정은 전에 없이 불타올랐다. "하루하루가 '고통의 축제'였다". 그가 집필 당시를 회고하며 했던 표현이다. 오장환에게는 '절망의 원인'이 될 수도 있던 죽음이, 최인호에게는 '창작의 연료'였던 것이다.

죽는 날까지 집필을 포기하지 않았던 고 최인호 작가는 이런 의미심장한 말을 남겼다.

"나는 요즘 신문을 읽지 않음으로써 시간과 공간을 훨씬 더 많이 비축하고 있다. 이것이 요즘 내가 한 달에 600매의 원고를 쓰면서도 지치지 않고 행복할 수 있는 비결 중 하나다."

타인의 이야기와 타인의 소식을 듣고 읽는 것도 좋지만, 지금 당신이 "이건 나만 할 수 있지!"라고 말할 수 있는 일을 하고 있다면, 세상 소식은 다 잊고 당신의 내면에서 휘몰아치는 폭풍과도 같은 소리에 귀를 기울이는 게 어떨까. '자신이라는 뉴스'를 세상에 전하는 사람이 되는 게 더 멋진 일 아닐까.

10

1月

〈북어〉

헤엄쳐 갈 데 없는 사람들이 사는 도시

1970년대 이후의 한국문학은 간신히 전쟁과 가난에서 벗어난 세상을 그릴 수 있었다. 그러나 전쟁과 가난에서 벗어나자 그보다 더 냉정한 현실이 기다리고 있었다. 소설가 최인호가 《타인의 방》, 《낯익은 타인들의 도시》로 '파편화되어 고독해진 개인'을 그렸다면, 같은 시대 같은 하늘 아래에서 시인 최승호는 '도시화와 불균형'을 드러내 보였다.

최승호는 도시화가 진행되면서 나타나는 병폐를 지적하며 '어떤 성장도 인간의 기본 인권과 도덕성을 무시하며 이루어질 수 없다'고 외쳤다. 이 외침은 어쩌면 21세기인 지금의 세상에도 필요한 메시지라고 말할 수 있다. 결국 지난 40년 동안 세상은 크게 변하지 않았다는 말에 다름 아니다. 1983년에 발간한 시집 《대설주의보》*에 수록된 〈북어〉를 읽노라면 그 느낌을 더욱 생생하게 느낄 수 있다.

'— 전략 —
헤엄쳐 갈 데 없는 사람들이
불쌍하다고 생각하는 순간
느닷없이
북어들이 커다랗게 입을 벌리고
거봐, 너도 북어지 너도 북어지 너도 북어지
귀가 먹먹하도록 부르짖고 있었다.'

현실을 이토록 생생하고 명징하게 표현해낸 언어가 또 어디에 있을까? 삶의 어두운 부분과 그 시절을 살아가는 인간의 고통이 절절히 느껴진다. 상상해보자. 시인은 어딘가에서 본 꼬챙이에 꿰인 북어를 보며 불쌍하다고 생각하며 지나간다. 그러나 그가 등을 돌리려는 순간 북어가 큰 소리로 시인의 뒷덜미를 강타하며 발길을 붙든다. "이거 왜 이래, 너도 나와 같은 북어잖아. 왜 동족끼리 모른 척 하고 그래?"라고 외치며 그의 몸 어딘가에 나 있을 꼬챙이에 꿰인 구멍을 찾아준다.

이런 장면은 사실 지금도 주변에 흔하다. 힘들지만 직장에서 벗어날 수 없는 사람들과 아프지만 멈출 수 없는 사람들의 아우성이 그걸 증명한다. '헤엄쳐 갈 데 없는 사람들'이라는 표현을 지금 들어도 가슴 어딘가에서 통증이 느껴지는 이유가 바로 거기에 있다. 이것은 여전히 현재진행형인 나의 이야기이기 때문이다. 해방 이후 한국의 경제는 눈부시게 성장했지만, 자꾸만 상실해가는 인간성은 우리 능력으로 어찌할 수 있는 것이 아니었다. 〈북어〉라는 상징 충만한 시를 통해 우리는 여전히 다른 곳으로 이동할 수 없도록 꼬챙이에 꿰인, 상처와도 같은 구멍을 발견한다. 치워진 사다리와 천정부지로 치솟는 물가와 집값, 개천에서 자라서는 더 이상 용이 되기 힘든 현실이 더욱 우리의 목을 죈다. 여전히 귀가 먹먹하도록 우리는 서로의 고통과 희망을 부르짖고 있다.

✚ *《대설주의보》: 1982년에 발표해 민음사 주관의 '오늘의 작가상'을 수상하고, 이듬해인 1983년에야 책으로 발간된 최승호의 시집.

11

1月

황순원문학촌

삶을 대하는 방식을 바꾸는 공간

'양평' 하면 두물머리를 떠올리는 사람이 많지만, 나는 언제나 황순원문학촌이 가장 먼저 생각난다. 자연이 아름다운 두물머리도 좋지만, 마음을 아름답게 해주는 황순원문학촌도 참 소중한 공간이다. 거기에서 우리는 일제강점기에 만개했던 한국 단편소설의 맥을 잇는 〈소나기〉를 만날 수 있기 때문에 더욱 그렇다. 작품을 기리는 '소나기 마을'이 조성되어 있고, 그곳에서 문학을 대하는 작가의 마음이 어땠는지 생생하게 느끼게 된다.

책을 통해서 접할 수도 있지만, 우리가 굳이 문학관을 방문하는 이유는 작품에서는 알 수 없었던 작가의 삶과 문학에 대한 태도를 깨닫게 해주기 때문이다. 한국에 있는 수많은 문학관 중에 내가 황순원문학촌을 특정해 소개하는 이유가 바로 거기에 있다. 황순원은 글 쓰는 이들에게 모범이 되는 작가이며, 문학촌 안에 있는 그의 삶을 담은 글귀는 언제 읽어도 가슴을 울린다.

황순원문학촌에 도착하면 우선 상상했던 것보다는 크다는 생각이 든다. 다양한 관람 지점이 있어서다. 무엇보다 사람의 마음을 포근하게 안아주는 기분이 들어 마음조차 절로 예뻐진다. 소설 속 이야기처럼 실제로 소나기를 뿌려주는 분수도 있고, 아이들이 뛰거나 산책할 수 있는 공원도 있고, 계절마다 다른 내용으로 진행되는 아이와 어른을 위한 인문학 체험 프로그램도 열린다. 더욱 특별한 건 황순원 선생이 생전에 글을 쓰던 방을 그대로 옮긴 공간과 그가 쓰거나 남긴 글을 볼 수 있는 전시관이 있다는 사실이다. 이 중에서 내가 가장 소개하고 싶은 것은 문학관 2층에 있는, 작가의 삶을 소개하는 두 장의 사진 속 글이다. 그 글에 내 생각을 덧붙여 소개하면 이렇다.

1. 대패질하는 시간보다 대팻날을 가는 시간이 길다.

작가라면 모두 마찬가지겠지만, 그는 몸과 마음을 다해 글을 썼다. 단 두 줄을 쓰기 위해서 멀리 취재를 떠나기도 했다. 가치를 봤기 때문이다. 그렇게 소모하는 하루는 결코 버려지는 시간이 아닌, '창조의 연료'라고 생각했기 때문에 가능한 선택이었다.

2. 최선의 마음을 담을 수 없다면 시작도 하지 말라.

작품다운 작품을 쓰지 못할 바에는 오히려 아무것도 쓰지 않는 것이 낫다고 여겼다. 자신이 돈을 위해 무엇이라도 써야 한다는 욕망 앞에서 무릎을 꿇지 않기를 바라며 하루하루를 귀하게 보냈다. 또한 무의식의 세계를 그릴 때조차도 작가는 그것마저 의식하고 있어야 한다고 생각했다. 깨어 있는 작가만이 깨어 있는 글을 쓸 수 있기 때문이다.

나는 소나기 마을에 갈 때마다 먼저 문학관으로 가서 이 문구를 읽는다. 글에 녹아 있는 그의 마음을 담으며 작가인 나 자신을 다시금 추스르는 것이다. 어렵지 않은 글이니 꼭 읽고 필사까지 하기를 추천한다. 삶을 대하는 방식과 시각이 아름답게 바뀔 것이다. 단, 여기에서 한 번 더 고려할 것은 사람에 따라 눈에 띄는 글이 다를 수도 있다는 사실이다. 지금까지 언급한 내용은 나의 생각과 의식일 뿐이니. 각자 자신의 마음에 들어오는 글을 눈에 담는 것도 좋다.

12

1月

박완서

한 걸음의 가치를 알아야 끝에 도달할 수 있다

작가 박완서(朴婉緖)는 2011년에 세상을 떴다. 그녀는 1980년대 중반 이후 여류문학 분야에서 대표적 작가로 주목받은 한국의 소설가다. 보통 인물의 이력이나 프로필은 인터넷 검색을 하면 누구나 찾을 수 있어 굳이 나열하지 않지만 박완서는 예외다. 읽어야만 발견할 수 있는 가치가 있어서다.

1931년 경기 개풍에서 태어난 그녀는 1950년 서울대학교 국문과에 입학했으나 전쟁으로 중퇴했다. 1970년 첫 장편소설인《나목》을 발표했으며 이어서 1973년에《지렁이 울음소리》를 내놨고, 1981년에는《엄마의 말뚝》으로 제5회 이상문학상*을 수상했다. 1983년에는《그해 겨울은 따뜻했네》를 발표했고, 이후 2000년대 들어《아주 오래된 농담》을 내놓는 등 세상을 떠날 때까지 꾸준히 작품 활동을 이어갔다. 이처럼 그녀는 매우 많은 작품을 쓴 다작가다. 그런데 이력을 보면 특이한 점 하나가 눈에 띈다. 박완서는 마흔이 되어서야 작가로 등단했다는 사실이다. 작가들의 등단이 보통 서른 안팎인 것을 감안하면 한참 늦은 데뷔라고 할 수 있다. 그도 그럴 것이 그녀는 마흔 이전에는 아이 다섯을 키우는 전업주부였다. 그녀 스스로도 "평범한 주부에 불과했던 자신이 이렇게 유명한 작가가 될 술은 몰랐다"고 말할 정도였다.

집에서 아이만 기르던 그녀가 다 늦은 나이에 혜성처럼 등단해 한국문학을 이끄는 작가로 성장하고, 그 후로도 꾸준하게 글을 쓸 수 있었던 힘은 어린 시절 어머니가 들려준 말에서 비롯됐다. 어릴 때 그녀는 다른 아이들보다 자주 넘어졌다. 간혹 상처 사이로 뼈가 보일 정도로 심하게 다치곤 했다. 그럴 때면 아픔을 참지 못해 집안이 흔들릴 정도로 크게 울었는데, 한번은 그런 그녀에게 어머니가 약을 발라주며 안타까워하며 말했다.

"애야, 길을 걸을 때는 명심해야 할 게 하나 있단다. 그건 바로 걸을 때는 걷는 생각만 하는 거야."

이때는 어머니의 그 말씀이 무슨 뜻인 줄 몰랐다고 그녀는 회고한다. 어머니는 그 이후로 그녀가 넘어질 때마다 같은 말을 되풀이했고, 나이가 들어서야 비로소 그 말의 의미를 깨달았다. 그 뜻을 제대로 알게 된 나이 마흔에, 다섯 아이를 키우면서 첫 소설인《나목》을 완벽하게 써낸 것이다.

"아이를 돌볼 땐 아이를 돌보고, 글을 쓸 땐 집필에 몰두하자."

박완서는 시간이 없다고 불평하는 대신 다섯 아이가 잠든 늦은 밤에 집필에 몰입했다. 창작에 대한 진심으로 치면 '글쓰기의 교과서' 황순원에 비견할 만한 태도다. 늘 바쁘게 움직이지만 원하는 결과는 내지 못하고 불안해하는 우리에게 그녀의 삶은 이렇게 조언한다.

"쉴 때는 쉬기만 하고 일 할 때는 일만 생각하라. 쉬면서 일 생각을 하고, 일하면서 쉴 궁리를 하면 당신은 결국 아무것도 제대로 못 해낼 테니까."

*이상문학상: 소설가 이상(李箱)의 작가 정신을 계승하고 한국 소설계의 발전을 위해 1977년 문학사상사(文學思想社)가 제정한 문학상.

13

1月

《칼의 노래》

가장 고독한 자들의 대화

여전히 연필로 글을 쓰는 소설가 김훈의 대표작《칼의 노래》의 첫 문장은 매우 특별하다.

'버려진 섬마다 꽃이 피었다.'

의미를 두지 않고 스치듯 읽은 사람에게는 시처럼 읽히는 아름다운 문장이지만, 이 한 줄을 쓰기 위해 그는 몇 날 며칠 숙고를 거듭했다. '사실'과 '의견'을 구분하고 싶었기 때문이다. '꽃이 피었다'와 '꽃은 피었다'를 놓고 한 고민이었는데, 두 문장의 차이는 조사 '한 글자'뿐이지만, 결과는 '하늘과 땅' 차이였기 때문이다. 그는 '이'를 쓰면 사실을 묘사하는 것이고, '은'을 쓰면 의견을 말하는 것이라고 생각했다. 결국 그가 우리에게 전하고 싶은 이순신은 '타자가 바라보고 편집한 의견'이 아니라, 어떤 손질도 하지 않은 '사실로서의 이순신'이었던 셈이다. 책머리에 쓴 그의 '사실'을 읽으면 작가의 마음을 생생하게 느낄 수 있다.

'나는 정의로운 자들의 세상과 작별하였다. 나는 내 당대의 어떠한 가치도 긍정할 수 없었다. 제군들은 희망의 힘으로 살아 있는가. 그대들과 나누어 가질 희망이나 믿음이 나에게는 없다. 그러므로 그대들과 나는 영원한 남으로서 서로 복되다. 나는 나 자신의 절박한 오류들과 더불어 혼자 살 것이다. — 중략 — 사랑은 불가능에 대한 사랑일 뿐이라고, 그 칼은 내게 말해 주었다. 영웅이 아닌 나는 쓸쓸해서 속으로 울었다. 이 가난한 글은 그 칼의 전언에 대한 나의 응답이다.'

김훈은 집필을 위해 아산 현충사 이순신 장군의 사당에 여러 번 갔다. 거기에 이순신이 아끼던 거대한 칼이 걸려 있었고, 그 칼은 마치 김훈의 문장처럼 간결했으며 차가웠다. 아무도 없는 그 공간에서 혼자 하루 종일 칼을 지켜보다가 저물어 돌아오기를 반복했다. 반복되는 이 행동을 통해 그가 이순신 장군에게서 들은 것은 사실을 전하라는 음성이었다.

《칼의 노래》는 발표되자마자 한국 소설계에서 돌풍을 일으키고, 드라마와 영화*로 제작되는 등 수많은 사람의 입에 오르내렸다. 그 이유 중 하나는 세상에서 가장 고독할 것만 같은 두 사람, 작가 김훈과 장군 이순신의 정신이 온전히 녹아든 소설이기 때문이었다. 전란 중에도 끊임없이 벌였던 동인과 서인의 당파 싸움**, 수백 년이 지난 지금도 여전히 세력을 나눠 다투는 한국의 현실 정치, 김훈은 판박이 같은 그 틀에서 벗어나 가장 자유로운 눈으로 가장 사실적인 이순신을 연필로 그려내고 싶었던 것이다.

사실만을 전하기 위해 때로 그의 연필은 날이 선 칼처럼 냉혹했지만, 또 때로는 파도 너머로 치솟는 태양처럼 따뜻했다. 첫 문장인 '버려진 섬마다 꽃이 피었다'에 그 증거가 모두 담겨 있다. 《칼의 노래》는 지금 가장 고독한 자가 그 옛날 가장 고독했던 자를, 날것 그대로의 순수한 시선으로 바라보며 쓴 글이다.

+ *드라마와 영화: KBS 드라마 〈불멸의 이순신(연출 이성주 외 2명, 주연 김명민)〉의 공동 원작(나머지 원작 하나는 김탁환의 소설 《불멸》), 영화 〈명량(김한민 감독, 최민식 주연)〉의 원작

**동인과 서인의 당파 싸움: 일본의 정세를 살피고 돌아온 통신사 일행 중 황윤길은 '반드시 전란이 생길 것'이라고 아뢴 데 반해, 동인인 김성일은 '그런 기미가 없는데 황윤길이 과장하여 민심을 동요시킨다'고 주장했다. 동인이 정국을 주도하던 조정은 김성일의 의견을 따랐다. 이로써 조선은 왜적의 침략에 대비할 기회를 놓친 것이다.

14
1月

《난중일기》

효에 대한 새로운 깨달음을 얻을 수 있는 책

《난중일기(亂中日記)》*가 어떤 책인지 모르는 한국인은 없다. 이 책은 임진왜란이 발발한 1592년부터 이순신 장군이 전사한 1598년까지, 7년간의 기록이 담긴 총 7권의 일기다. 그러나 나는 되묻고 싶다. "당신은 정말 《난중일기》를 알고 있는가?" 《난중일기》는 주로 어떤 내용을 담고 있을까?

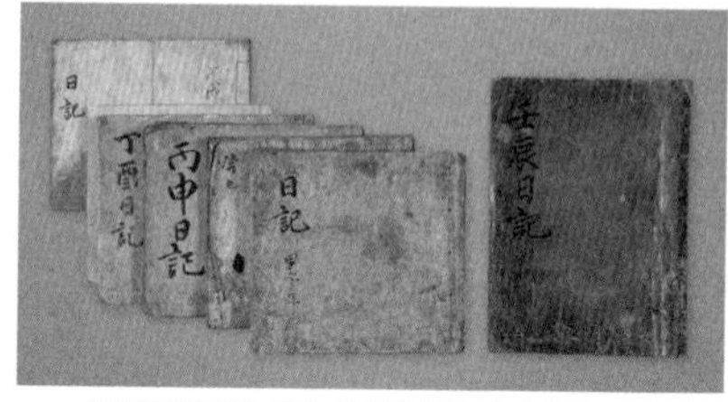
《난중일기》 친필 초본, 현충사관리소 소장 ©문화재청

《난중일기》는 단순히 전쟁에 대한 기록이 아니다. 첫 장의 내용은 이렇게 시작한다.

'1592년 1월 1일 맑음.

새벽에 아우 여필과 조카 봉, 맏아들 회가 와서 이야기를 나눴다. 다만 어머니를 떠나 설을 쇠니 뵙고 싶은 이 마음 간절해서 몸을 가눌 수 없다.'

1593년 6월 1일에도 그는 어머니를 향한 마음을 이렇게 표현한다.

'어머니가 평안하시다는 소식을 들었다. 다행이다, 정말 다행이다.'

더욱 감동적인 내용은 같은 해 6월 12일에 적힌 글이다.

'잠깐 비가 내리다 그쳤다. 아침에 흰 머리카락 몇 올을 뽑았다. 흰 머리칼은 아무리 많이 나도 상관은 없지만, 다만 위로 늙으신 어머니가 계시기 때문에 남겨둘 수가 없다.'

어머니를 뵙기 전에 그는 마치 하나의 의식처럼 흰머리를 뽑았다. 자식의 흰머리를 보고 늙어가는 모습에 마음 아파할 어머니가 걱정되었기 때문이다. 보통 그 나이 정도가 되면, 더는 흰머리도 뽑지 않게 된다. 남은 머리카락 하나마저 소중하기 때문이다. 그러나 그는 남들에게 젊게 보이려고 뽑은 것도 아니고, 그저 자식의 건강을 걱정할 어머니가 염려되어 흰머리를 뽑았다.

사람 생각이 이렇게 다르다. 생각의 방향을 조금만 틀어도 세상을 대하는 태도까지 완전히 바뀐다. 우리는 짐작할 수도 없는 가장 고귀한 가치를 만나게 된다. 뭇 사람들에게 젊어 보이고 싶어 하는 치장이 아닌 사랑하는 사람들의 마음을 아프지 않게 하려고 치장하는 마음, 그 마음을 가진 사람이 어찌 아름다운 인생을 살지 않을 수 있을까. 이순신 장군을 생각하면 늘 다시 만날 수 없는 아름다운 연주를 듣는 기분이 드는 이유가 거기에 있다.

《난중일기》는 2013년 유네스코 세계기록유산**에 등재되었다. 7년 전쟁의 불길 속에서도 불굴의 의지와 뛰어난 전략으로 혁혁한 공을 세운 그의 삶이 국제적으로도 가치를 인정받은 것이다. 전쟁에서의 승리도 물론 중요하다. 그러나 그 모든 가치는 결국 효에서 시작된 것임을 이 글을 읽은 사람이라면 이제 모두 알게 되었을 것이다.

+ *《난중일기》: 조선시대 명장 이순신이 임진왜란 중에 작성한 진중 일지. 국보 제76호다.
**유네스코 세계기록유산: 유네스코가 전 세계의 귀중한 기록물을 보존·활용할 목적으로 선정하는 문화유산. 1997년부터 시작됐고 2년마다 선정한다. 《난중일기》는 2013년에 선정되었다.

15

1月

《삼국유사》

고대사 연구에 반드시 필요한 다방면의 기록

진주조개의 상처가 진주를 만들 듯 삶의 질곡이 문학을 낳는다면, 역사서도 어엿한 문학이다. 한국인이라면 누구나 아는《삼국유사》도 예외는 아니다. 이 책은 고려 후기의 승려 일연(一然)이 고려시대까지 전승되던 삼국시대의 여러 역사와 설화를 담아 정리한 책이다.《한국민족문화대백과》에 의하면 사료를 수집한 것은 청년 시절부터였고, 원고 집필은 대개 70대 후반으로부터 84세로 죽기까지 주로 만년에 이루어졌다. 남북국시대(南北國時代)* 이전은 꽤 오래전이라 기록이 많지 않아 연구가 쉽지 않았기 때문이다. 이렇게 쓰인《삼국유사》에는 한국 고대의 역사와 지리, 문학, 종교, 언어, 민속, 사상, 미술, 고고학 등 다양한 분야에 대한 정보가 정리되어 있어 역사 탐구에 많은 도움이 되고 있다.

《삼국유사》를 쓴 일연은 어떤 사람일까? 그는 본래 남북국시대에 전남 장흥군 가지산 보림사(寶林寺)를 중심으로 하여 일어난 선종(禪宗) 9산문(山門)의 한 파인 가지산문(迦智山門)을 대표하는 선승이었다. 몽골군의 침략**을 당해 이 땅에서 벌어지는 참상을 지켜보던 그는 승려로서 자신이 할 수 있는 일이 무엇인지 고민하며 하나하나 실천하며 살기 위해 노력했다. 그 대표적인 일이 바로 파괴되거나 임의로 삭제된 불교 기록을 보전하며 민족의식을 고취하는 일이었다.《삼국유사》의 집필 역시 그 일 중 하나라고 보면 된다.

일연의《삼국유사》를 말할 때면 예외없이 비교되며 언급되는 것이 김부식의《삼국사기》다. 일연의 눈에는 유학자인 김부식이《삼국사기》를 기록하고 집필하는 과정에서 내용을 고의로 삭제하거나 지나치게 축소한 것으로 보였다. 그의 심기를 특히 불편하게 한 점은 불교 기록들이 대거 빠지거나 생략되었다는 사실일 것이다. 유교적인 시선으로 바라본 기록과 불교적인 시선에서 바라본 기록은 그렇게 서로 다를 수밖에 없었다. 더구나 그는 당시 몽골과의 전쟁에서 수많은 불교 관련 유산과 사찰들이 소실되는 것을 지켜보며, 이대로 기록도 남기지 않은 채 내버려 두면 후세에 불교의 유물과 정신을 전할 수 없을 거라고 생각했음 직하다. 이 문제를 해결하기 위해 그는 직접 전국을 답사하며 자료를 수집하기 시작했다.《삼국유사》의 '유사'란 '빠진 내용을 보충'한다는 의미다. 결국 그는《삼국사기》에서 빠진 내용을 보완하는 일에 자신의 삶을 투자한 셈이다.

보는 이에 따라 하나의 역사적 사실을 바라보는 시선은 다를 수 있다. 김부식과 일연 역시 마찬가지였다. 유학자 김부식이 그랬듯, 일연은 자신이 승려이기 때문에 불교 편향적이었으며 도교와 유교를 낮게 보는 시각을 드러내기도 했다. 그럼에도 불구하고 우리가 주목해야 할 부분은 일연이 그 모든 사실을 확인하고 검토한 후 '자기의 판단'을 내렸다는 점이다. 물론 비판적 견해도 있지만, 그의 노력 덕분에 우리는 지금은 전하지 않는 문헌을 확인할 수 있으며, 또한 고대사 연구에 귀중한 자료로 활용하고 있다.

✚ *남북국시대: 우리나라 역사를 구분한 시기의 하나로 통일신라와 발해의 병립 시대.

**몽골군의 침략: 1231년(고종 12년) 몽골 오고타이 칸의 지시로 시작되어 1258년(고종 45년)까지 9차례에 걸쳐 벌어진 여–몽 간의 전쟁. 이후 고려는 거의 90년간 몽골의 내정 간섭을 받게 된다.

16

1月

유서

문학보다 더 선명하게 그 시대를 보여주는 글

문학을 논하다가 갑자기 유서를 말하는 것이 의아할 수도 있겠다. 앞의 글에서 내가 역사를 문학의 범주에 넣었듯이 유서를 문학 이상의 글이 될 수 있다고 자신 있게 주장할 수 있는 근거가 있다. 우리는 그 근거를 조선 전기에 고려시대 전반을 정리해 펴낸 역사서 《고려사절요(高麗史節要)》*에서 찾아볼 수 있다.

고려시대에도 지금처럼 유산을 둘러싼 다툼이 심해서 재산을 남기는 경우에는 반드시 유서를 남겨 분쟁이 없도록 하는 것이 관례였다. 본래 죽음을 앞둔 이가 재산을 자기 뜻대로 처분하는 것이 유서의 기본 개념인데, 이 시대에도 여러 자손을 공평하게 대해야 한다는 '무언의 압력'은 있었다. 사실 인간의 정이라는 게 왠지 정이 더 가고 뭐라도 더 주고 싶은 자식이 있기 마련이다. 당시에도 그랬다. 그래서 놀랍게도 이런 규칙마저 있었다.

"외부의 시선으로 볼 때 공정한 유서가 아니라는 판단이 들면 언제든 문서를 파기할 수 있다."

《고려사절요》에 나오는 손변**(당시 경상도 안찰부사 재직)의 중재 사례에서 이 내용을 생생하게 확인할 수 있다. 바로 누나와 남동생 사이에서 유산을 둘러싼 쟁소가 벌어진 사건에서다. 남매의 부친은 유산의 상당 부분은 누이에게, 남동생에게는 모자, 신발, 의복, 종이 등 팔아도 돈이 안 되는 물건만 주라는 유서를 남겼다. 대체 남매의 부친은 무엇 때문에 이런 유서를 남긴 걸까? 놓인 상황을 살펴보면 부친이 세상을 떠날 무렵에 누이는 이미 결혼한 상태였고, 어린 남동생은 누이의 보살핌을 받으며 자라고 있었다. 재판을 맡은 손변은 '당시의 사회 관례에 따라' 이렇게 일을 처리했다.

"모든 자녀에 대한 부모의 헌신적인 애정은 공평하다. 딸에게만 너그럽고 아들에게는 인색할 리가 없다. 다만 부친은 아들이 나이가 어려 결혼한 누이에게 의지하고 있는데, 재산을 똑같이 나눠주면 누이가 어린 동생에게 무관심해져 책임지지 않을지 염려한 것이다."

부친의 유서에 대하여 네 단계의 논리적인 해석을 한 후 손변은 절묘한 판결을 내렸다.

"부친은 아들이 성장한 후 타당한 규모의 상속을 최종 확정받기 위한 청원을 할 수 있도록 네 가지 물품을 남긴 것이다."

앞을 내다보는 현명한 유서였음은 물론, 그에 걸맞는 명판결이 아닐 수 없다. 성장한 아들이 종이에 자신의 주장을 써서 의복을 갖추고 품에 넣은 후, 모자와 신발을 신고 나와 당당하게 청원하라는 의미가 담긴 유산이라는 판결을 했기 때문이다. 이 판결로 남매는 화해할 수 있었다. 그 어떤 소설보다 깊은 감동이 전해지는 이야기다. 유서도 때로는 그 시대를 가늠하게 해주는 유의미한 문학작품 역할을 할 때가 있다.

✚ *《고려사절요》: 1452년(문종 2년) 2월 에 완성된 고려의 편년사(編年史). 그 전해에 발간된 《고려사》가 기전체인데 비해 독자적인 편년체를 취했고, 《고려사》에 없는 많은 자료를 포함하고 있다. 두 책 모두 한 해 걸러 우의정 김종서의 감수를 거쳤다는 특징이 있다. 총 35권.

**손변: 고려 후기의 문신. 금의 침입을 물리치는 등의 공으로 벼슬이 올라 경상도 안찰부사가 되었다. 능숙한 일 처리로 명성이 높았음에도 처가의 낮은 지위로 요직에 오르지 못했으나 개의치 않는 올곧은 인품이었다.

17

1月

독서

독서는 책을 펼치는 것이 아니라 삶을 펼치는 것

한국을 대표하는 독서가를 딱 한 사람만 꼽으라면 당신은 과연 누굴 선택할 것인가. 기준에 따라 다양한 인물이 선택되겠지만, 나는 매월당 김시습(金時習)*의 독서를 말하고 싶다. 독서는 단순히 글을 읽는 것이 아니라 삶을 통해 하나하나 완성하는 것이라는 사실을 자신의 삶으로 보여준 사람이기 때문이다.

많은 이들이 아는 것처럼 그는 태어난 지 여덟 달 만에 글을 읽기 시작한 신동이었다. 언어 감각을 타고난 건지도 모른다. 하지만 그의 독서는 빠르기와는 전혀 상관이 없었다. 오히려 거리가 멀다고 볼 수 있다. 그는 독서에 대한 매우 독특한 이론을 갖고 있었다. 남들보다 빠르게 읽고, 남들이 읽지 못하는 책을 이른 나이에 접하는 것은 그리 대단한 것이 아니라는 게 그의 지론이었다.

'독서와 인생'에 대한 김시습의 글에 녹아 있는 그의 마음을 한번 느껴보라.

'우리 유교가 무너졌다고 말하지 말아요.
끝내 하늘은 우리를 속이지 않을 겁니다.
찍찍 박쥐 소리에 산중의 밤은 깊어집니다.
솔솔 불어오는 바람은 허공을 가르죠.
관솔불로 비춰가며 꼼꼼히 읽어보시죠.
공자 시대의 현인 거원**도
나이 예순에 지난 잘못 깨달았습니다.
장부가 하는 일이 번거로울 수가 있나요.
큰 강에 띄운 뗏목은 제 갈 길 아는 법입니다.'

성인이 되어서도 이해하지 못하는《대학》,《중용》등 유교의 경전을 그는 이미 열 살도 되기 전에 다 읽고 이해했다. 그러나 그 과정을 통해 그가 깨달은 하나의 지혜는, '독서란 책장이 아닌 삶의 페이지를 넘기는 일'이라는 사실이었다.

앞서 그가 쓴 글처럼 공자 시대를 살았던 현인 거원도 온갖 좋다는 책을 다 읽고도 깨닫지 못한 지혜를 나이 예순이 되어서 저절로 알게 되었다. 읽는다는 것은 '억지스러운 지적 과정'일 수도 있다. 받아들일 때가 되지 않은 사람에게는 어떤 지식도 영향을 줄 수 없기 때문이다. 살아봐야 알게 되고, 그때 알게 된 것은 가슴에 남는다. 김시습은 그걸 말하고 싶었던 것 아닐까. 이런 마음으로 책을 읽는다면 그 독서는 아름답지 않을 수가 없다. 다만 지금 시작하자. 세상에 늦은 때란 없으니까. 김시습도 이렇게 거들지 않는가.

'큰 강에 띄운 뗏목은 결국 제 갈 길 찾아가는 법이다.'

일단 시작하면 어떤 풍랑이 앞을 막아도 결국 도착하게 되어 있다.

+ *김시습: 조선 전기《매월당집》,《금오신화》,《만복사저포기》등을 지은 학자이자 문인.

**거원: 위(衛)나라의 대부를 지낸 거백옥. 보는 사람이 없는 어두운 밤에도 임금이 계시는 대궐 앞을 지날 때는 수레에서 내려 걸어갔다는 일화가 있을 정도로 예절과 덕을 중시했다. 공자 일행이 위에 머물 때 자신의 집에 학당을 열고 위 백성까지 제자로 가르치며 유숙하도록 편의를 베푸는 등 공자와 친교가 깊었다.

18
1月

사가독서제

백성을 위한 조선 관리들의 독서 기간

1531년, 매우 독특한 그림이 하나 그려진다. 일명 '계회도(契會圖)'라고 부르는데, 풍류를 즐기고 친목을 도모하는 문인들의 문화를 보여주는 그림이다. 그중 〈독서당계회도(讀書堂契會圖)〉*라는 작품은 1516~1530년 사이에 사가독서(賜暇讀書)했던 열두 명의 선비들이 참석한 한강변에서의 계회(契會; 계 모임)를 그린 것으로, 조선 초기의 대표적인 계회도다.

한눈에 봐도 어디 하나 막힌 데 없는 한강의 아름다운 풍경이 보이고, 배와 구름이 지나가는 모습이 한없이 안온하고 평화롭다. 이제는 꿈꿀 수 없는 이런 근사한 풍경 속에서 독서에 매진했다니, 참 부럽다는 생각마저 든다. 그러나 그들의 독서는 결코 자신만을 위한 독서가 아니었다. 이게 무슨 말일까? 그럼 남을 위한 독서라도 했다는 말인가?

조선시대에는 '사가독서제(賜暇讀書制)**'라는 제도가 있었는데, 놀랍게도 이는 공무를 맡은 관리에게 오로지 책만 읽을 수 있는 휴가를 주는 제도다. 지금 생각하면 꿈같은 이야기가 아닐 수 없다. 조정에서는 관리들에게 '시간을 내서' 책을 읽으라고 강요하지 않고, 실제로 '시간을 주고' 책을 읽으라고 권했다. 독서가 선비의 일상이 된 연유다. 강요가 아닌 권유가 되자 효과도 기대 이상이었다.

그럼 누가 이 멋진 제도를 생각해내고 시작한 걸까? 모두의 예상처럼 사가독서제를 처음 실시한 임금은 세종이었다. 세종은 인재를 양성하려는 목적으로 1426년부터 젊은 문신들에게 독서를 위한 휴가를 별도로 주었고, 독서를 통해 학문에 전념하도록 도왔다. 시간을 들여 책을 읽고 나서 백성을 위한 정책과 지혜를 모아 달라는 의미였다. 눈에 띄지 않는다고 억지로 뭔가를 주문하거나 시키지도 않았다. 사가독서에 선발되면 일단 모두 집에서 자유롭게 생활했다. 대신 숙제가 하나 있었는데, 임금에게 매월 독후감 형식의 보고서를 내는 것이었다. 이것만 내면 무엇을 하든 전혀 상관하지 않았다.

그런데 아무리 시간이 풍족해도 집에서 책을 읽기란 쉽지 않은 노릇이다. 세종은 1442년 제2차 사가독서를 시행할 때 상사독서(上寺讀書)***를 시작했다. 이는 독서에 더욱 집중할 수 있도록 신숙주, 성삼문 등 여섯 사람을 진관사(津寬寺)라는 절에서 책을 읽도록 조처한 것을 말한다. 하지만 이 제도는 십여 년 후에 사라졌다. "절에서 책을 읽으면 불교의 여러 폐습에 오염될 가능성이 있다"는 서거정의 주장을 받아들인 것이다. 1492년 성종 23년에는 절이 아닌 별도의 장소에서 책을 읽으라고 남호독서당(南湖讀書堂)을 개설했다. 이후 조선시대 역대 왕들의 독서당(讀書堂)****에 대한 총애와 우대는 매우 지극했는데, 대표적인 것만 소개하면 이렇다.

- 독서당에는 언제나 궁중 음식 전담 기관인 태관(太官)에서 만든 음식이 끊이지 않았다.
- 임금이 명마와 옥으로 장식한 수레나 안장을 하사하는 일이 많았다.
- 독서당의 선발 연령은 나이가 어린 문신으로 하는 것을 원칙으로 삼았다.
- 대제학(大提學: '글을 평가하는 자리'라는 의미의 '문형文衡'이라고도 일컬음. – 편집자 주)은 독서당을 거친 사람이라야 가능하도록 제도화했다.

상황이 이러니 벼슬아치들이 높은 자리로 진급하려면 반드시 독서당을 거쳐야 했다. 사실 굳이 조정에서 관리들에게 이런 공간까지 만들어 주며 독서를 독려할 필요는 없다. 스스로 독서에 매진하여, 나아지면 좋고 아니면 개인적으로 불행한 일이니 어쩔 수 없다고 생각하면 편하니까. 하지만 조선의 집권층은 글이 가진 힘을 믿었으며, 글로써 더 좋은 나라를 만들 힘을 얻을 수 있다고 확신했다. 독서의 가치를 새삼 생각하게 된다.

*〈독서당계회도〉: 조선 초기(1531년 중종 26년)에 그려진 작자 미상의 계회도. 일본인이 개인 소장하고 있으며, 국내 서울대학교 박물관이 소장한 같은 제목의 1570년(선조 3년) 작자 미상 작품과 혼동할 수 있다.

**사가독서제: 조선시대에 국가의 유능한 인재를 양성하기 위해 젊은 문신들에게 독서를 위한 휴가를 준 제도. '사가(賜暇)'란 '휴가를 준다'는 뜻이다.

***상사독서: 사가독서제의 하나. 집에서의 독서에 어려움이 많으므로, 조용한 절로 가서 책을 읽도록 한 방법. 1442년에 신숙주 등 6인에게 진관사에서 글을 읽게 한 것이 시작이다. 그 뒤 세조 초까지 적지 않은 관리가 이 방법으로 학문을 닦았다.

****독서당: 조선시대에 나라의 인재를 길러낼 목적으로 세운 전문 독서 연구 기구. '호당(湖堂)'이라고도 한다.

〈독서당계회도〉 부분, 서울대학교박물관 소장 ©한국학중앙연구원

19

1月

세종의 사색훈

좋은 사람에게서 좋은 글과 삶이 나온다

왕은 눈만 뜨면 수많은 선택의 순간을 마주하게 된다. 자신의 허락과 지시를 기다리는 수많은 사람을 대면하고 그 마음을 헤아리는 일은 보통 사람이라면 견디기 어려운 고통일 수밖에 없다. 좋은 선택을 하려면 일단 좋은 생각을 해야 하며, 끊임없이 지혜로운 선택을 하려면 그야말로 하루 24시간 생각의 끈을 놓지 않고 살아야 하기 때문이다. 이런 이유로 사람에게는 자신의 원칙을 지키는 '사색훈(思索訓)'이 필요하다. 사색훈이야말로 어떤 순간에서도 가장 적절한 선택과 행동을 하도록 돕는 기준이 되기 때문이다.

처음으로 사가독서제를 실시한 성군 세종에게는 크게 다섯 가지의 사색훈이 있었다. 세종의 사색훈은 이떤 위대한 작가가 남긴 문학작품보다 소중하다고 생각해서 소개한다.

하나, 원칙을 대하는 사색훈. 높은 벼슬을 하는 양반부터 가난하고 신분이 낮아 가여운 백성에 이르기까지, 모두 새롭게 선보이는 법에 대한 가부를 물어라. 만약 백성의 허락을 받지 못한다면 시행할 수 없다는 사실을 기억하라. 법은 백성을 위한 것이기 때문이다.

둘, 욕망을 대하는 사색훈. 정책에 대한 헛된 마음을 가지지 말라. 아무리 마음이 앞서도 당대의 일을 지금 찬양하도록 할 수는 없는 일이다. 스스로 좋은 정책이라고 생각할 수도 있다. 그러나 중요한 것은 지금의 평가가 아니다. 급하게 서두르지 말고 후세가 평가하게 하여, 그때 기쁨을 노래하게 하자.

셋, 사람을 대하는 사색훈. 사람을 대하는 마음이 곧 천하를 대하는 마음이다. 만약 인재를 선택해서 모든 것을 맡겼으면 조금도 의심하지 말고, 의심이 있다면 처음부터 맡기지 말아야 한다. 나중에 후회하고 의심하는 모든 행위는 자신의 무능을 증명하는 일일 뿐이다. 너의 안목 없음을 괜한 사람에게 탓하지 말라.

넷, 일을 대하는 사색훈. 일을 대하는 태도를 바로 세워야 한다. 한 나라를 다스리는 임금이 할 일은 각기 다른 재능을 가진 이들을 구분하고 선택해서, 그들의 재능을 백성에 이롭도록 쓰는 것이기 때문이다. 중심에 늘 백성이 있음을 잊지 말고, 어떤 유혹이 와도 흔들리지 말고 능력에 맞게 사람을 써야 후회가 없다.

다섯, 세상을 대하는 사색훈. 더 많은 백성을 위한 좋은 정치를 하려면 역사를 공정하게 바라볼 수 있어야 한다. 역사는 흐른다. 과거의 잘 다스려진 세상과 반대로 어지러운 세상의 역사가 남긴 자취를 보며, 좋은 것은 취하고 나쁜 것은 교훈으로 삼아야 한다.

"야구는 잘하는 사람이 잘한다"는 말을 줄여서 요즘 말로 '야잘잘'이라고 한다. 좋은 글과 좋은 삶도 마찬가지다. 세종이라는, '우리 민족을 대표하는' 최고의 왕이 없었다면 지금 우리는 전혀 다른 시대를 힘겹게 살아가고 있을 수도 있다. 이는 조선과 세종에 대한 조금의 이해만 있다면 누구나 수긍할 수밖에 없는 이야기다. 물론 그에게도 힘든 날이 많았고 이 시대를 사는 우리에게도 언제든 그런 날이 닥칠 것이다. 그래서 더욱 소중한 세종의 사색훈을 언제나 가슴에 간직하고 살아야 하지 않을까.

사색과 사상

깊은 사색과 사상은 생명에 대한 사랑에서 시작한다

'동물에게도 도덕성이 있다'라는 말은 조선 후기 《성호사설(星湖僿說)》*, 《곽우록(藿憂錄)》, 《이자수어(李子粹語)》 등을 저술한 유학자 성호 이익(李瀷)이 남긴 말이다. 동물에게 도덕성이라니, 시대의 지성이었던 그는 대체 무슨 의미로 그런 말을 했던 걸까? 당시 조선에서는, 모든 인간에게는 윤리적인 바탕이 있으며 그래야만 한다고 믿었다. 거기까지는 매우 자연스럽고 당연한 전개다. 하지만 '동물에게 도덕성이 있다'는 언명(言明)에 이르면, 그것도 조선을 대표하는 학자의 입에서 나왔다는 사실과 맞닥뜨리면 충격이 아닐 수 없다. 이익은 매우 진지한 어조로 이렇게 말했다.

"닭과 돼지와 같은 가축도 인간과 마찬가지로 윤리적인 존재다."

그저 가축으로 생각했던 존재를 그는 하찮게 보지 않았고, 더 나아가 인간처럼 도덕심이 있다고 여긴 것이다. 이런 생각은 대체 어디에서 나온 걸까? 그 바탕에는 바로 치열한 관찰과 사색이 있다. 이익은 다음의 주제로 글을 쓰기도 했다. "병아리를 키우는 어미 닭의 행동에서도 배울 점이 있다". 나는 이익의 이런 행적에서 사색가의 향기를 느낀다.

사상이란 인간이 일생을 보내며 일관되게 지니는 세계관을 총칭해서 부르는 개념이다. 그러나 이 풀이처럼 어려운 말로 정의 내릴 필요는 없다. 사상이란 결국 대상을 대하는 나의 마음 상태, 즉 태도를 말하기 때문이다. 사물이나 상황을 남과 다르게 바라보며 남과 다르게 평가할 수 있다면, 더구나 이성적으로 판단하고 합리적 행동으로 옮길 수 있다면, 우리는 그에게 이렇게 말할 수 있을 것이다.

"넌 너만의 멋진 사상을 가졌구나!"

동물까지 사랑하며 지극한 마음으로 바라보는 이익의 깊은 사색은, 신산(辛酸)한 민초의 삶에까지 이르러 자신의 저서 《성호사설》에 그 실상을 명기(明記)해두었다.

'지금 한양에 사는 사람들은 몸이 아프거나 아프지 않음에도 탕약을 지어 먹어 건강하지만, 한양에서 떨어진 먼 산골에 사는 백성들은 의원과 약방의 존재가 무엇인지도 몰라 병에 걸리면 누워 앓다가 죽거나 하늘에 생명을 맡기고 살아가고 있다.'

당시에는 이동이 쉽지 않아 의원이나 약방이 무엇인지도 모르고 살아가는 백성이 많았고, 설령 그 존재를 알았더라도 끼니를 걱정하며 겨우 하루하루를 연명하는 터에 돈을 내고 약을 짓는 것은 불가능에 가까운 일이었다. 아프다고 쉴 수도 없었고, 쉰다고 할지라도 그저 생명을 하늘에 맡기고 누워서 결과를 기다리는 것이 전부였다.

동물에서 시작한 이익의 생명에 대한 사랑은 백성들의 아픔을 가슴 속 깊이 간직하는 삶으로 이어졌다. 생명을 지닌 모든 존재를 사랑하는 마음이 모여 글이 되었고, 이 사색의 결과인 《성호사설》이 오늘날까지 우리의 심금을 울리는 것이다. 사랑하는 마음에는 경계가 없으니까.

*《성호사설》: 조선 후기 실학자 이익의 저술을 5문 3007항목으로 분류해 수록한 실학서. '성호'는 이익의 호이며 '사설(僿說)'은 '매우 세세한 논설'이라는 뜻이다.

21
1月

《택리지》

사람은 스스로를 바꿀 수 있다

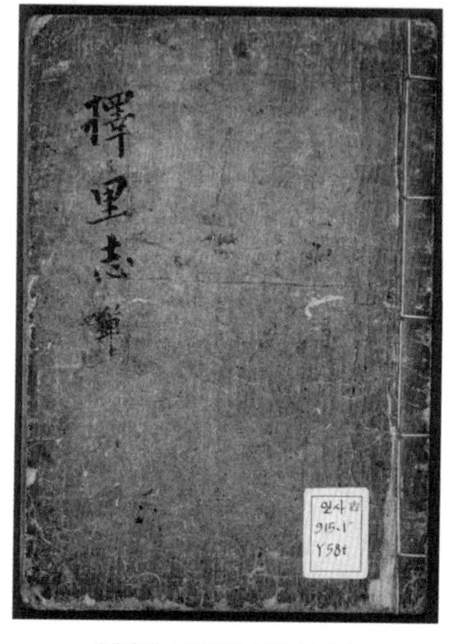
《택리지》, 국립중앙도서관 등 소장
©한국학중앙연구원

《택리지》는 《동의보감》과 함께 '가장 아름다운 문학으로 승화된 비문학'이다. 사람 사는 세상에 이토록 큰 도움을 주어온 글도 드물기 때문이다. 《택리지》는 조선 중기 실학자 이중환(李重煥)*의 30여 년에 걸친 현지 답사를 토대로 쓰였고, 1751년 영조 27년에 간행된 의미 있는 지리서다. 굳이 '의미 있다'고 언급한 이유는 신분으로 사람을 구분하던 그 시대에도 스스로 자신을 바꾸려고 결심하면 다양한 방법을 통해 변화를 쟁취할 수 있다고 말하는 책이기 때문이다.

숙종 연간에 벼슬길에 나아간 후 영조 대까지 온갖 당파 싸움에 연루되어 유배와 해금을 거듭 당한 그는 마지막 유배가 끝나자 전국을 유랑하며 지리, 경제, 사회를 연구하는 실학을 몸으로 실천했다. (이중환은 《성호사설》을 쓴 대유학자 이익의 재종손이기도 하다.)

"사대부가 사는 곳 치고 인심이 무너지지 않은 곳이 없다."

아무리 큰 죄를 지은 범죄자라도 다른 당파의 지적을 받으면 죄의 유무는 전혀 따지지 않고 떼거리로 변호하는 바람에 순식간에 아무 죄도 없는 무고한 사람이 되며, 반면에 아무리 행실이 바르고 정직한 사람이라도 당파가 다르다는 이유만으로 그의 약점만 들추어내어 순식간에 죄인으로 만드는 현실에 누구라도 분노할 수밖에 없었다. 게다가 그는 헛공론만 일삼는 사대부와 자신의 이득만 생각하는 정치에 신물이 나서, 굳이 예순 생애 중 절반에 가까운 기간 동안 전국을 방랑하는 삶을 결심했다. 그렇게 탈출한 곳에서 유랑하며 느낀 것을 《택리지》에 담아 책을 써서 사람들에게 전파한 것이다.

"사람들에게 원하는 인생을 살 수 있게 해주고 싶다. 그러려면 어디에서 살아야 하는 걸까?"

이 책이 많은 사람들에게 읽힌 후 《동국지리해지》, 《진유승람》, 《팔역지》, 《팔역가거지》, 《동국총화록》, 《동국산수록》 등의 수많은 필사본으로 새롭게 탄생할 수 있었던 근본적인 힘도 거기에 있다. '사람이 자신의 변화를 위해[팔자를 바꾸기 위해, 출세하기 위해] 가장 살기 좋은 곳은 어디인가?'에 대한 질문에 대한 답은 언제든 흥미로운 주제이기 때문이다.

이중환의 집안은 대대로 관직에 오른 명문가로, 그 역시 스물네 살이 되던 해에 증광문과**에 급제하면서 평탄하게 관직에 입신했다. 문제는 남인 중에서 소론***인 그의 집안이 노론****과의 '혈투'에서 밀려 가문이 기울기 시작하며 일어난다. 30대 중반부터 유배를 당하기도 하면서 그는 관직을 향한 꿈과 희망을 아예 접는다. 당시의 절절한 마음을 담아 쓴 글에서 그 마음의 온도를 확인할 수 있다.

'때를 잘못 만난 사대부가 갈 수 있는 곳은 오직 산림뿐이다. 이것은 예나 지금이나 마찬가지인데, 지금은 더욱 힘들다. 조정에 나아가 벼슬을 하려고 하면 칼과 톱, 솥, 가마 따위로 서로 당색(黨色)이 다른 사람을 죽이려고 하는 등 당쟁이 끝나지 않는다. 초야에 묻혀 푸른 물과 산에서 살아가는 방법도 없는 것은 아니지만, 쉽게 가지도 못한다.'

이중환은 집도 절도 없이 떠돌며 비난과 살육이 없는, 인간이 살만한 땅을 물색했다. 앞선 언급처럼, 그토록 치열한 검증과 고증 끝에 나온《택리지》는 조선 후기에 간행된 책 가운데 가장 많이 필사된 책으로 꼽히는데 그 이유는 다음 세 가지 점에서 찾을 수 있다.

첫째, 모두의 마음에 있는 '더 좋은 곳에서 살고 싶다'는 인간의 본성을 자극했다.

둘째, '정보 위주'가 아닌 '새로운 시각'을 제시한 흥미로운 내용으로 목차를 구성했다.

셋째, 뜻과 의미만 전달한 것이 아니라 실제 생활에 필요한 지리와 지식까지 전달했다.

《택리지》가 괜히 대중의 사랑을 받은 것이 아니었다. 지리서이기는 하나 그 내용이 매우 방대하면서도 깊었다. 역사와 경제, 사회, 교통까지 함께 다루고 있어서 읽는 이에게 지적 자극을 주는 것은 물론, 자기가 원하는 인생을 살기 위해서 어디에서 무엇을 선택해야 하는지에 대한 조언까지 제공하는 책이므로 일견 당연한 결과였다.

*이중환: 《택리지》를 쓴 조선 후기의 유학자, 실학자. 성호 이익의 재종손이자 문인으로 실사구시(實事求是) 학풍의 영향을 많이 받았다.

**증광 문과: 조선시대 나라에 경사가 있을 때 식년시 이외에 실시된 비정기 과거 시험인 증광시의 4개 부문(소과, 문과, 무과, 잡과) 가운데 하나.

***소론: 인조반정(1623년)을 계기로 정권을 잡은 서인의 한 분파. 송시열 중심의 노장파에 대항해 한태동을 중심으로 한 소장파를 일컫는다.

****노론: 인조반정(1623년)을 계기로 정권을 잡은 서인의 한 분파. 송시열 중심의 노장파로서 한태동을 중심으로 한 소장파인 소론과 대립했다.

22

1月

《동의보감》

사람의 몸은 한 나라와 같다

'우리나라 서적이 중국에서 간행되기는 매우 힘든 일인데, 《동의보감(東醫寶鑑)》 25권이 중국 전역에서 이름을 떨치고 있다. 내 서재에는 이 책이 없어 아픈 일이 생길 때마다 번번이 책을 가진 사람들에게 빌렸는데, 이번 연행(燕行)*에 꼭 사려고 했으나 가격을 감당할 수가 없구나. 은 다섯 냥을 마련하기가 힘들어 또다시 눈물을 흘리며 돌아온다.'

1780년 연암 박지원이 중국 견문기 《열하일기》에 쓴 내용이다. 당시 조선의 저작(著作)은 수준이 낮다고 여겨졌기 때문에 중국에서 간행되는 게 쉽지 않았다. 이런 상황에서 《동의보감》은 문(文)을 중시한 조선의 사상과 철학이 낳은 결정체였다. 중국에서도 찬사가 이어졌다. 당시의 중국 명의 왕여준(王如尊)은 《동의보감》을 이렇게 평가했다.

"나는 평생 의학 서적을 즐겨 읽었다. 하지만 아무리 책을 읽어도 의학의 전반적인 내용을 쉽게 깨우칠 수는 없었는데 《동의보감》을 얻고 생각이 달라졌다. 허준** 선생은 병세와 병증에 따라 달리 처방했고, 또 그 이치를 밝혔다. 《동의보감》은 의서의 대작이다."

일본에서도 마찬가지였다. 《동의보감》은 1724년에 일본에서 처음 출판되었는데, 당시 일본의 미나모토 모토미치는 일본판 서문에 이렇게 적었다.

'《동의보감》은 백성을 보호하는 의술이요, 의술인에게는 최고의 축복이다.'

《동의보감》은 그의 격찬처럼 일본 에도시대*** 의술인의 필독서로도 널리 알려졌다.

그럼 《동의보감》이라는 제목은 누가 지은 걸까? 사학계에서는 허준이 직접 지었을 거라고 추측하고 있다. 이유는 그가 가졌던 생각과 했던 말에서 발견할 수 있다.

"우리나라는 예로부터 동방(東方)에 위치하여 의약학을 훌륭하게 발전시켰다. 그러므로 우리나라 의사들을 기꺼이 '동의(東醫)'라고 부를 수 있다."

'동의'란 '조선[東方]의 의학'을 뜻하므로 우리 신체에 맞는 우리만의 의학을 만들었다는 기쁜 사실을 세상에 전하는 것이라는 의미로 해석할 수 있다. 한의학 역사상 이 점이야말로 허준이 이룩한 가장 큰 공헌이다.

허준은 평안도에 역병이 유행하자 혼자 몸으로 현지로 가서 환자들을 치료했고, 그 와중에 자신도 병을 얻어 광해군 7년(1615년) 77세의 나이로 그곳에서 생을 마쳤다. 생전에 그는 "사람의 몸은 한 나라와 같다"라는 말을 남겼다. 그에게 한 사람이 세상을 떠난다는 것은 한 나라가 사라지는 것과 같았다. 아무리 그곳에 역병이 창궐하고 있다고 해도, 한 나라가 사라지고 있는데 어찌 가지 않을 수 있을까. 자신의 말과 뜻을 그대로 실천한 값진 죽음이었다. 허준은 《동의보감》이라는 책 제목의 의미 그대로의 삶을 실제로 살아낸 것이다.

\+ *연행: 조선시대 청나라로 보낸 사신 행차, 또는 그 일행. 청의 수도가 연경(燕京; 지금의 북경)이었기 때문에 그렇게 불렀다. 연행은 인조 15년(1637년)부터 고종 30년(1893년)까지 257년간 지속되었다.

**허준: 조선시대 《동의보감》, 《언해태산집요》, 《언해구급방》 등을 저술한 의관, 어의, 의학자. 어머니가 정실이 아닌 탓에 중인 신분이었지만, 의관의 길을 택해 30여 년 동안 왕실병원인 내의원의 어의로 활약했다.

***에도시대: 도쿠가와 이에야스가 세이이다이쇼군(征夷大將軍)에 임명되어 막부를 개설한 1603년부터 15대 쇼군 요시노부가 조정에 정권을 반환한 1867년까지의 일본 봉건시대.

23

1月

연암

최고의 작가는 지금 쓰는 사람이다

"글 안에 속해 있는 글자 하나하나가 읽는 사람의 마음을 때림으로써 어떤 울림을 만들어 낼 수 있어야 한다. 읽는 사람이 공감할 수 없는 글은 아무런 소리가 나지 않는다. 소리가 난다고 하더라도 잡음의 수준을 벗어나기 힘들다."

후학들에게 '연암(燕巖)을 빼고 조선의 글을 논한다는 것 자체가 성립하지 않는다'는 찬사를 듣는 문장가 박지원(朴趾源)의 말이다. 우리는 이백 년이 한참 지난 지금도 그가 쓴 글을 읽으며 인생의 지혜를 깨우치고, 그의 책들은 21세기 작가에 의해 다시 태어나 대형 서점의 베스트셀러 코너를 장식하고 있다. 만일 아직도 그가 살아 있다면 전국의 수많은 '글쟁이'들이 찾아와 글쓰기를 배우려고 했을 것이다.

무엇이 그로 하여금 그토록 수준 높은 글을 쓸 수 있게 만든 걸까? 나는《연암집》* 1권을 읽다가 그 해답을 찾았다. 한번은 연암이 특별히 아끼는 제자와 '좋은 문장은 어떻게 써야 하는가?'라는 주제로 열띤 토론을 나누고 있었다. 연암의 주장은 이랬다.

"전문가들은 옛 문물을 본받아야 한다고 말한다. 덕분에 옛글을 모방하고 답습하면서도 부끄러워하지 않는 사람들이 생겼다. 그럼 새롭게 쓰는 것이 좋은 걸까? 하지만 그런 생각 때문에 괴상하고 허황된 문장을 쓰면서도 두려움을 모르는 사람들이 나타났다."

연암은 답을 말하는 듯하다가 종래에는 어떤 답도 말하지 않았다. 옛글을 모방하지도 말고 새로운 것을 창조하지도 말라면, 대체 어쩌라는 건가? 사실 조선 최고의 문장가인 연암도 딱히 '글쓰기 실력을 갖추려면 바로 이렇게 하라!'는 해결책은 찾지 못했다. 그러나 다른 이들과의 분명한 차이는 알 수 있다. 연암은 자신의 말이 정답이라고 확신하진 않았지만, 거기까지 정리한 자기 생각을 글로 써두었다. 하지만 제자는 쓰지 않았다. 바로 여기에 글쓰기의 본질이 있다. 연암이 자신의 생각을 글로 쓴 덕분에 우리는 오늘날《연암집》을 통해 이백여 년 전 지식인을 마주하듯 선명하게 파악할 수 있다. 글이란 그런 것이다. 수준이 어떻든 결국 쓰는 자만이 남길 수 있다.

연암의 글을 통해 우리는 '글쓰기에 왕도는 없다'는 사실을 알게 된다. 사람마다 생각의 수준이 서로 다르기 때문이다. 그러나 최고의 글은 최고 수준의 생각에서만 나오는 것이 아니다. 그때그때 자신이 할 수 있는 만큼의 생각을 하되 글로 표현할 수 있다면, 자기 삶에서 최고의 글을 쓸 수 있다. 연암은 글을 쓰려는 모든 사람에게 이렇게 말한다.

"최고의 글은 상상 속에 존재하는 것이고, 최고의 글을 쓰려는 마음은 현실에 존재하는 것이다."

쓰기를 일상으로 삼아 반복하면 언젠가는 상상 속의 글을 쓸 수 있다. 현실의 반복이 곧 대가를 만들고, 최고의 작가는 지금 쓰는 사람이다.

✚ *《연암집》: 조선 후기의 문신이자 실학자인 박지원의 시가와 산문을 엮은 책. 연암의 사후 아들 종간(宗侃)이 편집하여 57권 18책의 필사본으로 전해오다가 초간본은 김택영에 의해 1900년에 원집이 나오고 1901년에 속집이 나왔다. 1932년에 박영철이 편집하여 간행한 중간본은 '박지원의 모든 문장을 빠짐없이 싣는다'는 원칙 아래 종간의 필사본을 저본으로 하고 〈열하일기〉, 〈과농소초〉 등을 별집으로 덧붙여 17권 6책으로 펴냈다.

24

1月

〈제가야산독서당〉

자연은 승자와 패자 모두를 포근하게 안아준다

선비의 전신은 삼국시대 무렵부터 중국에서 공부했거나 유가(儒家)의 영향을 받은 유학자다. 이른바 '선비 정신'도 이미 그 당시에 토대를 갖췄다. 신라를 대표하는 유학자 최치원(崔致遠)은 이런 말을 남겼다.

"지혜로운 자는 가난해도 즐거워하고, 어리석은 자는 부자라도 걱정한다."

하지만 실천과 적용은 매우 어렵다. 이유가 뭘까? 그는 〈제가야산독서당(題伽倻山讀書堂)〉*이라는 자신의 시에서 이렇게 답한다.

'첩첩한 돌 사이로 미친 듯 내뿜어 빽빽한 봉우리를 울리네.
사람 말소리 바로 곁에 있어도 분간하기 어렵네.
항상 시비를 따지는 소리 귀에 들릴까 두려워하여,
일부러 흐르는 물로 하여금 온 산을 둘러싸게 했는가.'

어떤 고난과 역경도 시간을 통해 이겨내는 자연의 모습에서 배워야 한다는 말이다. 늘 시시비비를 가리며 승자를 정하는 방식으로는 어디에서도 만족할 수 없다는 의미인 셈이다. 자연에서 답을 찾지 못하는 자는 어디에서도 지혜를 구하기 힘들다.

최치원은 천재에 가까운 인물이었다. 겨우 열두 살의 어린 나이에 국비 유학생 신분으로 당나라로 떠났다. 더 놀라운 사실은 어린 나이에 유학을 떠났다는 것 자체가 아니라, 실제로 열일곱이라는 나이에 그곳에서 '진사갑과'라는 공무원 시험에 합격했다는 사실이다. 무려 17년 동안 당나라의 여러 공직을 경험하고 돌아온 그에게, 그러나 885년의 신라라는 공간은 전혀 아름답지 않았다. 지방 호족의 세력이 커지고 왕실과 조정의 권위가 약해지면서 정치적 위기가 심각해져 있었다. 최치원은 오랜 연구와 사색 끝에 894년 진성여왕에게 십여 조의 시무책**을 제시했다. 그러나 그의 예상대로 나라를 좌지우지하던 진골 계급의 반발로 아무것도 실현되지 못했다. 나이 마흔에 그는 관직을 버리고 전국을 방랑하다가 결국 가야산에 은거했다. 앞의 시처럼, 자연의 물소리를 빌려 속세와 단절하고 자연 속에서 하나가 되어 사는 삶을 택한 것이다.

삼국시대와 고려, 그리고 조선으로 이어지는 역사에서 우리는 늘 되풀이되는 공통점 하나를 발견할 수 있다. 정치와 경제의 중심에 서면 좋은 역할을 할 것 같은 지성인들이, 권력을 잡았거나 잡으려는 무리들에 의해 반드시 축출되거나 사라지는 광경을 말이다. 최치원 역시 마찬가지였다. 그러나 선대의 지성들이 스스로 자기 아픔을 치유하며 다시 힘을 낸 것처럼, 그도 이렇게 아름다운 시를 쓰며 다친 마음을 다스렸다. 자기 입으로 잘났다고 떠드는 이유는 스스로 못났음을 강조하는 것이며, 자기 입으로 안다고 자랑하는 것은 자기의 무지를 스스로 증명하는 것이라는 사실을 우리는 그의 시를 통해 알 수 있다.

*〈제가야산독서당〉: 신라 말기에 최치원이 진성여왕에게 시무 십여 조를 올리고 가야산에 은거하여 지은 한시. 〈제가야산〉이라고도 한다.

**십여 조의 시무책: 남북국시대 통일신라 학자 최치원이 진성여왕에게 올린 정책서. 집권 체제가 해이해지고 골품제의 모순이 누적됨에 따라 야기된 여러 문제들을 해결해보려는 최치원의 고언(苦言)이었다.

25

1月

황진이

조선 최고의 '사랑 시인'

조선시대의 '본격 문학'은 역시 시(詩)다. 황진이(黃眞伊)는 조선 전기의 시인이자 예술가로 한국인이라면 누구나 아는 여성이다. 그녀를 둘러싼 흥미로운 두 가지 이야기가 전해지는데, 하나는 시대를 뛰어넘는 다른 천재들처럼 그녀가 어린 시절에 이미 사서삼경을 독파했다는 것이고, 나머지 하나는 오늘날 검색만 하면 무수한 정보가 쏟아지는 당대의 명사들과 같은 시간, 같은 공간에 머물며 다양한 이야기를 남겼다는 것이다.

물론 그 시절의 인물들이 모두 그렇듯 공사(公私)의 기록이 두루 풍부한 왕이 아닌 이상, 어디까지가 진짜 황진이의 모습이고 어디부터 지어낸 이야기인지 확실하게 파악하기는 어렵다. 사실 '기생'이라는 직업도 당시 어떤 개념의 일이었는지 그것조차 분명하지 않다. 다양한 책과 드라마에서 그녀를 주인공으로 삼고 있지만, 완벽하게 믿고 읽거나 감상할 수 있는 콘텐츠는 없다고 보는 게 맞다. 다만 그녀가 남긴 시를 통해 짐작할 수 있는 가장 확실한 사실은, 그녀가 매우 뛰어난 시인이었다는 것이다. 결국 우리는 남겨진 시를 통해 그녀를 짐작할 수 있을 뿐이며, 그것이 '사실 그대로의 황진이'를 알 수 있는 가장 지혜로운 방법이다.

황진이는 보기 드문 재능으로 수많은 시와 시조를 남겼다. 〈청산리 벽계수(碧溪守)*야 수이 감을 자랑마라〉, 〈동짓달 기나긴 밤을〉 등의 시조들은 교과서에도 실려있고 수학능력시험에조차 출제된 적이 있을 정도로 훌륭한 작품이다. 여기서는 그녀를 대표하는 시로 〈동짓달 기나긴 밤을〉을 소개한다. 이 작품의 의미를 현대 감성에 맞추어 풀이하면 이렇다.

'동짓달 기나긴 밤 한가운데 허리를 베어내어
봄바람 이불 밑에 서리서리 넣었다가
고운 임 오신 날 밤이 되면 굽이굽이 펴리라.'

'서리서리'와 '굽이굽이'라는 표현이 '언어의 음성'으로 듣기에는 조금 투박하지만, 이 시에서 느껴지는 '마음의 음성'은 한없이 따스하고 아련하다. '서리서리'는 긴 물건을 둥그렇게 여러 번 감아 놓은 모양을 말하는데, 그렇게 고이 감아 둔 시간을 사랑하는 사람이 오면 '굽이굽이 펴겠다'는 아름다운 마음이 녹아 있어서 그렇다. 사랑하는 사람을 기다리는 고독한 시간을 마치 칼로 자르듯 토막을 내고 싶다는 표현, 그렇게 베어낸 시간을 사랑하는 사람과 함께 하는 날이 오면 꺼내어 굽이굽이 구부러지듯 천천히 흐르게 하겠다는 애절함이, 읽기만 해도 느껴지도록 아름다움을 더한다.

마치 사랑을 전하고 그것을 표현하기 위해 태어난 사람처럼 그녀의 언어는 특별하다. 그때로부터 지금까지 헤아릴 수 없이 많은 사랑 시가 세상에 나왔지만, '사랑', '이별', '그리움'이라는 단어를 직접 쓰지 않으면서도 이렇게 뜨거운 사랑을 느껴지게 만드는 시는 만나기 쉽지 않다.

+ *벽계수: 세종의 서자인 영해군의 손자로 알려진 조선의 관리이자 왕족. 이 작품에서는 . '푸른 계곡물'과 '고지식한 선비'라는 중의(重義)적 표현으로 쓰였다.

26

1月

부부별곡

조선에서 발견한 가장 아름다운 사랑의 기록

오랜 기간 대제학*을 지낸 서거정(徐居正)**은 세조의 총애를 받아 승승장구하면서 성종 대까지 국가의 각종 편찬 사업에 주도적으로 참여한 인물이다. 독특하게도 서문(序文) 전문가이기도 했는데, 《경국대전》, 《삼국사절요》, 《동문선》 등 조선을 대표하는 주요 서적의 서문을 작성하며 그 학식과 명성을 증명했다. 중요한 것은 조선 태조부터 숙종 때까지의 주요 인물에 관한 사항을 항목별로 나누어 정조 연간에 간행된 책 《국조인물고(國朝人物考)》에서 그를 이렇게 평가한다는 사실이다.

'선비 중에 입덕(立德), 입공(立功), 입언(立言), 즉 삼불후(三不朽)***의 아름다움을 겸비한 사가 드물다. 그래서 이를 갖추면 후세에 영원히 전해질 훌륭한 모범이 된다. 그런데 서거정의 말(言)은 학문의 모범이 되고, 공(功)은 관직의 일정한 직무를 지킨 데에 있어 훌륭하며, 덕(德)은 그를 따르는 사람들이 증명하고 있으니, 서거정 같은 분이야 더 말할 것이 있겠는가? 삼불후에 무엇을 더할 것이 있겠는가?'

어떤 말을 더 보탤 수 없을 정도의 극찬이다. 그를 오랫동안 연구하며 마음에 품고 지낸 나도 역사 속에서 그처럼 빼어난 능력과 존경할 만한 내면을 가진 사람을 본 바가 없다. 이쯤 되면 궁금하지 않을 수 없다. 그의 삶 속에 가장 큰 부분은 차지하고 있었던 것은 무엇일까?

예순여덟이 되던 해인 성종 18년(1487년) 서거정은 자신의 시집인 《사가집》에 이런 시를 쓴다.

'부부가 된 지 오십 년이 되었소만
이처럼 갑자기 사별할 줄 어찌 알았으리.
마지막으로 고기 한 점 건네지도 못하고 아내를 보냈네.
밥상을 눈썹까지 들어 올리던 당신을 다시는 못 만나겠지.
지난밤 절구통에 밥 짓는 꿈을 꾸었더니,
오늘 아침 장자가 동이를 두드리는 슬픈 일을 당하고 말았네.
— 후략 —'

절구통에 밥 짓는 꿈과 장자가 동이를 두드리는 일****은 모두 아내의 죽음을 암시하는 표현이다. 이 시가 슬프면서도 아름다운 이유는 그림을 그리듯 아내의 모습을 떠올리는, '밥상을 눈썹까지 들어 올리던'이라는 구절 때문이다. 읽기만 해도 아내 생전 두 사람의 사랑이 한 점의 그림처럼 그려진다. 사랑하는 아내가 세상을 떠난 날, 아내가 곁에 머물던 시간을 추억하며 그는 얼마나 더 힘이 들었을까. 그럼에도 그는 사랑하는 아내를 시로 남겨야겠다는 생각으로 감당 안 되는 고통을 이겨냈고, 사랑했던 마음을 아름다운 시로 남길 수 있었다. 황진이가 남녀 간의 '뜨거운 사랑'을 노래했다면 서거정은 부부 간의 '따뜻한 사랑'을 그려낸 것이다.

서거정에게 아내는 가장 좋은 친구이자 가족이었다. 학식과 벼슬이 높아 그를 따르는 수많은 제자와 지인이 있었지만, 그건 어디까지나 바깥에서의 풍경이었다. 집에 돌아오면 그는 아내와 함께 술을 마시고 시를 짓는 근사한 시간을 보내며 행복한 일상을 보냈다. 바깥에서는 근엄하고 냉철한 사람이었지만, 집에서는 한 여인을 사랑하는 따스한 마음을 가진 한 사람의 남자로만 살았다. 서거정이 삼불후의 가치를 세상에 남길 수 있었던 것은 집에서 받은 아내와의 사랑과 행복이 있어서가 아니었을까. 사랑은 언제나 최고의 것을 이루어주니까.

*대제학: 조선시대 홍문관 · 예문관의 정2품 관직.

**서거정: 조선 전기 형조판서, 좌참찬, 좌찬성 등을 역임한 문신. 우리나라 한문학의 독자성을 내세우면서 역대 한문학의 정수를 모은 《동문선(東文選)》을 편찬했다.

***삼불후:영원히 없어지지 않는 세 가지를 이르는 말. 석 삼(三), 아닐 불(不), 썩을 후(朽)를 쓴다.

****장자가 동이를 두드리는 일: '장자처사장(莊子妻死章)'이라는 글에서 나온 것으로 아내의 죽음을 비유적으로 이르는 말. 장자의 아내가 죽자 친구인 혜시가 문상을 왔는데, 장자가 다리를 뻗고 앉아 동이(그릇의 일종)를 두드리며[鼓盆] 노래를 하고 있었다는 고사에서 유래한다.

27
1月

〈진달래꽃〉
말하지 않아도 내 마음 알아주면 안 되나요

이런 가사가 나오는 광고 음악이 하나 있었다. '말하지 않아도 알아요'. 어떤 상품을 가리키는지 다들 짐작할 수 있을 것이다. '눈빛만 봐도 알 수 있잖아'라는 노래 가사라든지, "척하면 척이지"와 같은 말이 한국 사회에서 유독 자주 나오는 이유는 다들 이런 생각을 마음 깊은 곳에 품고 살기 때문이다. "힘든 내 마음 좀 알아줘", "너를 사랑하는 마음을 척 보면 느껴지지 않니?", "꼭 말로 해야 알겠니?". 사실 이 모든 말에는 '우리 사이에'라는 전제가 생략되어 있다. 가까운 사이일수록 마치 퀴즈 게임이라도 하는 것마냥 약간의 힌트만 줘도 금방 알아맞히기를 소망하는 것이다. 소중한 사람을 향한 소망과도 같은 한국인의 사랑 방식을 가장 잘 담았다고 하는 〈진달래꽃〉이 그 전형적인 예다. 굳이 입 열어 말하지 않아도 알아주길 바라는 한국인의 정서가 가득 담긴 글이기 때문이다.

시를 한 번 천천히 읽어보자. 듣는 입장이 아닌 말하는 사람의 입장이 되는 게 포인트다.

'나 보기가 역겨워 / 가실 때에는 / 말없이 고이 보내 드리오리다 /
영변에 약산(藥山)* 진달래꽃 / 아름 따다 가실 길에 뿌리오리다 / 가시는 걸음걸음 /
놓인 그 꽃을 / 사뿐히 즈려밟고 가시옵소서 / 나 보기가 역겨워 / 가실 때에는 /
죽어도 아니 눈물 흘리오리다'

시는 첫 연부터 '제발' 자신의 마음을 알아 달라고 하소연한다. '나 보기가 싫어져 떠난다면 아무 말 않고 보내주겠다'라는 말로 언제든 사랑하는 사람을 떠나보낼 수 있다는 자신감을 드러내는 듯하지만, 속마음은 전혀 다르다. 오히려 절대로 보내지 않겠다는 굳은 결심을 담았기 때문이다. 둘째 연도 마찬가지다. '영변 약산의 진달래꽃을 잔뜩 따다가 떠나는 애인의 발길을 축복하겠다'고 말하지만, 실은 자기를 두고 간다면 절대 축복할 수 없다는 '역설적 다짐'을 말하고 있다. 넷째 연에 가면 이런 감정은 극에 달한다. '나 보기가 싫어져 떠난다면 죽어도 안 울겠다'고 말함으로써, 떠난다는 말만 꺼내도 나는 견디지 못해 통곡하며 당신을 붙잡을 수밖에 없다는 강한 의지를 드러내고 있기 때문이다.

우리는 〈진달래꽃〉이 이별을 앞둔 연인의 슬픈 마음을 노래한 시라는 '교과서적 해석'을 배웠고 다들 그렇게 알고 있지만, 조금 다른 시각으로 보면 이별을 앞둔 상황이 아니라 지금 너무 사랑하고 있어서 혹 닥칠지도 모를 이별을 미리 두려워하는 연인들일 수도 있다. 이들은 이제 막 사랑을 시작한 애틋한 감정을 가진 연인들인 셈이다. 내가 이렇게 보는 이유는 모든 언어와 감정이 현재가 아닌 미래에 맞춰져 있기 때문이다. 헤어지고 싶지 않은 자신의 마음을 상대방인 연인이 조금 더 알아주기를 바라는, 이제 사랑을 시작하는 사람의 염원이 가득 담겨 있는 시인 셈이다.

한국인이 가장 애송한다는 〈진달래꽃〉은 결국 '한국인만의 사랑 방식을 잘 드러낸 시'여서 더 오랫동안 더 많은 사람에게 불려지는 게 아닐까.

\+ *약산: 평안북도 영변군 영변면에 있는 산. 관서팔경의 하나로 봄에 진달래를 비롯한 백화가 만발하고, 가을에는 단풍이 일품이다.

28

1月

〈너를 기다리는 동안〉

사랑은 주는 게 아니라 다시 받는 것에서 완성된다

황지우는 매우 실험적이며 상징적인 시를 쓰는 시인이다. 1983년 〈새들도 세상을 뜨는구나〉로 김수영문학상을 수상했다. 그를 대표하는 시집으로 《어느 날 나는 흐린 주점에 앉아 있을 거다》가 있는데 이것으로 제1회 백석문학상을, 여기 실린 〈뼈아픈 후회〉라는 시로는 김소월문학상을 수상했다.

앞서 말한 것처럼 그의 시는 언제나 형식을 파괴하는 방식으로 유명하다. 발표한 모든 시가 그 시대를 대표하는 근사한 언어로 가득하지만, 나는 시대를 뛰어넘는 더 근사한 시를 하나 알고 있다. 이 세상에 존재하는 모든 사랑을 다 담았다고 생각하는 〈너를 기다리는 동안〉이 바로 그 시다. 남녀 간의 사랑을 소재로 한 작품임에도 불구하고 각종 입시 관련 모의평가에 자주 나오며 수학능력시험 모의고사에도 출제되어 유명한데, 과연 무엇이 이 시를 아름답게 만들고 있는지 감상해 보자.

'네가 오기로 한 그 자리에 / 내가 미리 가 너를 기다리는 동안 / 다가오는 모든 발자국은 /
내 가슴에 쿵쿵거린다 / 바스락거리는 나뭇잎 하나도 다 내게 온다 /
기다려본 적이 있는 사람은 안다 / 세상에서 기다리는 일처럼 가슴 애리는 일 있을까 /
네가 오기로 한 그 자리, 내가 미리 와 있는 이곳에서 / 문을 열고 들어오는 모든 사람이 /
너였다가 / 너였다가, 너일 것이었다가 / 다시 문이 닫힌다 / 사랑하는 이여 /
오지 않는 너를 기다리며 / 마침내 나는 너에게 간다 / 아주 먼 데서 나는 너에게 가고 /
아주 오랜 세월을 다하여 너는 지금 오고 있다 / 아주 먼 데서 지금도 천천히 오고 있는 너를 /
너를 기다리는 동안 나도 가고 있다 / 남들이 열고 들어오는 문을 통해 /
내 가슴에 쿵쿵거리는 모든 발자국 따라 / 너를 기다리는 동안 나는 너에게 가고 있다.'

이 시의 백미는 바로 이 부분이다.

'너였다가, 너일 것이었다가 다시 문이 닫힌다'

기다리는 대상은 사람일 수도, 그게 아니라면 꿈이나 소망일 수도 있다. 다만 그는 그 기다림을 확신과 추측의 반복으로 표현했다. 간절하게 기다리는 마음이 그 대상을 상상 속에서 그려냈고, 마치 내게 다가오는 것이라고 믿었다가, 다시 처음으로 되돌아가 기다리는 자세가 된다. 내가 '중략'이라는 간편한 도구를 활용하지 않고 시의 전문을 소개하는 이유는 그럴 가치가 충분하기 때문이며, 한 단어라도 생략하면 전체 의미가 훼손되기 때문이다. 시인은 결국 기다리다 지쳐서 '너를 기다리는 동안 나는 너에게 가고 있다'라고 말하며 '네가 오지 않는다면 내가 너에게 가겠다'라고 외치며 시를 끝낸다.

이 시를 '모든 사랑을 다 담은'이라고 수식하는 이유가 바로 거기에 있다. 당신이 사랑하는 대상이 연인이든 꿈이든 상관없이 아무리 기다려도 오지 않는다면, 이제는 당신이 가면 된다. 세상 어딘가에서 그가 당신을 기다리고 있을 지도 모르는 일이므로. 사랑하면 그걸로 행복한 것이라고 말하는 사람도 있다. 그러나 황지우 시인은 '사랑의 완성은 주는 것만이 아니라, 사랑하는 사람에게서 마음을 받는 것까지'라고 단언한다. 사랑을 받아본 적이 없다면 단 한 번도 사랑한 적이 없는 것이다.

29

1月

조병화

작가는 세상을 이해하고 사랑하는 만큼 쓸 수 있다

'시간을 매우 철저하게 지키며 그런 원칙을 통해 자신의 삶을 관리하던 사람'

시인 조병화(趙炳華)*를 정의하는 가장 적절한 서술이다. 5분 전에는 약속 장소에 나타났고, 별다른 이유 없이 약속 시간에서 10여 분이 지나면 더 기다리지 않고 일어섰다. 그런 그의 냉정이 다른 이의 미움을 사지 않을 수 있었던 이유가 있었다. 그는 동료와 어울릴 때면 술값이나 밥값을 누구보다 먼저 내며, 때로는 가난한 후배들에게도 자존심이 상하지 않도록 슬며시 용돈을 건넸다. 원칙이 철저했던 것이지 마음까지 냉혹한 사람은 아니었던 것이다.

그가 특별한 자신의 원칙을 세우고 그걸 철저하게 지킨 이유는 사람을 차별하거나 차가운 마음을 가졌기 때문이 아니다. 오히려 그것이 자신을 위한 일이며, 또 그를 기다리고 있는 다른 누군가를 위한 선택이었기 때문이다. 냉정함과 따뜻함의 중간에 서서 그는 사는 내내 외로웠을 것이다. 말로 설명하고 이해를 구할 수 있는 문제가 아니니까.

굳이 변명하지 않아도 그의 글을 읽어본 사람은 저절로 알게 된다. 그는 넘치는 지식과 풍부한 이야기를 누구나 이해할 수 있는 가장 쉬운 언어로 표현했다. 보통 사람은 쉽게 다가갈 수 없는 삶과 죽음, 인생의 본질에 대한 광범위한 문제를 일상의 언어로 그려내며 많은 독자의 사랑을 받았다. 사람을 향한 따스한 온기가 글에서도 그대로 나타난 것이다.

또 하나 특기할 만한 점은 거의 매년 시집을 발간할 정도로 많은 작품을 썼다는 사실이다. 혹자는 그의 문학적 능력이 다작으로 인해서 '소모되고 있다'고 비난하기도 했다. 하지만 그는 이에 동의하지 않는다. 그의 답변을 주의 기울여 읽어보자.

"아프면 아플수록 시가 많이 나오고, 외로우면 외로울수록 시가 많이 나오고, 그리우면 그리울수록 시가 많이 나오고, 쓸쓸하면 쓸쓸할수록 시가 많이 나온다."

결국 그의 외로운 일상은 시가 되어 태어났다. 1972년 그는 스무 번째 시집 《먼지와 바람 사이》를 발간하며 후기에서 자신의 솔직한 마음을 전한다.

'나는 나를 떠나서 나의 생애를 생각해 본 일이 없다. 그럴 겨를이 없었다. 그렇게 쫓기는 현실 속에서 나는 나를 놓을 수가 없었던 거다. 이런 나의 어두운 자리에서 시는 항상 꿀벌처럼 무리를 쳐갔다. 그러니까, 지금 20개의 벌꿀 통에 들어 있는 나의 시들은 모두 그러한 행복하지 못한 철학의 숲속에서 거두어들인 단맛 없는 꿀들이다. 그러나 내상(內傷)을 입은 나의 영혼은 이 꿀로 치료를 거듭해왔던 것이다. 실로 나에게 있어서 시는 내 존재의 숙소, 그 등불, 그 휴식, 또한 보이지 않는 먼 내일로의 여행, 그 저린 뜨거운 눈물, 그 손짓, 그 힘이었다. 그리고 이 과정을 살아온 경험의 흔적, 그 총체였다.'

'자기 영혼을 사랑한 만큼 사람도 세상도 사랑한' 시인 조병화, 우리는 그를 그렇게 말할 수밖에 없다. 내상을 입어 힘들고 외로웠지만 그럼에도 멈추지 않았던 그의 일상이 모든 것을 증명한다. 사랑하면 아프다. 그러나 아파서 다시 사랑을 갈구하게 된다.

✚ *조병화: 한국시인협회 회장, 한국문인협회 이사장, 대한민국예술원 회장을 역임한 시인. 대표작으로 시집 《버리고 싶은 유산》, 《하루만의 위안》 등이 있다.

30 1月

〈꽃〉

자기 눈에만 보이는 그것을 불러내는 예술가의 고독

1922년 11월 경남 통영에서 태어난, 그 유명한 시 〈꽃〉의 주인공 시인 김춘수(金春洙)는 1948년 첫 시집《구름과 장미》를 시작으로 수많은 시를 창조했다. 내가 굳이 '창조'라는 어마어마한 어휘를 동원하는 이유는, 지금 소개하는 〈꽃〉이라는 시와 '창조'라는 낱말이 서로 맞닿아 있기 때문이다. 그는 시인 라이너 마리아 릴케*를 사랑했다. 릴케의 시를 읽고 바로 '시를 쓰며 살아야겠다'는 강렬한 계시를 받았기 때문이다. 백석과 윤동주도 릴케의 영향을 적지 않게 받았지만, 김춘수가 그들과 다른 점은 시를 창조의 관점에서 바라보았다는 것이다. 〈꽃〉을 쓰던 무렵에도 그는 릴케를 가장 빈번하게 생각했으며 동시에 이런 질문을 수없이 자신에게 던졌었다.

'시를 잉태한 언어는 피었다가 지는 꽃들의 뜻을, 든든한 대지처럼 제 품에 그대로 안을 수가 있을까.'

반복해서 읽어도 쉽게 이해할 수는 없는 문장이다. 그러나 고독과 창조의 개념으로 바라보면 달라진다. 고독은 풀리지 않는 문장을 해체하기 때문이다. 당신이 누구든 지금까지 수없이 〈꽃〉을 읽어보았을 것이다. 이번에는 '지금까지 없던 것을 발명[창조]'하는 과학자의 마음으로 분석하듯 읽어보자.

'내가 그의 이름을 불러주기 전에는 / 그는 다만 / 하나의 몸짓에 지나지 않았다. /
내가 그의 이름을 불러주었을 때, / 그는 나에게로 와서 / 꽃이 되었다. /
내가 그의 이름을 불러준 것처럼 / 나의 이 빛깔과 향기에 알맞는 /
누가 나의 이름을 불러다오. / 그에게로 가서 나도 / 그의 꽃이 되고 싶다. /
우리들은 모두 / 무엇이 되고 싶다. / 너는 나에게 나는 너에게 /
잊혀지지 않는 하나의 눈짓이 되고 싶다.'

'김춘수'라는 그의 이름을 당신의 이름으로 바꾸고 그가 그토록 애절하게 부르는 '꽃'을 당신이 추구하는 '꿈' 또는 '희망'으로 바꿔서 생각해보자. 시의 표현 그대로, 이름을 바꾸기 전에는 하나의 몸짓에 지나지 않았던 당신의 꿈과 희망이 이름을 지어 불러주면 그 순간 꽃과 같은 존재가 된다. 변화 과정의 가치를 아는 것이 중요하다. 시를 쓰는 것이 고독한 일인 이유는, 자기 눈에는 선명하게 보이지만 그걸 발견하지 못하는 수많은 사람에게 '창조'에 가까운 노력을 통해 보여주는 일이기 때문이다.

어디에 있는지도 알 수 없는 저 한 켠 구석에서 '하나의 몸짓'으로 세계 속에 존재하던 그 무엇은 이름이 불림으로써 비로소 의미 있는 존재로 '구출'된다. 시인은 마치 활활 불이 타오르고 있는 빌딩의 지하로 들어가 목숨을 걸고 생명을 구출하듯, 숨어 있어 아무도 발견하지 못하는 '하나의 의미'를 구출한다. 우리는 이 시를 다 안다고 생각하지만 하나도 모르고 있다. 존재 양식 밑바탕에 있는 고독과 그것을 구출하려는 의지를 말이다.

+ *라이너 마리아 릴케: 《말테의 수기》를 쓴 오스트리아의 시인이자 소설가. 20세기 최고의 독일어권 시인 중 한 사람이다. 조각가 로댕의 비서를 지내기도 했다.

31

1月

윤동주문학관

시인의 맑은 삶이 느껴지는 공간

서울특별시 종로구, 경치가 아름다워 이를 배경으로 한 산수화가 많은 인왕산에서 내려오는 길목에 윤동주문학관이 '선물'처럼 놓여 있다. 윤동주문학관을 여기에서 소개하는 이유 역시 이와 다르지 않다. 윤동주 시인은 그 '선물'만큼 아름다운 영혼의 소유자이기 때문이다. 문학관을 직접 가서 보면 건물과 주변 분위기가 그의 글과 영혼을 닮았다는 생각이 든다. 시인은 오래전 세상을 떠났지만, 문학관 내부와 외부로 펼쳐진 초록색 자연이 그의 맑았던 영혼의 색을 보여주고 있어서다. 2012년 문을 연 윤동주문학관은 시인의 창작이 가장 활발했던 1930년을 전후해 그가 학창 시절(연희전문)을 보내며 하숙하던(소설가 김송의 집) 동네였다는 인연으로 이곳에 자리 잡았다. 이 문학관의 특징 중 하나는 인왕산 자락에 버려져 있던 청운수도가압장과 물탱크가 의미 있게 변모한 곳이라는 사실이다. 먼저, 누구나 학창 시절에 배웠던 그의 대표작 〈서시(序詩)〉를 다시 기억에서 꺼내보자.

'죽는 날까지 하늘을 우러러
한 점 부끄럼이 없기를,
잎새에 이는 바람에도
나는 괴로워했다.
별을 노래하는 마음으로
모든 죽어 가는 것을 사랑해야지
그리고 나한테 주어진 길을
걸어가야겠다.

오늘 밤에도 별이 바람에 스치운다.'

당시 분위기가 지금과 달라 의미는 조금 다를 수 있지만, 현대의 기준으로 다시 의미를 부여하자면 그는 사라지는 아주 작은 것들을 보면서도 마음 아파했던 사람이었다. 약자와 고통을 겪는 것들에 대한 그의 애정이, 바로 버려져 있던 곳을 문학관으로 만든 그 과정과 닮아 있어 더욱 마음에 남는다. 치울 수도 없고 그렇다고 사용할 수도 없던 청운동의 애물단지였던 그곳을 윤동주의 삶과 글이 다시 생기를 불어넣은 셈이다. 그가 아니었다면 이곳은 다시 살아나기 힘들었을 것이다.

일제의 강압이 극에 달했던 1930년대부터 문인들은 강압과 회유책에 견디지 못하고 살기 위해 어쩔 수 없이 변절을 선택했다. 윤동주 시인이 민족 시인으로 추앙받는 이유가 바로 여기에 있다. 그는 죽는 날까지 일본어로 작품을 쓰지 않았다. 〈서시〉에 나오는 '죽는 날까지 하늘을 우러러 한 점 부끄럼이 없기를'이라는 표현에 부끄럽지 않은 삶을 산 것이다. 그의 이런 순결한 삶은 문학관 안에서도 확인 가능하다. 제2전시실의 모티브가 '열린 우물'이고, 제3전시실은 '닫힌 우물'인데, 모티브의 표제대로 열린 우물은 하늘이 열려 있고,

닫힌 우물은 물탱크 그대로의 모습처럼 하늘이 막혀 있다. 이는 현실이 아무리 고통스럽고 힘들어도 희망을 가지고 소신을 지키며 살겠다는 시인의 생각과 그 구조가 닮아 있다. 그런가 하면 그가 생전에 시상을 떠올리기 위해 걸었던 자취를 따라 걷는 것도 좋다. 걷다 보면 작은 광장이 하나 나오는데, 여기에 앉아 그의 시를 천천히 낭독하면 마음까지 하늘처럼 맑아지는 기분이 든다. 실제로 언덕에 시인의 〈서시〉가 새겨진 조형물이 있으니, 사랑하는 사람이나 가족이 함께 나란히 서서 읽어보면 새삼 코끝이 찡해질 것이다.

세상에 좋은 문학관은 많다. 하지만 시인의 삶과 그를 기념하는 공간이 하나로 일치하는 곳은 드물다. 그게 바로 이 공간을 여러분께 소개하는 이유다.

1월 문학

3, 4일 한용운선생생가지 & 심우장

민족독립운동가이자 시인인 한용운 선생은 충남 홍성에서 태어났다. 그곳에는 선생의 생가(生家)가 복원되어 있다. 독립운동가로 활동하기 이전에 불교에 입문하여 불교철학에 심취했던 선생의 삶의 궤적을 돌아볼 수 있는 공간이다. 서울 성북동에는 조선총독부를 등지도록 설계한 심우장을 짓고 그곳에서 기거하며 〈님의 침묵〉 등을 집필했다.

〈한용운선생생가지〉 충남 홍성군 결성면 만해로318번길 83
〈심우장〉 서울시 성북구 성북로29길 24

5일 안중근의사기념관

안중근의사기념관을 들어서는 순간, 뤼순 감옥에 투옥된 후 법정에서 이토 히로부미의 열다섯 가지 죄를 단죄하기 위해 그를 처단했다는 안 의사의 결연한 의지가 떠오른다. 기념관이 일제강점기 일제 권력의 주무대였던 남산 자락에 세워진 것이 더 의미 깊어 보인다. 안 의사가 생전에 남긴 붓글씨와 혈서에도 조국 독립을 바라는 절절함이 배어있다.

서울시 중구 소월로 51

6일 길상사

백석의 대표적인 시 〈나와 나타샤와 흰 당나귀〉에 등장하는 나타샤는 시인으로부터 '자야'라는 애칭으로 불리던 기생 진향이었다. 그녀의 본명은 김영한. 먼 훗날 그녀는 요정 대원각의 주인이 되었고, 대원각을 법정 스님에게 시주하면서 길상사로 거듭났다. 길상사는 이제 아름다운 사연이 흐르는 성북동의 명소가 되었다.

서울시 성북구 선잠로5길 68

7일 봉선사

봉선사 절 입구의 부도(浮屠) 탑 중에 춘원 이광수 기념비가 있다. 춘원은 꿈에 그리던 광복을 맞이한 순간, 봉선사 은거에 들어갔다. 일제강점기 일제의 문화 말살 정책을 이겨내지 못 하고 '배신자'라는 멍에를 진 일에 대한 자성이었다. 봉선사 선방은 은거 중 작품 〈나의 고백〉 등을 집필했던 곳. 이광수는 한국전쟁 때 납북되었고, 그 이후 생사는 확인되지 않았다.

경기도 남양주시 진접읍 봉선사길 32

11일 황순원문학촌 소나기마을

양평 두물머리 풍경을 지나 황순원문학촌으로 들어서면 어릴 적 향수에 빠져들게 된다. 소나기 분수가 쏟아지는 광장 너머로 소설 〈소나기〉 속 두 주인공의 모습이 아련하게 피어오른다. 전시관 2층에 마련된 작가의 방에 황순원 선생이 생전에 글을 쓰던 공간을 그대로 옮겨 놓았다. 문학을 대하던 작가의 마음이 생생하게 담긴 곳이다.

경기도 양평군 서종면 소나기마을길 24

방에서 떠나는 인문학 여행지

13, 14일 현충사

현충사 사당 안에는 이순신 장군이 아끼던 큰 칼이 걸려있다. 소설가 김훈이 《칼의 노래》를 쓰도록 추동한 그 칼이다. 이곳은 조선을 승리로 이끈 한 장수를 기념하는 공간이면서 우리 민족의 애국정신을 고취하는 공간. 전쟁터에서 기록한 장군의 외로운 노래 《난중일기》에는 어머님에 대한 효심도 지극히 녹아있어 장수이기 전에 한 인간이었음을 여실히 드러낸다.

📍 충남 아산시 염치읍 백암리

세종대왕기념관 제공

19일 세종대왕기념관

백성을 사랑하고 나라를 바로 세워 부강하게 만들기. 세종대왕의 위업은 일일이 열거하지 않아도 우리의 마음속에 깊이 새겨져 있다. 한글 창제 과정과 앙부일구, 측우기 등 천문과학에 관한 열정을 다룬 일대기실을 둘러본 후 국악실로 이어지면 세종대왕이 음악에도 조예도 깊었다는 사실을 깨닫게 된다. 세종의 일대기를 그림으로 보여주는 공간도 재미있다.

📍 서울시 동대문구 회기로 56

➤ 10월 3일, 12월 5일

22일 허준박물관

병이 창궐하는 지역으로 뛰어들었던 진정한 의술인 허준을 알기 위해 허준박물관을 찾는다. 내의원과 한의원으로 구분되었던 조선시대 한의학의 분류에서부터 인체 연구까지 돌아보는 공간, 《동의보감》의 탕약 제조법도 눈으로 체험하게 된다. 전시실에는 《동의보감》 내용까지 자세히 적혀있어 그 시대 한의학의 탁월한 면모를 뒤돌아보게 된다.

📍 서울시 강서구 허준로 87

➤ 10월 7일

통영시 제공

30일 김춘수유품전시관

'그의 이름을 불러주기 전에는' 하나의 몸짓에 불과하던 것을 '꽃'이라는 의미로 탄생시킨 시인 김춘수. 시인이 불태웠던 고독의 시간이 그의 유품전시관에 고스란히 담겨있다. 전시관에는 우리에게 너무도 친숙한 시 〈꽃〉이 걸려있고, 시인의 방에는 시인이 평소에 사용하던 유품과 육필 원고가 그대로 보존되어 있다. 통영항을 굽어보는 전망도 좋다.

📍 경남 통영시 해평5길 142-16

31일 윤동주문학관

시인 기형도에게 많은 영향을 미친 윤동주. 그는 일제강점기에 죽음으로써 항거한 문인이었다. 그의 삶과 시 세계를 돌아보려면 인왕산 자락의 윤동주문학관을 찾아가보자. 젊은 시절 그는 종로구 누상동 일대에 살면서 인왕산에 자주 올라 〈별 헤는 밤〉, 〈자화상〉 등을 지었다. 전시실에는 그의 육필 원고와 일생에 관한 다큐멘터리가 상영되고 있다.

📍 서울시 종로구 창의문로 119

02

미술

자기 눈으로 보고 있는가,
혹은 세상이 보라는 대로 보고 있는가

1
2月

고구려의 고분벽화

한 시대의 시작과 끝을 조망할 수 있는 그림

과거 어느 한 시대에 탄생한 그림을 통해 우리는 시간을 거슬러 올라가 당시의 풍경을 느낄 수 있다. 하지만 안타깝게도 고려나 조선과는 달리 삼국시대 이전의 회화는 전해지는 것이 거의 없는 탓에 무덤 안의 천장이나 벽면에 그려 놓은 고분벽화(古墳壁畵)를 통해 그 시대의 문화와 예술을 짐작할 수밖에 없다. 특히 고구려의 고분벽화가 의미 있는 이유는, 죽은 자의 초상과 실제로 생활하던 모습이 생생하게 남아있기 때문이다.

고구려 안악3호분 벽화 중 행렬도, ©중앙일보

이쯤에서 우리는 이런 질문을 던질 수밖에 없다. "누가 그 무덤의 주인이었겠는가?" 답은 분명하다. 돈만 많아서도 안 되고 지위만 높아서도 힘들었을 것이다. 드러낼 만한 재화(財貨)가 있어야 하며 동시에 그걸 남길 지위도 있어야 했기 때문이다. 결국 금력과 권력을 모두 가진 사람이 그 무덤의 주인공인 셈이다.

서기 357년(고국원왕 27년)경 만들어진 묘로 추정되는 북한 황해남도 안악군 소재의 고구려 안악3호분(安岳三號墳)은 축조 연대를 짐작할 수 있는 가장 오래된 고분이다. 벽화에는 남녀의 모습이 나란히 그려져 있다. 남성은 당시 고구려 임금이 착용하던 백라관(白羅冠)*을 머리에 쓰고 멋진 부채를 든 채 정면을 응시하고 있고, 부인으로 보이는 여성은 남성을 바라보는 각도인 측면으로 그려져 있다. 그 옆에는 무덤의 주인이 완전무장한 병사와 악대에 둘러싸여 수레에 탄 채 행렬하는 그림이 있어 그들의 지위가 높았다는 사실을 알 수 있다. 천장에는 연꽃 문양이 그려져 있어 불교가 공식적으로 들어오기 이전인 357년이지만 실생활에서는 이미 만날 수 있는 종교였음을 짐작할 수 있다.

중요한 사실은 그렇게 무덤에 그려진 그림을 통해 자신의 세력과 힘을 보여온 고구려의 고분벽화가 축소되어 점점 사라져갔다는 점이다. 그 시기는 당연하게도 고구려의 국력이 쇠퇴해가던 시기와 일치한다. 국력이 약해지면서 화려했던 고분의 구조도 앞방이 사라진 단실묘 형태로 바뀌었고, 무덤 주인의 화려한 생활도 더 이상 그림으로 그려지지 않았다.

어떤 시대든 중흥기에는 힘이 넘치고 모든 물자가 넉넉해 풍요로운 일상이 가능하다. 그때의 사람들은 자신의 존재를 주변에 보이고 싶어 이런저런 방식으로 표현하고 자랑한다. 하지만 모든 시작에는 끝이 있고, 그 끝은 힘없고 초라하다. 보여줄 것이 없으니 예술과 건축 등 문화 요소가 전방위적으로 위축되며 희미해진다. 국력이 쇠퇴하면 예술도 쇠퇴하는 것이다.

*백라관: 흑색 책(幘; 고구려 상층 관료가 쓰던 관모) 위에 고운 흰색 라(羅; 그물 형태의 직조)로 만든 관을 덧씌운 관.

2

2月

솔거와 김생

눈으로 볼 수 없으니 마음의 창을 열 수밖에

태사자
낭공대사백월
서운탑비

한국사의 시대를 구분할 때, 삼국시대의 뒤를 이어 통일신라와 발해가 함께 존재했던 7세기 후반부터 10세기 전반의 시기를 '남북국시대(南北國時代)*'라고 부른다. 안타깝게도 이때의 회화는 문헌으로만 전해지고 실물로 남아 있는 것이 거의 없어 접할 때마다 아쉬움이 남는다.

이 시기의 대표적인 작품 중 하나는 통일 신라의 화가 솔거(率居)의 〈노송도(老松圖)〉다. 《삼국유사》에 의하면 솔거가 황룡사에 벽화로 늙은 소나무를 그렸는데, 새들이 진짜 나무인 줄 알고 앉으려다가 부딪쳐 떨어졌다는 일화로 유명하다. 그러나 이 작품도 전해지지 않으며, 그림의 작가 솔거의 정확한 생몰년조차도 불분명하다. 생몰년을 특정할 수 없으니 활동 연대 역시 다양하게 추측되며, 오죽하면 '당나라의 승려'라는 주장마저 나도는 지경이다. 한마디로 '추측만 난무'한다. 분황사 〈관음보살상〉, 진주 단속사 〈유마거사상〉 등 많은 불화를 그렸다고 하는데 현재 남은 작품은 한 점도 없다. 대체 얼마나 그림을 사진처럼 생생하게 그렸으면 새가 착각해서 날아와 벽에 부딪치도록 날갯짓을 멈추지 않았을까, 〈노송도〉를 생각하면 궁금증은 더욱 커진다.

실물이 궁금한 또 하나의 작품은 위대한 서예가 김생(金生)이 쓴 글씨다. 그의 글씨는 다행스럽게도 딱 한 점이 남아 있다. 직접 쓴 작품은 아니고, 그의 글씨를 문헌에서 찾아 모아[집자集字] 954년(고려 광종 5년)에 세운 태사자낭공대사백월서운탑비(太子寺朗空大師白月栖雲塔碑)에 새긴 글씨가 바로 그것이다. 이나마 실제로 볼 수 있어 매우 다행이기는 하지만, 다른 작품을 볼 수 없으니 더욱 안타까울 수밖에. 더구나 《삼국사기》에 다음과 같은 일화가 전해져 아쉬운 마음이 더한다.

12세기 초 북송에 사신으로 간 홍관이 그곳 사람들에게 김생의 글씨를 보여주자 그들은 크게 놀라며 이렇게 외쳤다.

"왕희지(王羲之)의 친필을 볼 수 있게 되다니!"

홍관이 아무리 "그건 왕희지가 아니라 김생이 쓴 글이다"라고 말해도 소용없었다. 누구나 아는 대로 왕희지는 중국의 오랜 역사 인물 중에서도 글씨 잘 쓰기로는 최고로 꼽힌 명필이며 '서성(書聖)'이라고 불리는 존재인지라, 그들로서는 최고의 찬사였던 셈이다. 비록 가난한 집안에서 태어났으나, 어려서부터 글을 잘 썼고 팔십에 가까운 나이에도 글쓰기를 게을리하지 않았던 김생. 그래서 더욱 그가 어떻게 평생 자신의 실력을 키워 나갔는지 실물로 확인하고 싶은 마음을 버릴 수가 없다.

솔거와 김생의 이야기만 했지만, 우리 문헌에는 기록되었으되 실물이 발견되지 않아 실제로 볼 수 없는 작품이 적지 않다. 그러니 눈으로 볼 수 없다면 차라리 눈을 감고 마음의 창을 열어 짐작할 수밖에. 걸어서 닿을 수 없는 거리는 마음으로만 다가갈 수 있으니까.

*남북국시대: 신라의 삼국통일부터 발해 멸망 때까지 만주와 연해주 일대에 발해가, 한반도 일대에 통일신라가 양립하던 시대.

3 2月

〈몽유도원도〉

고통도 그릴 수 있다면 최고의 예술로 탄생한다

〈몽유도원도〉

처음 보는 그림을 감상할 때는 제목을 구성하는 글자를 하나하나 분리해서 그 의미를 차분히 살피면 보다 수월하게 빠져들 수 있다. 이렇게 다가가면 〈몽유도원도(夢遊桃源圖)〉가 쉽게 눈에 들어온다. 조선 전기의 화가 안견(安堅)* 이 그린 이 그림은 '꿈속에서 놀았던 도원을 그린 그림'이라는 뜻이다. 참고로 이 작품은 현존하는 가장 오래된 조선시대 그림으로 알려졌다.

이 작품을 실제로 만나면 자연의 광활한 풍경이 파노라마처럼 눈앞에 펼쳐져 누구나 '거대한 그림'이라는 느낌을 받기 일쑤다. 하지만 정작 활짝 펼쳐도 1미터 조금 넘는 크기인 것을 알고 나면 경이롭다는 생각조차 든다. '1미터밖에 안 되는 이 작은 공간(세로 38.7센티미터, 가로 106.5센티미터)에 어떻게 이토록 풍성한 자연을 그려 넣을 수 있었을까?' 그게 바로 화가 안견의 위대함이다. 〈몽유도원도〉를 이해하는 것은 이 지점에서 시작하는 게 좋다.

조선시대에는 억불숭유(抑佛崇儒) 정책에 따라 그 이전 왕조까지 화가를 겸업하던 승려들이 조금씩 사라지고 대신 전문적으로 그림을 그리는 직업 화가가 탄생했다. 당연히 경쟁은 치열해졌으며 고려로부터 이어온 도화원을 재정비하여 보다 조직적이며 체계적으로 화원(畵員)들을 선발하고 왕실의 필요에 따라 운용했다. 엄격한 유교 국가를 확립한 조선에서는 화원의 신분에 한계가 있었으나 예외는 있었다. 안견처럼 뛰어나면 정4품 체아직(遞兒職)** 호군이 되는 등 화원의 신분을 넘어선 대우를 받기도 했다.

이제 그림에 더욱 가까이 다가가보자. 〈몽유도원도〉에는 한 사람의 고통이 녹아 있다. 바로 그 그림을 그리게 한 안평대군***의 말 못할 사정이다. 이 작품은 1447년 4월 20일 안평대군이 자신의 꿈에서 박팽년과 함께 도원을 거닐었던 내용을 듣고 난 안견이 단 사흘 만에 완성한 걸작이다. 주목할 대목은 당시 안평대군의 상황이다. 그는 둘째 형인 수양대군과 권력 쟁탈의 팽팽한 긴장 속에서 살아가고 있었다. 안평은 문종 사후에 단종으로부터 왕위를 빼앗은 수양에 의해 1453년 죽임을 당하기까지 끊임없는 정치적 풍파를 겪어야 했다. 그러니 꿈에서 본 도원은 평안하게 쉬고 싶은 간절한 심리가 꿈으로 나타난 공간일 수도 있는 것이다. 이를 증명이라도 하듯 3년 후인 1450년에 안평대군은 이 작품을 다시 꺼내 감상하면서 다음과 같은 시를 짓는다.

'나는 이 세상 어느 곳을 도원으로 꿈꾸었나. / 은자들의 옷차림새 아직도 눈에 선하거늘 그림으로 그려서 감상하니 참으로 좋구나. / 천 년을 이대로 전하여 내내 바라보고 싶다.'

안평은 '1450년, 정월 초하룻날 밤에 치지정(致知亭)에서 다시 이를 펼쳐 보며 짓다'라며 시를 마쳤다. 시는 마쳤지만, 고통도 과연 끝낼 수 있었을까. 그건 누구도 알 수 없다. 다만 안견을 통해 우리는 이 사실은 알 수 있다. '그릴 수 있다면 고통도 예술이다'.

*안견: 세종부터 세조에 이르기까지 활동한 조선 화가. 〈몽유도원도〉, 〈팔준도〉, 〈대소가의장도〉 등이 대표작이다.
**체아직: 정해진 녹봉 없이 연중 몇 차례의 근무에 따라 교체되며, 복무 기간 동안의 녹봉을 받는 관직.
***안평대군: 조선 세종의 셋째 아들. 정치가, 서예가. 〈몽유도원도발문〉, 세종대왕영릉신도비〉 등의 작품이 있다.

4

2月

〈고사관수도〉

실천하지 않는 글과 펼치지 않는 그림은 헛된 것이다

〈고사관수도〉, ©국립중앙박물관 소장

정치와 예술이 얽힌 사연은 안평의 경우 외에도 셀 수 없이 많다. 〈고사관수도(高士觀水圖)〉의 주인공 강희안(姜希顔)*은 조선 전기 호조참의, 황해도관찰사 등을 역임한 문신 출신의 화가다. 동생이 좌찬성 강희맹(姜希孟)이며, 이모부가 무려 세종이다. 그가 특별한 사람인 이유는 단지 가족 구성원의 면면이 화려하기 때문만은 아니다. 글과 그림에 독보적인 실력을 갖고 있었지만, 스스로 감추고 애써 세상에 드러내지 않았다는 데 있다.

그림을 보자. 그의 호 '인재'라고 쓴 도장이 그림 왼쪽 끝에 선명하게 찍혀 있고, 경사가 거의 수직에 가까운 아찔한 절벽 아래 한 선비가 바위에 비스듬히 엎드려 흘러가는 물을 무심코 바라보고 있다. 그는 1456년 단종 복위운동에 연루되어 고초를 겪었었다. 천신만고 끝에 겨우 풀려나기는 했지만, 수많은 지인을 잃었다. 자신의 학식과 예술적 감각 등을 전혀 자랑한 적이 없을 정도로 고상하며 너그러운 사람이었기에, 그 피비린내가 나는 정치의 세계가 견디기 힘들었을 것이다. 현실이 괴로울수록 그는 일상의 사소한 부분에 몰입했다. 거대한 풍경을 배경으로 그리는 산수화가 아닌, 소박한 풍경을 배경으로 자신의 마음을 담아 그림을 그린 것이다. 그 안에는 언제나 인간이 있었고, 자연과 더불어 조화를 이뤘다.

그의 이런 생각이 〈고사관수도〉 그대로 드러나있다. 아찔한 절벽은 그가 겪은 고통스러운 정치적 상황을 묘사하고 있다. 마치 고양이처럼 바위에 납작 엎드려서 흘러가는 물길을 내려다보는 선비의 모습과 표정은 담담하게 힘든 현실을 극복하겠다는 자신의 의지를 보여준다. 그림에서 보이는 선비의 모습은 매우 지친 모습이다. 그래서일까? 살면서 그는 자신의 글씨와 그림을 구하는 사람을 만날 때마다 이렇게 말하며 단호히 거절했다.

"나의 글씨와 그림은 천한 재주이니 후세에 전하면 이름만 욕되게 할 따름이다."

이렇게 말한 이유는 그가 냉정하거나 혹은 겸손해서가 아니다. 그는 삶에 지쳐있었다. 문헌에 따르면 강희안은 많은 작품을 그렸고, 게다가 산수, 인물, 초충(草蟲)** 등 다양한 부분에서 뛰어난 실력을 보였지만, 애써 내세우지 않았다. 그에게 글은 실천하기 위해서 배우는 것이고, 그림은 자신의 내면이라는 세계를 펼치는 일이었기 때문이다. 죽고 죽이는 정치의 세계에서 지칠 때마다 그는 그렇게 자신을 위로하며 견뎠다. 그 마음으로 다시 〈고사관수도〉를 보라. 당신의 아픈 마음도 조금은 편안해지지 않는가.

\+ *강희안: 조선 전기의 문신, 화가. 시, 글씨, 그림에 모두 뛰어나 '삼절(三絕)'이라 불렸으나 글씨 쓰기를 꺼려 필적으로 세상에 전하는 것이 드물다. 〈고사관수도〉, 〈강호한거도〉 등의 그림을 남겼다.

**초충: 풀과 벌레. 이것을 소재로 그린 그림을 초충도(草蟲圖)라고 한다.

5

2月

김홍도 《행려풍속도》

알면 보이고 그때 보이는 것은 전과 다르다

《행려풍속도》 제1폭 〈취중송사〉

김홍도(金弘道)를 빼놓고 조선의 회화를 말하는 것은 어불성설이다. 18세기 후반부터 19세기까지 조선을 대표하는 풍속화가로 활동한 그는, 영조와 정조가 조선을 다스리던 문예부흥기 시대를 지나 순조 초기에 이르기까지 매우 오랫동안 자신의 재능을 뽐냈다. 어린 시절에는 조선 후기의 문인이자 화가로 활동하며 화평(畵評)에도 일가견이 있던 강세황(姜世晃)*의 지도를 받아 그림을 그렸고, 그의 추천으로 도화서(圖畵署) 화원이 되었다. 이후로 정조의 절대적인 지원과 신뢰 속에서 당대 최고의 화가로 자리 잡았다.

우리는 보통 김홍도를 〈씨름〉, 〈무동〉 등 서민 생활을 자기만의 독창적인 시선으로 그린 풍속화 전문 작가로 기억한다. 하지만 그는 인물화, 산수화, 풍속화, 불화 등 당시 조선에 존재하는 모든 회화 장르에서 뛰어난 재능을 발휘한 화가였다. 1781년에는 정조의 초상화를 그렸는데, 정조는 "그림과 관계된 일이면 모두 김홍도에게 맡기는 게 좋다"라고 할 정도로 그를 총애했다. 나는 그 이유가 '눈에 보일 때까지 시선을 돌리지 않는 집요한 관찰력'에 있다고 생각한다. 김홍도의 삶은 늘 우리에게 외친다.

"알면 보이고 그때 보이는 것은 전과 다르다!"

다시 김홍도의 작품을 들여다보자. 30대에 그린 《행려풍속도(行旅風俗圖)》**, 《풍속화첩》은 그가 남긴 풍속화의 대표작이다. 이 그림에 등장하는 인물들은 하나같이 살아 있는 표정과 특색 있는 동작을 취하고 있어 감상할 때마다 새로움을 느끼게 한다. 여기에 바로 대상의 내면이 보일 때까지 관찰을 멈추지 않는 그의 태도가 녹아 있다.

《행려풍속도》 8폭 병풍 중에서도 〈취중송사(醉中訟事)〉라는 그림에는 흥미로운 이야기가 곳곳에 숨어 있다. 홍살문이 세워진 관아 앞에서 백성 두 사람이 행차 중인 관리의 앞길을 막고 있다. 그림 상단에는 난데없이 돼지가 지나가고, 하단에는 자기의 억울함을 호소하는 백성과 잔뜩 취한 채로 어떻게든 판결을 내리려는 관리와 주변 사람들이 귀 기울이는 모습이 보인다. 여기에 스승 강세황의 적절한 시가 곁들여져 '그림 읽는' 재미를 더한다.

'백성 둘이 제각기 분노에 차서 송사를 올리고 있고, 형리가 거의 바닥에 누운 채로 조서를 쓰고 있네. 그런데 그걸 듣고 판단해야 할 태수와 받아 쓰는 형리가 술에 취한 모습을 보니, 그 판결이 심히 걱정되는구나.'

조선의 관리들은 술 때문에 제대로 공무를 집행하지 못해 나라에서 금주령을 내릴 정도였으니, 관리들의 무능과 부패가 얼마나 심했을지 짐작되고도 남는다. 이런 상황에 대한 지식이 없어도, 그림만 보면 오늘날의 보도 사진을 보듯 저절로 알게 된다. 가까이 다가가서 이해할 때까지 관찰하고 그린 그림은, 감상하는 사람으로 하여금 시대의 상황과 그것을 바라보는 화가의 마음을 짐작케 해준다는 것을.

+ *강세황: 조선 후기에 시, 서, 화 삼절(三絕)로 일컬어진 화가, 문관, 평론가. 〈난죽도〉, 〈송도기행첩〉 등의 작품이 있다.
**《행려풍속도》→ 《김홍도필 행려풍속도》 8폭 병풍: '행려풍속'이란 선비가 세속을 유람하면서 보는 풍정을 담은 그림이다.

6

2月

신윤복 《행려풍속도》

우리가 살아가야 하는 그 좁은 길

《행려풍속도》 중 〈기려도교〉

《행려풍속도(行旅風俗圖)》는 김홍도만 그린 게 아니다. 김홍도, 김득신*과 더불어 조선 후기 3대 풍속화가로 불리는 신윤복(申潤福)**의 《행려풍속도》 역시 김홍도의 그것에 못지않다. 그러나 그의 그림에는 다른 두 사람에게는 없는 분명한 특징이 있다. 먼저 서민이 아닌 양반들의 생활을 주로 그렸으며, 젊은 여성과 남성이 어울려 놀거나 함께 등장하는 장면을 솔직하게 표현했다는 점이다. 다음으로는 인물 위주의 그림에 그치지 않고, 풍경을 보며 사색한 그림도 자주 그려 소재의 다양성을 추구했다는 사실이다. 마지막 특징은 스타일에 있다. 다른 풍속화가들과 달리 가늘고 유연한 선을 즐겼으며, 원색을 많이 써서 마치 요즘 시대에 그린 작품처럼 세련되고 따뜻한 느낌을 준다.

여기 소개할 그림은 그가 1813년에 그린 《행려풍속도》 중 여행하는 선비를 그린 〈기려도교(騎驢渡橋; 당나귀를 타고 다리를 건넘〉라는 작품이다. 신윤복이 언제 세상을 떠났는지 지금껏 정확히 알려지지 않은 터에, 이 그림은 우리에게 그가 1813년까지는 생존했었다는 귀한 정보를 준다. 정확한 생몰년을 모르는 예술가의 작품이 새로 발견되면, 작품 그 자체로도 가치가 있지만 이 경우처럼 그때까지는 살아 있었다는 생존의 문제를 알려주는 지표가 되기도 해서 반갑다.

그러나 나는 무엇보다 그의 여타 작품에 비해서 이 작품 〈기려도교〉는 무언가 다르다는 느낌을 받았다. 그림을 자세히 관찰하면서 이 생각은 더 굳어졌다. 자연 풍광은 전체적으로 웅장하고 따뜻하게 그렸는데, 유독 인간이 만든 다리는 매우 협소하게 그려졌기 때문이다. 눈대중으로 봐도 장정 한 사람이 건너기에도 부족한 좁은 다리를 나귀 탄 선비가 건너고 있다. 게다가 더욱 특이한 것은 그 바로 곁에 선비를 챙기는 시동까지 있다는 사실이다. 인간과 자연의 크기를 극명하게 대비시킨 실험적 시선으로 그린 작품이라고 봐도 무리가 없다.

1758년에 태어난 신윤복이 이 그림을 그릴 때는 이미 쉰다섯의 중년이었다. 당시로 치면 죽음을 준비해야 할 연배이기도 했고, 실제로 미술계에서는 그의 몰년(沒年; 사망한 해)을 이 그림을 완성한 이듬해로 생각하고 있다. 세상을 떠날 때가 되니 언제나 따스한 마음으로 우리를 안아주는 자연은 거대하게 표현하고, 거기에 존재하는 인간과 인간이 만든 인위적인 것들은 작고 사소하게 표현하는 식으로 인간과 자연을 극명하게 대비한 걸까.

다시 한번 그림을 자세히 보자. 바위에 기대어 가을 풍광을 감상하는 또 한 사람의 인물도 보이는데, 마치 '인생은 그렇게 좁은 길로 어떻게든 순리를 거슬러 전진하는 것이 아니라 때로는 자연의 일부인 것처럼 바위에 기대어 스스로 시름을 달래는 것'이라고 말하는 듯하다. 아픈 자신을 치유하는 것은 누구도 대신할 수 없는 자신만의 몫이니까.

*김득신: 〈파적도〉, 〈긍재풍속화첩〉, 〈풍속팔곡병〉 등의 작품을 그린 조선 후기의 화가. 화사군관으로 초도첨사(椒島僉使)를 지냈다.

**신윤복: 〈미인도〉, 〈단오도〉, 〈선유도〉 등의 작품을 그린 조선 후기의 화가. 풍속화를 비롯하여 산수화와 영모화에도 능했다.

7

2月

〈마상청앵도〉

아름다운 멜로디가 그린 풍경

〈마상청앵도〉

간송미술관에 소장된 〈마상청앵도(馬上聽鶯圖)〉는 단원 김홍도의 대표작 중 하나다. 작가의 대표작은 주로 후세의 대중과 전문가들이 정하는 경우가 많은데, 이 작품만은 그런 경우를 따르지 않아도 된다. 왜냐하면 그림이 스스로 자신을 강하게 추천하고 있기 때문이다.

〈마상청앵도〉에서 키워드는 음악적 감성이다. 이 작품을 감상하고 있을 때 아름다운 멜로디가 잔향처럼 들리는 이유는, 평화로운 물가에서 듬직한 말을 타고 지나가다가 문득 수양버들 위에서 아름다운 소리로 노래하는 꾀꼬리를 바라보는, 꿈결과도 같은 풍경이 눈을 감아도 보이기 때문이다. 이렇게 그림 자체가 한 곡의 근사한 교향곡처럼 풍성하게 느껴지는 이유는 결코 우연이 아니다. 김홍도 화백 내면에 존재하는 진한 음악적 감수성 덕분이다. 그의 스승 강세황은《단원기(檀園記)》*에서 그를 이렇게 평했다.

'김홍도는 유난히 거문고와 피리가 내는 청아한 소리를 사랑한다. 그래서 아름다운 꽃이 피고 달이 밝은 밤에는, 때때로 밖으로 나가 즉석에서 연주하며 그 시간을 즐겼다.'

실제로 김홍도의 그림에는 다양한 악기를 연주하는 자신의 모습이 나온다. 그가 자기 집에서 가졌던 모임을 회상하며 그린 〈단원도〉를 보면 거문고를 타는 모습으로 등장하고, 자화상의 성격이 짙은 작품인 〈포의풍류도(布衣風流圖)〉**를 보면 당시 흔치 않은 현악기인 당비파(唐琵琶)를 안고 연주하는 모습으로 나온다. 이처럼 김홍도는 음악을 지극히 사랑했으며 스스로 연주하며 때로는 감정을 이기지 못해 눈물을 흘리기도 했다. 그 감성이 그대로 〈마상청앵도〉에 드러난 것이다. 고개를 들어 꾀꼬리 울음을 듣는 선비의 자세가 그 사실을 증명한다. 누가 봐도 음악을 감상하는 모습이기 때문이다.

〈마상청앵도〉에는 특이하게도 왼쪽 상단에 그림의 풍경을 잘 설명해주는, 마치 노래의 가사처럼 아름다운 화제(畵題)가 적혀 있다. 여러가지 해석이 있지만 내가 가장 적절하다고 생각하는 것은 간송문화도록에 나온 해설이다. 시를 읽듯 단원과 같은 공간에 빠져들어보자.

'아리따운 사람이 꽃 밑에서 천 가지 소리로 생황을 부는 듯하고, 시인의 술동이 앞에 황금 귤 한 쌍이 놓인 듯하다. 어지러운 금북(金—)이 버드나무 언덕 누비니, 아지랑이 비 섞어 봄 강을 짜낸다.'

해설을 시처럼 읽으니, 말에 올라 봄을 찾아 나선 선비가 꾀꼬리 한 쌍이 서로 기뻐하며 노니는 것에 넋을 빼앗긴 채 서서 하염없이 바라보는 광경이 눈앞에 그려진다. 이렇듯 언제나 영감은 하나다. 다만 그것을 음악가는 멜로디로, 화가는 그림으로 다르게 표현할 뿐이다. 예술은 언제나 그걸 발견하는 자의 것이다. 발견한 '그 무엇'을 자신의 방식으로 해석하고 표현하면 된다.

*《단원기》: 스승 강세황이 쓴 김홍도 전기. 소략한 전기이지만 작가 김홍도의 전모를 그려볼 수 있는 수십 가지의 내용이 압축적으로 담겨 있다.

**〈포의풍류도〉: '흙벽에 종이창을 내고 종신토록 포의 차림으로 시나 읊으며 살아가리라(綺窓土壁終身布衣嘯詠其中)'는 마음을 그린 김홍도의 자전적인 작품.

8

2月

〈서직수 초상〉

세상에 모두에게 좋은 것은 없다

〈서직수초상〉, ©국립중앙박물관 소장

정조 어진(御眞)을 그린 김홍도는 또 다른 초상화도 그렸다. 그 중 〈서직수 초상(徐直修 肖像)〉을 특기할 만한데, 두 화가가 협업해 그린 그림이라서 그렇다. 김홍도 외의 한 사람은 이명기(李命基)*다. 그는 조선 후기에 활동한 도화서 화원으로 초상화에 매우 뛰어난 재능을 가지고 있었다. 정조 어진에서부터 대신과 정승들의 영정 등 초상화 분야에서 최고의 실력을 발휘하던 사람이었다. 운동 경기로 비유하자면 '드림팀'이 출전한 것이다. 그 사실만으로도 놀랍지만 동시에 이런 의문이 생긴다. "대체 누구의 초상화인데 그 두 사람이 함께 그린 거야? 왕이라도 되나?" 그도 그럴 것이 당시 개인의 초상화를 의뢰할 경우 막대한 돈을 내야 했으며, 게다가 그리는 사람이 김홍도와 이명기였으니 그 금액은 상상 이상이었을 것이기 때문이다. 실제로 그들에게 초상화를 의뢰한 의문의 인물은 대가로 노비 세 사람 값을 내며 부탁을 했다. 그림의 주인공은 '서직수'라는 인물이다. 그래서 작품명도 〈서직수 초상〉이다. 서직수는당시의 영의정 서명균(徐命均)의 조카로서, 집안이 풍족했으며 관직에는 있지 않았다는 사실만 전해진다. 우리가 눈여겨볼 점은 완성된 초상화를 본 그의 반응이다. "이 두 화가가 그림으로 이름은 났지만, 나의 정신은 그려내지 못했구나. 산속에서 도를 닦지 않고 쓸데없이 시간을 보내느라 마음의 힘을 잃은 것인가?" 자신의 초상을 확인한 서직수는 이렇게 평가했다. 요즘 말로 거의 '악플'에 가까울 정도의 부정적인 평가를 내린 것이다. 과연 작품이 어땠길래 그런 최악의 평을 준 걸까?

두 화가의 합작품인 이 초상화는 이명기가 얼굴을 그리고 김홍도가 몸체를 그렸다. 훗날의 평가 역시 대단한데, '천재 화가 김홍도와 그런 그를 초상화 분야만큼은 앞섰다는 평가를 받는 이명기가 함께 그린 조선시대 최고의 초상화 작품'이라고 말하는 사람이 대부분이다. 보물 제1487호로 지정될 만큼 그 가치를 인정받는 작품인 것이다. 누가 보더라도 딱히 흠 잡을 데가 없고, 게다가 당시 대부분의 초상화가 좌상임에도 최초로 입상으로 그려져 창의력마저 돋보이는 작품이라고 말할 수 있다.

서직수의 부정적인 반응은 두 가지로 해석해 볼 수 있다. 하나는 서직수가 그들을 비난하고 싶었던 '원망의 마음'이다. 세 사람의 관계에 대한 기록은 나와있지 않지만, 후대에 훌륭한 업적으로 평가받는 인물도 당시의 관계에 따라 다른 해석이 나올 수 있다. 또 하나는 '사람의 눈은 모두 다르고, 모두에게 좋은 것은 세상에 없다'라는, 평범하지만 늘 잊게 되는 진리를 깨우쳐준다는 것이다. 서직수의 반응 중 '나의 정신을 그려내지 못했다'는 부분에서, 인간의 정신이라는 것은 그려내기 매우 애매한 것이며 보는 사람마다 주관적인 해석이 나올 수 있다는 것을 알 수 있다. 모두에게 좋은 것은 없다. 결국 답은 그 하나뿐이다.

*이명기: 〈관폭도〉, 〈산수인물도〉 등을 그린 조선 후기의 화가. 정조 어진의 주관화사(主管畫師)를 지냈다.

9

2月

〈이제현 초상〉

몸은 늙어도 마음은 늙지 않고 청춘을 기억한다

〈이제현 초상〉

자신의 모습이 그려진 초상화를 보면 누구나 서직수처럼 생각이 많아질 터다. 〈이제현 초상(李齊賢肖)〉에 얽힌 이야기도 예외는 아니다. '이제현(李齊賢)*'이라는 이름은 널리 알려진 인물은 아니지만, 그를 그린 초상이 이렇게 유명한 이유는 뭘까? 〈이제현 초상〉은 원나라의 화가 진감여(陳鑑如)가 그린 고려 후기 문신 이제현의 초상화다. 현재 국립중앙박물관에 소장 되어 있는 이 작품은 국보 제110호이며, 비단 바탕의 채색화다. 크기는 세로 177.3센티미터, 가로 93센티미터 정도로 지금은 거의 남아 있지 않은 진귀한 전신상이라 그 가치가 높다. 그러나 이 초상화에는 그림 자체보다 더 소중한 의미가 있다. 화폭 상단에 적힌 제문(題文)에 의하면 이 초상화는 이제현이 서른세 살 때인 1319년(충숙왕 6년)에 선왕(先王)인 충선왕을 보좌하며 중국의 강호를 유람할 때 그려졌다. 충선왕은 진감여를 불러 이제현을 그리게 했는데, 그는 그때의 솔직한 마음을 시문집《익재난고(益齋亂藁)》**에 이렇게 남겼다.

'못생긴 내 모습 그려서 무엇하겠는가. 그저 후손들에게 알리기 위함이니, 한 번 보고 세 번 생각하라.'

자기 모습에 자신 없어 망설이는 겸양이 느껴지는 선비의 태도다. 그런데 안타깝게도 정작 귀국할 때 이 초상화를 가지고 오지 못했다. 하지만 영화에서나 벌어질 법한 일이 그에게 일어났다. 33년 후, 이제 예순여섯의 다 늙은 나이에 다시 원나라에 건너갔을 때, 우연히 33년 전의 자신을 그린 그림을 다시 보게 된 것이다. 그 순간의 느낌이 어땠을까? 다른 사람은 짐작도 할 수 없는 그 감회를 그는 이렇게 시로 표현했다.

'내가 과거에 나의 모습을 남길 적에는 / 양쪽 귀밑머리가 파란 봄이었다네. /
이 초상화가 긴 세월 동안 떠돌아다니다가 / 우연히 다시 나를 만났지만 /
그림 속에 남은 정신은 여전하구나. /
초상화 속의 인물은 다른 인물이 아니고 바로 나이며, /
예전의 내 몸이 바로 지금의 내 몸이라네. / 그러나 손자들은 전혀 알아보지 못하고 /
초상화의 인물이 누구냐고 자꾸만 묻네.'

고려시대의 회화 중 지금까지 남아 있는 작품은 별로 없다. 게다가 남아 있는 것은 대부분 불교와 관련된 그림뿐이다. 초상화는 더욱 희귀하다. 회화라는 특성상 보존이 어렵기 때문이기도 하겠지만, 아마도 이제현처럼 자신의 모습을 누군가 그리는 것에 익숙치 않았으며, 겸손을 최고의 가치로 치던 시대였기 때문에 작품 자체가 별로 많지 않은 것 아닐까.

다시 궁금해진다. 만일 서른세 살에 친구에게 찍힌 내 사진을, 까마득히 기억에도 남지 않은 33년 후인 예순여섯에 우연히 다시 보게 된다면 그 기분이 어떨까? 생각만 해도 아련해지는 마음을 쉽사리 지우기 힘들다.

*이제현: 도첨의정승, 문하시중 등을 역임한 고려 후기의 문신, 학자, 문인.《익재난고》와《역옹패설》을 남겼다.
**《익재난고》: 고려 말의 문신, 학자인 이제현의 시, 서(序), 서(書), 비명(碑銘) 등을 수록한 시문집.

10

2月

영모화조화

고상한 인격과 높은 정신이 세상의 기준을 바꾼다

〈노수서작도〉

마음이 동해서 그린 그림에는 누구나 감동한다. 하지만 어쩔 수 없이 그려야 하는 그림도 있다. 시험을 위해 그리는 그림이 그렇다. 시험에는 언제나 다양한 과목이 있고, 과목의 중요도에 따라 전체 점수에서 차지하는 비중도 달라져 정신적인 스트레스를 받는다.

조선시대라고 다르지 않았다. 도화서(圖畫署)는 조선 초기에 설치된 그림 그리는 일을 담당하던 관청이었는데, 시험을 통해 화원을 선발했다. 여기에서도 과목에 따라 점수가 달랐다. 크게 4과목이 있었는데, 죽(竹)이 가장 높은 5분이고, 다음으로 산수(山水)가 4분인데 비해, 인물(人物)과 영모(翎毛)는 3분, 화초(花草)는 겨우 2분에 불과했다. 점수가 이렇게 차등이 있으니 다들 높은 점수를 받기 위해서 죽과 산수를 공부했다. 아무리 만점을 받아도 죽과 산수를 선택한 사람을 이기기 힘든 영모와 화초는 거의 선택을 받지 못했다. 그 분야에 실력이 있어도 굳이 불리한 싸움을 할 필요가 없었기 때문이다. 우리가 지금 보는 조선시대 작품 중 죽과 산수가 대다수를 차지하고 있는 것은 그 영향이다. 누구나 가장 자신에게 유리한 것을 선택하는 법이니까.

그럼에도 모두가 예외 없이 죽과 산수만 그리지는 않았다. 아무리 높은 점수를 받는다 해도 모두가 같은 생각을 했던 것은 아니라는 말이다. 성리학을 배경으로 한 사회이기 때문에 조선을 지배하는 계층의 사상이 예술적 취향에도 영향을 미쳐서 영모와 화초를 높게 평가하지 않았지만, 신사임당과 김식, 이암, 변상벽 등의 뛰어난 화가들이 주관을 잃지 않고 다양한 그림을 그렸던 덕분에 죽이나 산수 이외의 그림도 명맥을 이었다.

그중 작지 않은 의미를 가진 인물이 있다. 앞서 나열한 류의 화가 중의 한 사람인 조속(趙涑)*이 바로 그다. 조선 중기에 활동한 그는 영모화조화(翎毛花鳥畵)**에 특히 재능을 보였는데, 대표작 〈노수서작도(老樹棲鵲圖)〉를 통해 우리에게 흔치 않은 영감을 준다. 바람과 하나 된 듯 뻗은 나뭇가지와 그 위에 앉아 서로를 마주 보는 까치의 구도와 색감이 안정되고 평화로운 기운을 전하는 것이다.

이런 기운과 영감은 그림을 그린 작가의 삶에서 나온 것이라 더욱 특별하다. 조속에게는 높은 자리에 오를 기회가 자주 있었으나 모든 제안을 정중하게 거절했다. 세상이 말하는 출세에 뜻을 두지 않았기 때문이다. 애초에 출세에만 뜻을 두었다면, 영모화조화를 외면하고 세상이 높게 쳐주는 죽과 산수만 그렸을 것이다. 화가의 고상한 뜻과 청렴한 삶이 그림에 고스란히 담긴다고 생각했기 때문에 스스로 그런 삶을 자처한 것이다.

인격이 고상하고 정신 수준이 높다면, 세상의 평가는 그리 중요하지 않다. 언제나 기준을 바꾸는 건 세상이 아닌 자신의 뜻을 가진 개인의 힘에서 비롯되는 법이니까. 그리고 그 소신이 빛을 발하는 때는 반드시 온다.

*조속: 〈노수서작도〉, 〈매도〉, 〈고매서작도〉 등을 그린 조선 후기의 서화가. '시서화 삼절(詩書畵三絕)'로 일컬어졌다.
**영모화조화: 영모화(翎毛畵)는 새와 동물을 소재로, 화조화(花鳥畵)는 꽃과 새를 소재로 그린 그림을 말한다.

11
2月

마음이 맑아지는 조선의 그림 세 점
자연에 서 있을 때 인간은 가장 아름답다

삼성미술관리움에 소장된 〈동자견려도(童子牽驢圖)〉*를 그린 김시(金禔)**는 16세기 후반에 활동했던 문인 출신 화가다. 문인 출신 화가들의 공통점은, 그림에서 아직 이미지로 완전히 바꾸지 못한 텍스트를 발견할 수 있다는 것이다. 대상을 표현할 때 텍스트로 바라보는 습성이 있어서 그렇다. 그림 한 장을 보더라도 그 사람의 출신까지 짐작할 수 있는 것이다. 하지만 그림에 텍스트가 남아 있다는 것이 그림의 수준을 낮추지는 않는다. 오히려 그 내용을 더욱 풍성하게 만들어주기 때문에 소중하다. 작가가 그림을 그리기 시작할 때 가졌던 초심(初心)을 보여주기 때문이다.

〈동지견려도〉에는 통나무 다리를 건너지 않으려고 버티는 나귀와 어떻게든 건너게 하려고 애를 쓰는 동자의 모습이 그려져 있다. 이 그림을 바라보고 있노라면, 세상의 바쁜 흐름에서 벗어나 유유자적 바람처럼 스치는 작가의 삶이 연상된다. 근사한 시 한 구절이 그림으로 바뀌지 못하고 남아 있어 느낌은 더욱 풍성하다. 김시가 바로 그런 삶을 살며 자신의 그림으로 증명했기 때문에 줄 수 있는 감성이기도 하다. 그는 문인이라면 누구나 도전했던 과거도 보지 않고 시서화(詩書畵)를 즐기며 살았다. 그림에도 그를 알아본 세상이 당시 화원으로서는 가장 높은 벼슬인 종6품 별제(別提)***라는 자리에 앉게 했지만, 그는 꾸준히 속세를 벗어난 '따뜻한 그림'을 그리며 살았다.

국립중앙박물관에 소장된 조선 중기의 화가 이경윤(李慶胤)****의 작품도 '탈속세(脫俗世)'를 그리고 있다. 왕족이면서 화가인 이경윤은 성종의 여덟째 아들인 이회의 종증손이다. 여기에 소개하는 〈고사탁족도(高士濯足圖)〉는 그의 전칭작(傳稱作; 명확하지는 않지만 그 작가의 것이라고 전해지는 작품)인데, 한가롭게 물에 발을 담그고 있는 선비와 주전자에 차를 끓여서 가져온 동자의 모습을 그린 전형적인 탁족도 형식의 그림이다. 그림도 잔잔하지만 더욱 인상 깊은 점은, 그림의 내용이 초나라 시인 굴원(屈原)*****이 멱라수(汨羅水)에 투신하여 생을 마감하기 전날 강둑을 걷다가 어부와 주고받았다는 시에서 비롯됐다는 것이다. 세상과 타협할 수 없었던 굴원에게 어부가 던진 싯귀가 탁족도로 그려진 것이다. 단 두 줄의 글이지만 의미하는 바가 심오하니 낭송하듯 읽어보면 좋다.

'창랑의 물이 맑으면 내 갓끈을 씻을 것이고,
창랑의 물이 흐리면 내 발을 씻으리라.'

마지막은 간송미술관에 소장된 고사(古事) 인물화 〈어초문답도(漁樵問答圖)〉다. 세속의 이익과 원칙을 떠나 은둔하며 살았던 17세기 후반에서 18세기 초반에 활동했던 화원 이명욱(李明郁)******의 유일한 현존작(現存作)이다. 그림에 보이는 대로 붓질이 섬세하며 표정 하나하나가 살아 있는 것처럼 느껴진다. 제목에서 알 수 있듯이 〈어초문답도〉는 어부와 나무꾼이 만나 한가로이 대화를 나누는 모습을 그리고 있다.

이 작품에서 어부와 나무꾼은 은유로 봐야 맞다. 본래 그것이 직업인 사람이 아니라 세속에서 떠나 자연을 즐기기 위해 은둔하며 살아가는 선비인 것이다. 어부는 물을 좋아하는 지혜로운 사람[知者樂水]을, 나무꾼은 산을 좋아하는 어진 사람[仁者樂山]을 의미하니, 두 사람의 만남은 이명욱이 바라는 삶을 그리기 위한 최적의 '도킹'이었던 셈이다.

지금까지 소개한 조선의 그림 세 점을 감상하면 마음이 절로 맑아지는 기분이 든다. 배경을 이루고 있는 자연의 풍경이 조화롭고, 화면 전체가 균형을 이루고 있어서 더욱 그렇다.

*〈동자견려도〉: 조선 중기의 문인화가 김시가 그린 산수인물화. 보물 제783호다.
**김시: 〈동자견려도〉, 〈한림제설도〉, 〈황우도〉 등의 작품을 그린 조선 중기의 화가. 안견에 버금가는 화가로 평가받았다.
***별제: 조선 시대 여러 관서의 정 · 종6품 관직.
****이경윤: 〈산수도〉, 〈고사탁족도〉 등을 그린 조선 중기의 문인화가. 조선 중기 절파 화풍의 특징을 보여 주는 화가다.
*****굴원: 중국 전국시대의 정치가이자 비극 시인. 주요 작품으로 《어부사(漁父辭)》가 있다.
******이명욱: 〈어초문답도〉를 그린 조선 중기의 도화서 화원이자 교수. 〈어초문답도〉가 유일한 현존 유작이다.

〈동자견려도〉, ©삼성미술관리움 소장

〈고사탁족도〉, ©국립중앙박물관 소장

〈어초문답도〉, ©간송미술문화재단 소장

12

2月

진경산수

내면의 힘을 믿기 시작한 한국의 르네상스

조선에서 산수화는 죽(竹)에 버금가는 장르였다. 조선 산수화의 대가 겸재 정선(鄭敾)*에 대해서는 출신과 성공 과정에 대한 많은 이야기와 주장이 있으나, 사실 그런 표면적인 정보에서 어떤 의미를 발견하긴 힘들다. 중요한 건 그가 이전에는 없던 하나의 세계를 창조해냈다는 사실이다. 정선이 창조해낸 진경산수(眞景山水)**의 탄생을 나는 '조선의 르네상스'로 본다. 유럽의 문화를 새롭게 바꾼 르네상스는 이탈리아 최고 시인인 페트라르카(Francesco Petrarca)***의 외침에서 시작됐다.

"우리는 왜 하늘의 별과 구름, 그리고 자연을 바라보며 경탄하면서 정작 가장 소중한 자기 자신을 바라보면서는 경탄하지 않는가?"

정선도 우리 화단에, 더 나아가 문화 전반에 르네상스 이상의 충격을 가했다. 그 충격은 페트라르카에 결코 뒤지지 않는 혁명이었다. 하나의 새로운 화풍을 창조하는 것은 천재가 아니면 할 수 없는 일이다. 그것은 자신의 내면을 직시한 채 대상과 대화하고 대상에 경탄해야만 가능한 일이므로 그렇다. 모든 새로운 생각은 인간의 내면에서 일어난다는 것을 그는 잘 알고 있었다. 영감의 원천은 자연에 존재하지만 그걸 발견하는 것은 인간의 시선이기 때문이다.

그렇다면 그가 창조한 진경산수는 대체 무엇인가? 진경(眞景)은 말 그대로 '진짜[眞] 경치[景]'다. 그러면 '가짜 경치'라도 있다는 말인가? 보이는 그대로의 '진짜 경치'를 그리는 단순한 일이 불가능하기라도 했다는 건가? 그랬다. 그 시대에 '진짜 경치'를 그리는 일이 어려웠던 이유는, 당시에는 중국의 회화 형식을 빌려 와 조선의 산천을 그렸기 때문이다. 수백 년 동안 '가짜 그림'을 그려 온 것이다. 이게 관행이 되어 새로운 화풍을 창조하려는 생각조차 하지 못한 것이었다. 하지만 정선은 평생 자기 두 눈에 보이는 그대로의 모습을 그림으로 그려냈다. 당시로는 전혀 새로운 화풍의 창조였다.

1734년에 그린 〈금강전도(金剛全圖)〉****를 보면 한눈에 들어오는 날카로운 암산의 느낌이 칼끝처럼 생생하다. 첨봉의 가장자리 부분에 옅은 청묵을 가미해 모든 사물이 더욱 사실적으로 보이게 한 것은 점정(點睛)이다. 완숙한 기량으로 그려져 세로 길이가 무려 130센티미터가 넘는 대작이라는 사실조차 잊게 만든다.

정선은 70대가 넘어서도 작품 활동을 계속했다. 작품 가운데 〈박연폭포(朴淵瀑布)〉*****는 진경의 백미다. 수직으로 솟은 절벽과 힘차게 쏟아지는 물줄기가 보는 이로 하여금 통쾌함마저 느끼게 할 정도로 실제적이다. 무려 일흔여섯에 완성한 〈인왕제색도(仁王霽色圖)〉******는 또 하나의 걸작이 아닐 수 없다. 비 갠 인왕산의 웅장한 풍경을 강한 흑백의 대비를 통해 극사실적으로 표현해 화폭에 역동성이 한가득하다. 국립중앙박물관에서 감상할 수 있으니, 노년의 그가 일필휘지로 단숨에 그린 대작을 눈앞에서 친견(親見)하는 행운을 누려 보시길.

정선을 시작으로 조선에 진경산수가 뿌리를 내릴 수 있었던 이유로 다음 세 가지를 들 수 있다. 첫째, 자기 삶에 대한 애정과 자긍심이 높아졌다. 둘째, 진경산수의 근본정신은 사실주의인데, 생계유지가 어렵지 않은 화가들이 이를 실현해냈다. 셋째, 자기 내면에 대한 애정을 가지고 조선의 실제 풍경을 바라보니, 우리 자연에 대한 자부심을 느끼게 되었다. 진경산수의 시작과 발전 과정을 통해 우리는 새삼 실감하게 된다. 자신을 믿는 순간 변화는 시작된다는 진리를.

*정선: 〈인왕제색도〉, 〈금강전도〉, 〈통천문암도〉 등을 그린 조선 후기의 화가. 진경산수 화법을 처음으로 시작했으며, 이는 19세기 초반까지 이어졌다.

**진경산수: 조선 후기 유행한 우리나라 산천을 소재로 그린 산수화. 고려 말, 조선 초의 실경산수화를 토대로 발전한 화풍이다.

***페트라르카: 이탈리아의 시인이자 인문주의자. 성 아우구스티누스와의 대화 형식 라틴어 작품 《나의 비밀》을 집필했다.

****〈금강전도〉 → 정선필금강전도(鄭敾筆金剛全圖): 조선 후기의 화가 정선이 금강산을 그린 산수화. 종이 바탕에 수묵담채이며 국보 제217호. 삼성미술관 리움에 소장.

*****〈박연폭포〉: 조선 후기의 화가 정선이 개성 천마산의 박연폭포를 그린 산수화. 비단에 수묵, 52.2×119.5센티미터. 이우복 소장.

******〈인왕제색도〉 → 정선필인왕제색도(鄭敾筆仁王霽色圖): 조선 후기의 화가 정선이 인왕산을 그린 산수화. 종이 바탕에 수묵(水墨). 국보 제216호. 삼성미술관 리움 소장.

〈금강전도〉, ©삼성미술관리움 소장

〈박연폭포〉, ©이우복 소장

〈인왕제색도〉, ©삼성미술관리움 소장

13
2月

조희룡
어디에도 속하지 않았지만, 그것 역시 속한 것이다

조선 후기에 활동했던 화가 조희룡(趙熙龍)은 자신의 거처를 '매화백영루(梅花百詠樓)'라 불렀을 정도로 매화 사랑이 각별했다. 그에게 가장 많은 영향을 미친 인물은 그의 스승이었던 추사 김정희*였으며, 당시 이름을 떨치던 허련, 전기, 권돈인, 흥선대원군 이하응과 함께 추사파의 한 사람이기도 했다.

조희룡은 스승 김정희에 의해 자주 안타까운 일을 겪어야 했다. 제자를 아끼는 마음에서 나온 말이었겠지만, 김정희는 주변 사람들에게 이런 이야기를 하고 다녔다.

"조희룡 같은 무리는 나에게 난치는 법은 배웠지만, 가슴 속에 문자기(文字氣)**가 없어서……"

말줄임표로 끝을 흐렸지만 생략한 말이 무엇인지는 쉽게 짐작된다. 그림 그리는 기술은 배웠지만 영혼의 향기까지 풍기는 '제대로 된 그림'을 못 그린다는 말일 것이다. 스승의 지적에 제자 조희룡은 자신의 생각을 숨기지 않고 이렇게 피력했다.

"글씨와 그림은 모두 수예(手藝; 손재주로 하는 예술 – 편집자 주)에 속한 것이다. 총명한 사람이라도 재주가 없으면 전력을 다해 배워도 도달할 수 없는 것이다. 그 이유는 그림은 손끝에 달린 것이지, 가슴속에서 나오는 것이 아니기 때문이다."

그림은 손으로 그리는 것이지, 문자기로 그리는 것이 아니라는 말이다. 스승의 말을 정면으로 반박한 셈이다.

실제 조희룡의 그림 〈매화서옥도(梅花書屋圖)〉***를 보면 그가 어떤 말을 하는 건지 짐작이 간다. 〈매화서옥도〉는 '매화가 흩날리는 숲속에 있는 책이 가득한 집'이라는 의미인데, 한눈에 제목과 그림이 일치한다는 걸 알 수 있다. 아름다운 풍경이 그림 전체에 고르게, 빈틈이 없이 가득해서 녹진한 음식을 한입에 넣은 느낌이 든다. 가슴속에서 나오는 느낌보다 수예를 강조한 그의 그림 철학 역시 그림 우측 중간 제발(題跋; 제목과 내용의 대강을 적은 글 – 편집자 주)에 쓰여 있다. 주요 부분만 압축해 풀이하면 이렇다.

'장난스러운 손놀림이지만 그 안에 특별함이 있고, 연기에 그을려 거의 백 년은 된 것 같으니 매화 그림이 이런데 하물며 사람은 어떠할까!'

이번에는 사람과의 관계와 인생까지 들고 와서 자신의 철학인 수예의 가치에 대해서 언급하고 있다. 손의 기술을 강조한 그만의 철학을 무시할 수는 없는 것이 실제로 문자기를 강조하며 부족함을 지적하던 스승 김정희가 1840년 유배를 간 후의 9년간이 오히려 그에게는 성장의 시간이 되었기 때문이다. 스승의 부재가 오히려 성장의 모멘텀으로 작용한 것이다.

그렇게 1847년에 그는 신분적인 공감대를 형성할 수 있는 동시대 문인들과 교류하며 벽오시사(碧梧詩社)****를 결성, 그 무리의 구심점 역할을 했다. 혼자 머물며 사색한 시간이 오히려 그에게 자기 철학을 정립할 수 있는 틀을 만들어 준 것이다. 그는 자신의 산문집 《한화헌제화잡존》에 쓴 이 말을 스스로 증명하며 살았다.

'나는 누구에게도 속한 적이 없지만, 그 속하지 않았던 것 또한 속함이다.'

〈매화서옥도〉와 〈매화초옥도(梅花草屋圖)〉는 그냥 산수화가 아니다. 유장한 풍경 속에 아주 작은 공간이 있으며 거기에 사람이 있는 것이다. 깊고도 거대한 풍경은 그가 살아가는 세상이고, 그 안의 작은 공간에서 주변을 관조하는 사람은 어디에도 속하지 않으려고 분투하는 그 자신이 아니었을까.

*김정희: 조선 후기 조선 금석학파를 성립하고, 추사체를 완성한 문신, 실학자, 서화가. 호는 추사(秋史), 완당(阮堂), 예당(禮堂), 시암(詩庵) 등이다.

**문자기: 문자향서권기(文子香書卷氣)에서 온 말. '문자의 향기와 서책의 기운'이라는 뜻으로 학문적 수양의 결과로 나타나는 고결한 품격을 이른다. 당시의 선비들은 예외 없이 이를 추구했다. 추사 김정희가 조희룡이 그린 난(蘭)에 대해 평한 말이기도 한데, 요즘 말로 '인문학적 소양이 부족'하다는 의미로 해석하면 무난하다.

***〈매화서옥도〉: 조선 말기의 화가 조희룡이 그린 산수화. 종이 바탕에 수묵담채. 간송미술관에 소장되어 있다.

****벽오시사: 조선 말기의 중인(中人)들이 모여 만든 문학예술 동인. 그중 한 사람인 의원 유최진의 집에 늙은 벽오동 나무가 있어 '벽오당(碧梧堂)'이라 불렀는데, 그곳에서 시사(詩社; 시인들이 조직한 단체)를 결성하고 붙인 이름이다.

〈매화서옥도〉, 간송미술관 소장, ©한국학중앙연구원, 유남해

14

2月

대필 화가의 등장

예술가의 풍모는 어디에서 오는가?

〈묵란도〉
12폭 병풍

"조선 말기, 조희룡과 함께 추사의 화풍을 이은 석파 이하응(李昰應)*이라는 왕족이자 정치인이 있었다". 이렇게 소개하면 조금 낯설겠지만, 서술을 조금 바꾸면 이야기가 달라진다. '대한제국 제1대 고종황제의 아버지로 흥선대원군에 봉해진 왕족'.

이하응은 그림에 남다른 재능이 있었다. 그가 남긴 생애 최고작인 〈묵란도(墨蘭圖)〉** 는 생전에 이미 너무 유명해져서 전문가들이 보기에도 쉽게 구분할 수 없는 위작들이 적잖이 나돌 정도다. 흥미로운 것은 그가 그런 사실을 알고도 화를 내지 않았다는 사실이다. 이유가 뭘까? 수많은 위작의 존재는 곧 자신이 유명하다는 증거이기 때문에? 전혀 아니다. 위작들 중 다수가 이하응 본인이 대필 화가를 시켜서 그린 작품이었기 때문이다.

왜 굳이 대필 화가를 구해서 자기 화풍을 흉내 낸 그림을 그리게 한 걸까? 더구나 그림을 팔아야 할 정도로 가난한 것도 아니었는데. 이유는 의외로 단순하다. 자신에게 그림을 의뢰하는 사람은 너무 많았지만, 성품상 도저히 거절할 수 없었기에 방윤명(方允明)***과 나수연, 김응원, 윤영기 등 4명에 달하는 '대필 화가 군단'을 만들어 자기 대신 그리게 할 수밖에 없었던 것이다. 보통 사람이라면 "바빠서 그릴 수가 없습니다"라고 거절할 텐데, 굳이 대필 화가까지 구해 그린다는 것이 쉽게 이해되지 않을 수도 있다. 이하응의 예를 통해 우리는 사람의 성향은 이렇듯 제각각이라는 것을 다시 한번 확인하게 된다. 그에게는 유독 아끼는 대필 화가 한 사람이 있었다. 그가 방윤명이었다. 국정 운영에 한창 바쁠 때 난초를 그려달라는 부탁을 받으면 대부분 방윤명을 지목해서 그리게 했다. 그가 가장 이하응의 느낌에 가까운 난을 그려냈기 때문이다.

그가 왜 스스로 위작을 그리게 했는지는 그가 남긴 말과 삶을 들여다보며, 짐작하고 파악할 수밖에 없다. 이하응은 자신이 묵란을 그리는 이유에 대해 이렇게 말한 적이 있다.

"내가 난을 그리는 것은 천하의 힘들고 아픈 사람을 위로하기 위해서지, 결코 천하의 모든 안락과 쾌락을 좇는 사람을 위해서가 아니다."

이하응의 이 언급에 대해, 그 내면을 들여다보고 난 후에야 나는 그가 진정한 예술가라는 사실을 깨달았다. '예술가는 힘들고 지친 사람을 위로하려는 마음으로 살아가는 사람'이라는 정의(定意)를 이해하게 된 것이다. 실제로 그는 그 말을 죽는 날까지 실천하며 살았다. 삶의 마지막 순간까지 정성을 다해 묵란을 그렸으며, 그것이 마음을 고요히 다듬는 최고의 방법이라고 여겼다. 그는 일흔둘이라는 늦은 나이에 〈묵란도 12 병풍〉이라는 대작을 완성했는데, 전체적으로 적절한 균형을 이루는 구성과 자신감 넘치는 필치 등에서 노년기에 접어든 예술가의 원숙한 내면이 유감없이 드러난 작품으로 평가받고 있다.

*이하응: 대한제국 고종 황제의 아버지로 흥선대원군에 봉해진 왕족이자 정치인. 대원위대감(大院位大監)이라 불렸다.
**〈묵란도〉: 흥선대원군 이하응의 난초 그림. '석파(石坡) 노인이 운현궁 노안당에서 그리다'라고 씌어 있다.
***방윤명: 〈묵란도〉를 그린 조선 후기의 화가. 김정희의 화풍을 따랐으며 매화와 난초, 글씨에 능했다.

15
2月

김명국

끝을 짐작할 수 있는 사람의 움직임은 가볍다

〈달마도〉

조선시대의 화가 중에는 중인 이상의 신분으로 어느 정도 넉넉한 처지로 살았던 사람이 많았다. 현실적으로 그런 정도의 조건이 채워지지 않으면 그림만 그려 먹고살기 쉽지 않았기 때문이다.

그러나 그런 흐름을 보기 좋게 깬 사람이 있었다. 중인보다 더 낮은 신분으로 정6품에 올랐을 정도로 화가로서의 재능을 인정받았던 김명국(金明國)이 바로 그다. 뛰어난 실력 덕분에 무려 40여 년이나 화원 생활을 했지만, 미천한 신분 출신이라 알려진 이력이나 이야기가 거의 없으나 진기한 이야기가 하나 전해진다.

술을 매우 좋아해서 술로 인한 온갖 '사건'을 만들고 다녔던 그, 1643년에 그렸던 〈달마도(達磨圖)〉 역시 맨정신으로 진지하게 그린 그림은 아니라는 이야기가 있다. 당시 통신사 수행 화원으로 일본에 갔던 그에게 그림 한 점을 얻기 위해 힘 있는 일본의 유명 인사들이 연회를 베풀었는데, 술에 취한 그가 어쩔 수 없이 대접에 대한 보답으로 그 자리에서 간단하게 〈달마도〉를 그려 선물했다는 것이다.

그보다 전인 1636년 일본에 간 첫 파견 당시에도 일본인들이 서로 다투어 그가 그린 그림을 얻으려 해서 매우 곤란했던 적이 있었다. 위에 언급한 1643년의 두 번째 일본 파견은 그의 그림을 갖고 싶었던 막부(幕府)*에서 직접 그를 지명해서 간 것이었다. 정작 일은 하지 못하고 그림만 그리고 돌아온 일본에서의 나날을 그는 이렇게 기억했다.

"괴로움을 견디지 못해 눈물까지 났다."

일본인들이 유독 김명국의 그림을 탐냈던 이유는 뭘까? 나는 그가 자신만의 확고한 철학으로 그림을 그린다는 데에서 그 까닭을 찾았다.

"채색으로 장식하여 사람 눈을 즐겁게 하는 그림은 그리지 않는다."

가능한 한 적은 붓질로 그림을 그리는 그의 철학이, '최소한의 손길로 최고의 효과를 내는' 일본의 대표 음식 스시(寿司; 초밥)와 통하는 부분이 있어서 그랬던 것 아닐까. 간혹 스시를 '밥 위에 생선을 얹으면 된다'고 생각하는 사람도 있다. 하지만 그게 생각처럼 간단하지 않다. 쥘 때 손에 적당한 힘을 넣어 밥의 형태와 크기를 만들어야 하며, 심지어 밥알의 온도에까지 신경을 써야 하기 때문이다. 하지만 관건은 '얼마나 적은 손동작으로 얼마나 빠르게 만드느냐'에 달려 있다. 정교하면서도 군더더기 없이 빠른 손놀림으로 만드는 스시와 그가 그린 〈달마도〉 사이에는 닮은 부분이 많다.

최소한의 필치로 달마의 고귀한 정신세계를 표현해낸 그의 그림을 보면, 한 분야의 대가는 시작부터 끝을 짐작하고 있기에 움직임에 자신감이 있으며, 그런 이유로 순식간에 '예술'이라고 부를 수 있는 작품을 창조해낸다는 사실을 다시금 깨닫게 된다. 끝을 짐작하며 시작하는 사람과 끝이 어딘지도 모른 채로 시작하는 사람의 눈빛과 손길은 다를 수밖에 없다.

*막부: 12~19세기에 쇼군(將軍)을 중심으로 한 일본의 무사 정권. 막부(幕府)라는 한자어는 '장군의 진영'이라는 의미다.

16
2月

불상의 족보

재료가 다르면 과정도 결과도 바뀐다

우리 미술의 역사는 불교 역사와 궤를 같이한다고 해도 과언이 아닐 정도다. 그만큼 불교는 우리에게 지금까지도 영향을 미치는 의미 있는 종교 중 하나다. 그러므로 과거부터 지금까지 수많은 불상이 빚어진 것은 당연지사. 이쯤에서 재료에 따른 불상의 종류가 어떻게 나뉘는지 간단하게나마 알면 앞으로 사찰을 감상하고 이해하는 데 조금이나마 도움이 될 듯하다.

1. 건칠불(乾漆佛)

삼베 위에 두껍게 옻칠을 한 뒤 건조해 만든 불상을 말한다. 비싼 칠(漆)을 대량으로 발라야 했으므로 대중적이지는 못했다. 다만 재료의 특성상 다른 불상에 비해 가볍고 유연한 재료를 쓰므로 정교하고 복잡한 세부 표현을 할 수 있다는 장점이 있다.

2. 석불(石佛)

말 그대로 돌을 깎아 만든 불상이다. 불상 제작 초기부터 만들어졌으며 그래서 가장 자주 만나는 불상이기도 하다. 돌의 종류는 나라마다 다르지만 우리나라에는 순백의 화강암 불상이 주를 이룬다.

3. 금동불(金銅佛)

청동으로 만든 불상에 금을 입힌 불상이다. 금은 예전부터 귀하고 값이 비싼 재료라서 당연히 쉽게 사용할 수 없는 것이었지만, 불상 표면의 부식을 방지하기 때문에 중국의 불교 전래 초기인 남북조시대(南北朝時代)*부터 많은 금동불이 만들어졌다.

4. 목조불(木彫佛)

흔한 재료인 나무로 만든 불상이라 아주 오래전부터 만들기 시작했다고 추측된다. 추측으로만 끝나는 이유는 재료의 특성상 남은 것들이 많지 않아 증명하기 힘들기 때문이다. 우리나라에서는 주로 소나무를 재료로 해서 목조불을 만들었다.

5. 소조불(塑造佛)

흙으로 만든 불상을 말한다. 흙으로 만든 후 햇볕으로 자연 건조하는 방식으로 만드는 소조불은 당연히 내구성이 떨어져 잘 부숴졌다. 하지만 그만큼 유연하며 부드러웠기 때문에 섬세한 표현이 가능한 것은 장점이었다.

6. 철불(鐵佛)

철은 금보다 값이 싸지만 강하며, 쉽고 빠르게 다룰 수 있다는 장점이 있는 재료다. 하지만 습기에 취약하고 금세 산화되기 때문에 내구성이 떨어졌다. 더구나 단단한 재질이라 세부적이고 정교한 표현을 하기에는 한계가 있었다.

우리 조상은 이렇듯 다양한 재료로 불상을 만들었는데, 제각각의 장단점을 고려한 재료들을 그 시대와 주제에 맞게 선택해왔다. 사진이나 실물로 불상을 볼 때 이런 내용을 참고해서 감상하면 불상에 대한 이해가 더 깊어지고 그에 따라 느낌도 배가(倍加)되지 않을까.

+ *남북조시대: 중국 역사 시대 구분의 한 기간. 진(晉)나라와 수(隋)나라 중간 기간인 420~589년에 해당한다.

17
2月

반가사유상

삼국 시대 사색의 깊이를 대표하는 예술

국보 78호 반가사유상　국보 83호 반가사유상

반가사유상(半跏思惟像)은 출가 전 인간의 생로병사를 고민하며 명상에 잠긴 태자 싯다르타의 모습을 묘사한 전신상이다. 모양은 한쪽 다리를 다른 쪽 무릎 위에 얹고 손가락을 뺨에 댄 채 생각에 잠긴 자세를 취하고 있는 게 보통이다. 삼국시대 불상을 대표하는 작품 중에 두 반가사유상이 꼽히는데, 국보 78호 반가사유상*과 국보 83호 반가사유상**이 그것이다. 전문가들은 이 두 상은 반가사유 형식의 불상에서뿐만 아니라 석굴암 불상***과 더불어 우리나라 불교 조각품 가운데 최고의 걸작이라고 말한다.

두 반가사유상은 삼국시대 이전에도 없었지만 그 이후에도 이런 작품을 만나기 힘들다는 데에 그 역사적 의의와 가치가 있다. 또한 실물이 됐건 사진이 됐건, 이 불상을 한 번이라도 본 사람이라면 누구나 느끼는 공통의 매력이 있다. 먼저 한눈에 봐도 강인한 느낌과 몸의 균형이 완벽하게 조화를 이루고 있다는 사실에 감탄한다. 다음으로 약간 미묘한 웃음을 짓고 있지만 전혀 거북하지 않고, 오히려 그 모습이 사색적인 분위기를 더욱 빛내고 있음에 매료된다. 백미는 손가락과 발가락의 움직임과 섬세한 묘사에 있다. 마치 로댕의 〈생각하는 사람〉 앞에 선 느낌마저 든다. 한 가지 다른 점이 있다면 로댕의 작품은 '의자가 없으면 사람이 절대 따라할 수 없는 각도와 포즈'지만, 반가사유상은 의자의 도움을 받지 않아도 '잠시 동안은 자기 신체적 능력만으로 흉내낼 수 있는 자세'라는 사실이다. 이런 이유로 나는 반가사유상이 사색을 끝내고 해탈에 진입하는 순간을 보여주는 것이라 미루어 짐작한다.

사색이 깊어져 해탈의 수준에 이르면 무엇이 보일까? 바로 우리가 그렇게 찾는 본질이 보인다. 반가사유상은 이 시대를 사는 우리에게 이렇게 조언한다.

"당신은 있는 그대로의 나를 보고 있는가, 혹은 세상이 보라는 대로 바라보고 있는가? 다시 말해서 당신은 스스로 원하는 것을 경험하기 위해 그것을 먹고 보고 느끼는가, 아니면 누군가에게 보여주기 위해 그것을 먹고 보는 모습을 사진으로 찍어 남기는가?"

세상이 보라는 대로 보고 관찰하는 것에도 물론 의미가 있다. 하지만 판단의 주체가 내가 되려면 바라보는 시각과 태도 역시 자신에게서 나와야 한다. 남에게 의지하려는 욕구가 강해지면 나라는 존재는 희미해진다. 어떤 경우에도 자신의 가치를 잃지 말라. 스치는 먼지 하나를 보더라도 당신의 눈과 마음으로 보라.

\+ *국보 78호 반가사유상 → 금동미륵보살반가사유상(金銅彌勒菩薩半跏思惟像): 삼국시대의 반가사유상 중 가장 대표적인 불상. 높이 80센티미터. 국보 제78호.

**국보 83호 반가사유상 → 금동미륵보살반가사유상(金銅彌勒菩薩半跏思惟像): 국보 제78호 반가사유상과 비교해 기교가 적고 생동감이 넘친다. 〈삼산관반가사유상〉으로도 불린다. 높이 93.5센티미터. 국보 제83호.

***석굴암 불상 → 경주 석굴암 석굴 본존불상: 석굴암 전실의 중앙에 자리한 화강암 석불좌상. 석가여래상인지, 아미타불상인지에 대한 논란이 있다. 종교성과 예술성에 있어서 신라의 불교미술품 중 가장 탁월한 불상이라고 평한다.

18
2月

불상

왕의 힘을 짐작할 수 있는 미술 작품

고려 초기의 불상은 이전 시대(삼국시대와 남북국시대)와는 조금 다른 독특한 형태를 지니고 있다. 몸의 균형이 맞지 않고, 섬세한 감정이 드러나지 않아 전반적으로 조형감이 떨어진다. 이유가 뭘까? 이런 질문이 중요한 이유는, 무언가 하나가 무너지면 반드시 반대편에 올라선 것이 있다는 사실을 느껴야 보이지 않는 곳을 볼 수 있기 때문이다. 갑자기 균형이 맞지 않는다는 것은 다른 무언가가 강조되고 있다는 증거라고 보면 된다. 여기에서 강조되는 바는 바로 '왕의 힘'이다. 아니 더 정확히 말하면 '너 큰 힘을 갖고 싶은 왕의 희망'이다. 고려 초기 불상의 특징은 '균형'이 무너진 대신에 '엄청난 크기'를 갖게 되었다. 이 시대의 불상은 자기를 바라보는 이들에게 이렇게 말한다.

"나는 '왕이 곧 부처다'라는 사실을 전파하기 위해 태어났다."

그 시대의 거대한 크기와 압도적 규모를 통해 왕을 초인적인 존재로 알리고 싶었던 제작자의 의지와 종교적인 열정을 느낄 수 있다. 후삼국을 통일한 고려의 태조 왕건이 자신의 업적을 기념하기 위해 개태사(開泰寺)를 건립하고 세운 거대 불상인 논산개태사석조삼존불입상(論山開泰寺址石造如來三尊立像)*이 대표적인 사례다. 삼존불 중 본존 불상은 약 4.15미터의 크기로 장육상에 가깝고, 좌협시 보살입상은 약 3.5미터이며 우협시 보살입상은 약 3.21미터다. 이보다 더 크고 장대한 불상도 있었다. 높이가 무려 18미터나 되는 관촉사석조보살입상(灌燭寺石造菩薩立像)**과 그보다 조금 작은 10미터 높이의 대조사석조보살입상(大鳥寺石造菩薩立像)***이 바로 그것이다.

이 불상들도 왕권을 강화하기 위해 만든 것이기는 마찬가지다. 왕이 쓰는 면류관을 머리에 쓰는 등 다른 시대의 불상에서는 볼 수 없는 특징이 이런 추론을 가능케 한다. 관촉사석조보살입상은 특히 얼굴 부분이 도드라지는데, 큼지막한 눈과 이마가 좁은 삼각형 얼굴을 하고 있어 이채롭고 얼굴 아래로는 세부 표현이 생략되었거나 아예 없다. 위압적인 크기를 앞세워 '왕이 곧 부처다'라는 단순명료한 인식을 심어주기 위함이라고 보아 무방하다.

종교적 가치나 이념이 녹아든 모든 예술 작품에는 이렇듯 숨겨진 이야기가 있기 마련이다. 단, 그것을 아는 사람에게만 보인다. 그러니 대상이 무엇이든 차분하게 관찰하고 깊게 공부하는 시간을 가져보자. '알면 보인다'는 진리를 몸으로 체득할 수 있다.

*개태사석조삼존불입상 → 논산 개태사지 석조여래삼존입상(論山開泰寺址石造如來三尊立像): 충남 논산 개태사에 있는 고려시대의 삼존불상. 고려 태조 왕건이 개태사를 건립하고 세운 화강암 석불이다. 보물 제219호.

**관촉사석조보살입상 → 논산 관촉사 석조미륵보살입상(論山灌燭寺石造彌勒菩薩立像): 충남 논산 관촉사에 있는 고려시대 석조미륵보살입상. '은진미륵(恩津彌勒)'으로 더 잘 알려졌으며, 크기가 17.8m로 우리나라 석조불상 중 가장 크다. 국보 제323호.

***대조사석조보살입상 → 부여 대조사 석조미륵보살입상(扶餘大鳥寺石造彌勒菩薩立像): 충남 부여 대조사에 있는 고려시대 석조미륵보살입상. 은진미륵과 형식적인 면에서 유사하며 크기는 약 10미터다. 보물 제217호.

19

2月

아미타불화

선한 일을 반복하면 선한 과보를 얻게 된다

〈아마타 삼존도〉

부처의 형상은 조각만이 아니라 그림으로도 그려졌다. 아미타불(阿彌陀佛)은 불교를 믿는 사람들의 이상향인 서방 극락정토(極樂淨土)를 다스리는 부처로, 불교의 뿌리가 굳건히 자리를 잡은 삼국시대부터 아미타 신앙*이 퍼지기 시작했다. 상상 속의 이상향을 그림으로 구현한 아미타불화는 그 내용에 따라 관경도(觀經圖), 극락에서 아미타불이 대중을 위해 설법하는 아미타설법도(阿彌陀說法圖), 아미타불이 왕생자(往生者; 죽은 후 정토의 세계에서 다시 태어난 사람)의 집으로 구름을 타고 오는 아미타내영도(阿彌陀來迎圖)** 등으로 나눌 수 있다. 앞서 관경도에 대한 설명만 뺀 이유는 아미타불화 가운데 기본이 되기 때문에 상세한 설명이 필요해서다. 아미타불에 대해서 언급한 아미타 경전은 《아미타경(阿彌陀經)》, 《무량수경(無量壽經)》, 《관무량수경(觀無量壽經)》*** 등 크게 3개로 나뉜다. 여기에서 가장 늦게 성립된 《관무량수경》의 내용을 알기 쉽게 그림으로 나타낸 것을 '관경변상도(觀經變相圖)'라 하고 줄여서 '관경도'라고 부르는 것이다. 아미타불화의 가장 두드러지는 점은 선인선과(善因善果)가 특히 강조되었다는 사실이다. 선인선과란 '선한 행위를 하면 반드시 선한 결과를 얻게 된다'는 의미다.

아미타불화는 고려 불화의 정수지만, 아쉽게도 왜구의 노략질 때문에 지금은 많은 작품이 일본이나 미국 혹은 유럽에 있다. 국내에서 만날 수 있는 아미타불화로는 삼성미술관 리움에 전시된 〈아미타삼존도(阿彌陀三尊圖)〉****를 들 수 있다. 이 불화는 사진으로만 봐도 경건한 분위기가 느껴지며, 동시에 입고 있는 천의(天衣)를 통해 화려하면서도 섬세함을 잃지 않는 균형감을 확인할 수 있다. 이름 뒤에 '삼존(三尊)'이 붙은 이유는 단순하다. 관음보살과 함께 좌우 협시보살이 '세 존엄[삼존]'을 이룬 형식의 불화이기 때문이다.

삼존이 취하고 있는 자세는 각각 다르다. 먼저 아미타불은 계주(髻珠; 고대 인도인들이 머리 장식에 사용한 구슬)에서 빛을 내려 왕생자를 맞이하고 있고, 지장보살은 투명한 보주(寶珠; 위가 뾰족하고 좌우 양쪽과 위에 불꽃 모양의 장식을 단 구슬)를 들고 있다. 특이한 점은 몸을 굽혀 왕생자를 맞이하는 관음보살의 모습이다. 아미타불화는 하나같이 이 그림처럼 자애로운 시선을 보여준다는 공통점이 있다. 빛과 온기가 적절히 균형을 이루고 있어 '좋은 일을 하면 할수록 더 선한 과보(果報)를 얻어 풍요로운 삶을 살 수 있다'는 선인선과의 메시지가 온전히 느껴진다.

아미타불화를 통해 우리는 너무 당연해 자칫 잊기 쉬운 깨달음 하나를 상기하게 된다. 시대가 바뀌어도 변하지 않는 사실은 나쁜 일보다 좋은 일을 하는 게 자신에게 선한 영향을 미친다는 것이며, 그걸 반복하면 자신의 운명까지 바꿀 수 있다는 진리 말이다.

\+ *아미타 신앙: → 미타신앙(彌陀信仰). 극락세계의 아미타불을 신앙 대상으로 삼는 불교 신앙. 보살신앙의 하나.

**아미타내영도: 아미타불이 죽은 사람을 극락으로 인도하는 것을 묘사한 불화. '극락내영도', '극락접인도'라고도 한다.

***《관무량수경》: 불교 정토신앙의 근본이 되는 경전. 《아미타경》, 《무량수경》과 함께 정토삼부경(淨土三部經)의 하나다.

****〈아미타삼존도〉: 서방정토의 아미타불과 협시(脇侍)인 지장보살 및 관세음보살이 내영(來迎; 왕생자가 죽을 때에 아미타불이 나타나 극락으로 인도하는 일) 형식을 취한 모습을 그린 그림. 국보 제218호.

20
2月

장엄구

불교의 엄숙과 위엄을 나타내기 위한 5가지 장식

불교미술에서 빼놓을 수 없는 장엄구(莊嚴具)는 사찰의 전각을 최대한 웅장하고 귀하게 꾸며주는 장치다. 부처의 세계인 불국토(佛國土)*를 연상시키는 효과가 있어, 중생으로 하여금 믿음을 불러일으키는 데 그 의미가 있다. 그런 귀한 의미가 담겨 있는 장엄구는 크게 다섯 가지로 구성되어 있다.

1. 당번

당번(幢幡)은 보살의 위엄과 덕을 상징하며, 불전(佛殿)이라는 공간을 장엄하게 만드는 데 사용하는 당과 번을 말한다. 당은 긴 막대기에 여러 가지 비단을 매단 것으로 왕을 따르는 호위병이나 장군이 병사를 통솔할 때 사용했던 일종의 군기(軍旗)다. 번은 불전 안의 기둥이나 천개(天蓋) 혹은 법당 밖의 당간이나 탑 위에 매달아두는 깃발을 말한다.

2. 천개

천개(天蓋)는 보살의 변함없는 덕을 나타내는 장엄구다. 보살의 머리 위를 장엄(莊嚴)하거나** 불전 천장을 장식하는 방식으로 이루어진다. 주로 천으로 만들었으나 시대가 바뀌면서 금속이나 나무 등 다양한 재료를 이용하기도 했다.

3. 불단

불단(佛壇)은 불전 안에 불상을 안치하기 위해 만든 높은 단이다. 재료에 따라 이름이 나뉘는데 돌로 만들면 석단(石壇), 나무로 만들면 목단(木壇), 흙으로 만들면 토단(土壇)이라 부른다. 사각형 모양이 가장 많지만, 팔각형과 육각형 또는 원형의 변형된 형태도 자주 발견된다.

4. 화만

향기가 물씬 풍기는 꽃을 실로 꿰거나 묶어서 만든 꽃다발을 화만(花鬘)이라 부른다. 꽃으로 몸과 목을 장식하는 방식은 인도에서 먼저 시작한 풍습이지만, 시간이 지나며 승려의 방에 걸어두거나 보살을 공양하는 데 사용하며 장식으로 활용했다.

5. 사리구

사리구(舍利具)는 부처의 사리를 넣는 용기를 말한다. 사리를 보호하거나 장엄하기 위해서 탑 안에 봉안하는 것으로 외함(外函)과 내함(內函), 그리고 그 안의 사리병(舍利甁)이 하나의 짝을 이룬다. 사리장엄구는 나라와 시대에 따라 조금씩 형태가 다르다. 우리나라에서는 원형 또는 사각형이나 육각 혹은 팔각의 형태로 주로 만들었다.

*불국토: 부처님이 계시는 국토 또는 부처님이 교화하는 국토.

**장엄하거나 → 장엄하다: 좋고 아름다운 것으로 불국토를 꾸미고, 훌륭한 공덕을 쌓아 몸을 장식하고, 향이나 꽃 따위를 부처에게 올려 장식하다.

21

2月

고려시대 석조미술

통일에서 벗어나면 다양성이 보인다

원주법천사지 지광국사 현모탑

다른 나라는 몰라도 유독 우리나라에서 자주 벌어지는 상황이 하나 있다. '다양하게 나뉜 의견을 하나로 묶고 자신을 지지하게 만드는 일'이 바로 그것이다. 역사적으로 봐도 우리나라 사람들은 그런 '기술'에 능해서 사방에 무분별하게 흩어져 있는 다양한 의견도 재빠르게 묶어 편을 나누고, 그렇게 세력을 모아 자신을 지지하게 만든다. 그 결과 당파가 만들어지고 파벌이 생겨 정치적 · 이념적으로 대립하게 되는 것이라 볼 수도 있다.

이런 성향은 우리나라 역사를 통해 반복적으로 나타났다. 그러나 그런 틀에서 벗어나 조금 '튀는' 시기가 있었으니 바로 고려시대다. 이유는 간단하다. 고려시대에는 지방 호족 세력을 중심으로 다양한 문화가 발달했기 때문이다. 원래 다양성이 없던 것이 아니라, 애초에 있던 다양성을 발견하고 있는 그대로를 인정한 것이다. 그 결과 정형화된 중앙 양식의 석조미술을 추구했던 신라 때와는 달리 지방색이 분명한 석조미술이 탄생했다. 고려시대의 석조미술은 이전과 크게 두 가지가 달랐다. 하나는 지방마다 각각의 양식을 보였다는 점이고, 다른 하나는 장식 요소를 중요시하는 경향이 강했다는 것이다. 한마디로 자기만의 개성을 표현하는 데 망설임이 없었다.

세부 장식에 치중한 대표적 석조미술품의 하나로 1085년 선종 2년에 건립한 원주법천사지지광국사현모탑(原州法泉寺址智光國師塔)*을 예로 들 수 있다. 이 탑은 속이 빈 공간을 찾아보기 힘들 정도로 화려하고 섬세하게 장식되어 있다. 통일신라시대부터 계승되어 온 승탑(僧塔) 조형 형식인 팔각원당형(八角圓堂形)**에서 탈피해 평면 방형(方形; 네모반듯한 모양)의 새로운 형태로 화려하고 세련되게 조형된 승탑이라 더욱 가치가 있다. 지방 고유의 형태를 보이는 또 다른 석조물도 많다. 남한강 주변에서는 중대석(中臺石)***에 운룡 무늬를 감입한 승탑이, 강원도 지역에서는 육각 석등(石燈)이, 개성을 중심으로 한 중부 지역에서는 사각 화사석(火舍石)****을 지닌 석등이 유행했다. 시대가 흐를수록 점차 대형 석조물에서 벗어나 소형 석조물로 점점 작아지는 추세도 보였고, 고려 중기 이후에는 세부 표현을 과감하게 생략하기도 했다. 최대한 단순하게 만들어 소형화를 추구했던 것이다.

탑 하나만 봐도 짧은 기간에 적지 않은 변화가 있었음을 알 수 있다. 삼국을 하나로 통일했던 시대에서 벗어나 지방 정권을 존중하는 고려시대가 되면서, 각 지역문화의 개성이 중시되어 '문화의 신토불이(身土不二)'가 발휘된 결과로 독특하고도 섬세한 예술로 승화한 것이라 봐도 무방하다.

\+ *원주법천사지지광국사현모탑 → 원주법천사지지광국사탑(原州法泉寺址智光國師塔): 고려시대 승려 지광국사 해린을 기리기 위해 건립한 불탑, 승탑, 묘탑(墓塔). 국보 제101호. '법천사지광국사현묘탑'으로도 부른다.

**팔각원당형: 기단, 탑신, 옥개석이 팔각형으로 이루어진 모양. 여주신륵사팔각원당형석조부도(驪州神勒寺八角圓堂形石造浮屠)에서 그 형태를 볼 수 있다.

***중대석: 상대석과 하대석 사이에 있는 '간석'을 달리 이르는 말. 석등의 화사석에 받치는 대석.

****화사석: 석등의 중대석 위에 있는, 등불을 밝히도록 된 부분.

22
2月

토기
살기 위해 창조한 추상미술의 시작

부산 영도구 덧띠무늬토기

한반도에서 처음 토기가 만들어진 때는 약 8000년 전인 신석기시대로 추정된다. 당시의 사람들은 주로 해안이나 강가 등 물이 충분한 곳에 모여 살았다. 물이 있어야 농사를 지을 수 있었기 때문이다. 수확을 마친 곡식을 담기 위해서는 그릇이 필요한 것은 자명한 이치. 시차는 크지 않겠지만 토기 발명의 역사를 '물가 거주 → 농사 → 토기'라는 순서로 정하는 것이 가장 합리적 추론일 것이다. 토기를 만든 이유는 예술적인 감각이 아니라, '살기 위해서'였음을 알 수 있는 대목이다.

여러 토기 중 한반도 거주인이 만든 덧띠무늬토기*는 양식(樣式) 면에서 특별하다. 중국이나 일본의 영향을 전혀 받지 않은 고유함이 있기 때문이다. 당시의 일본 토기에는 입체 장식이, 중국 토기에는 색채 문양이 많았던 것에 비해 신석기시대부터 나타나는 한반도의 덧띠무늬토기는 표면에 사선 등 선각문(線刻紋)**을 그린 띠를 붙인 토기가 많다. 기원전 4000년경의 것으로 추정하는 부산 영도구 덧띠무늬토기*** 표면 상단에는 더블유(W)자 모양이 연속적으로 나타나는데, 지금 기준으로도 매우 정교한 형태라는 사실을 알 수 있다. 점토 띠를 붙이고 떨어질 것을 우려해 위아래를 도구로 눌러 강하게 고정시킨 것이 사진으로 봐도 느껴지기 때문이다.

토기 상단에 더블유자 모양으로 점토 띠를 덧댄 것은 실용적 이유로 보이는데, 미끄러지기 쉬운 토기를 꽉 잡고 들어올릴 수 있도록 한 것이라 추측된다. 당시의 토기는 노천가마에서 낮은 온도로 구웠으므로 놓치면 쉽게 깨졌다. 이런 토기 양식을 '최초의 추상미술****'이라고 생각하는 이유가 바로 거기에 있다. 추상(抽象)이란 '여러 가지 사물이나 개념에서 공통되는 특성이나 속성 따위를 추출하여 파악하는 작용'을 말하는데, 손잡이 형태를 만들고 싶어서 적용한 더블유자 모양의 점토 띠가 바로 위의 정의(定意)를 그대로 만족하기 때문이다.

간단하게 만들 수도 있는 손잡이를 우리 조상들은 굳이 더블유자 모양으로 만들어 토기 전체를 감싸는 방식을 선택했다. 여기에 '가장 실용적인 것이 가장 추상적인 것'임을 현물로 증명한 특별함이 있다. 실용성을 강조했으되 아름다움도 잃지 않은 고유한 하나의 양식을 만들었으며, 그것이 이후 우리만의 독자적인 기술력과 예술적인 감각을 키우는 토대가 되었음은 아무리 강조해도 지나치지 않다.

*덧띠무늬토기 → 덧무늬토기(—土器): 그릇 표면에 점토 띠를 덧붙여 각종 문양 효과를 낸 신석기시대 조기(早期)를 대표하는 토기. '융기문토기'라고도 한다.

**선각문: 날카로운 도구로 그릇 면에 새긴 추상적인 선 무늬.

***부산 영도구 덧띠무늬토기 → 토기융기문발(土器隆起文鉢): 부산광역시 영도구 영선동 패총에서 출토된 신석기시대 토기. 보물 제597호.

****추상미술: 물체의 선이나 면을 추상적으로 승화시키거나 색채의 어울림을 추구하여 조형적인 작품으로 구성하는 미술.

23
2月

토기에서 도기로
신분의 차이와 분화된 계급이 이끄는 힘

양이부단경호

삶은 결국 접촉이다. 사람들과 만나서 무언가를 하지 않으면 어떤 일도 일어나지 않기 때문이다. 그러나 가끔 그런 접촉으로 마음에 상처를 입거나 주게 될 때 우리는 고민에 빠진다. "그냥 아무도 만나지 않고 각자 알아서 살아갈 수는 없는 걸까?" 하지만 그건 좋은 생각이 아니다. 만약 세상에 서로 아무런 영향을 주고받지 않는 사람들만 살고 있다면, 사람들이 지금처럼 다양한 도구를 만들고 혁신하며 더 질이 좋은 상품을 만들기 위한 노력을 했을까? 그냥 살아도 되는데, 굳이 무언가를 만들려고 애를 쓴다는 것은 쉽지 않은 선택이다. 그 무언가를 원하거나 사용할 사람이 없기 때문이다.

사람들은 서로 얽힌 관계를 유지하기 위해 사회를 형성했고, 서로가 서로를 위한 무언가를 만들면서 발전과 성장을 거듭한 끝에 국가를 이루었다. 사회와 국가가 형성되자 계급이 생겼다. 계급이 나누어지면서 신분의 차이도 극명하게 드러나기 시작했다. 그들은 자신의 계급과 신분을 세상에 증명하기 위해 다른 사람과는 다른 무엇을 끊임없이 요구했다. 무언가를 요구하는 사람이 늘어나면 그 분야의 기술이 발전하는 것은 필연이다. 이런 요구는 당시의 그릇인 토기 쪽도 예외가 아니었다. 다양한 토기가 요구되면서 조형 요소도 덩달아 복합적으로 진화했다. 굽 달린 토기와 시루 등이 새롭게 나타났으며, 쇠뿔 모양 손잡이가 달린 토기도 유행하면서 토기 조형에서 손잡이와 굽의 섬세한 표현이 중요해졌다.

제작 시기가 원삼국시대(原三國時代)*로 추정되는 토기인 양이부단경호(兩耳附短頸壺)**는 세련된 디자인은 아니지만 회전판을 이용한 횡선 무늬를 둘러 차별점을 만들었다. 그러나 더 중요한 사실은 굽는 온도가 높아졌다는 점이다. 초기 토기들과는 달리 높은 굽이나 화려한 손잡이 등 다양한 조형 요소가 들어가 전체적인 무게가 늘면서, 그들은 더 단단한 토기를 만들어야겠다는 생각을 할 수밖에 없었다. 그 필요는 기술력의 향상으로 이어졌다. 선사시대 토기의 대부분은 섭씨 600~800도 정도의 노천요(露天窯)***에서 구웠으나, 원삼국시대 말기부터는 섭씨 1000도가 넘는 밀폐식 등요(登窯)****에서 구워 더 단단하게 만들었던 것이다.

다른 분야도 마찬가지겠지만 토기의 탄생과 발전 궤적을 보면 '다른 사람과 나의 신분 격차를 자연스럽게 주변에 알리고 싶은' 현시욕(顯示慾)이 많은 원동력 중 하나임을 부정할 수는 없다. 자랑하고 싶은 것이 꼭 나쁜 것만은 아니다. 욕망은 인간 본성 중 하나이며 그걸 실현하기 위해 사고(思考)하고 성장하는 법이니까.

*원삼국시대: 우리나라 고고학 편년상 초기 철기시대와 삼국시대 사이의 시기. 삼한시대, 성읍국가시대이기도 하다.
**양이부단경호: 양어깨에 귀가 달리고 목이 짧은 항아리. 목이 긴 항아리는 '장경호(長頸壺)'라고 부른다.
***노천요: 땅에 얕은 구덩이를 파고 불을 지펴 토기를 굽던 선사시대 가마. '개방요'라고도 한다.
****등요: 기울어진 경사면에 터널형 구조로 만든 가마. '오름가마', '굴가마'라고도 한다.

24

2月

상감청자

시작을 제대로 알면 과정과 끝을 짐작할 수 있다

도자기에 대해 말로만 들어온 사람에게 "상감청자(象嵌青瓷)가 뭔지 알아?"라고 갑자기 물으면 당황할 수도 있다. 하지만 이처럼 과거에 붙인 한자 명칭의 경우 글자 하나하나를 따로 나눠서 이해하는 방식으로 접근하면 쉽게 설명된다.

이를테면 상감청자는 이렇게 구분해서 이해할 수 있다. '상감' 기법을 이용하여 무늬를 넣은 '청자'. 더 나누면 '象(본뜰 상)', '嵌(박아넣을 감)', '青(푸를 청)', '瓷(사기그릇 자)'. 상감청자를 만드는 과정이 눈앞에 그려져 이해도 쉬운 데다, 한자 공부도 저절로 되지 않는가. 대상이 물건이건 개념이건, 그것을 지칭하는 어휘는 본질적으로 분해와 결합의 연속이다. 어떻게 분해해서 어떤 방식으로 결합하느냐에 따라서 결과와 의미도 달라진다.

상감청자의 시작은 고려청자(高麗青瓷)*다. 고려청자를 만드는 기법에는 양각, 음악, 투각(透刻), 상감 등이 있다. 양각은 무늬가 겉으로 두드러지도록 새기는 기법이고 음각은 무늬가 안으로 들어가도록 새기는 기법이다. 투각은 필요한 부분만 남기고 나머지 부분을 파내는 방법이다. 마지막으로 상감은 무늬를 새기고 파낸 자리에 다른 색의 흙을 넣는 방식이다. 갓 빚은 그릇에 무늬를 새기고, 그 자리에 흰색이나 붉은색 흙을 채운다. 다음으로 가마에 넣어 초벌구이를 하고 유약을 바른 후 높은 온도로 마침구이를 한다. 이 과정에서 자연스럽게 색이 변하는데, 흙 속의 철분이 산소와 결합하면서 흰 흙은 더욱 뽀얗게 되고 붉은 흙은 검게 되어 푸른 바탕색과 어우러지는 아름다운 청자가 만들어진다.

다른 나라에서는 찾아볼 수 없는 새로운 기술과 온갖 정성을 쏟아 만들어낸 상감청자는 누가 봐도 아름답게 느껴질 정도로 가치 있는 예술품이었다. 그러나 안타깝게도 외부 요인으로 청자의 기술과 질이 쇠퇴하는 때를 맞이하게 된다. 그 쇠퇴기를 '13세기 후반'이라고 말하면, '몽골 침입으로 인한'이라는 수식을 붙여 전쟁의 결과로 설명할 수도 있지만, 더 본질적인 이유는 생산량의 증가에 있었다. 당시 고려는 원에 조공을 바치고 있었는데, 조공품 중 하나인 청자의 수요가 날로 늘어나는 과정에서 생산과 공급을 효과적으로 관리하지 못한 것이다. 그러면 어떤 일이 일어날까? 조공을 거부할 수는 없는 노릇인지라 질을 포기하고 양을 늘리는 수밖에 없었다.

고려청자의 완성도가 처참한 수준으로 떨어지자 상황이 바뀌었다. 품질이 떨어지는 와중에서 만들기 어려운 청자는 점차 사라지고, 생산원가를 낮추면서도 쉽고 빠르게 대량으로 만들 수 있는 일상용 자기가 주류를 이루게 되었다. 한 점의 상감청자를 만들기 위해 얼만큼의 정성을 쏟아야 했는지 그 시작을 아는 사람에게는, 갑자기 공급량을 늘리면 어떤 결과가 나타날지 굳이 설명하지 않아도 눈에 선명하게 보인다. 이런 이유로 어떤 예술이든 관찰하고 분석할 때는 그 시작을 제대로 이해하는 게 우선이다. 시작을 제대로 안다는 것은 과정은 물론 그 종말까지를 짐작할 수 있다는 의미이기 때문이다.

*고려청자: 고려시대에 만들어진 푸른빛의 자기를 통틀어 이르는 말. 상감청자가 특히 유명하다.

25

2月

백자달항아리

조선 사람들의 예술적 안목을 보여주는 불완전한 구형의 미

백자달항아리

달항아리*를 처음 만나는 사람은 여느 백자와는 결이 다름을 느낀다. 보자마자 우선 눈에 들어오는 건 둥근 모양에 아무런 장식이 없는 순백의 모습이다. 그 모습을 한참을 바라보고 있으면 달항아리가 조선백자의 정수로 손꼽히는 이유를 납득하게 된다. 그것은 다름 아닌 '엄청난 크기'다. 지금 당장 검색해서 실물을 찾아 그 크기를 느껴보라. 달항아리는 워낙 크기가 커서 한 번에 빚어 올리지 못했다. 여기가 가장 중요한 부분이다. 그럼 어떤 방법으로 만들었을까? 마치 거대한 건축물을 조립하듯, 커다란 사발 두 개를 위아래로 붙여서 만들었다. 이런 기법은 중국의 도자기 제작 기술에서도 찾아볼 수 있지만, 달항아리와 같은 형태의 백자는 세계 어디에서도 찾아볼 수 없는 우리만의 것이라 더욱 소중하다.

이 이야기에 집중하고 있다면, 이쯤에서 또 하나의 질문이 떠오를 것이다. "왜 다른 나라에서는 달항아리 형태의 백자를 만들지 못했을까?" 중요한 점은 '못 했다'와 '안 했다'의 차이다. '못 했다'는 그렇게 할 '기술과 능력이 없었다'는 서술이고, '안 했다'는 할 수는 있지만 그럴 '의사가 없었다'는 서술이기 때문이다. 그런데 적어도 달항아리 형태의 도자기에 대해서 말하자면 세계 어디에서도 '못했다'하는 표현이 맞다. 이유는 달항아리의 모양에 있다. 앞서 언급한 것처럼 달항아리는 워낙 커서 커다란 사발 두 개를 위아래로 이어붙여 만들었다. 그 외의 다른 방법은 없었기 때문이다.

그렇게 하면 어떤 일이 일어날까? 달항아리를 유심히 관찰한 사람은 아마 이쯤에서 "맞아!" 하며 무릎을 칠 것이다. 워낙 크기가 큰 데다가 두 개를 하나로 붙여서 완성했기 때문에, 완전한 구형을 이루지 못하고 조금 일그러진 형태를 보인다는 사실이다. 고르지 못한 그 형태를 예술이라고 말할 수 있을까? 그럼에도 불구하고 달항아리가 17세기 후반부터 조선의 '인기 상품'이 된 이유는, 완벽하지 않은 그 모습에서 '파격(破格)의 미'를 발견하고 그걸 즐기는 안목이 있었기 때문이다.

예술은 그 시대의 수준을 증명한다. 모든 예술품은 그 시대를 살아가는 수용자의 안목 이상의 것이 나오기 어렵기 때문이다. 달항아리를 보며 우리는 섬세한 시선으로 대상을 관찰하며, 남이 깨닫지 못한 예술성을 찾아내는 한국인 특유의 미적 감각을 재확인할 수 있다.

+ *달항아리 → 백자달항아리: 구(球)에 가깝도록 둥글게 말아 올린 그릇 모양과 투명한 우윳빛 유약을 바른 조선시대 백자의 하나. 그 시대의 생활 자기였으며 경기 광주분원(廣州分院)에서 접시와 함께 가장 많이 구워냈다.

26
2月

백자의 길상문

보는 이에게 행복과 기쁨을 선사하는 무늬

여러 가지 백자를 보아온 사람은 거기에 그려진 길상문(吉祥紋)을 한두 번은 접했을 터다. 길상문은 백자 외의 다른 예술품에도 드물지 않게 나타나는데, 문(文)을 중시하던 조선 사회에서 행복과 길복을 나타내는 대표적 문양으로 쓰였다. 이 무늬는 한자가 지니는 표의적(表意的)인 성격으로부터 유래되었으며, 현대의 이모티콘만큼이나 유행했던 일종의 상징체계로 보아 무방하다.

사람 사는 게 언제 어디서나 그렇듯, 좋은 시절보다는 불행했던 일을 겪은 후 그 유행은 더욱 가속화되었다. 임진왜란 직후가 특히 그랬다. 참혹했던 전쟁이 끝난 후 사회적 정치적 혼란 속에서 백성들이 원하는 것은 단 하나, 다가올 재앙을 면하고 평안과 복을 구하려는 염원이었다. 이런 염원은 가구의 장식 문양에까지 반영되기도 했으며, 조선 후기 백자에 나타난 길상문으로 더욱 선명하게 그 의미와 유래를 알 수 있다.

길상문의 내용은 크게 무병장수, 다산과 풍요, 부귀와 다복, 학업과 출세, 벽사(辟邪)* 등의 다섯 가지로 나뉜다. 상식으로 알고 있으면 조선 후기 사회는 물론, 오늘날까지도 통용되는 전통 풍속을 이해하는 데 큰 도움이 될 것이다.

1. 다산(多産)과 풍요

석류: 씨가 많으므로 '아들을 많이 낳음'을 상징한다. 복숭아, 불수감(佛手柑)**과 함께 복되고 길(吉)함을 상징하는 과일이다.

물고기: 한 번에 알을 많이 낳는 특성이 있으며 '물고기 어(魚)'의 중국식 발음이 '남을 여(餘)'자와 같아 다산과 풍요의 의미를 나타낸다.

포도: 주렁주렁 열매가 달린 포도의 모습으로 역시 다산을 의미한다. 특히 동자(童子)와 함께 다남(多男)을 의미해서 더욱 선호했다.

2. 무병장수

십장생(十長生)***: 해와 산, 구름과 소나무, 그리고 물과 학, 대나무와 사슴, 거북과 불로초 등 수명이 긴 열 가지 그림으로 장수를 상징한다.

복숭아: 신선의 음식인 천도복숭아는 무려 삼천 년마다 열매를 맺는다는 전설이 있어서 불로장생을 상징한다.

수(壽)자: 장수를 바라는 '목숨 수(壽)' 혹은 '수복강녕(壽福康寧)' 등의 글자를 미술 공예품이나 건축물, 기타 일반 공작물의 밑바탕으로 모양을 그리고 색을 칠하여 나타낸다.

3. 학업과 출세

잉어: 잉어가 중국 황하의 급류인 용문(龍門)을 거슬러 올라 용이 된다는 '등용문(登龍門)'의 주인공인 것처럼 '뜻을 확립하고 이름을 드날림'을 상징한다.

사군자(四君子): 선비들이 본받고자 했던 절개와 지조 등의 덕목을 매화, 난초, 국화, 대나무에 비유한 것이다.

두꺼비 · 매미: 애벌레에서 매미로, 올챙이에서 두꺼비로 변태하는 특성에 비유해서 신분의 비약적인 상승을 의미한다.

4. 부귀와 다복(多福)

박쥐: '박쥐 복(蝠)'자는 '복 복(福)'자와 발음이 같아서 복을 상징하는 의미로 통한다.

모란: 부귀를 상징하는 꽃으로 넝쿨과 함께 표현하면 부귀영화를 나타낸다.

불수감: 석류와 마찬가지로 상서로운 과일로 통하는데, 모양이 부처의 손과 같기 때문이기도 하다.

5. 벽사

호랑이: 까치나 신선과 함께 등장하기도 하는 호랑이는 잡귀를 막아준다고 믿었다.

수탉: 때를 맞추어 울기를 잘하므로 시간을 알리는 신조(神鳥)로서 새벽에 귀신을 쫓는 역할을 한다.

용: 상서로움을 뜻하는 상상의 동물로 만물을 주관하고 지켜주는 수호신이자 왕을 상징한다.

*벽사: 요사스러운 귀신을 물리침.
**불수감: 불수감나무의 열매. 겨울에 익으며 유자보다 훨씬 크고 길며, 끝이 손가락처럼 갈라지고 향내가 매우 좋다.
***십장생: 민간신앙이나 도교(道敎)에서 수명이 매우 길어 불로장생을 상징하는 열 가지를 일컫는 말.

백자청화팔길상문편병, ©국립중앙박물관 소장

27
2月

나혜석

원하는 모든 것을 다 하고 떠난 사람

〈자화상〉

한국의 현대미술가, 특히 여류 화가 중 나혜석(羅蕙錫) 만큼 대중적인 인지도가 높은 사람은 별로 없을 것이다. 그녀는 일찍부터 뛰어난 재능과 지성을 보였다. 1913년에 진명여고 제1회로 졸업을 했던 당시에도 우등생이었고, 이후 한국인으로서는 처음으로 일본 도쿄의 명문 미술대학인 여자미술전문학교에 입학했으며, 미술적 재능을 인정받아 제1세대 서양화가들과 같은 시기에 미술교육을 받았다. 누구도 그녀의 성장을 막을 수 없었다. 초기 서양화가들이 유학을 마치고 돌아와 동양화로 전향하거나 작품 활동을 멈췄던 것과는 달리, 개인전과 다양한 미술 작품 공모전에 출품하면서 무엇에도 얽매이지 않고 열정적인 활동을 했다.

삶은 그리 행복하지 않았다. 물론 겉에서 볼 때의 평가다. 그녀가 어떤 생각으로 어떤 삶을 살았는지는 그림으로 짐작할 수밖에 없다. 자신의 30대 중반의 모습을 그린 〈자화상〉이라는 그림을 보면 젊은 나날 한껏 열정을 태우던 시절도 지나고, 이혼 후에 느끼는 고독과 우울함이 진하게 느껴진다. 그러나 나혜석에게 이혼이란 개인만의 문제는 아니었다. 그녀는 '독립된 개체로서 여성의 자립'을 부르짖었다. 그녀가 쓴 원고지 1500장 분량인 엄청난 양의 〈이혼고백서〉라는 글에서 이런 의지는 강하게 드러난다.

'— 중략 —. 조선의 남성들아, 그대들은 인형을 원하는가, 늙지도 않고, 화내지도 않고, 당신들이 원할 때만 안아주어도 항상 방긋방긋 웃기만 하는 인형 말이오. 나는 그대들의 노리개를 거부하오. 내 몸이 불꽃으로 타올라 한 줌 재가 될지언정 언젠가 먼 훗날 나의 피와 외침이 이 땅에 뿌려져 우리 후손 여성들은 좀 더 인간다운 삶을 살면서 내 이름을 기억할 것이라.'

나혜석은 여성의 신분과 활동이 제한적이었던 그 시절, '광폭 행보'라고 할 정도로 평등을 부르짖으며 활약했다. 지금으로부터 90여 년 전인 1930년대에 이미 매일신보 만평 만화 〈섣달 대목〉으로 명절의 폐해를 지적했다. 당시 그녀가 외친 "명절은 여자들에게만 일을 시키는 고통스러운 날이다"라는 말은 오늘날 '명절증후군'이라는 신조어로 다시 태어날 정도로 선구적이었다. 사후에도 나혜석의 그림은 여전히 제1세대 서양화가 중 맨 앞에 서 있다는 평가를 받고 있다. 비록 말년에 자식에 대한 그리움과 불안정한 거취 문제로 인해 작품 활동을 지속할 수 없었고 1948년 겨울 52세 나이로 병든 채 길에서 생을 마감했지만, 그녀의 〈자화상〉이라는 작품은 여전히 한국 미술계에서 빛을 발하는 존재다. 미술평론가 이구열은 그녀의 〈자화상〉을 이렇게 평했다.

"1930년대에 이처럼 창조성이 내포된 자화상은 단 한 점도 없다고 생각합니다. 구도, 표현, 색상 모두 놀라울 정도입니다. 천재를 포용하지 못한 점이 못내 아쉬울 뿐이죠."

나혜석은 인형이 되기를 스스로 거부했으며, 사는 내내 노리개가 아닌 주체적인 삶의 운전자가 되어 자신이 원하는 시간과 공간을 누리겠다고 결심한 여성 선각자였다. 무엇이 옳고 지혜로운 선택인지에 대한 판단은 그 사람만이 가진 자유다. 이런 점에서 분명한 것 하나는 그녀가 자신이 원했던 모든 것을 다 해내고 떠났다는 사실이다.

28
2月

〈친구의 초상〉

고독과 우정이 빚어낸 세월이 준 선물

〈친구의 초상〉

한국의 근대 예술사를 돌아볼 때 떠올리기만 해도 멋진 두 사람이 만나 예술 작품을 만든 일은 별로 없었다. 그런데 이런 희귀한 일이 한 번 일어났으니 바로 우리나라 최초의 모더니스트 화가 구본웅(具本雄)*과 지금까지도 여전히 천재 시인으로 통하는 이상(李箱)**의 만남이 바로 그것이었다.

서로가 자신의 일상은 물론 속 이야기까지 숨기지 않고 털어놓으며 깊은 교류를 나누던 그들은 결국 한 점 그림의 주인공이 된다. 그 결과로 탄생한 작품이 국립현대미술관에 소장된 〈친구의 초상〉이다. 이 작품이 정확히 언제 그려졌는지는 밝혀지지 않았다. 일자는 특정하지 못한 채 주변 상황으로 보아 '1930년대 작품'이라고 전해질 뿐이다. 하지만 나는 1933년부터 이상이 일본 도쿄로 떠나는 1936년까지, 그러니까 3년이라는 기간 동안 구본웅이 아주 천천히 완성한 작품이라고 추론한다.

1933년 각혈로 건강에 이상이 생긴 것을 알게 된 이상은 하던 일을 그만두어야 했다. 그는 회복을 위해 황해도 배천(白川) 온천에 요양을 갔다가, 어느 정도 나아지자 서울로 돌아와 종로에서 '제비'라는 다방을 차렸다. 그 3년 동안 두 사람은 늘 함께 붙어 다녔다. 아마 그동안에 서로의 우정이 더욱 깊어졌으며, 이때가 〈친구의 초상〉의 시간적 · 공간적 배경이 되었을 것이다.

두 사람의 우정을 드러내는 유명한 이야기가 하나 있다. 잘 알려진 대로 이상은 창백한 얼굴에 당시에는 보기 힘든 하늘로 치솟은 머리 스타일을 하고 다녔다. 게다가 구본웅은 등이 굽은 꼽추인 탓에 맞는 옷이 없어 옷자락을 땅에 끌고 다녔다. 그 시대로서는 흔치 않은 외모의 두 사람이 함께 거리에 나서면 아이들은 곡마단이라도 온 줄 알고 두 사람의 뒤를 따라다녔다. 내가 〈친구의 초상〉을 두고 '고독과 우정이 빚어낸 세월이 준 선물'이라고 표현한 이유가 바로 여기에 있다. 두 사람은 주변 사람들의 시선을 의식하지 않았고, 서로의 예술을 존중했으며, 동시에 외로운 마음을 서로 의지하며 살았기 때문이다. '내 친구를 그려야겠다!'라고 작정해서 그린 것이 아니라, 동고동락(同苦同樂)하는 가장 소중한 존재였기에 그림으로 남겨질 수밖에 없던 것이다.

그림을 보면 친구를 바라보는 구본웅의 진심을 느낄 수 있다. 모자를 눌러쓰고 파이프를 문 이상의 창백한 피부와 붉게 물든 두 눈과 입술을 보며 혹자는 병으로 죽어가는 친구를 그렸다고 말한다. 그러나 두 사람의 진심에 공감하는 사람이라면 이렇게 생각할 것이다.

'구본웅은 자기 마음에 담긴 가장 빛나는 친구 이상을 그렸구나.'

생물학적으로 죽어가는 인간이 아닌, 아직도 내면은 생생하게 살아 숨 쉬는 친구의 모습을 그림으로 남긴 것이다. 보내기 싫은 친구 이상을 자기 가슴에 영원히 박제한 것이다.

*구본웅: 일제강점기 〈얼굴 습작〉, 〈비파와 포도〉, 〈여인〉, 〈친구의 초상〉 등을 그린 화가. 두 살 무렵 입은 척추 장애로 평생을 단신으로 살았다.

**이상: 일제강점기 〈오감도〉, 〈날개〉, 〈거울〉 등을 쓴 시인, 소설가. 1930년대 전후 세계를 휩쓸던 자의식 문학 시대에 우리나라를 대표하는 자의식 문학의 선구자이자 초현실주의적 시인이었다. 본명은 김해경(金海卿).

29
2月

김환기
그 사람의 언어는 곧 그 사람의 예술이다

〈우주〉

전문적인 미술평론가가 아닌 이상, 김환기 화백에 대한 이야기를 평론이나 평가의 관점에서 접근하는 것은 어리석은 일이다. 그만큼 그는 한국에서 특별한 존재다. 서울 종로구 자하문로 부근에 미망인 김향안이 설립한 환기미술관* 이 있는데 방문을 추천한다. 예약제로 운영되며 공간을 특별하게 만드는 근사한 음악이 그림을 한층 빛나게 한다. 무엇보다 사진 촬영을 금지하므로 그림 감상에 집중하기 좋다.

나는 김환기 화백이 생전에 남긴 말로 그를 이해한 바를 여러분에게 전하고 싶다. 한 사람의 언어는 곧 그 사람의 삶이며, 흘러넘친 영감이 미술이라는 예술의 형태로 표출된 것이기 때문이다. 아래에 다섯 가지 개념에 대한 '김환기만의 정의(定意)'를 소개한다. 시를 대하는 마음으로 차분히 읽으며 떠오르는 느낌을 각자 마음속에 그림으로 그리면 어떨까.

1. 자연 — "미술은 철학도 미학(美學)도 아니다. 하늘과 바다, 산, 그리고 바위처럼 있는 거다. 꽃의 개념이 생기기 전, 꽃이란 이름이 있기 전을 생각해 보라. 막연한 추상일 뿐이다."

어떤 시보다 심오한 말이다. 그러나 주의 깊게 살피면 결국 '자연을 그대로 그리는 것이 최고의 예술'이라고 말하는 것임을 알 수 있다.

2. 행복 — "회화 예술 그 자체가 이 세상에 없었다면 나라고 하는 존재도 없었을 것이다. 나는 행복하다."

그는 타인의 만족을 위해 살지 않았다. 중요한 사실은 김환기 화백이 회화 예술 그 자체가 아니라, '그림을 그리며 행복을 느꼈다'는 것이다. 그는 학문이나 예술이 아닌, 자신의 행복을 위해 그렸다.

3. 창조성 — "예술은 이론을 초월하는 데 묘미가 있다."

정말 중요한 말이다. 한 분야의 대가에게서 나타나는 공통점이기도 하다. 누구나 자기 안에 잠자고 있는 창조성을 꺼내려면 세상의 방식, 그러니까 정형화된 이론에서 벗어나야 한다. 애초에 모든 창조성은 이론으로 설명할 수 있는 것이 아니기 때문이다.

4. 멜로디 — "예술에는 노래가 담겨야 할 것 같다는 생각이 든다. 거장들의 작품에는 모두가 강력한 노래가 있기 때문이다."

참으로 놀라운 점은 대문호 괴테도 그렇게 말했다는 사실이다. 음악은 모든 예술 중에서 가장 상위에 있다. 더는 수정이 불가능한 완벽함이기 때문이다. 그림을 감상하며 귀에 음악이 들린다면, 그보다 근사한 앙상블은 없을 것이다.

5. 즐거움 — "내게 있어 그림보다 더 재미난 일이 발견되는 때는 당장에 나는 그림 생활을 옴쑥 그대로 놓아두고 발견된 새로운 대상을 바꾸어 가지려한다."

항상 그의 마지막 선택은 즐거움이었다. 세상에 천재는 없다. 단지 재능을 가진 자가 평생 그것 하나만 반복할 때 천재적 힘을 갖게 된다. 그가 천재인 이유는, 그의 가장 큰 즐거움이 그림에서만 나왔기 때문이다. 자연과 행복, 그리고 창조성과 멜로디, 즐거움이라는

언어가 김환기의 예술 세계를 확장하며 그만의 독특한 색을 보여주는 데 일조한 것이다

김환기 화백은 1963년 제7회 상파울루비엔날레(Bienal de São Paulo, São Paulo biennale)**에 한국 대표로 참가해 명예상을 수상했다. 이를 계기로 뉴욕으로 건너가, 록펠러 3세가 설립한 아시아소사이어티(Asia Society)***의 재정적 후원을 받으며 뉴욕에 정착했다. 뉴욕에서의 생활은 그에게 열정적인 창조의 시대를 열어주었지만, 안타깝게도 동시에 죽음의 문까지 열고 말았다. 1974년 그는 뉴욕에서 창작에 몰두하다 예순한 살의 나이에 '과로'로 숨진 것이다.

45년 후인 2019년 11월 23일 홍콩의 크리스티 경매에서 그의 작품 〈우주, Universe 5-IV-71 #200〉****가 132억 원에 낙찰됐다. 만약 그가 살아 있었더라면 이렇게 소감을 말했을 것으로 나는 상상한다.

"액수는 그저 숫자일 뿐이다. 자연과 행복이 있어 살 수 있었다. 그리고 창조성과 멜로디는 내게 그림을 그리며 살 수 있는 즐거움을 주었다."

*환기미술관: 김환기 화백의 미망인 김향안이 1978년에 설립한 환기재단(Whanki Foundation)이 토대가 되어 1992년에 문을 연 현대미술관.

**상파울루비엔날레: 브라질 상파울루에서 2년마다 개최되는 국제 미술 전시회. 짝수 해마다 9월~12월까지 약 3개월 동안 열린다.

***아시아소사이어티: 미국과 아시아의 이해 증진을 목적으로 록펠러 3세가 1956년에 세운 비영리 · 비정치 재단.

****〈우주, Universe 5-IV-71 #200〉: 김환기 화백의 추상화. 다채롭고 깊은 푸른 빛 색조와 점들을 동심원 형태로 그려 아득한 시각적 울림을 준다. 김환기 화백의 작품 중 가장 큰 규모(254×254센티미터)이며 유일한 두 폭 짜리 그림이다. 2019년 외국 사업가의 컬렉션으로 경매되어 개인 소장품이 되었다.

2월 미술

김홍도미술관 제공

5, 7일 김홍도미술관 & 간송미술관

경기도 안산에 김홍도미술관이 세워진 것은 단원의 스승인 표암 강세황의 생가가 있기 때문이다. 단원은 7~8세 때부터 20세까지 스승의 집에서 기거하며 그림과 글을 배웠다고 한다. 단원 콘텐츠관에는 소년 시절 이곳에서 뛰놀며 그림에 열중하던 단원의 이야기가 밝혀져 있다. 〈마상청앵도〉는 우리나라 최초의 사립미술관인 간송미술관에 소장 중이고, 〈행려풍속도〉는 프랑스 국립기메박물관이 소장하고 있다. ※간송미술관은 2022년 8월 현재 내부 보수 정비로 휴관 중

김홍도미술관 경기도 안산시 상록구 성포동 충장로 422
간송미술관 서울시 성북구 성북로 102-11

10, 17, 21일 국립중앙박물관

우리나라 국보급 문화재를 총망라하고 있는 국립중앙박물관 '사유의 방'에서 국보 반가사유상이 그 빛을 발한다. 3층 전시실에서는 조선백자인 달항아리의 실물도 만날 수 있다. 한반도에서 출토된 신석기시대의 토기 문화, 전시동 1층의 경천사지십층석탑에도 우리나라로 돌아오기까지 수많은 사연이 담겨있다.

서울시 용산구 서빙고로 137

겸재정선기념관 제공

12일 겸재정선미술관

겸재는 진경산수화의 절정기인 65~70세 때 양천현의 현령으로 재직했다. '조선의 르네상스'를 불러올 만큼 새로운 화풍을 창조한 그의 작품 〈인왕제색도〉는 여름날 소나기 내린 후에 북악산 줄기에서 바라본 인왕산의 모습이다. 천 원짜리 지폐 뒷면의 〈계상정거도〉의 일부가 겸재의 그림이라는 것을 미술관을 방문하면 알게 된다.

서울시 강서구 양천로47길 36

14일 석파정

일찍이 그림에서 남다른 재능을 보였던 이하응은 생애 최고작인 〈묵란도〉를 남겼다.흥선대원군은 별서(別墅; 농장이나 밭이 있는 부근에 한적하게 따로 지은 집)인 석파정 사랑채에서 난을 치고는 했다. 석파정은 북악산과 인왕산 조망이 뛰어난 중국풍의 정자로 현재 서울미술관의 부대시설로 미술관 입장해야 돌아볼 수 있다.

서울시 종로구 창의문로 11길 4-1

18일 논산 개태사

왕의 막강한 힘이 느껴지는 불상을 보려면 논산 개태사로 가자. 개태사는 고려 태조 왕건이 고려를 개국한 19년 뒤 후백제를 제압하고 세운 사찰이다. 경내의 석조삼존불입상은 '왕이 곧 부처다'를 여실히 보여준다. 사찰 내에 석탑과 대형 쇠솥도 남아있는데, 이 절의 전성기에 수백 명의 승려가 기거했다는 사실을 말해준다.

충남 논산시 연산면 계백로 2614-11

방에서 떠나는 인문학 여행지

19일 리움미술관

고미술품뿐만 아니라 현대미술 작품에 이르기까지 역사적·예술적 가치가 높은 예술품을 대거 소장하고 있다. 겸제 정선과 단원 김홍도, 추사 김정희의 작품들은 물론, 〈동자견려도〉나 〈아미타여래삼존도〉 같은 고미술품의 예술적 가치를 소중하게 간직하고 보존해온 것. 선한 행동을 행하면 좋은 기운을 얻게 된다는 아미타불화를 감상하며 그 매력에 흠뻑 빠져보자.

서울시 용산구 이태원로55길 60-16

원주시 제공

21일 원주 법천사

화려하고 섬세한 내부의 장식미가 뛰어난 탑으로는 원주 법천사의 지광국사현모탑을 꼽을 수 있다. 세부 장식에 치중한 대표적 석조미술 작품의 하나인 이 탑의 탑비에는 지광국사가 불교에 입문해서 목숨을 다할 때까지의 행장과 공적을 추모하는 글이 새겨져 있다. 탑이 국립문화재연구소에서 보수 중이므로 방문 전에 확인할 것을 권한다.

강원도 원주시 부론면 법천리 산 70-1

수원시 제공

27일 나혜석거리

우리나라 최초의 여성 서양화가인 나혜석의 생가 터가 수원시 행궁동에 있다. 수원에서 걷기 좋은 길로 통하는 행궁마을의 나혜석거리 중간에서 나혜석의 동상과 비석을 만난다. 나혜석의 동상을 보면 그녀의 작품 〈자화상〉이 떠오른다. 힘든 시기에 여성 선각자로 살면서 결코 평탄치 않았던 그녀의 족적이 그림 속 얼굴에 고스란히 담겨있다.

경기도 수원시 팔달구 권광로 188번길 25-2

28일 이상의집 & 국립현대미술관

〈오감도〉, 〈날개〉 등을 발표해 천재 시인으로 통했던 이상은 우리나라 최초의 모더니스트 화가 구본웅과 절친이었다. 이상은 서른도 안되는 젊은 나이에 요절했다. 시인이 1910년대부터 20여 년 동안 살았던 터에 '이상의 집'이 복원되어 서촌 여행의 중심이 되고 있다. 화가 구본웅이 절친이었던 이상을 그린 〈친구의 초상〉은 국립현대미술관에 소장되어 있다.

이상의집 서울시 종로구 자하문로7길 18
국립현대미술관 서울시 종로구 삼청로 30

29일 환기미술관

한국 추상미술의 선구자인 김환기의 예술세계는 부암동에 자리한 환기미술관에서 만날 수 있다. 1층부터 화가의 초기 작품들과 주요 소장품 전시가 이어진다. 특히 이곳에 미술관이 들어서기까지의 이야기를 담은 수향산방 공간이 감동적이다. 북악산 뒷자락의 부암동은 서울의 신소탱크 역할을 하는 청정 지역으로 미술관의 외부 경관과 아름다운 조화를 이룬다.

서울시 종로구 자하문로40길 63

03

건축

현실적 필요와 관념적 아름다움을
엮어 동결한 예술

1

3月

전통 목조건축

자연의 순리에 역행하지 않아야 그 속에서 빛난다

우리나라의 기후는 독특하다. 사계절의 변화가 뚜렷하며 유독 산이 많고 평지가 적어, 다른 나라와 비교해 특이한 지형에 속한다. 이런 조건을 일찍이 간파한 우리 조상은 '집은 자연과 하나가 되어야 한다'는 철학을 건축의 최고 가치로 삼았다. 있는 그대로의 자연에 순응하면서 동시에 건축이라는 인위적 공간이 물 흐르듯 자연에 조화되도록 노력한 것이다. 인간이 자연의 일부라는 생각을 했기에 가능한 일이었다. 이는 말처럼 쉬운 일이 아니다. 건축 그 자체에만 매몰돼 주변을 더 깊게 파고 더 넓게 부수는 행위에 빠지게 되면, 자연의 입장은 아예 생각하지 않을 수 있기 때문이다. 전통 목조건축을 보면 그 사실을 더욱 명확히 알 수 있다. 내가 전통 목조건축에 대해 서술하기에 앞서 자연과의 관계를 길게 설명한 이유는 그런 배경지식을 토대로 이 글을 읽어야 살아본 적 없는 목조건축을 눈앞에 그릴 수 있기 때문이다. 그래야 대상을 사실 그대로 찍은 사진을 보는 것에 더해 눈에 보이지 않는 더욱 정밀한 지식을 얻을 수 있다.

목조건축을 포함한 한국의 전통 건축물은 크게 기단(基壇)과 벽체, 공포(栱包)와 지붕 등 네 부분으로 구성된다. 기단은 건물을 세우기 위해 지면에 흙이나 돌을 쌓아 돋운 것으로 가장 하단에 위치한 부분을 말한다. 이렇게 바닥을 돋운 이유가 뭘까? 그 모습을 머릿속에 떠올려보면 건축가가 아니라도 쉽게 짐작이 간다. 바로 지면에서 올라오는 습기를 최대한 막기 위해서다. 다른 부분이 아무리 완벽해도 아래에서 올라오는 습기를 막지 못하면 재료로 쓴 나무와 종이가 금방 수명을 다하게 되고 만다. 기단은 동시에 건축물 자체를 돋보이게 하는 역할도 했다. 벽체는 대부분 건축물의 중앙 부분을 이룬다. 당시 기술로 다루기 쉬운 흙이나 석회, 벽돌을 써서 세웠다. 공포는 지붕 바로 아래의 공간으로 지붕의 하중을 직접 기둥에 전달하며 무게를 분산하는 역할을 했다. 마지막으로 지붕은 화려하면서도 동시에 안정감을 중시하는 형태로 만들어졌다. 지붕의 종류는 크게 팔작(八作)지붕*, 정자형(丁字形)지붕**, 십자형지붕, 우진각(隅진閣)지붕***, 맞배지붕****, 모임지붕***** 등 여섯 가지였는데, 건물의 앞뒤 기둥을 연결하는 수평 구조 부재로 보와, 보의 직각 방향으로 놓이는 기다란 횡가구재인 도리, 마지막으로 대들보나 종보(宗보; 마룻보) 위에 얹고 그 위에 보나 도리를 받쳐주는 대공을 설치했다.

한국의 목조건축이 다른 나라의 건축물보다 아름다운 이유는 자연을 파괴하거나 그 위에서 군림하려 들지 않았기 때문이다. 자연의 순리에 맞게 구상하고 건축을 했기 때문에 자연 속에서 더욱 빛을 발한 것이다.

*팔작지붕: 지붕 위에 박공이 달린 삼각형 벽이 있는 지붕. 전통 건축에서 주요 건물은 대부분 팔작지붕이다.

**정자형지붕 → 정자집(丁字—): 건물의 평면이나 지붕의 용마루가 '丁'자 형태인 집.

***우진각지붕: 건물 사면에 지붕 면이 있고 추녀마루가 용마루에서 만나는 지붕. 일자형 평면의 지붕 형태로 초가집에 흔하다.

****맞배지붕: 건물의 모서리에 추녀가 없고 용마루까지 측면 벽이 삼각형으로 된 지붕. 일자형 홑집 평면에 알맞은 지붕이다.

*****모임지붕: 지붕 중앙의 꼭짓점에서 모든 지붕골이 모이는 지붕. 탑 형태로 올리는 산성의 장대(將臺)에 많다.

3月

한옥

자연과 생명이 자본이라는 가장 큰 가르침

우리의 살림집인 한옥은 대개 목조건축이다. 한옥은 겉에서 볼 때는 안에 어떤 기능과 장점이 있는지 잘 보이지 않지만, 여타의 가옥에서는 발견할 수 없는 다양한 특징과 의미가 있다. 사람이 짓고 살지만 자연의 특성과 순리를 먼저 배려한 공간이라는 점이 그중 으뜸가는 특징이다. 한마디로 땅의 형세와 계절의 변화를 고려하여 지은 건축물인 것이다.

한옥은 손 닿는 주변의 재료로 지었다. 지붕은 흙을 구워 만든 기와나 볏짚으로 얹고, 본체는 나무를 다듬어 기둥을 세웠다. 농사를 지으며 살아가는 보통 백성들이 무리하지 않고 쉽게 짓기에 좋았다. 그렇다고 기능이 모자란 것도 아니었다. 지붕 하나만 해도 쓸모가 한두 곳이 아니었다. 씨앗을 심듯 박 넝쿨을 지붕에 얹으면 햇볕을 듬뿍 받아 박이 주렁주렁 열렸다. 흙이 있는 바닥만 땅으로 생각하지 않았기에 가능한 발상의 전환이다. 가을에 거둔 고추와 잘게 자른 무, 산과 들에서 뜯어 온 나물을 지붕에 널면 강렬한 햇볕으로 인해 저장하기 좋게 말랐다. 생각 없이 보면 특별한 것 하나 없는 지붕이지만, 열두 달 내내 계절마다 다른 역할을 해냈다. 작물을 키우는 밭이나 음식을 말리는 건조대로 이용하는 창조적인 아이디어로 새로운 가치를 발견한 것이다.

한옥의 특성은 유연성에 있다. 억지가 없으며 순리에 맞게 흐른다. 단순하지만 조화롭게 공간을 빛낸다. 한옥의 선은 모든 것이 될 수 있는 유연성을 가지는 것이 그 특징이다. 내부 구성도 마찬가지로 화려하지 않고 단순하지만 그것이 오히려 한옥의 가치를 높이는 역할을 한다. 바닥에는 온돌을 깔고 벽은 흙을 이겨 세우고, 실내는 벽지나 장판지로 마감하며 문은 문양 없는 무채색의 한지를 발라 마감을 했다. 기교를 최대한 자제하고 재료 자체의 특성을 한껏 드러낸 것이다. 쉽게 질리지 않고 보면 볼수록 정이 드는 이유가 바로 거기에 있다. 담백하고 소박한 가운데 화려하고 복잡한 가옥에서는 찾아볼 수 없는 고졸(古拙)한 기품이 흐른다.

앞에 서술한 한옥의 주요 특징을 네 가지로 정리하면 아래와 같다. 의미를 곱씹어 가며 찬찬히 읽어보면 한옥에 대한 이미지를 마음에 남길 수 있을 것이다.

- 인위적이지 않아 단순하지만 그래서 자연과 조화를 이룬다.
- 특별함을 강조하지 않고 주변에 순응한다.
- 절제된 형태와 화려하지 않은 색이 오히려 돋보인다.
- 실제 살아보면 숨겨진 질서를 발견할 수 있다.

그래서 한옥에 한 번 다녀오면 자꾸만 생각이 나서 다시 가고 싶어진다. 꼭 필요한 것만 담은 겸손한 공간이 바로 우리의 선조가 살았던 한옥이다.

3

3月

마루와 온돌

하나만 선택할 수 없는 필수 아이템

건축 분야에서 한국의 전통을 자랑한다면 마루와 온돌(溫突)을 대표적으로 내세울 수 있다. "에이, 그게 뭐가 대단해?"라고 반문할 수도 있다. 하지만 한옥의 겉으로 드러나지 않는 기능까지 알게 되면 생각이 달라진다. 마루와 온돌이 우리 주거의 장점인 이유는, 그것이 한반도에 주어진 자연환경인 사계절의 기후와 적절히 조응(照應)하는 시스템이기 때문이다.

여름에 주된 거주 공간이 되는 마루는 바닥에서 올라오는 습한 공기를 사방으로 분산시켜 사라지도록 지표면과 일정한 간격을 벌려 나무로 만든 구조물이다. 마루에 비해 온돌은 좀 더 복잡하다. 온돌은 하나의 시물을 가리키는 것이 아니라, 아궁이에서 불을 땐 열기로 구들장을 데워 집 곳곳에서 온기를 받아들이게 하는 일련의 과정을 일컫는다. 아궁이에서 생긴 열을 고루 보내기 위해 방 전체에 구들장을 깐다는 것도 특징이다. 시대에 따라 구들장과 아궁이가 놓이는 위치가 달랐는데, 삼국시대까지는 방안에 벽면을 따라 ㄱ자형 구들장을 놓고 아궁이도 방 안에 놓으며, 굴뚝만 방 밖에 세웠었다. 하지만 고려시대부터는 아궁이가 방 밖으로 나가고 방바닥 전체에 구들장을 까는 오늘날의 온돌과 같은 모습으로 발달했다.

온돌과 마루는 공간적 시선에서 볼 때도 큰 차이점이 있다. 온돌은 그 특성상 겨울철 추위를 피하려고 만든 것이어서 되도록 공간을 막고 통하지 않게 하려는 폐쇄성이 강하지만, 마루는 여름철 더위를 식히려고 만든 공간이라 개방성이 강하다는 점이다. 온돌과 마루는 서로 반대의 기능을 하지만, 사계절이 뚜렷한 기후 환경에 한 집에 설치되어 시너지를 발휘하는 창조물이다. 만약 당신이 에어컨이나 보일러가 없는 시대에서 살아야 하는데, 마루와 온돌 하나만 선택하라면 무엇을 고를 것 같은가? 하나만 고르는 게 생각처럼 쉽지 않을 것이다. 더위나 추위 중 하나는 감수해야 하기 때문이다.

지혜로운 우리 조상은 온돌과 마루를 한 채의 집안에 함께 설치해서 사시사철 내내 심각하게 덥거나 심각하게 춥지 않도록 온도를 제어할 수 있게 만들었다. 둘 가운데 하나도 포기할 수 없는 온돌과 마루를 보며, 우리는 '건축이란 삶을 담는 그릇'이라는 사실을 새삼 깨닫게 된다.

3月

벽

벽 하나에도 그 나라의 언어와 역사가 녹아 있다

우리나라에는 '낮말은 새가 듣고 밤말은 쥐가 듣는다'라는 속담이 있다. 다른 사람이 당신이 하는 말을 들을 수 있으니 늘 조심하라는 의미를 담고 있는 경계의 말이다. 다른 나라에도 비슷한 의미를 지닌 속담은 있지만, 우리나라의 속담과 본질적으로 다르다. 바로 옆 나라인 일본에는 '벽들도 귀가 있다'라는 속담이 있다. 의미는 비슷하지만 내용을 잘 살펴보면 두 경우에서 벽의 기능에 차이가 있음을 알 수 있다.

우리나라의 속담이 '벽의 두께가 얇아서 소리가 바깥으로 새어나가는 것'을 의미한다면, 일본의 속담은 '벽 바깥에서 누군가 듣는다는 의미가 아닌, 벽이 소리를 듣는 것'을 의미하기 때문이다. '말조심하라'는 속담 하나에서 두 나라의 벽 두께가 다르다는 사실을 짐작할 수 있다는 점이 재미있다.

여기에서 생각을 조금 더 확장해볼 수도 있다. 우리나라의 전통 한옥은 어떤 이유로 벽이 부서지거나 사라진 채로도 여전히 서 있는 경우를 목격할 수 있지만, 서양식으로 지은 건물은 벽이 무너지거나 사라지면 건물 전체의 무게를 버티지 못하고 무너지는 경우가 많아서 벽만 사라진 건물은 좀처럼 보기 힘들다. 전통 한옥의 벽은 비록 얇지만 그게 없어도 무너지지 않고, 나머지 구조물만으로도 쓰러지지 않고 버틸 수 있다. 많은 기둥이 위에서 내리누르는 하중을 완벽에 가깝게 버티거니와, 목재를 짜 맞추는 방식으로 만들기 때문에 지진 등 외부의 충격에도 강하기 때문이다. 이를 통해 우리 조상들이 건축을 대하는 시각과 태도까지 알 수 있다.

세상 모든 것에는 의미가 있다. 우리가 흔히 듣는 속담 하나에도 우리의 역사와 예술이 녹아 있음을 자각할 수 있다면, 앞으로 보고 듣고 느끼는 모든 것에서 지금까지 짐작도 못 한 영감을 받을 수 있을 것이다. 세상은 '제대로 보는 자의 것'이니까.

5

3月

병풍

추위는 물론 슬픔까지 막아주는 '움직이는 벽'

현대 건축 기술로 집에 벽을 하나 설치하는 것은 그다지 어려운 일이 아니다. 문제는 다른 곳에 있다. 일단 설치를 하면 없애는 게 힘들다는 점이다. 서양과 동양의 차이는 선택에서 발생한다. 과거부터 서양에서는 집 곳곳에 과감히 벽을 설치해서 개인 공간을 만들기로 선택했다. 그들은 벽이 생긴 덕분에 옆에서 무엇을 하는지 모르는 상태로 사는 게 자연스러워졌다. 서양의 개인주의와 자유를 추구하는 성향은 공간을 각자의 것으로 나누는 벽에서 비롯됐을 수도 있다. 물론 우리도 벽을 선택했다. 그런데 서양의 벽과는 그 성질과 형태가 조금 달랐다. 우리 조상들은 새로운 개념의 '움직이는 벽'을 선택한 것이다. '움직이는 벽'이란 바로 병풍(屛風)이다.

한국은 병풍이라는 가변(可變) 벽을 만들어 추위를 피해야 할 때 펴고 추위가 누그러지면 접었다. 두 사람이 각각 다른 일을 할 때는 다시 펴서 방을 반으로 나누는 간이 벽으로 만들었다. 병풍을 경험한 적이 없는 세대에게는 병풍으로 추위를 피한다는 말이 잘 이해가 되지 않을 수도 있다. 그러나 '병풍'이라는 이름에 '바람 풍(風)'자가 들어있다는 사실을 상기(想起)할 필요가 있다. 한국은 대대로 집의 바닥을 중심으로 난방을 하는 온돌 구조였기 때문에 필연적으로 벽 쪽에 웃바람이 들 수밖에 없었다. 병풍은 윗바람을 막는 실용적인 목적으로 쓰인 것이다.

병풍은 바람을 막고 공간을 구분하는 기능을 넘어서 전혀 상반된 용도에도 활용되었다. 보통 잔치를 열거나 제사를 지낼 때 뒷면에 배경으로 펴두는 경우가 많았는데, 두 경우 모두 병풍을 썼다. 이런 일이 가능했던 건 한쪽 면은 그림이 그려져 있고 반대 면은 글이 쓰여 있기 때문이었다. 잔치를 열 때는 그림 면이, 제사를 지낼 때는 글씨 면이 보이도록 세웠다. 사람이 죽어 슬픔 속에서 장례를 치를 때도 병풍을 썼다. 옛날에는 지금처럼 장례식장이나 병원 영안실이 따로 없었으므로 삶을 마감한 바로 그 집에서 치르는 경우가 대부분이었다. 평소 일상생활을 해야 하는 살림집에서 별도로 슬픔을 가리거나 막을 수 있는 방법이 없었다. 바로 이때에 시신을 병풍으로 가리고 그 반대편에 위패를 포함한 상을 차리고 향을 피웠다. 그래서 '병풍 뒤에서 향냄새 맡는다'는 말이 죽음을 뜻하는 말이 되기도 했다.

우리가 병풍을 이토록 다양한 곳에 썼다고 해서 병풍이 우리 땅에서 탄생한 물건이라는 말은 아니다. 지금도 많이 사용하는 접이식 병풍은 중국 한나라 때에 발명되었다. 전국시대까지도 병풍은 있었지만, 통짜형으로 세워두는 배경 그림이 대부분이었다. 이처럼 초기에는 그림 위주의 병풍이 제작되다가 당나라 때부터 서예 작품으로 꾸민 병풍이 많이 만들어졌다. 그러나 누가 먼저 만들었든, 어떤 형태로 만들었든 가장 근사하게 활용하는 사람이 그 가치를 제대로 구현하는 것 아닐까.

벽과 병풍을 구성하는 재료는 서로 다르다. 그러나 둘 다 건축을 구성하는 중요한 요소인 이유는 쓰는 사람이 자신에게 맞는 것을 선택해서 원하는 것을 추구하며 생활에 활용했기 때문임은 분명하다.

6
3月

마당
비어 있는 가능성의 공간

젊은 세대들에게 '마당'이란 중앙에 멋지게 잔디를 심고 사방에 푸른 소나무와 각종 조경수를 심은 근사한 서양식 정원을 의미할 터다. 그러나 우리의 마당은 그런 것이 아니었다. 매우 철학적이었는데, 마당은 바로 '비어 있는 공간'이라는 사실이다. 마당 가운데에 나무 등을 심는 것을 좋아하지 않았으며, 아무것도 없이 텅 빈 상태로 두는 게 보통이었다. 비어 있다는 것은 모든 것을 받아들일 수 있다는 '가능성의 공간'이기 때문이었다. 서양에서 마당 역할을 하는 정원은 우리의 마당과는 전혀 다르다. 정원에는 온갖 종류의 꽃과 나무를 빼곡하게 심어서 사람이 활동할 공간이 부족하다. 오히려 사람이 나무를 피해서 걸어야 할 정도다.

이에 반해 우리나라는 늘 '여백의 미'를 강조하는 문화였다. 그림을 그릴 때도 글을 쓸 때도 마찬가지였다. 무언가로 가득 채우지 않고 빈 곳을 남겼다. 비어 있는 무언가에 매력을 느낀 이유는, 여백이야말로 언제든 무엇이든 받아들일 수 있기 때문이다. 그러므로 우리 마당이 가진 여백의 힘은 고요함 가운데서 생명의 힘을, 겸손한 가운데서 깊은 철학을 발견할 수 있는 토대가 된다. 한국인에게 젓가락이 손가락의 연장인 것처럼, 우리의 마당은 마루가 연장된 일상생활의 공간이었다. 그러므로 마당에서 아래와 같은 온갖 집안일이 벌어지는 것은 지극히 당연했다.

- 각종 잔치가 펼쳐지는 '축제의 공간'
- 곡식을 거두어 말리고 타작하는 '노동의 공간'
- 결혼, 상례 등이 이루어지는 '가례(嘉禮)의 공간'
- 이웃들이 모여 어울리는 '공감의 공간'
- 수확한 곡식을 쌓아두는 '저장의 공간'

이런 이유로 늘 채우지 않고 비워서, 혹시 벌어질지 모를 다양한 집안일의 무대 역할을 다하도록 대비한 것이다.

마당의 역할 중에는 그냥 거기에 있으므로 해서 역할을 다하는 미적(美的) 가치도 빼놓을 수 없다. '차경(借景)' 역할이 바로 그 가치다. 차경이란, 한자 풀이 그대로 '경치를 빌린다'는 뜻이다. 한옥에 유난히 창이 많은 이유가, 빛을 받아들이고 공기를 순환시키는 현실적 기능 외에 '바깥 풍경을 담는 액자'라고 여겨서다. 옛사람들은 창을 여닫을 때, 계절마다 시간마다 전혀 다른 풍경을 보며 탐미(耽美)했다. 마당은 이런 창이 최대한으로 확대된 것이었다. 그 무엇도 두지 않고 비운, '마당이라는 창'을 통해 바깥 자연을 모두 시선 안에 담을 수 있었던 것이다. 마당을 비운 덕에 문만 열면 밖에 보이는 자연의 모든 요소가 한순간에 억지로는 결코 꾸밀 수 없는 근사한 정원으로 변한다. '마당이 있는 풍경', 그것이야말로 '한국에서만 만날 수 있는' 한 폭의 풍경화가 아닐 수 없다.

7
3月

한국 최초의 아파트

직선은 인간의 선이고 곡선은 자연의 선이다

우리 전통가옥인 한옥은 지금까지도 부단히 명맥을 이어왔다. 특히 서울 북촌* 일대와 전북 완주 일대**에는 살림집으로 쓰이는 한옥이 적지 않다. 그런데 1956년에 그때까지 볼 수 없었던 전혀 새로운 개념의 주거 공간이 우리나라에 탄생했다. 지금의 을지로 4가와 청계천 4가 사이 주교동 230번지에 세워진 중앙아파트를 두고 하는 말이다. 당시 중앙산업이라는 기업에서 사원 주택으로 지은 건물인데, 3층짜리 1개 동으로 총 12세대가 들어가 살 수 있게 만든, 지금 기준으로는 연립에 가까운 작은 아파트였다. 한 가구의 면적은 20평이었고 요즘 아파트처럼 공간을 작게 나누어 방을 여러 개 넣은 게 아닌 독특한 구조였다. 방 하나에 부엌과 화장실, 그리고 마루로 비교적 단순하고 개방적인 평면이었다. 비록 3층짜리 아파트이지만 당시로써는 난생 처음 보는 주거 형태에 사람들의 관심이 매우 높을 수밖에 없었다.

그때부터가 시작이었다. 땅 좁은 우리나라에 아파트라는 효율적인 주거용 건축물이 지어진 것은. 중앙산업은 건축자재를 주로 생산하는 기업이었으므로 아파트 건축 경험이 전혀 없는 당시로써는 가장 근접한 노하우를 보유한 덕에 다소 수월하게 아파트를 지을 수 있었다. 이 '사건'이 더욱 화제가 된 이유는 중앙아파트가 들어선 인근 지역이 당시만 해도 오래된 한옥이 즐비한 곳이었기 때문이다. 한옥에 둘러싸여 있는 아파트 한 동의 풍경이라니, 상상만해도 흥미롭지 않은가.

그 시절 사람들 입장에서는 신문의 해외 토픽 기사에나 등장했던 실물을 눈앞에서 보게 되니 놀랄 수밖에 없는 일이었다. 건설 초기에 중앙아파트는 수시로 애꿎은 힐난을 받아야 했다.

"꼭 성냥갑 포개놓은 것 같네!"

"사람이 저 벌집처럼 좁은 곳에서 어떻게 살 수 있어?"

그러나 시간이 조금 지나자 그들의 비난과 억측은 이렇게 바뀌어 갔다.

"방이 하나뿐이라는 것이 특이하네."

"와, 이게 말로만 듣던 수세식 화장실이구나!"

"입식 부엌에서 음식을 만들면 참 편리하겠는데."

흥미로운 또 한 가지 사실은 연료로 무려 연탄을 썼다는 사실이다. 아파트에서 연탄을 사용하려면 재래식 아궁이 구조로는 곤란했다. 연탄을 넣을 공간이 있어야 했기 때문이다. 해결책으로 방을 마루보다 높게 하고 아궁이 안으로 연탄을 밀어 넣고 빼낼 수 있게 레일식으로 개량했다. 멋진 아이디어였지만, 지금 보면 촌스럽고 다소 엉뚱해 보이기는 하다.

아무것도 없는 공터에 바닥에서부터 시멘트 덩어리가 하나씩 올라가 아파트로 완성되는 모습을 보던 인근 주민들은 건설 관계자들에게 지금 들으면 이해할 수 없는 질문을 해댔다.

"대체 이 집에서 몇백 년을 살려고 이렇게 짓나?"

"누가 살 건데 이렇게 짓나?"

이게 대체 어떤 의미에서 나온 질문일까? 당시에는 아파트를 보며 재건축을 생각하는 시대도 아니었고, 투자 대상으로 바라보는 시대는 더욱 아니었다. 그런 이유에서인지 중앙아파트에는 매우 놀라운 재료가 하나 쓰였다. 그건 바로 철근 대신 넣은 '기차 레일'이었다. 세월이 흘러 재개발을 위해 이 아파트를 철거할 때 철거반원들을 대경실색하게 만든 사건이었다. 건축자재를 생산하는 회사답게 필요 이상일 정도로 견고하게 지은 것이었다.

여담이지만 중앙산업은 당시 중앙아파트가 기대 이상의 호평을 받자, 1958년에는 자사의 종암동 공장 자재 야적장에 4층짜리 아파트 3동을 지어 분양하기도 했다. 자연이 빚은 곡선의 공간에서 살던 인간이 이제 직선으로 세워진 아파트라는 새로운 공간으로 몸을 옮기며, 새로운 주거문화의 시작을 알린 것이다.

*북촌 → 북촌한옥마을(北村韓屋—): 서울 종로구 가회동, 재동, 삼청동 일대의 한옥이 모여 있는 곳. 경복궁과 창덕궁, 비원 사이의 북악산 기슭에 있는 한옥 보존지구를 말한다.

**완주 일대 → 오성한옥마을: 전북 완주 종남산과 위봉산이 둘러싼 지역에 한옥 고택 등 전통가옥 20여 채가 자리한 지역. 2019년 방탄소년단(BTS)이 일주일간 머무르며 비디오 및 화보를 촬영해 유명해졌다.

8

3月

씨티극동아파트

욕망하는 마음은 어떤 모양일까

1956년 첫 아파트가 지어진 이래로 이제 한국의 주류 주거 형태는 아파트다. 인구 밀집 지역인 도심지는 물론 시골 지방도를 달리다 보면 논 한 가운데에도 아파트가 우뚝 솟아 있을 정도다. 마치 나라 전체가 '아파트 전시장'이라도 된 듯하다. 그중에서도 서울 올림픽대로를 타고 풍납동 근처를 지나다 만나는 씨티극동아파트는 특히 유별나다.

이 아파트의 모양은 뭐라 묘사하기조차 힘들 정도로 독특한 모습이다. 마치 반인반수(半人半獸)의 모습처럼, 반은 분명 어디에서나 볼 수 있는 직사각형 모양인데 나머지 반은 피라미드와 같은 삼각형 모양을 하고 있기 때문이다. 질문은 여기에서 멈추지 않는다. 서울에서도 땅값 비싸기로 이름난 동네, 그것도 경치 좋은 한강변에 지었는데, 왜 굳이 건축물의 절반을 잘라 공간을 낭비한 것일까? 그렇다고 형태가 미학적으로 아름다운 것도 아닌데 말이다. 그럼 답은 하나만 남는다. 뭔가 어쩔 수 없는 '제한'이 있었으니 할 수 없이 저렇게 지었을 터다. 이 추론을 뒷받침이라도 하듯 심심치 않게 언론의 헤드라인을 장식하는 이런 기사를 우리는 자주 접한다.

'문화재청 고분 옆 아파트 허가… 문화재 보호 의지 상실?'

'문화재 옆에서 아파트 공사… 성당 균열'

위의 헤드라인과 '풍납동'이라는 지역명에서 우리는 이 아파트의 기형적 형태에 대한 결정적 힌트를 얻을 수 있다. 답은 바로 아파트 인근에 있는 사적 제11호 풍납토성*에 있었던 것이다.

우리나라는 문화재 경관을 보호하기 위해 모든 문화재 인근 100미터 이내의 건축물 높이를 제한하고 있다. 씨티극동아파트는 이 법에 맞춰 풍납토성 기준으로 100미터 내에 해당하는 면을 7.5미터로 한 뒤, 올려다본 각도인 앙각 27도에 맞춰 지은 것이다. 기능적으로나 미적으로 훌륭해서 '반인반수' 형태로 지은 것이 아니라, 법규에 저촉되지 않는 디자인으로 설계했다는 말이다. 더 나쁜 것은 반이 잘려 삼각형이 된 경사면에 다소 촌스러울 정도의 큰 글씨로 아파트 이름이 쓰여 있는데, 아파트의 모양이 기형이 된 이유를 생각하면 왜 경사면에 아파트 이름을 써 붙여야 했는지 짐작이 간다. 아파트의 전체 모양이 직사각형이 아닌 탓에 다른 아파트처럼 상단부에 아파트 이름을 매달 공간은 아예 없고, 그나마 경사져 있어서 보는 각도에 따라서는 아래쪽 글씨는 아예 보이지 않을 수도 있으므로 최대한 크게 쓸 수밖에 없었을 것이다. '알면 보인다'더니 이것도 그 말에 해당하는 예인지 쓴웃음이 난다.

한국, 특히 서울을 대표하는 건축물인 아파트 역시도 그 안에 숨겨진 사연을 들여다보면 단지 건축의 기술이 아닌, 그 공간에 담긴 사람들의 생각과 욕망을 읽을 수 있다. 한 평이라도 더 넓은 아파트를 욕망하는 마음이 그 디자인과 형태까지 왜곡한 셈이다.

✚ *풍납토성 → 서울 풍납동 토성(一風納洞土城): 서울 풍납동 일대의 충적토 대지 위에 세워진 삼국시대 백제의 성곽, 토성. 사적 제11호.

9
3月

초고층 건설 공사

상상력으로 기술력을 이긴다

이제는 우리나라 어디를 가든 높고 화려한 건축물을 쉽게 볼 수 있다. 하지만 한국의 건축 기술이 처음부터 그 수준을 인정받았던 것은 아니다. 1990년대까지만 해도 도면에 따라 현장에서 벌이는 공사 능력은 세계적인 인정을 받았지만, 기술적으로는 다소 부족하다는 평가를 받았다. 그런데 그즈음에 말레이시아에서 우리보다 기술력이 월등한 일본과 건축 기술을 다툴 일이 생겼다.

말레이시아 정부는 80층 규모의 쌍둥이 빌딩*을 짓겠다고 발표했고, 한 동은 한국에, 나머지 한 동은 일본에 시공을 맡긴 것이다. 그리고 내기라도 걸듯 빨리 짓는 측에 금전적인 인센티브를 주겠다고 발표했다. 시공을 맡은 한국의 삼성건설**은 일본의 건설회사***와 시간을 단축하는 싸움을 벌였다. 승부는 쉽게 나지 않았다. 처음에는 거의 비슷한 속도로 공사가 진행되다가 승부는 종반에 났다. 결과는 의외였다. 놀랍게도 기술력에서 뒤처진 한국의 삼성건설이 일본에 승리한 것이다. 기술적 열세에도 이길 수 있던 비결은 상상력에 있었다.

고층 빌딩을 건설하려면 탑처럼 생긴 타워크레인(tower crane)****이 필수다. 최근 들어 초고층 빌딩이나 초고층 아파트 건설 현장이 예전보다 많아서 자주 볼 수 있는 장비다. 공사를 빠르게 진행하기 위해서는 당연히 많은 타워크레인을 쓰는 것이 유리하다. 그런데 일본 회사는 공사가 진행되자 주변을 관찰한 뒤 공간이 협소하다고 판단해 타워크레인을 두 대에서 한 대로 줄였다. 하지만 삼성건설은 타워크레인을 계속 두 대 운용해서 일본 회사보다 먼저 공사를 마무리했다. 공간이 협소하다는 사실이 일본에만 닥친 문제는 아니었을 텐데, 도대체 어떤 방법으로 삼성은 계속해서 두 대의 타워크레인을 운용할 수 있었을까?

상상력을 동원하면 해법은 의외로 단순하다. 삼성건설은 타워크레인 두 대의 높이를 각각 다르게 설치함으로써 좁은 공간에서도 작업이 중첩되지 않게 공사를 해냈다. 그때까지 누구도 생각하지 못한 '타워크레인 높이의 비대칭 설치'가 스피드 싸움에서 이긴 비결이었다. 이제는 건축 기술에 대한 거의 모든 정보와 지식이 공개된 터여서 기술력으로 승부를 가르는 시대는 지났다고 볼 수 있다. '누가 교과서에서 배우지 않은 문제의 솔루션을 자신의 머리로 상상할 수 있느냐'가 승리를 거머쥘 수 있는 비결이다. 이제는 상상력이 곧 최고의 기술이자 과학인 세상이다.

*쌍둥이 빌딩 → 페트로나스 트윈타워 1,2: 말레이시아 쿠알라룸푸르에 있는 초고층 쌍둥이 건물. 한국이 일본보다 35일 늦게 착공했지만 최종 완공은 6일 앞섰다.

**삼성건설: 한국 삼성건설, 극동건설, 말레이시아 자사테라사의 컨소시엄.

***일본의 건설회사: 일본 하자마건설이 주축이 된 일본 자본 컨소시엄.

****타워크레인: 탑 모양으로 세우는 고정식 크레인. 항만 하역용이나 고층 건축용 장비로 개발 · 발달하여, 조선소의 선대와 안벽 등에 설치하거나 초고층 빌딩 및 아파트 건설 현장에서 많이 쓰인다.

10
3月

선유도공원

한국 건축이 나아가야 할 방향을 보여주는 풍향계

서울 영등포구 양화동의 양화대교와 연결된 섬 선유도에 있는 시립 공원을 '선유도공원'이라고 부른다. 이제는 '선유도에서 보자'고 말하면 바로 '선유도공원'을 가리키는 것으로 통하는 경우가 많을 정도로 대중적인 공간이 되었다. 시민들이 이 공원을 아끼게 된 데에는 많은 요인이 있겠지만, 그중 으뜸은 폐기된 시설을 근사하게 재활용한 '레트로 감성'에 있지 않을까 생각된다.

선유도공원은 조경가 정영선*과 건축가 조성룡**이 함께 설계한 '콜라보 작품'이다. 맞다. 이건 '작품'이다. 그들은 마치 '필(feel) 받은 화가'가 붓을 들고 그림을 그리듯, '감(感) 잡은 소설가'가 손이 안 보도록 글을 쓰듯 강 한가운데 섬을 하나의 작품으로 재창조해냈다. 그 결과 선유도공원은 '한국 최고의 건축' 3위에 오를 정도로 획기적이고 실용적인 아이디어와 미학(美學)적 감수성이 녹아 있는 공간으로 다시 태어났다.

재창조의 핵심은 이미 쓸모를 다한 산업 유산 공간을 서사(敍事)가 있는 공원으로 다시 살렸다는 점이다. 그 서사의 내용이 '산업 시설이 들어서면서 잃었다고 생각한 자연을 최소한의 변형만으로 복원한 줄거리'라서 더욱 귀하다. 지금은 자연을 파괴하면서 세우는 건축이 아닌, 자연을 그대로 두거나 복원해서 얻는 건축을 추구해야 가치를 인정받을 수 있기 때문이다.

선유도는 시대에 따라 그 운명이 파란만장하게 바뀌어왔다. 본래 '선유봉'이라는 작은 봉우리 섬이었던 것이 20세기에 들어서서 길을 포장하기 위한 석재를 채취하는 채석장으로 쓰였었다. 동시에 '한강 한가운데'라는 위치 때문에 홍수를 막는 치수(治水) 용도로도 쓰였다. 이런 역사를 가진 선유도에 서울 서남부 지역에 수돗물을 공급하는 정수장이 들어선 것은 1978년이었다. 그때부터 2000년까지 22년간 유지된 정수장이 같은 해 12월에 폐쇄된 뒤 서울시는 2002년에 164억 원이라는 거금을 들여 지금의 선유도공원을 만들었다. 여기서 주목할 점은 변화의 연혁이 아니라, 폐기될 때까지도 남아 있던 정수장 시설을 송두리째 거둬내지 않고 최대한 재활용하여 생태가 살아 있는 공간으로 만들었다는 사실이다.

선유도의 면적은 11만 400평방미터로 축구장 15개 정도의 넓이다. 서울 소재의 공원으로는 꽤 넓은 공간인 셈이다. 내부 시설도 개성 넘친다. 먼저, 펌프장을 개조해 선유도의 과거와 현재를 담아둔 역사관인 '선유도 이야기'가 있다. 한편 '환경 물놀이터'라는 이름만으로도 '무엇에 쓰는 공간인지' 알 수 있는 아이들 물놀이 공간도 있다. 여기서는 물놀이를 비롯한 갖가지 활동이 가능하며, 물을 싫어하는 아이들이라면 그 옆 장소에서 모래놀이를 할 수도 있다. 2개 동으로 나누어진 예쁜 유리 온실도 생태 친화적이다. 안에는 각종 다육식물과 연꽃 등 수생식물이 가득하다. 과거 정수장이 있었다는 사실을 적극 활용해서 식물들의 수질 정화 작용을 볼 수 있게 만든 아이디어가 참신하다.

그 밖에 여러 곳이 더 있지만 내가 가장 소개하고 싶은 곳은 선유도공원의 백미 '시간의 정원'이다. 연인이나 가족이 함께 사진을 찍으며 즐기기 좋은 장소인데, 이곳을 찾는 많은 사람이 오랜 시간 머물며 포토존으로 활용하는 데는 그만한 이유가 있다. 낡은 정수 시설을 그대로 활용해 조성했지만, 오히려 그 '낡음'이 환상적인 분위기를 자아내기 때문이다. 비라도 내릴라치면 집에 가고 싶다는 생각보다는, 오히려 '비가 오기 때문에' 한없이 멍 때리며 바라만 보고 싶은 마음이 드는 공간이다.

선유도공원 양옆으로는 아파트만 기다랗게 늘어서 있다. 기능성과 효율성이 극대화된 주거 형태인 아파트 사이에 생명의 가치를 우선하는 생태공원이 들어선 것은 어쩌면 '재개발의 아이러니'다. 그러나 선유도공원이라는 아이러니가 기계 일색인 이 도시에서 무거운 삶을 움직이게 돕는 영혼과 정서의 심장 역할을 한다. 내가 '선유도공원에 우리가 추구해야 할 가치가 녹아 있다'라고 말한 이유가 여기에 있다. 우리는 이제 기술과 정보를 넘어선, 생명이 자본인 시대를 살고 있으니까.

*정영선: 한국 최초의 여성 기술사(국토개발기술사)인 조경가. 서울대 환경대학원 1호 졸업생이며 우리나라의 주요 공공시설의 조경을 도맡아온 조경 1세대다.

**조성룡: 대한민국의 건축가. 현재 조성룡도시건축 대표이며 2013년 선정된 '한국 최고의 현대건축 20'에 가장 많은 작품이 뽑혔다. 1995~2003년에는 민간 교육단체인 서울건축학교의 교장을 지내기도 했다.

11
3月

서산방조제 물막이 공사

세상에 쓸모없는 것은 없다

건설 사업이 한창이었던 1970년대, 현대건설은 바다를 막아 논으로 만드는 간척사업을 본격적으로 시작하려고 준비했다. 우리나라는 그렇지 않아도 좁은 땅덩어리에 산만 지천이어서 농지 면적이 절대 부족했기 때문이다. 이런 국내 상황을 잘 파악하고 있던 정부는 1979년에 현대건설이 제안한 서산 앞바다 간척 사업*을 승인한다. 공사는 1980년부터 홍성군 서부면과 태안군 남면 사이를 잇는 제방 공사로 시작되었다.

그런데 예상하지 못했던 문제가 불거졌다. 양쪽에서 제방을 쌓아 가며 어렵게 중간 지점까지 왔는데, 서해의 간만 차이로 인한 썰물이 둑이 채 이어지지 않은 좁은 통로로 빠르게 빠져나가면서 애써 쌓은 흙이 자꾸 쓸려나가는 것이었다. 제방을 아무리 높고 단단하게 쌓아도 당시 토목 기술로는 이 문제를 도저히 해결할 수가 없었다.

"아, 이건 불가능하다."

"이쯤에서 포기해야 하는 거 아닌가?"

주변에서 공사를 중단하는 게 좋을 것 같다는 소리가 나오기 시작했다. 현장을 살피던 당시의 현대건설 정주영 사장도 침통한 표정으로 이 사태를 바라보고만 있었다. 늘 해법을 찾아냈던 창조적인 두뇌의 그였지만, 눈앞에서 벌어지는 상황을 보면 더 이상의 공사 진행은 불가능 그 자체였다. 하지만 수년 동안 꿈꿔왔던 간척 사업을 여기에서 접을 수는 없는 노릇이었다.

오랫동안 생각을 거듭한 그는 마침내 획기적인 아이디어를 냈다. 거센 물길을 막는 방법으로 폐기된 유조선을 이용하자는 것이었다. 만조 시에 332미터 길이의 폐유조선을 끌고 와서 제방의 양쪽에 걸쳐 막아두면, 물이 빠지는 간조 때에 펄에 박혀서 물막이 역할을 할 것이라는 생각이었다. 그의 아이디어는 멋지게 성공했다. 이후 제방 공사는 일사천리로 마무리되었다. 창조적인 사람들의 특징이기도 하지만, 정주영은 종종 불가능하다고 여겨지는 상황에서 쓸모없다고 생각되는 것들을 활용해서 쓸모를 창조했다. 이번에도 마찬가지였다. 버려지는 자원을 활용하여 바닷물을 막았고, 그 결과 '유조선 공법'이라는 전혀 새로운 기술을 만들어 낸 것이다. 나는 그가 세상에 남긴 다음 네 가지 말에 창조력의 핵심이 있다고 생각한다.

- 진짜는 타협하지 않는다.
- 모험이 없으면 큰 발전도 없다.
- 길이 없으면 길을 찾고, 찾아도 없으면 만들면 된다.
- 불가능하다고? 임자, 해보기는 했소?

앞의 네 문장을 마음에 담고 산다면 우리의 삶도 '세상에 존재하는 것은 모두 쓸모가 있다'는 진리에 조금 더 가까이 다가갈 수 있을 것이다. 모든 것은 다 쓸모가 있다. 가치를 발견할 수만 있다면 말이다.

*서산 앞바다 간척 사업: 현대건설이 1980년 5월에 착공해 1984년 3월에 물막이 공사를 완료한 간척지 개발 사업. 유조선 공법을 쓴 서산B지구방조제는 1982년 10월에 완공되었다.

12

3月

서대문형무소

나라를 사랑하려거든 나라를 위해 삶을 던진 이들을 보라

한옥, 아파트, 빌딩, 공원……. 앞서 소개한 건축물은 모두 포지티브한 삶을 위한 건축물들이다. 이에 반해 네거티브한 삶을 보듬어야 하는 건축물도 있다. 통칭 '감옥'이라 부르고, 지금은 '교도소'라고 불리는 곳이 그렇다. 1994년까지 서대문교도소였다가 지금은 '서대문형무소역사관'이라는 이름의 박물관으로 쓰이는 서대문구 현저동 소재의 잘 알려진 이 건물의 과거 대중적 명칭은 '서대문형무소(西大門刑務所)'다.

서대문형무소는 1908년 10월 21일에 '경성감옥'이라는 이름으로 처음 세워졌다. 이 건물은 지을 당시 전국 최대 규모의 근대식 감옥이었는데, 실제로 일제강점기에 수많은 독립운동가와 의병, 사회운동가에 대한 억압과 처벌의 장소로 쓰여 이들은 갇히고 고문당하고 순국했다. 이 건물에서 가장 주목해서 살펴야 할 곳은 지하에 있다. 지하고문실이 그곳이다. 수감자를 강제로 조사하고 잔인하게 취조한 고문 현장을 보노라면, 독립운동가들의 숭고한 마음과 뜨거운 애국심이 절로 느껴진다.

일본인들은 독립운동가들을 온갖 잔인한 수단으로 괴롭혔다. 그 첫 번째로 물고문을 들 수 있다. 물을 가득 채운 수조에 머리를 집어넣거나, 몸을 거꾸로 천장에 매단 뒤 고춧가루 탄 물을 코와 입에 마구 들이부어 호흡을 곤란하게 만들어 고통을 줬다. 이 고문으로 세상을 떠난 독립운동가들이 많았던 이유는 폐에 염증이 생겨 중병이 되었기 때문이다. 가늘고 날카로운 꼬챙이로 손톱 밑을 찌르는 고문도 있었다. 자기가 원하는 답변을 듣지 못할 때는 입속까지 마구 찔러대 고통을 주기도 했다. 견딜 수 없는 아픔에 많은 사람이 기절하기도 했다. 고문 중 가장 악랄한 것은 벽관 고문이었다. 이 고문은 몸을 꼼짝할 수 없을 정도로 좁은 공간에 신체를 감금하여 폐소공포증을 유발하는 방법이었는데, 시체를 넣는 관에 그것도 세운 채로 산 사람을 가뒀다. 관은 아래로 갈수록 폭이 좁아져 발은 아예 움직일 수도 없었다. 혈액순환이 되지 않아 그 안에 있다가 나오면 제대로 걷지도 못할 정도였다. 물론 이보다 더 악랄한 고문도 있었을 것이다. 그러나 지금의 우리가 알아야 할 것은 고문의 종류가 아니라, 후손들에게 독립과 자유를 주고 떠난 선열들이 얼마나 힘든 일상을 보냈는지 그 고통의 깊이를 조금이나마 공감하는 것이다.

건축은 빛의 예술이다. 모든 건축물은 빛을 비추기 전에는 드러나지 않는다. 그런데 그 귀한 빛을 받았음에도 존재를 드러내지 않는다면, 그 건축물은 좋은 의도에서 지은 건물이 아니라는 얘기다. 서대문형무소가 바로 그런 건축물이었다. 비추어진 빛도 삼켜버려 도무지 앞이 보이지 않았던 그 서대문형무소 지하에서, 그럼에도 불구하고 희망을 품고 견뎠던 선열들의 '마음의 빛'을 우리 안에 담자. 선물처럼 주어진 오늘이라는 시간을 귀하고 아름답게 보내는 것만이 그분들께 전할 수 있는 가장 합당한 보답일 테니까.

13

3月

조선시대 5대 궁궐

권력을 가지려는 사람은 사라지고 권력을 상징하는 건물만 남았다

도읍지를 옮기면 가장 먼저 어떤 일을 할까? 1394년(태조 3년) 한양으로 도읍을 옮긴 태조 이성계가 처음 한 일은 역대 왕과 왕비의 신주를 모신 종묘(宗廟)*와 토지 및 곡식의 신에게 제사를 올리는 사직단(社稷壇)**의 건립이었다. 다음으로는 조선의 정궁인 경복궁을 창건했고, 이어서 한양 둘레에 도성을 쌓았다. 이후 도성 내에는 경복궁에 이어 창덕궁, 창경궁, 경운궁, 경희궁 같은 이궁(離宮)을 비롯한 다양한 건물이 들어서게 된다. 그런데 이궁은 무엇이고, 행궁은 뭘까?

조선시대의 궁궐은 그 용도에 따라 정궁(正宮), 이궁, 행궁(行宮)으로 나뉜다. 정궁은 왕이 항상 거처하면서 나랏일을 돌보던 중심 궁궐로 경복궁이 이에 해당한다. 이궁은 임금이 임시로 기거하며 집무하던 공간으로 창덕궁, 창경궁, 덕수궁, 경희궁이 여기에 속한다. 이 중에서 창덕궁은 본래 이궁으로 지어졌으나 나중에는 정궁 역할을 했다. '조선의 5대 궁궐'을 하나씩 들여다보자.

경복궁은 5대 궁궐 가운데 가장 먼저 창건된 궁궐로, 1394년 8월 이후부터 짓기 시작하여 1395년 9월에 완공되었다. '경복궁'이라는 이름은 《시경》의 주아(周雅) 편에 나오는 '이미 술에 취하고 덕에 배부르니 군자의 만년 큰 복을 빈다(旣醉以酒 旣飽以德 君子萬年 介爾景福)'에서 '경복(景福)'이라는 두 글자를 따온 것이다.

창덕궁은 2대 임금인 정종이 개성으로 일시 천도했던 수도를 다시 한양으로 옮겨온 태종이 1405년(태종 5년)에 지은 궁궐이다. 정궁인 경복궁의 동쪽에 있다고 해서 창경궁과 함께 '동궐(東闕)'이라고 불리기도 했다. 창덕궁은 이궁으로 지어지기는 했지만, 한양 중심에 위치할 뿐만 아니라 임진왜란 때 모든 궁궐이 소실된 이후 가장 먼저 중건되면서 광해군 때부터 정궁으로 사용되었다. 그 후 1868년 대원군이 경복궁을 중건할 때까지 약 250년간 조선의 실질적인 정궁 역할을 했다.

창경궁은 1483년(성종 14년) 왕실의 웃어른인 세조의 비 정희왕후, 예종의 비 안순왕후, 덕종의 비 소혜왕후를 위해 마련한 궁궐로, 원래 있던 수강궁(壽康宮)을 확장해서 지었다. 수강궁은 1418년(세종 원년) 세종이 왕위에 오르면서 상왕으로 물러난 태종을 모시기 위해 지은 건물이다. 창경궁은 왕이 정사를 돌보기 위해 지은 궁궐이 아니라 왕실 가족들의 생활 공간으로 지은 궁궐이라 외전보다 내전이 상대적으로 넓다는 특징이 있다.

덕수궁 자리에는 원래 성종의 형인 월산대군의 집이 있었다. 그런데 임진왜란으로 모든 궁궐이 불타버리자 선조는 1593년(선조 26년) 때부터 이 집을 임시 거처로 정하고, '정릉동 행궁'이라고 불렀다. 선조의 뒤를 이은 광해군은 1611년(광해군 3년) 이 집의 이름을 '경운궁'이라 불렀고, 1615년에 수리를 마친 창덕궁으로 거처를 옮길 때까지 생활했다. 이후 1895년 을미사변으로 명성황후가 왜인들에게 시해되자 고종은 경복궁에서 러시아 공사관으로 거처를 옮겼다가 1897년에 경운궁으로 돌아왔다. 마지막까지 조선을 지키려 했던 고종은 1907년 일본의 강압에 의해 순종에게 왕위를 이양하게 된다. 왕이 된 순종은 창덕궁으로 옮겨가면서 경운궁에 남은 아버지 고종의 장수를 비는 뜻으로 '덕수'라는 궁호를 올렸고, 이것이 그대로 궁궐 이름이 되어 지금에 이른다.

경희궁의 창건 당시 이름은 경덕궁(慶德宮)이었으나 1760년(영조 36년) 3월에 원종(元宗)***의 묘호인 경덕(敬德)과 음이 같다는 이유로 경희궁으로 바뀌었다. 경희궁은 본래 정원군의 집이 있던 곳인데, 이곳에 왕기가 서려 있다는 말을 들은 광해군은 이 일대에 있던 수백 호의 여염집을 이주시키고 1617년(광해군 9년)부터 1623년까지에 걸쳐 경희궁을 지었다. 경희궁은 조선시대 궁궐 중 서쪽에 있다고 하여 '서궐(西闕)'이라고 불렀다. 효종에서 철종에 이르기까지 십여 명의 임금이 궁궐로 사용했는데, 특히 현종과 숙종은 한평생 이곳에서 정사를 돌봤다.

조선을 대표하는 5대 궁궐은 지나온 시대 만큼이나 유장(悠長)한 서사를 담고 있다. 권력과 욕망이 이끄는 사람들에 의해서 궁궐은 늘 바뀌어야 했지만, 이제 그들은 모두 사라지고 건물만 남아 여전히 그 자리를 지키고 있다. 우리가 영원한 것을 바라봐야만 하는 이유다.

*종묘: 역대 왕과 왕비의 위패를 모시는 사당. 우리나라에는 서울 종로구에 조선시대 역대 왕과 왕비, 그리고 추존왕(왕위에 오르지 못하고 죽었으나 사후에 임금의 칭호를 받은 왕)과 그 왕비의 신주를 봉안한 종묘가 있다. '태묘(太廟)'라고도 한다. 사적 제125호. 1995년 유네스코 세계문화유산으로 지정되었다.

**사직단: 임금이 토지신인 사(社)와 곡물신인 직(稷)에게 제사 지내던 제단. 우리나라에는 서울 종로구 사직동에 조선 왕조가 사와 직 앞으로 제를 올리던 사직단이 있다. 사적 제121호.

***원종: 조선 16대 임금인 인조의 아버지. 인조반정으로 즉위한 인조에 의해 대원군(왕을 역임하지 않은 왕의 아버지를 부르는 존칭)에서 왕으로 추존되었다. 본명은 이부(李琈). 조선 건국 이후 최초로 왕세자를 역임하지 않고 왕으로 추존된 경우다.

14
3月

수원화성

아름다움이 모든 적을 이긴다

조선 제22대 왕 정조에게는 특별한 장점이 하나 있었다. 나는 그 장점을 '아름답다'고 표현한다. 세계 어느 나라에서도 볼 수 없는 지도자의 풍모를 보여줬기 때문이다. '아름다운 정책'의 대표적인 예가 탕평책(蕩平策)이다. 그는 각 붕당의 입장을 떠나 명분에 맞고 능력 있는 이들을 중용했다. 물론 왕권을 강화하고자 내린 선택이었지만, 그는 '가장 아름다운 것이 가장 강한 것'이라는 사실을 정확하게 알고 있던 사람이었다. 그 증거가 바로 수원화성(水原華城)이다. 수원화성을 설계하고 실제로 건축하는 동안 정조는 관계자들에게 수시로 이렇게 주문했다.

"화성을 이름 그대로[화=華; 아름답다, 빛나다, 꽃] 가장 아름답게 지어야 한다."

그러나 이 하명(下命)은 신하들이 언뜻 이해하기 어려운 내용이었다. 성을 짓는 내내 이를 궁금히 여긴 한 신하가 완공된 뒤 이렇게 물었다. "외적을 방어하기 위해 만드는 성을 굳이 아름답게 만들 필요가 있습니까?" 그러자 정조는 웃으며 이렇게 답했다. "아름다움이 모든 적을 이기기 때문이지!" '아름다움이 적을 이긴다'는 말은 무엇을 의미하는 걸까? 정조는 그즈음에 자기 삶에서 무언가를 창조하는 사람들에게 이렇게 조언했다.

"모든 일을 행함에 있어서 시간이 부족하지 않을까를 걱정하지 말고, 다만 내가 마음을 바쳐 최선을 다할 수 있을지, 그것을 깊이 걱정하라."

무슨 일을 하든 최선을 다하면 조금의 균열도 생기지 않으므로 그 상태가 가장 아름답다고 말한 것이다. 그는 자신이 꿈꾸는 공간을 만들기 위해 계획 단계에서부터 철저하게 구상했고, 그 계획을 완벽하게 실천하기 위해 맨 앞에서 분투했으며, 그것을 완성하기 위해 정교한 건축술의 적용과 그걸 해낼 기계를 만들 수 있도록 정약용(丁若鏞)*과 채제공(蔡濟恭)** 등의 학자를 독려했다. 그에게 아름다움이란 이상이 아닌 현실이었던 것이다. 수원화성이 가치를 발하는 이유는 그 안에 아름다움을 부단히 추구한 정조의 진심이 녹아 있기 때문이다.

비록 일부지만, 일본의 영향을 많이 받은 한국 건축계에는 아직도 건축을 그저 '세우고 쌓는 것'이라고 생각하는 사람이 적지 않다. 그러나 건축은 단순히 돌을 쌓는 작업이 아니라 하나의 공간 예술이다. 텅 빈 공간에 현실적 필요와 관념적 아름다움을 엮어 동결한 예술이 곧 건축인 것이다. 동결했기 때문에 수천 년이 지나도 우리는 짓는 동안 건축가가 상상한 영감과 영혼에 공감할 수 있다. 정조의 수원화성은 아무것도 없는 공간에 영원한 아름다움을 동결한 가치를 인정받아, 1997년 12월 유네스코 세계유산에 등록되었다. 수원화성을 통해 우리는 건축의 예술성에 대해 새삼 생각하게 되고, 동시에 더할 필요도 뺄 필요도 없는 완벽함에서 절로 아름다움이 흘러나온다는 사실을 몸으로 깨닫게 된다.

\+ *정약용: 《경세유표》, 《목민심서》, 《여유당전서》 등을 저술한 조선 후기의 유학자, 실학자. 정조를 도와 수원화성을 설계하는 등 활약했으나, 청년기에 접했던 서학(西學)으로 인해 장기간 유배 생활을 했다.

**채제공: 조선 후기 강화유수, 우의정, 영의정 등을 역임한 문신. 정약용과 함께 수원역성을 맡아 일했다. 저서로 《번암집》 59권이 전한다.

15
3月

해인사 장경판전

멋진 주연이 되려면 먼저 좋은 조연이 되어야 한다

수원 화성이 '건축물 자체의 과학'을 추구했다면, 여기에 '건축물 안의 과학'을 추구한 건물도 있다. 그 건물은 절 자체로도 유명한 합천 해인사의 부속 건물이기도 하다. 해인사(海印寺)는 가야산 중턱에 있다. 해인(海印)은 '잔잔한 바다 위의 명상'이라는 뜻인데, 직접 가본 사람이라면 "역시, 그렇구나"라고 기꺼이 공감할 것이다. 해인사에는 유네스코 세계유산으로 등록된 문화재가 두 개 있다. 하나는 많은 사람이 알고 있는 '팔만대장경*'으로도 불리는 고려대장경이다. 또 하나는 놀랍게도 팔만대장경을 보관하고 있는 '장경판전(藏經板殿)**'이라는 건축물이다. 팔만대장경은 그렇다치고, 이 건물에는 대체 어떤 '비밀'이 있길래 팔만대장경에 준하는 대우를 받는 걸까?

고려가 몽골의 침입을 불교의 힘으로 물리치려는 염원을 담아 만든 팔만대장경은 여러 곳을 거쳐 현재의 해인사로 옮겨졌다. 8만 1137매의 팔만대장경을 보관하기 위하여 지은 건물인 해인사 장경판전은 해인사에서 가장 높은 곳인 해발 655미터에 있으며 서남향 건물이다. 이쯤에서 우리는 왜 장경판전을 그 높은 산중에, 그것도 서남향으로 지어야만 했는지에 대한 그 힌트를 하나 발견할 수 있어야 한다. 힌트는 다름 아닌 1251년 완성된 후 무려 770년이나 지난 오늘날까지도 팔만대장경이 원래의 모습을 유지하고 있다는 사실이다. 장경판전은 팔만대장경을 보존하기 위한 최적의 자연조건에 맞추어 과학적으로 설계한 건물이었던 것이다. 괜히 이런 장소에 이런 방향으로 세운 것이 아니었다.

서남향인 장경판전은 주변 어느 봉우리와도 일직선상에 있지 않아 바람의 흐름이 매우 좋다. 또한 이 방향은 건물 주변 어느 곳에도 그늘이 지지 않아 일조량이 풍부하다는 장점이 있다. 수다라장(修多羅藏)과 법보전(法寶殿) 벽면에는 위와 아래에 살대를 짜서 만든 창을 설치하여 건물 내부에 바람이 잘 통하도록 했는데, 앞면의 살창은 위쪽이 작고 아래쪽이 크며, 뒷면의 살창은 위쪽이 크고 아래쪽이 작다. 이는 건물의 앞면인 남쪽에서 불어오는 바람을 아래쪽에서 받아들여 건물 안에서 대류작용이 이루어지게 한 다음, 건물 뒷면의 위쪽 살창으로 내보내는 구조다. 바닥은 땅을 깊이 판 후에 모래, 찰흙, 숯, 소금, 횟가루를 뿌려 습도를 알맞게 유지하도록 만들었다. 이처럼 과학적으로 지어진 해인사 장경판전이 유네스코 세계문화유산으로 등재된 것(1995년 12월)은 어쩌면 당연한 결과였다.

장경판전을 약간 언덕에서 비스듬히 내려다보면, 그 모습이 주변의 어떤 산이나 강과도 아름답게 잘 어우러진다는 사실을 알 수 있다. 주인공 팔만대장경을 보관하기 위한 조연 역할로 지어진 건물이지만, 그 자체로 충분히 아름답고 간결하며 기품이 넘쳐, 이제는 주인공 버금가는 멋진 조연이 되어 건축사적으로 유의미한 유산으로 평가받고 있는 것이다.

+ *팔만대장경 → 합천해인사대장경판(陜川海印寺大藏經板): 고려 고종(1237~1248) 때 대장도감(大藏都監)에서 판각(板刻)한 대장경판. 국보 제32호. 2007년에 유네스코 세계기록유산으로 등재되었다.
**장경판전 → 합천해인사장경판전(陜川海印寺藏經板殿): 팔만대장경을 보관하고 있는 조선 전기의 사찰 내 부속 건물. '경판고'라고도 한다. 국보 제52호. 1995년 12월 유네스코 세계문화유산으로 지정되었다.

16
3月

숭례문

전쟁의 포화 속에서도 살아남은 국보가 라이터 불에 사라지다

숭례문(崇禮門)*은 1396년(태조 5년)에 축조가 시작된 후 2년의 공사를 거쳐 1398년(태조 7년) 2월에 준공된 한양도성**의 정문이다. 국보 제1호이자, 서울로 들어가는 정문이라는 점에서 귀한 가치를 지녔다. 무엇보다 놀라운 사실은 숭례문이 임진왜란이나 한국전쟁 등을 포함해 그렇게 많은 전쟁이나 외세의 침략에도 온전하게 보존되어왔다는 사실이다.

그동안 약간의 변화는 있었다. 일제강점기 동안 문의 양 끝에 이어져 있던 성곽이 허물어지고, 그 옆으로 전차와 자동차들이 통행하게 되면서 600년 조선 왕조의 정문 역할을 마감하게 된 것이다. 일제에 의해 강제로 이루어진 조치라 분통 터질 일이었지만, 힘이 없으니 항의조차 할 수 없었나. 비록 차를 타고 지나며 바로 옆에서 볼 수는 있었지만, 더 이상 다가갈 수 없었기에 '가까우면서도 멀게만 느껴지는 존재'가 되고 말았던 것이다. 그런 상태로 무려 100여 년 동안 달리는 자동차들과 높은 빌딩에 둘러싸여 외로이 서 있던 숭례문은, 2005년 주변 차로를 정리하고 공원을 꾸민 후 개방을 위한 준비를 마쳤다.

하지만 그 기쁨도 오래가지 못했다. 서울 시민과 가까워진 지 겨우 3년 만인 2008년 2월, 생각지도 못한 화재로 국보 1호 숭례문을 송두리째 잃어버린 것이다. 7년간의 임진왜란도, 3년간의 한국전쟁도 무사히 넘긴 '국가적 보물 1호'가 한순간에 재로 변하고 말았다. 숭례문을 아끼던 수많은 사람들은 그날을 결코 잊지 못한다. 2008년 2월 10일 오후 8시 40분, 서울특별시 중구 남대문로 4가 숭례문에서, 경기도 고양시 거주자인 '채종기'라는 인물이, 토지 보상 문제로 불만을 품고 숭례문 2층 누각에 기름을 붓고 라이터로 불을 붙였다. 상황은 급박하게 돌아갔다. 소방차 32대와 소방관 128명이 출동하여 진화에 나섰으나, 자정을 넘긴 오전 0시 25분경에 2층 전체가 화염에 휩싸였다. 12시 58분경에는 2층이 붕괴된 뒤 1층까지 불이 옮겨붙어 오전 1시 54분에는 누각을 받치고 있는 석축(石築) 부분만 남긴 채 전소(全燒)하고 말았다. 생각할수록 안타까운 이 방화 사건에는 반드시 짚고 넘어가야 할 다음 네 가지 문제점이 있다.

- 화재가 발생한 건물이 '국보 1호'라는 점을 지나치게 의식한 소방 당국이 진화 작업을 적극적으로 펼치지 않았고, 문화재청의 안이한 대처로 인하여 초기 진화에 실패했다.

- 완전 전소에 도달하지 않도록 만들 기회도 있었다. 그런데 화재가 발생한 지 40여 분만에 불길이 잡혀 연기만 나자 진화에 성공한 것으로 판단한 것이 패착이었다. 내부에 남은 불씨가 다시 번져 결국 전소에 이르고 말았다.

- 서울시는 2006년 3월에 숭례문을 시민들에게 개방했다. '아름다운 유적은 공유해야 한다'는 좋은 의도였을 것이다. 하지만 화재감지기나 경보장치도 설치하지 않았으며, 야간에는 경비 용역업체에 모든 관리를 맡기는 등 공적 책임을 방기(放棄)한 조처가 아닐 수 없었다.

- 더 나쁜 것은 관리책임을 맡은 중구청이 계약한 경비업체는 무료로 관리를 해주겠다는 곳이었다. 이 계약이 문제가 되는 이유는 무료 관리이기 때문에 '전기 누전, 방화 등으로 인해 발생한 손해에 대해서는 책임을 묻지 않는다'는 면책 조항을 두어야 했기 때문이

다. 무엇이 더 중요한지 우선순위를 망각한 채로 진행한 '총체적 난국'인 일 처리였다.

목재를 건축 자재로 쓰려면 건조 후 3년 이상이 지나야 하므로 전소된 숭례문을 복원하는 데만 5년 3개월이 걸렸다. 2013년 4월 29일 복원 공사가 끝나 5월 4일 복구 기념식이 열렸음에도 이 사실이 전혀 기쁘지 않은 이유는, 전쟁의 화염과 포화 속에서도 살아남았던 숭례문이 한갓 라이터 불 따위에 통째로 사라져 본래의 모습에서 우러나는 국보 1호의 기품을 잃었기 때문이다. 나는 복원된 숭례문 옆을 지나노라면, 마치 사극(史劇) 드라마의 세트장을 지나는 것처럼 아직도 낯설다.

*숭례문 → 서울 숭례문: 조선 전기에 축조된 한양도성의 성곽 문. 사대문 가운데 남쪽에 있어서 일명 '남대문(南大門)'이라고도 부른다. 서울 중구 소재. 국보 제1호.

**한양도성 → 서울한양도성(一漢陽都城): 조선 전기에 한양의 방위를 위해 축조한 둘레 약 18㎞의 성곽. 도성. 서울 종로구 소재. 사적 제10호.

17

3月

황룡사

아무 것도 원하지 않을 때 우리는 가장 풍요롭다

황룡사(皇龍寺)*는 경북 경주시 소재 신라시대 성곽인 월성(月城)의 동쪽 용궁 남쪽에 있었던 절이다. 과거 칠불(七佛)이 주석(駐錫; 승려가 입산하여 안주함)했다는 경주 일원 일곱 사찰의 유적지 중 하나로, 규모나 절의 높고 낮음의 품격을 평가하는 사격(寺格)에서 '신라 제일의 사찰'로 평가받는다. 또한 사상사적, 예술사적 시각으로 볼 때도 신라 역사에서 차지하는 비중이 크다.

절의 이름을 '황룡사'로 지은 데는 그럴 만한 이유가 있다. 553년(진흥왕** 14년)에 새로운 궁궐을 본궁 남쪽에 짓다가 거기에서 황룡이 나타나자, 공사를 불사(佛事)로 돌려 착공 17년 만인 569년에 완성한 일이 바로 그것이다. 무심코 들으면 "그럴만하네"라고 수긍할 수 있지만, 용의 출현을 빌미 삼아 궁궐 공사를 사찰 공사로 바꾼 것은 고도의 정치 · 문화적 선택이었다. 신라는 지리적인 위치로 인해 삼국 중에서 불교를 가장 늦게 받아들인 나라다. 그러나 불교의 진흥과 발전은 고구려나 백제가 넘볼 수 없을 정도로 빨랐다. 진흥왕의 바로 직전 왕인 법흥왕***은 불교를 최초로 공인한 왕이기도 했으며, 자신이 실제로 불교에 심취하여 노년에는 왕비와 함께 출가하여 각각 '법운(法雲)'과 '묘법(妙法)'이라는 법명을 받기도 했다.

그러나 법흥왕에게는 고민이 하나 있었다. 불교를 국교로 선포하고 싶지만 그렇게 할 수 없다는 것이었다. 불교에 대한 열정은 뜨거웠지만, 아무리 왕이라도 갑자기 한 나라의 종교를 바꿀 수는 없었다. 그때까지 존재해온 전통 신앙과의 마찰 때문에 자신의 뜻만 내세울 수는 없었던 것이다. 불교는 527년(법흥왕 14년)이 되어서야 이차돈(異次頓)****의 순교를 계기로 공인되었다. 신라 최초의 사찰인 흥륜사*****도 이때 짓기 시작했는데, 무려 17년이나 지난 진흥왕 때인 544년(진흥왕 5년)에 완성되기도 했다.

법흥왕의 뒤를 이은 진흥왕은 적절한 때를 노려서 신속하고 강력하게 불교 진흥 정책을 펼치려고 했다. 그런 그가 새로운 왕궁을 건설하려던 553년(진흥왕 14년)에 마침 황룡이 나타나는 성스러운 일이 발생한 것이다. 불교를 강력하게 키우려는 진흥왕은 이 기회를 놓치지 않았다. 황룡의 출현을 '부처의 계시'로 해석하고 왕궁 대신 거대한 사찰을 지은 뒤(569년 완공) 절 이름을 '황룡사'로 지은 것이다.

황룡사는 한마디로 '거대한 사찰'이었다. 지금까지 발굴된 바에 따르면 절의 전역은 약 2만 5000여 평에 달한다. 상상하기도 힘든 넓이다. 지금은 터만 남았기 때문에 공식 명칭이 '황룡사지(皇龍寺址)'인데, 이렇게 터만 남은 자리를 가리킬 때는 '땅 지(地)'가 아닌 '터 지(址)'를 쓴다. 엄청난 대지에 우뚝 솟은 황룡사에는 구층목탑******이 있었던 것으로 유명하며 그 높이가 80미터에 이를 정도로 높았다고 한다.

탑의 높이에는 아직 논란이 있는 상황이고, 그것보다는 고려시대 문인 김극기(金克己)가 황룡사 구층목탑에 올라서 느낀 감상을 쓴 시를 통해 황룡사의 위엄과 탑의 높이를 상상해보는 게 낫다.

'층계로 된 사다리 빙빙 돌아 허공을 나는 듯
수많은 강과 수많은 산이 한눈에 보이네.
바라보니 경주에 있는 수없이 많은 집들.
벌집과 개미집처럼 아득히 보인다네.'

마치 높은 산에 올라 먼 경치를 바라보는 것처럼, 다소 흥분한 마음이 느껴지는 시다. 그러나 한편으로는 이렇게 생각할 수도 있다. 진흥왕은 왕권을 극도로 강화하고 동시에 천하를 통일하겠다며 분간도 하기 힘든 너무 먼 곳을 바라보느라, 정작 가장 중요한 바로 앞 일상에서 일어나는 일에는 신경을 쓰지 못 한 것이 아닌가.

황룡사는 불교의 진흥을 간절히 바라는 마음으로 지은 절이다. 그 마음의 크기처럼 엄청난 규모를 자랑했지만, 결국 진흥왕 스스로 힘의 중심이 되어 꿈꿨던 부처님의 나라를 만들겠다는 욕망이 모든 것을 파괴했고, 지금은 터만 남아 권력만 추구하는 삶의 끝에 무엇이 있는지를 증명하고 있다. 거대한 건축물도 아름답지만, 이제는 텅 빈 황룡사지를 보며 우리는 아무것도 원하지 않을 때 그 빈 공간이 우리를 더욱 풍요롭게 만들어 주기도 한다는 사실을 깨닫게 된다.

*황룡사: 경북 경주에 있었던 삼국시대 신라의 제24대 진흥왕 당시 창건한 사찰. 사적 제6호. 이 절의 중심은 구층목탑이었다.

**진흥왕: 삼국시대 신라의 제24대(재위:540~576) 왕. 법흥왕의 아우 입종갈문왕(立宗葛文王)의 아들이다. 아들이 없던 법흥왕이 조카에게 왕위를 물려주었다.

***법흥왕: 삼국시대 신라의 제23대(재위: 514~540) 왕. 527년(법흥왕 14)에 이차돈 순교를 계기로 불교를 공인했다.

****이차돈: 삼국시대 신라의 제23대 법흥왕 때 불교를 전파하기 위해 순교한 불교 교도.

*****흥륜사: 경북 경주에 있던 삼국시대 신라 최초의 사찰. 이차돈의 순교를 계기로 신라에 불교를 전하러 온 고구려의 승려 아도가 창건했다. 사적 제15호.

******구층목탑 → 황룡사구층목탑(皇龍寺九層木塔): 경북 경주 황룡사지에 있던 삼국시대 축조의 9층 목탑의 탑 터. 황룡사 가람 배치 때 중심 불탑으로 건립되었으나 지금은 절과 마찬가지로 옛터만이 남아 있다.

18
3月

첨성대

건축물을 만드는 것은 인간이지만, 인간을 만드는 것은 건축이다

경주와 첨성대(瞻星臺)*는 둘 중 하나를 떠올리면 바로 다른 하나가 연상되는 '역사의 콤비'라고 볼 수 있다. 특히 면밀히 공부하지 않으면 알 수 없는 근사한 사실이 두 가지나 있다. 하나는 첨성대가 '그 원형을 유지한 채 현존하는 세계에서 가장 오래된 천문대'라는 사실이다. 나머지 하나는 '한반도에 지어진 건축물 중 유일하게 후대의 복원이나 재건 없이 원래 상태로 보존된 문화재'라는 점이다. 다른 문화재들은 보통 전쟁에 파괴되고, 불에 타거나 혹은 불법으로 밀반출이 되어 원형이 망가진 터라 후대에 복원시킨 게 대부분인데, 첨성대는 633년(선덕여왕 2년)에 세워진 이후 지금까지 1500년 동안 본래 모습 그대로 남아 있는 것이다. 이 점이 대단한 사실인 이유는 역사적으로 경주 일대**는 강진이 빈번한 지역이기 때문이다. 어떻게 버틸 수 있었을까? 대표적인 건축 기술 두 가지를 소개하면 이렇다.

- 무게 중심을 잡기 위해서 첨성대 하부에 진흙을 채웠다.
- 하단의 돌이 이긋니지 않게 하려고 상단에 장대석(長臺石)을 설치했다.

이 두 가지 방법을 KAIST 건설환경공학과 박헌준 교수는 좀 더 섬세하게 설명해준다. "첨성대 원통부는 총 27단으로 구성됐는데, 이 중 12단까지 채운 적심(자갈 · 호박돌 등을 쌓고 그 사이에 흙을 넣어 다진 것) 덕분에 무게중심이 아래로 쏠리고, 첨성대와 지표면이 마치 한 물건처럼 움직여 지진에 대한 저항이 큰 편입니다". 덕분에 첨성대는 요즘 기준으로 규모 6.5까지의 충격은 견뎌낼 수 있을 거라는 것이 그의 의견이다.

정작 첨성대는 1500여 년 중 최근 30여 년 동안 가장 혹독한 시간을 보냈다. 그 기간 동안 조금씩이나마 기울어져 온 것이다. 지난 30여 년간 급격히 달라진 주변 환경 조건이 무엇인지 생각해 보면 그 원인이 짐작된다. 바로 자동차다. 자동차가 오가며 일으키고 전달하는 진동으로 첨성대는 끊임없이 기울어지는 것이다. 문화재청에서도 매년 주시하고 있고 실제로 2014년에는 안전성 검사를 한 뒤 아직은 괜찮다는 결론을 내기도 했다. 그러나 2019년 '신라왕경 핵심유적 복원 및 정비에 관한 특별법 및 시행령'이 제정됨에 따라 곧 공식적인 정비가 이루어질 것으로 보인다.

아직은 '원형을 유지하는 가장 오래된 문화재는 첨성대'라는 사실에는 변화가 없다. 첨성대는 동양에서 가장 오래된 천문대이자, 이런 건축물을 1500년 전에 설계하고 지을 수 있었다는 수준 높은 과학 수준을 증명하는 귀중한 문화재다. 이 가치를 앞으로도 지켜나가려면 현재를 살아가는 우리가 첨성대가 '더 이상 그 어떤 진동에도 흔들리지 않도록' 눈을 부릅뜨고 주시해야 한다. 첨성대를 세운 것은 오랜 옛날의 우리지만, 오늘에 이르러는 첨성대가 무엇보다 소중한 문화적 · 과학적 자부심을 우리에게 되돌려주고 있기 때문이다.

*첨성대 → 경주 첨성대(慶州瞻星臺): 삼국시대 신라가 세운 높이 약 9.5미터의 천문관측소, 천문관측시설. 국보 제31호. 경북 경주시 소재.

**경주 일대: 경주 일대의 지진은 역사적 기록만으로도 서기 100년(진도 M6.3)부터 가장 최근인 2016년(진도 M5.8)까지 17차례였다.

19

3月

천관사

소중한 것을 놓아야 더 소중한 것을 잡을 수 있다

황룡사가 신라의 중흥을 위해 지은 절이었다면, 천관사(天官寺)*는 신라의 삼국통일 토대가 된 사찰이다. 이 절은 우리에게 잘 알려진 '사랑과 갈등'에 관한 이야기가 전설처럼 전해지는 곳이다. 이야기의 주인공인 김유신(金庾信)은 삼국통일의 중추가 되겠다는 원대한 목표를 이루기 위해 소중한 것들을 잃거나 애써 버려야만 했기 때문이다.

김유신은 어린 시절부터 어머니인 만명부인(萬明夫人)의 엄격한 교육을 받으며 자랐다. 만명부인은 진흥왕(眞興王)의 아우 숙흘종(肅訖宗)의 딸이며 가야 왕족의 후예 김서현(金舒玄)의 아내다. 김유신은 어릴 때부터 결코 어머니의 말씀에 어긋나는 행동을 하지 않았고, 나라를 위해 살겠다는 의지가 분명한 어른으로 성장하고 있었다. 이런 이유로 쉽게 유혹에 빠지거나, 함부로 뭇 사람과 인연을 맺지도 않았다. 그런데 어쩌다 기녀 천관(天官)**의 집에 머물게 되었다. 그동안 모범적으로 살던 아들의 갑작스러운 탈선에 크게 상심한 만명부인은 멈추지 않는 눈물을 흘리며 이렇게 훈계했다.

"네가 성장하여 나라에 공을 세워 임금과 어버이를 영화롭게 하기를 밤낮으로 바랐는데, 이제 천한 아이들과 더불어 천한 술집에서 놀아나면 대체 어쩌자는 것이냐!"

어머니의 따끔한 훈계에 그는 다시는 천관의 집 문 앞조차도 지나지 않겠다고 굳게 다짐했다. 하지만 술에 취해 귀가하던 어느 날, 그는 다시 그녀의 집 앞에 말을 타고 서 있었다. 취해서 정신을 잃었던 그를 태운 말이 버릇처럼 천관의 집 앞으로 온 것이다. 사실 말은 잘못이 없었다. 자주 다녔던 익숙한 길을 그냥 따라온 것이었다. 말은 오히려 주인 김유신을 위해 그렇게 행동했다고 보는 게 옳다. 누구나 짐작할 수 있는 그 사실을 지혜로운 김유신이 과연 몰랐을까? 하지만 그는 아끼는 말의 목을 베고 걸어서 집으로 돌아왔다. 나라를 위해 자기 인생을 바치겠다는 소중한 목표를 이루기 위해서는 소중한 한 사람과의 사랑도, 수족처럼 아끼던 말도 놓아줘야 한다는 사실을 알고 있었기 때문일 것이다.

'원하는 것을 모두 가질 수는 없다'는 삶의 진리를 우리는 이 이야기를 통해 알 수 있다. 훗날 김유신은 삼국통일이라는 오랜 목표를 이뤘다. 나중에는 뜨겁게 사랑했던 옛 연인을 위해 그녀의 집터에 절을 세웠고, 그녀의 이름을 따서 '천관사'라 불렀다. 천관사는 건축적으로 대단하거나 뛰어난 절은 아니었다. 게다가 현재 절터는 모두 사라졌고, 당시의 건축 기술을 확인할 방법도 없다. 다만 한때 소중했던 한 사람과 아끼던 말을 잊지 않고 살았던 김유신의 애절함이 밴 절이라고 생각한다면 애달프기 그지없다.

때로 우리는 사랑도 뜻[목표]도 잃은 채로 살다가 후회만 가득한 채 삶을 마치기도 한다. 그러나 김유신은 소중했던 것을 잠시 잃었지만, 더 소중한 뜻을 영원히 남겼다. 건축은 때로 기억이기도 하다. 아끼던 말과 사랑했던 천관, 그리고 김유신. 이 셋의 이야기는 한때 절이었던 그 터에 여전히 살아남아 있다.

\+ *천관사: 신라의 김유신이 기녀 천관의 집을 절로 바꾸어 세운 사찰. 경주 남산 오릉(五陵)의 동쪽에 있었다.
**천관: 신라의 기녀. 소년 시절의 김유신과 서로 좋아했으나 그와 이별 후 이를 원망하는 향가 《원사(怨詞)》를 지었다.

20
3月

불국사

문화의 수준이 가장 높을 때 비로소 탄생하는 최고의 예술

절집에 관해서라면 빼놓을 수 없는 사찰이 있다. 특히 신라의 절에 대해서라며 더욱 그렇다. 한국인이라면 대부분 알고 있는 경주 불국사*가 바로 그 절이다. 우리는 불국사를 대표적인 불교 건축물 중 하나로 생각한다. 여기에서 우리는 '대표적'이라는 낱말에 주목해야 한다. 무엇을 대표하는 위대한 창작물은 그 사회가 '문화적으로 가장 높은 수준'에 도달해야 탄생하기 때문이다. 불국사는 어느 날 누군가의 명령으로 갑자기 만들어진 것이 아니라, 오히려 수준 높은 문화의식이 불러낸 시대적 요청에 따라 지어졌다고 봐야 한다.

신라의 역사를 면밀히 살펴보면 이 주장이 설득력을 얻는다. 신라는 30대 문무왕 대에 이르러 삼국통일을 완성했고, 뒤를 이은 31대 신문왕부터 35대 경덕왕에 이르기까지 정치는 말할 것도 없고 경제든 문화든 다양한 분야에서 성장을 거듭했다. 그렇게 문화적 수준이 정점에 도달한 경덕왕 10년인 751년에 착공한 것이 바로 불국사다. 불국사는 경제적 풍요와 문화적 수준이 함께 높아졌을 때 비로소 탄생한 '국가적 예술 작품'인 셈이다.

불국사의 창건에는 '국토의 통일'이라는 물리적 통합을 넘어서 정신적으로도 삼국 출신의 백성이 하나로 합쳐져야 한다는 신라인들의 의지도 한몫했다. 삼국통일 이후 신라의 왕들은 모두 이 목표에 매진했다. 그러나 정신적 통합을 억지로 시킬 수는 없는 노릇이었다. 다만 그런 의지와 노력이 통일신라가 발전을 거듭하는 데 원동력이 되었고, 나라의 경제와 문화적 수준이 임계점에 이르자 불국사라는 결실로 나타난 것이다. 당시 통일신라의 왕들이 불국사와 통일을 하나로 생각한 이유는 절의 이름에서 여실히 드러난다. 불국사의 불국(佛國)**은 '부처님의 나라'를 뜻한다. '통일된 신라'라는 물리적 공간 안에서는 누가 옳고 누가 그르다는 말을 할 수 있지만, 부처님의 나라인 불국에서는 모두가 나름의 존재 의미와 자기 의지를 가질 수 있다. 이런 대통합의 조화와 균형을 상징하는 건축물이 바로 불국사인 셈이다.

한국의 불국사 외에도 세계에서 내로라하는 유명한 절은 많다. 하지만 우리만 이해와 공감이 가능한 역사적[한국사적] 이유 말고도 온 세상의 수많은 절 중에서 불국사가 특별한 이유는, 치밀한 구성으로 이룬 완성도와 아름다움으로 '사찰 건축의 최고봉'이라는 세계적 평가를 받기 때문이다. 불국사는 이런 가치를 인정받아 1995년 12월에 토함산 중턱의 암자 석굴암과 함께 유네스코 세계문화유산으로 지정되었다.

+ *불국사 → 경주 불국사(慶州 佛國寺): 경북 경주시 토함산(吐含山) 서쪽 중턱에 있는 남북국시대 통일신라 김대성의 발원으로 창건한 사찰. 국보 제21호인 석가탑과 국보 제20호인 다보탑이 있다.

**불국 → 불국토(佛國土): 부처님이 계시는 국토 또는 부처님이 교화하는 국토. 불찰(佛刹), 불토(佛土)라고도 한다.

수덕사 대웅전

확실한 것으로 불확실한 것을 추측한다

사찰 건축이 신라의 전유물은 아니다. 고려시대 사찰의 중심 건물인 충남 예산 수덕사 대웅전(大雄殿)은 신라의 절집과는 다른 점에서 간과할 수 없는 불교 건축물이다. 단층이고 정면 3칸 측면 4칸으로 아담하며, 가장 간단한 한옥 지붕 형식인 맞배지붕*에 주심포(柱心包)** 집이다. 내부 구조물의 뼈대를 이루는 데 중요한 요소들의 재료가 크고 굵어서 안정감 있는 외관을 갖추고 있고, 건물 옆면에 장식적인 요소가 꽤 많아 유난히 세련되고 아름답다.

수덕사 대웅전이 중요한 이유는 현존하는 고려시대 건물 중 특이하게 백제스러운 곡선을 보이는 목조건축이라는 점과, 특히 건립 연대(1308년 충렬왕 34년)를 정확히 알 수 있는 목조건물 중 가장 오래되었다는 사실 때문이다. 또한 이 건립 연대 기록은 다른 건물의 건립 연대를 추정할 때 기준으로 삼을 수 있다는 점에서도 편년(編年)적 가치가 높다. 한편 1308년에 창건된 건물이라는 사실은 1937년 일제강점기 때 이루어진 해체 및 수리 작업 때 우연히 발견된 대들보에서 나온 묵서명(墨書銘)에 기록되어 있었다. '일제강점기'라는 점과 '수리 작업'이라는 점이 다소 꺼림칙한 부분이기는 하지만…….

대웅전은 옆면 중에서도 특히 동측면에서 바라볼 때 가장 아름답다. 직선의 미를 뽐내는 고주(高柱)***와 곡선의 우아한 선을 보여주는 우미량(牛尾樑)****을 한 번에 관찰할 수 있기 때문이다. 직선과 곡선을 섞은 것은 아름다움만을 위한 선택이 아니었다. 서로 다른 높이에 있는 도리와 도리 사이를 연결하기 위해 활처럼 구부러진 우미량이라는 자재를 사용할 수밖에 없어서다. 덕분에 다른 건물보다 지붕 구조를 자유롭게 변화시켜 지붕의 하중을 줄이는 동시에 안정감은 높일 수 있었다. 이런 구조가 '우아한 백제 건축 양식을 이어받았다'는 품평을 가능하게 하는 근거다.

자연을 탐구하거나 역사를 짐작할 때, 혹은 예술을 감상할 때는 확실한 것과 불확실한 것을 정확하게 구분할 필요가 있다. 애매한 기준으로는 아무것도 알아낼 수 없기 때문이다. 확실한 것을 의심하는 것만큼 어리석은 일도 없으며, 불확실한 것을 믿는 것만큼 확실한 시간 낭비도 없다. 자연과 예술, 그리고 역사를 제대로 분석하고 바라보기 위해서는 확실한 것은 확실히 잡고, 불확실한 것은 놓아 버리는 객관적 태도가 필수적이다.

*맞배지붕: 건물의 모서리에 추녀가 없고 용마루까지 측면 벽이 삼각형으로 된 지붕. 일자형 홑집 평면에 알맞는 지붕이다.

**주심포: 목조건축 양식으로 기둥머리 바로 위에 짜 놓은 공포(栱包).

***고주: 안둘렛간을 감싸고 있는 기둥. 바깥쪽을 받치는 낮은 평주(平柱)에 비해 높아서 '높을 고(高)'자를 쓴다.

****우미량: 가재 꼬리 모양으로 굽은 보.

22

3月

탑의 규칙

왜 사람들은 삼층탑을 선호했는가?

삼국시대와 고려시대, 그리고 조선시대에 이르기까지 이 땅에 불교가 들어온 이후의 역사를 통틀어 한반도에 그 어떤 것보다 유독 삼층탑이 많은 이유는 뭘까? 역사를 접하거나 공부할 때, 반복해서 나오는 장면이나 공통점을 간과하지 않고 질문을 던지는 행위는 역사 지식을 키우는 데 키워드 역할을 한다. 좋은 질문이 좋은 답을 끌어내기 때문이다.

먼저 스스로 한번 생각해보라. 왜 4층이나 6층도 아닌 유독 삼층탑이 많은 비중을 차지하는 걸까? 뭔가 행운이 가득한 숫자라서 그런가? 아니다. 우리나라에 삼층탑이 많은 이유는 신앙 때문이다. 3이라는 숫자가 삼국시대 이후로 한반도에 지대한 영향을 미친 불교 신앙 체계의 핵심적 상징이기 때문이다. 삼세(三界)와 삼보(三寶), 삼신(三身)과 삼존(三尊)이 3과 관련된 불교의 네 가지 신앙 체계다. 삼세는 과거와 현재, 그리고 미래를 말한다. 삼보는 스스로 진리를 깨닫고 남에게도 그 영향을 미치는 부처, 부처님의 가르침을 담은 경전, 불법을 실천하고 수행하는 스님, 세 가지를 일컫는다. 이들을 보배와 같다는 의미에서 불보(佛寶), 법보(法寶), 승보(僧寶)라 부르며 불교를 이루는 필수불가결의 요건이다. 삼신은 깨달음과 행복을 주관하는 법신(法身)과 지복과 환희의 몸을 나타내는 보신(報身), 부처가 인간의 몸으로 세상에 오는 화신(化身)의 세 가지 몸을 가지고 있다는 개념이다. 마지막으로 본존과 그 좌우에 모시는 두 분의 부처나 보살을 통틀어 이르는 말이 삼존이다. 꼭 불교의 교리가 아니더라도 사람들은 어떤 숫자로도 나눠지지 않는 3을 완벽한 수라고 생각했고, 이런 이유로 안전과 직결되는 건축의 기본적인 원칙으로도 적용해온 것이다.

우리 땅에 '삼층탑이 많을 뿐'이지 그렇다고 '삼층탑만' 존재하는 것은 아니다. 단, 탑의 평면과 층수에는 일관되게 적용된 규칙이 있었다. 층수는 3, 5, 7, 9, 11, 13과 같은 홀수로, 평면은 4, 6, 8과 같은 짝수로 쌓아 올렸다. 한국의 전통문화와 사상에 큰 영향을 끼친 《주역(周易)》*과 《성리대전(性理大全)》**에 따르면 세상의 숫자는 양수와 음수로 나뉜다. 홀수를 의미하는 양수는 '하늘의 숫자'이며, 짝수를 의미하는 음수는 '땅의 숫자'다. 탑은 하늘을 향해 솟은 상승감이 중요한 건축물이므로 층수를 양수[홀수]로 정했고, 반대로 아래를 향하는 탑의 평면은 음수[짝수]로 나타내게 된 것이다. 땅의 기운과 하늘의 기운을 동시에 받기 위해 당시로써는 최선을 다한 과학적 사고의 결과였던 것이다.

옛 유적과 유물에서 우리는 아주 작은 사실을 단초(端初)로 하여 숨겨진 의미를 발견할 수 있고, 지금의 기준으로는 이해할 수 없지만 우리 선조 예술인들이 그런 선택을 했던 나름의 이유도 알아낼 수 있다. 숨겨진 의미는 다만 보려는 자에게만 자신을 드러낼 뿐이다.

\+ *《주역》: 동양에서 가장 오래된 유교 경전. 《역경》이라고도 부르며 《시경》, 《서경》과 함께 유교 삼경의 하나다.
**《성리대전》: 1415년 명나라 성조의 명으로 호광 등 42명의 학자가 송대와 원대의 성리학자 120여 명의 학설을 집대성해 편집한 유학서.

23
3月

석탑의 진화
사람의 성장 과정과 닮은 석탑 건축의 발전

신라는 삼국통일 후에도 당나라와 무려 7년 동안의 기나긴 전쟁을 계속해야 했다. 고통스러운 시간이었지만 결국 승리는 신라로 돌아갔다. 신라군에게 대패한 당나라가 공주의 웅진도독부(熊津都督府)를 건안성으로 옮기고, 평양의 안동도호부(安東都護府)를 요동성으로 옮김으로써, 676년 마침내 신라는 대동강에서 함경남도 덕원을 연결하는 원산 이남의 영토를 실질적으로 차지하게 되었다. 그 승리는 정치적 의미와 함께 신라라는 통일된 국토에서 불교문화가 찬란하게 꽃피우게 된다는 것을 의미하는 것이었다.

앞의 글에서 언급한 삼층석탑은 이런 불교문화의 부흥을 웅변하는 건축물이었다. 신라는 통일 후 3년이 지난 679년 승려 명랑(明朗)을 시켜 사천왕사((四天王寺)*를 창건했다. 이 절은 현재 불전(佛殿)의 주춧돌과 탑지(塔址)만 남아 있는데, 종래의 일탑가람제에서 쌍탑가람제(雙塔伽藍制)**를 적용하여 금당을 중심으로 두 탑이 세워진 최초의 사찰이라는 점에서 특기할 만하다. 신문왕 2년인 682년에 세워진 동서 두 탑은 같은 구조로 이루어졌다. 그 외에 비교적 큰 규모를 자랑하는 석탑인 감은사지삼층석탑(恩寺址三層石塔)***도 있다.

우리가 유의해야 할 사실은 그 후로부터 3세기 정도에 걸친 석탑 형태의 변화다. 앞서 언급한 7세기의 석탑은 안정감을 위해 지면에 닿는 면적을 최대한 넓게 펼쳤지만, 8세기에 들어서면서 지면에 넓게 펼치는 안정성과 동시에 높이도 추구했다. 이런 경향은 더욱 가속화되어서 9세기에는 안정감을 위한 면적을 최소한으로 줄이고 높이를 강조하는 상승감 위주로 축조하게 된다. 이런 변화는 마치 기어 다니던 아이가 조금씩 걷기 시작하다가 마침내 뛸 줄 알게 되는 모습을 닮았다. 처음에는 한도 이상의 높이를 추구할 기술력이 없으니 먼저 안정성을 최대한 추구했지만, 기술력이 조금씩 나아지면서 높이를 늘이는 동시에 상승감이라는 '탑 고유의 아름다움'도 추구할 수 있게 된 것이다. 태어나자마자 뛸 수 있는 인간은 없는 법이고, 지겨울 정도로 넘어지는 경험이 축적되어야 뛸 수도 있고 기교도 부릴 수 있는 것과 같은 이치다.

'석탑은 생명이 있는 존재가 아니지 않느냐'고 반문할 수도 있다. 그러나 탑 역시 인간이 만드는 것이다. 사람이 만드는 것은 사람의 생각을 따라가게 되어 있다. 생각이 성장하면 생각대로 만드는 예술품도 성장한다. 내가 결과물만 나열하지 않고 늘 그걸 만든 사람의 삶을 소개하는 이유가 바로 거기에 있다. 모든 건축물은 그 결과를 통해 사랑받지만, 그걸 만든 사람은 만들기 전부터 사랑받은 사람이어야 하기 때문이다.

*사천왕사: 경북 경주 낭산(狼山)에 있었던 남북국시대 통일신라의 사찰. 679년(문무왕 19년)에 부처님의 힘으로 당나라의 공격을 퇴치하고자 창건했다.

**쌍탑가람제: 금당(金堂)의 동서 양쪽에 각각 탑을 세우는 사찰의 불탑 배치 법. 신라의 삼국통일 이후부터 나타났으며, 통일 전에는 금당 앞에 1기의 삼층탑이나 오층탑을 세우는 일탑가람제였다.

***감은사지삼층석탑: 경북 경주시 양북면 감은사터에 있는 남북국시대에 통일신라에 건립된 석조 불탑. 목탑의 구조를 단순화시켜 석탑 양식의 출발점이 된 탑이다. 국보 제112호.

24

3月

경천사지십층석탑

한국과 일본, 그 사이에서 방황하던 100년의 기록

역사적으로 매우 슬픈 사실 중 하나는 한국에서 탄생한 예술 작품이 가장 많이 보관된 곳은 한국의 어느 박물관이나 미술관이 아닌, 일본과 기타 유럽의 나라라는 것이다. 이 지경이 된 이유는 나라가 힘이 없어서 온갖 예술품을 강제로 빼앗긴 결과다. 더욱 기가 막힌 건 이 예술품들을 몰래 가져간 게 아니고, 멀쩡히 두 눈 뜨고 지켜보는데도 마치 맡겼던 제 물건 찾아가듯 유유히 들고 사라졌다는 사실이다. 훔쳐간 그들도 나쁘지만, 정쟁과 사리사욕에 빠져 제 물건 하나 챙기지 못한 당시 국가 지도자들에게 엄청난 배신감이 드는 건 어쩔 수 없다.

경천사지십층석탑, 국립중앙박물관 소장, ©한국학중앙연구원, 김광섭

'눈 뜨고 코 베이듯' 빼앗긴 대표적 예술품이 지금 소개하는 경천사지십층석탑(敬天寺址十層石塔)이다. 1348년 고려 충목왕(忠穆王)* 4년에 회색 대리석을 다듬어 세웠으며, 석탑이면서도 목조건축의 특성이 반영되는 등 삼층탑을 비롯한 홀수층 석탑이 많은 기왕의 신라계 석탑과 양식을 달리하는 특이한 석탑이다. 탑의 각 층에는 불보살의 모습이 섬세하게 조각되어 있고, 기단부에는 사자와 용, 그리고 연꽃과 소설 《서유기》의 장면이, 1~4층에는 부처의 법회 장면이, 그리고 마지막으로 5~10층에는 두 손을 모은 불좌상이 새겨져 있어서 매우 이채롭고 아름답다.

당시 이 십층석탑의 건축적 · 예술적 가치를 아는 사람이 우리나라 사람만이 아니었다는 게 불행의 씨앗이었다. 탑의 존재가 국외까지 알려진 것은 세키노 타다시(關野貞)라는 일본인이 3년간 조선의 고건축을 조사해서 1904년에 발간한 《한국건축조사보고(韓國建築調查報告)》라는 책을 통해서였다. 그 후 1907년에 다나카 미스야키(田中光顯)라는 일본인이 순종의 결혼 가례에 참석하기 위해 특사로 방문했는데 수난은 이때부터 시작되었다. 오래전부터 경천사지십층석탑을 탐내고 있었던 그는 마침 조선으로 파견되는 기회를 잡자 탑을 몰래 가져올 치밀한 계획을 세웠다. 기가 막힌 것은 무려 인부 200명과 수레 10대가 그 계획에 포함되었다는 사실이다. 대체 어떻게 그런 터무니 없으리만치 '과감한' 범죄를 저지를 생각을 했을까? 그는 아무 거리낌도 없이 무력까지 동원해 계획을 실행했고, 이에 반발하는 개성 주민들에게는 뻔뻔스럽게 "나는 이미 고종 황제 허락을 받았다"며 응수했다. 그래도 주민들이 가로막자 일본 헌병을 동원해 주민들을 총칼로 위협했고, 인부를 시켜 석탑을 하나하나 해체하여 거적으로 포장했다. 개성 군수까지 달려와서 제지했지만 결국 분해된 석탑은 수레에 실려 한밤중에 일본으로 떠났다.

일이 벌어진 후, 탑을 돌려달라는 그 어떤 요구도 먹히지 않았다. 여러 곳에서 비난이 빗발치자 여론을 의식해 미스야키가 한 행동은 기껏해야 탑을 싸둔 포장을 풀지는 않은 채로 자기 집 정원에 방치한 것이 고작이었다. 당시 조선에서는 불법임이 명백한 이 반출 사건을 반복해서 신문 기사로 내보냈다. 이 '문화재 불법 유출 사건'이 세상에 널리 알려지자 일본 내에서도 논쟁이 벌여졌는데, 반응은 크게 세 갈래로 나뉘었다. 하나는 불법 반출을 비난하는 것, 또 하나는 정당하다고 주장하는 것, 마지막 하나는 놀랍게도 '석탑 반출 자체가 거짓'이라는 것이었다.

조선과 일본에서의 치열한 논쟁 끝에 경천사지십층석탑은 결국 1918년에 조선으로 되돌아온다. 그러나 그게 끝이 아니었다. 거적과 상자에 싸인 256개의 화물로 되돌아온 십층석탑의 상태는 한마디로 처참했다. 1907년 강제로 반출하는 과정에서 이미 심각하게 훼손되었고, 거적때기에 싸인 채로 10년이나 지났으니 더 말 보탤 필요가 없을 정도였다. 당시 기술로는 도저히 재건립이 어렵다고 판단되자 이 석탑은 해체된 그대로 경복궁 근정전 회랑에 보관됐다.

십층석탑이 다시 세워진 것은 그로부터 무려 42년이나 지난 1960년이 되어서였다. 국립박물관의 주도로 수리되어 경복궁에 세워졌는데, 당시 기술로도 완벽한 재건립은 아니었다. 재건립 후 다시 35년이나 지난 1995년에 '보다 정밀한 보존처리를 위해' 탑은 다시 해체되었다. 이후 무려 10년에 걸친 보존과 복원 작업을 통해 경천사지 십층석탑이 다시 세상에 모습을 드러낸 건 국립중앙박물관의 신축 개관에 맞춘 2005년이었다. 탑은 지금 박물관 전시동 1층 중앙에 그 지난(至難)했던 과거를 어깨에 짊어진 채 고독하게 서 있다.

* 충목왕: 고려 제29대(재위:1344~1348) 왕이며 이름은 왕흔(王昕). 어린 나이에 원나라에 볼모로 가 있다가 악정을 일삼던 아버지 충혜왕이 폐위되자 여덟 살에 왕위에 올랐다. 어머니 덕녕공주가 섭정을 하며 그 동안의 폐정을 바로잡고 백성들을 위무하고 구휼하는 데 힘썼다.

25
3月

금석문

과거를 아는 만큼 미래를 짐작할 수 있다

진흥왕순수비, 국립중앙박물관 소장, ©한국학중앙연구원,유남해

"진흥왕순수비(眞興王巡狩碑)*가 뭔지 아시나요?" 라고 질문하면 제대로 답하는 사람은 생각보다 많지 않다. '진흥왕'이 신라의 왕이라는 것까지는 대충 기억나는데, '순수비'라는 게 무슨 뜻인지 잘 모르기 때문이다. 충격적이지만 간혹 "너 참 순수하구나"라고 할 때의 '순수'라고 생각하는 사람조차 있다. 여기에서 나오는 '순수(巡狩)'란 '임금이 나라 안을 두루 보살피며 돌아다니는 일'을 통틀어 이르는 것이고, 진흥왕순수비는 신라 진흥왕**이 개척한 국경 지역을 순수하면서 그 기념으로 각지에 세운 비석을 말한다. 순수비에는 그 내력 등을 기록한 글씨가 새겨져 있는데, 이처럼 석재나 철재에 새겨진 명문(銘文)을 '금석문(金石文)'이라고 한다. 여기에 '금'과 '석'이 공존하는 이유는 재료에 따라서 금문(金文)과 석문(石文)으로 나뉘기 때문이며, 우리나라의 문화유산 중 글자가 새겨진 것은 대부분 금석문으로 봐도 무방하다. 금문의 종류로는 칼에 새긴 글자, 범종(梵鐘)의 글자, 청동거울, 불기(佛器)에 새긴 글자, 불상, 구리 도장 등을 꼽을 수 있다. 석문은 주로 비석에 새겨진 글귀인데, 그 내용에 따라 대략 아래의 예처럼 나눌 수 있다.

신도비(神道碑): 죽은 이의 일생을 기록해 묘 앞에 세운 비
탑비(塔碑): 탑에 새긴 비
사찰비(寺刹碑): 절에 세운 비
사적비(事蹟碑): 어떤 사건이나 사업에 관련된 사실이나 자취를 기록한 비
순수비(巡狩碑): 왕이 지방의 민정을 시찰한 것을 기념하여 세운 비
국경비(國境碑): 국경을 표시하기 위한 비석
석당비(石幢碑): 돌기둥에 새긴 비

그 외에도 중요한 석문으로 석각, 석탑, 불상, 석주, 석등에 새겨진 글자 등을 꼽을 수 있는데, 이렇게 보면 우리나라는 석문이 굉장히 흔한 나라에 속한다. 지금까지는 당신이 어쩌다 접한 각종 석문에 어떤 의미가 있는지 잘 몰랐다고 하더라도, 이 기회에 위에 나열한 일곱 가지 석문 종류를 잘 기억해두면 유익하다. 앞으로도 역사적인 장소에서 이런저런 기회로 각종 석문을 만날 텐데, 만약 미래의 건축이 어떤 모습으로 발전할지 궁금하다면, 짐작과 추론을 돕는 이런 정보를 통해 좀 더 선명하게 그릴 수 있을 것이다.

+ *진흥왕순수비: 삼국시대 신라의 진흥왕이 국경을 순수한 내용을 기록해서 세운 기념비. 북한산신라진흥왕순수비(국보 제3호), 창녕신라진흥왕척경비(국보 제33호), 마운령신라진흥왕순수비, 황초령신라진흥왕순수비 등을 말한다.

**진흥왕: 삼국시대 신라의 제24대(재위:540~576) 왕. 고구려, 백제, 가야에 대한 정복 전쟁을 벌여 신라 역사상 최대의 영토를 차지했다. 영토의 경계는 4기의 순수비와 최근 발견된 단양의 적성비(赤城碑)로 알 수 있다.

26

3月

묘비명

세상에서 가장 아름다운 사랑의 시

정약용은 특히 둘째 형인 정약전을 어린 시절부터 잘 따랐다. 두 사람은 동시에, 그러나 각자 다른 곳으로 유배당했는데, 정약용은 영어(囹圄)의 삶 중에도 형에게 심적으로 의지하며 각별한 관계를 유지했다. 정약용은 형을 먼저 보낸 뒤 애통한 마음으로 이렇게 썼다.

"이 외로운 세상에서 우리 형만이 나의 진실한 친구였는데, 이제 다시는 만날 수 없으니 앞으로는 무언가를 깨닫는 바가 있더라도 어느 곳에 입을 열어 함께 말할 사람이 있을까. 나를 알아주는 이가 없다면 차라리 죽는 것이 낫다. 아내도 나를 알아주지 못하고 자식도 나를 알아주지 못하고, 형제가 모두 나를 알아주지 못하는 처지에 나를 알아주던 우리 형님이 돌아가셨으니, 슬프지 않으랴."

《다산시문집(茶山詩文集)》에 수록된 이 글은 언제 읽어도 그 절절한 마음이 느껴져 가슴 아프다. 정약용에게는 아내와 자식보다 더 특별했던 존재였던 형 정약전은 동생보다 20년 앞서 세상을 떠나며 자신의 묘비명에 이렇게 써달라고 부탁했다. 조선은 물론이고 전 세계적으로 시간과 공간을 불문하고 이토록 아름다운 마음을 담은 묘비명이 있을까.

'차마 내 아우에게 / 바다를 두 번이나 건너며 / 나를 보러 오게 할 수는 없지 않은가.

내가 마땅히 우이도에 나가서 / 기다려야지.'

정약용은 강진, 형 정약전은 흑산도로 바다를 두 번 건너야 볼 수 있는 곳에서 각자 유배 생활을 하고 있었다. 형 정약전은 동생을 만나고 싶지만 끝내 만나지 못하는 아픈 마음을 세상을 떠나기 직전에 자신의 묘비에 남긴 것이다. 마지막의 '기다려야지'라는 한 줄의 글에 시선이 자꾸만 멈추는 이유는 두 형제가 만나지 못한 세월의 두께가 느껴지기 때문이다.

당시 조정은 '황사영 백서사건*'을 빌미로 전보다 더 강하게 천주교를 탄압했으며 정약용 형제는 이에 연루되어 유배를 가게 된 것이다. 정약전이 유배된 흑산도는 중죄인만 보내는 곳이라 결코 중간에 복권되지 않는 것이 관례였다. 어차피 죽는 날까지 서로 볼 수 없다는 사실을 알고 떠난 유배였다. 그래서일까? 보통 유배지에 갇히면 자신의 곤궁한 상황과 억울한 처지를 글로 남기는데 정약전은 흑산도에서의 생활이 얼마나 힘들었는지에 대해 단 한 줄의 글도, 어떤 자료도 남기지 않았다. 유일하게 남긴 흔적이 이 묘비명이다. 그의 묘비는 그저 하나의 돌덩이가 아니라, 무엇과도 비교할 수 없는 아름다운 건축물이었다. 동생을 그리워하는 마음으로 지은 묘비명이기 때문이다. 정약전은 동생을 사랑하고 그리워하는 그 마음 하나로 자신이 처한 고통과 슬픔도 잊고 살았던 것이다.

이처럼 바닥에 아무렇게나 버려진 돌덩이 하나에도 한 사람을 향한 사랑과 그리움이 녹아들면 유의미한 건축물이 된다. 개인의 비문도 순수비나 사적비 등 공적인 비의 글 못지않다는 좋은 사례가 아닐 수 없다.

+ *황사영 백서사건: 정약용 집안의 사위이나 천주교도인 황사영이 자신들이 당하고 있는 피해를 북경 주재 가톨릭 교회 주교에게 알리고, 주교의 명을 받아 한국에 들어온 최초의 외국인 신부 주문모를 통해 청나라의 도움을 얻으려고 작성한 서찰. 흰색 비단(명주천)에 적었기 때문에 '백서(帛; 비단 백, 書; 글 서)'라고 한다.

27

3月

조선의 묘와 조각

세부에 집착하지 않고 전체적인 균형을 중시하는 전통

묘를 한자로 '유택(幽宅)'이라고 한다. '영혼이 사는 집'이라는 의미다. 그러므로 묘도 넓은 의미에서 건축물이라고 할 수 있다. 조선시대에도 그 이전 시대와 마찬가지로 신분의 격차에 따라 묘의 크기와 구성이 달랐다. 지금은 망자를 직접 땅에 묻는 매장(埋葬)보다는 화장(火葬)해 납골당에 모시는 게 대세지만, 당시에는 생각이 전혀 달랐다. 살았을 때 가졌던 지위와 부의 크기가 묘의 넓이와 비례해야 한다고 믿었기 때문이다. 묘의 크기가 생전 그 사람이 가졌던 삶의 크기를 대변했던 셈이다. 지금 상식으로는 전혀 과학적이지도 않은 데다 비도덕적인 사례라고까지 볼 수도 있는데, 넓고 화려한 묘를 보면 인간 본성에는 자신을 드러내고 싶은 강한 욕망이 있다는 사실을 새삼 깨닫게 된다.

신라시대 왕릉은 대부분 지나칠 정도로 웅장하다. 왕권의 크기가 왕릉의 규모와 같다고 생각했기 때문이다. 그러나 조선시대에는 조금 달랐다. 왕가와 백성과의 관계까지 중요하게 여기는 유교적 위민사상(爲民思想)에 따라 규모가 터무니없이 크지 않고 현실적이었다. 그렇다고 최소한의 위계질서까지 무너뜨릴 수는 없는 노릇이었다. 그래서 석물(石物)의 종류와 배치를 규제하는 기준을 세워 차등을 두었다.

《조선왕조실록》*에 따르면 왕릉에는 묘비 외에 불을 밝혀 사악한 기운을 쫓는 역할을 하는 장명등(長明燈)과 난간석(欄間石), 그리고 석상(石像)과 봉분 주위에 돌기둥을 세워 난간을 둘러싼 호석(護石)을 설치했다. 석수(石獸)는 주로 석양, 석호, 석마 등이 배치되었다. 석수는 죽은 자를 보호하는 역할을 하는 조각이었는데, 양을 조각한 석양은 악귀를 없애고 호랑이를 조각한 석호는 능묘를 수호하며 말을 조각한 석마는 죽은 자를 저승세계로 안전하게 운반하는 역할을 맡는다는 의미였다.

이와 견주어보면 일반 사대부 묘는 단출했다. 여러 석물 중 호석만 허용했고 묘역의 넓이와 구역에도 제한이 있었다. 《경국대전》**을 보면 사대부 중에서도 종친 여부와 문무관의 품계에 따라 차등이 있었다. 종친이라면 일품은 사방 백 보로 제한하고, 이품은 구십 보, 삼품은 팔십 보, 사품은 칠십 보, 오품은 육십 보, 육품은 오십 보로 제한했다. 또한 문무관의 경우 차례로 십 보씩 감하고 칠품 이하 및 생원, 진사는 육품과 같으며 여자는 생전 남편의 마지막 관직에 따랐다.

이처럼 다른 시대와 달리 조선시대에는 묘와 그 주변을 치장할 때 개인적인 부와 권력보다는 '사람 사이의 관계'에 더 신경을 썼다. '질서와 균형'을 중시하는 기준이 분명했던 것이다. 이처럼 세부에 집착하지 않고 전체적인 조화와 비례를 중시하는 것은 조선시대 건축물이 갖는 특징이며, 이것은 유교적 전통에서 비롯되었다고 보아 무방하다.

+ *《조선왕조실록》: 조선시대 제1대 왕 태조로부터 제25대 왕 철종에 이르기까지 25대 472년간의 역사를 연월일 순서에 따라 편년체로 기록한 역사서. 1893권 888책으로 구성되어 있고 국보 제151호다. 1997년에는 유네스코 세계기록유산으로 등록되었다.

**《경국대전》: 《경제육전》의 원전과 속전(續典), 그리고 법령을 종합해 편찬한 조선시대 기본 법제서.

28

3月

주막

작은 그 공간의 온기

'주막'이라는 단어를 떠올리면 마치 요즘의 포장마차가 연상되어 괜히 운치가 느껴진다. 실외에서 식사를 하고 술을 마시는 풍경이 그려져서 마치 캠핑을 즐기는 기분이 들 것 같다는 엉뚱한 상상도 하게 된다. 물론 어떤 상상을 하느냐는 시대적 상황과 그곳을 찾는 사람의 목적에 따라서 달라질 것이다. 못된 짓을 저지르고 누군가를 피해서 주막에 몸을 숨긴 사람도 있었을 것이고, 그저 술과 안주를 값싸게 즐길 수 있어 찾았던 사람도 있었을 것이며, 주막의 특성상 싼값으로 밥과 술을 먹은 후 숙박비를 내지 않고도 하룻밤 잘 수 있어서 찾은 사람도 있었을 테니까.

어떤 것을 주막이라고 정의하느냐에 따라 그 기원은 달라질 수 있다. 김유신 장군이 젊을 때 다녔던 천관의 술집을 주막이라고 부를 수도 있다. 그러면 거기가 한국 최초의 주막이 됨과 동시에 신라시대에도 주막이 있었다는 사실을 확인하게 된다. 주막을 단순히 술집으로만 보지 않고 숙박까지 가능한 곳으로 정의하면 그 기원은 또 달라진다. 그러나 지금 논하고자 하는 것은 주막의 시초가 어디에 있느냐는 것이 아니다. 주막이라는 따스하고 아늑한 공간이 우리에게 주는 의미는, 불빛조차 없는 막막한 산길 중에 마치 망망대해에 우뚝 솟은 등대마냥 길잡이 역할을 하고 잠시 머물며 피곤을 풀게 해주었다는 것이다.

대개의 주막은 밥을 먹고 술을 마시면 숙박은 무료였지만, 그러지 않더라도 잠을 잘 수는 있었다. 공짜 숙박은 방에 자리 여유가 있을 때에 한해서였으나, 돈을 내지 않아도 하룻밤 지친 몸 눕힐 곳이 있다는 사실은 생각만으로도 마음이 따뜻해진다. 그 외에도 주막은 음식점, 술집, 여관, 임시병원, 시장, 심지어는 우체국 역할까지 했다. 그 작은 공간에서 요즘의 비즈니스 빌딩 하나가 하는 일을 해낸 것이라고 생각할 수도 있다. 물론 주막이라는 공간의 속성상 술을 마시며 거친 싸움도 일어났을 것이고, 숙박하는 곳인 탓에 입에 담기 힘든 못된 일도 일어났을 것이다.

조선 말기에 지어진 경북 예천군에 위치한 '삼강주막'이 한국의 마지막 주막인데, 2006년 마지막 주모인 유옥련 할머니가 세상을 떠나며 주막도 문을 닫았다. 그렇다고 주막이 가진 온기가 사라지는 것은 아니다. 교통이 발달하고 길이 뚫리면서 주막은 점차 사라져갔지만, 그 공간의 온도는 기억하는 사람들의 의해 여전히 마음 속에 살아 있다.

29
3月

시전 건설

건축물을 아름답게 꾸며주는 것은 그 역할을 알고 지은 건축가의 마음

서기 1411년인 태종 11년 1월, 역사적인 시전(市廛)* 건설을 위한 계획을 처음으로 논의하기 시작했다. 조선 건국 이후 가장 중요한 계획 중 하나였으므로 시전으로 이용할 행랑(行廊) 건설은 무려 3차에 걸쳐서 세밀하게 추진되었다. 행랑이란 조선시대 한양의 큰 거리 양쪽에 줄지어 들어선 상점을 말하는데, 특히 종로의 육주비전(六注比廛)**이 유명했다. 뒤에서 계속 이어지는 이야기는 상업 공간으로서는 조선에서 이루어지는 첫 대규모 공사이므로 머릿속에 그림을 그리듯이 하나하나 상상해가며 읽으면 이해가 더욱 빠를 것이다.

1단계 공사는 1412년 태종 12년 2월에 시작되어 같은 해 5월에 마무리되었다. 지금의 광화문우체국 동쪽 부근인 혜정교로부터 창덕궁 동구에 이르는 도로 좌우에 행랑을 건설하도록 계획한 뒤 472칸에 달하는 행랑 조성 공사를 마친 것이다. 1413년 2월 시작한 2단계 공사는 경복궁 남쪽에서 종묘 앞까지에 이르는 구간이었다. 공사 시작 3개월 만인 5월에 끝났는데, 이때 만든 행랑의 칸수는 무려 881칸이었다. 앞선 1단계 공사와 같은 기간이었지만 세워진 칸의 수가 2배로 늘어난 이유는 그만큼 공사에 익숙해졌기 때문이라고 추측된다. 이어진 3단계 공사는 1414년 7월에 시작되었는데 이런 왕명이 떨어졌다.

"종루부터 남대문까지, 그리고 종묘 앞 누문부터 동대문 좌우까지 행랑을 건설하라."

그런데 왕명의 내용을 잘 살펴보면 앞서 공사한 구간과 일치하는 지역이 있다는 사실이 특이하다. 왜 이미 공사가 끝난 지역을 다시 공사하라고 지시한 것일까? 앞 단계의 건설 기간을 보건데, 아무래도 너무 서둘러 공사를 진행하느라 미진한 부분이 생겼기 때문이 아닐까 하는 짐작이 가능하다.

세상일이 다 그렇다. 건축이든 뭐든 서둘러 마친다는 것은 '완성'이라기보다는, 다시 해야 할지도 모를 '미봉(彌縫)'일 가능성이 더 크다. 누군가가 세운 건물을 보고 만족스럽지 못해 마음이 답답해지는 이유는, 그 건물을 세운 사람이 건물의 역할을 제대로 파악하지 못한 채 지은 건물이기 때문이다.

《세종실록지리지(世宗實錄地理志)》***에 따르면, 이렇게 3단계 공사를 통해 1412년 2월부터 1414년 말까지 세워진 행랑은 총 2027칸에 달했다. 이때 조성한 행랑은 대부분 시전으로 쓰였고, 가끔 조정 관리들이 조회 시간을 기다리며 쉬던 조방(朝房) 등의 관청 업무용으로 활용되기도 했다. 당시 세워진 시전 행랑은 그때 그 모습 그대로는 아니지만, 서울 종로에 가면 복원한 모습이나마 볼 수 있다. 한번 가보면 시전 건설에 정성을 다했던 태종의 마음을 느껴볼 수 있을 것이다.

*시전: 옛날 전통 사회의 성읍(城邑)이나 도시에 있던 상설 점포. '전(廛)'이라고도 불렀다.

**육주비전: 조선시대 한양에 설치된 시전(市廛)이며 전매특권과 국역 부담의 의무가 큰 여섯 종의 상전(商廛)을 말한다.

***《세종실록지리지》: 1454년(단종 2년)에 완성된 전국 대상의 인문지리서. 고려보다 훨씬 강한 중앙집권국가를 지향한 조선의 특성을 잘 반영하고 있다.

30

3月

암사동 유적

서울에서 가장 오래된 마을

서울시 강동구에 있는 암사동은 특별한 공간이다. 나는 그곳을 동네가 아닌 '공간'이라고 부르고 싶다. 그냥 살아가며 스치는 곳이 아닌, 세계에서 가장 아름답고 완성도 높은 빗살무늬토기*가 나온 한국의 귀한 유적지이기 때문이다.

신석기시대의 대표적 유물이 전시된 암사동 유적**은 연간 12만 명의 관람객이 찾는다. 가본 사람은 알겠지만, 그 공간을 바라보노라면 잘 조성된 조용한 공원처럼 느껴진다. 자동차를 타고 한강 올림픽대로를 지나가며 바라보는 유적지는 큰 감흥을 주지 못하지만, 반대로 유적지에 멈춰 서서 바라보는 한강은 예상치 못했던 낯섦과 아름다움이 잘 버무려진 풍경이다. 수천 년 전 신석기시대를 살던 조상들도 거기에 서서 한강변을 바라보았을 거라는 상상을 하면, 풍경을 방해하는 올림픽대로가 갑자기 치워야 할 쓸모없는 구조물로 보인다. 그러나 뭐든 장단점이 있는 법. 올림픽대로가 없었다면 많은 사람이 이렇게 편안하게 유적지를 찾아올 수 없었을 테니까. 암사동 유적에 가면 꼭 신석기시대에 한강변 품에 안겨 살았던 사람들을 상상해보기 바란다.

암사동 유적에는 신석기시대 우리 조상들이 살았던 집들이 그대로 재현되어 있다. 대부분 우리 전통 방식인 볏집이 아닌 억새로 지붕을 올린 움집***이다. 이유는 간단하다. 그 시절 한반도에서는 아직 농경이 시작되지 않았기 때문이다. 볏집 대신 쓰인 것이 바로 억새다. 당시 한강변에는 억새가 많았으므로 그들은 이것을 활용해 몸 누일 공간을 만든 것이다. 거의 아무것도 없는 상황에서 무언가를 활용해서 또 다른 무언가를 창조한다는 것은 말처럼 쉬운 게 아니다. 그들이 억새를 보며 집을 떠올렸다는 것은 '혁신적인 창조'였다.

둘째 이유는 유적지의 규모다. 암사동 유적은 한강 유역에 형성된 신석기시대 마을로서는 최대다. 집안 중앙부에는 화덕을 설치했는데 조리, 난방, 조명의 기능까지 하는 다목적 설비였다. 개인적인 건축이 아닌 공동 건축물도 주목할 만하다. 토기를 굽던 가마와 공동 화덕으로 추정되는 시설로 보아 적극적인 공동체 생활을 영위한 것으로 보인다. 이 모든 흔적을 근거로 당시 마을의 규모가 매우 컸다는 사실을 짐작할 수 있다.

그러므로 암사동 유적은 우리에게 그저 '과거 한 마을의 잔해' 따위가 아니다. 신석기시대를 살았던 조상들이 살아가던 방식을 생생하게 눈으로 볼 수 있고, 그것을 통해 그들의 기운마저 느낄 수 있다. 너무 오래 전이라 보이지 않더라도 상상력이 그 틈을 메워준다. 암사동 유적은 억새 가득한 한강을 배경으로 한 조상들의 일상을 짐작할 수 있는, 무엇으로도 대체할 수 없는 귀하고 특별한 장소다.

*빗살무늬토기: 그릇 겉면에 빗살 모양으로 누르거나 그어서 기하학 무늬를 넣은 신석기시대의 대표적 토기. '빗살무늬'를 한자로 써서 '즐목문토기(櫛目文土器)'라고도 한다.

**암사동 유적 → 서울 암사동 유적(-巖寺洞遺蹟): 서울 강동구 암사동에 소재한 신석기시대 빗살무늬토기와 돌도끼 등이 출토된 집터, 주거지 유적. 사적 제267호.

***움집: 땅을 파고 내려간 뒤 벽체가 따로 없이 지붕을 씌운 주거 형태. '수혈식주거(竪穴式住居)'라고도 한다.

31
3月

일산밤가시초가

추억은 시대에 따라 변한다

'한국의 신도시 개발'은 곧 '한국의 개발 역사'라고 말해도 될 정도로 우리 사회에 끼친 영향이 크다. 판자촌에서 어렵게 살던 사람들이 하루아침에 트럭에 실려서 곳곳에 버려지듯 이주당했고, 그들이 사라진 공간에는 매우 빠르게 아파트가 들어섰다. 눈물과 기쁨, 절망과 희망이 공존했던 곳이 바로 신도시인 셈이다. 신도시의 역사는 나름 유구(悠久)하다. 일단 정부가 공식적으로 '신도시'라고 명명한 것은 아니지만 강남 개발부터 시작해서 서울 목동, 고덕동, 상계동을 '0기 신도시'라고 부를 만하다. 1기 신도시로는 분당과 일산을 비롯해 중동, 평촌, 산본 등을 들 수 있고, 이어서 경기도 성남과 화성, 파주, 수원, 김포, 양주, 평택으로 2기가 들어섰다. 그 뒤로 경기도 남양주시, 하남시, 고양시, 부천시, 광명시와 시흥시에 3기 신도시가 계속해서 조성되는 상황이다. 신도시는 그저 조성이 완료되어 기능하고 있는 지금의 모습만 봐서는 그 의미를 제대로 파악하기 어렵다. 도시 건설 이전에 그 지역의 모습이 어땠는지를 알아야 지금 모습과의 비교를 통해 좀 더 선명하게 이해할 수 있기 때문이다. 그 상징적 예가 바로 '일산밤가시초가'다.

서울과 이토록 가까운 곳에 이런 초가집이 있었다는 게 처음에는 믿기지 않을 수도 있다. 그도 그럴 것이 이 집은 지어진 지 150년도 넘었기 때문이다. 그 150년 사이에 일산밤가시초가는 두 번의 철거 위기를 넘기고 어렵게 살아남았다. 첫 철거 위기는 새마을운동이었다. 1970년대에 지붕을 개량하고 초가집을 없애자는 새마을운동이 온 나라를 휩쓸었지만, 당시의 집주인 고 이경상 선생은 스무 살도 되지 않은 나이에 낫과 호미를 들고 강력하게 저항했다. 스스로 이 가옥이 역사적 의미가 있다고 생각했기 때문에 역사를 지킨다는 마음으로 목숨을 걸고 버틴 것이었다. 두 번째 위기가 바로 앞에서 언급한 신도시 개발을 이유로 닥친 압박이었다. 그는 이번에도 철거를 작정하고 나선 건설부와 토지공사에 맞서 농성을 벌여가며 밤가시초가를 지켜냈다. 어떻게 보면 그저 한 사람의 욕심이라고 생각할 수도 있다. 모두가 신도시 개발을 위해 자신의 집을 포기했는데, 왜 자기만 나서서 반기를 들었냐고 말할 수도 있기 때문이다. 하지만 그의 행동이 이기심의 발로가 아니었다는 사실이 세월이 흐를수록 밤가시초가의 진가가 높아진다는 점으로 증명되고 있다. 한 사람이 목숨을 걸고 지킨 일산밤가시초가는 마침내 1991년 10월 19일 시도민속문화재로 지정되어 오히려 도에서 지켜주는 소중한 문화재가 되었다. '생각을 바꾸면 가치도 달라진다'는 말이 실감 나는 예다. 전에는 없애려고 그렇게 애를 쓰던 집을 이제는 지켜주게 되었으니 말이다. 밤가시초가는 지금 그 이전과는 전혀 다른 의미에서도 진가를 발휘하고 있다. 고양시가 이 한옥을 청소년 교육의 장으로 십이분 활용하고 있는 것이다.

흥미로운 사실 하나는 이 글을 읽는 일산 주민조차 이 집의 존재를 모를 수도 있다는 점이다. 이곳은 짐작과는 다르게 일반 주택가 안에 있으며, 꽤 가파른 계단을 걸어 올라야 만날 수 있는 장소이기 때문이다. 높이가 달라서 관심을 가지고 얼마간의 수고를 하지 않으면 볼 수 없는 공간이다. 그런데 신도시 개발 전에는 마을 한가운데 있었을 초가집이 왜 이렇게 높은 곳에 자리하고 있을까. 그 이유는 과거 이 일대를 거대한 아파트 단지로 개발하기 위해 엄청나게 많은 흙이 필요했는데, 전국 곳곳에서 공수해 와도 모자라 이 지역의 흙을 파서 썼기 때문이다. 밤가시초가의 '높이'는 그때 만들어진 것이다. 밤가시초가가 있는 땅을 높인 게 아니라, 이 지역의 원래 높이가 지금의 밤가시초가 높이였는데 주변 땅을 너무 많이 파서 다른 지역이 낮아진 것이다. 이 지점에서 우리는 '현재의 높이'와 '과거의 높이' 차이를 발견할 수 있다.

이런 이유로 일산밤가시초가는 '신도시 개발'이라는 역사적 사실을 알려줄 수 있는 곳이기도 하지만, 과거의 기억과 현재의 모습을 비교하며 인간의 욕망과 희망 그리고 땅의 가치를 짐작할 수 있게 해주는 공간으로 활용할 수도 있는 곳이다. 지하철을 통해 쉽게 접근할 수 있으며 동시에 다양한 체험거리가 있어서 아이들과 방문하기 좋다는 장점은 덤이다. 이 집 이름에서 눈치챘겠지만, 옛날에는 이 마을 일대가 밤나무로 둘러싸여 있었다. 당연하게도 쉽사리 얻을 수 있는 밤나무로 지은 초가가 생기게 되었고, 그래서 '밤가시초가'라고 부르게 된 것이다. 초가 자체가 가진 의미도 적지 않다. 조선 후기 경기 북부 지역의 농가 모습을 그대로 간직하고 있어서 건축사적인 측면에서도 귀한 사례이기 때문이다. 기둥과 대들보, 문지방 등 집을 구성하는 거의 모든 것이 밤나무로 만들어졌으며, 독특한 것은 다른 초가와는 달리 중앙 지붕이 동그랗게 뚫려 가운데 마당이 있는 소규모 '중정(中庭) 구조'라는 점이다. 마당이랄 것도 없을 정도로 작은 땅바닥에는 무릎 높이로 지면을 파내고 낮은 돌축대를 쌓았다. 동그랗게 뚫린 지붕에 비가 내리면 그리로 물이 떨어지게 설계한 것이다. 물을 받아서 농사에 쓰기도 했지만, 중정 구조 가옥의 가장 큰 장점은 집으로 불어닥치는 바람을 최소화해서 추운 겨울을 조금이라도 따뜻하게 보낼 수 있게 해줄 수 있다는 것이다. 아이들과 함께 방문하면 좋다고 말한 이유는 다양한 볼 것이 있기 때문이다. 주방에는 그 시절에 사용했을 것 같은 가마솥도 있고, 각종 부엌살림과 이제는 쉽게 볼 수 없는 소의 모형까지 있어서 시골 농가에 온 기분이 들기도 한다. 각종 농기구도 전시해두어서 도시 한복판에서 멀지 않은 옛날의 생활상을 볼 수 있어 아이들이 신기해한다.

사실 어떤 사람들은 과거를 보존해야 한다고 주장하고, 또 어떤 사람들은 지금의 이익에 맞춰 개발해야 한다고 주장한다. 모두 맞는 말이다. 그래서 양측이 주장하는 대로 일산밤가시초가는 과거를 보존해 사람들에게 추억을 제공하고, 그 주변을 둘러싼 신도시는 지금에 맞게 현대를 사는 사람들에게 이익을 주고 있다. 단지 잊지 말아야 할 것은 1기 신도시의 대표격인 일산 지역도 이제 재개발되어야 한다는 목소리가 높아지고 있으니, 우리가 살아가는 현재도 얼마 지나지 않아 추억이 되고 만다는 '세월의 진리'다.

3월 건축

2~7일 북촌

경복궁과 창덕궁 사이의 북촌은 조선시대 사대부들의 거주 지역으로 전형적인 한옥 마을이다. 북촌로11길을 따라 언덕배기로 오르면 한옥 마을과 남산이 어우러지는 풍경을 만나게 된다. 가회동 성당 옥상정원은 기와지붕이 처마를 맞대고 있는 풍경을 볼 수 있는 숨은 명소. 한옥 카페에 들러 여유롭게 전통차를 마시거나 한복 체험 등도 즐겨보자.

📍 서울시 종로구 계동 37 ~가회동 일대

8일 풍납토성

삼국시대 고구려의 침략으로 백제는 도읍을 웅진으로 옮겼다. 1925년 한강의 범람으로 백제의 성 풍납토성의 정체가 가장 먼저 드러났다. 이후 주변 아파트의 재건축 당시에 또 다시 유물이 출토되었는데, 아직도 발굴이 진행 중이다. 텅 빈 경당 지구 내에서 언제 또 다른 유물이 출토될지 궁금하다. 백제의 신비가 묻혀있는 풍납토성 둘레길 걷기는 흥미진진하다.

📍 서울시 송파구 풍납동 73-1

10일 선유도공원

선유도공원은 쓸모를 다한 산업 유산을 시민공원으로 되살린 공간이다. 공원으로 이르는 보행자 다리를 걸으면 아름다운 한강과 북한산을 품은 서울의 풍경이 다가온다. 정수장의 역사를 말해주는 수생식물원과 녹지공원은 분위기 있는 데이트 코스. 시원스러운 대나무숲과 갖가지 꽃들로 어우러진 정원은 포토존 명소로 꼽힌다.

📍 서울시 영등포구 선유로 343

11일 서산방조제

'길이 없으면 길을 찾고, 찾아도 없으면 만들면 된다'는 정주영 회장의 철학이 서산방조제 조성 초기에 부닥친 위기를 헤쳐나갔다. 간척지를 조성해 드넓은 농지를 확보하려던 당초의 목적이 이뤄진 이후, 이곳은 시원스러운 자동차 드라이브 코스로 거듭났고 여행자들도 몰려들었다. 가을이면 가창오리떼의 군무가 펼쳐지는 곳이기도 하다.

📍 충남 홍성군 서부면 궁리(서산A지구방조제)

12일 서대문형무소역사관

옛 서대문형무소를 지금은 '서대문형무소역사관'이라 부른다. 이 건물 앞에 서면 일제강점기에 수많은 독립운동가와 의병, 사회운동가들이 고문을 당하고 순국한 공간이라는 사실에 마음이 아리고 쓰리다. 어둑한 지하 공간에서도 조국의 독립을 향한 한줄기 꿈조차 버릴 수 없었던 유관순 열사의 넋을 만날 수 있다.

📍 서울시 서대문구 통일로 251

➤ 8월 22일

13일 조선 5대 궁궐

조선 초기의 정궁인 경복궁과 이궁인 창덕궁, 창경궁, 경운궁, 경희궁을 합쳐서 5대 궁궐이라 부른다. 600년 조선의 역사를 관통하면서 5대 궁궐에는 헤아릴 수 없이 많은 이야기가 녹아있다. 경복궁은 위엄이 넘치는 공간으로, 창덕궁은 아름다운 후원을 가진 궁궐로 왕가의 사랑받았다. 대한제국의 아픈 역사를 겪어야 했던 덕수궁도 지금은 서울 여행의 중심이다.

📍 서울시 종로구 사직동 161(경복궁)

방에서 떠나는 인문학 여행지

14일 수원화성

'화성을 이름 그대로 가장 아름답게 지어야 한다'. 정조는 수원 화성을 설계하면서 이런 영을 내렸다. 아름다운 꽃이 된 수원화성의 동장대에 올라 호쾌하게 국궁을 쏴 보고, 방화수류정에 머물며 수원화성의 뛰어난 건축미를 느껴본다. 수원화성박물관을 방문하면 건축에 적용된 뛰어난 건축 기술을 배울 수 있다.

📍 경기도 수원시 장안구 양화동 320-2
수원화성박물관 📍 경기도 수원시 팔달구 창룡대로 21

➤ 10월 12일

15일 해인사

가야산 중턱에 자리한 해인사는 아름다운 화엄의 세계를 펼치는 풍광으로 명성이 높지만, 국보 팔만대장경을 보관하고 있는 장경판전으로도 유명하다. 해인사에는 여러 차례의 화재가 있었지만, 그때마다 장경판전은 묘하게도 화마를 피할 수 있었다. 해인사로 이어지는 물길을 따라 이어지는 소리길도 유명해 최근에는 가야산 순례길이 인기를 끌고 있다.

📍 경남 합천군 가야면 해인사길 122

18일 첨성대

드넓은 벌판 위 꽃밭 사이에 우뚝 선 첨성대. 이것이 동양에서 가장 오래된 천문대라는 사실에 가슴이 웅장해진다. 오후 6시가 지나면 첨성대는 조명을 받아 또 다른 모습으로 되살아난다. 빛 축제와 야경 감상을 위해 여행객들이 몰려드는 이유다. 야경 구경에는 주변의 황리단길 맛집을 빼놓을 수 없다. 어린이를 동반할 경우, 비단벌레 전기자동차를 이용하면 여행이 훨씬 더 수월하다.

📍 경북 경주시 인왕동 839-1

20일 불국사

'사찰 건축의 최고봉'이라 일컬어지는 불국사는 통일신라 대통합의 조화와 균형을 상징하는 건축물이다. 입구에서 대웅전으로 이어지는 산책로는 숲이 우거져 걷기에도 좋다. 백운교와 청운교를 만나면 아사달과 아사녀의 전설이 깃든 석가탑과 다보탑이 대웅전 앞에 오롯이 서 있다. 학창시절 교과서가 눈 앞에 펼쳐진 느낌이다.

📍 경북 경주시 불국로 385

21일 수덕사 대웅전

수덕사 대웅전은 우리나라에서 가장 오래된 목조 건축물이다. 고려시대에 지어졌음에도 백제의 곡선미를 갖춘 점이 특별하다. 수덕사 산문에서 일주문으로 이어지는 길에 수덕여관이 자리한다. 원래 비구니들이 머물던 이곳에서 화가 나혜석이 한때 살았고, 이응노 화백이 나혜석에게 그림을 배운 적이 있다는 이야기도 전해진다.

📍 충남 예산군 덕산면 수덕사안길 79

30일 서울 암사동 유적

신석기시대 우리 조상은 한강 주변에 모여 살았다. 그 사실을 증거해주는 곳이 바로 이곳이다. 유적지 내에는 그들이 기거했던 움집과 생활 모습 등이 재현되어 있다. 야외의 수렵 생활 전시장도 생동감 있게 펼쳐진다. 세계에서 가장 아름답고 완성도 높은 빗살무늬토기가 출토된 유적지라는 자부심을 느낄 수 있는 곳이다.

📍 서울시 강동구 올림픽로 875

➤ 10월 25일

04

음악

가야금에서 가요까지
사람의 마음을 치유한 손길의 시간

1

4月

방탄소년단

마인드를 바꾸면 에너지가 바뀐다

2020년 9월, 기적과도 같은 일이 일어났다. 방탄소년단(BTS; Bulletproof Boy Scouts. 이하 'BTS'로 표기)의 디지털 싱글이 한국 가수 최초로 미국 빌보드 핫 100* 정상에 오른 것이다. 노래의 제목까지 그들이 이룬 파격적인 성과를 닮았다. 〈다이너마이트(Dynamite)〉. 그 많은 한국 가수 중 누구도 못 했던 일을 이토록 멋지게 해낸 힘은 대체 어디에 있는 걸까?

이 글의 제목인 '마인드를 바꾸면 에너지가 바뀐다'라는 멋진 표현은 BTS의 멤버 중 한 사람인 진(김석진)이 남긴 말이다. 나는 그 말이 지금의 BTS를 설명할 수 있는 최적의 표현이라고 생각한다. 동료 멤버인 정국은 2018년의 한 인터뷰에서 자기 자신에게 '나에게 도전은 무엇인가?'라는 질문을 수시로 던지고 '더 큰 무대를 하고 싶고, 더 많은 사람들 앞에 서고 싶다. 빌보드 핫 100에서 1위도 찍고 싶다'라고 대답한다고 말했다. BTS의 성과는 지켜보는 사람 입장에서는 기적이지만, 그들 자신의 입장에서는 목표를 향해 나아가는 과정 중의 하나다. 그들은 간절하게 원하고 최선을 다 한다. 그래야 얻을 수 있다. 세상이 아무리 변해도 이것은 절대 변하지 않는 진리다. 진은 이런 말도 남긴 적이 있다.

"너 자신의 수고는 너만 알면 돼."

BTS가 처음부터 한국을 대표하는 가수로 노래를 시작한 것은 아니다. 그들은 혹독한 무명 시절을 견뎠다. 7명의 멤버가 좁은 방에서 함께 살면서 느꼈던 추억을 이렇게 가사로 남기기도 했다.

'좋은 건 언제나 모두 남들의 몫이었고, 불투명한 미래 걱정에 항상 목이 쉬었고, 연말 시상식의 선배 가수들 보며 목이 메었던 '꾸질한' 기억 잊진 말고 딱 넣어두자고. 우리의 냄새가 나 여기선. 이 향기 잊지 말자. 우리가 어디 있건 울기도 웃기도 많이 했지만 모두 꽤나 아름다웠어. 논현동 3층, 고마웠어.'

BTS 미니 3집 수록곡 중 〈이사〉라는 가사의 일부다. 그들 역시 한때는 무대에 서는 것을 소원으로 삼았던 무명 가수에 불과했다. 다른 가수들 뒤에서 열심히 춤추는 백댄서도 했고, 기약 없이 데뷔를 기다리면서도 마치 내일 데뷔할 것처럼 치열하게 하루를 연습으로 채워야 했다.

우리는 살면서 포기하고 싶은 순간을 적지 않게 맞이한다. 이런 온갖 고민은 자신을 멈추게 만든다. 그럴 때는 진의 말처럼 이렇게 주문을 외우면 된다.

"내가 보낸 시간을 아무도 몰라줘도 괜찮아. 누구보다 내가 나를 잘 알고 있으니까."

지금 힘들고 지쳤다면, 진이 한 말처럼 일상을 대하는 마인드를 바꿔보라. 그럼 세상을 대하는 당신의 에너지가 놀랍게 변할 것이다. 그대는 날아갈 준비를 하는 멋진 새다. 당장 창공을 향해 날지 않는다고, 새를 다른 이름으로 부르지는 않는다. 그대가 그대임은 변하지 않는 사실이다.

*빌보드 핫 100: 미국의 음악 전문지 《빌보드(Billboard)》에 매주 실리는 싱글 인기 순위 차트. 빌보드 200과 함께 메인 차트이며 방송 횟수, 앨범 판매량 등 시장의 수요량을 종합해서 발표한다. 미국을 넘어 전 세계 대중음악의 판도를 알려주는 지표다.

2

4月

〈희망가〉

희망은 부르는 자의 몫이다

〈희망가〉

한국은 유별나게도 '최초'를 정하는 데 진심인 사회다. '세계 최초'에서 시작해 '동양 최초', '한국 최초', 그것도 못 붙이면 '집안 최초'까지 동원해서 어떻게든 '최초'라는 의미를 부여하려고 분투한다. BTS의 빌보드 핫 100 1위 기록도 '최초'라서 의미가 배가되는 것은 분명하다. '최초'라는 수식어를 달고 나오는 것들을 별로 좋아하는 편은 아니지만, 〈희망가〉라는 '최초의 대중가요'를 소개하는 이유는 이 노래에 그럴 만한 서사(敍事)가 있어서다. 이 노래는 우리에게 멜로디보다는 가사와 배경에 의미가 있다.

〈희망가〉는 국내에서는 1921년에 발표되어 1930년대에 크게 유행한 대중가요의 고전이다. 여기에서 '국내에서는'이라는 단서를 단 이유는 이 곡이 한국에서 만든 곡이 아니기 때문이다. 원곡은 1850년 영국 춤곡을 바탕으로 미국인 제레미아 인갈스가 만들고 찬송 모음집에 수록한 〈The Lord into His Garden Comes〉라는 찬송가다. 이 곡은 미국에서 한국으로 오는 중간에 일본을 잠시 거쳤다. 1910년 일본에 도착한 이 곡은 미스미 스즈코라는 여교사가 사고로 죽은 자기 학교의 여학생들을 추모하는 자작시를 곡에 붙여서 〈새하얀 후지산의 뿌리〉라는 제목으로 세상에 선보였었다.

같은 해 한국에 전해진 이 곡은 기독교 신자 임학천에 의해서 아래에 적힌 가사로 바뀌었고, 약 10년 뒤인 1921년에는 박채선과 이류색 두 민요 가수가 〈이 풍진 세상을〉이란 제목으로 발표했다. 이후 여러 창가 가수, 민요 가수들이 불러 대중들에게 널리 퍼졌고, 이 과정에서 제목도 〈희망가〉로 바뀌게 된다. 1930년에는 한국 최초의 대중가수 채규엽*이 레코드로 발매하기도 했다.

'이 풍진(風塵)** 세상을 만났으니 너의 희망이 무엇이냐.
부귀와 영화를 누렸으면 희망이 족할까.
푸른 하늘 밝은 달 아래 곰곰이 앉아서 생각하니,
세상만사가 춘몽(春夢) 중에 또다시 꿈 같도다.'

일제강점기 시절인 1930년대에 유행한 노래라서 전체적으로 암울한 분위기의 음악이다. 나라 잃은 민족의 설움이 음악에 녹아들었다고나 할까. 그래서 제목은 〈희망가〉이지만 멜로디는 내내 단조 가락으로 이어져 우울하고 감상적이다.

하지만 어떻게 듣느냐에 따라서 대책 없는 비탄과 절망이 아닌, 세속을 초월한 진짜 행복과 희망이란 무엇인가에 대한 물음을 던지는 철학적인 노래로 들릴 수도 있다. 이런 마음이 이심전심이 되어서였는지는 몰라도, 〈희망가〉는 해방 후 1980년대까지 대중들의 꾸준한 사랑을 받았다. 희망이 없을 때는 더욱 간절하게 희망을 부를 수밖에 없다. 희망은 부르는 자의 몫이니까.

*채규엽: 한국 최초의 직업적 대중가요 가수. 〈술은 눈물이냐 한숨이냐〉를 불러 히트했다. 한국전쟁 직전 월북했다.
**풍진: 세상에서 일어나는 어지러운 일이나 시련.

3

4月

박인환

고독은 인간이 발견한 가장 아름다운 멜로디다

박인환

낭만을 좋아하며 겉모습도 '낭만 그 자체'인 것만 같은 한 남자가 있었다. 명동이라는 공간을 매우 사랑한 사람인데, 자주 다니는 술집에서 뻔질나게 외상술을 마셨다. 술집 마담들은 당연히 처음에는 그를 좋아하지 않았다. 하지만 이내 그들은 외상술을 주면서도 싫은 내색을 못 하게 된다. 그 남자에게는 미워할 수 없는 매력이 있었기 때문이다. 마담들이 외상술 좀 그만 마시라며 타박할 때마다 그는 별일 아닌 듯 이렇게 응수했다.

"걱정 마. 꽃피기 전에 외상값 깨끗하게 청산할 테니까."

'1월이면 1월' 혹은 '월급날'이라는, 세상이 정해둔 기한이 아닌 '꽃피기 전'이라는 낭만적인 표현은 그의 전매특허였다. 그는 뻔한 것을 싫어했고 특별한 의미를 담은 표현을 즐겨 썼다. 그 낭만의 주인공은 시대적 고독을 노래한 〈목마와 숙녀〉를 쓴 시인 박인환(朴寅煥)*이다. 시를 쓸 때 그는 딴사람이 됐다. 원고를 쓸 때는 구두점 하나에도 신경질적으로 까다롭게 굴었고, 싫어하는 사람과는 차도 한 잔 함께 마시지 않는 결벽증을 드러냈다. 시인인 그를 음악 분야에 소개하는 이유는, 고독했던 그의 삶을 견딜 수 있게 해준 것이 자기가 쓴 '음악을 닮은 시'였기 때문이다.

박인환이 세상을 떠나기 일주일 전의 명동, 그러니까 1956년 3월 13일의 밤이었다. 주점에서 그는 평소 친분 깊은 문인들과 막걸리를 마시고 있었다. 마침 그 자리에는 〈과거를 묻지 마세요〉 등을 부르고 영화 《백치 아다다》에도 출연한 인기 가수이자 배우 나애심(羅愛心)**도 함께였다. 이런 기회에 그녀에게 노래를 시키지 않을 사람들이 아니었다. 하지만 그녀는 '부를 만한 노래가 없다'며 거절했다. 그러자 박인환이 나섰다. 호주머니에서 종이를 꺼내 바로 시를 써 내려갔고, 완성된 시를 넘겨받은 언론인이자 극작가로 활동하던 이진섭(李眞燮)***이 단숨에 악보를 완성했다. 한순간에 만들어진 노래를, 나애심은 즉석에서 불렀다. 가사를 쓴 계기와 거기에 즉시 곡을 붙이자 즉흥적으로 노래를 부른 과정이 마치 한 편의 드라마를 보는 것 같지 않은가. 그렇게 나온 노래가 그 유명한 〈세월이 가면〉이다.

'지금 그 사람 이름은 잊었지만 그 눈동자 입술은 내 가슴에 있네. /
바람이 불고 비가 올 때도 나는 저 유리창 밖 가로등 그늘의 밤을 잊지 못하지. /
사랑은 가고 옛날은 남는 것 여름날의 호숫가 가을의 공원
그 벤치 위에 나뭇잎은 떨어지고, 나뭇잎은 흙이 되고,
나뭇잎에 덮여서 우리들 사랑이 사라진다 해도. /
지금 그 사람 이름은 잊었지만 그 눈동자 입술은 내 가슴에 있네.
내 서늘한 가슴에 있네.'

이것이 최초의 대중가요 〈희망가〉가 레코드로 나온 지 불과 20여 년이 지난 후의 우리 가요계 수준이다. 시를 음미하며 박인환이 살던 시대로 돌아가보자. 그는 여름을 싫어했고 겨울을 사랑했다. 단지 날이 더워서 여름을 싫어했던 것이 아니다. 날이 추워져야 그가 아

끼는 두툼한 양복을 '입고', 바바리를 '걸치고', 머플러를 '날리고', 모자까지 '쓸 수' 있기 때문이었다. '입고, 걸치고, 날리고, 쓴다'는 표현에 각각의 멋을 내는 패션 소품을 활용하는 그만의 감각이 묻어난다. 겨울이 오기까지 못 기다리고 땀을 흘리면서도 여름철에 겨울 정장을 입기도 했다.

죽음도 그가 싫어하는 여름처럼 다가왔다. "답답해!" 밤 9시에 만취가 되어 집에 돌아온 그가 내뱉은 말이다. 자정 무렵 그 외침은 이렇게 바뀌었다. "생명수를 달라!" 결국 그는 1956년 3월 20일 서른 살의 젊은 나이에 심장마비로 세상을 떠났다. 〈세월이 가면〉을 쓴지 꼭 일주일이 지난 날이었다. 〈세월이 가면〉은 그가 남긴 마지막 시가 되었다. 박인환은 자신이 쓴 노래 속의 낙엽처럼 세상을 떠났다. 그를 생각하면 늘 구슬픈 멜로디가 떠오르는 이유다. 그는 갔어도 시를 사랑하던 그의 눈동자와 자신의 시를 노래로 만들어 부르던 그 입술은 아직도 많은 이들의 가슴속에 남아 맴돈다.

+ *박인환: 해방 이후 활동한 모더니즘 시인. 1946년 〈거리〉로 등단했고 〈목마와 숙녀〉, 〈세월이 가면〉 등이 잘 알려졌다.
**나애심: 1950~1960년대에 활약한 대중가수, 영화배우. 대표곡으로 〈과거를 묻지 마세요〉, 〈미사의 종〉 등이 있으며, 영화 《백치 아다다》에 출연했다.
***이진섭: 해방 이후 언론인으로 활동하고, 연속극 《장미빛 인생》, 뮤지컬 《사랑의 도표(道標)》 등을 쓴 언론인, 극작가.

4

4月

김현식

지상에서 부른 마지막 노래

김현식

고 김현식(金賢植)*은 누가 뭐라고 해도 대한민국을 대표하는 가수 중 한 사람이다. 음악을 하는 수많은 후배 아티스트들이 가장 존경하며, 인생과 목소리까지 흠모하는 가수이기도 하다. 당시 불모지였던 한국의 언더그라운드 음악을 주류로 끌어올린 인물이자, 여전히 수많은 사람들의 기억 속에 살아 있는 전설적인 가수이기 때문이다.

그런 김현식이 꼭 하고 싶다던 일이 하나 있다. 틈틈이 쓰던 시를 모아 시집을 내는 것이었다. 결과적으로 그 시집은 세상에 나왔다. 그러나 안타깝게도 그가 세상을 떠난 이후에도 여전히 자식을 잊지 못하는 어머니의 노력으로 나온 유고 시집이었다(1992년 5월 발매). 시집 서문 끝부분에서 그의 어머니는 자신의 애달픈 마음을 이렇게 표현했다.

"그 아이의 음반들, 뮤직비디오, 그리고 이 한 권의 시집이 현식이가 이 땅에 남기고 간 흔적의 전부입니다. 아들의 노래와 함께 이 시집 속의 시들이 현식이를 사랑하는 많은 사람들의 가슴 속에 오래도록 남아 있기를 바랍니다. 그것만이 이 어미가 바라는 모든 것입니다."

음악은 그에게 분신과도 같은 존재였다. 몸이 아프던 어느 날 그는 한 방송에서 "소원을 이루어주는 마법의 지팡이가 있다면 무엇을 바라겠는가?"라는 질문에 서슴없이 "막혀 있는 목소리를 뚫고 싶다"라고 대답했다. 죽어가는 자기 생명이 아닌 살아 있는 음악을 향한 열정을 드러낸 것이다. 실제로 그는 죽는 날까지 마치 영원히 살 사람처럼 음악을 만들고 부르는 일에 열중했다. 하지만 1990년 11월 1일에 자신의 자택에서 간경화로 끝내 세상을 떠났다. 김현식의 부음(訃音)을 듣고 각별한 사이였던 소속 음반사(동아기획) 사장은 믿을 수 없다며 외쳤다. "뭐라고요? 불과 2시간 전에 현식이가 전화로 '사장님, 저 괜찮으니까 내일 녹음에 들어가야겠어요'라면서 밝게 이야기를 했는데요, 그런데 죽다니요!"

이렇듯 김현식은 삶 자체가 음악이었다. 음악에 미쳤고 음악에 모든 사랑을 쏟았다. 그는 한때 국내 절들의 종소리를 들으러 다니기도 했다. 소리를 연구하기 위해서였다. 유고 시집에 남긴 시에는 음악을 향한 그의 절절한 마음이 고스란히 담겨 있다. 〈지상에서 부른 마지막 노래〉라는 이 시는 더는 노래를 할 수 없는 애달픈 마음을 글로 토로한 듯하다.

'이 내 몸이 죽어가도 가슴에 맺힌 사연들은 / 내가 떠난 그 후에도 잊혀지지 않을 거야.
이 내 몸이 병들어도 못다한 말 너무 많아 / 수북수북 쌓인 눈에 쌓인 눈에 묻혀질까.
이 내 몸이 죽어가도 가슴에 맺힌 사연들은 / 내가 죽은 그 자리에 들꽃 한 송이로 피어날 거야.'

서대문구 창천동에 있는 창천문화공원에는 고 김현식의 동상이 서 있다. 그 자리에서 2015년부터 '김현식가요제'가 개최되었고, 근처에 '김현식골목길'도 있으니 그의 음악에 대한 열정을 느껴보고 싶다면 한번 그곳에 가 걸어보는 것도 좋다.

+ *김현식: 1980년대에 활동한 한국의 대중가수. 전설적 싱어송라이터로, 〈비처럼 음악처럼〉, 〈사랑했어요〉, 〈내 사랑 내 곁에〉 등의 곡을 남겼다.

5

4月

〈학교 종이 땡땡땡〉

종이 울리지 않아야 창조성을 기를 수 있다

노래 제목만 봐도 추억이 떠올라 입가에 슬며시 웃음이 번지는, 어른에게도 요즘 아이들에게도 익숙한 동요 중 하나다. 〈학교 종이 땡땡땡〉*은 1948년에 처음 발표되어 70년이 지난 오늘날까지 초등학교 1학년 음악 교과서에 수록되어 온 곡이다. 멜로디에 중독성이 강해서 기억에서 사라지지 않지만, 사실 이 동요의 핵심은 가사에 집중되어 있다.

'학교종이 땡땡땡 어서 모이자. 선생님이 우리를 기다리신다.

학교종이 땡땡땡 어서 모이자. 사이좋게 오늘도 공부 잘하자.'

어릴 때는 선생님이 앞에 계시고, 반주가 나오니 아무 생각 없이 따라 부를 때도 있었다. 하지만 가사를 잘 살펴보면 지금 생각에는 선뜻 동의할 수 없어서 약간의 저항감이 느껴지는 게 사실이다. 먼저 '어서 모이자'라는 말은 아침에 일찍 일어나 오기로 정한 시간에 늦지 않게 도착하라는 의미다. 작사자가 딱히 그런 의도로 쓴 건 아니겠지만 마치 공장이나 직장에 출근하는 사람들의 일상을 아이들에게까지 요구하는 느낌이 든다. 요즘의 교육 목표인 '창조'나 '상상력'이라는 키워드와는 조금 거리가 있다. 이 동요가 나온 시대에는 생존을 위해서는 창조력보다는 더 많은 시간을 투자해서 같은 일을 반복하는 '기계적으로 노력하는 정신'이 더 필요했기 때문이었을 것이다. '선생님이 우리를 기다리신다'라는 부분도 지금 읽어보면 썩 유쾌하지 않다. 모두가 열심히 공부에 몰입해야 할 시간에 지각하는 사람이 없도록 감시하는 것처럼 느껴지기 때문이다. 강렬하게 배움을 원해서 가는 것이 아니라 감독관 또는 선생님의 눈 밖에 나지 않으려고 서두르는 기분이 든다. '사이 좋게' 역시 그렇다. 아무리 원하지 않는 것을 시켜도 군말 없이 따르라는 의미로 해석되기 때문이다. 너무 지나친 해석인가? 이제는 물건이든 사람이든 기계처럼 찍어내서 팔아치우는 나날에 안녕을 고해야 하며, 그러기 위해서는 다음 세 가지 질문을 던질 수 있어야 한다.

"나는 왜 성장해야 하는가?", "나는 무엇을 원하고 있는가?", "나는 이 길을 걷는 게 맞는가?"

중요한 것은 '우리'라는 틀에서 벗어나 '나'를 질문의 중심에 두어야 한다는 사실이다. 무작정 '함께 성장해야 한다'는 지난날을 잊어야, 비로소 자기 삶에 맞는 성장을 스스로 정의(定意)할 수 있다. 명확한 정의를 내려야 뚜렷한 길이 보인다. 지금 내가 걷고 있는 길과 내가 원하는 목표를 정의한 성장의 기준으로 판단하면, 우리는 같은 종소리를 듣고 같은 장소에 그것도 잠을 줄여가며 굳이 모여야 할 이유가 더는 없다는 사실을 깨닫게 된다.

돈이나 먹을 것을 마련하기 위해서가 아니라, 자기의 인생을 위해서 살면 인간답게 산다는 것이 무엇인지 몸으로 이해하게 된다. 이제 우리는 꼭두새벽에 다 함께 일어나 같은 자리에 모여 출석을 부를 필요가 없다. 시간과 노력만 담보로 삼아 일하는 산업사회가 아니기 때문이다. 지금부터 필요한 건 종이 어디에서 울리는지 그 방향을 찾아 뛰어가는 게 아니라, 자신만의 종소리를 낼 수 있느냐의 여부에 달려있다.

*〈학교 종이 땡땡땡〉: 해방 직후인 1948년 이화여대 음악 교수였던 김메리 여사가 작곡한 동요. 김메리 여사는 이 노래를 포함, 1학년 교과서 동요 15곡을 작곡했다.

6

4月

윤이상

모차르트의 작품처럼 100년 후에도 연주될 음악

윤이상

한국에서 '윤이상(尹伊桑)*'이라는 음악가와 그의 음악에 대해서 제대로 아는 사람은 많지 않다. 그러나 미국 뉴욕브루클린음악원은 그를 '유사 이래 최고 음악가 44인 중 한 명'으로 선정했고, 유럽 평론가들은 그의 생존 중에 '유럽에 현존하는 5대 작곡가' 중 한 사람으로 꼽았다. 서구에서 최고의 클라리넷 연주자로 손꼽히는 자비네 마이어(Sabine Meyer)**는 "윤이상의 음악은 모차르트의 음악처럼 100년 후에도 연주될 것이다"라고 평하기도 했다. 고전음악으로 남아 세계 곳곳에서 시공을 초월해 울려 퍼질 것이라는 최고의 찬사인 셈이다. 한국이 낳은 세계적인 작곡가이자 수많은 예술 애호가들의 존경과 찬사를 받았던 위대한 음악가 윤이상에 대해서 지금이라도 조금씩 알아가는 의미에서 먼저 그를 추모하며 기념하는 공간으로 가보자.

경남 통영 서호시장 근처에 윤이상의 음악을 테마로 한 윤이상기념공원이 있다. 그가 남긴 음악처럼 근사한 야외 공연장과 각종 시설이 넓게 펼쳐진 부지에 멋진 조경과 함께 잘 조성된 곳이다. 공원 안으로 들어가면 2층에 기념 전시관과 소공연장이 있다. 전시 공간은 깨끗하고 현대적이며 그가 생전 독일 베를린에서 거주하며 남긴 유품 148종 412점이 전시되어 있다. 독일 정부로부터 받은 훈장과 1995년 수상한 괴테 메달을 비롯해 생전 연주하던 바이올린과 첼로, 항상 품고 다녔던 소형 태극기 등이 그것이다. '태극기와 괴테 메달***'이 매우 이질적이기는 하지만, 그래서 더 감동적이며 가슴 아프다. 그저 여느 기념공원에 지나지 않을 수도 있는 이 공간을 이렇게 길게 소개하는 이유는, 통영이 그에게 매우 특별한 장소이기 때문이다.

경남 산청에서 태어난 윤이상은 세 살 때 통영으로 이사와 유년과 청소년기를 보냈고, 오사카음악대학에서 공부를 마친 후 다시 통영으로 돌아와 교사로 일했다. 그는 해방 후 통영 지역의 거의 모든 학교 교가를 작곡했을 정도로 이미 유명했다. 프랑스를 거쳐 베를린으로 간 후에는 그곳에 정착해 당대의 거장들과 교류하며 세계적 음악가로 명성을 쌓아 자신이 품었던 음악적 영감을 세상에 마음껏 펼쳤다. 하지만 1967년에 생애 가장 큰 위기를 맞는다. 동베를린 유학생 간첩단 사건(일명 '동백림 사건****')에 연루된 것이다. 그는 마치 영화처럼 중앙정보부에 체포돼 국내로 압송된 후 사형 선고를 받는다. 세계적으로 촉망받던 작곡가가 갑자기 사형수가 된 것이다. 서방의 언론들은 이 사건을 대서특필했다. 베를린 현지의 신문과 방송에 연일 보도되면서 독일을 비롯한 유럽의 여론은 들끓었다. 급기야 200여 명의 유럽 음악인들이 한국 정부에 항의하는 등 국제적인 문제로까지 번졌다.

결국 1969년 특별사면으로 풀려난 그는 다시 독일로 돌아간 후 죽을 때까지 조국 땅을 밟지 못했다. 그런 그에게 통영 바다는 꿈에서라도 가고 싶은 고향이자 그리움의 대상이었다. 그의 고백을 들으면 마치 잔잔한 내레이션이라도 듣는 것처럼 따뜻하고 아련하다.

"아버지는 종종 나를 데리고 밤에 고기를 낚으러 바다로 가셨습니다. 그러면 우리는 조용히 배 한가운데 앉아서 고기가 뛰는 소리와 다른 어부들의 노랫소리에 귀를 기울였습니다. 그 노랫소리는 배에서 배로 이어져 계속되었지요. — 중략 — 수면이 그 여운을 멀리까지 펴뜨렸습니다. 바다는 공명판 같았고 하늘엔 별이 가득 차 있었지요."

비록 종이에 직접 곡을 쓰진 않았지만, 어릴 때부터 바다를 배경으로 마음속에 가장 아름다운 곡을 창조할 씨앗을 품었던 것이다. 이처럼 그는 늘 자신의 음악은 고향 통영에서 출발했다고 말했다. 고향을 그리는 그의 마음은 상상을 초월한 것이었다. 손님을 초대한 자리에서도 그 마음은 여실히 드러났는데, 통영에서 부친 깻잎장아찌를 들어 보이며 "미안하지만 이건 나 혼자 먹어야겠네"라고 말하곤 정말로 자기 앞에 두고 혼자만 즐겼다는 사실이다. 음식이 아니라 고향의 온기를 마음에 담는다고 생각했을 것이다.

윤이상이 남긴 작품은 그 자체로 하나의 우주를 이룬다. 어릴 때부터 들어온 바다와 파도, 그리고 어부들의 노래와 바람 소리를 하나로 엮어 근사한 음악을 창조한 것처럼, 그는 수많은 나라에 존재하는 각각의 문화와 전통을 변주해 아름다운 멜로디로 바꿔 세상에 선물했다. 공들여 만든 곡을 세상이 반기지 않을 수 있을까. 1992년 함부르크 자유예술회원의 공로상을 받았고, 1995년 민주화에 헌신한 영령들을 위로하기 위해 작곡한 〈화염 속의 천사〉의 예술성이 높이 평가되어 괴테상을 받기도 했다. 그는 자신에게 어떤 위험이 있을 때나 평온할 때나, 한국에 있을 때나 유럽에 머물 때나 언제나 한결같은 모습을 유지했다. 일상에서도 늘 음악이 될 수 있는 영감을 받기 위해 탐색을 멈추지 않았고, 천재성이 번뜩이는 그 눈빛으로 세상을 연주한 것이다.

*윤이상: 해방 이후 〈예악〉, 〈현악 4중주 1번〉, 〈심청〉 등을 작곡한 현대음악의 대가. 현대음악 기법을 통한 동아시아적 이미지의 표현에 주력했다고 평가받는다.

**자비네 마이어: 독일 태생의 고전음악 클라리넷 연주자. 카라얀에 의해 여성 연주자 최초로 오케스트라 단원에 임명되어 논쟁이 일기도 했다.

***괴테 메달 → 괴테상: 독일의 프랑크푸르트시가 그 도시 출신 독일 최대 시인 괴테를 기념하여 창설한 문화상.

****동백림 사건: 1967년 7월에 중앙정보부가 발표한 대규모 공안 사건. 구동독의 수도인 동베를린을 거점으로 "문화예술계의 윤이상 등 194명이 대남 적화 공작을 벌이다 적발되었다"고 발표했다. 최종심에서 간첩죄가 인정된 사람은 단 한 명도 없었다.

7
4月

조수미

전 세계 음악계에서 하나의 문화가 된 사람

윤이상이 '시대와 불화한 음악가'라면 조수미(曺秀美)*는 명실공히 '시대가 낳은 마돈나'다. 국내외를 막론하고 수십 년 동안 성악계의 정상에 서 있기 때문이다. 조수미가 특별한 이유는, 다른 소리가 섞이지 않은 완전한 두성(頭聲)의 활용과 완벽한 절대음감, 그리고 미분음(微分音; 반음보다 좁은 음) 플랫마저 허용하지 않는 완벽한 소리라고 많은 음악가들은 말한다. 이를 증명하는 재미있는 일화가 있다. 한번은 조수미와 프랑스의 지휘자 로린 마젤(Lorin Maazel)**이 함께 공연을 준비하고 있었는데, 첫 연습이 마음에 들었던 마젤은 노래가 끝나자 "수미는 거의 절대음감을 갖고 있네"라고 말했다. 조수미는 이렇게 응수했다.

"마젤, 저는 '거의'가 아니라 '완벽한' 절대음감을 갖고 있습니다."

마젤은 당돌한 그녀의 말에 놀랐다가 결국 '브라보'라고 외쳤다. 사실이기 때문이다. 대가는 대가를 알아보는 법이다. 그렇게 오랫동안 세계인의 사랑과 존경을 받는 성악가(나는 '문화 창조자'라고 부르고 싶다) 조수미에게 "무대에 설 때 가장 중요하게 생각하는 것이 무엇이냐?"라고 묻자 이런 놀라운 대답이 나왔다. 그녀의 삶을 이해하는 데 다음 여덟 가지 답변을 듣는 것보다 더 좋은 방법은 없을 것이다.

1. 어떤 개인적인 고통이나 슬픔이 있어도 언제나 최고의 컨디션으로 무대에 서야 한다.

2. 공연 콘텐츠에 맞게 프로그램을 정하지만, 가장 중요한 원칙은 반드시 관객들의 눈높이에 맞춰야 한다는 사실이다. 내가 들려주고 싶은 곡만 강요하지 않고, 관객들이 듣고 싶어 하는 곡이 무엇인지 늘 사색하며 균형을 맞추는 게 관객에 대한 예의다.

3. 하나에만 매달리지 않는다. 감동만 주면 지루함을 느끼고, 재미만 주면 깊이가 사라지기 때문이다. 근사한 뮤지컬처럼 감동과 재미를 모두 줘야 한다.

4. 좋은 소리와 무대가 전부는 아니다. 세부적으로 살펴보면 중요한 것들이 많다. 그중 곡과 어울리는 의상과 소품을 준비하는 것도 역시 나의 몫이다. 무대 세팅 및 조명과 무대에 놓이는 꽃 장식 하나하나 직접 챙기며 관객 입장이 되어 본다.

5. 무대는 사람과 함께 하는 예술이라 아름답다. 함께 공연하는 게스트와 오케스트라, 그리고 지휘자와 모든 스태프들에게 무엇이 필요한지 늘 점검하며 그들이 말하기 전에 먼저 그들에게 필요한 것들을 제공한다.

6. 공연할 때는 다른 것은 생각하지 않는다. 공연에 필요한 감정이 아니라면 내 안에 들어오지 못하도록 막는다. 그래서 공연을 하는 동안에는 말하지 않는다. 무대에서 노래가 아닌 것은 꺼내지 않는다.

7. 사람 그 자체가 중요하지 규모는 그리 중요하지 않다. 한 사람이 곧 수천 명이고, 수천 명도 결국 한 사람이기 때문이다. 공연은 대부분 매진이지만, 간혹 빈자리가 보여도 마음에 담지 않고 노래한다. 내가 담아야 할 것은 빈자리가 아닌, 노래를 들어 주시는 관객의 눈동자이기 때문이다.

8. 마지막으로 가장 중요한 것을 기억하자. 그것은 바로 '내가 최고라고 생각하는 것'이다.

그렇게 그녀의 무대는 살아 있는 자신의 영혼이 되어 우리 영혼에 틈입한다. 조수미의 성공 비결은 '자신감'이며, 자신감의 비밀은 '엄청난 준비'다. 자신감은 그저 마음먹으면 가질 수 있는 게 아니다. "할 수 있어!"라고 크게 외친다고 생기는 것도 아니다. 그렇게 될 수밖에 없도록 치열하게 준비하는 과정에서 마치 피아노 반주처럼 찾아오는 선물이다.

*조수미: 한국의 소프라노 성악가. 이탈리아 오페라 《리골레토》의 질다 역으로 데뷔했고, 1993년에는 《그림자 없는 여인》이 오페라 부문 최고 음반으로 선정되었다.

**로린 마젤: 프랑스 출생의 미국 지휘자. 클래식 전통에서 벗어나 전체적으로 밝은 현대음악적인 곡 해석으로 명성이 높았다.

8

4月

민요

원칙이 없어서 어떤 세상에서도 사라지지 않고 남은 민중의 노래

동요(童謠)가 '아이들의 노래'라면 민요(民謠)는 '백성의 노래'다. 그러니 사람들에 의해 불린 시간만 따지면 민요만 한 애창곡도 없을 것이다. 그런데 민요를 한마디로 정의하라고 요구받으면 답하기가 쉽지 않다. 정부 기관인 국립국어원에서 만든 표준국어대사전에 의하면 민요란 '예로부터 민중 사이에 불려 오던 전통적인 노래를 통틀어 이르는 말'이고, 이와 더불어 '대개 특정한 작사자나 작곡자가 없이 민중 사이에 구전되어 내려오며 민중들의 사상, 생활, 감정을 담고 있다'라고 서술되어 있다. 상식적으로 접근하면, 우리가 민속음악이라고 생각하는 분야 중 예부터 지금까지 가장 많은 사람이 즐기던 음악을 민요라고 볼 수 있다.

추구하는 방향에 따라 민요는 두 가지로 나뉜다. 하나는 마치 대중가요처럼 전문가 집단이 만들어 전문 소리꾼을 통해서 세상에 전파하는 통속민요*이고 나머지 하나는 우리가 익히 아는 것처럼 각 지방마다 일상과 역사를 노래로 만들어 구전을 통해 전파되는 토속민요**가 그것이다. 전자인 통속민요의 특징이 전국적으로 불리는 노래라면, 후자인 토속민요는 타지에는 잘 알려지지 않는다는 점이 서로 다르다. 여기에서 다루는 민요는 이 중에서 후자인 토속민요에 대해서다. 전국적으로 알려져 대중적인 인기를 얻는 통속민요는 대중가요와 크게 다른 점을 찾을 수 없기 때문이다.

민요가 특별한 이유는 의도적으로 만들거나 온갖 규칙 혹은 음악적 이론으로 만든 것이 아니라, 민중들 사이에서 저절로 생겨나서 전해지는 노래이기 때문이다. 누군가 자신의 목적을 위해 만들 수 있는 성질의 것이 아니라서 순결하며 아름답다. 전문적으로 음악을 배우지 않은 '아무개'가 창작해도 전혀 문제가 되지 않는다. 악보로 전해지는 것이 아니라 입으로 전해지는 노래여서 누구나 쉽게 익힐 수 있다. 또한 민요는 그 시대를 살아가던 백성이 직접 써 내려간 일상의 기록이므로 시대의 바로미터가 된다. 농사를 짓거나, 사냥을 하거나, 거기에 성공했거나 혹은 실패했을 때, 더 좋은 상태를 소망하거나 스스로를 위로하기 위해 자기 감정을 노래한 것이다. 의도했건 하지 않았건 간에 결과적으로 '자기 삶을 그려낸 노래'가 된 셈이다. 그 외에도 민요는 작곡 원칙도 음악적 규칙도 없이 즐기는 것이라 판소리나 시조 등과도 구별된다. 우리네 삶이 본래 어떤 원칙이나 규칙으로 움직이는 것이 아니므로 더욱 진솔하게 민중의 아픔을 대변할 수 있었다. 한마디로 민요는 인간의 탄생과 거의 일치한다. 일정한 음악 형식이 없었더라도 감정은 존재했을 것이고, 그 감정은 사람으로 하여금 노래하게 했을 것이다.

이런 속성을 가진 민요가 고구려, 백제, 신라가 통치 체제를 정비하고, 국가의 종교를 결정하고, 그에 따른 나라의 공식적인 음악 기틀을 마련하자 설 자리를 잃는다. 원칙을 세우고 엄정히 관리하면 튼튼한 기반은 마련되겠지만, 오히려 다양성은 사라져 민요처럼 입에서 입으로 전해지는 음악은 소멸의 길을 걷기 마련이다. 삼국시대에만 그런 것이 아니었다. 통일신라에서 고려로, 고려에서 다시 조선으로 넘어가며 민요는 점점 설 자리를 잃고 스러져갔다. 그렇다고 아예 사라진 것은 아니었다. 쓸모가 있었기 때문이다. 임금과 조정은 백성이 어떤 생각을 하고 있으며 무엇이 불만인지를 알아보고자 그들이 자주 부르는 민요를 파악하고 분석했다. 민요를 적극적으로 수집하고 연구하며 정치에 참고한 것이다.

쇠퇴만 거듭하던 민요는 갑자기 다시 수면 위로 떠오르는 계기를 맞는다. 좁은 지역에서만 유행하던 토속민요가 다른 지역으로도 쉽게 전해질 수 있게 되면서부터다. 바로 교통수단의 발전이 민요가 널리 전파되는 데 지대한 역할을 한 것이다. 해안지방에서 노동요로 불렸던 〈뱃노래〉를 아이들이 동요처럼 부르기도 하고, 서울의 〈아리랑〉은 전국적으로 알려져 애국가처럼 누구나 아는 노래가 되었다.

민요는 사라질 것만 같았지만 결국 다시 살아남았다. 나는 그 이유가 원칙과 규칙이 없는, 물처럼 유연한 특성 덕분이라고 생각한다. 한마디로 민요는 전략이 없는 예술이다. 전략이 없으니 진심으로만 승부를 걸어야 하고, 누구나 동의하는 대로 진심은 결코 실패하지 않는다. 마음과 마음은 서로 통하는 거니까.

+ *통속민요: 일반인이 아닌 전문 소리꾼들이 불러 전국적으로 널리 알려진 민요. 지역성의 한계를 벗어나 여러 지역에서 불리고 유행하는 민요이다.

**토속민요: 특정 지방에서 그 지방 주민들만이 부르는 향토적인 민요.

9

4月

추임새

쌍방향 커뮤니케이션으로 감정을 공유하다

뮤지컬이나 발레 등 서양음악이 연주될 때 관객은 모두 숨을 죽인 채 앉아서 음악을 듣는다. 이는 연주자도 마찬가지다. 음악을 연주하는 사람이나 그걸 듣는 사람 모두가 마치 약속이라도 한 듯 최대한 조용히 그 연주에 집중한다. 그러나 우리의 전통음악인 판소리*는 반주자인 고수(鼓手)가 연주 도중에 커다란 소리로 추임새를 넣기도 하고, 창을 하는 사람과 농담을 주고받기도 한다. 서양음악만 들어온 외국인들이 본다면 깜짝 놀랄 수도 있는 광경이다. "뭐야, 이 사람들 지금 뭘 하고 있는 거야?" 이래서는 연주자나 관객이나 음악에 집중할 수 없다고 생각하기 때문이다.

판소리에서 추임새가 나오는 데는 몇 가지 이유가 있다. 추임새와 농담은 아무렇게나 무턱대고 나오는 게 아니다. 일단 '추임새'라는 말의 의미가 무엇인지 제대로 알 필요가 있다. 추임새를 서양 문화와 굳이 비교해 설명하자면 티라미수(tiramisu)** 정도를 그 예로 들 수 있겠다. 이탈리아의 대표적인 디저트인 티라미수는 '나를 끌어 올린다'라는 의미다. 티라미수는 "너무 맛이 좋아서 한 입 먹으면 몸이 하늘로 붕 뜨는 듯이 기분이 좋아진다"라고들 말한다. 판소리의 추임새가 바로 이런 기능을 한다. 고수나 청중이 소리판의 흥을 돋우기 위해 곁들이는 소리이기 때문이다.

추임새는 '위로 끌어올리다' 또는 '실제보다 높여 칭찬하다'라는 뜻의 '추어주다'에서 유래한 말이다. "얼씨구", "얼씨구야", "얼쑤", "으이", "허이", "허", "좋다"와 같은 감탄사형이나, "아먼", "그러지"와 같은 동의형, "잘한다"와 같은 격려형이 대표적인 추임새다. 추임새는 서로의 흥을 끌어올리기 위한 요소인지라 어디에서 나와야 한다는 규칙이 따로 없다. 단 하나의 원칙이 있다면 남발해서는 안 된다는 사실이다. 창자(唱者)가 곡의 흐름을 잘 탈 수 있도록, 적절한 곳에서 힘을 실어주는 보조 역할에 그쳐야 하기 때문이다.

추임새는 결국 '창자와 반주자와 청자(聽者)'라는 연주의 세 주체가 서로를 이해하기 위해 다가가려는 치열한 노력이라고 말할 수 있다. 서양음악이 연주를 듣고 감상하는 것이라면, 한국의 전통음악은 서로의 마음에서 흐르는 멜로디를 동질감으로 공유하려는 노력이다. 그래서 판소리는 벽이 없는 예술이다. 소리판에 참여한 모든 이들이 추임새를 통해 직접 교감하기 때문이다. 누군가 나서서 굳이 설명하지 않아도 추임새를 통해 권선징악적 결말에 대해 동의하고, 등장인물들이 서로 저항하고 화해하는 광경에 공감하기도 한다. 그 중심에 서로에 대한 이해가 있다. 모든 것이 끝나고 나면 자신도 모르게 "아, 이제 당신을 이해할 수 있게 되었어"라는 충만감이 절로 드는 것이다.

추임새는 판소리 외에 앞서 소개한 민요나 잡가, 무가 등 다른 분야에서도 그 나름의 형태로 만날 수 있다. 앞으로 전통음악을 즐기다 추임새를 마주할 때 이해하겠다는 마음으로 다가간다면 이전보다 배가(倍加)된 감동을 느끼게 될 것이다.

*판소리: 창자가 고수의 북 장단에 맞추어 서사적인 이야기를 소리와 아니리로 엮어 발림을 곁들이며 구연하는 고유의 민속악. 구비서사시(口碑敍事詩)에 속한다.

**티라미수: 달걀과 크림치즈를 섞어 만든 반죽과 스펀지케이크를 케이크 틀에 번갈아 쌓아 만드는 케이크.

10 4月

농악에서 사물놀이까지

시대에 필요한 특성만 추려낸 혁신적 창조

판소리와 마찬가지로 농악(農樂)은 우리 고유의 음악이다. 농악은 이름에서 짐작되는 것처럼 당연히 농업과 밀접한 관계가 있다. 우리는 농경민족이며 오랫동안 농사를 지으며 살아왔다. 그런데 농사는 혼자서 할 수 있는 일이 아니다. 작은 텃밭이라도 무언가를 심고 가꿔본 사람이라면 공감할 것이다. 한눈에 보이는 좁은 땅에 농사를 짓는 일도 결코 만만치 않다. 결국 농사는 여러 사람이 모여 일해야 했기에, 노동의 고단함을 잊기 위한 노동요처럼 함께 즐기기 위해 농악이 만들어졌다고 보는 게 합리적 추론이다.

농악은 어떤 악기로 구성되어 있을까? 학창 시절에 배운 대로 장구와 징, 북, 꽹가리, 그리고 피리와 소고 등의 민속 악기로 구성되어 있다. 추운 겨울이 지나 농사가 시작되는 계절이 돌아오면 농악도 함께 돌아와 연주되기 시작했다. 언 땅이 풀려 씨앗을 뿌릴 때나 곡식을 거둘 때, 풍년을 빌거나 축하할 때 수시로 온 마을 사람들이 모여서 농악을 즐겼다.

전문적으로 농악을 연주하는 일을 직업으로 삼은 사람들이 하나둘 등장하기 시작한 것은 조선 후기에 들어서다. 50대 이상의 나이라면 알고 있는 남사당(男寺黨)패*가 대표적이다. 남사당의 마지막 후예이자 사물놀이의 명인으로 불리는 김덕수는 다섯 살 때부터 아버지가 이끄는 남사당패의 무동(舞童)으로 전국을 돌면서 공연을 벌였다. 어린 나이부터 두각을 나타냈고, 일곱 살 때 전국농악대회에서 대통령상을 수상하면서 '꼬마 신동'으로 이름을 날렸다. 하지만 남사당패가 누리던 영광의 시간도 그 끝이 다가오고 있었다. 온갖 농기계가 나오면서 이제 농사는 혼자서도 할 수 있는 일이 되어가고 있었기 때문이다.

"이 난관을 어떻게 헤쳐나가야 하나?" 당시 남사당패를 이끌던 김덕수는 깊은 고민에 빠졌다. "그래 형식을 바꾸자!" 열 명 이상의 사람이 춤을 추며 연주를 하는 기존의 방식을 고수하려면 들판이나 마당 같은 넓은 실외 공간이 필요했다. 실내에서는 할 수 없다는 결정적인 단점을 안고 있었던 셈이다. 이에 그는 과감한 선택을 한다. "네 명으로 줄이자!" 농사를 짓는 사람이 적어진 것처럼, 농사를 도우려 생긴 농악을 구성하는 인원도 그만큼 줄이기로 작정한 것이다. 그렇게 '장고, 북, 꽹가리, 징' 네 가지 악기만 두고, 나머지는 모두 배제했다. 넓은 공간이 굳이 필요하지 않게 만들어 실내에서도 공연할 수 있도록 편성을 바꾼 것이다. 그렇게 네 가지 악기로만 연주한다고 해서 이름도 '사물(四物)놀이**'라고 붙였다. 우리가 지금 알고 있는 '사물놀이'라는 개념은 바로 그때의 김덕수 머리에서 나온 것이다.

사물놀이는 1978년 대학로의 소극장인 공간사랑에서 처음 그 모습을 드러냈고, 지금까지도 그 명맥을 유지하며 대중들의 사랑을 받고 있다. 보통은 처음부터 전통음악이었다고 알고 있던 것이, 사실은 농악에서 진화한 '역사적이지만 젊은 장르'이며 동시에 세상의 변화에 절절히 대처해서 만들어진 '창조적 음악'이었던 것이다.

*남사당패 → 남사당: 조선시대에 전국을 떠돌며 춤, 노래 등의 흥행 놀이를 공연하던 유랑예인 집단.

**사물놀이: 꽹과리 · 징 · 장구 · 북 등 네 가지 농악기로 연주하는 음악. 원래 사물(四物)이란 불교 의식에 쓰이는 네 가지 악기를 가리키던 말이었으나, 오늘날에는 전통음악을 연주하는 꽹과리 · 징 · 장구 · 북을 가리키는 말로 바뀌었다.

11

4月

유랑예인 집단

먹고살아야 한다는 것은 가장 큰 고통이자 의무

조선 후기에는 매우 특이한 사회 현상이 하나 시작됐다. 그것은 시장과 공터 등 공연을 할 수 있는 곳을 떠돌면서 연희를 하며 생계를 유지하는 유랑예인 집단이 연이어 나타났다는 사실이다. 그들은 적당한 장소와 사람들만 있으면 가던 길을 멈추고 공연을 벌였다. 꽤 많은 유랑 집단들이 그런 방식으로 공연 후 돈을 걷어 생계를 해결했다. 지금은 모두 사라졌지만, 가장 크게 활동했던 집단으로 사물놀이의 원조 격인 사당패(寺黨―), 초라니패, 그리고 풍각쟁이패와 굿중패 등이 있었다. 이 집단들을 구분하는 기준이 있는데, 구성원이 어떤 사람이었는지, 어떤 내용의 연희를 보여주며 돈을 걷었는지, 궁극적으로 무엇을 추구했는지 등을 살피면 그 집단 간의 차이점을 확실히 알 수 있다.

사당패는 원래 시장통에서 염불을 외고 시주를 받던 불교 집단이었다. 그러던 것이 점차 경쟁자가 많아져 한 가지 공연만으로는 먹고사는 게 쉽지 않게 되자 어떤 노래든 다 부르는 집단으로 변모해갔다. 이들의 음악은 훗날 서울 및 경기 지역과 서도 지방(황해도, 평안도)에서 불리던 잡가 중 서서 소리하는 대표적인 곡인 선소리산타령과 경상도와 남도 지역의 잡가인 남도잡가(南道雜歌) 형성에 큰 영향을 미쳤으며 지금은 볼 수 없다. 초라니패는 가면을 쓰고 장고를 메고 고사를 지낼 때 부르는 노래인 고사소리(告祀―)*를 부르며 벽사(辟邪; 귀신을 쫓음)의식 놀이를 하고 돈을 걷던 무속 집단이다. 초라니패 역시 세상 변화에 따라 조금씩 바뀌었는데, 나중에는 마을을 돌며 집집마다 들러 장구도 치고 고사소리를 하며 동냥을 하는 놀이패로 변했다. 참고로 '초라니'란 요사스럽게 생긴 가면을 일컫는다. 풍각쟁이패는 요즘 말로 '거리 악사'라고 해도 큰 무리가 없다. 길거리에서 통소나 해금을 연주한 뒤 돈을 걷던 집단이기 때문이다. 이 무리는 소경이나 벙어리 등 장애인을 중심으로 구성된 연희 집단이었다. 풍각쟁이패가 주로 연주하는 악기는 통소와 해금, 가야금, 북 등의 악기였고, 변화를 주기 위해 함께 판소리를 하거나 검무 등을 보여주는 다양성을 추구하기도 했다. 마지막으로 굿중패는 사당패나 남사당패, 중매구처럼 절과 관련된 연희 집단으로 보면 된다. 승려가 중심이 되어 염불을 외우는가 하면 염주와 소고, 작은 징 모양의 악기를 들고 춤을 추었으며, 풍물과 땅재주, 줄타기, 한량굿 등의 연희도 보여줬다. 승려들은 공연을 끝낸 후 곡식을 요구하는 역할을 맡았다.

유랑예인 집단들은 구성원이나 연주하는 악기의 종류, 그리고 가진 기량은 서로 달랐지만 목적은 단 하나였다. 먹여주고 잠만 재워준다면 언제든 그 자리에 멈춰서 음악을 연주하고 춤을 췄다는 것이다. 무슨 이유로 조선 후기에 갑자기, 더구나 그토록 다양한 유랑 집단이 생겼는지는 추측만 분분할 뿐 여전히 알 수 없다. 다만 그들이 각자 다른 직업을 가진 사람이었다는 사실로 미루어, 어떤 시대든 '먹고산다는 것이야말로 인간이 짊어진 가장 큰 고통이자 의무'라는 철칙을 다시금 깨닫게 된다. 자신의 곤궁한 삶을 연주했기에, 마찬가지로 곤궁했던 민중의 공감을 얻었던 게 아닐까.

+ *고사소리: 고사를 지낼 때 치국잡기, 명당풀이, 성주풀이 등을 내용으로 부르는 소리. '고사염불'이라고도 한다.

12

4月

관현맹

누구나 세상에 존재할 이유가 있다

《세종실록》 1431년 12월 25일의 기사 중 다음 한 단락의 글은 매우 의미 깊다.

'조선을 비롯한 이 땅의 모든 임금들은 장님을 악사로 삼아 음악을 연주하는 일을 맡겼으니……'. 굳이 앞을 볼 수 없는 장님에게 음악 연주를 맡겼던 이유가 대체 뭘까? 이어지는 그 까닭은 이렇다. '그들은 앞을 볼 수 없는 대신 소리를 살피기 때문이며(음률을 잘 알고)……'. 가장 감동적인 부분은 마지막 줄이다. '이 세상에는 버릴 사람이 없기 때문이다'.

이 얼마나 감동적인 글인가. 장애로 인하여 소외되는 백성이 하나도 없기를 바라는 마음이 절절한 내용이라 더욱 깊은 울림이 전해진다.

지금도 그렇지만 당시에는 맹인이 할 수 있는 일이 더더욱 많지 않았을 것이다. 하루는 세종을 도와서 조선의 음악 수준을 높이는 데 크게 공헌했던 박연(朴堧)이 이런 내용을 담은 주청을 올렸다. "눈이 없어도 소리를 섬세하게 살필 수 있는 장님을 악사로 삼아서, 세상에 버릴 사람이 없다는 것을 보여주십시오". 과거의 수많은 왕이 그랬던 것처럼 받아들이지 않을 수도 있었다. 하지만 세종은 다르게 생각했다. 질문을 바꿨기 때문에 가능한 생각이었다. 대부분의 사람은 "맹인이 어떤 일을 할 수 있겠어?"라는 닫힌 질문을 던지지만, 그는 반대로 "맹인이 더욱 빛낼 수 있는 일은 무엇일까?"라는 열린 질문을 던진 것이다. 모두가 외면하는 대상에게서도 가치를 찾아낼 수 있는 '시선의 힘'이 있기 때문에 펼칠 수 있는 정책이었다. 임금이 백성에 대해 긍휼(矜恤; 불쌍히 여겨 돌보아 줌)함을 그저 갖고 있기만 해서는 세상이 좋아지지는 않는다. 생각을 정책으로 만들기 위해서는 복잡한 과정이 필요하기 때문이다.

소외되는 사람 없이 모든 이의 가치를 찾겠다는 따스한 음악과 같은 시선에서 탄생한 것이 바로 관현맹(管絃盲)이다. 이들은 조선시대 음악 기관 소속으로 있으면서 궁중의 잔치 때에 향악(鄕樂)*과 당악(唐樂)**을 연주하는 소경 음악인들이다. 언제부터 음악 기관에 소속되어 연주했는지는 분명하지 않으나 조선 초기 세종 때부터 비롯된 것으로 추측된다. 관현맹은 주로 궁중 잔치 가운데 왕비나 공주를 위한 내연에서 여기(女妓)들의 춤과 노래를 관현으로 반주하는 일을 했다. 더욱 놀라운 사실은 남녀를 매우 엄격하게 구분하던 그 시절에 음악적 재능이 있는 남자 맹인 악사들을 여성 무희들 사이에서 연주하도록 과감히 동원했다는 사실이다.

어느 시대보다 유교적 전통과 신념이 강한 조선에서, 그것도 무엇보다 원칙을 중히 여기는 궁궐에서 그런 정책을 폈다는 것은 시사하는 바가 크다. 유교의 엄정함과 음악 이론만 생각했다면 쉽게 이루어질 일이 아니었다. 아마 세종은 이런 생각 하나를 더 떠올렸을 것이다. '힘든 백성들에게 좋은 직업을 갖게 해주고 싶은 마음'. 모든 악기가 저마다 다른 소리를 내기 때문에 소중하듯, 세상에 버릴 사람은 없다. 단지 그 가치를 찾지 못했을 뿐.

*향악: 삼국시대 이후 조선시대까지 궁중 제례에 쓰이던 음악. 외래 음악인 당악에 대하여 우리 전래 음악을 가리켰다.
**당악: 통일신라 이후 중국에서 들여온 음악. 우리 전래 음악인 향악의 대칭어로 쓰였다.

13

4月

악공과 악생

사람의 가치를 제대로 인정해야 사명감이 생긴다

우리나라는 거의 모든 시대에 외세의 침략을 받았고, 그때마다 백성들은 가난과 질병으로 인해 고통을 받아야 했다. 전쟁이 끝나고 돌아오면 늘 파괴된 궁궐을 수리해야 했고, 무너진 집과 논밭을 다시 일궈야만 했다. 이에 더해 의외의 분야에서도 '재건의 고통'을 겪어야 했었는데 바로 음악 분야였다. 전쟁을 치르고 나면 음악을 연주할 연주자와 악기를 수리할 기술자가 대부분 죽거나, 잡혀가거나, 그도 아니면 일부러 돌아오지 않았다. 죽고 잡혀가는 것은 그래도 납득이 가지만 '돌아오지 않았다'는 부분은 다소 충격적이다. 아니 왜 돌아오지 않은 사람이 생기는 걸까?

해답은 단순명료하다. 전쟁 전에 좋은 대우를 받아 행복했다면, 무슨 수를 써서라도 누구보다 빨리 제자리에 돌아와 앉았을 것이다. 다른 말로 하면 악공이나 악생*에게 주어진 일이 고달프고 어려웠기에 일부러 돌아오지 않았던 것이다. 이런 이유로 전쟁이 끝난 직후에는 궁중의 제사조차 제대로 지낼 수 없었다. 예와 악을 제대로 갖추고 재계(齋戒)한 후 지내야 하는 국가 제사를 제례악조차 갖추지 못한 채 올려야 했기 때문이다. 피난을 떠날 때 땅속이나 물속에 숨겨두었던 악기를 돌아온 후에 꺼냈지만 그 악기를 고칠 기술자도 없었고, 고쳐봐야 연주할 악공도 없기 일쑤였다.

1742년(영조 18년) 8월, 영조는 가을 제사를 마친 후 그 아픈 현실에 이렇게 비탄했다.

"오늘날의 아악은 장단과 절주가 조화롭지 못하여 이를 듣는 이의 마음을 심란하게 만든다. 만약 아악이 본래 이런 것이라면 공자가 어찌 석 달 동안 고기 맛도 잊은 채 몰입할 수 있었겠는가?"

영조의 탄식이 시대를 건너 여기까지 들리는 것 같다. 제례악 연주에 얼마나 실망을 했으면 '마음이 심란하다'라고까지 표현했을까. 당시는 정묘호란과 병자호란 등 큰 전쟁을 겪은 후라서 연주자와 기술자가 전국 각지로 흩어져 벌어진 사태였다. 그런데 연도를 자세히 살핀 사람은 이런 의문을 품을 수 있다. "1742년이라면 정묘호란과 병자호란이 일어난 뒤로 100년이 넘게 지난 후인데, 그게 맞는 말인가요?" 여기에서 우리는 이런 깨달음을 얻을 수 있다. '무너진 한 분야의 전문가를 다시 양성하려면, 이렇게도 오랜 세월이 필요하다'.

대체 악공과 악생의 삶이 어땠길래 이런 사태가 벌어졌을까. 조선시대에 음악을 전문으로 해서 궁중에서 오를 수 있는 최고 지위는 정6품 전악(典樂)**이었다. 문제는 지위는 그리 높지 않으면서도 해야 할 일은 매우 많았다는 사실이다. 궁중 의례에서 음악 감독 역할을 했고, 각종 제례에 쓰이는 음악과 연향(宴享; 국빈을 대접하는 잔치) 음악이 제대로 연주될 수 있도록 악공과 악생을 연습시켰다. 어느 절차에서 어떤 음악을 연주해야 하는지 파악해 연주를 이끌었고, 노래와 무용까지 지도하는 경우도 있었다. 게다가 심적으로 가장 힘든 일은 궁중 행사의 음악 연주와 관련하여 왕이 부르면 언제든 나가서 묻는 내용에 명확하게 답해야 했다. 한마디로 '음악에 관한 모든 일'이 그의 몫이었다.

《경국대전》에 의하면 장악원(掌樂院)*** 소속 관리 중 가장 낮은 품계가 종9품의 부전성(副典聲)인데, 정6품인 전악에 오르면 더 위로 올라갈 수 없었다. 요즘 공무원의 급수로 환산하면 '6급 공무원' 이상은 될 수 없었던 것이다. 그렇다고 그것마저 쉬운 것도 아니었다. 전악으로 임명되기 전에 전악을 준비하는 기간으로 '가전악(假典樂)'이라는 품계를 거치는데, 가전악에서 전악이 되는 데 가장 빠른 경우 두세 달에 가능하기도 했지만 늦으면 무려 30년을 기다리는 일도 있었다. 오르기도 힘든 자리이지만 오른다고 해도 큰 혜택이나 힘은 없는 자리였다. 이런 속사정이 있었음에도 앞서 소개한 '관현맹 제도'가 있었다는 건 기적에 가까운 일이었지 싶다.

상황이 이러니 악공과 악생이 사명감을 가지고 자기 일을 하기는 힘들었다. 음악의 중요성을 알고는 있었지만, 그 음악을 만드는 사람에 대한 가치 부여는 제대로 하지 못한 것이 아닐 수 없다. 예나 지금이나 제도와 준비가 아무리 철저해도, 결국 일을 하는 건 사람이라는 사실을 간과하면 안 된다. 적절한 대우와 배려가 없이 사람의 마음을 움직이기는 결코 쉽지 않다는 건 진리다.

+ *악공이나 악생: 삼국시대부터 조선시대까지 왕립 음악기관에서 음악 연주를 담당했던 전문 음악인. 조선시대 장악원의 우방에 속해 있으면서 향악과 당악을 연주했다. 이에 비해 좌방에 속한 악생은 제례의식에서 아악의 연주를 맡았다.

**전악: 조선시대 장악원에서 음악에 관한 업무를 맡았던 잡직(雜職). 장악원의 악사 중 우두머리였으나 음악 행정은 그 위의 문관 출신 관원이 맡았다.

***장악원: 조선시대에 궁중에서 연주되는 음악 및 무용에 관한 모든 일을 맡아보던 관청. 음악 행정은 문관 출신의 관원이 관장했으며, 악공과 악생 등의 음악 교육 및 춤, 연주에 관한 일은 전악 이하 체아직의 녹관(祿官)들이 수행했다.

14
4月

비사비죽

어느 곳이라도 갈 수 있지만 어디에도 속하지 못한다는 슬픔

한 우물만 깊이 파서 자기만의 철학까지 세운 사람은 세상의 주목을 끌지 못하고, 오히려 이제 시작했음에도 타고난 스타성이나 화려한 언변으로 인기를 끄는 경우가 꽤 많다. 골치 아픈 철학을 논하는 것보다 재미있게 말하는 것이 대중의 마음을 사로잡기 좋기 때문이다.

조선시대에도 그건 마찬가지였다. 조선 후기 최고의 해금 연주자로 손꼽히는 유우춘(柳遇春)이 바로 그런 경우였다. 아버지는 현감까지 역임한 양반이었지만 어머니가 종이었기 때문에 노비로 인생을 출발해야 했다. 조선시대에는 '노비종모법(奴婢從母法)'이라고 해서 어머니의 신분에 따라 자식의 신분이 결정되었기 때문이다. 유우춘은 비록 노비이긴 했지만 아버지가 양반이었기 때문에 어린 시절부터 해금을 연주하며 '진짜' 노비들처럼 강도 높은 일은 하지 않았다. 또한 훗날 그의 이복형이 노비 신분에서 해방시켜준 탓에 자유로운 몸이 될 수 있었다. 노비 신분을 벗어난 그는 국왕을 직접 호위하던 용호영(龍虎營)이라는 군영의 세악수(細樂手), 즉 요즘말로 군악병이 되었다.

해금을 연주하는 세악수가 된 유우춘은 최고가 되기로 결심했다. 밤낮을 가리지 않고 3년에 걸쳐 연습을 거듭한 끝에 그는 '한양 최고의 해금 연주자'라는 명성을 얻게 되었다. 그러나 날이 갈수록 헛헛해지는 마음이 그를 힘들게 했다. 그는 당시 자신의 솔직한 마음을 거지의 처지와 비교하며 이렇게 고백했다.

"내가 연주하는 해금이나 거지가 연주하는 해금이나 만든 재료는 다르지 않습니다. 처음 해금 공부를 시작하여 3년 만에 비로소 제대로 연주할 수 있는 경지에 올랐는데, 그때 제 다섯 손가락에는 모두 굳은살이 박혔지요. 그런데 참 이상하게도 아무리 연주 기술이 늘어도 수입은 늘지 않았습니다. 그러나 저 거지는 단 몇 달 해금을 만졌을 뿐인데 그 연주를 듣는 사람들에 둘러싸여 삽니다. 연주가 끝나고 돌아서면 그를 따라가는 사람도 수십 명이고 하루 벌이가 저와 비교할 수 없을 정도로 많습니다. 지금 '유우춘의 해금'을 온 나라 사람들이 알고 있다고 하지만 제 연주를 듣고 아는 자가 얼마나 될까요?"

유우춘은 서러움에 가득 찬 목소리로 '비사비죽(非絲非竹)'을 외쳤다. 비사비죽은 '대나무로 만들고 관악기의 선율을 연주하는 해금은 현악기나 관악기 어디에도 속하지 않는다'라는 뜻을 담고 있는데, 어쩌면 노비도 양반도 아닌 그의 신세와도 같다고 볼 수 있다. '정통 음악을 연주하는 유우춘을 이해하지 못하는 세상'이라는 현실적 한계를 극복하지 못한 그는, 결국 어머니가 세상을 떠나자 연주를 그만둔다. 아무도 알아주지 않는 해금을 더 이상 연주하고 싶지 않았던 것이다.

물론 "누가 꼭 알아줘야 하나? 자신만 알고 있으면 되는 것 아닌가?"라고 말할 수도 있다. 그러나 당신이 정말 치열하게 한 우물만 파본 사람이라면, 그의 마음에 공감할 수 있을 것이다. 인기와 돈이 문제가 아니다. 자신의 음악을 이해하지 못하는 사람 앞에서의 연주가 그에게는 고통에 찬 비명 소리와도 같았을 테니까. 결국 진심을 담아 연주를 했지만 어디에도 속할 수 없었던 그는 최악의 열등감을 느끼며 혼자로 돌아갈 수밖에 없었다. 모든 것을 다 바쳤지만, 더 할 수 없다는 것이 없다는 그 고통은 느껴본 사람만이 안다.

15

4月

서상수

최고의 것을 얻고 싶다면 최고에게 배워라

"유우춘(柳遇春), 호궁기(扈宮其)는 모두 해금으로 유명한 인물이라는 것을 알지 않는가? 왜 자네는 그들을 찾아가 배우지 않고 그따위 거지의 깡깡이를 배워 왔는가? 보통 거지들은 깡깡이를 가지고 남의 문전에서 할아버지와 할머니 혹은 아이들 소리, 혹은 온갖 동물의 소리를 내다가 결국 먹다가 남은 밥이나 곡식을 한 웅큼 받아 들고 가지 않는가. 자네의 해금이 바로 딱 그 수준이네."

독설이 하나의 콘셉트가 된 요즘 세상에 들어도 자존심이 무너져 내릴 인신공격 수준의 독설이다. 이 독설은 앞서 '비사비죽'을 외쳤던 유우춘의 일생을 쓴 《유우춘전(柳愚春傳)》의 저자 유득공(柳得恭)*이 어디선가 배운 해금 실력을 서상수(徐常修)**라는 사람 앞에서 보여주다가 받은 평가다. 서상수는 한마디로 유득공의 실력이 형편없다며, 그런 실력으로는 거지 깡깡이 수준 이상을 기대할 수 없다며 힐난했다. 대체 서상수는 어떤 사람이길래 이토록 무지막지한 독설을 쏟아낼 수 있었던 걸까? 더구나 독설을 들은 유득공은 정조가 발탁한 네 명의 규장각 초대 검서관 중의 한 사람이며 촉망받는 실학자였기에 궁금증은 더욱 커진다. 서상수에 대한 다른 이의 평가도 한 번 들어보자. 조선의 실학자이자 문장가인 박지원(朴趾源)은 그를 이렇게 평가했다.

"김광수(金光洙)가 감상지학(鑑賞之學)의 개창자라면 서상수는 한 걸음 더 나아가 묘경(妙境)을 깨달은 사람이다."

한마디로 서상수는 모든 분야에서 예술적인 수준에 도달한 인물이라고 격찬한 것이다. 요즘 말로 '르네상스적 인간'이다. 박지원의 말대로 서상수는 문장에 뛰어났으며, 음악과 고전 등의 교양도 깊고 넓었다. 그러나 그보다 중요한 사실은 그가 조선의 음악을 한 수준 더 끌어올리는 데 큰 역할까지 했다는 점이다. 그렇다고 서상수가 음악인은 아니었다. 그가 기여한 것은 음악 그 자체가 아니라 음악인들을 후원하며 정신적인 자극을 주는 일이었다. 또한 서상수는 절경이라고 소문이 자자한 도봉산에 '동장'이라는 근사한 별장을 소유하고 있을 정도로 재력가였다. 부자인 그는 자연스럽게 자신이 사랑하는 예술을 하는 사람들에게 금전적으로 후원을 했으며, 작품을 구입하는 등 간접적으로 힘을 보태기도 했다. 서상수는 당시 음악인들이 제대로 된 스승에게서 배우지 않는 세태를 안타깝게 생각했다.

"왕도 거지의 음악을 하면 거지 취급을 받고, 거지 신분이라도 왕의 음악을 하면 왕의 대접을 받는다."

음악에 대한 서상수의 태도는 오늘날 '더 빠르게, 더 싸게'를 외치며 살아가는 우리 뒤통수에 '묵직한 한 방'을 먹이는 사례가 아닐 수 없다. 당장보다는 먼 미래를 볼 수 있어야 하며, 좋은 것을 얻고 싶다면 그걸 줄 수 있는 사람을 만나야 한다.

\+ *유득공: 조선 정조 때의 북학파(北學派) 실학자. 역사 분야에 뛰어난 저술을 남겼으며 특히 《발해고》를 통해 한국사에서 '남북국시대론'을 주창했다.

**서상수: 조선 후기의 화가이자 문예비평가. 박지원, 이덕무, 이서구, 유득공, 박제가 등과 백탑청연(白塔淸緣)을 맺고 시문과 서화를 즐겼다. 그림, 글씨, 문장, 음악에 두루 능통했고 특히 작품을 보는 감식안이 뛰어났다.

16
4月

해금과 아쟁

생김새는 다르나 같은 방식으로 소리 내는 두 악기

조선 중기에 이조판서와 대제학을 겸하며 사후 우의정에 추증된 장유(張維)는 어느 가을날 객지에 머물 때 들었던 아쟁 소리의 기억을 시로 남겼다. 〈객지에서 아쟁 소리를 듣고(客中聽牙箏)〉라는 인상적인 글이다.

'가을밤을 가르는 아쟁 소리를 듣고 있으니 / 현악기 소리가 관악기 소리처럼 참 깊구나.
맑은 소리는 떨어지는 단풍잎을 부르고 / 그리움 가득한 곡조는 풀벌레 마음을 흔드네.
낯선 공간에서 전해진 새로운 곡조는 / 머나먼 타지에서 살아가는 마음 슬프게 하네.
마침내 연주 끝나고 돌아서려 하니, / 차가운 달빛 처마 너머로 밝게 흐르는구나.'

굳이 현대적 문장으로 고칠 필요도 없는, 읽기만 해도 마음이 고와지는 아름다운 시다. 제목을 꾸미지 않고 직관적으로 지은 이유도, 보이는 그대로만 서술해도 잔잔한 감동이 전해지기 때문이었지 않나 싶다. 그런데, 이쯤에서 엉뚱한 상상을 한번 해보자. 만약 그가 들었던 소리가 아쟁(牙箏)이 아닌 해금(奚琴)이었다면 어땠을까? 두 악기는 활로 줄을 긁어 소리를 내는 '찰현악기(擦絃樂器)'라는 공통점이 있다. 그러나 두 악기 사이에는 '건널 수 없는 강'처럼 다른 점이 있다. 동일한 방식으로 소리를 내지만 해금은 높고 또렷한 소리를 내는 반면, 아쟁은 낮고 무게감 있는 소리를 낸다는 것이다. 가을, 그것도 깊은 밤에, 장유는 아쟁의 낮게 깔리는 무게감 있는 소리를 들었기 때문에 이처럼 근사한 시를 쓸 수 있었을 터다. 시각과 계절에 따라 어울리는 소리가 따로 있는 법이기 때문이다.

해금과 아쟁을 구조와 소리 면에서 분석 비교해보자. 먼저 해금은 몸통, 입죽(立竹), 줄, 활로 이루어져 있다. 몸통은 줄을 활로 켰을 때 줄의 공명을 증폭시키는 역할을 한다. 입죽은 공명통에 수직으로 꽂아 세우는 길이 약 55센티미터 지름 약 2센티미터 안팎의 대나무 기둥이다. 줄은 명주실을 꼬아 만들며, 두 줄 중 굵은 쪽이 중현(中絃) 가는 쪽이 유현(遊絃)이다. 끝으로 활은 악기 줄을 마찰하여 소리를 내는 기능을 하며 활대에 말총으로 만든 현을 매단 것이다. 해금은 국악기 중 가장 넓은 음역을 연주할 수 있는 악기 중 하나다. 실제로 최저음으로부터 두 옥타브 정도 위까지를 주로 연주한다.

이에 반해 아쟁은 크게 몸통, 줄과 안족(雁足), 기타 부속으로 구성되며, 역시 활대를 문질러 연주한다. 몸통은 공명통 또는 복판이라고도 하며 줄을 활로 켰을 때 줄의 공명을 증폭시키는 역할을 한다. 앞판은 오동나무로 뒤판은 밤나무 등으로 상자처럼 짜 만든다. 아쟁이 해금과 결정적으로 다른 부분은 찰현악기 중 드물게 악기를 가로뉘어 놓고 활을 좌우가 아니라 앞뒤로 움직여 문질러 소리를 낸다는 점이다. 활대는 현에 송진 가루를 묻혀 사용하므로, 마찰력이 높아 줄을 비빌 때 특유의 거친 소리가 나는 것이 특징이다. 음역은 한 옥타브를 조금 넘는 정도여서 전통 선율악기 중 음역이 가장 좁은 편에 속한다.

두 악기 모두 고려시대 때 중국 송나라를 통해 들어왔다고 전해진다. 활로 연주한다는 게 공통점이기는 하지만, 해금이 손으로 누르는 압력으로 음을 바꾸는 반면, 아쟁은 7개의 현을 번갈아 문질러 음을 바꾼다. 특정 음을 내는 방식이 다른 것이다. 음역이 대체로 고음부(해금)와 저음부(아쟁)라는 점을 생각하면 바이올린과 첼로에 비교된다고나 할까.

17

4月

매화점장단

창조는 자연과 사람의 온기에서 시작한다

장우벽(張友壁)은 조선 영조 때 활동하던 가객이다. 높은 벼슬을 하거나 널리 이름을 알린 인물은 아니다. 잠시 벼슬을 한 것 외에는 평생 노래를 부르며 자유롭게 살았다. 그러나 그에게는 다른 이에게는 없는 특별함이 있었다. 하나는 자연을 사랑하는 마음이었고, 또 하나는 음악을 향한 식지 않는 열정이었다. 누가 옆에서 지켜보지 않아도 스스로 기품이 있는 삶을 살기 위해 노력하며 그 가치를 수시로 자식들에게 강조했다.

"네가 아무리 세상이 알아주는 진귀한 재주와 권문세족의 부귀를 지녔더라도, 그것을 행하는 명분과 교양에 결함이 있으면 세상에 당당히 설 수 없는 법이다."

말만 앞세운 게 아니라 삶에서도 모범을 보였다. 효성이 지극해 언제나 부모의 뜻을 가장 앞세워 모든 일을 결정했지만, 양친이 모두 세상을 떠나자 자신을 둘러싼 모든 것을 하나둘 거두기 시작했다. 통례원인의(通禮院引儀)*에 임명되었으나 일 년도 못 가서 그만두었고 그 이유에 대해서 이렇게 말했다. "내 삶을 바칠 어버이가 안 계시는데 그깟 봉록은 받아서 무엇하는가?" 자식에게 주어진 효의 도리를 마친 후, 그는 예전보다 더욱 더 전력으로 음악에 모든 것을 쏟기 시작했다. 이후 장우벽은 하루도 빠지지 않고 인왕산에 올라 홀로 노래를 부르고 돌아왔고, 그 일상이 반복되자 그걸 지켜본 사람들이 그곳을 '가대(歌臺)'라고 이름 붙였다. 노래를 부르다 목이 마르면 약수를 마시고 배가 고프면 소나무 순을 먹었다. 음악에 몰입한 장우벽에게 자연은 특별한 선물을 주었다. 바로 노래를 부를 때 지침이 되는 장단인 매화점장단(梅花點長短)의 단서를 알려준 것이다. 매화점장단이란 가곡의 반 장단인 여덟 박을 음점 셋과 양점 둘의 다섯 점을 선으로 연결해서 표시하는 장단인데, 장단을 펼친 그 모습이 마치 매화를 닮았다고 하여 지어진 이름이다. 자연에서 받은 선물이라 그런지는 몰라도 매화점장단으로 부르는 노래를 감상하다보면 마치 사람과 자연이 하나 되어 움직이는 형상과, 그것이 아주 천천히 빛을 내는 모습이 그려진다.

"그가 태어나기 이전에는 가법은 있었지만 즉흥적으로 노래를 불러 일정한 규칙도, 통일된 박자도 없어 배우는 자가 배울 수 없었으며 가르치려는 자가 가르칠 수도 없었다. 하지만 장우벽이 세상에 나와 그것을 정리하여 선율을 전하며 박자의 원칙을 정하면서 새로운 기틀을 마련했다. 이후로 조선의 가법이 비로소 체계를 갖춰 오늘에 이른 것이다."

이 일은 우리 음악사에서 매우 중요한 변곡점이 되었다. 매화점장단 이전에 '규칙이 없어 가르칠 수 없었다'는 말은, 수많은 생각이 머릿속에는 있지만 그걸 상대에게 표현할 언어가 없다는 말과 같은 의미이기 때문이다. 그는 음악인이 서로 소통할 수 있는 새로운 언어 하나를 만든 것이다. 속세를 벗어나 온유한 일상을 보내며, 자식에게도 삶의 태도를 말로만이 아닌 삶으로 보여준 장우벽. 이토록 멋진 내면을 가진 사람이 평생 자연 속에서 자신이 추구하는 음악을 그치지 않고 공부하니, 자연이라는 절대자도 무언가를 선물하지 않을 수 없었으리라.

*통례원인의: 조선시대 국가 의례를 관장했던 관서인 통례원의 종6품 관직.

18

4月

남학

벽을 두고 보면 희극, 벽을 치우고 보면 비극

조선시대에는 악기의 명인도 많았지만 노래의 명인도 그에 못지 않았다. 조선 후기의 문신 이옥(李鈺)*의 문집《문무자문초(文無子文鈔)》** 중 〈청남학가소기(聽南鶴歌小記)〉는 그 시대의 노래를 부르는 사람, 즉 가인(歌人)의 일생을 기록한 글이다. 이 글에는 역사 시간에도 배우지 못하는 흥미로운 이야기가 하나 나온다. 최근 가면을 쓰거나 아예 모습을 볼 수 없게 한 후에 그 가수의 노래를 평가하거나 누구인지 알아맞히는 방송이 있는데, 조선시대에도 이와 비슷한 상황에서 이름을 드높인 가인이 있었다. 그의 이름은 남학(南鶴)이다.

남학은 목소리가 매우 맑고 부드러워서 노래를 잘한다는 소문이 동네에 짜하니 나돌았나. 그런데 그의 노래를 들을 때는 지켜야만 하는 원칙이 있었는데, 반드시 중간에 벽을 하나 두고 감상해야 한다는 것이었다. 이유가 뭘까? 노래는 누구에게도 뒤지지 않을 정도로 잘했지만, 외모가 문제였던 것이다. 지금껏 남은 기록을 보면 그의 외모를 이렇게 표현했다.

'남학의 용모는 매우 추하다. 얼굴은 방상(方相)***과 같고, 몸은 난쟁이와 같고, 코는 사자와 같고, 수염은 늙은 양과 같고, 눈은 미친개와 같고, 손은 엎드린 닭과 같았다.'

'사람을 이토록 무참하게 짓밟을 수 있나'라는 생각이 들 정도로 그의 외모를 바라보는 사람들의 눈은 차가웠다. 그가 마을에 나가면 추한 외모에 놀란 아이들이 모두 울고 자지러졌다고 한다. 사람을 얼게 만들 정도의 외모란 대체 어떤 것이라는 말인가. 그러나 벽을 사이에 두고 그의 노래를 감상하면 사람들의 평까지 마치 시처럼 아름답게 바뀌었다.

"연한 바람이 부는 밝은 날에 어린 꾀꼬리가 살구꽃 가지 위에서 지저귀는 느낌이다."

"열여섯 살 낭자가 수양버들 늘어진 다리 입구에서 사랑하는 사람을 보내며 치마를 잡고 우는 풍경이 그려진다."

"부드러운 바람이 불어 한밤중에 깼는데 처마 밖 유리 풍경(風磬)을 두드리는 소리가 들린다."

고품격의 음악이 아니면 나올 수 없는 아름다운 칭찬의 향연이 아닐 수 없다. 그러나 남학을 마주하고 노래를 들으면 벽이 있을 때 느낀 아름다운 감정이 순식간에 사라졌다. 그리고 단 하나의 질문이 남아 사람들의 머리를 혼란스럽게 만들었다.

"이렇게 생긴 사람이 어떻게 이토록 아름다운 소리를 낼 수 있는지 이해할 수가 없다."

흔치 않게 이런 상황에 맞닥뜨렸던 남학은 자신이 겪은 황당한 경험을 고백하기도 했다.

"늦은 저녁 지인과 노래를 부르며 놀고 있었는데, 그가 갑자기 나를 여자로 변장시켜서 촛불도 켜지 않은 채 기녀와 나를 어두운 방에 두었다. 내가 노래를 부르자 기녀들은 모두 내 곁에 둘러앉아 마치 가족처럼 친근한 분위기로 노래를 감상했다. 그렇게 이십여 곡을 불렀을 때 지인이 갑자기 촛불을 켰고, 내 얼굴을 본 기녀들은 깜짝 놀라 큰소리를 지르며 정신을 잃었다. 반나절이 지나서야 비로소 정신을 찾아 그때야 비로소 우는 자도 있었다."

남학의 이야기를 들은 주변 사람들은 모두 크게 웃었다. 만약 그토록 아름다운 음성을 갖고 있던 그가 요즘에 태어났다면, 가면을 쓰거나 사방을 벽으로 막고 노래를 부르는 방송에 출연해 파격적인 인기를 얻을 수도 있었을 것이다.

요즘 유행하는 각종 소셜 미디어를 '남학을 가려주었던 그 벽'이라고 볼 수도 있다. 평소에는 거의 가지 않는 화려한 식당이나 여행지, 혹은 명품 등으로 사치를 하는 모습을 남들에게 보여주지만, 그건 결국 상대방과 나 사이에 바람만 불어도 훅 사라지고 마는 어설픈 벽 하나를 둔 듯해 아슬아슬하다. 그 벽을 치우면 바로 적나라한 현실이 드러나 상대방에 대한 환상은 무너지고 마니까. 예나 지금이나 인간의 눈이 얼마나 간사하며, 보이는 게 전부인 양 '기꺼이' 착각하고 사는지 선명하게 드러내준다. 우리는 '벽을 두고 보면 희극, 벽을 치우고 보면 비극인 세상'에 살고 있다. 그럼에도 세상이 아름다운 이유는, 그 벽을 뚫고 흐르는 아름다운 음악이 있어서다.

*이옥: 조선 후기 〈중흥유기〉, 〈도화유수관소고〉, 〈경금소부〉 등을 저술한 문인. 정조의 문체반정에 희생되었으나 그의 산문과 시는 조선 후기 문학의 주체적이고 능동적인 경향을 대변한다.

**《문무자문초》: 조선 후기 문인 이옥이 정조의 견책을 받고 남쪽 지방을 주유하며 그곳의 견문 내용을 기록한 〈남정〉을 비롯한 여러 글을 수록한 문집. 34장. 이겸로(李謙魯) 소장의 필사본이 유일본이다.

***방상 → 방상시탈(方相氏—): 나례(儺禮; 음력 섣달 그믐날에 묵은해의 마귀와 사신을 쫓아내려고 베풀던 의식)와 장례 의식에 사용되었던 탈. 중요민속자료 제16호.

19 4月

거문고

나만 나의 가치를 연주할 수 있다

옛 악보 중에 가장 많은 것은 어떤 악기의 악보일까? 답은 '거문고'다. 왜 거문고 악보가 가장 많이 만들어졌던 걸까? 유교적 전통과도 연관된 부분인데, '헛된 마음을 차단하고, 유혹으로부터 자신을 지키기 위한 목적에 가장 잘 맞는 악기였기 때문'이다. 글을 다루는 문인들의 사랑을 받은 악기였으므로 자연스럽게 가장 많은 악보가 기록되고 남은 것이다.

1724년에 쓰인 거문고 악보《한금신보(韓琴新譜)》*에 따르면 조선시대 거문고 연주자에게는 두 가지 좌우명이 있었다. 하나는 '거문고 오능(五能)'으로 거문고를 연주할 수 있는 다섯 경우를 말하는 것이고, 다른 하나는 '오불탄(五不彈)'으로 거문고를 타서는 안 될 다섯 경우를 말하는 것이었다.

연주 가능한 다섯 경우는 이렇다.

1. 앉은 자리가 편안할 때
2. 주변을 똑바로 볼 수 있을 때
3. 마음속 뜻이 하늘을 찌를 때
4. 정신이 맑고 상쾌할 때
5. 손가락에 힘이 있고 견고할 때

반대로 연주하지 말아야 할 다섯 경우는 이렇다.

1. 바람이 강하게 불고 비가 심할 때
2. 자기만 생각하는 못된 사람을 대하고 난 이후
3. 의관(衣冠)을 제대로 갖추지 못했을 때
4. 시장 등 소란한 장소에 있을 때
5. 앉을 자리가 적당하지 못할 때

혹자는 "주변 상황에 상관없이 좋은 마음으로 연주하면 되잖아, 그러니 대중성을 얻지 못했지"라고 비난할 수도 있다. 그러나 나는 '편안함'과 '대중성'은 같은 선상에 있는 말이 아니라고 생각한다. 오능보다는 오히려 오불탄을 통해 자신이 소중하게 생각하는 대상의 가치를 스스로 지켜내는 사람의 멋진 태도를 발견할 수 있었다. 다섯 가지 조언 하나하나가 모두 주옥같은 말이지만, 특히 2번이 매우 인상적이다. '자기만 생각하는 못된 사람을 만난 이후'에 연주하지 않는 이유는, 그 연주에 혹시라도 녹아 있을지 모를 그 사람에 대한 분노와 원망이 섞여 나올 수 있었기 때문이다. 거문고 줄은 손으로 튕기지만, 좋은 소리는 좋은 마음에서 나오는 것임을 알 수 있는 대목이다.

옛 문인들이 자신의 흔들리는 마음을 붙잡기 위해 거문고를 탄 이유도 거기에 있다. 거문고를 타며 자신의 평정심을 유지할 수 있었고, 세상을 바라보는 맑은 시선을 간직할 수 있었다. 조선 후기의 문인이자 학자 오희상(吳熙常)**은 평소 "거문고의 매력은 소리가 아닌 그 정신에 있다"라고 강조했다. 그의 연주를 직접 들었던 사람들은 이렇게 평했다.

"선생님이 연주하는 거문고는 음률의 영향을 받지 않으면서도 스스로 음률에 맞으니, 선생님은 거문고를 손이 아닌 마음으로 연주하며, 소리로 맞추시는 것이 아니라 정신으로 맞추시는군요."

자기 삶에서 벗어나는 연주는 없다. 세상 어느 쪽에도 치우치지 않는 평정심을 유지하는 사람은 삶도 연주도 균형을 잃지 않는다. 아름다운 음악을 연주하듯 자신의 삶도 그렇게 아름답게 연주하는 것이다. 우리가 살아간다는 것도 그런 것 아닐까. 당신이 어디에서 무엇을 하든, 좋은 마음으로 좋은 사람을 만나 행복한 일상을 보낸다면, 그 하루가 세상에서 가장 아름다운 음악이리라.

*《한금신보》: 조선 숙종 때에 궁중 음악 및 무용 담당 기관인 장악원의 전악(典樂; 음악 담당직)을 지낸 한립의 거문고 악보. 〈만대엽〉, 〈평조중대엽〉, 〈평조북전〉 등이 수록되어 있으며, 영 · 정조 시기에 편찬된 것으로 추정된다.

**오희상: 조선 후기 세자익위사 (世子翊衛司; 조선시대 왕세자를 모시고 호위하는 임무를 맡기 위하여 설치되었던 관서), 세마(洗馬; 세자익위사의 정9품 관직), 장릉참봉, 사어 등을 지낸 문신이자 성리학자. 저서로 《독서수기(讀書隨記)》, 《노주집》 등이 있다.

20
4月

정약대

반복적으로 무엇을 하느냐가 인생을 결정한다

인왕산에 올라 자기 음악을 다듬은 게 장우벽만은 아니다. 조선 후기 대금 명인 정약대(鄭若大)는 서양의 철학가 칸트처럼 매일 아침 하루도 빠짐없이 인왕산에 올라 대금을 불었던 노력가였다. 조선 제24대 임금 헌종 때 장악원(掌樂院)의 악공으로 활동한 그는 1848년(헌종 14년)에 제23대 순조의 왕비 순원왕후의 60세 및 헌종의 어머니 신정왕후의 40세를 경축하는 잔치 때 대금 연주를 맡았다. 아무나 나설 수 없는 영광스러운 자리에서 자신의 음악을 선보인 것이다. 최고 수준의 연주였기에 가능한 일이었다.

높은 벼슬을 하거나 지체 높은 가문 출신은 아니라 정약대에 대한 기록은 더 남아 있는 것이 없다. 그럼에도 그를 이 책에 기록하는 이유는, 그가 대금에 쏟은 '성실한 열정'에서 명성과 지위에 비교할 수 없는 '인간의 가치'를 봤기 때문이다. 어쩌면 열정과 성실은 서로 어울리지 않는 어휘라고 생각할 수도 있겠다. 나는 열정이란 '높은 온도'를 의미하기보다는 '온기를 간직한 기간'을 말한다고 보기 때문이다. 누구나 순간적으로 불타오르는 뜨거움을 세상에 보여주기는 쉽다. 하지만 그 뜨거움을 아무나 오래도록 유지하지는 못 한다. 정약대는 그걸 멋지게 해낸 사람이다.

쉽지 않은 삶을 살아내기 위해 정약대가 거의 평생 반복한 루틴(routine)이 바로 이른 아침 대금 하나 들고 인왕산 꼭대기에 오르는 것이었다. 그는 날씨가 좋든 나쁘든 하루도 거르지 않고 반복했으며, 산에 오른 후에는 특이한 루틴을 따라 행동했다. 그는 자리를 잡고 앉아 대금을 불고 또 불었는데, 단순히 반복해서 불었던 게 아니라 정밀하게 '과학적'으로 연주했다. 그가 되풀이해서 불었던 곡은 밑도드리*였는데, 나막신을 옆에 벗어 놓고 연주가 한 번 끝날 때마다 그 속에 모래 한 알을 넣었다. 이러기를 수백 수천 번, 마침내 나막신 안이 모래로 가득 차야 비로소 일어나 산을 내려왔던 것이다. 전해지는 이야기에 의하면 어느 날 나막신 속에서 풀이 솟았다는 소문까지 날 정도였다. 정악(正樂)이란 국악 가운데 넓은 의미의 아악(雅樂)을 일컫는 말인데, 그가 밑도드리를 무려 10년 넘게 연습한 이유는 정악을 배울 때 반드시 익혀야 하는 기초 음악이었기 때문이다. 한마디로 기본을 충실하게 다져야 어떤 경우든 원하는 방향으로 응용할 수 있다는 사실을 잘 알고 있었으므로 밑도드리와 자기 몸이 하나가 되도록 반복해 익힌 것이다.

자기가 하는 일의 가치를 아는 사람은 도중에 멈추지 않는다. 그 끝에 도달하면 얻을 수 있는 것이 무엇인지 선명하게 보이기 때문이다. 루틴은 결코 요즘 사람들만의 전유물이 아니다. 단지 옛날에 그런 용어가 없었을 뿐, 누구든 맡은 일을 근사하게 해내려면 일을 습관으로 만들어 끝없이 반복해야 비로소 자기 것이 되는 것이다. 시대는 변했지만 어떤 분야든 성공에 이르는 방식은 동일하다.

*밑도드리: 아악에 속하는 국악곡으로 보허자(步虛子) 중 후반부인 환입(還入) 가락 이하를 변주(리듬, 선율, 화성 등을 변형하여 연주하는 기법)한 곡.

21

4月

이마지

음악은 악기가 아니라 예술가의 삶에서 나온다

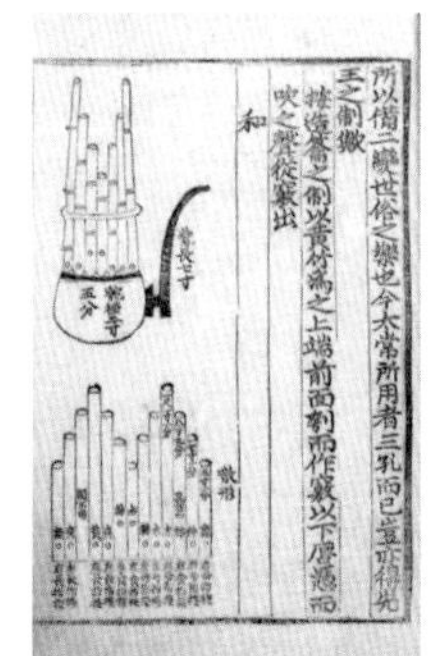

악학궤범 ©한국학중앙연구원

많은 문인이 사랑한 만큼 거문고에도 타의 추종을 불허하는 대가가 있었다. 입으로 '거문고'라고 말하면 머릿속에 바로 그가 떠오를 정도로 조선의 거문고를 대표하는 인물이었다.

'귀한 손님이 모인 자리에서 이마지가 한껏 감성을 발하며 거문고를 연주하니, 떠가는 구름과 솟구쳐 흐르는 냇물 소리가 그칠 듯 그치지 않고 숨죽여 이어진다. 때로는 처절하게 때로는 풍성하게 듣는 이를 황홀하게 만드니, 모두 자신이 술잔을 들고 있는 것조차 잊고 마치 나무토막이 된 듯 멍하니 정신을 잃고 있었다.'

이마지(李亇知)의 거문고 연주에 대하여 이조판서와 대제학을 역임한 김안로(金安老)가 자신의 저서 《용천담적기(龍泉談寂記)》에 쓴 내용을 현재에 맞게 고친 글이다.

이마지에 대해서는 또 다른 이야기가 있다. 1493년(성종 24년) 왕명에 따라 《악학궤범(樂學軌範)》*이라는 악전(樂典)이 만들어졌는데, 궁중음악은 물론 당악과 향악에 관한 이론 및 제도, 법식 등이 그림과 함께 상세히 설명된 수준 높은 책이었다. 그 책의 저자로 잘 알려진 성현(成俔)**에게는 전설적인 거문고 스승이 있었으니 그가 바로 이마지였다. 성현은 스승의 연주를 감상한 느낌을 이렇게 표현했다.

"거문고 소리가 악기의 가장 밑바닥에서 나오는 것처럼 깊고, 손가락이 지나가는 흔적이 없어 몸과 마음이 함께 놀라니 참으로 둘도 없는 뛰어난 연주라고 말할 수밖에 없다."

앞서 이마지의 거문고 연주를 상찬(賞讚)한 김안로는 《용천담적기》에서 다시 한 번 그를 언급한다. 이번에는 김안로의 평가나 느낌이 아닌, 이마지가 스스로 자신의 연주에 대해 언급한 것이라 더욱 의미심장하다. '(이마지는) 거문고를 무릎 아래에 내려놓고 옷깃을 여미며 하늘을 우러러 한숨을 내뱉고는 자신이 탄식한 이유에 대해서 이렇게 말했다'.

"인생 길어야 백 년, 그마저도 잠깐의 세월, 우리가 누리는 부귀영화도 그저 한순간이지. 영웅호걸의 힘도 죽고 나면 누가 알아줄까. 나 같은 사람도 몸이 한낱 아침 이슬처럼 사라지고 나면 마치 연기가 사라지듯 구름이 없어지듯 흔적도 없이 사라질 테지. 비록 내가 좋은 음악을 연주했다고 하나, 후세 사람이 무엇을 근거로 나의 재주를 알아줄까."

자신의 음악이 잊혀지고 말 것이라는 허무함을 토로한 것이지만, 음악에 공들인 그동안의 시간이 있었기에 그가 내뱉은 말은 그곳에 모인 사람들의 마음을 울리는 데 부족함이 없었다. 듣는 이의 심금을 흔드는 그의 음악은, 손기술이 아닌 거문고에 평생을 바친 그의 삶 가장 깊숙한 곳에서 우러나오는 '인생의 향기'였던 것이다. 좋은 악기가 좋은 음악을 만드는 것이 아니라, 좋은 음악가의 좋은 삶이 좋은 악기를 빛나게 하는 게 아닐까.

*《악학궤범》: 1493년 성종의 명으로 성현 · 유자광 등이 조선시대의 의궤 및 악보를 정리해 펴낸 악서(樂書).
**성현: 조선 전기 《악학궤범》, 《용재총화》 등을 저술한 학자이면서, 예문관 수찬, 공조판서 등을 지낸 관리.

22
4月

강장손과 이장곤

연주는 끝나도 감동은 사라지지 않는다

조선시대의 음악인이 홀대를 받은 일은 허다하다. 강장손(姜長孫)의 예는 그중에서도 비참하고 허무해서 마음이 아릴 정도다. 그는 조선 중종 때 활약했던 거문고 명수다. 그의 삶과 연주 실력은 어숙권(魚叔權)이 쓴 《패관잡기(稗官雜記)》*에 잘 정리되어 있다.

'강장손은 이제까지 전해오는 노래나 시가들을 거문고에 맞추어 자유롭게 연주할 줄 알았다. 우리나라 시가는 물론이고 중국에서 유행하는 시가도 자유롭게 연주했다. 그러다가 도연명(陶淵明)의 〈귀거래사(歸去來辭)〉에 곡을 붙여 연주하면서 큰 인기를 얻게 되었다.'

박학하며 뛰어난 문장을 구사하는 유학자 어숙권이 경탄할 정도로 강장손의 거문고 연주 실력은 대단했다. 대대로 악공을 배출한 집안에서 태어난 그는 타고난 실력과 감각으로 듣는 사람 모두를 감동시켰다. 어느 날 그는 중국 동진과 송 시대의 시인 도연명의 〈귀거래사〉라는 시에 거문고로 연주할 수 있도록 곡을 붙였는데 — 이를테면 '작곡'을 했는데, 듣는 사람들은 모두 고향으로 돌아간 듯한 마음의 평안을 얻으며 기뻐했다. 하지만 이 일이 자신의 생명을 단축시키는 원인이 될 줄은 그 누구도 알 수 없었다.

그 무렵 이장곤(李長坤)이라는 벼슬아치가 궁중에서 연주하는 음악과 무용에 관한 일을 담당하는 관청인 장악원(掌樂院)의 수장이 되었다. 강장손의 소문을 익히 들어온 이장곤은 그를 불러 거문고 독주를 청했다. 그러나 연주를 시작하자마자 비극적인 사태가 벌어졌다. 무엇에 분노했는지 이장곤은 크게 소리치며 강장손을 땅바닥으로 끌어 내린 것이다. 게다가 명을 내려 순식간에 곤장 80대를 치고는 이렇게 외쳤다.

"네 어찌 감히 제멋대로 거짓 음악을 만들어 여러 사람을 미혹시키느냐?"

결국 강장손은 그렇게 곤장을 맞고 세상을 떠났다. 사람들은 그가 죽자 "〈귀거래사〉는 이제 끊어졌다"라며 탄식했다. 실제로 강장손이 작곡한 〈귀거래사〉는 그가 세상을 떠남과 동시에 조선에서 사라져 전해지지 않는다. 대체 무엇이 그토록 이장곤을 화나게 해서 '한 시대의 거문고 명인'을 변명이나 항의 한마디 못 하고 죽게 만든 것일까?

그즈음 이장곤은 연산군 1년인 1495년 생원시에 장원으로 합격하면서 세상에 나왔고, 그 후 다양한 분야에서 활약하다가 1518년 대사헌을 거쳐 이조판서가 되고 이듬해 우찬성까지 되었다. 그러나 바로 분란에 휩쓸려 결국 관직을 삭탈당하는 치욕적인 상황을 겪는다. 머리가 어지러웠던 그즈음 만난 것이 바로 강장손이었던 것이다. 그는 아마도 제멋대로인 세상에 환멸을 느껴 분풀이 대상으로 강장손을 택한 것은 아닐까?

기록에 남은 것이 많지 않아서 그렇지 아마 이런 숨겨진 비사(祕史)는 차고 넘칠 것이다. 예술은 때론 무언가의 억압을 받을 수도 있고, 반대로 찬양을 받으며 수백 년 넘게 사랑받을 수도 있다. 비록 강장손이 남긴 음악을 들을 수는 없지만, 이렇게 그에 대한 이야기를 듣고 읽으며 짐작할 수 있으니, 예술은 사라져도 결코 사라진 것이 아니다.

*《패관잡기》: 조선시대 학자 어숙권이 조선 전기의 사실(史實)과 견문을 기록한 수필 잡록집. 당시의 역사적 사실을 이해하는 데 요긴한 자료이며, 풍부한 설화적 소재와 간결하고도 진솔한 서술은 문학작품으로서도 높게 평가받는다.

23

4月

최초의 음악 기획자

사람의 마음을 움직이고 싶다는 열망이 예술의 가치를 높인다

채홍철(蔡洪哲)*은 고려시대의 인물로 제25대 충렬왕(忠烈王) 9년에 과거에 급제해 첨의평리, 삼사사, 찬성사 등을 역임한 관리이자 문신이다. 그러나 겉으로 드러난 것보다 중요한 사실은 무려 14년이나 집에 머물면서 불교와 음악, 그리고 의약 등의 연구에 매진했다는 점이다. 그중에서도 음악에서 가장 눈에 띄는 성과와 흔적을 남겼는데, 한마디로 '왕도 쉽게 할 수 없는 인생을 살았다'. 임금 정도가 아니라면 쉽사리 흉내 낼 수 없는 엄청난 일들을 실행한 것이다. 그가 행한 일들은 다음과 같다.

- 전단원(旃檀園)을 지어 선승(禪僧)을 기거하게 했다.
- 활인당(活人堂)을 마련해서 많은 사람에게 의약을 나눠주고 의술을 베풀었다.
- 중화당(中和堂)을 짓고 자주 음악회를 열었다.

이 세 공간은 모두 그의 소유였으며 게다가 그의 집 바로 옆에 지어졌다니 놀랍지 않을 수 없다. 누군가에게 재정적으로 도움을 받은 것도 아니었다. 마치 문화를 즐기기 위해 건축한 개인 테마파크처럼 느껴지는 중화당은 실제로 엄청난 규모의 개인적 투자로 이루어진 결과물이었다. 더욱 놀라운 사실은 집안에 전속 음악인이 상주하고 있었다는 점이다. 굳이 누군가를 부르거나 직접 가서 음악을 즐길 필요 없이 마음만 먹으면 하루 24시간 내내 집안에서 언제나 음악을 즐길 수 있는 환경이었다.

채홍철은 기록상으로 확인 가능한 한국 최초의 음악 기획자이자 작곡가였다. 전속 음악인들에게 자신이 기획한 무대와 음악을 직접 연습을 시키며 더 좋은 연주를 할 수 있게 도왔으며, 〈자하동(紫霞洞)〉**이라는 음악도 스스로 지었다. 〈자하동〉은 실제로 《대악후보(大樂後譜)》라는 책에 수록되어 있어 당시의 음악이 어땠는지 확인할 수도 있다. 물론 화려하고 변주가 다채로운 곡은 아니지만, 음악이 꼭 그래야만 하는 것이 아니라는 측면에서 보면 음악을 향한 그의 열정을 확인할 자료로는 충분하다. 특히 그의 집은 물론 음악을 연주하는 공간조차 빼어난 경치를 자랑하는 곳이라서, 그가 새로운 무대를 기획해 초청받는 지인들은 마치 신선이 된 기분에 젖어 음악을 즐기고는 했다. 그가 음악을 선보일 때는 단순히 연주와 노래만 부르는 간단한 구성으로 꾸미지 않았다. 적절한 안무까지 직접 구성해 요즘 말로 '버라이어티 쇼' 수준의 무대를 꾸민 것이다.

세월의 신구(新舊)에 상관없이 인간의 마음은 다르지 않다는 진리가 채홍철을 통해 증명된다. 좋은 음악을 가까이 즐기고 싶은 마음, 내가 중심이 되어 듣는 사람의 마음을 움직이고 싶다는 열망은 그때나 지금이나 여전한 것이다. 예술의 수준은 인간이 욕구하는 열망의 정도와 비례한다. 채홍철이 우리 역사가 기록하는 최초의 음악 기획자로 살며, 음악적 성장에 큰 역할을 할 수 있었던 것도 결국 그 열망이 있어 가능했던 것 아니었을까.

*채홍철: 고려 후기 첨의평리, 삼사사, 찬성사 등을 역임한 문신. 음악 작품 〈자하동〉이 《고려악부》에 전한다.
**〈자하동〉: 고려 때의 시중 채홍철이 지은 노래. 자하동은 송산(松山; 지금의 개성)에 있던 고을 이름이다.

24

4月

심용

지지하고 믿는 마음이 곧 아름다운 음악이다

그를 잘 아는 사람들은 직책이나 이름이 아닌 '풍류객(風流客)'이라고 불렀을 정도로 그는 현실에 얽매이지 않는 자유로운 영혼을 가진 사람이었다. 이야기의 주인공은 경상도 합천 군수를 지낸 심용(沈鏞)이라는 사람이다. 평소 예술을 사랑하던 재력가 심용 주변에는 늘 노래하는 사람과 가야금을 연주하는 예술가, 그리고 시인들이 몰려들었다. 특기할 만한 사실은 그가 사람을 나이로 구분하지 않았다는 것이다. 그는 나이 마흔을 넘긴 '계섬(桂蟾)'이라는 여류 가객도 자신의 공간 안에서 마음껏 노래할 수 있게 해주었다. 예술가들 역시 나이를 잊고 정상의 기량을 발휘했는데 이를 증명하듯 심용이 죽은 지 7년이 지난 후, 나이 예순이 된 계섬은 1795년(정조 19년) 화성(華城)에서 베풀어진 혜경궁(惠慶宮) 홍씨(洪氏)의 회갑연에서 노래할 가인(歌人)으로 서기까지 했다. 후원자가 세상을 떠났음에도 예순 나이의 계섬이 이런 무대에 오를 수 있었던 것은 죽었어도 사라지지 않는 그를 향한 세상의 믿음이 여전했기 때문일 것이다.

심용은 자신이 후원하는 음악인들을 무모할 정도로 주변에 추천했으며, 어떻게든 주변에 알리기 위해 분투했다. 하루는 심용과 음악인들이 평양 감사의 회갑연이 열리는 평양으로 향했다. 당시의 평양은 음악적 수준이 높은 곳이라서 평양의 예인(藝人)들을 만나 교류도 하고 이름을 알리도록 해주려는 여행이었다. 그들은 평양에 도착했고 감사의 회갑연은 대동강 위에서 열렸다. 심용은 무슨 생각을 했는지 바로 배를 한 척 빌렸다. 그러고는 능라도와 부벽정 사이에 숨어서 근사하게 펼쳐지는 공연을 감상했다. 심용은 자신의 모습을 천으로 가리고, 숨어 있던 배를 조금씩 움직여서 공연이 펼쳐지고 있는 배와 마주 서게 만들었다. 이내 이쪽 배에 탄 예인들이 평양 감사의 배에서 펼치는 무대를 그대로 따라하기 시작했다. 노래를 부르면 노래를 부르고 춤을 추면 같은 춤을 춘 것이다.

낯선 배가 갑자기 나타나 수상쩍은 행동을 하므로 평양 감사는 그들을 잡아 오도록 했다. '체포'되어 감사의 앞에서 천을 벗자마자 두 사람은 서로의 얼굴을 바라보며 호탕하게 웃을 수밖에 없었다. 평양 감사와 심용은 친분이 두터운 사이였기 때문이다. '심용의 무모한 공연'은 그렇게 끝이 났지만, 평양 감사의 눈과 마음에는 맞은편에서 심용이 이끄는 예인들이 보여준 소리와 감동이 남아 흘렀다. 보자마자 듣자마자 반한 것이었다. 평양 감사는 그들 일행에게 천금을 선물로 주었고, 그 자리에 참석해서 멋진 음악을 들었던 재상들 역시 돈을 모아 그들에게 주었는데 그 금액이 무려 만금이었다. 심용의 역할이 얼마나 컸으며, 그로 인하여 조선의 음악이 얼마나 많이 성장할 수 있었는지 굳이 눈으로 보지 않아도 짐작할 수 있는 '사건'이었다. 궁전 혹은 귀족들의 후원을 받아 발전한 서양 음악과는 달리 조선에서의 음악은 별다른 후원을 받지 못했기 때문이다.

심용이 죽자 그를 따르던 수많은 음악인들은 입을 모아 이렇게 통곡했다. "이제 조선에 울리던 노랫소리는 그치고 거문고 줄은 끊어졌구나!" 더 무슨 말이 필요할까. 믿음과 사랑으로 끈끈하게 하나 된 그들의 모습이 눈앞에 생생하게 그려지는 '단장(斷腸)의 애가(哀歌)'가 아닐 수 없다.

25

4月

세조

음악의 본질은 마음의 태도에서 시작한다

1441년(세종 23년) 10월의 어느 날 밤, 당시 세자였던 문종이 바로 아래 동생인 수양대군(후에 세조가 됨)등의 여러 아우들과 함께 한가한 시간을 보내고 있을 때 어디에선가 마치 바람이 불어오는 것같은 휘파람 소리가 들렸다. 소리가 사라지자마자 수양은 바로 "이것은 청임종(淸林鍾)의 음이다"라고 말하며 음높이를 정확히 맞췄다. 이에 문종이 "과연 누구의 소리일까?"라며 궁금해하자 이번에는 수양이 단호한 음성으로 대답을 내놓았다. "귀신입니다". 문종이 "그걸 어찌 아느냐?"라고 다시 물었고 그는 이렇게 대답했다.

"나는 최고의 높은음을 낼 수 있는데도 청유빈(淸蕤賓; 높은 파 또는 라)의 음을 넘지 못합니다. 그런데 지금 들린 이 소리는 청협종(淸夾鍾, 협종보다 한 옥타브 높은 음)의 음에서도 상이음 더 올라가니 이는 분명 청임종(淸林鍾)의 음입니다."

수양은 떨리거나 어지럽지 않고 더디지 않게 소리를 내니, 귀신의 소리일 수밖에 없다고 말한 것이었다. 바람이 부는 밤에, 그리 오랫동안 울리지도 않은 작은 휘파람 소리를 듣고 이렇게 정확히 음 높이를 맞추며 자신의 논리를 펼칠 수 있다는 것은 그가 뛰어난 음감을 갖고 있다는 사실을 말해준다. 더욱 놀라운 것은 그가 다른 형제들에 비해서 음악을 많이 즐겼던 사람도 아니었고, 따로 악기를 배운 시간도 오히려 적었다는 사실이다. 그럼에도 처음 대하는 악기도 빠르게 적응해서 월등한 연주를 해냈다.

하루는 누군가 "대군이 생각하는 음악이란 무엇입니까?"라고 묻자 수양은 이렇게 답했다.

"한없이 고요하면서도 능히 당겨서 끌 수 있고, 약하면서도 능히 강한 것을 이기고, 낮은 곳에 있어도 누구도 얕보지 않으며, 태극을 보유하고, 지도를 함축하며, 이를 조화롭게 운용하는 것이 음악의 본질이다."

수양의 말은 보통의 음악적 식견으로는 이해하기 힘들다. 그러나 반복해서 읽다 보면 뭔가 감이 잡힐 것 같아지면서, 종국에는 음악을 해석하는 그의 논리에 수긍하게 된다. 그는 '마음의 움직임이 곧 음악'이라고 생각했다. 여기에서 주목해야 할 점은 그가 '음악의 본질'이라는 표현을 썼다는 사실이다. 종합하면 수양이 생각하는 음악의 본질은 마음의 태도에서 시작한다는 것을 알 수 있다. 하루는 수양이 피리를 부니 기적 같은 일이 일어났다.

"학이 날아와 정원 중앙에서 우아하게 춤을 췄다. 자리에 있던 모든 종친이 감탄하며 놀라워했고, 금성대군 이유(李瑜)는 당시 나이가 어렸지만 이를 보고 자리에서 일어나 학과 마주서서 춤을 추었다."

후일 어린 단종을 제거하고 무력으로 왕위를 찬탈한 수양의 행위를 들어 비난할 수도 있다. 하지만 그가 개혁한 토지 제도와 군사 제도를 통해 나라의 재정과 국방은 이전보다 튼튼해졌으며, 나라를 다스리는 기준이 된 최고의 법전《경국대전》을 편찬하는 등 매우 중요한 업적도 쌓았다. 수양이 세조가 된 후 여러 치적을 남길 수 있었던 이유는 마치 음악을 꿰뚫어 보듯 무엇이든 본질을 바라볼 수 있는 능력이 있었기 때문은 아닐까. 음악을 배우지 않았어도 음악을 깊이 이해할 수 있고, 경제나 법을 따로 배우지 않았어도 개혁할 수 있었던 이유는, 대상의 중심에 무엇이 있는지 본질을 직관하는 안목이 있었기 때문일 것이다.

26
4月

우륵
최고는 죽음 앞에서도 고개 숙이지 않는다

가야금 소리는 들어본 적이 없어도 '우륵(于勒)*'이라는 이름을 들어보지 못한 사람은 없을 정도로, 우륵은 악기 이상으로 널리 알려진 거의 유일한 연주자다. 소설가 김훈은《현의 노래》에서 우륵이 연주하는 가야금 소리를 이렇게 묘사했다.

"우륵은 금을 무릎에 안았다. 우륵이 오른손으로 맨 윗줄을 튕겼다. 소리는 아득히 깊었고, 더 깊고 더 먼 곳으로 사라져 갔다. 우륵의 왼손이 사라져 가는 소리를 들어 올렸다. 소리는 흔들리면서 돌아섰고, 돌아서면서 휘어졌다. 우륵의 오른손이 다음 줄을 튕겼다. 소리는 넓고 둥글었다. 우륵의 왼손이 둥근 파문으로 벌어져 가는 소리를 눌렀다. 소리는 잔무늬로 번시면서 내려앉았고, 내려앉는 소리의 끝이 감겼다."

소설 속의 글을 그대로 옮기는 이유는 김훈이 남긴 문장을 통해, 이제는 들을 수 없는 우륵의 가야금 연주를 간접적으로나마 들을 수 있기 때문이다.

우륵은 가야(고대에 낙동강 일대에 있었던 6개 나라의 연맹 왕국)가 번성하던 490년경에 태어났다. 천재 음악가가 대부분 그렇듯 어릴 때부터 소리에 무척 섬세하게 반응했던 어린 우륵은, 자신의 귀에 들려오는 소리를 하나도 놓치지 않으려고 애를 썼다. 게다가 한 번 들은 음악은 똑같이 흉내를 낼 수 있어서 자라면 위대한 음악가가 될 거라는 주변 어른들의 기대를 한몸에 받았다. 예상대로 우륵의 음악적 재능은 일취월장했지만, 가야의 번성기는 그리 오래 가지 못했다. 백제와 신라의 틈바구니에서 쇠락을 거듭하며 힘없는 나라로 명맥을 잇다가, 강국에 흡수되어 보호를 받는 게 낫다는 판단에 532년 금관가야**의 구해왕(仇亥王; 구형왕仇衡王이라고도 부름)은 신라에 항복하고 말았다. 처음 나라를 세운 수로왕부터 시작해서 구해왕에 이르기까지 10대에 걸쳐 490년 동안 이어져 왔던 금관가야가 멸망한 뒤 나머지 왕국도 신라에 합쳐졌으며, 562년에 마지막으로 대가야***가 흡수되면서 가야는 지도에서 완전히 사라져버렸다.

551년 고민 끝에 우륵은 결국 제자 이문과 함께 가야 땅을 떠나기로 했다. 지금의 청주 부근인 신라의 국원(國原)으로 이주한 그는 매일 같은 바위에 앉아 조국 가야를 생각하며 가야금을 연주했다. 그런데 그 경치 좋은 곳에서 아름다운 가야금 소리가 울리니, 주변에 소문이 나지 않을 수 없었다. 그해 3월, 고구려 공격을 준비하며 국원 인근에서 머물던 진흥왕은 가야금 명인이 근처에 산다는 이야기를 듣고는 그를 데려와 연주를 시키라고 명했다. 진흥왕 앞에 선 우륵은 자신이 가야 사람이라는 것이 밝혀지면 화를 당할 수도 있다는 사실을 알면서도 당당한 태도로 대화에 임했고, 망설임 없는 손길로 연주를 시작했다. 가야를 위해 만든 가야금으로 이제는 사라져버린 가야를 위해 만든 열두 곡의 음악을 차례로 연주한 것이다. 우륵의 멋진 연주를 들은 진흥왕은 소문이 거짓이 아님을 알게 되었다.

"그 악기가 무엇인가?"

진흥왕의 질문에 우륵은 자신이 연주한 악기가 가야금이라는 사실을 솔직하게 말했다. 진흥왕의 표정에 조금씩 변화가 생기기 시작했다. 자기 앞에 있는 연주자가 가야 사람이며, 그 악기가 가야 왕의 명으로 만든 가야금이라는 사실까지 알게 되자 진흥왕은 고민에 빠진다. 그러나 곧 파격적인 결정을 내렸다.

"가야는 참으로 훌륭한 악기와 아름다운 음악을 가졌구나. 이 악기와 음악을 신라에도 널리 보급하도록 하여라."

곧 망할 나라의 음악을 들어서는 안 된다는 대신들에게 그는 "적에게라도 배울 것은 배워야 한다"라며 자신의 뜻을 명확히 했고 그렇게 상황은 종료되었다. 이후 우륵은 진흥왕이 선발해서 보낸 계고(階古), 만덕(萬德), 법지(法知) 등 세 사람을 제자로 삼아 자신의 음악을 성심을 다해 전수했다. 진흥왕의 문화 포용력과 권력 앞에서도 당당한 음악가 우륵의 태도 덕에 가야금은 신라의 대표적인 악기로 널리 보급되었고, 오늘날까지 살아남아 대표적인 민족 악기가 될 수 있었다.

*우륵: 대가야의 가실왕 때 왕명으로 가야금을 만들어 열두 곡을 짓고, 진흥왕 12년(551)에 신라에 망명한 음악인.
**금관가야: 가야 연맹체의 한 나라. 초기 가야 연맹체의 맹주국이었다.
***대가야: 후기 가야 연맹체의 맹주국이 된 가야 연맹의 한 나라.

27

4月

백결 선생

도에 뜻을 뒀다면 도만 바라보며 살아라

"도에 뜻을 두면서도 나쁜 옷과 나쁜 음식을 부끄러이 여기는 선비와는 더불어 도를 논할 수 없다."

《논어》에 나오는 말이다. 많은 사람이 알고 있는 말이지만, 행간의 의미까지 아는 사람은 드문 듯하다. 이 말이 도의 가치에 대해서 말하는 것 같지만 사실은 그렇지 않기 때문이다. 도는 누구나 선택할 수 있는 것도 아니고 반드시 그래야만 하는 것도 아니다. 사람의 성향과 인생 목표에 따라 도를 선택할 수도, 명예와 재물을 선택할 수도 있다. 하지만 무엇을 선택하든 하나만 하라는 것이 이 말의 핵심이다. 남들의 시선에 맞춰 자신의 기준을 세우거나 바꿀 필요도 없다. 도를 추구하는 삶을 선택했다면 남이 재산을 열 배로 불려도 신경 쓰지 않고, 반대로 재산을 추구하는 삶을 목표로 정했다면 남의 명망에 대해 힘담하지 말아야 한다. '생각과 말과 행동이 따로 노는 사람과는 도를 논할 수 없다'는 것이 공자의 가르침인 셈이다. 실천하기 여간 힘든 게 아니기는 하겠지만.

신라 제20대 자비왕(慈悲王)이 다스리던 시절, 공자의 말을 완벽하게 실천하며 살았던 사람이 있었다. 그는 초라한 옷과 허름한 집을 부끄럽게 생각하지 않았다. 경주 낭산(狼山; 지금의 경주 보문동 일대) 기슭에 살았던 그는 말할 수 없을 정도로 가난했다. 누덕누덕 기운 옷에 더는 꿰맬 자리도 없을 정도였고, 사람들은 '해진 옷을 백 번 기웠다'는 '현순백결(懸鶉百結)'이라는 문장에서 '백 번을 기웠다'는 뜻의 '백결'만을 빌려 그를 '백결선생(百結先生)'이라고 불렀다. 지독한 가난이라는 악조건 가운데서도 그는 한 치도 흔들림 없이 오직 금(琴; 거문고)만을 사랑하여 모든 희로애락을 거문고 연주로 풀었다.

설 대목이 가까워진 어느 날, 설을 쇠기 위해 마을 사람들은 분주했고 떡방아 찧는 소리가 여기저기에서 들렸다. 백결 선생의 아내는 한숨을 쉬며 이렇게 말했다.

"남들은 저렇게 떡방아를 찧고 있지만, 우리는 먹을 게 하나도 없으니 설을 어떻게 보내야 할까요?"

한동안 눈을 감고 무언가를 떠올리던 그는 문득 눈을 떠 아내에게 이렇게 말했다.

"무릇 죽고 사는 것은 명에 있고, 부귀는 하늘에 있으며, 오는 것을 거부할 수 없고 가는 것을 잡을 수는 없는 것이니, 너무 마음 아파하지 마세요. 내가 당신을 위해 방아 찧는 소리로 위로해 주겠소."

백결 선생이 방아 찧는 소리를 묘사하여 연주한 이 음악은 후세에 전해져 〈대악(碓樂)〉이라는 이름이 붙었다. 대(碓)는 '방아'라는 뜻인데, 거문고로 연주한 음에서 아내를 사랑하는 애틋한 마음이 전해지지 않는가. 안타깝게도 현재 이 곡은 전하지 않지만, 도와 음악에 평생을 바친 그의 마음은 이 글을 읽는 지금도 아름다운 선율이 되어 우리 가슴을 울린다. 세상 사람들이 볼 때 그는 가난한 사람이었지만, 그건 그에게 그리 중요한 문제는 아니다. 물질이 아닌 소리에 뜻을 두고 있었기 때문이다. 그에게는 '가난했지만 행복했다'는 통속 어구가 아닌, '처음부터 끝까지 늘 행복했다'는 말이 더 적합한 수식 어구다.

28 4月

〈정과정곡〉 그리워하고 사랑하는 마음에는 고금이 없다

〈정과정곡(鄭瓜亭曲)〉은 고려 17대 임금 인종(仁宗)의 총애를 받았던 문인 정서(鄭敍)* 가 지은 가요의 제목이다. 요즘에 나오는 노래 역시 사랑하는 사람과의 인연을 주제로 쓴 가사가 많지만 과거에도 다르지 않았다. 하나 다른 점이 있다면 이성이 아닌, 왕을 존경하는 신하의 충심을 담은 노래가 많았다는 사실이다. 이성과 나누는 사랑보다 왕을 존경하며 때로는 사랑할 정도로 모든 것을 다 바치는 그들의 이야기가 더욱 애절하고 애틋한데, 대표적인 노래가 바로 〈정과정곡〉이다.

부왕인 인종에 이어 정서를 총애한 의종은 각종 행사나 일정에서 많이 챙겨주었다. 그러나 가장 많은 사랑을 받는 사람은 주변에 자신도 모르는 새 적을 만들게 되듯, 시기와 질투에서 시작된 주변 신하들의 못된 생각은 온갖 구설을 통해 그를 모함하는 현실로 나타났다. 각종 음해로 탄핵을 받기에 이르자, 왕은 어쩔 수 없이 정서에게 이런 제안을 한다.

"나는 네가 죄가 없음을 알지만 주변이 너를 가만두지 않으니 나도 어쩔 수가 없구나."

임금이 자신을 진심으로 걱정한다고 믿은 정서는 지금의 부산광역시 수영구 망미동 배산 자락에 '과정(瓜亭)'이라는 정자를 짓고 오이를 재배하며 '다시 돌아오라'는 왕의 전언만을 기다리며 살았다. 어떤 사랑이 이보다 간절하고 애틋할까. 계절이 수없이 지났지만 왕의 기별은 오지 않았다. "설마 나를 잊은 걸까?" 애타는 마음은 결국 노래가 되어 세상에 나왔다. 치열하게 사랑한 것들은 결국 시와 음악이 되어 다시 생명을 얻게 되는 법이니까.

노래의 제목을 다시 살펴보자. 〈정과정곡(鄭瓜亭曲)〉이라는 제목은 자기 성인 정(鄭)에 그가 왕을 기다린 정자의 이름이자 자신의 호인 과정(瓜亭)을 더해 후세의 사람들이 붙여준 이름이다. 제목의 의미를 이해하고 읽으면 가사의 내용이 더욱 마음 깊이 다가온다.

'내 님을 그리워하여 울고 있나니, / 접동새와 나의 우는 모습이 비슷합니다.
누가 옳고 누가 그른 것이 아니며 / 모든 것이 거짓인 줄을 오직 새벽달과
날 내려다보는 새벽별만이 알고 있겠지요. / 살아서 당신과 함께 지내지 못한다면
죽은 혼이라도 한자리에 머물고 싶습니다. / 당신의 뜻을 어기던 사람이 누구였습니까.
제가 그렇습니까, 그렇지 않으면 간신들이었나요. / 진실로 저는 어떤 허물도 없습니다.
당신께서 죄 없는 몸이라고 용서하시고 / 기다리라 하셨는데 모두 거짓말이었습니다.
난 정말 죽고만 싶습니다. / 설마 당신께서는 벌써 저를 잊으셨습니까.
아, 나의 임이시어, 고개 돌려 나를 사랑하소서.'

어떤가. 임(왕)을 향한 애틋한 마음이 당신의 심장까지 뒤흔드는가.

〈정과정곡〉은 우리말로 전하는 고려가요 가운데 작자가 확실한 유일한 노래다. 안타깝게도 제작 연대에 대해서는 여러 견해가 있다. 분명한 기록이 남아 있지 않기 때문이다. 하지만 쓰인 연대가 언제든 무슨 대수일까. 사랑을 느끼는 마음에는 고금이 없는 법인데.

✚ *정서: 고려시대 《과정잡서》, 〈정과정곡〉 등을 저술한 문인. 1151년(의종 5년)에 정함 · 김존중의 참소로 유배되었다가 1170년(명종 1년)에 풀려났다.

29

4月

〈관동별곡〉

사람 마음을 치유하는 아름다운 노랫말

고려 중기에 시작된 '~곡(曲)' 시리즈는 그 뒤로도 계속된다. 그중에서도 〈관동별곡(關東別曲)〉을 언급하면 보통은 조선 선조 때 문인 송강 정철(鄭澈)의 가사를 먼저 떠올린다. 하지만 안축(安軸)의 〈관동별곡〉에 대한 내밀한 이야기를 들으면 생각이 바뀔 것이다.

안축의 〈관동별곡〉은 고려 때 유행하던 경기체가(景幾體歌)*다. 고려 고종 때 한림 유생들이 지은 것으로 추정되는 〈한림별곡(翰林別曲)〉을 비롯한 〈관동별곡〉, 〈죽계별곡〉등이 유행했는데 이를 모두 '경기체가'라 불렀다. 〈관동별곡〉을 비롯한 경기체가는 조선시대까지 유행했는데, 고려 때 탄생한 노래가 무려 350년 동안이나 사랑받은 것이다.

경기체가 중에서도 안축의 〈관동별곡〉은 '아픈 마음을 포근하게 치유하는 힘'을 갖고 있다. 여말선초는 정치인들에게나 민초들에게나 격변의 시대였다. 어떤 백성들은 사는 게 너무 힘들어서 잠시 정신을 놓기도 했다. 주목해야 할 사실은 그렇게 놓은 정신이 돌아왔을 때, 많은 사람이 〈관동별곡〉을 부르며 춤을 추고 뜨거운 눈물을 흘렸다는 것이다. 노래와 가사에 아픈 마음을 치유하는 어떤 힘이 있었기 때문에 가능한 일이었다. 대체 어떤 이야기가 그 안에 녹아 있는 걸까. 나는 그중 2절이 이 노래의 백미라고 생각한다. 가사는 이런 내용이다.

'— 전략 —

세 산(山) 돌고 십 주(洲) 지나 금자라(金鼇) 머리 위에

자줏빛 안개와 노을은 조금씩 걷히고 / 바람 잠들어 물결마저 고요한데

아, 높이 올라 푸른 하늘 바라보는 / 그 모습은 대체 어떤가요?[景幾何如]

계수 돛대 화려한 배, 고운 여인의 노래와 악기 소리 / 아, 차례로 둘러보는

그 귀한 모습은 대체 어떤가요?[景幾何如]'

관동(고려시대의 철령관 동쪽 지방)의 경관을 이렇게 아름다운 언어와 선명한 표현으로 남겼으니, 이를 노래하는 사람의 마음을 짓누르던 온갖 미움과 고통이 눈 녹듯 사라질 수 있었으리라. 지금도 그렇듯이 괴로울 때 부르고 싶고, 그 노래가 있어서 힘든 시절을 견딜 수 있었다는 생각이 드는 노래가 있다. 여말선초를 살아 넘기던 백성들 마음이 딱 그랬던 것이다. 사랑 노래도 아닌 것이 사람 마음을 이렇게 포근하게 감싸주다니, 이 노래는 분명히 특별하다.

〈관동별곡〉은 안축이 관동 지방으로 순찰을 나가는 모습을 시작으로, 유명한 명승지인 낙산사, 경포대, 영랑호, 죽서루 등을 아름다운 어휘로 소개하는 노래다. 수려한 경관을 바라보는 안축의 시선에 사랑이 가득 담겨 있어서 이런 따스한 노랫말을 만들 수 있었을 것이다. '이 풍진 세상'을 살아가는 민초들에게 가장 필요한 것은 세련된 삶의 기술이 아니라, 자기 마음을 치유할 수 있는 그 무엇이라는 사실을 '〈관동별곡〉의 350년 장수(長壽)'가 입증하는 것 아닐까.

*경기체가: 고려 후기에 발생하여 조선 전기까지 약 350년간 이어진 장형(長型)의 시가. 4 · 6행에 '경(景) 긔 엇더ᄒᆞ니잇고' 또는 '경기하여(景幾何如)'라는 구절이 있으므로 '경기'를 따서 '경기체가'라 불렀다. 경기하여가, 속악가사, 별곡체라고도 한다.

숨비소리

생명과 생존을 담보한 길고 슬픈 멜로디

마지막 이야기는 소리에 대한 이야기다. 어차피 음악도 소리에서 비롯된 것이므로.

해녀(海女)가 깊은 물에 잠수했다가 떠오를 때, 길게 숨을 내뱉는 소리를 '숨비소리'라고 한다. 극한까지 숨을 참았다가 몰아서 내쉬기 때문에 휘파람과 흡사한 높은 음의 소리가 난다. 그 소리의 바닥에는 슬픔이 깔려 있다. 잠수해 물속에 들어가면 때로 '더 많이 가져가고 싶다'는 마음에 조금 더 머물기도 한다. 그러다가 의식을 잃으면 세상을 버릴 수도 있다. 바로 여기에 슬픔이 있는 것이다. 해녀들은 "나 여기에 있어요"라고 소리 높이 외치지 않으면 누구도 들어주지 않는 멜로디를 참으로 오랫동안 연주해온 것이다.

조선시대에는 그녀들을 '잠녀(潛女)'라고 불렀다. 아직 추운 날씨인 2월부터 5월 이전까지 바다에 들어가 미역을 채취했고, 5월이 지나면 각각 계절에 따른 해산물을 채취하는 일이었다. 그 삶이 고단했던 이유는 추위 때문만이 아니었다. 전복을 따면 먼저 세금으로 얼마를 내고 그 나머지를 팔아서 살아가야 하는데, 못된 관리들은 온갖 명목을 붙여 세금을 뜯어갔다. 일 년 내내 바다에 들어가도 형편은 나아지지 않았다.

처음부터 그랬던 것은 아니었다. 원래 전복 채취는 남자인 포작(鮑作/匏作)*의 몫이었지만, 이들은 진상해야 하는 전복의 양이 점점 많아지자 견디지 못하고 고향까지 버리고 도망가 버렸다. 조정은 그들이 섬을 떠나지 못하도록 출도(出島) 금지령까지 내리기도 했다. 조선 후기에 이르면서 포작의 수가 절대적으로 줄어들자 전복 진상의 노역이 해녀들에게 넘겨졌다. 밖으로 나가기도 힘든 한겨울에 옷을 거의 입지 않고 바다로 뛰어들어야 하는 제주 해녀들의 슬픈 이야기를 전해 들은 정조는 그 좋아하던 전복을 끊었다. 그러나 정조 이후로 공물 부담은 오히려 늘어 민란이 반복적으로 일어나게 된다.

고통의 시간은 끝나지 않았다. 1876년 개항 이후 일본 어민들이 제주 바다로 진출하게 됨에 따라 제주어장이 황폐해졌다. 해녀들은 자신의 생존권이 위협받게 되자, 다른 지역으로 나가는 '출가(出稼)**'를 결심했다. 1887년 부산 영도로 간 것이 첫 출가였고, 일제강점기에는 한반도 북부 지역과 일본, 중국의 다롄, 칭다오, 무려 블라디보스토크까지 진출하게 된다. 1910년대 2500여 명이던 출가 해녀 수가 1930년대에는 4000여 명에 이르렀다. 해녀들은 4월에 출가해 9월까지 일을 하고 추석이 되면 고향으로 돌아와 겨울을 난 뒤 이듬해 봄에 다시 나가기를 반복했다. 출가 해녀들의 생활은 비참했다. 악랄한 일본 상인들은 객주에게 자금을 대면서 결탁해 헐값에 채취물을 사들여 일본인 회사에 넘겼다.

바닷속에서는 울어도 울어도 누구도 알 수 없다. 바닷물 안에 살았던 생명이 이미 억겁을 울어서 지독스럽게 짠 눈물이 가득하기 때문이다. 아무리 울어도 바다는 더 짜지지 않는다. 그래서 해녀들은 더욱 세차게 울었다. 그 숨비소리가 서글퍼서 파도는 더욱 높이 솟구치고, 밤하늘에 뜬 별이 조용히 그들의 소리를 들을뿐이다.

+ *포작: 바닷속에 들어가서 조개, 미역 따위의 해산물을 따는 사람. '보자기'를 한자를 빌려서 쓴 말이다.
**출가: 돈벌이를 위해 일정 기간 고향을 떠나는 일.

4월 음악

일 망우역사문화공원, 박인환묘역

망우역사문화공원은 서울시 미래유산이다. 이곳에 우리나라 근현대사를 이루어온 독립운동가, 시인, 소설가 등 많은 선현이 잠들어 있기 때문이다. 그중에는 안창호와 한용운, 이중섭, 나운규 등이 있고 시인 박인환의 묘소도 있다. 시인의 묘소 앞에는 〈목마와 숙녀〉 시비가 세워져 있다. 조붓한 산책로가 조성되어 있어 걷기에도 좋고, 한강이 서해로 흘러드는 풍경을 바라보는 조망도 뛰어나다.

📍 서울시 중랑구 망우동 산57-3

4일 창천문화공원 -김현식 동상

〈내사랑 내곁에〉, 〈비처럼 음악처럼〉, 〈사랑했지만〉 등 1980년대부터 우리가 즐겨 부르는 주옥같은 노래로 한국의 가요사를 빛낸 인물 가수 김현식. 그는 서른세 살에 요절했다. 그의 음악에 대한 열정을 느껴보고 싶을 때 창천문화공원에 들어선 김현식 동상을 만나고, 김현식 골목길을 걷는다. 그의 혼이 담긴 노래도 목청껏 불러보자.

📍 서울시 서대문구 창천동 57-18

통영시 제공

6일 윤이상기념공원

윤이상기념공원은 윤이상의 생가가 있던 도천테마공원 내에 들어서 있다. 공원으로 이어지는 골목을 따라 윤이상의 일생을 담은 음악 여행길 벽화가 이어진다. 기념관 전시실은 선생이 생전에 사용하던 유품들로 꾸며져 있다. 자신의 음악이 고향 통영에서 출발했다는 선생의 말처럼, 통영은 수많은 예술인의 무대가 되어온 곳이다. 여행객들이 날마다 이곳을 찾는 이유다.

📍 경남 통영시 중앙로 27 도천테마공원 내

10일 안성남사당전수관

시장과 공터 등 공연을 할 수 있는 곳이라면 어디든 떠돌며 연희를 벌여 생계를 유지하던 유랑예인 집단을 '사당패'라고 부른다. 안성남사당전수관에서는 토요일 오후에 남사당바우덕이풍물단 공연이 펼쳐진다. 조선시대 최고의 연예인으로 평가받던 꼭두쇠 바우덕이의 신명 나는 공연에 관중의 어깨가 절로 들썩여진다.

📍 경기도 안성시 보개면 남사당로 196-31

16일 국립국악박물관

우리나라 국악기의 모든 것을 전시하는 박물관이다. 궁중음악을 비롯해 서민의 음악과 선비들이 즐기던 음악까지 감상할 수 있고, 국악기와 더불어 국악계의 인물 열전과 국악 명반까지 두루 전시 중이다. 1층 국악의 뜰에서는 영상 체험도 할 수 있다. 2층 소리품 전시실의 자연의 소리 관람은 흥미로운 경험이 된다. 다양한 악기를 울리며 소리를 체험하고 감각을 익히는 시간 역시 흥겹다.

📍 서울시 서초구 남부순환로 2364

방에서 떠나는 인문학 여행지

17일, 20일 인왕산

조선 후기 대금 명인 정약대가 대금을 연주하러 매일 올랐다는 인왕산. 서울의 진산이자, 경복궁의 우측을 지키는 산이다. 경복궁 경회루에서 바라보이는 인왕산은 화강암으로 이루어진 풍경이 수려하고 장엄하다. 겸제 정선의 〈인왕제색도〉에 그 모습이 잘 담겨있다. 인왕산 둘레길은 서울의 모습을 한눈에 담으며 걷기 좋은 길이다.

서울시 종로구 무악동 산 2-1

24일 수원화성행궁

화성행궁은 정조가 아버지 사도세자의 묘를 참배하기 위해 수원 행차를 할 때 머물던 곳. 1795년 정조는 어머니 혜경궁 홍씨의 회갑연을 행궁 내 봉수당에서 거행했다. 해마다 수원화성문화제 때 이곳에서 회갑연이 열려 정조의 효심과 왕실의 예절을 돌아보게 된다. 수원화성어차를 타고 팔달산까지 오르는 행궁열차 투어도 인기가 좋다.

경기도 수원시 팔달구 정조로 825

25일 운길산 수종사

두물머리 풍경이 한눈에 내려다보이는 운길산 수종사 내에는 세조가 심었다는 은행나무 한 그루가 우람하게 서 있다. 풍경 감상과 명상을 하기 가장 좋은 곳은 찻집인 삼종헌 창가. 찻잔에 담긴 맑은 차 한 잔과 두물머리 강 풍경에 몸은 물론 마음까지 맑아진다.

경기도 남양주시 조안면 북한강로 433번길 186

26일 제천 의림지

우륵의 전설이 전해 내려오는 곳으로 충주의 탄금대와 제천 의림지를 꼽는다. 제천 의림지는 삼한시대부터 내려오는 인공 수리 시설. 산책로 중간에 세워진 우륵정은 우륵의 전설을 기념하는 곳이다. 가야국이 망하자 고향을 떠나 이 지역으로 이주했지만, 고향이 그리워 매일 바위에 앉아 가야금을 탔다는 애달픈 이야기가 의림지 풍경 속에 고스란히 담겨있다.

충북 제천시 모산동 241

30일 제주해녀박물관

제주 해녀의 모든 것을 보여주는 제주해녀박물관은 제주항일운동 기념공원과 더불어 세워졌다. 일제강점기에 막대한 수탈을 입었던 역사를 기억하기 위함이다. 해녀들의 일상 도구인 물허벅에서부터 애기구덕, 돌집, 제주 음식에 이르기까지 해녀들의 고단한 삶이 낱낱이 전시되어 있다. 그들이 뿜어내는 숨비소리의 신비로움조차 느껴볼 수 있는 공간이다.

제주도 제주시 구좌읍 해녀박물관길 26

05

문화

스스로 깨어나
자신만의 시각을
완성한 자들의 기록

1

5月

한국식 나이

한국인만의 숭고한 나이 계산법

"2022년 12월 31일에 태어난 아이는 2023년 1월 1일이 되면 과연 몇 살일까?"

단지 하루를 살았을 뿐인 아이인데, 이 질문에 대한 답은 세 가지로 나뉜다. 태어나자마자 한 살이 되는 '한국식 나이'로는 두 살이고, 현재 연도에서 출생 연도를 뺀 '연 나이'로 계산하면 한 살이며, 출생일부터 계산하는 '만 나이'를 적용하면 0세다. 실상이 이렇다 보니 매년 한국의 나이 계산법을 한 가지로 통일해야 한다는 주장이 나오는 것도 무리가 아니다. 나는 거기에 반대하는 것은 아니고, 다만 '한국식 나이' 안에 함유된 의미에 대해서 말하고 싶을 뿐이다.

태어나자마자 한 살이 되는 나이 계산법은, 다른 나라에서는 찾아보기 힘든 한국만의 문화다. '억울하게 한 살을 먹는 것 같아 기분 나쁘다'고 생각하는 사람도 있으나, 오히려 나는 바로 여기에 한국인만이 갖는 '보이지 않는 것까지 소중하게 여기는 정신'이 있다고 생각한다. '태어나자마자 한 살'이 갖는 의미는 '태어나기 전의 시간'까지 소중하게 생각한다는 증거이기 때문이다. 이 얼마나 놀라운 생각의 반전인가. 태어나서 실제로 눈에 보여야 비로소 탄생을 인정하는 것과, 비록 눈에 보이지는 않지만 어머니 배 속에서 숨을 쉬는 시간까지 생명의 기간으로 인정한다는 것과의 차이는 무엇이라고 생각하는가? 우리 조상은 어머니의 배 속에서 무럭무럭 자라는 작은 생명의 미미한 몸짓과 태어나려는 노력에까지 삶의 의미를 부여한 것이다. 태어나자마자 한 살이 되는 한국 특유의 시선과 관점이 무엇과도 비교할 수 없을 정도로 소중한 이유다.

이런 이유로 한국의 육아에는 매우 특별한 과정이 있다. 태교(胎敎)*를 위한 시간이 그것이다. 태중(胎中)에 있는 소중한 생명을 위해 아이를 가진 엄마는 근사한 음악을 듣고, 가장 예쁜 그림을 보며, 좋은 생각만 하려고 애쓴다. 엄마가 보고 듣고 생각하는 것을 배 속의 아이도 함께 보고 듣고 생각한다고 믿기 때문이다. 이뿐만이 아니다. 태교를 위한 여행을 떠나기도 하고, 태교를 위한 인형을 만들거나 아이가 쓸 애착 인형도 준비한다. 이런 일들이 당연한 과정으로 여겨지는 이유가 단지 '태교 하려는 마음'을 상업적으로 이용하는 사람들 때문만은 아니다. 간혹 장삿속에 당한다는 생각을 하면서도, "그래도 배 속의 내 아이에게는 가장 좋은 것만 줘야지"라는 사랑이 더 크기 때문이다.

태중에서 자라는 기간까지도 온갖 정성으로 길러, 태어나자마자 한 살을 부여하는 한국인만의 숭고한 나이 계산법을 감히 어느 민족이 따라 할 수 있을까.

*태교: 임신부가 태아에게 좋은 영향을 주기 위해 말, 행동, 마음가짐 등을 조심하는 교육 활동.

2
5月

결혼 연령 제한

시대가 바뀌면 대상을 바라보는 시선도 바뀐다

역성혁명으로 새 왕조를 개창(開創)한 조선은 '새로운 나라가 시작되었음'을 백성들에게 널리 알릴 필요가 있었고, 이를 위해서는 구제도의 혁파가 가장 효과적이고 상징적인 조처였다. 그중 가장 먼저 바뀐 것 중 하나가 혼인 연령에 제한을 두는 일이었다. 너무 이른 나이에 혼인을 하면 본인조차도 아직 어른으로서 자기 삶의 중심을 세우지 못했기 십상이라, 아이들을 제대로 양육할 수 없다고 생각했기 때문이다. 아이가 아이를 키워야 하는 상황에 놓일 수도 있다는 말이다. 조선의 위정자들은 열 살짜리조차 혼인을 시키는 고려의 유습은 결국 자손들에게 '재앙이 되는 유산'을 남기는 것과 같다고 생각했고, 이 악습을 억제하기 위해 다양한 방식의 규제를 만들기 시작했다.《세종실록》과《경국대전》을 살펴보면 이와 연관된 내용이 적지 않게 나온다.

'아버지와 할아버지, 형이나 오빠는 어린 세대에 대하여 경제적 의무를 다해야 한다.'

'적절한 때에 적절한 배우자를 찾아주는 일도 그들의 수많은 의무 중 하나다.'

조선 유학자들이 머리를 맞대고 오랜 기간 연구한 끝에 1427년《주자가례》*의 규정이 법으로 만들어졌다. 이에 따르면 혼인할 수 있는 나이를 남성은 16~30세로, 여성은 14~20세로 정해두었다.《경국대전》에는 특별히 하한선만 명시되어있는데 남성은 15세, 여성은 14세로 둘 사이에 큰 차이는 없었다. 다만 특별히 '13세가 지나야 혼담이 가능'하다고 강조했다. 그러나 예외는 있었다. 만약 부모님이 지병이 있거나 당시 평균 수명인 50세가 넘었으면 그 자식의 혼인 제한 연령은 12세로 낮아질 수 있었다. 너무 어린 나이에 혼인하지 못하도록 막으면서 동시에 부모의 축복 속에서 대사를 치를 수 있게 하려는 따스한 의지가 담긴 지침이라고 볼 수 있다.

조선의 이런 혼인에 대한 여러 규정은 상당 부분 중국의 전통을 따른 것이었다. 후한(後漢)의 장제(章帝)**가 명하여 만든 책인《백호통(白虎通)》에서 그 증거를 찾을 수 있다. 여기에서 드러난 혼인 규정의 원리를 보면 수긍되는 점이 없지 않다.

'여성은 20세 정도에 혼인하는 반면 남성은 그보다 늦은 30세에 혼인하는 이유는, 양의 수는 홀수인 반면에 음의 수는 짝수이기 때문이다.'

'남성은 30세에 정력이 강해지며 뼈가 단단해져 아버지가 될 준비를 마치지만, 여성은 이보다 빨라서 20세에 살과 근육이 충분히 자라서 어미가 될 준비를 마친다.'

'뭘 이렇게까지 재가면서 결혼을 해야 하나?'라고 생각할 수도 있다. 하지만 지금 생각하면 지금의 원칙이 맞고, 또 그때를 생각하면 그때의 원칙이 합리적이다. 결국 그 시대가 아니면 이해하기 힘든 것이 문화의 속성이다. 지금의 잣대로 옳고 그름을 판단하기보다는, 그 시대의 문화를 염두에 두고 텍스트를 해석하려는 노력이 이해의 첩경 아닐까.

*《주자가례》: 주자가 유가(儒家)의 예법의장(禮法儀章)에 관하여 상술한 책. 조선시대에 이르러 주자학이 국가 정교(政敎)의 기본강령이 되었고,《가례증해》,《가례언해》등으로 일반에 보급되었다.

**장제 → 후한 장제: 후한의 3대 황제로, 명제(明帝)의 다섯 번째 아들. 어려서부터 유학을 좋아했고 너그러운 덕치(德治)로 나라를 다스렸다.

3

5月

족보

한국 사회를 이끄는 조상의 힘

간혹 족보(族譜)를 심각하게 따지는 사람을 만나게 된다. 족보를 따지는 것은 비단 생물학적 혈통의 문제에 국한되는 일이 아니다. 어떤 분야에서 실력을 논할 때도 예상에 없던 누군가 갑자기 나타나면 "족보도 없는 것이!"라는 말로 상대를 비하하기도 한다. 오늘날의 한국 사회에서 '혈통으로서의 족보'는 이제 별로 중요하지 않지만, '사회적인 전통과 실력을 의미하는 족보'는 여전히 거론되는 대표적인 문화 중 하나다.

족보는 한 가문의 계통과 혈연관계를 알기 쉽게, 대부분 부계 중심으로 정리한 도표 형식의 책이다. 가문의 단합과 조상에 대한 공경이라는 유교적인 가족관을 바탕으로 제작된 사적 기록인 것이다. 조선 후기의 학자 이긍익(李肯翊)이 지은 사서(史書)《연려실기술(燃藜室記述)》*에 따르면 한반도에 족보가 처음 나타난 것은 1562년(명종 17년) 때의 일이라고 하지만, 딱히 그 증거로 전해지는 자료는 없다. 역사는 결국 가장 오래전에 발견된 자료로 추측할 수밖에 없는데,《한국민족문화대백과》에 따르면 현존하는 가장 오래된 족보는 1423년(세종 5년)에 간행된 문화 유씨(文化柳氏)의《영락보(永樂譜)》라고 알려져 있다.

중국에서 시작된 족보가 조선에 전해진 이유는 뭘까? 조상에 제사를 지내는 부계 집단이 추구하는 최종 목적지는 바로 종법(宗法)**이다.《예기(禮記)》에 적힌 다음의 문장을 보면 우리가 왜 족보를 중시하게 되었는지 짐작할 수 있다.

'인간의 도리는 친족을 인식하는 것으로 구성된다. 친족을 인식하면 조상이 명예로워지고, 조상이 명예로워지면 자손이 존경받는다. 자손이 존경받으면 친척은 화목해진다.'

이런 마음을 어떻게 현실에서 실천에 옮기며, 중간중간에 무엇이 있는지를 그림으로 이해하기 쉽도록 제시한 것이 바로 우리가 알고 있는 족보라고 보면 된다.

그렇다면 최초의 조상은 누구인가?

15세기에 시작된 족보 편찬을 위해 가장 먼저 대두된 문제가 바로 '최초의 조상'을 설정하는 일이었다. 선택은 자유였다. 당시 만들어진 족보에서 '선택'한 조상은 대부분 신라 말에서 고려 초에 널리 알려진 인물이었고, 선조 중에서 가장 두드러진 활약을 했던 사람을 선택해서 자기 계보의 출발점으로 삼았다. 한국에서 인구가 가장 많은 4대 성씨인 김해 김씨, 밀양 박씨, 전주 이씨, 경주 김씨는 전부 과거 한반도에 존속했던 왕국의 국성(國姓)이며, 조상이 각각 가야(김수로), 신라(박혁거세), 조선(이성계), 신라(김알지)의 왕족이다. 이들 성을 가진 인구를 모두 합치면 1100만 명을 넘는다.

이 좁은 나라에서 굳이 조상까지 나눠서 살아야 하나 생각할 수도 있지만, 조상을 모시며 부끄럽지 않은 후손으로 살겠다는 그 의지가 지금의 한국을 만든 힘이라고 긍정적으로 해석할 수도 있지 않겠는가.

*《연려실기술》: 조선 후기 실학자 이긍익이 조선시대의 정치, 사회, 문화를 기사본말체로 서술한 역사서.

**종법: 당내친(堂內親; 고조부가 같은 후손들의 친족 집단) 문중과 같은 친족 조직 및 제사의 계승과 종족의 결합을 위한 종중 규약.

4 5月

보자기

서로 다른 것을 함께 감싸는 유연성과 포용력

부모님과 따로 사는 기혼자들은 대부분 다음 글에 공감이 갈 것이다.

"가끔 본가에 들렀다가 집으로 돌아가려고 하면, 어머니는 뒤에서 부르시며 이렇게 말씀하신다. '반찬 좀 싸줄 테니까 가져가거라'. 그러면서 형형색색의 천 조각을 이어 만든 보자기를 꺼내신다. 나는 순간적으로 어머니가 꺼낸 반찬들을 담은 통들의 부피와 보자기의 크기를 비교하곤 이런 결론을 내린다. '아무래도 그걸로는 담기 힘들 것 같아요'. 나는 미리 준비한 커다란 가방과 쇼핑백을 꺼낸다. 그러나 내 예상은 늘 실패로 돌아가고 어머니는 형형색색의 보자기로 그 불가능해 보이는 일을 매번 해내신다. 대체 보자기 한 장으로 어떻게 이 많은 것들을 담을 수 있는 건지 내게는 지금도 미스터리다."

문제는 단순한 양이 아니다. 담아야 할 물건의 크기도 제각각이라 눈으로 보면 도저히 '각'이 나오지 않는다. 그런데도 보자기는 모든 것을 담는다. 보자기는 짐작할 수 없는 모든 것을 어떤 편견이나 선입견 없이 싸안을 수 있는 도구인 것이다.

사람들은 보통 위대한 책에 나오는 이야기나 시대를 뛰어넘는 대가가 하는 말만 맞고 자신의 생각은 얕거나 틀렸다고 생각한다. 이건 자기 생각의 모양을 가방이나 쇼핑백처럼 규격화했을 때 벌어지는 일이다. 하지만 자기 생각을 보자기처럼 펼치면 달라진다. 언제든 자기 내면의 공간을 자신 있게 펼치면 '무엇이든 담을 수 있다'는 자신감이 생긴다. 자기 생각을 보자기처럼 유연하게 만드는 데 필요한 것은 '사색'이다. 보자기가 저마다 생김새가 다른 물건을 한꺼번에 담을 수 있는 것처럼, 사색을 통해 우리는 다른 의견이나 결이 다른 지식을 모두 자기 안에 자유롭게 담을 수 있기 때문이다.

'정보화 시대'라고 정의되는 요즈음 세상에 여기저기에서 다양한 지식과 정보를 가르치고 있지만, 어떻게 하면 그것을 내 안에 담을 수 있는지에 대한 방법을 알려주는 곳은 드물다. 그 담는 방법의 핵심이 바로 '가방과 보자기'의 비유다. 겉에서 보기에 가방은 크고 튼튼해 보이지만 규격이 정해져 있어 일정한 크기를 넘어서면 넣을 수가 없다. '억지를 부리기 힘든 녀석'인 것이다. 그러나 보자기는 싸려는 물건의 모양에 맞춰 변형이 가능하다. 규격이 서로 다른 물건을 함께 쌀 수도 있다. 심지어 안팎 구분도 없어서 선택에 따라 이것이 될 수도 있고 저것이 될 수도 있는 '포용력의 화신'인 것이다.

이렇게나 신통방통한 보자기가 요즘에는 잘 눈에 띄지 않는다. 시장이나 마트에 갈 때면 장바구니를 들고 가거나 비닐봉지를 구입해 쓴다. 그러나 눈에 자주 보이지 않더라도 보자기를 잊지는 말자. 보자기는 지금까지 우리나라를 이끌고 온 '각각 다른 것들을 함께 포용하는 문화'의 상징 중 하나이기 때문이다. 무엇이든 넉넉하게 감싸주는 '보자기 정신'이 없었다면, 큰일이 생길 때마다 수도 없이 갈라지는 의견을 하나로 모아 지금 여기까지 올 수 없었을 것이다. 그리고 '보자기 정신'의 중심에는 '사색'이 있다는 사실을 명심 또 명심할 일이다.

5

5月

젓가락

굳이 투지를 발휘할 필요가 없게 만드는 섬세함

유독 한국인이 좋은 결과를 내는 운동 종목이 있다. 여자 골프와 여자 양궁이 그것이다. 과거에는 각종 스포츠 중계를 시청할 때면 신체적 열세를 극복하기 힘들거나 실력 차이가 클 때 해설가와 전문가들이 마치 관용어구처럼 선수들의 '투지'를 강조했는데, 이 두 종목만큼은 굳이 투지를 들먹이지 않는다. '투지'라는 말을 언급할 필요가 없을 정도로 실력이 뛰어나기 때문이다.

운동이 아닌 전문 기술에서도 마찬가지다. 전 세계 산업 기능인들의 실력을 겨루는 국제 행사인 기능올림픽에는 나갈 때마다 1, 2등을 다투고, 반도체와 IT 영역에서는 자타가 공인하는 세계 최고 수준에 올라서 있다. 의료 분야도 빼놓을 수 없다. 현미경 수준의 정밀함을 요구하는 유전자 조작 기술은 물론, 세계 곳곳에서 이른바 '성형수술 여행'을 올 정도의 글로벌 실력을 자랑하고 있다. 음악 분야에서는 유럽의 각종 피아노 콩쿨에서 다수의 피아니스트들이 입상 소식을 전한다. 심지어 손톱에 관한 또 하나의 예술인 네일아트 분야에서조차 타의 추종을 불허하는 위치에 올라 있다. 결론적으로 고도의 집중력, 정밀한 기술과 섬세한 손재주가 필요한 각종 분야에서 최고의 성과를 내는 것이다.

이런 결과의 중심에는 우리가 하루 세 끼 밥 먹을 때마다 손가락으로 잡고 섬세하게 움직이는 젓가락이 있다. 젓가락은 한국인에게 특별한 생존 도구다. 젓가락이 없으면 밥 한 끼도 제대로 먹기 어렵기 때문이다. 포크를 쓰면 어느 정도 젓가락의 기능을 대신하기는 하지만 포크로는 대체할 수 없는 기능이 젓가락에는 있다. 이어령* 박사는 한국과 중국 그리고 일본의 젓가락 문화를 이렇게 비교한 적이 있다.

"삼국은 젓가락질의 문화 유전자를 품고 있다. 세 나라가 이천 년 동안 공통적으로 사용해 온 유일한 도구는 한자나 음식, 언어도 아니고, 오직 젓가락뿐이다. 결합하고 조합하며 연결하는 동양의 문화가 젓가락이라는 작은 도구 속에 담겨 있다. 젓가락은 단순한 도구가 아니라 신체의 일부, 우주의 일부다."

'젓가락이 신체의 일부'라는 말은 대체 무슨 의미일까? 그 정도로 젓가락이 소중하다는 말일까? 그런 의미가 아니다. '젓가락은 손가락의 연장'이라는 뜻이다. 간혹 콩 한 알이나 잘게 부스러진 마늘 조각에 이르기까지, 손가락으로는 도저히 집을 수 없는 것들을 입에 넣기 위해서는 손가락보다 훨씬 가늘고 뾰족한 젓가락을 사용해야 한다. 우리의 정신과 손가락은 가늘고 뾰족한 젓가락을 마치 손가락처럼 자유롭게 움직이는 연습을 매일 하고 있는 셈이다. 젓가락을 피와 신경이 통하는 '또 하나의 손가락'이라고 봐도 무리가 없을 정도다.

그러니 미세한 손놀림이 필요한 양궁이나 반도체 등에서 굳이 투지를 강조하지 않아도 늘 좋은 성과를 내는 것이 어쩌면 당연한 결과일 수 있다. 오늘도 우리는 젓가락질을 통해 아는 새 모르는 새 하루 세 번 집중력과 손재주를 더욱 더 섬세하게 다듬는 중이다.

*이어령: 평론가 겸 소설가, 수필가. 1956년 〈우상의 파괴〉를 발표하여 문단에 파문을 일으켰다. 이화여대 교수를 지냈으며, 《문학사상》 주간과 문화부 장관을 지냈다.

6

5月

결

개성을 나타내는 독창성의 산물

듣기만 해도 기분이 좋아지는 '비단결(緋緞결)'이라는 표현이 있다. 한국 사람이 자주 쓰는 표현인데, 여기에서 '결'이란 비단의 '바탕에 나타나는 올의 짜임새'를 말하거나, '비단결처럼 곱다'라는 표현처럼 '눈에 보이는 상태'를 말할 때 쓴다. 그러나 "당신 마음이 비단결이네요", "당신 목소리가 비단결처럼 곱고 부드럽습니다"에서 보듯이, '비단결'은 눈에 보이지 않는 대상의 곱고 부드러움을 비유적으로 이를 때 관용구처럼 자주 쓰인다.

앞에서 괄호 안에 묶은 글자를 보면 알겠지만 '결'은 한자가 아닌 한글이며, 두 가지 경우에 쓰이는 명사다. 하나는 어떤 물질의 상태를 표현하는 경우로 '나무, 돌, 천, 살갗 따위에서 조직의 굳고 무른 부분이 모여 일정하게 켜를 지으면서 짜인 바탕의 상태나 무늬'를 말한다. 여기에서는 나머지 하나가 중요한데, 사람의 특성을 나타낼 때 쓰인다는 점 때문에 그렇다. '성품의 바탕이나 상태[성결]', '곧고 바르며 과단성(果斷性) 있는 성미[결기]'가 국어사전에서 정의하는 '결'의 뜻이다.

'결'은 여러 가지 명사와 결합해 또 하나의 예쁜 낱말을 이룬다. 이를테면 '마음결', '숨결', '살결' 등이 그것이다. 누군가에게 자기의 호의를 전하고 싶을 때, 자기 마음을 드러낼 수 있는 명사에 결을 더하면 보다 쉽게 고운 마음을 전달할 수 있다. 그게 쉽지 않다고 느낀다면, 그냥 '결'만 써도 어감이 좋다. "그 사람은 결이 참 좋아", "언제봐도 결이 다른 사람이야" 등으로 표현해도 좋게 생각하는 감정이 충분히 전해진다.

그런데 왜 '결'은 발음하는 것만으로도 좋은 마음이 느껴지는 걸까? 이유는 간단하다. '결이 다르다'라는 표현처럼, '결'이란 무언가 하나에 자신의 색을 입혀 오랫동안 반복한 사람만이 가질 수 있는 독창성의 산물이기 때문이다. '결'이라는 글자를 명사에 곁들여 부르면 아름다운 느낌이 나는 이유도 거기에 있다. 자신만이 추구하는 무언가를 주변의 참견에 흔들리지 않고 지속했을 때 얻을 수 있는 것이 바로 결이기 때문이다.

수천 명에게 동시에 같은 일을 시키면 처음에는 사명감이 남다른 사람과 그저 돈만 좋아하는 사람으로 나뉜다. 하지만 그 일을 365일 내내 지겹게 반복하게 하면 사명감이 남다른 사람들도, 돈만 좋아서 그 일을 했던 사람들도 모두 아무 생각 없이 하게 된다. 스스로 선택한 반복은 그걸 가진 자에게 색다른 결을 선물하지만, 남의 명령에 따라 반복한 일은 자기 고유의 결마저 빼앗아 가버리는 것이다. 그러므로 자기의 결을 지키고자 하면 남들과 구별되는 자기만의 생각을 키우고, 스스로 납득할 수 있는 자기만의 일을 하라. 결이 곧 그 사람이 지금까지 살아온 역사다.

7

5月

일석이조

'공감 자본주의 시대'를 이끄는 힘

'일석이조(一石二鳥)'라는 말은 일상에서 입버릇처럼 자주 사용하는 표현이다. 하지만 한 자 한 자 따져가며 그 의미를 곰곰이 생각하면 '불가능에 가까울 정도로 어려운 일'이라는 사실을 알게 된다. '한 개의 돌을 던져 두 마리의 새를 맞추어 떨어뜨린다'라는 의미인데, 돌을 던져 새 한 마리도 맞추기 힘든 판에 어떻게 돌 하나로 두 마리 새를 맞출 수 있다는 건가. 이와 같은 뜻의 말이 '일전쌍조(一箭雙鵰)'다. '화살 하나로 독수리 두 마리를 떨어뜨린다'라는 뜻이다. 빠르게 곧게 날아가는 화살에 마치 야구에서 커브볼을 던지는 것처럼, 당구공에 회전을 주는 것처럼 마법에 가까운 묘기를 부려도 쉽지 않은 일이다.

이런 말이 일상다반사로 쓰일 정도로 한국 사람들은 무의식 속에 하나의 행위로 두 가지 이상의 결과를 얻는 것을 중요하게 여겨왔다. 정반대의 의미인 '일거양실(一擧兩失; 한 가지 행위 때문에 두 가지를 잃음)'이라는 말도 늘 염두에 두고 그렇게 살지 않으려고 노력해온 것도 사실이다.

그런 한국인의 특성을 자세히 들여다보면, 자신의 이야기도 하면서 동시에 상대의 말에 적절히 맞장구도 치는 모습이 연상된다. 하나를 하면서 동시에 다른 하나까지 신경을 쓰는 마음의 태도가 한국인 특유의 공감 능력에 큰 영향을 미쳤다고 볼 수 있다. 남의 말에 덩달아 호응하거나 동의하는 행위는 동시에 다양한 것을 신경 쓰지 않으면 도달할 수 없는 공감의 영역이기 때문이다. 다음과 같은 말을 통해서도 그 증거를 발견할 수 있다. '님도 보고 뽕도 따고', '누이 좋고 매부 좋고', '도랑치고 가재잡고'. 하나를 하면서 동시에 다른 일도 해낼 수 있게 전략을 세워야 비로소 누군가의 마음을 얻을 수 있다는 의식이 밑자락에 깔린 '어휘 생활'이 아닐 수 없다.

교육에서도 '하나를 배워 열을 깨우치는 사람'이라는 말이 있다. 다시 말하면 '하나를 배워 열의 공감을 이끌어내는 사람'이라고 말할 수 있다. 살면 살수록 인생은 더욱 힘들고 세상은 늘 우리에게 더 많은 무언가를 원한다. 그렇게 하나를 하며 둘 이상의 결과를 내야 하고, 하나를 배워서 열을 깨우쳐야 하는 극심한 경쟁의 자본주의 시대에 살고 있지만, 그 안에서 우리가 여전히 높은 수준의 결과를 낼 수 있는 힘은 바로 일석이조 정신에서 얻은 공감 능력에서 나오는 것 아닐까.

8
5月

빈 수레
입 다물고 폼만 잡지 말자

'빈 수레가 요란하다'는 속담이 있다. '실력이나 능력은 없는 사람이 겉으로는 큰소리로 떠들며 허세를 부린다'는 의미로 많이 쓰이는 비판적인 은유다. 큰소리를 내는 데는 이유가 있다. 큰소리가 자기의 무지를 감추는 연막(煙幕)이 되어주기 때문이다. 이런저런 이유로 우리 문화에서 '빈수레'는 부정적인 이미지로 각인되어왔다.

"제 책이 발간 하루 만에 2쇄를 찍었습니다", "이번 강의 평가에서 100점 만점을 받았습니다", "이번 달에는 매장이 역대 최고 매출을 기록했습니다". 각종 SNS에서 이런 자랑을 읽으면, 다수는 "뭐 그런 걸 자랑하고 그러지?"라는 생각을 한다. "역시 빈 수레가 요란하네"라는 말로 그들의 '겸손하지 못함'을 비난하기도 한다.

하지만 이제 시대가 달라졌다. 가진 게 열이어도 열둘을 가진 듯, 스물을 가진 듯 더 많이 알리고 떠들어야 한다. 온갖 자기 주장이 난무하는 오늘날 겸손은 삶에 별 도움이 되지 않기 때문이다. 빈수레는 반드시 요란해야 한다. "나 여기 있다"라고 크게 외쳐야 하고, "나 이렇게 열심히 살고 있다"라고 설명해야 하고, "내가 만든 것 좀 사주세요"라고 간절하게 애원해야 한다. 부끄럽게 생각하기보다는 자랑스럽게 여겨야 한다. 누구나 처음 그 일을 시작할 땐 초라하고 자랑할 게 없기 때문이다. 빈 수레가 요란한 이유가 거기에 있다. 자신의 존재를 알려서 어떻게든 살아 남기 위해서다. 초보가 자신이 초보라는 사실을 알리며 자랑하는 것은 오만한 게 아니라 반대로 겸손한 것이다. 오히려 아무 것도 없는 사람이 근엄하게 앉아 움직이지 않는 모습이 오만한 것이다.

모든 초보 창조자는 창조가 끝난 이후에는 마케터의 일상을 보내야 한다. "이거 내가 만들었어요, 당신에게 꼭 필요한 겁니다. 저를 믿고 구매해 보세요"라고 매일 자랑하고 다녀야 한다. 인문학이라고 말하면 괜히 고상하고 특별하고 근사한 것만 생각하는데, 그저 지금 자신이 반드시 해야 할 것을 찾아, 최선을 다해 하는 것이 결국 인문학이 알려주는 일상의 가르침이다.

"영혼을 담았다"라고 말만 하지 말자. 읽히지 않고, 팔리지 않고, 사용되지 않으면 아무 소용이 없다. 또한, 정말 영혼을 담은 사람은 자기 입으로 "영혼을 담았다"라고 말하지도 않는다. 그걸 스스로 실천한 자신만 알면 되는 문제이기 때문이다. 그대, 잘 되는 삶을 원하는가? 모든 영역의 인문학 대가들은 언제나 이렇게 조언한다.

"입 다물고 폼만 잡지 말자."

9

5月

담배

나보다는 타인을 생각할 때 찾는 따뜻한 독

"담배가 따뜻하다고? 그게 대체 무슨 말이야!" 일단 담배를 거론했다는 것, 게다가 애연가들조차 외면하는 그 독한 연기를 따뜻하다고 표현한 것에 대해서 아마 많은 사람들이 의아하게 생각할 것이다. 그러나 그게 그렇지만도 않다. 이야기 속으로 들어가보자.

역사적으로 술에 의지해서 살았던 왕이 많았던 이유는, 어디 속마음 털어놓을 곳 하나 없이 격무에 시달렸던 일상에서 잠시라도 벗어나고 싶었던 마음 때문이었을 것이다. 술을 마실 때는 잠시 왕이라는 무게에서 벗어나 보통의 인간으로 생각하며 지낼 수 있었을 터다. 겉에서 볼 때는 화려하고 아무것도 하지 않는 것처럼 보이지만, 그건 모든 영화가 하이라이트 부분만 재미있는 것과 같은 이치다. 격무에 지친 많은 왕들이 그래서 술을 자주 마셨는데, 다만 정조는 예외로 술에 의지하지 않았다. 그에게는 오직 담배 뿐이었다. 정조는 자신의 시문을 모아 엮은《홍재전서(弘齋全書)》에서 1796년 11월 이런 주장을 했다.

"세상에는 다양한 식물이 있지만 사용함에 이롭고 유익한 것으로는 남령초(당시 담배를 부르는 말)만 한 것이 없다."

한국 역사상 담배를 이렇게 극찬한 사람은 별로 없었다. 그가 그토록 담배를 추천하는 이유도 놀라웠다. 하나는 난초 향보다 그 향이 훌륭하기 때문이었고, 또 하나는 한국 고유의 대표적인 청량음료인 제호탕(醍瑚湯)보다 맛이 좋고, 마지막으로 술과 비교하면 취해서 실수할 염려도 없으므로 온갖 즐거움이 가득하기 때문이라는 것이었다. 그러나 그가 담배를 아끼며 권장한 가장 큰 이유는 바로 이런 것들이었다.

- 고생하는 백성들에게 이렇게 덕이 있고 이만큼 공이 있는 것은 없다.
- 뜨거운 온기로 차가운 내부를 공격하니 가슴에 막혔던 것이 저절로 없어진다.
- 정치의 득과 실을 깊이 사색할 때 그 산란한 마음을 맑은 거울에 비추듯 바로잡게 해준다.
- '갑이냐 을이냐?'를 선택해야 할 때 고심하는 뇌를 편안하게 해주는 것도 바로 담배의 힘이다.
- 담배는 유교 경전에서도 금지하고 있지 않으니 마음껏 즐겨도 된다.

담배는 광해군 때 우리나라에 처음 들어왔고, 이후로 지금까지 많은 사람들의 시름을 달래주는 역할을 하고 있다. "담배는 백해무익하다"라는 말이 틀린 말은 아니다. 그럼에도 담배가 한국인의 사랑을 많이 받았었고 지금도 꾸준히 그 사랑이 이어지는 이유는, 중독되었거나 습관 때문만은 아니다. 정조의 삶에서 우리는 다른 이유를 발견할 수 있다. 정조는 매우 위대한 왕 중 한 사람이다. 왕위에 있는 동안 누구보다 격무에 시달리면서도 백성을 위해 살았다.

그렇다. 담배는 분명 끊어야만 하는 나쁜 독이다. 그러나 약간의 온기가 느껴지는 이유는 나보다는 타인을 생각하는 마음, 개인의 안위보다는 주변과 공존하려는 사색을 조금이나마 돕기 때문은 아닐까.

10

5月

임꺽정

혼란과 도박 그리고 비생산성의 연관성에 대하여

좋지 않다는 것을 알면서도 자꾸만 도박에 빠지는 이유가 뭘까? 돈을 따기 쉽지 않다는 사실을 충분히 알면서도 돈을 빌려서라도 도박판에 앉는 이유는 뭘까? 이유는 하나다. 판돈만 걸면 누구에게든 공평하게 빠른 결과를 보여주기 때문이다. 대부분의 사람들은 오랫동안 무언가를 기다리는 과정을 좋아하지 않는다. 더구나 그게 돈이 걸려 있는 일이라면 더욱 그렇다. 지금 당장 열매를 맺거나 결과가 나오기를 바란다. 그게 바로 많은 사람들을 도박에 빠지게 만드는 요인이다. 도박이 나쁜 이유는 뭘까? 수많은 이유가 있겠지만, 가장 본질적인 이유는 돈을 따는 사람과 잃는 사람이 있어도 전체 판돈을 두고 계산해 보면 조금도 달라진 것이 없다는 점이다. 전혀 생산적인 행위가 아니라는 의미다.

아무리 도박에 뛰어난 '재능'을 가진 사람이 많아도, 그들이 절대 할 수 없는 일이 하나 있다. '창조하는 일'을 결코 못 한다. 결국 그들은 원래 있던 것에서 조금 더 가져갈 뿐이다. 도박꾼은 아무리 밤새 자신의 시간을 불태워도, 결과적으로 이 세상에 아무런 도움도 줄 수 없다. 이를 한마디로 압축하면 '도박꾼은 생산이 아니라 분배에만 관여하는 사람들'이라는 말이다.

조선시대에는 매우 악명이 높은 도둑이 많았는데, 조선 후기 실학자 이익은 대표적으로 홍길동, 장길산과 함께 임꺽정을 조선을 대표하는 도적으로 꼽았다. 백정의 신분으로 태어난 임꺽정에 대한 평가는 엇갈린다. 임꺽정이 거느린 도적패가 황해도와 경기도 일대에서 관아를 습격하여 관리를 살해하고 재물을 약탈하는 등 행패를 부렸다는 사실이 하나 있고, 또 하나는 관아나 양반들을 습격해 약탈한 재물을 백성들에게 나누어줬다는 이야기도 있다. 그러나 이는 후대에 만들어진 이야기일 뿐, 사실과는 많이 다르다는 주장도 있다. 중요한 건 그가 부자들에게 약탈한 곡식을 백성들에게 나누어준 의적이든, 그저 약탈만 일삼았던 도적이든 그 사실은 그리 중요하지 않다는 사실이다. 나는 지금 역사적 사실을 논하는 게 아니라, 시대의 혼란이 백성들의 생각을 어떻게 바꾸며, 그렇게 바뀐 생각이 결국 도박과 도둑질 등으로 이어질 수 있다는 연관성에 대해 말하려는 것이다.

백성들은 나쁜 부자의 돈을 빼앗아 가난한 이들에게 나누는 임꺽정의 모습에도 환호를 했지만, 임꺽정 자신이 개인적으로 돈을 가져가는 모습을 보면서도 똑같이 환호했다. 백성들 입장에 서보면 그 이유가 이해된다. 자신이 땀 흘려 얻은 것을 나라에 모두 세금으로 빼앗겼다고 생각했고, 그런 억울한 마음을 하소연할 곳이 없으니 도적이라도 응원하지 않으면 울화통을 해소할 길이 없었기 때문이다. 나라가 정치를 잘하고 백성들을 괴롭히지 않았더라면 그런 도적들은 나타나지도 않았을 것이다.

부자의 것을 빼앗아 가난한 사람들에게 나누어주는 행위를 아무리 근사하게 미화해도 그들은 단지 분배의 영웅일 뿐, 생산의 영웅은 될 수 없다. 물론 공평한 분배도 중요하다. 하지만 거기에만 매몰되어 있으면 성장하기 힘들 것이다. 당시의 기록을 통해 우리는 혼란한 시기일수록 도박이나 분배 등의 유혹에 빠지기보다는 생산적인 활동에 치중해야 한다는 교훈을 얻을 수 있다.

11
5月

만능 엔터테이너의 시초
한국의 대중가요 시대를 연 기생들

한국의 대중음악 역사는 그리 길지 않다. 그중에서 1930년대는 한국 대중음악사에서 매우 중요한 시기다. 근대적 의미의 대중음악이 시작되는 때이기 때문이다. 좁고 한정적이었던 과거에서 벗어나, 음악적으로 넓고 깊어지는 과도기라서 혼란스럽기도 했다. 이런 혼란기 속에서도 의미 있는 한 획을 그은 가수가 있었으니, 바로 평양 출신 기생 왕수복(王壽福)*이 그 주인공이었다. 개화기를 맞아 소수의 사람들이 듣던 서양음악이나 습관처럼 내려오던 기존의 전통음악이 아닌, 대중 속에 퍼져 그들의 정서를 만족시키는 유행가를 부르는 대형 대중가수가 등장한 것이라 더욱 특별했다.

그런데 왜 가수가 아닌 기생이 그 역할을 했던 걸까? 수요와 공급의 원칙을 떠올리면 그 과정을 쉽게 이해할 수 있다. 당시 대중가요의 주 소비층은 단연 기생이었다. 최신곡을 들어야 연회에 나가서 고객이 원하는 노래를 제대로 부를 수 있었기 때문이다. 이를 반영이라도 하듯, 1935년《삼천리》**라는 잡지에서 발표한 10대 가수 순위에 오른 5명의 여자 가수 중에 1, 2, 5위를 기생이 차지하며 그 위상을 떨쳤다. 기생들이 노래만 했던 것은 아니다. 그들은 사회 곳곳에서 자신의 끼를 발산했다. 막대한 자금을 들여 개통한 경인철도도 개통 초기에 손님이 별로 없자, 승객을 유치하기 위한 일환으로 주요 역 정거장 마당에 기생 이름을 적은 푯말을 꽂아놓고 '라이브 공연'을 벌였다.

이뿐만이 아니다. 분가루, 비누 등 미용과 관련된 제품 광고에는 상품 내용에 가장 적합한 기생들이 모델로 출연했다. 마치 지금의 연예인들처럼 기생은 유행을 선도하며 짧은 기간 동안 남들보다 훨씬 많은 돈을 버는 스타였던 셈이다. 당시 비누와 화장수 광고에 출연했던 최고 미인 기생인 장연홍 사진 옆에는 이런 광고 카피가 적혀 있었다.

'한 번 두 번에 살 거친 것, 벌어진 것, 주름살은 꿈같이 없어지고 백분(白粉)이 누구의 살에도 잘 맞도록 화장이 눈 부시게 해 줍니다.'

광고 카피는 곧 그 광고에 나온 모델의 이미지를 증명한다. 이 카피는 기생을 바라보던 그 시대의 시선이 어떤 것이었는지 충분히 짐작할 수 있는 문구였다.

하지만 그들에게도 불만과 고민은 있었다.

"이 힘든 생활 잠깐만 해서 돈을 많이 벌고, 이후에는 진짜 내 삶을 살아야지."

인기가 높아지고 자신의 활동 반경이 넓어질수록 아이러니하게도 오히려 고독해지고 그 삶에서 벗어나려는 마음을 품게 되는 것이 그 시절 기생의 삶이었다. 지금의 인기 연예인들의 삶과 비교해보면 다소나마 그들의 마음에 공감이 가기도 한다. 당장 할 수 있는 것은 없고, 살기 위해서는 해야 할 일이 있고, 원하는 미래는 전혀 다른 곳에 있다는 아픔과 고통, 기생이라는 두 글자의 이름은 그렇게 깊고 진하다.

*왕수복: 일제강점기인 1930년대부터 활동한 평양 기생학교 출신 대중가요 가수. 해방 후 북에 남아 조선민주주의인민공화국의 가수가 되었다.

**《삼천리》: 일제강점기인 1929년 6월 12일 창간된 대중잡지. 취미 중심의 오락지이면서도 저속하지 않았고, 창간호의 원고 압수 기록만 봐도 짐작할 수 있을 정도로 수준이 높았다.

12

5月

가위바위보

공평을 추구하는 한국식 정의 구현 수단

결정하기에 애매한 일이 생기면 우리는 "그럼 할 수 없지!"라는 말과 함께 "가위, 바위, 보"를 외친다. 유독 한국인에게 친밀한 게임인 가위바위보는 한 손으로 가위, 바위, 보의 세 모양을 만들어 차례나 승부를 정하는 방법 또는 놀이다. 나이나 성별, 지식의 다과나 부의 불평등이 개입되지 않는 승부법이기 때문에, 어느 한쪽으로도 기울지 않는 '공평'이라는 가치를 추구하는 한국인 성향에 최적화된 방법이라고 볼 수 있다.

규칙은 어린아이도 쉽게 이해할 수 있을 정도로 간단하다. 둘 이상의 사람이 모여 동시에 "가위, 바위, 보"라고 외치며 손으로 그에 해당하는 표시를 하면 끝이다. 가위는 보자기를 자르고, 보자기는 바위를 감싸고, 바위는 가위로 자를 수 없으므로 '가위〉보자기〉바위〉가위'라는 승리의 방정식이 성립된다. 다른 놀이에서는 쉽게 만날 수 없는 스릴도 있다. 같은 가위나 보 혹은 보자기를 낼 때다. 세 명 이상이 가위바위보 중에 같은 것을 낼 때는 '우리 같은 마음이었네'라는 생각에 승부를 떠나 괜히 흐뭇한 미소를 짓게 되기도 한다.

그러나 '따스한 결과'만 기대할 수 없는 한 가지 예외가 있다. 바로 그 대상이 일본일 경우다. '가위바위보를 해도 한일전은 이겨야 한다'라는 말에서 우리는 비장함마저 느낀다. 이건 가위바위보를 사소한 거라 여기고 비유한 게 아니라, 운이 좌우하는 일조차도 일본에게는 반드시 이겨야 한다는 의지를 드러낸 것이다. "모든 팀에 다 이겨도 일본에 지면 전패고, 다른 나라에 다 져도 일본에 이기면 전승이다". 한국 야구의 명장 김응용 감독이 지난 2006년에 열린 한국 야구 대표팀 지휘봉을 잡았을 때, '야구 한일전'에 대한 부담을 표현한 말이다. 물론 비논리적인 말이기는 하다. 하지만 상대가 일본일 때 우리는 잠시 '이성줄'을 놓아버린다. 때로는 공평을 추구하는 정신까지 버릴 정도로 꼭 이겨야만 하는 상대가 있는 법이니까. 어쩌면 억울하게 당했던 과거를 생각하면 '뭐가 됐든 일본을 이기는 것이 공평'이라고 생각할 수도 있다.

가위바위보는 한국에서 시작된 놀이는 아니다. 그러나 평화와 공평이라는 가치를 누구보다 사랑하고 소중하게 여기는 우리에게는 정말 잘 맞는 승부 결정 방법이 아닐 수 없다.

13
5月

짚신
어느 세상에서든 올라갈 사다리는 있다

정약용이 수령이 지켜야 할 지침을 밝히면서 관리들의 폭정을 비판한 저서《목민심서(牧民心書)》*를 보면, 간혹 주제에서 약간 벗어난 흥미로운 이야기가 나온다. 아래에 소개하는 짚신에 대한 이야기도 그 중 하나다.

조선의 학자 토정 이지함(李之菡)**은 고을을 다스리는 사또가 되자, 가장 먼저 '꿈에 그리던' 이 일을 시작했다. 고을에 큰 집을 하나 짓고 집이 없어서 떠도는 백성들을 모여 살게 하는 것이었다. 노숙을 하는 사람들에게 따뜻한 공간을 마련해 주고 싶어서였을까? 그건 아니었다. 아주 특별한 교육을 하나 시키기 위해서였다. 자기에게는 손재주가 없다고 생각하는 노숙자들만 모아 볏짚을 주고 짚신을 삼게 한 것이다. 그는 왜 대체 그런 일을 벌였던 것일까? 토정은 이렇게 생각했다.

"양반도 아닌 일반 백성이, 딱히 준비된 자본도 없이, 게다가 오랫동안 터득한 특별한 손재주도 없이, 당장 생계를 위해 할 수 있는 가장 기본적인 돈벌이 수단은 짚신을 삼는 것이다."

단체 수용된 노숙자들은 하루에 짚신 열 켤레를 삼아 나가서 팔았고, 그렇게 번 돈으로 하루 양식을 해결하고 남은 돈은 옷을 지어 입었다. 시간이 지나자 기적이 일어났다. 처음에 거지꼴로 들어온 노숙인들이 몇 달 만에 먹고 입을 것이 넉넉해진 것이다. "나는 아무 기술이 없어요", "집도 없는 노숙자입니다"라는 자신의 가난을 정당화하는 어떤 핑계도 통하지 못하게 만든 것이 바로 짚신 삼는 일이었다. 아무리 가난하고 재능이 없어도 누구나 짚신을 삼아 내다 팔 수는 있었기 때문이다.

그 시대에 자신의 노후를 걱정하는 농부들은 농사를 짓지 않는 기간에 노름을 하거나 술에 취해 지내는 대신, 한 곳에 모여 함께 짚신을 삼았다. 사는 것은 언제나 팍팍하지만, 자신이 올라갈 사다리를 조금씩 쌓아 올린 것이다. 누구보다 앞장 서서 실용 사상을 강조하던 다산도 토정의 정책을 예로 들며 "아무리 연고가 없는 죄수라고 할지라도 중간중간 짚신을 삼으면 필요한 옷과 양식을 마련할 수 있다"라고 말하기도 했다. 아무것도 없이 시작해서 평생 짚신을 삼아 부자가 된 백성들도 있을 정도로, 그 시절의 짚신 삼기는 누구나 할 수 있는 '경제력 상승 수단' 중 하나였다.

어느 시대든 '노력하면 할 수 있다'고 생각하는 사람이 있고, '이제는 노력으로 올라갈 수 있는 시대는 끝났다'고 생각하는 사람도 있다. 그러나 조선시대 짚신 삼기 사례에서 알 수 있듯, 힘든 시간이 지나 생각해 보면 모든 것은 결국 자신의 선택에 달려 있었음을 깨닫게 된다.

*《목민심서》: 조선 후기 실학자 정약용이 목민관이 지켜야 할 지침을 밝히면서 관리들의 폭정을 비판한 실학서.
**이지함: 조선 전기 《토정비결》, 《농아집》 등을 저술한 학자, 문신. 사후에 그 학덕이 인정되어 이조판서에 추증되었다.

14
5月

임전무퇴

모든 문화는 권력자에 의해서 변형된다

'임전무퇴(臨戰無退)'는 한국인에게 익숙한 어구다. 지금도 승부를 가려야 하는 고비에서, '이겨야 한다'는 불굴의 의지를 강조할 때면 으레 쓰인다. 이 말의 기원은 삼국 통일의 원동력이 된 화랑(花郎)의 세속오계(世俗五戒)*에서 비롯되었으며, 그 의미는 '싸움에 임하여 물러서지 말라'는 것임을 누구나 안다.

한국인은 누구나 '임전무퇴'라는 말을 들으면 바로 화랑 관창(官昌)을 떠올린다. 생김새 등 자세한 인적 사항은 전해지지 않지만, 이름만으로도 늠름한 기백이 절로 느껴지지 않는가. 신라 장군 품일의 아들인 관창은 660년 계백 장군이 이끄는 백제군과 벌인 황산벌 전투**에서 상상하기 힘든 기백을 보여줬다. 이 싸움 중 관창은 홀로 적군 속에 돌진해 싸우다 백제의 포로가 되었다. 계백은 어린 소년의 용맹에 탄복하여 죽이지 않고 신라군에게로 돌려보냈다. 돌려보내면 다시는 돌아오지 않을 거라고 짐작했을 것이다. 그러나 관창의 생각은 전혀 달랐다. 자신의 생명보다 기백을 중요하게 여긴 것이다. 관창이 다시 백제군에 돌입하여 싸우다가 포로가 되자, 아군의 사기를 생각해서라도 도저히 용서할 수 없었던 계백은 그의 목을 벤 후 말안장에 매달아 신라군에게 돌려보냈다. 하지만 이런 계백의 행동은 결국 패착이 되었다. 신라군은 관창의 분전과 용기에 감동했고, 결사의 각오로 싸워 마침내 백제군을 대파했다.

그런데 조금 더 생각해보면 불교 사상과 참 어울리지 않는 것이 바로 임전무퇴 정신이다. 세속오계는 신라 진평왕 때 승려 원광(圓光)***이 화랑에게 일러 준 다섯 가지 계율인데, 충성으로 군주를 섬기고, 효로써 부모를 섬기고, 믿음으로 벗과 사귀며, 생명을 죽이는 일에는 분별이 있어야 한다는 계율에는 수긍할 수 있지만, 전쟁에서 물러서지 말라는 말은 불교적 가치와는 조금은 동떨어진 것이기 때문이다. 이는 생명을 중시하는 불교 사상보다는, 충성과 승리를 우선시하는 화랑 제도의 군사적 가치를 강조하는 조항이라는 생각이 강하게 들 수밖에 없다.

관창을 비롯한 신라군은 대체 어떻게 자신의 소중한 생명을 이토록 '쉽게' 나라에 바칠 수 있었던 걸까? 물론 나라를 사랑하는 애국심도 있었겠지만, 사실은 용맹한 화랑정신을 보여준 병사에게는 사후에 벼슬을 내리고 극진히 장사를 지내는 등 보상을 내렸다는 데에서 이유를 찾을 수 있다. 이는 신라가 불교를 자국의 이익에 어떤 식으로 융합시켰는지 보여주는 결정적 장면이다. 당시는 이른바 '호국불교 전성시대'였던 것이다.

*세속오계: 신라시대 화랑이 지켜야 했던 다섯 가지 계율. '화랑오계(花郎五戒)'라고도 하며 원광법사가 화랑들에게 가르쳤다고 전해진다.

**황산벌 전투: 660년 황산벌에서 있었던 백제군과 신라군 사이의 큰 싸움. 황산벌은 오늘날의 충남 논산시 연산면 신양리 및 신암리 일대의 벌판이다.

***원광: 삼국시대 신라에 불교의 토착화, 대중화의 기반을 미련한 승려.

15 5月

어부바

같은 눈높이로 같은 곳을 바라보는 공감 부양법

과거에는 정말 흔한 모습이었지만, 요즘에도 적지 않은 사람들이 '어부바' 하며 아이를 등에 업는다. 아이 몸집이 커질수록 업는 부모는 힘들다. 몸은 힘들어 신음 소리를 내지만, 표정에서는 미소가 사라지지 않는다. 남들이 볼 때 '이쯤이면 힘들 때가 된 것 같은데'라는 생각에 다시 봐도 부모는 여전히 웃고 있는 경우가 많다. 이유가 뭘까? 무엇이 몸의 고통을 마음의 기쁨으로 느끼게 만드는 걸까? 그 해답은 사색에 있다.

'사람에 대한 사색'은 소중한 사람에게 더 좋은 것을 주기 위해 깊이 생각하는 시간이다. 상대가 소중하지 않다면 깊은 생각은 아예 불가능하다. 어부바가 사색인 이유가 바로 거기에 있다. 업고 업히는 데는 조건이나 계급이 필요하지 않아서 같은 눈높이로 같은 대상을 바라볼 수 있다. 부모가 아이를 업을 때 부모의 시선이 아이의 시선과 일치하기 때문에 서로에게 무엇이 가장 필요한지를 정확하게 파악할 수 있게 되는 것이다. 이 얼마나 환상적인 일인가. 어부바를 하면 저 아래에 있던 아이가, 저 위에 있던 부모와 같은 높이로 세상을 바라볼 수 있게 된다. 부모가 청소를 할 때는 함께 바닥과 구석을 바라보고, 부모가 설거지를 할 때 역시 함께 그릇 하나하나를 살펴본다. 하늘도 꽃도 모두 함께 바라보며 그 공간과 시간을 동시에 누릴 수 있다. 그 광경은 그 모습 그대로 하나의 사색이다. 사색이란 '서로가 서로를 사랑하는 마음을 느끼는 것'을 말하기 때문이다. 앞으로 살아갈 인생을 어깨너머로 배우고 느끼는 시간이 모두 어부바를 통해 이루어진다. 유모차를 태우면 아이가 어디를 보는지 부모는 알 수 없으며, 같은 공간을 지나지만 부모와 아이가 같은 곳을 바라보지도 못한다. 유모차에 앉혀서는 도저히 함께할 수 없는 많은 것들을 어부바를 통해 자연스럽게 이루어낼 수 있다.

최근에는 많이 달라졌지만 한국인은 요람(搖籃)*을 사용하지 않는 거의 유일한 민족이었다. 아이를 태우고 흔들어 놀게 하거나 잠재우는 기구를 쓰는 대신 '어부바' 하며 번쩍 하늘로 들어 올려 아이를 달랬다. '어부바 문화'는 모자 관계에서 비롯됐다. 시작은 어른이 아이를 업어주는 것이었지만, 더 나아가 강한 자가 약한 자를 업어주는 데로 발전했다. 그래서 엄마가 아이를 업고, 자연스럽게 장성한 자녀가 연로한 부모를 업는다. 이는 사랑하는 상대에 대한 가장 순수한 애정이자 약자에 대한 배려다. 업어서 뿌듯하고 업혀서 행복하다. 그게 한국인이다.

*요람: 젖먹이를 태우고 흔들어 놀게 하거나 잠재우는 유아용 침구. 주로 작은 채롱 모양이다.

16 5月

텔레비전과 유튜브

타인의 시선을 의식하는 '건성건성 태도'를 엿볼 수 있는 세계

텔레비전의 확산 과정은 1970년대에서 1980년대 초반까지 동네를 자주 누비던 소독차와 닮았다. 혼자 놀던 아이도 친구들이 소독차를 따라가면 뒤늦게 뛰어가서 함께 소독차를 좇는다. 전형적인 밴드 웨건 효과*인데, 이 현상은 "사람들이 보고 듣는 것을 나도 알고 있어야겠지"라는 심리에 편승해 급속도로 보급된 텔레비전과 비슷하다는 얘기다. 물론 그것이 텔레비전 급속 확산 이유의 전부는 아니겠지만, 중요한 요인 중 하나임은 부정할 수 없다.

이를 증명이라도 하듯 친구들이 모이면 전날 텔레비전에서 봤던 드라마나 뉴스 이야기를 나누며 동질감을 느낀다. 대화에서 소외되지 않으려면 일부러 시간을 내서라도 방송을 챙겨 봐야 한다. 그게 안되면 내용을 압축해서 전해주는 하이라이트라도 챙겨봐야 한다. 이것은 타인의 시선을 의식하는 태도에서 나온 행동이다. 자신의 의지와 무관하게 무언가를 보고 느껴야 한다는 고통을 자신에게 주는 셈이다. 정작 이보다 더 무서운 사실은, 아무리 개성이 뚜렷하고 내면이 탄탄한 사람도 텔레비전을 오래 시청하면 점차 자신만의 색이 흐릿하게 바랜다는 사실이다. 텔레비전은 모두 같은 생각을 하게 만들면서 동시에 모두의 생각 회로를 차단하고 통제하기 때문이다. "굳이 어렵게 살지 말아. 사는 데 필요한 지혜, 사색, 공부, 그런 것은 다 피곤한 일이니 내가 준 이야기만 보고 배우면 된다고!" 텔레비전이 일방통행식으로 주입하는 각종 정보와 지식을 보고 들으며, 우리는 굳이 생각할 필요가 없는 인생을 살게 되는 것이다.

텔레비전이 인간 개성을 말살하던 역할을 이제는 유튜브가 대신하고 있다. 물론 유튜브를 공부의 수단으로 활용하는 사람도 있다. 그러나 그 숫자는 극히 적으며, 실제로 공부가 될지조차 확실하지는 않다. 유튜브는 기본적으로 '건성건성 마인드'를 심어주기 때문이다. 클릭 한 번이면 바로 전혀 다른 내용의 영상을 시청할 수 있고, 한 번도 생각해본 적 없는 분야의 지식도 알 수 있다. 이런 '접근 용이성'이 오히려 건성건성 배우는 법을 습관으로 만들어 버리고 만다. 이렇게 일방적으로 보여지는 내용만으로는 지식을 채울 수 없다. 그렇게 할 수 있는 경우를 굳이 찾는다면, 이미 일정 수준 이상의 지성에 도달한 사람 정도는 되어야 가능하다.

보고 듣고 느낀 것을 표현하는 방식으로 우리는 최초에 말의 언어를 창조했지만, 그것이 텍스트의 언어로 이제 다시 영상의 언어로 바뀌고 있다. 이 모두가 무언가를 표현하는 소중한 언어의 형태이지만, '건성건성 마인드'에서 벗어나고 싶다면 중간중간에 텍스트의 언어로 되돌아갈 필요가 있다. 텍스트야말로 당신에게 '사색과 질문의 필요성'을 깨닫게 해준다. 스스로 선택한 책을 오랫동안 읽으면 분명 '전과는 달라진 나'를 느끼게 될 것이다.

*밴드 웨건 효과: 유행에 따라 상품을 구매하는 소비 현상. 곡예나 퍼레이드의 맨 앞에서 행렬을 선도하는 악대차(밴드 웨건)가 사람들의 관심을 끄는 효과를 내는 데에서 유래한다. '편승효과'라고도 한다.

17

5月

스마트폰을 든 손

여기에도 있지만 저기에도 있는 존재

집에서도 그렇지만 외출할 때 가장 먼저 챙기는 것은 단연 스마트폰이다. 다른 것은 잊고 나와도 웬만하면 다시 집에 돌아가지 않지만, 스마트폰을 잊고 나왔다는 사실을 알게 되면 집에서 아무리 멀리까지 나왔어도 반드시 돌아가서 가져온다. 조금 더 과장하면 지갑은 놓고 나올 수 있지만 스마트폰을 절대 그럴 수가 없다. 이유가 뭘까?

지하철 안에서 우리 신경을 가장 심하게 건드리는 사람은 누굴까? 자기 안방 안에서처럼 큰 소리로 통화하는 사람들이다. "뭐야, 왜 이렇게 매너가 없어!" 차마 직접 항의는 못하지만 거의 모든 주변 사람들이 속으로 같은 생각으로 그를 '저주'한다. 하지만 그건 어디까지나 스마트폰이 나오기 전까지의 얘기다. 스마트폰이 나온 뒤로는 양상이 조금 다른 쪽으로 흐르고 있다. 같은 휴대폰임에도 재래폰이 '소음 유발자'였다면, 스마트폰은 '소음 제거자'가 된 것이다. 전철 안 사람들의 태반은 스마트폰에 코를 처박을 듯 몰입해서 아무 소리도 내지 않는다.

우리는 이 사람들을 이렇게 정의할 수 있다. '여기에도 존재하지만 저기에도 존재하는 사람'. 스마트폰이 사람들을 전혀 다른 장소로 빛의 속도로 이동시켜 주기 때문이다. 대한민국 서울의 종로통을 달리는 지하철 안에서 미국이나 아프리카에서 벌어지는 일들의 동영상을 보기도 하고, 마치 강의에 출석한 것처럼 온라인 수업을 듣기도 한다. 이 사람은 동영상을 감상하고 수업을 듣는 동안 지하철에는 몸만 남겨두고 정신과 영혼은 아프리카나 강의실에 가 있는 존재다. 전철을 탈 일이 생기거든 당신만큼은 스마트폰을 꺼내지 말고 자기 칸 안의 승객 중 몇 사람이 스마트폰 삼매경에 빠져있는지 살펴보라. 아니, 몇 사람이나 스마트폰을 안 보고 있는지 세는 게 빠르겠다. 우리는 전철 안이 이토록 조용한 게 스마트폰 덕분이란 걸 도저히 부인할 수 없게 된다. 그런데 막상 스마트폰 삼매경에 빠진 이들은 '저쪽'에서 무언가를 하느라 분주하다.

간혹 이어폰 없이 동영상을 시청하는 사람도 있긴 하다. 그러나 그들도 본래는 사람들에게 피해를 주는 행동을 하는 사람들이 아닐 가능성이 높다. 그저 집에서 텔레비전을 시청하듯 '아무 생각 없이' 동영상을 즐기고 있을 뿐. 텔레비전을 볼 때 이어폰을 꽂는 사람은 별로 없을 테니까. 몸은 여기에 있지만 정신은 각자가 선택한 '저기'에 이동한 상태라고 양해해 주면 어떨까.

시대에 따라 일상의 도구가 바뀌면 사람들의 행동도 그에 맞추어 달라진다. 물론 그럼에도 변치 않은 것은 공공장소에서는 주변에 피해를 주지 말아야 한다는 건 진리이므로 말할 필요도 없는 것이고. 주머니에 넣었던 스마트폰을 다시 꺼내는 순간 당신 역시 동영상이 보여주는 '거기'로 이동한다. 지금도 누군가는 미국으로 또는 유럽으로, 누군가는 미래로 또는 과거로 떠났다. 그렇게 스마트폰 세상에 사는 우리 정신과 영혼은 여기저기를 유목민처럼 오가며 몸만 지금 여기에 두고 살아가는 중이다.

18

5月

남이섬과 PPL

광고에 스토리를 넣으면 드라마가 된다

요즘에는 드라마에 PPL이 지나치게 화면을 잠식하고 있어 문제가 되기도 한다. PPL은 이제 초등학생도 들어봤을 정도로 대중화된 용어다. PPL은 Product Placement의 약자로 직역하자면 '제품을 배치한다'라는 의미다. 즉 영화나 TV 드라마의 장면 안에 상품을 소품처럼 배치하여 일반 광고보다 자연스럽게 홍보하는 제품 간접 광고를 말하는 것이다.

유튜브 시대를 맞아 개인 미디어가 발달한 요즘에는 대가를 받고 광고를 해주는 유튜버들이 많다. 이들 중에는 유료 광고임을 숨기는 경우도 있고, 나중에 그런 사실이 밝혀져 광고주인 스폰서와 미디어를 운영하는 유튜버 간에 이런저런 구설수가 생기기도 한다. 그러나 제품을 간접적으로 광고한다는 콘셉트 자체만으로는 매우 혁신적인 홍보 방법이라고 볼 수 있다. 사람들은 이제 신문광고나 라디오광고, TV광고에 지겨움을 느껴서 광고가 나오면 그냥 채널을 돌려버리거나 다음 장으로 신문 면을 넘겨버리기 때문이다. 광고 페이지는 소비자에게 그냥 없는 거나 마찬가지가 되어버렸다. 그 틈새를 뚫은 게 바로 PPL이다. 드라마를 보거나 영화를 보며 그 화면 안에 자연스럽게 놓인 상품을 보게 되므로 거부감이 없다는 게 장점이다. 여기에서 중요한 건 바로 스토리다. 과거의 광고에는 제품만 있었지만, PPL에 등장하는 제품은 '스토리라는 무대' 위에 놓이기 때문에 기억에서 잘 지워지지 않는다.

오래지 않은 과거에 이런 '스토리 편승 효과'를 제대로 발휘했던 사례가 하나 있다. 바로 남이섬의 경우다. 1960년대 중반에 시작된 남이섬의 역사는 1990년대까지만 해도 행락객들 대상의 유원지와 대학생들의 MT촌에 불과했다. 일반인들은 거의 남이섬을 찾아오지 않았다. '먹고 마시는 곳'으로 각인되어 버린 남이섬에 별다른 매력을 느끼지 못해서였다. 세대가 바뀌면 트렌드도 바뀌는 법인데, '올드한 유원지'인 남이섬은 나날이 퇴보를 거듭할 수밖에 없었다. 위기를 느낀 남이섬의 강우현 대표는 대대적인 변화를 꾀해 유원지로 전락한 남이섬을 자연을 되살린 생태 명소로 되돌려 놓았다. 하지만 마땅히 홍보할 방법이 없었다. 모든 것을 바꿨지만 그 사실을 자기들끼리만 알고 있는 꽉 막힌 상황이었다. 그렇다고 적자가 누적된 처지에 많은 비용을 들여 광고나 홍보를 할 수도 없는 노릇이었다. 하지만 그때 멋진 기회가 찾아왔다. KBS TV의 〈겨울 연가〉* 촬영팀이 장소 헌팅을 나온 것이다. 강우현 대표는 직접 발 벗고 나서서 '촬영 장소로 적극 협조한다'고 제의했다. 이로써 〈겨울 연가〉 장면의 상당 부분이 남이섬에서 촬영되었다. 드라마가 방영되자 남이섬의 아름다운 모습이 전국의 시청자들에게 생생하게 방송되는 최고의 홍보 효과를 거두었다. 그 이후로 남이섬은 서울, 제주도, 부산 다음으로 외국인 관광객을 가장 많이 볼 수 있는 명소로 등극했다. 국내 단일 관광지 기준으로는 최다 외국인 방문객 지역이 바로 남이섬이다.

아무리 자연이 아름다워도 그 아름다움은 직접 와서 봐야만 느낄 수 있다. 사람들을 오도록 이끈 힘, 그것은 바로 스토리 안에 녹아든 PPL이었다. 방문객들은 단순히 자연을 보러 오는 것이 아니라, '〈겨울 연가〉의 남이섬'이라는 근사한 드라마를 실감하기 위해 찾는 것이다.

*〈겨울 연가〉: 2002년 1월 14일부터 3월 19일까지 방송된 KBS-TV의 미니시리즈. 배용준과 최지우가 주연으로 연기했다.

19

5月

예능 프로그램

비주얼을 중시하지만 비주얼은 없는 공간

2000년 이후 한국의 방송은 그야말로 '예능 천국'이다. 처음에는 그저 방송의 한 장르에 불과했던 것이 점점 그 영역을 넓혀 이제는 모든 종류의 프로그램에 예능 요소를 넣지 않으면 시청자의 반응을 얻지 못할 정도로 막강해졌다. 세계 어디를 가도 이렇게 화려하고 다양한 주제의 예능 프로그램을 보여주는 나라는 찾아보기 힘들 정도다. 매일 새로운 프로그램이 나오고 매일 새로운 스타가 탄생한다.

예능의 특성상 제작진이나 시청자나 가장 중요하게 생각하는 부분 중 하나가 바로 비주얼(visual)이다. 출연자들이나 세트장, 구성의 비주얼을 모두 포함해서다. 하지만 이런 의문이 든다. 그 비주얼이라는 것이 정말 실재하기는 하는 걸까? 누구나 잘 아는 소설《걸리버 여행기》*에는 비주얼에 대해 시사하는 바가 큰 대목이 나온다. 주인공 걸리버는 모든 것을 다 잃고 쓰러진다. 그런데 아직 자신의 돋보기가 남았다는 사실을 알게 된 후 이렇게 내뱉는다. "모든 것을 다 잃었어도 이것만 있으면 되지". 이건 무슨 뜻으로 한 말일까? 한마디로 '모든 것을 다 잃어도 앞을 볼 수 있다면 된다'는 의미다. 시각(視覺)이 가장 중요하다는 얘기고, 비주얼은 시각에서 나온 말이다.

요즘 예능 프로그램을 보면 비주얼이 휘황찬란한 공간과 무대에 출연하면서도 정작 자신이 접하는 것들에 대한 느낌은 제대로 드러내지 못하는 경우가 많다. 수십 명이 동시에 멋진 집에 들어가 근사한 인테리어를 봤지만 그에 대한 표현은 "대박 좋아", "너무 멋있어"에 그친다. 되풀이해 들어도 도대체 무엇을 봤는지 짐작할 수 없는 표현들이다. 껍데기의 비주얼을 중시하는 것 만큼, 보고 느낀 내면에 대한 표현까지도 제대로 할 수 있어야 한다. 포장지가 화려하면 내용물도 충실해야 한다는 말이다. 그게 안 되면 아무리 봐도 본 것이 아니다.

인간이 선천적으로 식별할 수 있는 냄새는 무려 3만 종 이상이라고 한다. 그런데 가장 후각이 발달한 사람도 2000종 밖에 식별하지 못한다. 이 사실은 무엇을 의미하는가? 후각의 10%도 활용하지 못한다는 것이다. 그러나 후각을 90% 이상 잃었다는 소식은 인간에게 큰 충격을 주지 않는다. 그러나 후각을 시각으로 바꾸면 다르다. 눈앞에 있는 풍경의 90% 이상을 못 보게 된다면 기분이 어떨까?

본 것을 제대로 표현하지 못한다는 것은 시각을 대부분 잃었다는 말과 같다. 스스로 눈을 감고 사는 것과 다름없다. 예능 프로그램을 보노라면 출연자들의 시각에 어떤 비주얼이 비추었는지는 알 길이 없고 그저 제각각의 '시각적 욕망'만 보인다. '나만 돋보이고 싶어', '가장 먼저 리액션을 해서 카메라를 더 받아야지'라는 그들의 마음이 오히려 실재하는 비주얼을 헛것으로 만든다. 우리가 눈으로 본 온갖 비주얼을 언어로 표현할 수 없다면, 우리는 비주얼을 본 것이 아니라 그저 한낱 욕망을 본 것에 지나지 않는다.

*《걸리버 여행기》: 영국작가 J. 스위프트의 풍자소설. 항해 중에 난파를 당한 주인공 걸리버가 여러 종류의 이상한 나라로 표류하면서 신기한 경험을 하는 줄거리다.

20

5月

백종원

당신을 대표하는 한 줄은 무엇인가?

방송인 백종원은 갑자기 나타나 순식간에 한국의 요리계를 장악했다. 그가 출연하며 주도하는 수많은 요리 프로그램이 탄생했고, 식당 프랜차이즈* 사업을 병행하며 승승장구하고 있다. 사람들은 그가 출연하는 프로그램과 그가 벌고 있는 돈의 액수에만 관심을 쏟고 있지만, 사실 우리가 그에게서 발견할 수 있는 것 중 가장 가치 있는 것은 '자신을 대표하는 하나를 만드는 힘'이다. 장사가 잘 안 되는 식당에서 그가 자주 언급하는 말은 "메뉴를 최대한 줄여야 한다"라는 조언이다. 요리 방법이나 식당 운영에 대한 이야기도 언급하기는 하지만, 모든 것을 종합하면 결국 메뉴를 하나로 압축하라는 결론이라는 사실을 알 수 있다.

백종원은 자신을 대표하는 하나만 두고 나머지는 미련 없이 정리하라는 말을 자신의 삶에서도 지켰다. 그래서 지금의 자리에 오르게 된 셈이다. 방송을 지켜보는 시청자 역시 백종원의 조언에 동의하면서 "왜 메뉴를 줄이지 않냐?"라며 식당 주인을 타박하기도 한다. 그러나 대부분의 시청자들은 식당 주인에게는 메뉴를 줄이라고 타박하면서 정작 자신이 운영하는 '인생 메뉴'는 줄이지 않는다. 식당 메뉴만 중요한 게 아니다. 우리에게 중요한 것은 각자의 인생이기 때문이다. 그 식당 역시 메뉴가 많아진 이유가 있을 것이다. 처음에는 하나로 시작했지만 그 하나에 점점 자신을 잃어 잘 알지는 못해도 남들이 좋다는 메뉴를 하나하나 추가하다가 지금의 결과에 도달했을 것이기 때문이다.

깨달은 것이 있다면 당장 텔레비전 앞에서 일어나 자신의 인생을 정면으로 마주 보라. 그러고는 이렇게 질문하라. "내게는 어떤 메뉴가 있는가?", "내 삶의 메뉴는 왜 늘어난 것인가?", "하나만 남긴다면 뭘로 선택할 것인가?" 그렇게 하면 당신을 대표하는 메뉴, 즉 당신이 우선해야 할 일이 보인다. 당신을 대표하는 일 하나를 가져라. 그것이 바로 지금의 백종원을 있게 해준 힘이다. 그는 이미 자신의 이름 자체로 하나의 문화가 되었다. '요리'하면 바로 그가 떠오르고, '레시피'하면 그의 이름을 검색하게 되고, 생전 요리를 하지 않았던 사람들까지 부엌 앞으로 가도록 만들었다. 물론 비판하는 목소리도 있다. 그러나 나는 비판하지 말자는 것이 아니라 좋은 부분을 보자는 것이다. 그가 지금까지 보여준 모든 말과 행동에는 '모든 것은 나로부터 시작한다'라는 원칙이 있었다.

사람은 누구나 갖가지 모양으로 다가오는 기회를 접하면서 살아간다. 누군가는 그걸 활용해서 자기 목적에 맞게 변형하고, 누구는 쓸모없는 것이라 여겨 바람처럼 스쳐 보낸다. 자신을 대표하는 하나를 갖고 싶다면, 그 기회가 말라서 사라지기 전에 지금 자신에게 최적화된 메뉴로 개발하라. 그게 경쟁력이다.

*프랜차이즈 → 프랜차이즈체인(franchise chain): 상품의 유통 및 서비스 등에서 모기업(프랜차이저)이 체인에 참여하는 독립점(프랜차이지)을 조직해 만든 연쇄 소매점.

21
5月

다이어트

사라지지 않는 '마음의 지방'

"다이어트와 관련 있는 사업에 무엇이 있느냐?"라는 질문에 주로 다이어트 식품과 헬스클럽, 미용과 관련이 있는 각종 의료 기술 정도를 떠올린다. 이 정도만 해도 매년 10조 원 정도의 시장이 형성된 상태다. 그런데 문제는 이게 끝이 아니라는 사실이다. 결국에는 다이어트에 초점을 맞춘 패션 사업과 살이 찌지 않기 위해 개인적으로 꾸미는 갖가지 식단까지 모두 다이어트 사업 영역에 있다고 볼 수 있기 때문이다. 요즘에 유행하는 바디 프로필 역시도 가장 아름다운 자신의 순간을 남기려는 욕망을 자극한 변형된 다이어트 사업이라고 볼 수 있다. 그렇게 우리 주변은 아는 새 모르는 새 온통 다이어트에서 파생한 상품과 서비스로 넘쳐난다. 공간만 그런 게 아니라 사람의 생각까지 온통 다이어트에 사로잡혀 있다. 음식을 먹으면서도 살이 찌면 안 된다는 생각으로 가득하고, 운동을 하면서도 "어떻게 운동해야 살이 빠질까?"라는 생각으로 가득하다.

먹고사는 게 쉽지 않았던 과거에는 다이어트를 생각하는 사람은 극소수였다. 몇몇 부와 권력을 가진 사람들이나 생각하던 일이다. 우리나라에서 다이어트가 일상화가 된 시기는 그나마 먹고사는 것에 덜 연연하게 된 1960년대 이후라고 보면 된다. 초기에는 무조건 마른 몸매를 추구하며 다이어트를 했다. 그러다보니 설탕을 최대한 줄이며 동시에 빵, 감자, 쌀 등 탄수화물의 섭취까지 줄이는 '저칼로리 다이어트'가 유행했다. 그러다가 좋아하는 음식을 먹지 못하는 슬픔을 견디지 못하는 사람들을 위해 특별히 '원 푸드 다이어트'가 탄생했다. 정말로 그게 효과가 있어서 시작한 것인지, 아니면 가장 좋아하는 음식 하나라도 마음껏 먹게 해주는 다이어트법이 사업성이 있어서 시작된 것인지는 알 수 없지만, '포도 다이어트'나 '사과 다이어트', '황제 다이어트' 등의 각종 원 푸드 다이어트가 기승을 부렸다. 그러나 '요요 현상'이라는 부작용이 문제가 됐고, 영양소를 골고루 흡수할 수 없으니 몸이 망가져서 이제는 거의 하지 않는 다이어트법이 되고 말았다.

다음으로는 운동을 병행하는 다이어트법이 떠올랐다. 마르기만 한 몸매가 아닌, 적당한 근육이 균형을 이룬 건강 미인이 되기 위해 헬스클럽이나 다이어트 클럽 등 운동을 통한 다이어트 방법이 본격적으로 등장하기 시작한 것이다. 다양한 형태의 식이요법도 나타나기 시작했는데, 채식이나 생식 등을 이용해 몸속 지방을 줄이는 '저지방 다이어트'가 나왔고, 모든 영양소를 번갈아 가며 각각의 이름을 딴 다이어트도 나왔다. 한때는 '고탄수화물 다이어트'가 유행했고, 1990년대 후반에는 체지방을 최소한으로 유지해야 하는 운동선수 사이에서 관심을 모았던 '고단백 다이어트'도 인기를 끌었다. 2021년에는 '방탄 커피 다이어트'가 유행했는데, '방탄 커피'란 진한 원두커피에 무염버터와 MCT오일을 섞어 만든 커피로, '버터 커피'라고도 불린다. 총알도 막아낼 만큼 강한 에너지를 얻을 수 있다고 해서 붙은 이름이다. 최근에는 심지어 지방을 줄이려고 행하는 다이어트에 '고지방 다이어트'까지 유행하면서 '역설적' 인기를 얻고 있는 중이다. 이처럼 다이어트는 종류도 방법도 참 많다.

비만을 병으로 여기기 시작하면서는 비만 클리닉이 등장했고, 이제 다이어트는 의사가

정한 다이어트 식단과 운동 프로그램을 통해 과거보다 과학적으로 바뀌고 있다. 사상체질을 통한 '한방 다이어트'도 유행하기 시작했고, 식이요법이 힘든 사람들을 위한 '반창고 다이어트', '반지 다이어트', '풍선 다이어트' 등 비식이요법 다이어트까지 등장했다. 다이어트가 일상이 된 요즘에는 자연스럽게 생활하며 다이어트를 돕는 요가나 필라테스 등의 운동을 병행하는 사람도 많아졌다.

다이어트에 목매는 사회가 되자 최근에는 분명히 눈으로 보기에도, 실제 검사를 해도 마른 몸임에도 불구하고 여전히 살을 더 빼야 한다는 강박관념 때문에 스스로 불행해지는 경우가 많다. 사태가 이렇게까지 된 데에는 실재하는 '몸의 지방'이 아닌, 욕망이라는 '마음의 지방'을 빼지 못해서 그런 게 아닐까.

나는 아래의 말을 기억하며 일상에서 사람을 대할 때마다 실천한다.

"금에는 금박을 입히지 않는다."

스스로 자신에게 가치가 있다고 생각한다면, 굳이 '다이어트라는 덧칠'을 할 필요는 없다. 말에 있어서나 몸에 있어서나, 어떤 수식(修飾)으로도 자신을 포장하지 말라. 그것이 가장 효과적인 '인생 다이어트'다.

22
5月

김연아

완벽한 아름다움을 향한 충동

김연아 선수가 피겨 스케이팅 연습을 매우 오랜 기간 치열하게 반복했던 것은 분명한 사실이지만, 스케이팅을 치열하게 연습한 사람이 결코 김연아 선수뿐만은 아닐 것이다. 그러면 스케이팅에 사명감을 품고 치열하게 연습했던 선수들 가운데, 지금까지 누구도 이루어내지 못한 경지까지 오른 그녀만의 비결은 무엇인가? 보는 사람의 마음조차 뜨겁게 만드는 스케이팅을 해내는 김연아만의 비법은 무엇인가?

나는 그녀의 내부에 '충동'이 있다고 생각한다. '충동'이라는 낱말은 보통 부정적으로 많이 쓰이지만, 어떤 경우냐에 따라 그 의미는 달라질 수 있다. 사전에서는 '순간적으로 어떤 행동을 하고 싶은 욕구를 느끼게 하는 마음속의 자극'을 충동이라고 정의하는데, 이를 김연아의 삶에 대입하면 이렇게 바뀐다. '오늘보다 내일 더 완벽하게 아름다워지려는 마음의 의지'. 물론 세상에 '완벽'은 없다. 제아무리 최고의 위치에 오른다 할지라도 능력의 한계는 있기 마련이고, 적어도 실수는 하기 마련이다. 그런 까닭에 완벽보다 '완벽을 추구하는 정신'이 더욱 귀한 법이다. 완벽이란 '도달한 경지'라기보다는 '끊임없이 도전하고 모험하는 진행형'이며 멈추지 않는 에너지다. 그게 사람을 감동시키고 나아가 세상을 움직인다. 그렇게 한 사람이 하나의 문화가 되는 것이다.

중학생 시절의 김연아를 가르쳤던 신혜숙 코치에게는 잊지 못할 기억이 있다. 김연아가 트리플 러츠(triple lutz; 3회전 점프)를 하도 많이 뛰길래 장난삼아 손가락을 꼽으면서 헤아리기 시작했다. 그렇게 65회까지 세고는 더 이상 세는 것을 포기했다. 도무지 끝날 것 같지 않아서다. 게다가 김연아는 트리플 러츠가 아닌 다른 점프도 섞어서 뛰었으니 어림잡아도 100회가 넘는 점프를 한 것이다. 신혜숙 코치는 김연아를 이렇게 정의한다. "연아는 자기 할 일은 밤을 새워서라도 마치는 똑순이였다". 선수라면 누구나 지독하게 연습한다. 그러나 치열한 연습이 능사는 아니다. 그녀가 꿈의 200점을 달성하며 최고의 위치에 오른 힘은 '더 아름답게 점프하고 싶다는 충동'에서 비롯되었다. 억누를 수 없는 충동이 그녀를 키운 것이다.

선수 시절의 김연아가 국가의 전폭적인 지원을 받은 것은 아니다. 초기에는 열악한 국내 스케이트 링크 환경 때문에 수많은 사람이 붐비는 곳에서 연습해야 했음에도 단 한 번도 불평불만을 토로한 일이 없었다. 몸이 아파서 눈물을 뚝뚝 흘리면서까지도 연습을 거르지 않았던 것은 완벽을 향한 그녀의 충동 덕분이었다. SBS방송의 방상아 해설위원은 김연아의 의미를 이렇게 설명한다.

"김연아가 특별한 것은 편견에 맞서 싸운다는 점이다. 내가 선수였을 때 국제 대회에 나가면 한국에서 태어난 걸 원망하기도 했다. 하지만 김연아는 '피겨 후발국' 한국 선수를 향한 모든 편견을 무릅쓰고 최고의 자리에 올라섰다. 이제는 김연아로 인해 한국 관계자들이 대접을 받는다."

지고(至高)의 아름다움에 도달하면 숨어 있던 나쁜 것들은 사라진다. 좋은 것만 바라보며 자신의 일을 해낼 수 있게 된다는 얘기다. 이는 김연아가 삶으로 증명한 사실이다.

23
5月

시든 잔디밭

자연의 아름다움을 지켜줄 수 있는 적당한 거리는 어느 정도일까?

도시에서도 이제는 어렵지 않게 잔디를 볼 수 있다. 그러나 과거에도 그랬던 것처럼 쉽게 들어가 밟을 수 있는 곳은 많지 않다. 드물기는 하지만 한강에 조성된 공원 중 잔디를 '마음껏' 밟을 수 있는 곳을 만나도 선뜻 밟을 용기를 내지 못 한다. 우리 같은 보통 사람은 생애 대부분을 '잔디밭에 들어가지 마시오', '잔디가 아파요', '자연보호'라는 출입 금지 푯말을 보고 자라서다. 잔디를 향해 성큼성큼 들어가려다가도 '내가 과연 이래도 되는 걸까?'라는 생각이 뒷덜미를 잡는 것이다.

10여 년 전부터 집필실 마당에 직접 잔디를 가꾸고 있는 나는 그 이전에는 다음과 같은 의문이 있었던 게 사실이다. "왜 잔디밭에 들어가면 안 되는 걸까?" 집필실 안에는 글을 쓰다 사색을 즐기는 '사색 하우스'가 별도로 있는데, 거기에서 느끼는 즐거움 중 하나는 아담한 잔디밭을 바라보며 생각에 잠기는 것이다. 격주로 잔디를 깎는데, 어떤 향수와도 비교할 수 없는, 갓 깎은 잔디의 향긋한 풀냄새가 내게 근사한 기분을 선물한다.

잔디를 기르는 데에 좋은 일만 있는 건 아니다. 제초제를 쓰지 않고 잔디를 관리하려면 매주 보이는 대로 잡초를 뽑아내야 한다. 그때마다 나는 마치 흰머리를 뽑기 위해 핀셋을 든 사람처럼 섬세한 손길로 잡초를 뽑는다. '혹시라도 잡초가 잔디를 아프게 하는 건 아닐까?'라는 걱정이 앞서서다. 내 염려에 저항이라도 하듯 잡초는 너무나 강하고 고집이 세다. 소가 잘 먹는 풀이라 '쇠뜨기'라고도 부르는 이 풀이 잔디밭에 뿌리를 내리면 매우 곤란한 상황에 직면한다. 뿌리가 무려 땅속 1미터까지 자라서 제대로 뽑아내기 힘들기 때문이다. 늘 잔디밭에서 뽑혀 버려지는 자신의 신세가 서러웠는지, 뽑히지 않으려는 나름대로의 진화를 이룬 셈이다. 잡초가 강해지면 그와 반비례해 잔디는 점점 약해진다. 겉으로 볼 때는 잘 자라는 것처럼 보이지만 잔디는 매우 민감하고 연약한 존재다. 자꾸 밟으면 아파하고, 그늘이 생기면 병들고, 물이 고이면 결국 죽는다. 잔디밭 중간중간에 디딤돌이 있는 이유도 가급적 잔디를 밟지 않고 이동할 동선을 마련한 것이다.

모든 건 그렇게 다 나름의 이유가 있다. 그래서 잔디는 자기를 섬세하게 다루어주는 사람에게만 영원히 늙지 않는 아름다운 연인이 되어 푸르름을 선물한다. 그런 잔디를 오랫동안 아름다울 수 있게 지켜주고, 적당한 거리에서 바라볼 수 있다는 것, 그것이 바로 인간이 자신의 눈에 줄 수 있는 가장 소박한 사치 아닐까. 당신 앞에 존재하는 아름다운 잔디밭이 시들기 전에 말이다.

24
5月

3D 애니메이션 뽀로로

아날로그와 디지털의 근사한 융합

'아이들의 대통령 뽀로로'의 성장에는 끝이 없는 듯하다. 시간이 흐르고 경제가 어려움을 겪어도 뽀로로는 '그런 거와 상관없다'는 듯이 일취월장하고 있는 것. 뽀로로 관련 매출이 코로나 사태로 경제가 어려웠던 2020년에도 744억 원을 기록한 저력은 어디에서 나오는 걸까? 다양한 매체와 전문가들이 뽀로로의 경쟁력을 분석하고 있지만, 나는 '아날로그와 디지털의 융합'에 그 답이 있다고 생각한다.

뽀로로의 역사를 되짚어보자. 2003년 11월 아이코닉스(ICONIX)*와 오콘(OCON studios)**에서 제작한 애니메이션 〈뽀롱뽀롱 뽀로로〉는 이후 '뽀통령(뽀로로+대통령)'이라는 신소어가 만들어질 정도로 어린이들에게 큰 인기를 끌었다. 아이를 키우는 집이라면 엄마 아빠건, 할머니 할아버지건 '뽀로로'라는 브랜드를 모르는 사람이 없을 정도였다. 뽀로로는 평범한 우리 일상에서 탄생했다. 어린이용 3D 애니메이션인 〈뽀로로〉를 개발한 아이코닉스 최종일 대표는 자기 아이가 집에서 노는 모습을 보면서 뽀로로의 아이디어를 얻었다고 한다. 아이를 보고 얻은 아이디어니까, 그걸 토대로 나온 상품이 아이에게 인기 없을 수가 없는 것이었다.

최 대표는 우선 3~5세 정도의 아이들을 위한 애니메이션이나 캐릭터가 없다는 점에 착안하여 그 나이대의 유아를 위한 애니메이션을 만들어 보자고 생각했다. 다음에는 캐릭터를 만들기 위해 조사를 진행했다. 토끼, 쥐, 거북이 등은 이미 널리 쓰이고 있었으나, '펭귄은 없다'는 새로운 사실을 알게 되었다. 그는 펭귄 이름을 '뽀로로'라고 정하고 스토리를 개발했다. 캐릭터 시장에 큰 관심이 없거나 소비만 하는 사람들은 뽀로로가 그저 캐릭터의 힘으로만 시장을 점령했다고 생각하는데, 뽀로로는 캐릭터 자체보다는 영상에 담긴 '아이밀착형 스토리'로 처음 시장을 노크했다. 내용은 남극 펭귄과 북극곰, 그리고 사막여우가 한동네에 살면서 벌어지는, 평범하지만 재미있는 이야기다.

세상이 디지털 시대가 되면서는 '아날로그 형태'의 스토리라인을 '3D 디지털 그래픽' 기술에 융합해 보는 재미를 배가시켰기 때문에 아이들의 폭발적인 호응을 이어갈 수 있었다. 이렇게 3D 애니메이션 〈뽀로로〉가 성공하자, 이야기에 등장하는 각종 캐릭터 상품이 무수히 개발되면서 2003년 출시 이후 20년이나 지난 지금까지도 아이들에게 가장 사랑받는 캐릭터로 자리 잡게 된 것이다.

탄탄한 스토리에 최신 기술을 융합할 수 있다면 언제든 폭발적인 호응과 결과를 이끌어 낼 수 있다는 가장 모범적인 사례인 셈이다.

*아이코닉스: 우리나라의 애니메이션 제작 기업. 2001년에 설립되었으며, KBS, EBS 등 다양한 방송의 애니메이션 제작을 담당했다.

**오콘: 3D 애니메이션을 전문으로 제작하는 주식회사. 1996년에 설립되었으며, SBS, EBS 등의 방송사에 애니메이션 작품을 맡아 공급했다.

25
5月

밸런타인데이
나라를 잃은 민족에게 문화는 주어지지 않는다

여전히 많은 사람이 밸런타인데이에 여성이 남성에게 초콜릿을 선물하며 사랑을 고백하는 풍습이 로마의 발렌티누스(Valentinus) 축일에서 비롯된 걸로 알고 있다. 그러나 그건 사실이 아니다. '초콜릿이나 사탕을 주고받는 날'이라는 것은 서양의 밸런타인데이에서 아이디어를 얻은 일본의 전국사탕과자공업협동조합에서 매출 증진을 위해 만들었고 화이트데이 역시 밸런타인데이 때 생긴 재고 처리를 위해 1980년에 시작한 '상술이 만든 풍습'이다. 이후 이 가짜 풍습이 일본과 가까운 한국에 흘러들어 마치 누구나 지켜야만 할 문화처럼 고착되었다.

하지만 한국인이라면 잊지 말아야 할 역사적 사건이 당신이 '밸런타인데이'라며 초콜릿을 주고받으며 즐거워하는 2월 14일에 일어났다. 이날은 한국을 대표하는 위인 안중근 의사의 사형 선고일*인 것이다. 매년 2월 14일이 되면 한국의 대형 포털사이트에는 초콜릿에 관한 이야기로 도배를 할 정도로 채워지지만, 안중근 의사에 관한 이야기는 거의 눈에 띄지 않는다. 안중근 의사가 일본인에게 사형 선고를 받은 굴욕적인 날에, 우리는 어이없게도 일본인이 상술로 만든 '가짜 서양 명절'의 꼭두각시놀음에서 벗어나지 못하고 있는 셈이다.

안중근 의사가 한국인이 가장 존경하는 위인 중 한 사람인 이유는 어디에 있을까? 이 시대를 사는 한국인이라면 어떻게 생각하고 행동해야 하는지 분명히 알려주었기 때문이다. 1905년 을사늑약**이 체결되는 것에 분개해 독립운동에 투신한 그는, 1909년 10월 이토 히로부미를 하얼빈 역에서 척살하고 하얼빈 총영사 가와카미 도시히코와 비서관 모리 타이지로에게 중상을 입힌 뒤, 태극기를 꺼내 '대한민국 만세'를 외치다 현장에서 체포되었다. 중요한 건 '잡히면 무조건 사형'이라는 것을 알면서도 안중근 의사는 도망가지 않았다는 사실이다. 오히려 그는 누구나 자신을 알아볼 수 있게, 큰 소리로 '대한민국 만세'를 외치기까지 했다. 마치 "나는 명예로운 일을 해냈으니 이제 죽이든 살리든 마음대로 하라"라는 외침과도 같았다. 그의 올곧은 삶의 원칙은 형장을 지키던 일본인 간수들마저 안중근을 인간적으로 존경하도록 만들었다. 그가 죽는 걸 안타까워했던 간수들은 도망갈 수 있도록 일부러 자리를 여러 차례 비우기도 했지만, 안 의사는 끝내 도망하지 않음으로써 죽음과도 바꾸지 않는 삶의 원칙을 그들에게 보여주었다. "잘못한 게 없는데 내가 왜 도망을 가는가?"라는 게 안 의사의 생각이었다. 안중근 의사의 삶은 그 자체로 하나의 숭고한 문화다. 그의 삶이 보여준 이 교훈을 당신이 한국인이라면 잊지 말고 기억하자.

"가야 할 길을 잃은 민족에게 문화는 주어지지 않는다."

*안중근 의사의 사형 선고일: 안중근 의사에 대한 언도 공판은 1910년 2월 14일 오전 10시 30분에 개정되었다. 재판장 마나베는 사형을 언도했다. 죽음을 앞둔 며칠 전 안 의사는 두 아우에게 "내가 죽거든 시체는 우리나라가 독립하기 전에는 반장(返葬)하지 말라……대한 독립의 소리가 천국에 들려오면 나는 마땅히 춤을 추며 만세를 부를 것이다"라고 유언했다. 안 의사는 3월 26일 오전 10시, 뤼순감옥의 형장에서 순국했다.

**을사늑약: 대한제국 시대인 1905년 일본이 한국의 외교권을 박탈하기 위해 강제로 체결한 조약.

26 5月

생명이 자본이다

자연을 그대로 활용한 2대 축제

"물 들어올 때 노 저어라"라는 말이 있다. 일이 잘될 때 더 밀어붙여야 성공하거나 높은 목표에 도달할 수 있다는 의미다. 이 격언에 너무 천착한 나머지 인간은 가만히 두어도 아름답게 성장하고 변화하는 자연에 자꾸만 여러가지 '기술'이라는 노를 저으려고 한다. 과거에는 이런 게 좋은 방법이었을 수 있지만, 이제는 자연이 스스로 흘러가도록 두고 활용만 하는 것이 '더 효과적 노 젓기'라는 사실을 깨달아야 한다. 인공적인 노 젓기를 그치고 '생명이 살아있는 자연이 자본'이라는 원칙을 지켜서 전국적으로 유명해진 두 곳의 사례가 이를 증명한다.

1. 순천만의 갯벌

전남 순천시에 있는 순천만은 도시 한가운데가 갯벌인 '만(灣)의 도시'다. 항구를 만들 수 없는 지형이라, 이 지역 농민들은 오래 전부터 갯벌을 개간해 농지로 이용했다. 그렇게 800만 평 정도의 갯벌이 점차 농지로 바뀌었고, 그 인근에 민가와 음식점이 들어서면서 훼손이 시작되었다. 하지만 오랫동안 '갯벌은 쓸모없는 것'이라 여겨온 이 지역 주민들은 훼손이 되어도 별 신경을 쓰지 않았다. 그러다가 '나의 삶터'가 황폐해져 가는 모습을 더는 두고 볼 수 없었던 소수의 순천 시민들이 순천만을 생태 관광지로 가꾸자는 아이디어를 냈다.

뜻이 모이자 순천시가 나서서 갯벌로 유입되는 오염 물질을 정화하고 훼손된 습지를 복원시켰다. 갯벌 인근의 민가와 음식점들도 철거했다. 그러자 자연이 응답했다. 바다 생태계가 살아나고 갯벌에 먹잇감이 풍부해지면서 철새들이 늘어났다. 이번에는 다시 사람들이 화답했다. 오랫동안 버려졌던 순천만이 자연 생태계의 보고로 되살아나자 갈대와 갯벌, 철새를 보기 위해 관광객이 급증했다. 자연도 살리고 지역 경제도 살리는 일석이조의 효과를 얻게 된 것이다. 순천만은 갯벌 때문에 항구를 건설할 수 없어서 산업화에 뒤처졌으나, 사고를 전환해 천덕꾸러기였던 갯벌을 복원하여 생태 관광지라는 에코시티(ecocity; 생태도시)*로 거듭나는 데 성공한 흔치 않은 케이스가 됐다.

2. 나비 축제

전남 함평군은 광주와 목포 사이에 자리한 전형적인 농촌 지역이다. 대도시와 거리가 먼 지리적 환경 때문에 산업화가 되지 않아 농업 이외에 마땅한 소득원이 없었다. 함평 군수는 오지와 다름없는 함평군의 새로운 소득원으로 관광 산업을 생각하고 함평이 자랑할 만한 볼거리를 찾았다. 사색을 거듭하는 그에게 자연은 지혜로운 답을 주었다. '나비를 날게 하라'가 그 답이었다. 개발이 안 되어 오히려 청정 환경이 잘 보전되었다는 점을 활용해 나비를 불러 모으기로 한 것이다. 버려진 땅에 꽃밭을 가꾸고, 나비를 부화시켜 그곳에서 나비가 날도록 했다. 꽃이 만발한 청정 지역에서 수많은 나비가 날아다니자, 그 모습은 머릿속에 상상한 것보다 훨씬 아름답고 감동적이었다.

자신감을 얻은 함평군은 바로 나비 축제를 개최하기로 했다. 이로써 대대로 농사만 짓던 땅이 유명 나비 관광지로 바뀌게 되었고, 현재는 연간 500만 명이 넘는 관광객이 함평 나비대축제**를 찾을 정도로 큰 인기를 얻고 있다. 함평군은 농업 지역을 아예 관광 지역으로, 지역의 본질을 바꿔 성공한 사례다.

순천과 함평의 변화는 자연이 만들어낸 기적이다. 찾아보면 이런 사례는 적지 않다. 여러 지역에서 사례가 나오고 있는데, 그 공통점은 하나같이 '생명이 살아있는 자연'이라는 자본을 그대로 활용했다는 것이다. 자연에 모든 답이 있다. '훼손하지 않은 채 그대로 보여주면 세상은 감동한다'라는 사실을 점점 더 많은 사람이 학습하고 있다.

*에코시티 → 생태도시: 도시를 하나의 유기적 생태계로 인식하는 새로운 패러다임의 도시. 순천의 여러 생태도시 중 '생물 다양성 생태도시(녹지 및 쾌적한 수계와 다양한 생물이 서식하는 환경을 만들어내고 유지하는 체계)'로 분류될 수 있다.

**함평나비대축제: 전남 함평군에서 매년 열리는 나비 축제. 10만 평의 유채꽃과 24만 평의 자운영꽃이 수만 마리의 나비와 어울려 만들어내는 아름다움을 접할 수 있다.

27

5月

88서울올림픽

화려한 축제를 위해 초라하게 사라진 것들

참 멋진 일이었다. 먹고사는 것조차 힘들던 세계 최빈국 중 한 나라가 급성장하여 올림픽까지 열 수 있었다는 사실은 우리보다 살기 힘든 나라들에 희망까지 안겨줬다. 세계인의 기대를 모으며 1988년 9월 17일부터 10월 2일까지 서울에서 열린 제24회 서울올림픽은 전세계 160개국이 참가해 그때까지의 올림픽사상 최대 규모로 진행됐다. 오랫동안 철저하게 준비한 결과였다.

시계를 거꾸로 돌려 그보다 9년 앞인 1979년 9월로 돌아가보자. 정부 관계자들은 제24회 올림픽을 서울에 유치하기로 결의하고 1981년 2월에 국제올림픽위원회(IOC) 본부에 정식으로 올림픽 유치 신청서를 제출했다. 하나하나 열거하기도 힘들 정도의 수많은 과정을 거쳐 마침내 1981년 9월 30일, 서독(西獨)*의 바덴바덴에서 열린 IOC 제84차 총회에서 일본의 나고야를 꺾고 한국의 서울이 최종 개최지로 확정되었다. 그 결과가 유독 감격스러웠던 까닭은 수많은 방해 요소에도 불구하고 무려 52 대 27이라는, 2배에 가까운 득표수 격차가 났다는 사실이다. 짐작도 못 했던 '화려한 결과'였다.

그러나 '화려한 결과'에 상응하는 '화려한 공간'을 마련하기 위해 국민이 겪어야 할 고통의 크기는 예상보다 컸다. 겉으로 드러난 올림픽 성과는 모두들 잘 알고 있으니, 여기서는 눈에 띄지 않았으나 힘이 없어 저항하지 못한 약자들이 겪은 고통스러운 일들을 짧게나마 상기해보려고 한다.

1. 경기장 건설 및 달동네 환경정비 및 재개발이라는 이유로 수십만 명의 주민들이 한순간에 길거리로 내몰렸다.

2. 전국 성화 봉송로 주변의 눈에 띄는 모든 판잣집을 '보기 좋지 않다'는 이유만으로 전부 무단 철거했다.

3. 도시 미관을 해친다는 이유로 길에서 떠도는 사람과 거지, 지적 장애인들이 거리에 보이면 즉시 보호시설에 강제 수용했다.

4. 한국을 방문하면 볼 수밖에 없는 김포국제공항과 국회대로 주변 판자촌 및 빈민가는 모두 철거되어 사라졌다.

5. 빈민촌에서 거주하던 사람들은 점점 밀려나 난곡동이나 서울 밖으로 쫓겨났다.

6. 서양인의 이목을 의식해 서울 및 부산 등 전국 도시에서 개고기 판매를 금지했다. 이들은 보신탕이라는 이름 대신 사철탕, 영양탕, 보양탕 등으로 이름을 바꾸고 변두리로 쫓겨나 겨우 명맥을 이어갔다.

7. 군복을 입은 군인이 거리에 보이면 남북이 심각한 대치 상황인 것처럼 보이며, 군복 자체만으로도 위압적 분위기를 풍긴다는 이유로 대회 기간 동안 방위병들은 평상복을 입고 다니게 했다.

8. 군용 차량은 서울 시내 주행이 전면 금지되었고, 수도권 부대 병사들의 휴가 외출 외박도 허락하지 않았으며, 지역 부대 소속 장병들 또한 군복 차림으로 서울시 주변에 접근하는 것 자체를 금지했다.

지금 생각하면 '이런 일도 있었나' 싶을 정도로 어처구니가 없는 조치들이었다. 축제를 위해서 누군가는 손님을 맞을 준비를 해야 하고, 준비하는 과정에서 누군가를 피해를 보게 된다. 모든 일에는 양면성이 있는 법이니까. '세계는 서울로, 서울은 세계로'라는 슬로건처럼 한국을 세계에 알리는 계기가 되었고 종합 4위를 하는 등 결과도 좋았지만, 그러나 보이지 않는 곳에서 자신의 권리와 일상을 빼앗기고 숨죽여 지낸 사람들도 있었다는 사실을 확실하게 밝히는 것도 필요하다. 누군가의 축제는 다른 누군가에게는 고통의 나날일 수도 있다는 것을 잊고 살지는 말자.

*서독: 독일 서부 지역에 있던 자본주의 체제의 연방공화국. 1990년 공산당 정권이었던 동독과 통합하여 독일연방공화국이 되었다. 서독의 수도는 본(Bonn)이었다.

28

5月

쓰레기통과 북한

모든 현재에는 과거에서 비롯된 이유가 있다

제목부터 의아하다고 생각할 수도 있다. "쓰레기통과 북한 사이에 대체 어떤 연관이 있다는 거야?" 쓰레기통은 어디나 놓여 있지만 공공장소에 설치된 쓰레기통은 뭔가 다르다. 뭐가 다를까? 평소에 관찰력 좀 있다는 말을 듣는 사람이라면 어렵지 않게 답할 수 있을 것이다. 그 답을 말하기 전에 그런 형태의 쓰레기통이 나온 원인부터 알아보자.

때는 역사적인 서울아시안게임*의 개막을 불과 일주일 앞둔 1986년 가을이었다. 스포츠 경기가 열리기에 더없이 좋은 때인 9월 14일 오후 3시, 김포국제공항에서 난데없이 폭탄이 터진다. 공항의 국제선 청사(현 국내선 청사) 1층 외곽 5번과 6번 출입문 사이에 위치한 음료수 자동 판매기 옆 철제 쓰레기통에서 고성능 사제 시한폭탄이 폭발한 것이다. 평화롭던 공항은 순식간에 전쟁터로 변했다. 이 사건으로 일가족 4명과 공항 직원 1명 등 총 5명이 숨지고 38명이 중경상을 입었다. 이 사건은 공동 주최를 도모하다가 끝내 무산이 되자, 목표를 바꿔서 어떻게든 아시아 게임을 할 수 없도록 방해하려던 북한의 테러였던 것이다.

이 사건을 계기로 공항 보안 검사는 365일 내내 마치 테러 현장을 감시하듯 철저하게 강화되었다. 지금처럼 출국자만 검사하는 것이 아니라, 아예 공항 청사 출입구에도 보안 검색대를 설치해 청사에 들어가는 모든 사람들이 보안 검색대를 통과해야 했다. 이런 상태로 테러의 기억이 거의 잊혀진 1990년대 이후 불편을 호소하는 소리가 나오기 시작했다. 1992년 1월부터는 단계적으로 검색대가 철수됐고, 국제공항 방문은 예전처럼 다시 자유로워졌다. 이 사건을 계기로 시작된 변화 중 지금까지 남아 있는 하나가 바로 앞서 언급한 쓰레기통이다.

북한의 테러 이후 정부에는 풀어야 할 숙제가 생겼다. "쓰레기통 안에 뭐가 들어 있는지 밖에서도 알아볼 수 있게 만들어야 한다". 그 결과 공항이나 항구, 역사 등의 공공장소에는 사방이 뚫린 구조로 만든 프레임에 투명한 비닐 쓰레기 자루를 걸어 안의 물건을 즉시 볼 수 있는 쓰레기통이 설치됐다. 북한이 우리 남한의 공공장소용 쓰레기통을 진화시킨 결과가 됐으니, 웃지 못할 분단 역사의 아이러니가 아닐 수 없다.

*서울아시안게임 → 제10회 아시아경기대회(The 10th Asian Games): 1986년에 서울에서 열린 제10회 아시아경기대회. 27개국 4800여 명의 선수들이 '영원한 전진(Ever onward)'이라는 캐치프레이즈를 내걸고 9월 20일부터 10월 5일까지 16일간 경기를 펼쳤다.

29
5月

사교육
더 배우고자 할 때 갖추어야 할 자세

아이들이 막 걷기 시작하면 부모는 먼저 이런 걱정을 시작한다.

'우리 아이를 일반 유치원에 보내야 할까, 아니면 영재 유치원으로 보내야 할까?'

아이가 걸음마를 시작하면서 부모는 깊고 넓은 사교육의 바다에 자신의 몸을 던지는 것이다. 사교육은 좋은 것인가 나쁜 것인가를 논하려는 것이 아니다. 뭐가 됐든 사용하는 사람에 따라 사물의 기능은 다르게 발휘되는 법이기 때문이다. 중요한 건 사교육을 대하는 사람의 마음이며, 그 안에 불평등에 대한 불만이 들어 있다면 결과가 좋지 않을 가능성이 높다는 사실이다.

사람이 스스로를 망치는 가장 나쁜 예는 이런 가정을 할 때다.

"저 사람은 어쩌면 저렇게 좋은 환경을 타고 났을까?"

"지치지 않고 꾸준히 공부할 수 있으니 얼마나 좋을까?"

"하나를 선택하면 끝까지 해내는 정신을 나도 갖고 싶다."

완벽하게 보이는 사람들에게 물어보면 대답은 예상과 다를 때가 많다. 늘 좋아서 공부하는 것도 아니고, 늘 웃으며 일하는 것도 아니고, 언제나 집중할 수 있는 환경도 아니다. 겉으로 보기만 할 때와 직접 그 사람이 되어 사는 건 다르다. 이 사실을 깨달으면 불평등을 호소하며 불평하는 시간을 줄일 수 있다. 같은 사교육이라도 '저 사람도 과외를 받는데 나도 받아야지'라는 마음으로 받는 것과 '잘 모르던 것을 열심히 배우자'라는 마음으로 받는 것은 전혀 다르다. 마음의 태도가 다르면 그걸로 얻는 결과의 질도 달라지는 것이다.

조선시대의 사회상도 크게 다르지 않았다. 조선이 가장 풍족했던 시기였던 시절, 성종은 심해지는 사치 풍조를 개탄하면서 이렇게 말했다.

"우리 백성들은 마음대로 쓰고 입에 맞는 대로 먹으며, 다투어 과시하고자 하여 다른 사람에게 돈을 빌려서라도 술과 밥을 잔뜩 만들어 다만 눈앞의 즐거움만을 도모한다. 결국 이 모든 것이 위로 부모를 섬기고 아래로 자식을 기르기에 부족할 뿐만 아니라, 혹은 자신이 살던 땅을 떠나게 하고 객사하게 만들기도 한다. 만약 흉년을 만나게 되면 대체 어쩌려고 그러는가?"

그러면서 성종은 자신을 본받아 근검절약하여 각자의 인생을 아름답게 살자고 말한다. 중심을 잡지 못하고 사치하는 일도 마찬가지로, "나는 저 사람처럼 비싼 것은 사지 못하니, 이거라도 마음껏 사서 즐겨야지"라는 생각에서 나온 마음이다.

사교육도 그렇다. 더 비싼 학원과 너 좋은 시설의 학원에 다니는 것도 좋지만, 언제나 기본이 무엇인지 제대로 알고 있어야 한다. 더 좋은 것만 추구하려는 태도는 자신이 불평등한 상태에 있다고 불평하는 것과 같다. 중요한 건 배우는 공간과 위치가 아니라, 배우는 자세다. 모르는 것을 배우려는 자세는 그 사람에게 귀한 것을 주지만, 그저 불평등을 해소하려는 목적으로만 배운다면 돈과 시간을 낭비하는 사치에 불과하다.

30
5月

'여기 앉으세요'와 '식사 하셨어요?'
서로 염려하고 함께 나누는 마음이 한국인의 성장 에너지

"저, 여기에 앉으세요."

버스나 지하철에서 노인이나 임신부 혹은 몸이 불편한 사람이 타면 바로 이런 소리가 들린다. 우리에게는 익숙하지만, 외국에서는 흔하지 않은 광경이다. 이런 일은 몸이 약하거나 아픈 타인을 염려하고 걱정하는 인간주의적 태도가 미약한 사회에서는 일어나기 어렵다. 물론 강요나 억지를 통한 양보는 좋지 않다. 하지만 한국에서는 이런 일들이 자연스럽게 이루어진다. 누가 뭐라고 하지 않아도 일어나서 앉으라고 권하고, 누가 시키지 않아도 짐을 들어주고 고통을 분담한다. 어쩌면 이런 반문도 있을 수 있다. "요즘에 누가 양보를 해요", "이제 그런 건 사라져야 합니다. 내가 우선이죠". 사실이다. 최근 노인이 많아지기 때문에 바뀌는 문화이기도 한데, 실제로 노인과 약자에게 양보하는 사람들이 줄고 있다. 다소 줄고 있다고는 해도 아직 완전히 반대로 돌아선 것은 아니다. 자리는 양보할 수 없지만 상대방이 든 짐 정도는 받아주는 선택을 한다. 남의 어려움을 완전히 방관하지는 못하는 것이다. 적게나마 남의 어려움을 덜어주려는 마음에서 나온 표현이 아닐 수 없다. 따스한 마음이 느껴진다.

나는 자리를 양보하지 않고 짐을 들어주지 않는 사람을 비난하려는 것이 결코 아니다. 남의 고통을 보고 그것을 나누려는 사람들이 있는 한, 서로를 염려해주는 연민과 공감의 힘을 통해서 우리는 한국에 여전히 살아있는 상생의 가치로 기계와 로봇이 할 수 없는 인간만의 가치를 구현하며 살 수 있다는 사실을 말하고 싶을 뿐이다. 무거운 것을 들고 의자를 만드는 일은 기계가 가장 잘하는 일이지만, 무거운 것을 나누어 들고 의자를 양보하는 일은 감정을 가진 인간만이 할 수 있는 일이다.

한국에는 이와 비슷하면서 매우 독특한 문화가 또 하나 있다. 지금이야 식당에서 돈을 내고 밥을 사 먹는 게 일반적이지만, 밥을 전문으로 파는 식당이 생긴 건 얼마 되지 않았다는 사실이다. 즉, 꽤 오랫동안 돈을 내고 밥을 사 먹는다는 것이 상식이 아닌 시절이 있었다는 거다. 우리 정서상 밥은 '거래의 대상'이 아니라, 마음이 가면 그냥 대접하는 것이어서 그렇다. 아주 오랜 옛날부터 조선시대까지도 그랬다. 굳이 잘 사는 양반집이 아니더라도, 혹시나 밥을 구걸하는 사람이 지나갈 것을 대비해서 밥을 조금 더 지어 놓기까지 했다. 자기 먹을 것도 넉넉지 않으면서 남이 먹지 못하는 사정까지 걱정한 것이다. 이런 이유로 한국에서는 돈을 내고 밥을 사 먹는 식당의 역사가 그리 오래지 않다. 대신 주막에서 술을 팔면서 안주 겸 밥을 팔았다. 요즘에는 곳곳에서 어려운 사람에게 무료로 식사를 제공하는 식당도 어렵지 않게 만나볼 수 있다. 이런 정서가 기본적인 한국인의 마음인 셈이다. 한국에서는 "먹는 것 가지고 야박하지 굴지 말라"는 말이 낯설지 않은 표현이기도 하다.

'먹을 것(음식)'에 대한 한국인의 이런 태도는 인사로까지 연결된다. 지나가는 어른을 만나면 "안녕하십니까"보다 "진지 잡수셨습니까"라는 인사가 더 보편적이다. 이 문화는 지금껏 이어져서, 식사 시간 이후에 만나는 사람들에게는 "식사 맛있게 하셨어요?", "점심은 드셨어요?"라고 인사를 나눈다. 이 말 안에는 이런 태도가 들어있다. "다 먹고살려고 하는 일인데, 아무리 일이 많아도 밥은 먹어야지". 요즘에야 그렇게 생각하는 사람이 많지 않겠지만, 먹고사는 것이 어려웠던 시기에는 "식사는 하셨어요?"라는 말에 반가움을 표현하기보다는 속으로 분노하는 경우도 종종 있었다. 워낙 사는 게 어렵다보니 '네 눈엔 내가 밥도 못 먹을 정도로 가난해 보이냐!'라는 자격지심에서 비롯된 생각이었다. 그렇다고 인사를 하지 않을 수는 없는 노릇이라 표현을 조금 더 섬세하게 다듬곤 했다. 상대가 식사를 마쳤다는 전제를 깔고 묻는 방식이다. "식사 맛있게 하셨죠?"

힘들어도 같이 살아가는 것, 즉 상생을 위해 '어려움은 나누고 먹는 것은 함께하는 문화'는 우리 사회가 지켜온 전통 중 하나라고 할 수 있다. 많이 열어지기는 했지만 여전히 우리 사회 곳곳에서 드물지 않게 볼 수 있는 모습이기 때문이다. 그 바탕이 되는 연민과 공감은 인간만이 가진 최고의 도덕적 인식 단계이며, 오직 이것만이 인공지능 시대의 와류 속에서 인간의 가치를 지킬 수 있고, 성장을 멈추지 않고 발전하려는 한국인의 에너지원이 될 수 있다고 나는 믿는다.

31
5月

연탄
이제는 마음에 남은 추억의 온도

중년이 넘은 40대 이상의 한국인 중에 연탄에 관한 추억 하나 없는 사람은 많지 않을 것이다. 연탄이라는 물건은 한국인에게는 돌아가고 싶진 않지만, 가끔 그 가난했던 시절을 떠올리게 하는 애증의 존재다.

연탄은 석탄 중에서도 주로 한국에서 많이 나는 무연탄을 가루로 만든 다음 점토와 섞은 후 블록이나 원통 등 원하는 모양으로 가공하고 가운데 구멍을 뚫어 잘 연소되게 만든 연료다. 야외 캠핑을 하면서 불을 피워본 사람은 잘 알겠지만, 연탄에 구멍을 뚫는 이유는 공기와의 접촉 면적을 늘려 잘 타도록 하기 위해서다. 바람이 통하는 공간이 많을수록 불은 더 빠르고 강력하게 타오른다. 뚫린 구멍이 많을수록 화력은 세지만 타는 시간이 짧고, 구멍이 적으면 타는 시간은 늘어나지만 화력이 약하다. 구멍의 숫자가 연탄의 화력과 지속력을 결정하기 때문에 자연스럽게 이것이 연탄의 종류를 결정지었다. 연탄이 처음 나왔을 때는 모양도 지금과 달리 벽돌 모양이었으며 2~3개 정도의 구멍만 뚫려 있었다. 구멍이 적고 벽돌 모양이라 화력이 좋지 않았고, 이후 원통형에 구멍이 9개인 연탄이 출시되어 '연탄'하면 바로 '구공탄(九孔炭)'을 떠올리는 일반명사가 되었다.

연탄이 서민에게 사랑받았던 이유로는 크게 세 가지를 들 수 있다. 하나는 규격화되어 누구나 쉽게 사용할 수 있었다는 점이고, 또 하나는 집게로 집어서 다룰 수 있어서 매우 편리했다는 것이다. 마지막 하나가 가장 결정적인데, 한국전쟁이 끝난 1950년대 중반 이후 난방 목적의 무단 벌목으로 산에 나무가 남아나지 않자 정부가 국가적 차원에서 연탄 보급에 적극 나선 결과였다.

1980년대만 해도 소위 '있는 집'들이 했던 연례행사 중 하나가 다가올 겨울 동안 쓸 연탄을 초여름에 들여놓는 것이었다. 이 행위는 다음의 두 가지 사실을 증명했다. 하나는 가장 저렴할 때 가장 많은 연탄을 살 수 있다는 '경제적 능력'이었고, 또 하나는 그 많은 연탄을 쌓을 공간이 넉넉한 집에 산다는 사실을 증명하는 '넓은 주거 환경'이었다.

연탄 난방의 단점은 누군가 새벽에 일어나 갈아주지 않으면 불이 꺼져 온 가족이 차가운 방바닥에서 잠을 설쳐야만 한다는 것이다. 연탄을 갈 때 중요한 것이 구멍을 맞추는 일인데, 2층으로 쌓인 연탄구멍이 서로 맞아야 불이 구멍을 타고 올라와 새 연탄에 옮겨 붙기 때문이다. 여담이지만 테트리스 게임을 처음 접했을 때 한국의 40대 이상의 사람들에게 낯설게 느껴지지 않았던 이유 중 하나가 연탄을 갈면서 실력을 쌓았던 '구멍 맞추기 노하우' 덕분이 아닐까 싶기도 하다.

1990년대 초반이 지나면서 석유 보일러가 유행하고 도시가스가 공급되면서 연탄은 급격하게 사라졌다. 극히 일부를 제외하고 연탄을 쓰는 가정은 이제 거의 없다. 간혹 식당에서 생선구이나 김치찌개를 요리할 때 활용할 정도다. 이제 연탄은 눈을 뜨면 안 보이고, 눈을 감아야만 떠오르는 가난한 날의 추억이 되었다.

4일 서울공예박물관

어머니가 정성껏 싸주는 보자기에는 무한한 정이 배어있다. 조선시대 궁중 보자기부터 서민들의 소박한 보자기까지를 만나려면 서울공예박물관을 찾는다. 전시1동은 우리나라 장인의 역사로 박물관 관람의 장을 연다. 전시2동은 나전칠기를 비롯한 우리나라 고유 공예품들 전시다. 알록달록한 자수 보자기는 전시3동에서 만날 수 있다.

서울시 종로구 율곡로 3길 4

저집(젓가락박물관) 제공

5일 저집(젓가락박물관)

우리 민족의 섬세한 손재주는 젓가락질에서 비롯되었다. '저집'은 바로 젓가락 문화를 말해주는 이색공방이다. 부암동의 아기자기한 골목 안에 들어선 공방에서는 우리 몸의 일부나 다름없는 다양한 젓가락을 만나게 된다. 관람 후 젓가락 만들기 일일 클래스에 도전. 나만의 예쁜 젓가락 하나 품고 돌아오는 것도 알찬 여행이다.

서울시 종로구 창의문로 129-3

18일 남이섬

남이섬 입장은 배를 타도 되지만, 스릴 만점의 짚라인을 타면 더욱 흥미진진하다. 드라마 〈겨울연가〉로 되살아난 남이섬은 색다른 테마로 여행객의 발길을 이끈다. '나미나라공화국'이라는 테마로 숙박시설은 물론, 맛집, 놀이 공간을 한데 갖춰 다채로운 여행이 가능하다. 아름다운 자연과 타조 등 희귀 야생동물과의 만남이 특히 이색적이다.

강원도 춘천시 남산면 남이섬길 1

26일 순천만

순천만은 갯벌 복원 이후 생태 관광지로 거듭났다. 순천만국제정원박람회 때 조성된 순천만국가정원, 그 안에 들어선 세계 각국의 정원과 호수 정원은 에코 여행 일번지로 통한다. 산책로를 따라 걷기도 좋고, 드넓은 갯벌과 정원이 어우러진 풍경은 사진 촬영 명소로 인기다. 순천만 습지를 조망하는 용산전망대는 일몰 명소로 으뜸이다.

전남 순천시 국가정원 1호길 47

26일 함평나비대축제

'나비를 날게 하라'. 청정 지역 함평에 나비를 불러 모으고, 버려진 땅에 꽃밭을 가꾸고, 나비를 부화시킨 결과 나비 축제가 열렸다. 해마다 4월이면 이곳은 색다른 봄나들이 명소로 떠오른다. 동화마을로 단장한 축제장에서는 화사한 꽃 무리와 나비들이 주인공. 화려한 나비의 비행을 만나려면 나비곤충생태관을 찾아가면 된다.

전남 함평읍 곤재로 27 함평엑스포공원

27일 올림픽공원

1988년 서울올림픽을 기념하기 위해 조성된 올림픽공원은 지금은 한류의 꽃을 피우는 케이팝 공연으로 이어지고 있다. 올림픽 홀에는 케이팝전시관까지 들어서 있어 우리 문화의 자긍심을 불러일으킨다. 공원 내에는 서울올림픽을 기념하는 조형물과 조각 작품들, 소마미술관을 들러보게 되어 하루 나들이 명소로 인기가 높다.

서울시 송파구 올림픽로 424

06

종교

세상과 진리는 변하지 않는다.
언제나 변하는 것은 사람의 마음일 뿐

1

6月

한국 불교의 시작

삼국이 불교를 받아들이는 시기가 다른 이유는 뭘까

불교는 우리 사회에 가장 큰 영향을 끼친 종교 중 하나다. 역사가 긴 만큼 우리 사상과 정서에 헤아릴 수 없을 정도로 두텁게 퇴적되어 있다. 우리와 한몸처럼 되어버린 불교는 언제 우리 사회에 들어왔을까. 현존하는 역사 기록 중 불교 전파를 확인할 수 있는 자료로 《삼국사기》와 《삼국유사》가 있고, 두 사료(史料)에 적힌 기록에서 우리는 흥미로운 지점을 발견할 수 있다.

- 고구려에는 소수림왕 2년인 372년에 불교가 들어왔다.
- 백제에는 침류왕 원년인 384년에 불교가 들어왔다.
- 신라에는 세19대 눌지왕(417~458년)이 재위하던 시기에 불교가 들어왔다.

위의 사실에서 어떤 흐름이 느껴지는 동시에 궁금증도 생긴다. '이 좁은 땅덩어리에서 삼국이 불교를 받아들인 시기가 왜 저마다 다를까', '왜 신라는 가장 늦게 불교를 받아들인 걸까', '백제와 고구려는 불교가 전파된 시기를 정확하게 특정했는데, 신라는 왜 시기를 특정하지 못 할까'. 이 세 가지 질문을 던지면 답이 나온다. 특히 세 나라에 불교가 들어온 순서를 보면 더욱 명확해진다. 답은 '불교는 동북아의 불교 중심지인 중국과 지리적으로 가까운 순서대로 도래했다'라는 것이다.

고구려에는 중국 위진남북조(魏晉南北朝)시대* 북조 전진의 왕 부견이 사신과 함께 승려 순도를 파견해 불상과 경문을 전했고, 백제에는 남조 동진의 승려 마라난타가 백제로 들어왔을 때 백제 왕이 그의 설법을 듣고 불교를 일으켰다. 이와 달리 중국과의 사이에 백제와 고구려를 둔 신라에는 가장 늦게 들어올 수밖에 없었다. 늦은 데다가 다양한 통로로 산발적으로 들어와 이미 민간에 퍼졌기 때문에 도래 시기나 전래자를 특정하기도 어렵다.

기록상으로는 국가적 차원에서 신라에 불교를 전한 것은 중국인이 아닌 고구려 사람이다. 고구려의 묵호자가 신라 일선군(一善郡)**에 와서 성국공주(成國公主)의 병을 치료한 것이 연이 되었고, 치료에 감동한 미추왕이 명을 내려 흥륜사(興輪寺)를 짓도록 했는데, 이것이 신라 최초의 절이 된 것이다(그 규모가 작고 초라해서, 그 후 법흥왕 14인 527년에 이차돈의 순교로 다시 짓기 시작하여 진흥왕 5년인 544년에 완성되었다). 앞서 제19대 눌지왕 시절에 신라에 불교가 들어왔다고 쓴 이유는, 제13대 미추왕 때에 흥륜사를 짓고 불교의 포교에 나섰으나 그 시작이 매우 미미했기 때문이다. 더구나 신라 왕위가 석씨에서 김씨로 넘어가는 과정에서 사람들이 최초의 김씨 왕인 미추왕을 해치려 하자 스스로 무덤을 만들어 그 안에 들어간 뒤 다시는 세상에 나오지 않았다는 이야기도 전해질 정도다. 미추왕이 죽은 뒤에는 흥륜사도 무너졌다. 불교를 전했다고 말할 수 있는 수준이 아닌 셈이다. 삼국은 그렇게 각기 다른 시기에 각기 다른 방식으로 불교를 받아들였으나, 더욱 토착화된 신라시대부터 중흥을 이루어, 오늘날의 한국 불교의 토대가 되었다.

*위진남북조시대: 중국의 후한이 멸망한 다음 해부터 수나라 문제가 진(陳)을 멸망시키기까지(221~589)의 시대.
**일선군: 지금의 경북 구미 지역

2 6月

이차돈

가장 소중한 것을 버리고 모두에게 귀한 것을 주다

이차돈

스물여섯 살의 이차돈(異次頓)은 불교를 '몰래' 믿었다. 여기에서 '몰래'라는 말에는 숨은 의미가 있다. 나라에서 공인하지는 않았지만 공공연하게 이미 많은 사람이 믿고 있었기 때문이다.

'새로운 시대를 열기 위해 신라는 새로운 옷을 입어야 한다. 불교만큼 더 좋은 새 옷이 없다. 만약 가능하다면 내 목숨을 내놓아서라도 뜻을 이루리라.'

이차돈의 이런 마음을 법흥왕은 고맙게 생각했다. 씨족 기반을 누르고 왕권을 강화하려는 법흥왕의 계획에 좋은 계기가 될 수 있었기 때문이다. 권력을 쥐고 있는 신라의 왕실파들은 왕족을 부처님의 일족으로 격상시키려고 했다. 종교의 신성한 힘을 권력에 연결해 권력을 왕실 중심으로 통합하려고 했던 것이다. 게다가 법흥왕도 이에 동의한 상태였다. 이 와중에 자신의 목숨까지 버리며 불교의 공인을 바라는 이차돈이라는 젊은 지식인까지 등장했으니 법흥왕 입장에서는 이보다 더 좋은 때도 없어 보였다. 《삼국유사》에는 불교의 공인을 위해 자기 목숨을 버리는 이차돈의 마지막 말을 이렇게 기록하고 있다.

'불교를 위해서라면 어떤 경우에도 제 목숨 정도는 쉽게 버릴 수 있습니다. 제가 저녁에 죽어 커다란 가르침이 아침에 행해지면 부처님의 날이 찾아오며, 임금께서 가시는 길이 평안으로 가득할 겁니다.'

목숨까지 건 이차돈의 계획은 분명했다. 그는 법흥왕에게 이렇게 말했다.

"신이 왕께 그릇되게 말씀을 전했다는 이유를 들어 신에게 참수형을 내렸다고 하시면 됩니다."

영리한 계획이었다. 왕의 위엄도 살리고 '불교의 공인'이라는 계획도 이루려는 목적이었다. 일은 진행되었다. 그런데 이차돈의 목을 베자 놀라운 일 몇 가지가 동시에 일어났다. 흰 피가 허공으로 솟아오르며 하늘이 어두워졌고, 갑자기 하늘에서 꽃비가 내렸다. 거기에다 이차돈의 머리가 날아가 경주 북쪽의 금강산에 떨어지는 일까지 벌어졌다. 머리가 떨어진 곳에 훗날 자추사(刺楸寺)*가 창건되는데 현재의 백률사(栢栗寺)가 바로 그곳이다.

이적(異蹟)이 벌어지자 불교를 반대하던 이들에게도 더는 반대할 힘이 남지 않았고, 법흥왕은 '여론에 따른다'는 명분으로 불교를 공인하기에 이른다. 법흥왕의 '법흥(法興)'은 '불법을 일으켰다'는 의미로 사후에 추증된 시호(諡號)다. 불교의 공인이 당시에 꼭 필요한 일이었다는 사실을 증명하는 이름인 셈이다.

법흥왕은 왜 불교 공인에 이토록 집착한 것일까? 왜 신라만 유독 불교 전파에 대한 여러 가지 이설이 나오는 걸까? 이 사실을 뒤집어 해석하면 신라에 불교를 전파하려는 시도가 정치적, 종교적 이유로 실패를 거듭해왔다는 사실을 알 수 있다. 그 어렵고 힘든 불교 공인을 이차돈이라는 스물여섯 살의 청년이 스스로의 목숨을 버리며 해낸 것이다. 그는 자신에게서 가장 소중한 것을 세상에 내어주고, 세상에 가장 귀한 것을 선물했다.

*자추사: 경북 경주시에 있는 삼국시대 신라의 승려 이차돈의 순교 관련 사찰.

3
6月

원효

일체에 걸림이 없는 사람은 단번에 고통에서 벗어난다

원효대사

우리가 알고 있는 원효(元曉)는 이런 사람이다. '해골 물을 마시고 깨달음을 얻은 승려'. 그러나 그는 그렇게 간단하게 서술하고 끝낼 인물이 아니다. 일심(一心)*과 화쟁사상(和諍思想)**을 중심으로 불교의 대중화에 힘썼는데, 이는 '불교 전체 이론들의 가치를 모두 인정하며 동시에 일심의 경지에 돌아가게 한다'라는 한 문장으로 압축할 수 있다. 모든 사람의 의견을 존중하니, 서로 존중하며 하나로 모여야 한다는 의미다.

원효는 수많은 저술을 남겨 불교 사상의 발전에 크게 기여했다. 오늘날 확인할 수 있는 것만 해도 240권에 달하는 방대한 저술을 남겼다. 많이 알려진 《화엄경》, 《법화경》, 《반야경》을 비롯해서 지금까지 전해지는 저술 중 《대승기신론소》, 《금강삼매경론》 등은 중국의 고승들도 '해동소(海東疏)'라 칭하며 즐겨 인용하는 귀한 책이다.

원효가 통일신라를 대표하는 저술가라는 사실은 또 무엇을 의미하는 걸까? 자기 업적과 일상을 직접 쓸 수 있었다는 사실을 말한다. 자신을 있는 그대로의 모습보다 귀하게 부각할 수도, 반대로 낮출 수도 있었다. 그는 자신의 집을 '초개사'라는 사찰로 바꾸고 스스로를 '원효'로 칭했다. 초개사의 '초개(初開)'는 처음 열었다는 의미이며, 원효(元曉)는 '첫새벽'이라는 뜻이다. 자신이 새로운 불교를 연 사람임을 알리려고 했다는 사실을 짐작할 수 있는 대목이다. 그는 끝없이 자신을 낮추며 더 많은 사람을 품에 안기 위해 애썼다.

'동굴 속 해골물 에피소드'로 알려진 이야기에 대해서도 약간의 오해가 있다. 시대는 650년의 1차 당나라 유학길에 실패하고 661년 2차 시도에 나선 때였다. 피곤한 상태로 들어간 곳을 동굴이라 생각하고 잠을 청했는데, 다음날 그곳이 무덤이라는 사실을 알았고, 둘째 날 밤에는 악몽에 시달렸다는 것이 실제 벌어진 일이다. 이 경험은 그에게 '마음이 살면 모든 것이 살게 되고, 마음이 죽으면 토굴과 무덤은 서로 다르지 않다'라는 깨달음을 줬다. 세상 모든 일이 마음가짐에 달려 있으니, 외부의 탓을 하며 변명할 필요가 없다는 의미다.

깨달음을 얻은 원효는 유학을 가려는 마음을 접고 경주로 돌아간다. 이 이야기에서 무덤 일화가 '동굴 속 해골물' 이야기로 바뀌어 후세에 전해지게 된 것이다. 원효가 살았던 당시의 고구려나 백제의 무덤은 먼저 돌이나 벽돌로 동굴과 같은 공간을 조성한 뒤에 관을 안치하는 방식이었고, 앞의 전실(前室)이 무너지면 어두운 밤에는 굴이라고 착각할 가능성이 높았다. 이후 무덤 조성 방식이 달라져 달리 설명할 방법이 없게 되자 이야기의 효과적인 전달을 위해 무덤이 동굴로 바뀐 것으로 추정된다.

하지만 실제 사실이 어떠했든 이야기 속에 담긴 메시지는 변하지 않고 지금까지 우리에게 큰 깨달음을 준다. 진실한 마음을 가지면 어떤 걸림도 없이 일생을 살아갈 수 있다는 진리를…….

*일심: 불교에 귀의해 반야의 지혜를 닦아 도달해야 하는 참된 마음.
**화쟁사상: 모든 논쟁을 화합으로 바꾸려는 불교의 교리.

4 6月

불교의 아웃사이더 4인방

세속에 물들지 않고 백성들 마음에 평온을 물들이다

삼국시대에 살았던 불교계의 아웃사이더, 즉 세상과 어울리기 위해 굳이 애쓰지 않았던 비주류 4인방이 있었다.

'대안(大安)'이라는 승려는 사람들이 많이 모인 저잣거리에서 바리때(발우(鉢盂; 승려들이 쓰는 식기)를 소리 나게 치고 다니며 이렇게 외쳤다. '대안, 대안(大安)'. '크게 평안하라'는 뜻인데, 오랜 전란으로 심신이 지친 백성들에게 행복과 기쁨을 너무 멀리에서 찾지 말라는 위로였다. 그의 이름도 그가 거리에서 '대안'을 외치고 다녀서 사람들에 의해 불린 것이다.

'사복(蛇福)'이라는 승려도 있었다. '뱀 소년'이라는 의미인 그의 이름에는 슬픈 사연이 있다. 어린 시절 태어나자마자 말도 하지 못하고 걷지도 못해 붙여진 이름인 것이다. 그러나 그는 그런 장애에 구애받지 않고, 훗날 시대의 지성인 원효(元曉)와 함께 공부하며 죽음을 초월하고 현실을 긍정하는 태도를 보여주는 아름다운 인생을 살았다.

노비 출신이었던 '혜공(惠空)'이라는 승려는 신화적인 이미지를 갖고 있었다. 비가 와도 젖지 않았고 화재가 일어난다는 사실을 미리 예감했다. 죽기 직전에도 몸이 허공에 떴으며 사리를 매우 많이 남기는 등 신비한 행적이 많았다. 또한 원효를 비롯해 명랑(明朗)*과 같은 당시의 지식인들과 교류할 정도로 경전에 대한 이해가 깊었다.

마지막으로 일찍이 화랑 호세랑(好世郎)의 낭도를 지냈던 '혜숙(惠宿)'이라는 승려도 이적(異蹟)이 많았다. 그의 죽음은 정말 특이한데, 마치 죽음을 가지고 노는 사람처럼 무덤에 짚신 한 짝만 남겨 둔 채 구름을 타고 어디론가 떠났다. 구름을 타고 날아갔다는 사실도 놀랍지만, 대체 어디로 그렇게 급하게 떠난 걸까? 마침 옆에 있던 마을 사람이 어디 가느냐고 묻자, 그는 "이곳에서 오래 살았으므로 다른 곳으로 유람 간다"고 하고는 구름을 타고 사라졌다고 한다.

네 사람의 공통점은 모두 애써 속세에 적응하려 하지 않았다는 점이다. 평범한 사람과는 목표가 달랐던 것이다. 세상을 초월한 듯한 이들의 행적이 오랜 전쟁과 싸움으로 지친 백성들에게 삶에 대한 긍정적인 태도를 보여주었다. 인간은 본질적으로 죽음을 당하거나 죽일 수 없다는 사상을 전하며, 죽고 죽이는 슬픔을 뛰어넘는 자유를 얻을 수 있게 해주었다.

"다 괜찮아, 그러니까 걱정하지 말자."

이런 가르침이 중요한 이유는 현실에 아파하는 백성들에게 '진정한 자유를 얻으면 슬프지 않다'는 위로가 되어주었기 때문이다. 그들은 자신이 세속에 물들지 않아야 아픈 백성의 마음을 평온으로 물들일 수 있다는 숭고한 정신을 자기 삶으로 증명했다.

*명랑: 삼국시대 신라 신인종(神印宗)의 중흥 조사인 승려.

5

6月

선종과 교종

삶이 다르면 길도 다르다

굳이 불교 신자가 아니더라도 고등학교 국사를 배운 정도면 선종(禪宗)*과 교종(教宗)**에 대해서 조금은 알게 된다. 선종의 가장 큰 특징은 깨달음의 여부를 스승으로부터 인정받는다는 데 있다. 이 부분이 다소 명확하지 못 한데, 깨달음은 저마다 다를 수 있으며 혹시 비슷하다고 해도 그 표현은 서로 다를 수 있기 때문이다. 교종은 선종과는 반대로 경전 공부가 주이므로 그 사람이 무엇을 알고 있는지 객관화할 수 있다. 이를테면 선종과 교종은 '논술형 주관식'과 '답이 분명한 객관식'의 차이라고 보면 된다. 선종이 교종에 대한 반대급부로 나온 종파라는 사실이 이 사실을 뒷받침한다고 볼 수 있다.

이 정도의 실명이면 선종과 교종이 무엇이 다르며, 그 시대에 어떤 역할을 했는지 짐작 정도는 할 수 있다. 교종이 쉽게 누구나 객관적으로 평가하고 구분할 수 있는 데 비해서, 선종은 자신을 가르친 스승에게 가서 깨달음의 깊이를 평가받을 수밖에 없었고 그것 역시 주관적이라는 점에서 의심의 시선에서 자유로울 수 없었다. 중요한 것은 선종과 교종이 왜 탄생했는지를 알아내는 일이다. 역사는 입이 없다. 그래서 그걸 바라보는 사람이 뚜렷한 원칙을 가지고 발견해내야 한다. 교종의 핵심 사상은 부처가 남겨준 교리와 경전을 하나하나 공부해야 한다는 것이다. 마음의 공부를 강조한 선종과 전혀 다른 길을 제시한 것이다. 지식에 대한 습득이 없이는 깨달음도 없다는 말이니, 평생에 걸쳐 공부하지 않을 수 없었다.

공부를 일상에서 실천하는 귀족과 그게 쉽지 않은 보통의 백성은 서로 다른 길을 걸어야만 했는데, 교종과 선종에서 강조하는 핵심 내용이 바로 각자 그 둘의 마음을 빼앗는 것이었다. 교종을 추구하려면 늘 공부하면서 비싼 책을 사서 지식을 쌓아야 했지만, 선종은 그게 중요하지 않았다. 마음의 깨달음이 근본이기 때문이다. '답은 바로 이것이다'라고 단정하기는 힘들지만, 교종이 귀족의 길이라면 선종은 모두에게 열린 길이라고 볼 수 있다.

*선종: 참선 수행으로 깨달음을 얻는 것을 중요시하는 불교 종파.

**교종: 경전과 석론(釋論) 등을 중요시하는 불교 종파.

6
6月

다가가는 불교

시대가 바뀌면 가치를 전파하는 방식도 바뀌어야 산다

신라시대와 고려시대의 불교는 나라의 지원과 보호를 받으며 성장하는 종교였기 때문에 굳이 나서서 백성들에게 무언가를 어필하지 않았다. 주목을 끌거나 인기를 얻을 이유가 없었기 때문이다. 그저 매일 수행을 하며 그날 주어진 소임을 다 하면 그걸로 충분했다. 그러던 불교가 '유교의 나라'인 조선에 이르러서 일대 변혁이 이루어진다. 나라가 바뀌자 그 무엇도 저절로 이루어지는 것이 없었고, 스스로 밖으로 나가 백성에게 불교의 장점을 알리며 그들의 슬픔과 아픔을 안아주지 않으면 언제든 사라질 수도 있는 위기를 맞이했기 때문이다.

어떤 위대한 종교라도 믿는 사람이 없어지면 안개처럼 흔적도 없이 사라질 수 있다는 사실을, 불교는 조선시대에 들어서서야 깨닫게 되었다. 그때부터 불교는 산중에서 나와 백성들과 직접 소통하며 그들의 아픈 마음을 보듬어 안는 종교로 점차 바뀌기 시작했다. 여기에서 독특한 점은 불교의 가치는 밖으로 나왔지만, 정작 절은 산속으로 들어갔다는 사실이다. 억압을 받았기에 도시에 있었던 절은 허물어지거나 세도가의 집이 되었고, 불교의 정신은 바깥에서 대중과 소통하게 되었다. 추구하는 가치가 바뀐 것이 아니라, 그 가치를 전하는 방향과 방법을 바꾼 것이다. 누가 강제한 것이 아니라 스스로 체질을 개선한 데 의미가 있다. 이는 매우 중요한 변화다. 과거에는 왕권을 강화하려는 목적으로 종교 하나를 국교로 삼아 장려할 수 있었지만, 현대 사회에서는 종교의 자유가 있으므로 국가나 특정 단체의 적극적인 지원을 받기 힘들기 때문이다. 불교는 여러 종교 중 가장 먼저 이런 상황에 직면하면서 스스로를 강하게 단련한 셈이다.

지난(至難)한 세월과 경험을 증명하듯 대중의 아픈 마음을 말과 글로 치유하는 작가와 강사 중에는 다양한 종교적 신념을 기반으로 둔 사람이 많았다. 불교 역시 다르지 않아서, 따뜻한 말과 언어로 오랫동안 상처받은 사람들을 치유했다. 그런 가치를 세상에 전할 수 있었던 힘은 혹독할 정도로 혁신했던 자체적인 노력에 있지 않았을까. 매도 먼저 맞는 게 좋다고, 불교는 조선시대부터 시작된 국가의 유교화 과정을 겪으며, 바뀌는 현실에 대한 불만으로 저항하기보다는 바뀐 현실에 자신을 맞추어 나가며 스스로를 더 강하게 단련했다.

7 6月

조계종의 재건

억압과 자유 그리고 탄생의 역사

조선 후기에 들어 불교에 대한 억압과 탄압은 조금 수그러졌다. 이유는 내부가 아닌 외부 상황 때문이었다. 19세기 후반에서 20세기 초반, 청일전쟁의 결과로 조선에 대한 중국의 간섭은 줄고, 반대로 일본의 힘은 커졌기 때문이다. 승려의 도성 출입 금지도 해제되었고, 자연스럽게 당시 아시아를 장악한 강국 일본의 불교는 동경의 대상이 되기도 했다. 그 시절 일본이 조선의 불교를 위해서 다양한 힘을 쓴 이유는 자국의 이익을 위해서였다. 조선이라는 나라의 뿌리와도 같은 유교적 정체성을 흔들기 위해 억압받고 있던 불교를 암묵적으로 후원하기로 작정한 것이었다. 그런데 이 조치는 조선 불교에 뜻밖의 영향을 끼쳤다.

조선 불교의 변화를 서술하기 전에 일본 불교에 대해 언급하자면, 1867년 메이지유신 이후로 일본은 승려들에게 다음 두 가지 자유를 점진적으로 허락했다. 그건 바로 '육식과 결혼'이었다. 불교에서는 승려에게 금기였던 중요한 선택을 본인에게 맡기며 대처승(帶妻僧)*의 삶을 용인한 것이다. 문제는 이런 변화가 조선에도 들어왔다는 점이다. 조선 불교는 혼란에 빠졌다. 급속도로 퍼진 '일본식 파격'은 불교의 본질을 흐리고 수행을 방해해 조선 불교에 큰 해악으로 작용했다.

해방 후 거의 10년이 지난 1954년 자료에 따르면 당시 전체 승려의 수는 6500명이었는데 놀랍게도 결혼하지 않은 승려는 260명에 지나지 않았다. 96%의 승려가 결혼한 셈이었다. 인간의 욕망에 충실하면 자연스러운 현상이었지만, 불교의 교리를 거스르는 선택이라 혼란은 가중되었다. 한국 불교계에서는 자체 정화를 해야 한다는 소리가 나오기에 이르렀다. 그렇게 시작된 것이 바로 우리가 익히 들어 알고 있는 불교정화운동**이었다. 그동안 쌓인 해악을 제거하는 데에만 무려 8년이라는 긴 시간이 필요했다. 이승만 대통령이 "대처승은 물러가라!"라는 메시지를 1954년 5월 20일 불교 사찰에서 외쳤던 것이 이 운동에 불을 붙였다. 주요 내용은 다음 네 가지였다. '대처승의 배제', '비구승에 의한 종단 재건', '한국 불교 전통 재건', '불교 근대화 운동'이 바로 그것들이었다.

정화운동을 통해 불교는 청정한 마음으로 수행을 하는 과거의 전통을 되찾았지만, 그동안 방치되었던 상당한 양의 자산은 사라지고, 포교력이 약화되었다는 슬픈 현실을 맞이해야만 했다. 진통은 고통스러웠지만 그 결과로 지금의 대한불교조계종***을 재건할 수 있었다. 지금 우리가 만나는 대한불교조계종은 선불교 전통에 입각해서 1962년에 재정립된 종단이다. 그렇게 우리 불교는 과거 신라시대부터 지금까지 수없이 반복된 탄압과 자유, 그리고 억제와 보호 등의 역사를 겪으며 시대에 맞게 자신을 바꿔서 새롭게 태어날 수 있었다.

*대처승: 아내나 자식을 두고, 경우에 따라 육식을 하는 승려.
**불교정화운동: 1954년부터 1962년까지 벌어진 불교 내 자정(自淨) 운동.
***대한불교조계종: 대표적인 선종 종단으로 한국 불교 18개 종단 중 최대 종파.

8

6月

비구 18물

자신의 계획을 성공시키기 위해 지녔던 스님들의 열여덟 가지 물건

세상일에는 변수도 많고 이변도 많이 일어나기 때문에 계획한 대로 이루어내는 사람은 많지 않다. 그래서 '굳이 계획을 세울 필요가 없다. 어차피 계획한 대로 되지 않으니까'라며 그저 하루하루 충실하게 사는 게 가장 좋다고 주장하는 사람도 있다. 반대로 '계획대로 되지 않는 게 현실인데, 그럴수록 더 철저하게 계획을 세워야 한다'는 사람도 적지 않다. 이렇게 세상에는 같은 상황을 두고도 전혀 다르게 해석하는 사람들이 존재한다. 스님들은 보통 후자에 속했다. 힘들다고 부정적인 고민과 갈등 속에 자신을 맡기지 않았고, 철저하게 준비해서 성공 가능성을 높이기 위해 애썼다.

스님들이 두타행(頭陀行)*을 할 때, 중간에 포기하거나 마음이 약해지지 않기 위해 지니고 다녔던 열여덟 가지 물건이 이런 긍정적 종교 생활을 실천하는 도구였다. 불교 대승계(大乘戒)에 관한 경전인《범망경(梵網經)》에서 제시하는 비구 18물은 다음과 같다. 칫솔(楊枝; 양지), 비누(澡豆; 조두), 대의와 상의 그리고 내의 등 옷 세 가지(三衣; 삼의), 물병(軍持; 군지), 발우(鉢盂; 바리때), 좌구(坐具; 어깨에 걸치고 다니다가 앉을 때 깔개로 쓰는 천인 이사단), 지팡이(錫杖; 석장), 향로(香爐; 취사용이나 난방용으로 사용), 녹수낭(鹿水囊; 물주머니), 수건(手巾), 머리 깎는 칼(刀子), 불붙이는 부싯돌(성냥), 섭자(鑷子; 코털 제거용 족집게), 승상(繩床; 간이 의자나 침대), 불경(佛經), 율전(律典), 불상(佛像), 보살상(菩薩像) 등이다.

스님들은 식욕이 왕성해지며 바깥으로 나가기 좋은 날씨인 봄과 가을에는 의식주에 대한 욕심을 없애며 오로지 불도를 수행하는 데 힘을 쏟기 위해서, 반대로 덥거나 추워서 가만히 앉아 있기 힘든 겨울과 여름에는 오히려 더욱 한곳에 머물러 좌선하여 학문을 닦기 위해서 비구 18물을 적극 활용했다. 유혹이 많은 세상에서 출가 생활의 규칙을 지키려면, 이를 도울 수 있게 할 최소한의 장비와 물건을 가지고 다녀야 한다고 생각했다. 아무리 종교를 신실하게 믿어도 인간이란 유혹 앞에서 언제나 흔들리는 갈대에 불과하다는 사실을 수련을 통해 깨달았기 때문이다.

중요한 것은 언제든 흔들릴 수 있다는 것을 인정해야 그것을 이겨낼 방법도 찾아낼 수 있다는 사실이다. 비구 18물이 우리에게 주는 지혜는 바로 '나는 언제든 흔들릴 수 있다'라는 자각이다.

*두타행: 불교에서 출가자가 세속의 욕심과 속성을 버리고 고행을 견디며 행하는 수행법. 우리 나라에서는 '고요한 곳에 머무르면서 세속을 멀리한다(在阿蘭若處), 언제나 걸식하여 신도나 국왕 등의 공양을 따로 받지 않는다(常行乞食)'는 규칙을 지키는 12두타행법이 일반적으로 행해졌다.

9

6月

대웅전

절에서 가장 중심이 되는 건물

'대웅전(大雄殿)'이라는 말은 굳이 불교를 믿지 않아도 자주 듣는다. 불교에 대해 잘 모르는 사람은 대웅전이 어디인가에 있는 절 이름이라고 생각할 수도 있다. 이런 사람은 '한국에는 왜 대웅전이라는 이름의 절이 이렇게 많은 거야?'라는 의문을 가질 터다. 하지만 대웅전은 특정한 절 하나를 가리키는 이름이 아니다. 대웅전에 대해 공간적인 의미와 상징적인 의미로 나눠서 설명하면 다음과 같다.

공간적인 의미에서 보면, 대웅전이란 불교의 선종 계통 사찰에서 석가모니불을 본존불로 모시는 당우(堂宇), 즉 전당을 말한다. 본존불인 석가모니불에는 좌우에 협시불(脇侍佛)*을 세우는데, 방식은 둘 중 하나로 문수보살과 보현보살을 세울 때도 있고 아미타불과 약사여래를 세울 때도 있다. 후자의 경우에는 격을 높여 '대웅보전(大雄寶殿)'이라고 부르기도 한다는 것을 기억하면 절에 가서 '아는 체'하는 데 도움이 된다. 다음으로 상징적인 의미로 대웅전을 해석하자면, 대웅전은 항상 가람의 중심이 되는 전당으로 큰 힘이 있어서 무력이나 폭력 등의 억지스러운 힘이 아닌, 도력(道力)과 법력(法力) 등 내면에서 휘몰아치는 힘으로 세상을 밝히는 '영웅을 모신 전각'이라는 뜻을 담고 있다.

한국의 대웅전 건물 중 대표적인 것으로 마곡사 대웅보전을 들 수 있는데 대광보전 뒤 언덕 위에 중층으로 세워졌다. 법주사 대웅전은 규모 면에서 다른 곳과 차별성을 갖고 있다. 겉으로 드러나는 멋과 건축적인 감각을 위주로 보자면 극락전과 병렬 배치되어 고풍스러운 멋을 내는 안동 봉정사 대웅전이 단연 돋보인다. 이밖에 불국사, 통도사, 쌍계사, 관룡사 등의 대웅전이 유명하다.

전국의 대웅전을 모두 소개하기는 어려우므로 646년 선덕여왕 15년에 자장율사(慈藏律師)**가 창건한 통도사의 대웅전에 대해 알아보자. 여타의 절들이 보통 남북 축선 상에 각각의 건물들을 건립한 데 비해, 통도사 대웅전은 동서 축선 상으로 길게 뻗은 계곡의 방향을 따라 건립했다는 점이 다르다. 보통의 대웅전이 동과 서, 그리고 남 3면이 정면인 동시에 측면이 되지만, 통도사는 가람 배치가 동에서 서로 길게 뻗어 있어서 예배자가 처음 도착하는 동쪽에 건축적 장식이 집중되어 있다. 통도사에 가본 사람이라면 동쪽 계단석에 새겨진 연꽃무늬를 기억해내며 지금 이 말에 공감할 것이다. 통도사는 자장율사가 당나라 유학을 마치고 귀국을 준비할 때 당시 당나라 황제에게서 받은 부처의 진신사리가 봉안된 절이다.

대웅(大雄)은 고대 인도의 종교 개혁가 마하비라(Mahavira)***를 한글로 옮긴 말로 '위대한 인물'이나 '영웅'이라는 의미를 담고 있다. 그 의미를 기억하고 전국 각지에 있는 대웅전을 바라보면 이전과는 다른 풍경이 보이며 새로운 느낌을 받을 수 있을 것이다.

*협시불: 불교에서 본존을 옆에서 모시고 있는 불상.

**자장율사: 신라의 고승. 성은 김씨, 속명은 선종랑(善宗郎)으로 진골 출신이다. 일족 중 여러 명이 출가해 불교 집안이었음을 알 수 있다.

***마하비라: 자이나교 창시자. 크샤트리아 계급 출신으로 출가하여 12년의 고행 끝에 깨달음을 얻었다. 한역불전(漢譯佛典)에서는 '대웅(大雄) 또는 대용(大勇)'으로 표기한다.

10
6月

불교와 장례

죽어서 사라지는 것도 살아 있는 것만큼 귀한 일이다

고려시대에도 지금과 마찬가지로 사회적으로 큰 영향력을 행사하거나 백성의 존경을 받는 사람이 세상을 떠나면 부여할 수 있는 최고의 명예를 마지막 선물로 주었고, 국가 차원에서 장례를 치르는 국장(國葬)을 치르도록 허락하기도 했다. 백성과 귀족 사이에는 살아서도 그렇지만, 사후에도 건널 수 없는 깊고 머나먼 강이 존재한 것이다. 그 깊은 강은 역사의 껍질만을 보면 제대로 보이지 않지만, 일상을 깊이 들여다보면 더욱 심각했다.

귀족들이 묻힌 무덤에는 고려청자와 같은 귀중품이 들어가기도 했는데 이는 망자에게 표하는 마지막 경의였다. 나중에 금지되기는 했지만, 심지어 관의 외양을 금으로 장식하기도 했다. 고려시대는 너무 먼 오래전이라 지금껏 남은 기록이 많지 않지만, 전반적으로 불교가 장례에 큰 영향을 주었다는 사실 하나만은 명확하다. 이런 이유로 당시에는 사찰에서 죽음을 기다리는 사람도 꽤 많았다. 죽음이 가까워지고 있다는 사실이 느껴지면 스스로 머리를 깎고 사찰에 들어가 비구나 비구니가 된 후 죽음을 맞기도 했다. 가장 평안한 죽음이라고 생각했기 때문이다.

이런 예는 얼마든지 있다. 고려 전기 정2품에 해당하는 관직 문하시랑평장사(門下侍郎平章事)와 수태위 판이부사 등을 역임한 문인 최사추(崔思諏)는 왕실 동쪽에 있는 자운사에서 삶의 마지막을 맞이했고, 고려 후기 정3품의 당상관직 대사성(大司成)과 판삼사사 등을 역임한 관리 이색(李穡)은 현재 서울 동쪽 여주시에 있는 신륵사에서 세상을 떠났다. 당시 시신을 절 안에서 화장하는 것은 귀족이나 평민 모두에게 허락된 관행이었다. 고려가 불교 영향을 많이 받던 시대였기 때문에 가능했던 일이었다. 정확한 기간은 알 수 없지만 장례식은 망자가 윤회하는 동안 미뤄야만 했고 화장은 하늘에서 삶을 지속하며 서방 정토로 입성하는 일을 촉진한다고 믿었다. 화장을 하고 남은 뼈는 사찰에 잠시 보관하며 망자가 떠날 시간을 줬다가 어느 정도 기간이 지나면 길일을 골라 매장했다. 지금은 납골당이 따로 있지만, 그 시대에는 사찰이 매장과 관련된 책임을 대행하면서 유골을 보관하는 납골당 역할을 하기도 했다. 한편, 장례 예법조차 사치로 여겨질 만큼 가난한 백성들은 뼈를 길거리나 들판에 그대로 버리기도 했다.

당시 조정은 이런 행태를 방치할 수 없다고 여겨 가난한 이들에게 장례 비용을 대주며 '예의를 무시하는 일'을 막으려고 애쓰기도 했다. 고려시대에 먹는 것과 살아가는 문제 못지않게 죽어서 사라지는 과정을 소중하게 생각한 이유는 불교 문화 영향이 매우 컸던 때문이라고 볼 수 있다.

11
6月

법주사 팔상전

부처의 삶과 그림, 그리고 건물이 하나가 되어 움직이는 곳

한국은 불교가 오랫동안 발전을 거듭한 나라여서 절도 많고 탑도 많다. 그중에서도 국보 제55호 법주사 팔상전(捌相殿)이 특히 귀한 이유는 목탑의 특성상 오랜 세월 초기 형태를 유지하며 남아 있기 힘든데(물론 왜란 때 불에 타서 1624년 인조 2년에 승려 벽암을 중심으로 다시 짓긴 했지만), 우리나라에 남은 목탑 중 유일하게 근대 이전에 지어진 오층 목탑이기 때문이다. 목탑 벽면에 석가모니 부처의 일생 중 의미 있는 여덟 가지 일을 그린 팔상도(八相圖)가 있다고 해서 '팔상전'이라는 이름이 붙었다. 팔상도는 불교도들이 부처의 생애를 여덟 가지 사건으로 나누어 설명하는 데에서 유해한 것으로 그 내용은 아래와 같다.

1. 도솔천에서 인간세계로 내려오는 모습
2. 부처님이 룸비니 동산에서 탄생하는 모습
3. 동서남북의 4문을 둘러보고 출가를 결심하는 모습
4. 성문을 넘어 출가하는 모습
5. 설산에서 깨달음을 얻기 위하여 고행하는 모습
6. 보리수 아래에서 악마의 항복을 받는 모습
7. 녹야원에서 최초로 설법하는 모습
8. 사라쌍수(沙羅雙樹)* 아래에서 열반에 드는 모습

팔상전 내부는 3층까지 뚫려 있는 통층식 구조라 사람이 걸어 올라갈 수는 없다. 이는 일본에서 주로 나타나는, 한 층을 쌓은 후 다음 층을 쌓는 이른바 적층식 구조의 목탑과는 전혀 다른 구조로 불교가 발전한 동북아 삼국 중에서 유일하게 우리나라 목탑에서만 볼 수 있는 특징이다. 높이는 22.7미터, 평면은 5칸으로 정방형이며, 통층식 구조상 탑 높이에 비해 1층 면적이 매우 넓게 느껴진다. 이런 이유로 위로 갈수록 급격히 좁아짐을 실감할 수 있는데, 이는 처음부터 그랬던 것이 아니라 복원 작업 중 이루어진 일이라 더욱 흥미롭다. 조사 결과 내부의 초석과 모서리에 있는 초석은 크기나 형태에서 현저한 차이가 있음을 발견했다. 이는 원래 정면 3칸 측면 5칸이었던 건물을 복원할 때, 외부로 기둥을 늘여 더 튼튼하게 만들기 위해 정면 5칸 측면 5칸의 집을 만들면서 1층이 상대적으로 넓어졌기 때문이다. 결과적으로 구조는 매우 안정적이지만 시각적으로는 체감율(遞減率)**이 강하게 느껴지게 되었다.

건물의 양식 구조에 따른 탑의 느낌은 층에 따라 조금씩 다르다. 1층부터 4층까지는 지붕 처마를 받치기 위해 장식해 짠 구조가 기둥 위에만 있는, 조선 초기에 자주 나타나는 주심포양식(柱心包樣式)이고, 5층은 기둥과 기둥 사이에도 공포를 설치한 고려 후기에서 조선시대에 성행했던 다포양식(多包樣式)으로 꾸며 시대에 따라 달라지는 변화를 줬기 때문이다. 건물 안쪽은 사리를 모신 공간과 불상과 팔상도를 모신 공간, 그리고 예배를 위한 공간으로 이루어져 있다.

이렇듯 팔상전은 가구(架構) 방식이나 평면구조상 고려 후기에서 시작해서 조선 후기까지의 건축 기법을 함께 보여주는 동시에, 우리나라 목탑 건축의 전통을 살펴볼 수 있다는 점에서 매우 중요한 건물로 평가받고 있다. 그래서인지 탑을 바라보노라면 변화와 격동의 삶을 겪은 부처의 일생이 보이는 듯하다. 팔상전과 팔상도가 마치 하나의 몸인 것처럼 느껴진다고나 할까.

*사라쌍수: 쌍떡잎식물 이엽시과의 상록교목. 사라수라고도 하며 부처가 열반에 들 때 사방에 있었던 나무다.
**체감율: 단계에 따라서 차례로 줄여가는 비율.

12
6月

신유학자의 탄생

이전의 세계와 안녕을 고하는 미래의 시작

'성리학(性理學)*'이라고도 불리는 신유학이 우리 땅에 들어온 시기는 언제일까? 보통 조선시대라고 생각하기 쉬운데, 기록상으로는 13세기 후반 고려 25대 충렬왕(忠烈王) 때다. 고려의 유학자 안향(安珦)**은 자신의 호를 '회헌(晦軒)'이라고 지었는데, 이는 성리학을 확립해 동아시아 유학사와 사상사에 불후의 영향을 끼친 송의 유학자 주희(朱熹)의 호인 회암(晦庵)을 모방하는 동시에 존경심을 표한 것이라 볼 수 있다. 안향의 뒤를 이은 이색, 정몽주, 길재, 정도전 등이 성리학을 학문적 · 사상적 배경으로 삼은 인물들이다.

신유학이 고려에 처음 들어온 13세기 후반에는 불교와 평화롭게 공존했다. '신유학 관점에서 불교와 일치하는 것에 어떤 것이 있는가'라는 질문을 던지는 등 공통점을 찾아가며 공생을 추구할 정도였다. 하지만 31대 공민왕(恭愍王)의 고려 재건을 위한 개혁을 등에 업고 불교 세력이 보이는 행태를 유학자들은 더는 참을 수 없었다. 공민왕의 친불 행적을 배경으로 한 승려들의 엇나간 행동은 젊은 유학자들을 좌절하게 만들었고, 불교를 비난하는 빌미를 주었다. 정몽주 같은 이는 강한 어조로 조상을 모시는 사당을 지으라고 독려하며 불교식 의례를 막는 법을 만들어야 한다고 주장했다. 신유학자들은 생산적이지 않아 삶에 도움이 되지 않는 불교의 현실을 비판하며 시대상에 맞는 종교 정책을 조정에 요구했다.

"친척과 관계를 끊고 남녀관계마저 중단하며, 홀로 동굴에서 허공을 쳐다보고 앉아 풀로 짠 옷을 입으며 나무 열매를 먹는 삶을 멈춰라."

유학자들은 불교가 추구하는 삶이 정상이라고 여기지 않았다. 맹목적으로 믿음만 추구할 게 아니라, 일상을 그대로 유지하며 믿음을 추구하는 것이 옳다고 생각했기 때문이다. 성균관 유생들의 주장은 더욱 강력했다.

- 딱히 일도 하지 않는 승려들을 세속으로 돌려보내 군역에 종사하게 해야 한다.
- 그들이 소유했던 공간은 군대를 위해서 사용하는 게 합리적이다.
- 방치된 불상은 모두 녹여서 동전을 만드는 데 쓰자.
- 모든 사원을 정부가 사용하는 창고나 역참 또는 향교로 개조해서 활용하자.

이런 와중에 개국한 조선 초기 왕들은 백성들의 전통적인 종교 생활을 불교에서 유교로 대체하려는 유학자들의 압력에 직면했다. 심지어 세종조차도 그 어려움을 토로했다.

"신유학자들의 주장이 합리적인 것은 인정한다. 하지만 불교는 오랫동안 백성의 영적 생활의 한 부분이었기 때문에 갑자기 억압할 수는 없는 노릇이다."

오랜 세월 나라의 얼굴 격이던 전통 종교를 한순간에 바꿀 수는 없었다. 그건 가장 지혜로운 왕이라고 일컬어지는 세종에게도 어려운 숙제였던 것이다. 이전에 믿고 지지한 것들에 익숙해질수록 과거와의 결별에는 더 많은 시간과, 더 나아가 피까지 요구되는 법이다.

*성리학: 중국 송 이후의 유학(儒學). 성명(性命)과 이기(理氣)의 관계를 밝히는 학문이어서 '성리학'이라고 한다. '신유학', '주자학'이라고도 부른다.

**안향: 고려 후기인 제25대 충렬왕 때 원나라에서 성리학을 도입한 학자, 문신. 성리학을 무신 집권과 원의 간섭 등 국내외적 위기를 해결할 대안으로 여겼다.

13

6月

《불씨잡변》

원하는 것이 바뀌면 주장하는 내용도 바뀐다

《불씨잡변(佛氏雜辨)》은 조선의 설계자 정도전(鄭道傳)*이 유교의 원리를 중시하는 입장에서 불교를 비판한 저술이라 가치가 있다. 한국의 역사를 대표하는 두 종교에 대한 이해도를 높일 수 있기 때문이다. 수많은 자료에서는 정도전이 저술한 불교에 대한 평론서라고 말하지만, 사실은 작정하고 비판 혹은 비난을 한 내용을 담은, '악의적인 의도'를 가지고 만든 책이라고 볼 수 있다.

서문은 경학(經學)**에 밝고 문장에 뛰어난 권근(權近)과 지성과 학식을 갖춘 신숙주(申叔周)가 지었고, 발문은 정도전의 증손 정문형((鄭文炯)이 지었다. 당대 최고의 지성들이 참여한 책이라 해도 지나치지 않다. 그러나 우리가 기억해야 할 점은 책 전체가 '유교적 편견'에서 이루어진 것이기 때문에 억측과 독단이 많다는 사실이다. 바로 직전 왕조인 고려의 불교 시대일 때는 맞았던 것이, 시간이 조금 지났을 뿐인데 모두 틀리거나 비효율적인 것이 되어 버렸다. 읽는 이의 입장에서는 그걸 비교하는 재미만 해도 쏠쏠하다. 우리는 당대 지식인이라는 그들의 주장과 글을 통해 인간이 얼마나 쉽게 변할 수 있으며, 모든 것은 결국 바라보는 시각에 따라 변한다는 진리도 알 수 있다.

정도전이 불교를 비난한 이유는 크게 세 가지로 나눌 수 있다. 하나는 불교의 특징인 출가(出家)를 효나 충의 개념에서 보아 인륜을 저버린 행동으로 평가한다는 것이다. 그러나 출가는 어떤 관점으로 보느냐에 따라서 다를 수 있다. 비판할 논리적 근거가 약하다는 말이다. 다음 비판도 마찬가지다. 마음과 본성을 동일시하는 불교의 관점을 오류라 주장하고, 유교에서 강조하는 양자의 차이를 구분하는 것이 옳다고 말했다. 그러나 이것도 마찬가지로 성리학의 눈으로 바라본 비판에 불과했다. 같은 논리로 불교의 시각에서 본 유교는 너무 교과서적이라고 비난할 수 있기 때문이다. 마지막 비판은 아예 생각할 여지도 없는 것인데, 불교를 믿으면 국가가 망하거나 재앙이 생긴다는 억지 주장이었다.

이처럼 정말 뛰어난 재능과 지혜를 가진 사람도 자기가 추구하는 방향이 달라지거나 원하는 것이 생기면 얼마든지 '어리석은' 사람으로 바뀔 수 있다는 사실을 이 책을 통해 알 수 있다. 세상과 진리는 변하지 않는다. 언제나 변하는 것은 그걸 바라보는 사람의 마음일 뿐.

+ *정도전: 고려 말 조선 초의 문신 겸 학자. 이성계를 도와 조선을 세운 후 나라의 기틀을 마련했다. 이방원과 정치투쟁 과정 중에 살해되었다.

**경학: 유교 경서(사서오경)의 뜻을 해석하거나 연구하는 학문. 유학의 다른 말.

14
6月

학자수
고통과 슬픔을 치유하는 마음의 믿음

1543년 조선 중종 38년에 풍기군수 주세붕(周世鵬)*은 우리나라에 성리학을 최초로 도입한 고려 유학자 회헌 안향(安珦)이 뛰어놀던 죽계천 옆에 백운동서원(白雲洞書院)을 세웠다. 처음에는 그 지역 사림(士林)의 반발로 호응을 받지 못하고 무시당하다가, 나중에 이황의 건의로 '소수서원(紹修書院)**'이라 사액을 받은 후부터 공인된 교육기관이 되었다. 사원의 이름은 현판에 적힌 '기폐지학소이수지(旣廢之學紹而修之)'에서 나왔는데, '이미 무너진 학문을 다시 이어 단련하는 곳'이라는 의미다.

소수서원은 세계유산으로 등재되기도 했지만, 겉으로 드러난 사실보다 중요한 것은 이곳에서 배출한 인재만 해도 무려 4000여 명에 달한다는 점이다. 이토록 많은 인재를 배출한 힘은 무엇일까? 직접 소수서원에 가본 사람이라면 그 힘이 어디에서 나온 건지 짐작할 수 있다. 바로 나무다. 주세붕은 백운동서원을 처음 짓고 앞뜰에 '이렇게 많이 심어야 하나?' 싶을 정도로 많은 소나무를 정성을 다해 심었다. '어떤 회유와 시련에도 변함없이 초심을 유지하며 겨울을 이겨내는 소나무처럼 인생의 어려움을 이겨내는 참 선비가 되라'는 의미였을 것이다. 이후로 그 소나무들은 '학자수(學者樹)'라고 불렸다. 선비들은 소나무를 바라보며 기도하듯 소원을 빌었다. 사실 그 시대에 선비로 산다는 것은 참 애매한 일이었다. 공부에 몰두해 과거에 급제해서 출세하는 것 외에는 다른 어떤 길도 없었기 때문이다. 과거만 생각하면 슬픔이 파도처럼 밀려왔을 것이고, 그때마다 학자수를 바라보며 마치 종교에 기대듯 위로를 받았을 것이다.

그 치유의 과정을 짐작할 수 있는 이유는 지금도 다르지 않기 때문이다. 세상에는 온갖 종류의 슬픔이 가득하다. 직업을 잃은 슬픔, 매출이 오르지 않는 슬픔, 가장의 권위를 세우지 못하는 슬픔, 건강을 지키지 못하는 슬픔 등 그 영역도 깊이도 정말 다양하다. 이렇듯 살기 힘든 세상에서 '나는 여전히 멀쩡한데', '오히려 형편이 더 좋아졌어'라며 사람들의 슬픔에 공감하지 못하고 비웃는다면 그는 과연 정말 건강한 사람일까? 나는 오히려 이런 사람들이야말로 세상에서 가장 슬픈 사람이라고 생각한다. 타인의 슬픔에 공감할 수 없는 인생보다 슬픈 인생은 없다. 이런 사람은 슬픔의 끝에서 병든 사람이기 때문이다.

슬픔은 나쁜 것이 아니라 건전하고 올바른 것이다. 학자수가 전하는 메시지가 바로 이것이었다. 학자수는 일 년 내내 그 자리에서 '네가 힘든 것 나도 알아. 나도 너처럼 힘들고 아프니까. 그러니 힘들어도 포기하지 말고 함께 이겨내자'라고 선비들을 위로하며 세월을 보냈다. 슬픔이란 병들지 않기 위해 거치는 하나의 과정이기도 하다. 아집과 못된 마음 혹은 욕망에 사로잡힌 상태로 시간이 지나면 사람은 슬픔을 느낄 수 없는 병자가 되기 때문이다. 고통을 느끼고 아파한다는 것은 아직 병들지 않았다는 증거다. 늘 푸르른 학자수처럼 아무리 사는 게 힘들어 슬픔에 빠진 상태라고 할지라도 타인의 슬픔에 공감하며 안아줄 수 있다면, 그는 최소한 병자는 되지 않을 수 있다. 슬픔은 병들지 않게 당신을 지켜주는 치유제다.

철종 때 우의정과 영의정, 그리고 좌의정까지 모두 지냈지만 파직과 유배를 겪으며 슬픔에 잠겨 아파했던 문신 권돈인(權敦仁)도 학자수 소나무를 그리며 고통을 이겨냈고, 그렇게 그린 그림을 친구였던 추사 김정희에게 보냈다. 추사 역시 자주 유배를 갔던 사람이라 권돈인의 그림을 온전히 이해했으며, 그때 얻은 영감을 통해 이후 자신의 대표작인 〈세한도(歲寒圖)〉라는 그림을 완성하기도 했다. 학자수라는 '마음의 종교'를 통해 슬픔으로 슬픔을 위로하며 그렇게 서로 의지하며 살았던 것이다.

*주세붕: 조선 전기 풍기군수, 성균관사성, 황해도관찰사 등을 역임한 문신, 학자.

**소수서원 → 영주 소수서원(榮州紹修書院): 1542년 풍기군수 주세붕이 안향을 배향하기 위해 설립한 사원. 설립 당시 이름은 백운동서원(白雲洞書院)이었고, 1548년 풍기군수가 된 이황의 요청으로 '소수서원'이라 사액되었다.

15
6月

삼년상

탐색하는 자세를 갖지 않으면 활용당한다

하루는 공자의 제자 재아(宰我)*가 공자에게 이렇게 말했다.

"삼년상은 너무 깁니다."

재아의 말에는 나름 일리가 있었다. 인간이 살아가려면 일을 해야 하는데, 부모가 죽었다고 무려 3년이나 손 놓고 있을 수는 없었기 때문이다. 중국 사람인 공자와 재아가 주인공인 이야기이긴 하지만 삼년상이 조선에 미친 영향은 매우 컸다.

아무리 좋은 제도와 이념도 나라를 통치하는 데 도움이 되지 않으면 받아들이지 않는 것이 보통이다. 그런데도 삼년상이라는 개념을 받아들였다는 것은 그것이 정치에 도움이 된다는 증거라고 볼 수 있다. 만일 자기 사업을 하거나 공직에 있는 사람이 3년 동안 자리를 비우면, 과연 어떤 일이 일어날까? 사업을 그만두거나 자리를 내놓아야 할 처지에 놓일 것이다. 답은 바로 여기에 있다. 1357년 이색(李穡)은 왕에게 '삼년상을 공식적으로 제정해야 한다'고 재차 요구했고 즉시 승인됐다. 그는 당시 상장(喪葬)** 제도가 쇠퇴한 원인이 백일상을 마치고 관직에 복귀하도록 정한 법규에 있다고 생각했다. 그는 이 규정이 원래 제도를 왜곡했다며 차라리 더 긴 기간인 삼년상을 정하여 그동안은 상에 집중해 상복을 벗는 일이 없게 해야 한다고 주장한 것이다.

원래 삼년상은 순수한 효의 관점에서 비롯된 관례였다. 공자는 3년은 부모에게 생명을 받아 태어난 후 모든 것을 부모에게 의지하는 기간이라고 생각한 것이다. 그러나 시대의 상식은 그것을 바라보는 사람의 생각과 이념이 결정한다. 공민왕이 통치하던 당시의 고려는 정치적 격동기였다. 정적들의 비난과 음모가 여기저기에 도사리고 있었고, 누구든 가장 제거하고 싶은 정적이 삼년상을 치르게 되는 상황을 맞기를 원했다. 삼년상을 강제로 준수하게 하는 것은 정적을 오랫동안 합법적으로 축출하는 가장 효과적인 방법이었다. 3년 동안 자리를 비운다는 것은 그간 한 사람이 쌓은 모든 것을 포기한다는 의미와 같았기 때문이다. 이것은 단순히 먹고사는 문제를 떠나 자신의 생명과 직결된 이야기였다.

앞에 언급한 것처럼 유교는 공자가 만든 사상으로 충과 효를 강조한다. 효에서 가장 중요한 부분 중 하나가 부모를 하늘로 돌려보내는 의식인 상례(喪禮)인데, 삼년상의 중요성은 바로 여기에서 나온다. 3년 동안은 상복을 입어야 효를 제대로 갖추는 것이라고 생각했기 때문이다. 그러나 시대에 따라 어떤 때는 맞던 것이 어떤 때는 맞지 않기도 하고, 의도와 전혀 다르게 활용당하기도 한다. 따라서 우리가 잊지 말아야 할 점은 어떤 관례나 제도가 본질적으로 무엇을 추구하는 것인지 늘 탐색하는 자세로 살펴야 한다는 것이다.

*재아: 노나라 출신이며 공자의 제자들 중 가장 실리주의적인 인물. 공문십철(孔門十哲)의 한 사람으로 변론의 달인으로 평가받았다.

**상장: 장사 지내는 일과 삼년상을 치르는 일.

16
6月

효자

어떤 시대든 부모를 공경하고 사랑하면 후회가 없다

유교식 제사에서 모든 의례의 중심은 사당(祠堂)*이었다. 신유학자들이 조선을 유교화하려 한 이후 사당 건립은 의례를 얼마나 신봉하는지를 보여주는 척도와도 같았다. 사당은 최대한 안채에서 멀리 떨어진 곳에 세워야만 했다. 하지만 그건 넓은 땅을 가진 중국이면 모르겠으나, 땅이 상대적으로 좁은 조선에서는 지키기가 쉽지 않았다. 그러나 노력한다는 시늉이라도 해야 했기에 집이 넓지 않더라도 어떻게든 사당을 마련했으며 정 힘든 경우에는 기존에 사용하던 방을 하나 비워서 그곳을 사당으로 활용하기도 했다. 당시 사당의 역할을 이토록 길게 설명하는 이유는 사당이 '효자의 조건'과 밀접하게 연결되어 있기 때문이다.

세상을 떠난 조상에 대한 의례는 후손이 할 수 있는 최고의 효행으로 수많은 사람에게 높이 평가되었다. 돌아가신 부모를 의례에 따라 돌보는 것은 부모 생전에 효를 실천하는 것의 연장이라 생각했기 때문이다. 이는 사람이란 죽으면 바로 사라지는 것이라 믿었던 불교 사상과 정면으로 배치되는 것이기도 했다. 그러므로 제사는 부모를 여전히 사랑하는 증거이자, 그분들이 살아서 베푼 은혜에 보답하는 유일한 방법이었다. 실제로 조선에서는 제사를 소홀히 하는 것이 심각한 죄로 인식되었으며 법으로 처벌까지 받았다.

하지만 그것보다 무서운 것은 부모가 살아 계실 때 효를 실천하지 않는 것이었다. 그런 자식은 훗날 부모가 죽은 뒤에도 봉사할 수 없게 되었다. 즉, 사당에서 벌어지는 의례에 그 사람만 배제한다는 의미였다. 부모가 살아 계실 때 불효를 저지른 자식은 부모님에게 봉헌한 음식을 먹지 못하게 했고, 사당 출입도 금지당했다. 앞서 말했지만 사당은 조선의 유교 전통을 대표하는 장소였는데, 평생 사당에 출입하지 못한다는 것은 무엇과도 비교할 수 없는 가문의 수치였던 셈이다.

고대 중국의 시가를 모아 엮은 대표적 유교 경전인 《시경(詩經)》**에서는 효에 대해서 이렇게 말한다. '효자가 한번 나오면 이어서 그 자손에 같은 효자가 나온다'. 효를 대대로 이어지는 문화로 만들고 싶다면 바로 지금 효에 충실하라는 조언인 셈이다. 이제는 시대가 많이 변했다. 제사를 지내지 않는 집도 늘었고, 효가 대대로 이어진다는 생각도 하지 않는다. 그러나 '효도'라는 전통 중에서 적어도 좋은 부분은 받아들이고 조금 더 나아지려는 자세는 유지해야 하지 않을까.

*사당: 민가에서 제사를 위하여 조상의 신주를 봉안한 건축물. '가묘(家廟)'라고도 하며, 왕실의 것은 '종묘(宗廟)'라 한다.
**《시경》: 유교 5경의 하나로, 고대 중국의 시가를 모아 엮은 경전. 원래 3000여 편이었던 것이 공자에 의해 305편으로 간추려졌고 전한다.

17

6月

시집살이

안과 밖이 다른 이중적인 삶

살다 보면 종종 우리 사회의 이중적인 행태를 보게 된다. 교육은 주입식으로 시키면서 창의적인 결과를 요구하고, 지시에만 따르면 된다며 강압적으로 명령하다가 갑자기 창의적으로 업무를 주도하라고 다그친다. 게다가 해내지 못하면 비판하고 화를 낸다. 학교에서도 직장에서도 빈번하게 벌어지는 모순적 행태다. 과거에도 그런 모순된 일상을 반복하며 살아야 하는 사람이 있었으니, 유교적 시대에서 살았던 여성이 그 '피해 당사자'다. 정숙하고 순종적인 모습의 여성상을 바라면서도 한편으로는 남성 버금가는 강인한 의지와 책임감도 동시에 요구했다. 혼인 전에는 철저히 숨겨지고 개별화된 존재로 살다가, 혼인과 동시에 졸지에 다양한 관계를 원활하게 유지하며 소통해야 하는 삶을 살아내야 했다. 당시 여성을 향한 유교의 시선은 이토록 이중적이었다. 고단한 나날이었으며 인내의 연속이었다.

조선시대에 들어 국가의 도덕적 · 사회적 기준이 된 유교는 작정이라도 한 듯 이전 고려시대와는 전혀 다른 삶을 여성에게 요구했다. 남녀가 자연스럽게 만나는 것이 어렵게 되었고, 높은 지위에 있는 여성일수록 더 정숙하게 행동해야 했으며, 이를 어길 때는 참수형에 처할 정도로 강력하게 처벌했다. 그게 끝이 아니었다. 유교는 여성들을 마치 온종일 경건한 예배당 안에서 사는 사람처럼 만들었다. 몸이 보이는 가마를 타고 이동할 수 없었으며, 어떤 불온한 시선도 닿을 수 없게 옷을 입어야 했다. 불길한 일이 벌어지면 모든 책임이 여성에게 있다고 여겼으며, 그러니 애초에 몸가짐을 단정히 해야 한다고 억지를 부렸다. 심지어 남편이 일찍 세상을 떠나도 덕이 부족한 부인의 책임이라고 몰아붙이며 '반성'을 강요하기도 했다. 국가 기관조차 타락한 여성을 발본색원하는 데에 전력을 다했다.

그 시대 여성의 삶을 적나라하게 보여주는 단어로는 '안과 밖'이 있었다. 혼인한 여성은 바깥세상과 즉시 단절하고 '안'에서만 머물러야 했다. 안이 아닌 곳은 모두 '밖'이었으므로 여성들의 세계는 날이 갈수록 좁아져만 갔다. 특히 '안'의 대표적 상징인 시집살이는 여성으로 하여금 안의 소란이 밖으로 새어나가지 않도록 만들었다. 아무리 속이 터져도 그것을 밖으로 내색하지 못한 것이다. 시어머니와 갈등과 긴장을 피해야 하는 여성들은 되도록 분쟁을 일으키지 않기 위해서 자신의 감정을 더욱 안으로 숨겼다. 가정의 평화 여부는 대개 고부간의 관계에서 만들어졌기 때문이다. '내가 참아야 모두가 행복하다', '내가 견디고 살아야 가정이 조용하다', '내가 참아야 내 부모님이 욕을 먹지 않는다' 등이 시집살이의 불문율이었다. 시집살이는 '안과 밖'이라는, 눈에 보이지 않는 경계를 실감하게 하는 것이었으며, 유교는 종교적 도그마처럼 여성들의 정신에 굴레를 씌운 것이었다.

18
6月

천주교와의 전쟁

활짝 열린 불행의 문

어떤 종교든 처음 전파될 때는 그 사회의 기존 종교와 치열하게 경쟁하며 갖가지 불협화음을 일으킨다. 천주교가 처음 조선에 전해질 때도 마찬가지였다. 그런데 당시 조선의 통치자였던 정조의 생각은 조금 열려 있었다. 가끔 탄압책을 쓰기는 했으나, '정학(正學)인 유교를 바로 세우면 사학(邪學)인 천주교는 당연히 사라질 것'이라고 생각해서 그리 큰 신경을 쓰지 않은 것이다. 그의 예상은 대체로 맞았다. 그러나 문제는 정조의 사후에 시작되었다. 지배층 모두가 그처럼 생각한 것은 아니었기 때문이다.

천주교를 가장 강력하게 반대하던 대왕대비 김씨*는 열한 살이라는 어린 나이에 왕위에 오른 순조(純祖)**를 대신해 정사에 관여하게 되자, 기다렸다는 듯이 천주교 박해령을 공식적으로 선포하며 그 치열한 '전쟁'의 시작을 알렸다. 그 내용은 천주교에 대한 것만이 아니라 당시 사회적 분위기를 생생하게 느낄 수 있으므로 읽어둘 만하다. 이해가 쉽도록 지금의 문체로 바꿔서 전문을 싣는다.

'정조께서는 매번 정학이 빛을 내면 사학은 절로 빛을 잃을 것이라고 하셨다. 그러나 지금 들으니 사학이 예전과 다름없이 서울부터 지방 곳곳에 이르기까지 너욱 기세를 더하고 있다고 한다. 사람이 사람 구실을 하는 것은 인륜이 있기 때문이고, 나라가 나라 구실을 하는 것도 교화가 있기 때문이다. 그런데 지금의 사학은 임금도 어버이도 없으니 인륜을 무너뜨리고 교화에 어긋나서 마치 짐승의 형태로 돌아가고 있다. 저 어리석은 백성들이 점점 악에 물들고, 남을 속여 그릇된 방향으로 자기 삶을 인도하는 것이 갓난아기가 우물에 들어가는 것과 다르지 않다. 이에 감사와 수령은 진실을 알도록 타일러 사학을 하는 자들로 하여금 행실을 고치도록 하며, 사학을 하지 않는 자로 하여금 우리 선왕께서 자리에 맞게 기르신 풍성한 공적을 저버리는 일이 없도록 하라. 이와 같이 엄금한 뒤에도 깨닫지 못하고 회개하지 않는 무리가 있다면, 수령은 각기 그 지역에서 오가작통법(五家作統法)을 분명하게 다스리며 처벌하라. 그 통 내에서 만약 서학을 하는 자가 나오면 통수(統首)가 관가에 알려 징계를 하고, 마땅히 코를 베는 형벌을 당하도록 하여 모조리 사라지게 해서 남아 있는 종자가 없도록 하라.'

읽기만 해도 그 시대의 분위기가 어땠는지 짐작할 수 있다. 대왕대비 김씨는 이 하교(下敎)를 서울과 지방 곳곳에 자세하게 알리도록 지시하며 본격적으로 천주교와의 전쟁을 선포했다. 참고로 '오가작통법'이란 다섯 집을 한 통(法)으로 묶은 호적의 보조 조직이다. 성종 16년인 1485년 한명회의 발의에 따라 채택되어《경국대전》에 등재되었는데, 특히 순조 이후로는 통의 연대책임을 강화하여 천주교 신자들을 적발하는 데 활용했다. 천주교 입장에서 본 '불행의 문'은 이렇게 열렸다.

*대왕대비 김씨 →정순왕후(貞純王后): 조선 후기 제21대 영조의 왕비(계비). 수렴청정을 낭한 순조에게는 가계(家系)상 증조할머니뻘이 된다.

**순조: 조선 후기 제23대(재위:1800~1834) 임금. 정조의 둘째 아들로 정조 사후 11세의 나이로 즉위했으며, 대왕대비(정순왕후)가 수렴청정을 했다.

19
6月

정약용 형제의 수난

조선에서 가장 지혜로운 형제들에게 닥친 가장 불행한 일

숨죽여 지켜보던 시간은 끝을 향해 질주했다. 1801년 1월 10일, 대왕대비 김씨가 본격적으로 천주교 박해령을 내리면서 조선 전국에는 전에 없던 불안한 기운이 감돌았다. 더는 지켜볼 수 없다고 생각한 조정 대신들도 그간 참았던 분노의 허리띠를 풀고 천주교 신자들을 혹독하게 처벌해야 한다고 한목소리를 냈다.

"저들은 악마입니다. 순진한 우리 백성을 구해야 합니다."

상황은 급박하게 돌아가고, 2월 13일이 되자 조선을 대표하는 '지식인 형제*'가 함께 심문을 받게 된다. 바로 정약전, 정약종, 정약용이 그들이었다. 정약전과 정약용은 사학죄인으로 확성된 정약종과의 대질 신문이 이루어졌다. 종교적인 문제를 떠나서 형제 입장에서는 일가족이 죽을 수도 있는 상황이었던 셈이다. 심문을 주도하던 영의정 이병모는 특별히 정약용 형제에게 나쁜 감정을 갖고 있지는 않았다. 하지만 당시의 분위기는 이성의 논리가 아닌, 죽고 죽이는 정치판의 논리가 대세였던 세상이었기 때문에 어쩔 수 없이 강압적으로 신문하기도 하며 죄를 추궁해야만 했다. 하지만 진행이 원하는 대로 이루어지지 않자, 2월 18일 정약용을 반드시 죽이겠다고 작정한 지중추부사 권엄 등 수십 명의 관리들이 상소문을 올린다. 그들이 주장하는 내용을 간단하게 정리하면 다음과 같다.

- 우리는 그들의 악독한 술수에 빠져들었다.
- 특히 이가환, 이승훈, 정약용 형제들은 악질이다.
- 정약종은 지극히 요망하고 사악해서, 사람도 귀신도 아닌 한낱 간사한 요괴라고 볼 수 있다.
- 정약전과 정약용은 형과 아우가 서로 못된 것을 가르쳤다.

이뿐만이 아니다. 21일에는 경기감사 이익운이, 23일에는 대사간 목만중이 나서서 이들의 탄핵을 거듭 요구하며 극형을 내려야 한다고 강력하게 주장했다. 대신들의 요구를 마냥 무시할 수 없었던 조정은 정약종, 최창현, 최필공, 홍교만, 홍낙민, 이승훈 등은 서소문 밖에서 참수형에 처했고, 정약전과 정약용은 각각 전라도 신지도와 경상도 장기현으로 유배시켰다. 이른바 '신유박해(辛酉迫害)'가 벌어진 것이다.

정약용 형제들은 훗날 다른 왕들이 '이 시대에는 왜 정약용 형제와 같은 인물이 없는가!'라며 통탄할 정도로 지혜와 지성을 겸비한 사람들이었다. 하지만 세월을 잘못 만나 정약종은 참수를 당했고, 나머지 형제는 지방의 벽지(僻地)로 유배를 떠날 수밖에 없었다. 그들 형제는 뛰어난 재능과 성실한 삶의 태도를 지니고 있었음에도 인생의 대부분을 유배로 보내야만 했다. 물론 정약용 형제는 유배지에서조차 자신들만의 성취**를 이루어냈지만, 역시 시대를 잘 만나야 뜻을 제대로 펼칠 수 있다는 진리는 변치 않는다.

*지식인 형제: 정약용 형제는 진주목사 정재원(丁載遠)의 아들들이며, 4남2녀 중 약현(若鉉) · 약전(若銓) · 약종(若鍾) · 약용(若鏞)의 4형제를 이른다.

**자신들만의 성취: 유배 기간 동안 정약전은 《자산어보(玆山魚譜)》를, 정약용은 일표이서(一表二書; 《경세유표(經世遺表)》, 《목민심서(牧民心書)》, 《흠흠신서(欽欽新書)》) 등 모두 500여 권에 이르는 방대한 저술을 남겼다.

20
6月

황사영백서
섣부른 기록은 그걸 만든 사람에게 고통을 준다

《황사영백서(黃嗣永帛書)》는 초기 가톨릭 지도자 중 한 사람인 황사영*이 신유박해의 과정에 있었던 고통과 앞으로 펼칠 믿음의 계획을 흰 비단에 적어 중국 북경에 있는 구베아 주교에게 보내고자 한 천주교서다. 이렇게 서술하면 그리 대단한 것이 아닌 듯싶다. 그러나 일단 크기로도 작지 않은 밀서였다. 길이 62센티미터 너비38센티미터 크기의 흰색 세명주(細明紬)에 122행 총 1만 3384자가 기록된《백서》의 원본은 1801년 9월 황사영이 체포될 때 압수되었다. 직접 눈으로 보지 않고 짐작만으로도 그 모습이 그려지는 크기다.

정작 크기보다 더 중요한 건 그 안에 적힌 충격적인 내용과 적나라한 표현이었다. 실제로《백서》의 내용이 알려지면서 신유박해는 전혀 새로운 국면으로 접어들었다. 천주교 신자들이 그저 하나의 종교를 믿는 신자가 아닌, 나라의 전복을 꾀한 역적과 같은 존재로 낙인찍힌 것이다. 1775년에 태어난 황사영, 겨우 스물여섯의 나이인 그는 왜 누가 봐도 극단적인 내용을 이《백서》에 담았던 걸까? 수많은 추측이 제기된 바 있지만, 누구나 인정하는 바는 '너무 심했다'라는 것이다. 주요 사항만 나열하면 다음과 같다.

- 모든 나라 가운데 우리나라가 가장 가난하고, 우리나라 가운데에서도 교우들이 더욱 가난하여 굶주림과 추위를 면하는 자가 10여 명에 지나지 않습니다.

- 재물이 없는 연유로 교회가 망하고 영혼이 죽는데, 상황이 이렇다면 원한이 생기지 않겠습니까. 이에 청하오니, 서양의 여러 나라들에 애걸하여 주시기를 엎드려 청합니다.

- 조선은 위로는 뛰어난 임금이 없고 아래로는 좋은 신하가 없어 자칫 불행한 일이 생기면 흙더미처럼 무너지고 산산이 흩어질 것이 분명합니다.

그러면서 그는 5~6만 명의 서양 군사와 많은 무기를 수백 척의 군함에 실어 조선에 출정한 뒤 국왕에게 자신이 쓴 편지를 보내 위협하여 선교사를 받아들이도록 할 것을 제안했다. 유럽 가톨릭 국가들의 무력을 동원해서 조선을 위협해 천주교를 하나의 종교로 인정받고자 하려는 이른바 '대박청래(大舶請來)**'를 제안한 것이다.

황서영은 자신이 쓴《백서》가 어떤 결과를 초래할 것인지 전혀 몰랐던 것은 아니었을 것이다. 자신의 희망을 전달하는 방식이 미숙하긴 했지만, 왕실과 왕정 체계를 부정한 것도 아니었다. 오히려 조선이라는 국가와 사회를 위하는 마음이 가득했을 것이다. 그러나 문제는 그《백서》를 보지 말아야 할 사람이 봤다는 것이다. 대왕대비 김씨는《백서》를 접하자마자 크게 놀라 그를 국가적 중죄인을 심문하는 국청(鞫廳)에 보냈고, 여섯 차례 국문한 후 황사영을 대역부도(大逆不道)의 죄로 서소문 밖에서 능지처사했다.

무엇이 되었건 그게 소중한 생각이라면 시간을 더 투자해 생각해야 성공으로 완성시킬 수 있는 법이다. 만약 황사영이《백서》를 쓰는 데 조금 더 긴 '고민의 시간'을 보냈다면, 완성된《백서》가 그에게 '기쁨의 시간'으로 되돌아오지 않았을까. 안타까울 따름이다.

*황사영: '백서 사건'을 일으킨 순교한 천주교인. 정약용의 맏형인 정약현의 딸 명련과 혼인해 정약용과는 사돈 관계다.
**대박청래: 큰 배가 오기를 청함. 여기에서는 조선 조정의 천주교 박해에 외세(서양)가 개입해줄 것을 요청한다는 의미.

21

6月

천주교의 확장

가시밭도 꾸준히 밟으면 길이 된다

1801년 순조 1년 천주교도 박해 사건인 신유박해(辛酉迫害) 이후 당시 실권을 쥐고 조선을 이끌던 대왕대비 김씨를 비롯한 조정 관리들은 엄청난 혼란을 만든 '황사영백서 사건'을 끝으로 천주교 박해를 종결시키고자 했다. 수백 명의 목숨을 앗아간 좋지 않은 일을 굳이 1년 이상 지속한다는 것이 부정적으로 느껴져 백성들이 동요할 수도 있었기 때문이다. 대왕대비 김씨는 천주교 신자들을 처단한 사실을 어떻게 종묘에 알려야 하는지 대신들과 함께 대책을 논의했고, 여러 절차를 거쳐 마침내 〈토사반교문(討邪頒敎文)〉을 반포했다. 이 반포문에 실린 주요 시각은 다음 두 가지였다.

- 1791년 진산(珍山) 사긴*부터 황사영백서 사건까지 하나의 뿌리에서 나온 것이다.
- 그들은 모두 임금을 원수같이 보아 공공연히 임금을 모략하고 반란을 꿈꿨다.

조정은 그렇게 신유박해를 정부의 최고위층 인사와 수많은 사대부 가문의 인재들이 포함된, 고도로 조직된 국가 전복 음모 사건으로 규정했다. 자신들은 확고한 정통성을 가졌고, 그에 반해 박해를 당한 천주교인들은 역적으로 확정한 것이다.

조정은 이런 과정을 통해 천주교가 조선에서 곧 사라질 것이라고 생각했다. 하지만 그건 심각한 착각이었다. 수많은 사람이 진실로 믿는 무언가는 밟으면 밟을수록 더욱 세력을 확장한다는 진리가 스스로를 증명하고 있었기 때문이다. 물론 박해를 당하는 동안에는 천주교가 그 힘을 많이 잃은 것처럼 보였다. 교단을 이끌며 주도하던 선도자들은 모두 생명을 잃었으며, 명문가의 가족도 가장을 잃고 여자와 아이들만 남은 경우가 많아 비참한 일상을 보내야 했다. 때문에 그 결과에 놀란 나약한 신자들은 믿음을 잃고 돌아서기도 했다. 하지만 강한 믿음을 가진 신자들의 행동이 상황을 반전(反轉)시켰다.

살아남은 천주교 천주교인들은 더 이상 원래 살던 곳에 머물 수 없었기에 새로운 거주지를 찾아 떠났다. 그런데 오히려 그것이 천주교가 확장되는 계기로 작용했다. 신유박해 이전에는 신자들이 서울과 경기도 양근(楊根; 경기도 양평 지역의 옛 지명), 여주, 충청도 내포(內浦; 충남 서북부 지역의 옛 지명)와 충주, 전라도 전주 등에 집중되어 있었는데, 그들이 거주지를 옮기면서 그들의 발걸음을 따라 천주교가 전국적으로 퍼지게 된 것이다. 전국의 오지(奧地)로 유배당한 천주교인들은 조정의 의도와는 달리 유배된 곳에서조차 신앙을 전파하면서 오히려 전국 방방곡곡을 천주교 지역으로 만들었다. 조선 조정은 신유박해의 엄벌로 천주교가 사라질 것이라 기대했지만, 오히려 천주교는 세력을 확장하며 신자들의 집단 거주지인 교우촌까지 자연스럽게 형성되기 시작했다.

때로 우리는 더 이상 길이 없다는 생각도 들지만, 그럼에도 불구하고 가시밭도 꾸준히 걸으면 어엿한 길이 될 수 있다는 사실을 깨닫는 순간이 온다. 믿음을 가진 자만이 만날 수 있는 아름다운 순간이 아닐 수 없다.

*진산 사건: 중국에서 견진성사까지 받은 윤지충이 1791년 모친상을 당해 유교에 따른 상례를 치르다가 천주교 상례로 바꿔 처형 당한 사건. 조선 최초의 천주교 박해인 '신해박해(辛亥迫害)'라고도 한다.

6月

평등사상

할 수 있을 때 하지 못하면 하고 싶을 때 하지 못한다

불교도 처음에는 수많은 백성들에게 배척당했다. 삼국시대에 처음 들어온 불교는 그때까지 백성들이 오랫동안 믿어왔던 신화나 고대 종교 등과 다투며 경쟁해야만 했다. 기존 종교보다 우월하다는 가치를 증명하지 않으면 뿌리를 내릴 수 없었기 때문이다. 조선에서는 신유교(성리학)가 불교에 대항하여 그런 고통을 당했고, 다음에는 천주교가 성리학 신봉자들에게 핍박받았다. 뭐든 마찬가지다. 새로운 종교의 옳고 그름이 문제가 아니라, 기존에 유지해왔던 질서와 체계가 무너지기 때문에 새로운 것을 거부하고 비난하는 것이다.

조선 왕조의 19세기는 천주교에 대한 강력한 박해로 점철되었다. 유교의 가르침을 철저하게 따르는 조선 주류 집단에서 천주교가 가진 이념과 가치가 유교를 바탕으로 세워진 조선 사회에 악영향을 준다고 여겨졌기 때문이다. 임금에 대한 충성과 부모에 대한 효심을 최고의 가치로 여기는 조선에서는 부모가 가정의 임금이며 임금은 모든 백성의 부모였다. 물론 천주교를 신봉하는 사람들도 유교 문화에서 성장한 터라 그걸 이해하지 못하는 것은 아니었다. 하지만 궁극적인 효와 충의 대상이 달랐다. 부모와 임금의 뜻도 중요하지만, 천주교에서는 하느님과 뜻과 예수 그리스도가 내린 가르침을 믿고 실천하는 것을 그보다 더 중요하게 여겼다. 이러니 조선의 주류 학자와 조정에서는 천주교를 믿는 사람들을 '위아래도 알아보지 못하는 못된 무리'라고 여기며 박해한 것이다.

무엇보다 중요한 사실은 천주교가 바닥에 평등사상을 깔고 있기 때문에 양반 중심의 신분 질서가 흔들리는 것이 두려웠던 기득권층은 천주교를 종교로 인정하기 쉽지 않았다는 것이다. 굳이 그럴 이유가 없었으며, 그렇게 하면 자기들이 그간 쌓아온 모든 것을 포기한다는 의미이기 때문이다. 신분과 재산을 자손에게 상속하고 물려주는 것이 일반화된 조선 사회에서, 잘 알지도 못하고 친인척도 아닌 사람을 위해 자신의 것을 포기한다는 것은 상상하기 힘든 도전이었다. 하지만 지금 이런 질문을 해보면 아찔한 생각마저 든다. "당시의 반발에 굴복해 천주교가 영영 못 들어와 평등사상의 전파가 조금 늦어졌다면 우리는 지금 어떤 사회에서 살고 있을까?" 물론 훗날 언젠가 평등사상은 들어왔을 것이다. 하지만 시기가 중요하다. 할 수 있을 때 하지 못하면, 정작 하고 싶을 때는 할 수 없기 때문이다.

세계사적으로 근세로 접어들던 조선 후기에는 천주교라는 종교도 물론 중요했지만, 그 안에 녹아 있는 평등사상이 우리 사회 곳곳에 필요했던 시기였다. 평등사상이 들어와야 자신이 가진 재능과 지혜를 각 분야에서 제대로 보여줄 수 있기 때문이었다. 비록 수많은 사람이 분투하며 자기 생명을 바쳐야 했지만, 그것 역시 지켜야 할 종교적 신념과 더불어 인간 평등의 가치가 생명을 기꺼이 버릴 정도로 컸다는 사실을 의미한다.

23
6月

김수환 추기경

살기 좋은 세상은 도움을 주려는 마음이 완성한다

김수환 추기경

그를 생각하면 늘 온화하게 웃는 모습이 떠오른다. 생전에 항상 좋은 미소로 사람들을 맞이했던 고 김수환(金壽煥) 추기경은 한국을 대표하는 가톨릭 성직자였으며 세례명은 스테파노다. 김 추기경의 삶을 연도별로 나눠서 정리하면 아래와 같다.

- 1922년 대구에서 가톨릭 집안의 막내로 출생했다.
- 1951년 사제 서품을 받았다.
- 1969년 교황 바오로 6세에 의해 한국 최초의 추기경이 되었다.
- 1984년 한국 천주교 200주년 기념 성회를 교황 요한 바오로 2세가 집전한 가운데 개최했다.
- 1998년 서울 대교구장을 은퇴했다.
- 2009년 2월 16일 87세를 일기로 선종했다.

왜소한 체격이지만 눈빛은 누구보다 강렬하면서도 한없이 따뜻했던 김수환 추기경은 한국을 이끄는 정신적 지도자이자 실천가였다. 그는 늘 '사랑이 깃든 세상 속의 교회'를 지향하면서, 우리 사회가 어지러울 때마다 종교인이 아닌 일반 시민의 양심으로 우리가 가야 할 바른길을 제시해왔다. 성직자로 살아왔지만 삶의 다른 부분에서도 자기 소리를 내는 사람이었다. 평소에는 한없이 선량한 시민이었지만, 스스로의 판단에 옳지 못한 일에는 상대가 누구일지라도 쓴소리를 하며 지적했던 용감한 종교인이었다. 사람들이 그를 존경하고, 그가 살아온 발자취를 더듬어 가며, 그와 닮은 삶을 살고 싶어 하는 이유가 바로 거기에 있다.

김 추기경이 처음부터 고귀한 성품을 가지고 태어난 것은 아니었다. 본래 신부가 되고 싶은 마음조차 전혀 없었다. 남편 없이 혼자 고생하시는 어머니가 안타까워 신부보다는 돈을 벌 수 있는 장사에 마음을 두었었다. 어머니는 늘 그에게 커서 신부가 되라는 말씀을 하셨지만, 그는 쉽게 마음을 바꾸지 못했다. 억지로 신학교에 갔지만, 쫓겨나려고 일부러 못된 장난을 하기도 하고, 꾀병을 부려 집에 돌아가려고도 했다. 그러던 그가 도서관에서 우연히 읽은 성녀 테레사의 이야기로 인해 변하기 시작했다. 그의 마음을 움직인 성녀 테레사의 한마디는 이것이었다.

"당신 주위에는 그런 사람이 없다고 말할 수 있나요? 그 누구도 나를 필요로 하지 않는다고 생각하는 외로운 사람이, 부모와 더 이야기하고 싶어하는 안타까운 아이가, 자식과 더 이야기하고 싶어하는 고뇌하는 부모가 없나요?"

김 추기경은 그제야 자기가 왜 성직자가 되어야 하는지 이유를 깨달았다. 그건 바로 '세상을 위한 봉사' 때문이었다. 세상에는 누군가의 도움을 기다리는 많은 사람이 있다는 걸 뒤늦게 자각한 그는 성녀 테레사가 그랬듯 '병들고 가난한 사람들의 친구가 되겠다'고 결심했다. 장사를 해서 돈을 벌겠다던 생각을 접고, 성직자로 살기를 바랐던 어머니의 소망에 따라 평생 봉사하며 살겠다고 다짐한 것이다. 아무리 몸이 아픈 날이라도 여름에는 농촌을 찾아가 일을 돕고, 병들고 가난한 사람들이 있으면 살 곳을 마련해 주는 등 진심으로 그들을 도왔다. 많은 사람들이 꺼리는 소록도의 한센병 환자촌을 찾아갈 때도 '세상에서 가장 환하게 웃는 얼굴'로 방문해 봉사를 했다. 그는 세상을 떠나는 마지막 순간에도 "내가 죽거든 내 몸을 아픈 사람들을 위해 써 주세요"라며 병들고 가난한 사람들을 생각했다.

김수환 추기경의 삶은 지금도 우리에게 이렇게 외친다. "지금 당신의 마음속에 세상에 대한 불만이 가득하다면, 그 불행한 마음을 접고 당신의 도움이 필요한 사람을 위해 봉사하겠다는 마음을 가져보세요. 세상이 다르게 보일 겁니다". '왜 사람들을 나를 돕지 않을까?'라는 생각 대신에 '나는 어떤 사람들을 도울 수 있을까?'라는 생각으로 불만을 토로하는 대신 사랑을 전할 생각을 해보자. 세상이 달라진다.

24

6月

이태석

나는 당신을 만나기 전부터 당신을 사랑했습니다

이태석 신부

2010년 내가 생각하는 '가장 사랑이 많은 사람'이 세상을 떠났다. 이태석 신부가 바로 그다. 부산에서 피난민들이 모여 사는 산동네에서 무려 10남매 중 아홉째로 태어난 그는 당연히 사는 것 자체가 고통이었다. 늘 내일을 걱정하며 살아야 했고, 설상가상으로 그가 아홉 살 때 아버지가 돌아가셨다. 때문에 어머니가 자갈치시장에서 삯바느질을 해 10남매를 키워야만 했다. 하지만 그는 어릴 때부터 환경의 지배를 받기보다는, 희망을 가지고 아름다운 내일을 꿈꿨다. 그 방법으로 몸과 마음이 아픈 사람을 돕는 신부가 되려고 했지만, 형이 먼저 신부가 되는 바람에 꿈을 접고 평생 고생하신 홀어머니를 위해 의사가 되었다.

그러나 운명의 여신은 변덕이 심했다. 의대를 졸업한 후 의사가 될 줄 알았던 그는 갑자기 어머니의 바람을 저버리고 신학 공부를 시작해 신부가 된 것이다. 이런 변화의 중심에는 아프리카의 오지(奧地) 톤즈(Tonj)*가 있다. 수단 남부에 있는 톤즈에 처음 도착한 그는 워낙 가난한 톤즈 주민을 돕기 위한 많은 계획을 세웠다. 그러나 그는 곧 깨달았다. 그들에게 돈과 음식보다 더 필요한 것은 그들 곁에 오래 남아 지켜주는 한 사람이라는 사실을. 그래서 그는 어떤 어려움이 닥쳐도 그들을 버리지 않고 끝까지 함께 있겠다고 다짐했다. 그가 톤즈에 남아 봉사하겠다고 말하자 주변 사람들은 모두 이렇게 물었다. "한국에도 가난하고 어려운 사람이 많은데 왜 굳이 거기에서 봉사를 해야 하나?" 이태석 신부는 '톤즈는 가난한 곳 중에서도 더 가난한 곳'이라며 이렇게 덧붙였다. "가장 보잘것없는 이에게 해준 것이, 곧 나에게 해준 것이다(《신약성서》 마태오복음 25장에 나오는 예수님 말씀 - 편집자 주)". 더 무슨 말이 필요할까?

그 가난한 땅에서 벽돌 하나하나 직접 찍어 톤즈 최초의 병원을 세우고, 아이들의 자립을 위해 12년 교육과정의 학교까지 세웠다. 아이들을 가르칠 교사가 부족하면 진료가 없는 시간을 이용해 자신이 직접 선생님 역할까지 했다. 남수단 최초의 35인조 브라스밴드까지 만들어 음악을 가르쳤으며, 발가락이 닳아 없어진 한센병 환자들을 위해 직접 신발을 만들어 선물했고, 그것을 자기 삶의 가장 큰 기쁨으로 여겼다.

그러나 진실한 사랑과 좋은 마음만으로 모든 것이 이루어지는 것은 아니었다. 톤즈는 모든 것이 상상을 초월할 정도로 열악한 곳이었다. 전쟁으로 여기저기에서 총을 맞고 찾아오는 환자가 많았다. 게다가 수단에는 만약 누군가의 공격을 받으면 상대는 물론이고 그의 친척과 친구에게까지 해를 가하는 문화가 있어서 이유 없이 총을 맞는 사람도 자주 생겼다. 처음에 그는 그런 상황을 이해할 수 없었지만, 이내 이해하려는 노력을 멈췄다. 그런 고민을 할 시간에 환자 한 사람이라도 더 살리는 것이 우선이라고 생각했기 때문이다.

이태석 신부는 톤즈에서 다양한 직업으로 살았다. 처음에는 의사로, 다음에는 선생님으로, 건축가로, 지휘자로 다양한 활동을 펼쳤다. 대체 이태석이라는 사람의 중심에는 무엇이 있을까? 사람은 누구나 다재다능하다. 단지 그것을 꺼내지 못하는 사람과 꺼내는 사람으로 나뉠 뿐이다. 꺼내는 사람에게는 그렇게 해야만 하는 절실한 목적이 있다. 그것은 바로 '내가 사랑하는 사람에게 그게 필요해서'라는 마음의 명령이다. 그는 다음의 문장을 기억하며 평생을 뜨겁게 살았다.

"타인을 사랑하는 것에 그치지 말고, 사랑받도록 힘쓰라."

자신이 의사였지만, 이태석 신부는 자신이 죽어가는 것은 알아채지 못했다. 알아도 별로 다를 것은 없었다. 대장암 말기로 생명이 얼마 남지 않은 순간에도 그는 톤즈의 아이들이 걱정돼서 세상에 알리고자 책을 썼고, 두 명의 아이들을 한국으로 인도해 의대에 입학할 수 있게 도왔다. 그렇게 그는 삶을 마감했다. 우는 것을 치욕으로 생각해서 좀처럼 울지 않는 톤즈 사람들은 이태석 신부가 세상을 떠나던 날, 아이 어른 가릴 것 없이 통곡했다. 그가 한국의 의대에 진학시킨 아이들은 2018년에 무사히 졸업한 후 톤즈로 돌아가 아픈 자신의 친구들을 치료하는 의사로 살고 있다. 그의 사랑이 남긴 씨앗이 꽃으로 피어난 것이다. 그는 가톨릭 사제였으나 그의 진짜 종교는 자신이 도와야 할 사람들이었다. 그는 그 사람들을 만나기 전부터 이미 사랑했으니까.

*톤즈: 아프리카에서도 가장 오지로 불리는 수단의 남부 지방. 오랫동안 이어진 수단 내전으로 폐허가 된 지역이며 주민들은 살길을 찾아 흩어져 황폐한 지역이었다.

25

6月

이현령비현령

누군가의 변화를 원한다면 어떤 결론도 내리지 말라

이현령비현령(耳懸鈴鼻懸鈴)은 '귀에 걸면 귀걸이, 코에 걸면 코걸이'라는 말이다. 하나의 사실도 말하는 사람의 뜻에 따라 해석이 달라지는 경우를 비유하는 말이다. 어떤 의도가 있거나 대상에 대한 고정관념이 있는 경우 자의(恣意)적으로 해석될 개연성은 더욱 커진다. 사람들은 대부분 본인이 듣고 싶은 대로 듣고 보고 싶은 대로 보기 때문에 상대의 변화를 이끌어내지 못하는 것이다. 다음의 글은 19세기 후반에 조선인을 변화시키려는(선교하려는) 목적으로 조선에 온 사람의 글이다. 그가 조선인을 어떻게 생각했는지 판단해보자.

'음식을 준비하는 조선 사람들은 전혀 까다롭지 않다. 그들은 어떤 음식이든 다 좋아하기 때문이다. 생선에서 조리하지 않은 고기까지, 게다가 그들은 내장까지도 맛있는 식재료라고 생각한다. 생고기는 보통 고추나 후추 또는 겨자를 곁들여 먹는다. 그러나 가끔은 아무 양념도 없이 생고기만 먹기도 한다. 물이 흐르는 시내와 강가에는 어김없이 수많은 낚시꾼이 자리를 차지하고 있다. 그들은 대부분 생계유지를 위한 일을 하려는 마음을 버린 사람이거나, 무엇도 할 수 없는 데다가 돈도 한 푼 없는 양반들이다.'

이 글은 1874년 프랑스 파리에서 출간된 《한국천주교회사(韓國天主敎會史)》*에 서술된 내용이다. 이 책은 당시 조선에 포교차 와 있던 앙투안 다블뤼 주교**가 작성한 내용이 주를 이루는데, 조금만 읽어봐도 조선을 바라보는 다블뤼 주교의 곱지 않은 시선을 느낄 수 있다. 그는 이런 내용까지 덧붙였다. '낚시로 물고기를 잡으면 옆의 작은 단지 안의 고추장을 물고기에 발라 서슴지 않고 삼켰다'. 조선인은 가시를 두려워하지 않았으며, 마치 '아무것도 버리지 않겠다'는 듯이, 물고기도 가시까지 먹어버린다고 썼다. 그의 눈에 비친 조선인은 마치 굶주린 동물과도 같았다. 천주교 포교 초기에 일어난 불협화음이 왜 발생했는지 그 이유를 여실히 보여주는 장면이 아닐 수 없다.

물론 자기를 희생하며 하늘의 뜻을 전하는 선교사도 있었지만, 이렇게 처음부터 '못된 시선'으로 위에서 아래를 내려다보듯 하는 선교사도 있었던 게 사실이다. 선입견과 편견으로 머리가 딱딱하게 굳은 사람은 아무리 오랫동안 상대에게 포교해봤자 성공하지 못한다. 포교도 커뮤니케이션이다. 상대에 대해 이미 결론을 내린 상태, 즉 상대에 대한 고정관념이 대화의 문을 막고 있으니 상대의 마음속으로 들어갈 수가 없는 것이다. 이렇게 되면 무언가를 가르칠 수도 배울 수도 없다. 세상의 모든 것을 다 알고, 인생의 모든 결론을 이미 내려버린 듯한 인상을 주는 사람이 있다. 이런 사람을 알아보는 이들은 그래서 먼저 자리를 피한다. 괜히 대화해봐야 기분만 상하기 때문이다. 그래서 포교하는 사람에게는 특히 "나는 아는 것이 없다", "아무것도 결론이 난 것은 없다"라는 자세가 중요하다. 진짜 지성은 '나는 모른다'고 자신을 비운 마음속으로만 들어가는 손님이기 때문이다.

*《한국천주교회사》: 파리외방전교회의 달레 신부가 한국 천주교회의 성립 기원 및 순교사를 수록하여 1874년에 간행한 천주교서. 조선에서 포교한 다블뤼(Daveluy 安敦伊) 주교의 자료를 근거로 저술한 책이다.

**앙투안 다블뤼 주교: 조선 후기 제5대 조선 천주교 교구장을 지낸 프랑스 신부. 1866년(고종 3년) 병인박해 때 순교했고, 1968년 시복, 1984년에 성인품에 올랐다.

26 6月

배유지

중대한 일에 침묵하면 삶은 망가지기 시작한다

광주광역시 양림동에는 호남 지역 선교의 초석이 되었던 선교사 유진 벨(Eugene Bell)을 추모하는 기념관이 있다. 그의 한국 이름은 배유지이고 미국 남장로교회에서 선교사로 한국에 파송되어서 주로 광주와 목포 지역에 복음을 전했다. 유진 벨과 부인 로티 벨(Lottie Bell)이 한국에 도착한 건 1895년이었다. 전남 지역 선교부 책임을 맡은 그는 나주를 첫 사역지로 결정했으나, 조선 유생의 반대가 심해서 목포로 옮겨 선교를 시작했다.

당시 동학혁명의 와중이었던 조선은 각종 질병과 기근으로 민심이 좋지 않은 탓에 선교하기에는 최악의 상황이었다. 바깥 상황도 좋지는 않았다. 지정학적으로 가까운 일본과 청나라, 러시아가 모두 조선 땅을 노리고 있어, 외세에 대한 백성들의 시선과 태도도 매우 비판적이었기 때문이다. 그는 전주, 군산, 나주 등의 지역에 주로 선박을 이용해 복음을 전했다. 1908년 4월 5일에는 야월리 포구에 정착해 야월교회를 설립하고 본격적으로 선교 활동을 하기 시작했다. 교육에 특히 힘을 쏟은 그는 광주 지역의 명문교 수피아여학교와 숭일학교를 세웠고, 목포에도 정명학교와 영흥학교를 세웠다. 일제 때는 신사참배를 거부하여 추방되기도 했다. 학교뿐만 아니라 광주기독병원의 전신인 제중원도 그가 설립했다. 놀라운 것은 이런 사업들을 본인의 세대에서 끝낸 것이 아니라, 유진벨재단*을 설립한 자손들이 지금도 한국 선교 활동을 벌이고 있다는 사실이다. 특히 2015년 방북 때 북한 보건성으로부터 결핵 환자 병동을 요청받아 이미 8개 이상의 병동을 건축했고, 의료 봉사를 지속하고 있다.

어떤 일이든 처음 시작한 사람들은 순수하며 진실하다. 문제는 후대에 이어지면서 시작된다. 그래서 우리는 늘 어떤 일의 시작을 면밀하게 봐야 한다. 거기에 순수한 힘과 앞으로의 경쟁력이 집약되어 있기 때문이다. 시작이 순수하고 순결하면 사람의 마음을 울린다. 초창기 유진 벨이 미국 가족들에게 보낸 편지를 보면 그의 마음이 얼마나 순수했는지 알 수 있다. 그는 1895년 5월 아버지에게 '조선에는 청일전쟁 후 콜레라로 죽는 사람이 하루에 50명에서 100명이 넘기도 합니다. 그래서 저는 그들을 돕고 있습니다'라는 편지를, 같은 해 어머니에게는 '여기에서 먹는 식사는 맛이 없습니다. 그러나 저는 한국 음식을 먹기로 했습니다. 그들의 친구가 되려면 그렇게 해야 하니까요'라는 편지를 보냈다. 군더더기 없는 순결한 마음이 녹아 있는 글이다. 그는 실제로 의료 기술이 형편없던 조선에서 나무 청진기와 혈압계, 고무 펌프 등으로 병원조차 가기 힘들었던 이들을 치료하며 포교했다. 가진 것 없는 백성들에게 몸의 건강과 함께 내면까지 치유하는 선물을 준 것이다.

당시의 조선은 누구라도 선교 활동을 하는 것 자체가 힘든 상황이었다. 해야 할 일이라면 어떤 어려움 속에서도 반드시 해내야 한다는 소신이 있었기 때문에 가능한 일이었다. 유진 벨, 아니 배유지. 그는 가난과 문맹, 그리고 병으로 신음하던 조선에서 의료 봉사와 교육 활동은 물론 복음까지 전하며 조선 백성에게 미래의 희망을 준 '파란 눈의 조선인'이었다.

*유진벨재단: 유진 벨의 4대손인 인세반(W.Linton) 박사가 1995년 대북 지원을 목적으로 설립한 비영리 민간단체.

27
6月

원두우

날지 못하면 뛰면 되고, 뛰지 못하면 걸어가면 된다

원두우 목사

한국 기독교 역사에 가장 큰 영향을 끼친 사람 중 또 한사람으로 언더우드를 꼽을 수 있다. 언더우드의 한국식 이름은 원두우(元杜尤)인데, 하루는 언더우드를 만나 대화를 나누던 고종 황제가 '언더우드'를 빠르게 발음하면 '원두우'처럼 들린다며 직접 지어줬다는 일화가 전해진다.

1859년 7월 19일, 영국 런던에서 태어난 언더우드는 1881년 문학사 학위를 받으며 뉴욕대학교를 졸업했다. 1883년 11월에는 장로교 목사가 되었고, 당시 영미권 선교사들이 주로 파견되던 인도에 건너가 목회 활동을 하기 위해 1년간 힌디어와 의학을 공부했다. 한참 인도로 건너가기 위한 준비를 하던 중 그는 이런 소문을 듣는다. "조선이라는 동아시아의 국가에 파견할 선교사 한 명을 찾지 못하고 있다". 그 소문을 들은 그는 자기가 가야겠다는 결심을 한다. 그런 언더우드에게 약혼녀가 있었는데, 조선에 가려는 자기 마음을 이해하지 못하는 약혼녀와 이런 대화를 나눠야만 했다.

"그 곳에서는 무얼 먹고 살고 있나요?", "모르겠소.", "병원은 있나요?", "모르겠소."

"그럼 당신이 조선에 대해 아는 게 뭔가요?" "내가 아는 것은 오로지 조선이라는 나라에 주님을 모르는 1000만의 소중한 생명이 살고 있다는 것 뿐입니다."

비록 약혼녀에게 파혼 통보를 받기는 했지만, 이 대화를 통해 우리는 어떤 사적 이익도 고려하지 않고 오직 믿음과 사랑만 생각하는 그의 순수한 마음을 알 수 있다. 그러나 상황은 쉽지 않았다. 조선으로 건너가려던 1884년에 갑자기 갑신정변이 터지는 바람에 외국인 입국이 막힌 것이다. 언더우드는 낙심하지 않고 1년간 일본에 머물면서 조선인 유학생들에게 한국어를 배우며, 기다리는 시간을 선교 준비 기간으로 활용했다. 동시에 함께 지내던 선교사의 도움을 받아 신약의 마가복음을 한글로 번역하기도 했다. 이런 노력 덕분에 훗날 그는 한국에 들어온 선교사들 가운데 한국어를 가장 잘 구사하는 사람으로 인정을 받는다. 모든 것이 충분하지 않았지만, 그는 늘 자신이 할 수 있는 일을 속도에 구애받지 않고 해냈다.

언더우드의 친형인 존 언더우드 역시 조선에 기여한 바가 컸다. 존은 당시 미국에서 타자기 생산 기업을 세워 많은 돈을 번 부호였는데, 언더우드가 1917년 설립한 고등교육기관 연희전문학교에 돈을 기부해 달라는 요청을 했고, 이에 거액을 기부했다. 연희전문학교는 그 기부금으로 신촌에 부지를 매입하여 지금의 연세대 본관을 세울 수 있었다. 어떤 이권도 생각하지 않고 선교만을 위해 쾌척한 것이다. 여타의 선교사와 달리 고관대작보다는 백성에게 직접 다가가는 '아래로부터의 선교'를 실천했고, 자신의 집을 고아원 겸 교회 건물로 기꺼이 내놓을 정도로 청렴했다. 그런 순결한 심성 덕분에 장로교회에서는 그를 최초의 장로회 선교사로 인정하며, 연세대학교에서는 학교 설립자로 추앙하고 있는 것이다. 안팎으로 어려운 선교사의 삶이었지만 언더우드는 아무리 힘들어도 당장 자신이 할 수 있는 일을 하나하나 해내며 내일을 기다렸다. 날 수 없다고 멈춰 있으면 자기만 손해이며, 날지 못하면 걸을 수도 있고, 기어갈 수도 있는 거니까.

28
6月

아이고
한국인만 갖고 있는 언어의 온도

신앙이란 모두가 인정하는 기성 종교만을 일컫는 것은 아닐 것이다. 보이지 않는 것에 대한 굳은 믿음 역시도 하나의 신앙이라고 말할 수 있다. 어떤 사람이 굳게 믿는 말과 표현이 있다면, 넓은 의미에서 그에게는 그 말이 자신의 신앙이 될 수 있다. 한국말에는 그런 신앙과도 같은 표현이 하나 있다. 그건 바로 누군가 슬픈 일을 겪고 있다는 소식을 듣게 되면 저절로 나오는 감탄사인 '아이고'다. 의식하지 않으면 잘 모르지만, 지금이라도 이 말을 염두에 두고 주변을 살펴보라. '아이고'라는 말이 매우 다양한 의미로 변주되어 곳곳에서 활용된다는 사실을 알게 될 것이다.

힘든 일을 겪는 사람에게는 "아이고, 저걸 어쩌나", "저 사람이 좋아져야 하는데, 아이고 잘 되겠지?"라는 말로 위로하고, 병이 걸려 아픈 사람에게는 "아이고, 빨리 나아야지"라는 말로 쾌유를 기원한다. 초상집에 가서 '아이고'를 두 번 이상 반복하는 것으로 자신의 슬픔을 애절하게 표현한다. "아이고, 아이고". 마치 간절한 기도처럼 나오는 감탄사 두 마디가 듣는 사람에게는 무한한 공감의 표현으로 느껴진다. 이렇게 짧으면서도 온갖 감정을, 그것도 따뜻하게 품은 감탄사가 세상 어디에 또 있을까?

1997년에도 '아이고'는 힘든 국민에게 신앙과도 같은 역할을 해주었다. 외환 부족으로 인해 맞았던 IMF 외환 위기* 때, 어떤 현실의 종교도 우리를 위로하지 못했다. 경제적으로 최악의 순간을 매일 경험해야만 했기 때문에 그 어떤 말로도 힘든 하루하루를 치유할 수 없었던 것이다. 그러나 이때도 '아이고'는 뜻밖의 활약을 했다. I를 '아이고'로, M을 '미치고', F를 '환장하겠네'로 유머러스하게 해석했던 것이다. "아이고 미치고 환장하겠네!" 지금 다시 생각해도 힘든 나날이었지만, 이렇게 바꿔 부르니 왠지 부정적인 감정은 슬며시 사라지고, 서로 하나가 되어 견디어 낼 수 있는 일처럼 느껴졌다. 해석에 포함된 유머 속에서 일말의 희망을 보았기 때문일 것이다. 같은 일을 당해도 혼자서 짊어지는 것과 많은 사람이 함께 짊어지는 것은 느낌이 다르다. 이것이 바로 기도보다 효과가 빠르고 강력한 '아이고'가 가진 대체 불가능한 힘이라면 지나친 아전인수일까.

*IMF 외환 위기: 1997년 12월 3일 외환 부족으로 국가부도 위기를 맞은 우리나라가 IMF(국제통화기금)로부터 자금을 지원받는 양해각서를 체결한 사건.

29 6月

판수

내 앞은 볼 수 없지만 네 앞은 볼 수 있다

어떤 시대든 마찬가지였다. 앞이 보이지 않는 맹인이 살기에 편안한 시대는 없었다는 사실은. 사지가 멀쩡한 사람에게도 삶이 쉽지 않은데, 맹인에게는 더욱 고달픈 나날이었을 것이다. 이런 문제는 고려시대나 조선시대에도 마찬가지였다. 농사를 최고로 여기던 시대였지만, 앞을 볼 수 없으니 농사를 짓는 등의 노동을 하기가 어려웠다. 이런 이유로 맹인들은 주로《주역(周易)》을 배워 점을 치고, 독경과 점술을 익혀 판수가 되어 생계를 유지했다. 판수의 어원을 살펴보면 매우 흥미로운 사실을 알 수 있다. 보통은 '운수(運數)를 판단(判斷)해준다'는 '판수(判數)'에서 나온 말이라고 알고 있으나, 고대 알타이어에서 남자 무당을 가리키는 '박시(paksi)'에서 비롯된 순우리말이라고 추측되기도 한다.

판수의 명성은 상상 이상이었다. 전통적으로 우리나라에서는 중요한 일을 앞두거나 새롭게 일을 시작할 때, 혹은 반대로 되는 일이 없을 때 가장 먼저 찾는 곳이 점을 보는 곳이기 때문이다. 공인된 적은 없지만, 점은 한국인만이 가진 '마음의 종교'라고 할 수 있을 정도로 큰 영향을 미치는 행위였다. 실제로 당시 조선의 맹인들이 치는 점은 중국에서도 용하다고 평가를 받을 정도였다. 그러나 언제나 더 살기 힘든 사람이 나타나면서 문제는 시작된다. 조선 후기에 들어서면서 경제적으로 힘든 사람이 많이 생겼고, 그들 중 생계를 해결할 목적으로 맹인이 아니면서도 무경(巫經)을 읽으며 앉은굿을 하는 경객(經客)*이 나타난 것이다. 그들의 숫자가 워낙 많아 판수는 일의 일부분을 빼앗겼고 단순하게 점만 치는 사람이 되었다. 그러다가 마침내 점치는 일마저 할 수 없게 되는 시대가 찾아왔다. 바로 한국전쟁 이후였다. 모두가 힘들었던 한국전쟁 이후, 점치는 일을 직업으로 하는 점쟁이가 대량으로 출몰하면서 판수는 거의 사라지는 지경에 이르렀다. 어떻게든 먹고살려는 사람들이 맹인만이 하던 영역에까지 그들의 등을 떠밀 듯 밀려든 것이다.

돌아보면 판수는 참 흥미로운 의미를 지닌 직업이었다. 자신은 정작 자기 눈앞조차 볼 수 없지만, 타인의 앞날을 가르쳐주는 인생을 살아냈다. 그렇다. 그건 '살아냈다'라고 표현할 수밖에 없는 삶이었다. 고려 때부터 조선 후기까지 그들이 지팡이를 짚고 시장을 오가며 "문수(問數)요(내게 당신의 내일을 물어 보시오)"라고 외치고 다니던 그들의 소리가 들리는 듯하다. 백성들에게도 판수의 예언과 운수풀이가 하나의 종교와도 같았지만, 그들 자신에게도 점을 치는 행위가 자신의 삶을 구원할 하나의 종교 역할을 했던 셈이다.

*경객: 경문(經文)을 읽고 점도 치는 남자 무당. 충청도 지방에서 주로 쓰는 말이었으며 후에 '법사'라고 바뀌었다.

30
6月

설날
'메멘토 모리'를 상기하는 날

한국에서 설은 곧 '나이를 먹는다'라는 사실과 직결된다. 해가 바뀌어 새로운 한 해를 맞이하는 첫날인 설을 쇨 때마다 한 살씩 더 먹게 되는 것이다. 나이를 먹는 것은, 어릴 때는 즐거운 일이지만 어른이 되면 괴로운 일이 된다. 재미있는 사실은 '설'이라는 말이 사람의 나이를 헤아리는 단위인 오늘날의 '살'로 바뀐 것이라는 주장도 있다는 것이다. '설'이란 곧 '살'이고, 해석을 조금 더 확대하면 결국 죽음에 더 가까워졌다는 뜻이기도 하다. 우리는 사실 태어날 때부터 죽을 정도의 고통을 겪는다. 4센티미터도 안 되는 좁은 산도(産道)를 필사적으로 통과해 나올 때 얼마나 큰 고통과 두려움을 느꼈을까. 그때를 기억하는 사람은 없겠지만, 그건 인생 최초이자 마지막으로 목숨을 건 모험을 한 것이라고 볼 수 있다.

새해가 시작되는 설에는 새롭게 살라는 의미도 있지만, 동시에 '죽음을 생각하라'는 의미도 있다. 영원히 살면 이런 충고는 필요없다. 그런데 누구나 죽게 돼 있다. 그래서 죽음을 생각하는 삶이 중요한 것이다. 죽음을 염두에 두어야 우리 삶이 더 농밀해지기 때문이다. 이어령 선생의 말처럼, 그 사실을 늙어서 깨달으면 안된다. 젊은이는 늙고, 늙은이는 죽는다. 젊은이는 늙을 것을 알아야 하고, 늙은이는 죽을 것을 알아야 한다. 젊음을 열심히 살아야 늙을 줄도 알고, 늙음을 열심히 살아야 죽음의 의미도 안다. 현대는 죽음을 상실하고 잊은 시대다. 그는 말한다.

"죽음을 누가 생각해주는가? 정치가 생각해주나, 아니면 경제가 생각해주나. 유일하게 죽음을 생각하는 것이 바로 종교다. 죽음은 내 종교의 시작이다."

새로운 첫 시작인 새해가 되면 종교인이 아니더라도 한번쯤 자신의 죽음을 생각해 보는 것도 좋다. 이른바 '메멘토 모리(Memento mori)'다. 메멘토 모리는 '자신의 죽음을 기억하라', 또는 '너는 반드시 죽는다는 것을 기억하라', '네가 죽을 것을 기억하라'를 뜻하는 라틴어 경구다. 옛날 로마에서는 원정에서 승리를 거두고 개선하는 장군이 시가 행진을 할 때 노예를 시켜 행렬 뒤에서 큰소리로 이 말을 외치게 했다. '승리했다고 너무 우쭐대지 말라. 오늘은 개선 장군이지만, 너도 언젠가는 죽는다. 그러니 겸손하게 행동하라'라는 의미에서다.

우리가 종교를 갖는 이유도 우리가 죽기 때문이다. 죽기 때문에 반성하고, 죽기 때문에 더 나은 오늘을 살기 위해 분투한다. 그러므로 늘 죽음을 기억하라. 우리는 지금 자신이 가진 생명과 언젠가는 이별해야 한다. 어떤 인생과도 바꿀 수 없는 농밀한 삶은 죽음을 기억하며 시작된다.

6월 종교

7일 조계사

조계사는 대한불교 조계종의 총본산인 사찰이다. 서울 도심 한복판에 있어도 사찰 내는 고요하고 경건하다. 유서 깊은 대웅전과 집채만 한 천연기념물 백송(白松)이 들어선 분위기가 도심 속 힐링 명소다. 조계사와 마주하는 도로 건너편의 템플스테이에서 전국 사찰의 템플스테이 정보를 얻을 수 있다. 이곳은 사찰 뷔페로도 유명한데, 승려들이 손수 가꾼 채소로 조리한 건강 음식이다.

서울시 종로구 우정국로 55

9일 통도사

통도사는 부처의 진신사리를 봉안한 절이다. 산문을 들어서면서부터 길게 이어진 소나무 숲길은 조붓하면서, 걷는 동안 기운을 돋게 하는 산소 충전소다. 경내의 흙길을 타박타박 걸어보는 동안은 자연스럽게 명상의 시간이 된다. 사찰 내에 국보와 보물 등 지방유형문화재들이 가득 들어차 있어서 불교 문화재 박물관을 방불케 한다.

경남 양산시 하북면 통도사로 108

11일 법주사 팔상전

속리산 법주사의 팔상전은 유서 깊은 5층 목탑이다. 목탑 벽면에는 석가모니 부처의 일생 중 의미 있는 장면 여덟 가지를 그린 팔상도가 있다. 법주사 입구에서 만나는 정이품송은 세조와 인연이 깊은 문화재. 자연 관찰로인 '세조길'을 따라 걸으면 수려한 속리산의 풍광과 어우러진 법주사를 만나게 된다. 금동미륵대불의 위용과 마애불의 섬세함도 볼거리다.

충북 보은군 속리산면 법주사로 405

14일 영주 소수서원

주세붕이 백운동서원을 짓고 심은 소나무를 따라 소수서원 둘레길이 이어진다. 소나무는 참된 선비의 이미지를 품은 나무다. 조선 최초의 사액서원인 소수서원에서 서원 문화와 역사를 되짚어본다. 도포 자락을 휘날리는 유생들의 모습도 눈에 띄는데, 일반인들도 이곳에서 유학(儒學) 강좌를 들을 수 있어서다. MZ세대들에게도 관심 높은 곳이다.

경북 영주시 순흥면 내죽리 152-8

➤ 12월 14일

18일 가회동성당

북촌한옥마을 중심에 위치한 가회동성당은 신유박해(1801년) 때 효수된 주문모 신부에 의해 1795년 조선 땅에서 최초로 미사가 봉헌된 곳으로 한국 천주교의 뿌리와 같은 곳이다. 전통한옥과 서양식 구조가 절묘하게 어우러진 성당 건축물은 2014년 '올해의 한옥상'을 수상했다. 1층에는 성당의 역사를 엮은 역사전시실이 마련되어 있다. 신자들은 물론 여행객들이 쉬어갈 수 있도록 꾸며진 사랑채는 한옥 누마루의 멋을 살린 공간이다. 옥상정원에서는 북촌의 풍경을 한눈에 조망할 수 있다.

서울시 종로구 북촌로 57

19일 정약용유적지

1801년 천주교 박해령이 내려지고[신유박해] 조선의 대학자 정약용과 그의 형 정약전은 경상도와 전라도로 유배되었다. 유배에서 풀려난 정약용이 고향으로 돌아와 여생을 보낸 곳에 정약용유적지가 들어서 있다. 경내에는 그의 생가인 여유당과 기념관, 실학박물관이 들어서 있다. 《목민심서》, 《경세유표》 등 다산의 위대한 걸작들을 만나보자.

경기도 남양주시 조안면 다산로 747번길 11

21, 22일 절두산순교성지

평등사상을 내세운 천주교를 받아들이기 쉽지 않았던 시절, 천주교에 대한 박해는 날로 극심해졌다. 절두산은 누에의 머리 모양을 닮아 '잠두봉(蠶頭峰)'이라 불리던 곳. 이 주변에서 천주교도들이 무참하게 참수되었다. 절두산 순교성지는 천주교 박해의 순교정신을 되살려 지어졌다. 성지 내에 들어선 한국천주교순교자박물관에는 김대건 신부의 친필 서한을 비롯한 5000여 점의 유물과 자료가 보관·전시 중이다.

서울시 마포구 토정로 6

23일 명동대성당

천주교 세례명 스테파노. 온화한 미소를 띤 고 김수환 추기경은 1969년 교황 바오로 6세에 의해 한국 최초의 추기경이 되었다. 서울대교구주교좌인 명동대성당은 고딕 양식의 건축물과 성당 내의 아름다운 스테인드글라스로 여행객들이 자주 찾는다. 성당 정원에는 무염시태(無染始胎; 원죄 없는 잉태) 성모상과 김대건 신부의 흉상이 있고, 성당 앞에서 보는 남산 조망도 뛰어나다.

서울시 중구 명동길 74

07

음식

밥은 봄처럼, 국은 여름처럼,
장은 가을같이, 술은 겨울처럼 빚으라

1

7月

왕의 밥상

전국 팔도의 백성이 빼곡하게 들어선 자리

"왕은 어떤 밥상을 받을까?"

드라마나 영화에서 가끔 본 적은 있지만, 실제로 눈앞에서 확인한 적은 없기에 더욱 궁금한 것 중 하나다. 보통 왕이 받는 밥상을 생각하면 이름 모를 화려한 음식과 고기 혹은 해산물이 상 위에 가득할 것이라고 생각하기 쉽다. 그러나 서양과는 달리 우리나라 왕의 밥상은 먹는 이의 건강을 생각했기 때문에 무엇보다 골고루 먹는 것을 우선했다. 편식하지 않도록 하는 게 첫 번째 원칙이었던 셈이다. 자연의 기운과 함께 몸의 기운까지 철저하게 고려한 음양오행의 원칙을 밥상에서도 실현했는데, 찬 음식과 더운 음식을 골고루 배분했고, 동시에 고기와 채소 반찬의 균형을 맞춰 다양하게 섭취하도록 차렸다. 소식(小食)을 했지만 전복, 꿩고기, 버섯, 그리고 당시로서는 귀한 고추장을 좋아하는 등 귀한 음식을 원했던 영조와 고기를 좋아해서 매끼 먹었던 세종을 제외하면, 따로 왕의 취향을 반영해서 한 음식만 집중적으로 올리거나 제외하는 일은 흔한 일이 아니었다.

게다가 왕은 밥상에 올라온 음식을 통해 백성의 삶을 짐작해야 했으므로 자기 생각대로 밥상의 내용을 통제하기 어려웠다. 밥상에 올라오는 대부분의 식재료는 각 지방에서 올라온 것이었고, 그 식재료를 통해 왕은 지방의 상황이 어떤지 짐작할 수 있었다. 반찬 하나를 집어서 먹을 때도 나라 곳곳에 사는 백성의 삶에 대해서 생각해야 했던 것이다. 모든 왕이 그런 것은 아니었지만, 흉년이 들어 백성의 고통이 길어지면 왕은 스스로 반찬 가짓수를 줄이거나 아예 밥상을 받지 않기도 했다. 왕이 스스로 식사를 물리지 않으면 곁에 있던 신하들이 나서서 "백성이 고생하고 있으니 식사를 하지 않는 것이 어떻겠습니까?"라고 건의를 할 정도였다.

왕은 매일 밥상을 받으며 어떤 생각을 했을까? 먹는 즐거움을 느끼기에 '왕의 밥상'은 너무 무거웠다. 그 밥상에는 단순히 '먹어 치워야 하는 음식'이 올라와 있는 것이 아니었다. 전국 팔도에서 살아가는 신산(辛酸)한 백성의 삶이 빼곡하게 들어선, 그 치열한 공간을 보며 그들의 고민과 아픔을 느끼는 시간이었던 것이다.

2

7月

기미

좋아하는 음식을 맛있게 먹고 힘내서 살자

'기미(氣味)*'라는 말이 있다. 우리가 자주 사용하는 '어떤 일이 일어날 기미(機微)가 보인다'고 할 때 쓰는 말이 아닌, 전혀 다른 곳에서 쓰이는 말이다. 쓰인 장소는 왕궁이다. 고려든 조선이든 왕은 위험한 자리였다. 그 자리를 노리는 사람이 많아, 언제 누구에 의해 암살당할지도 모르기 때문이었다. 이런 이유로 왕은 식사하기 전에 늘 다른 사람에게 먼저 음식을 먹게 했다. 큰방상궁이 가장 먼저 음식을 먹었고, 이 행위를 '기미를 본다'고 일컬었다. 맛이 괜찮은지를 점검하는 것이 아닌, 독(毒)의 유무를 검사하는 것이 본래의 목적이었다. 이 행위는 시간이 흐르면서 점차 반드시 해야 하는 하나의 의례가 되었다.

의례가 되자 그 절차가 만들어지기 시작했다. 먼저 큰방상궁이 조그만 그릇에 찬을 골고루 조금씩 덜어서 나눈다. 그리고 반드시 어전(御前; 임금의 앞)에서 자신이 먼저 먹어본다. 혼자만 먹으면 제대로 '감식'하기 어려우므로, 왕을 측근에서 모시는 근시(近侍) 나인들과 그 무리에게도 함께 나누어준다. 그 모습을 상상해보라. 왕을 위해 준비한 음식을 왕이 보는 앞에서 왕보다 먼저 골고루 즐기는 것이 '무엄한 것 아닌가'라는 생각이 들지 않는가. 그러나 이미 관례화된 것이라 왕도 궁녀들도 피차 조금도 이상하지 않았다. 수라상 위에는 기미를 보기 위한 용도로 왕의 수저 이외에 여벌로 한 벌의 조그만 그릇과 수저가 놓이기도 했다.

세 끼 식사 때만 그런 것이 아니었다. 왕의 입에 들어가는 모든 것은 기미를 통해 확인을 거쳐야 했다. 녹용이나 인삼과 같은 귀한 탕제를 올릴 때도 마찬가지였다. 혹자는 "독이 있는지 확인하려고 먼저 먹게 하는 것이 비인간적이다"라고 비난할 수 있으나 당시 분위기는 전혀 달랐다. 그 귀한 것들을 조금이라도 맛볼 기회가 주어지는 것이므로 상궁들에게는 인기 있는 직책이었다. 특히 궁에 들어온 지 얼마 되지 않은 나이 어린 궁녀들에게는 꿈도 못 꿀 절호의 찬스였을 것이다. 시대가 완전히 바뀐 지금에 와서 조금 긍정적으로 생각을 바꿔보면, 기미를 시키는 왕이나 그걸 반기는 상궁들이나 생각은 하나였지 않았을까. "맛있게 먹고 힘내서 오늘도 열심히 살자!" 살아야 한다는 의욕이 없다면 처음부터 생기지도 않았을 의례였을 테니까.

*기미: 임금에게 올리는 수라나 탕제 같은 것을 상궁이 먼저 먹어보아 독이 들어 있는지 알아보는 일. 사전적 의미는 '냄새와 맛'을 아울러 이르는 말.

3
7月

오훈채

삶의 목적에 따라 그 의미도 변하는 음식의 가치

이름만 들어도 괜히 건강해질 것 같은 느낌을 주는 '오훈채(五葷菜)'라는 나물들이 있다. 자극성이 있는 다섯 종류의 채소를 의미하는데, 불가(佛家)에서 나누는 방식과 도가(道家)에서 나누는 방식이 서로 다르다. 불가에서는 마늘과 실파, 김장파, 달래와 무릇을 가리키며, 도가에서는 무릇, 평지, 부추, 자총이(파의 일종)와 마늘을 이른다. 불가와 도가에서 모두 오훈채를 '음욕과 분노를 불러일으키는 음식'이라고 하여 금지한다는 공통점이 있다. 그러나 이것은 종교의 범주에서 해석한 내용일 뿐이며, 우리의 음식 문화에서는 오히려 이 나물들이 '모든 것을 화합하는 기운이 있는 식물'이라며 권했다.

절기가 새롭게 시작되고 만물이 싹을 틔우는 입춘이 되면 왕은 신하들에게 오훈채를 하사하기도 했다. 그런데 왕이 아무런 이유도 없이 그런 일을 하지는 않았을 것이다. 그 이면에는 이런 마음이 녹아 있지 않았을까. 가운데 노란색 나물을 왕 자신으로 생각하고, 나머지 청과 백 그리고 적과 흑색 나물을 당시 조정을 주도하던 사색으로 나뉜 당파로 간주해, 이런 메시지를 전하는 것. "왕인 나를 중심으로 뭉쳐서 태평성대를 향해 달려가자!" 이를테면 '오훈채를 통한 은유적 하명(下命)'이라고나 할까. 지나치게 긍정적 해석으로 생각되는가. 하지만 의미는 부여하기 나름이고, 음식을 통해서도 이런 은유적 지시는 얼마든지 가능하다.

궁이 아닌 여염의 백성들도 오훈채를 즐겼다. 이 경우는 '정치적 해석'은 전혀 의미가 없고, 오로지 '건강'을 염두에 둔 음식으로 쓰였다. 다섯 가지 색을 몸의 오장육부 중 오장 — 흑은 신장, 백은 간, 적은 폐, 황은 심장, 청은 비장으로 생각한 것이다. 백성들은 오훈채를 먹으며 저마다 가족의 건강을 기원했다.

음식 하나로도 먹는 사람이 무엇을 가장 중요하게 생각하며 사는지 짐작할 수 있다. 궁에 사는 왕은 분열된 신하의 뜻을 모아 나라를 제대로 다스릴 생각을 하며 오훈채를 즐겼고, 몸이 곧 재산인 백성들은 똑같은 음식을 먹으며 가족의 건강을 빌었다. 당신은 음식을 즐기며 어떤 생각을 하는가? 그 생각이 곧 당신이 가장 중요하게 여기는 것일 가능성이 높다.

4

7月

미식가 고종

음식에 대한 사랑처럼 우리를 기쁘게 하는 것은 없다

고종(高宗)에 대한 평가는 엇갈린다. 물론 부정적인 시각이 많은 것이 사실이다. 그러나 역사는 당시의 상황이라는, 피하기 어려운 힘에 의해 결정될 때가 많다. 시간을 돌려 1863년 철종 14년 12월, 철종이 후사 없이 승하한 날로 돌아가보자. 당시 열두 살이었던 고종(당시 아명은 명복)은 자신이 뭘 해야 하는지도 모르는 채로 임금이 되었다. '잘할 수 있을까?'라는 의심 섞인 시선을 매 끼니처럼 받아먹었을 나날이었다. 나이가 어리다는 이유로 관례에 따라 조대비(趙大妃)*가 수렴청정했으나, '대정(大政)을 협찬하게 한다'는 명분으로 정권은 고종의 친부인 대원군에게 넘어가 '대원군의 10년 집권'이 시작됐다. 고종은 그 10여 년 동안 이도 저도 아닌 채 살았고, 그 아픔과 외로운 마음을 음식에 기대었을 것이다. 정치 외의 곳에서 삶의 기쁨을 찾은 것이다.

고종은 특히 면을 좋아했으며 자극적인 양념이나 지나친 장식을 좋아하지 않았다. 과식을 삼갔고 늘 적당한 선에서 음식을 즐기는 수준으로 식사를 마무리했다. 전형적인 미식가의 풍모를 갖추고 있었던 것이다. 음식을 대하는 고종의 자세와 태도는 냉면에서 가장 잘 나타났는데, 그가 즐겼던 냉면의 형태를 그의 여덟 번째 후궁이었던 삼축당 김씨(三祝堂 金氏)는 이렇게 적었다.

"먼저 냉면 중앙에 십(十)자 형태로 편육을 얹는다. 그리고 나머지 공간에는 시원한 배와 고소한 잣을 덮어 채운다. 이때 배는 칼로 썰지 않고 수저로 얇게 저며 얹는 방식을 택한다. 국물은 고기로 만든 육수가 아니고 시원한 동치미 국물이며, 특별히 배를 많이 넣어 담근 것이라 무척 달고 시원한 느낌이었다."

1847년 헌종 13년 경빈 김씨(慶嬪 金氏)를 위해 지은 전각인 낙선재(樂善齋) 뒤쪽에 있던 광 앞에는 매우 귀한 식재료가 보관되어 있었다. 바로 진간장독 50개가 그것이었다. 매우 섬세한 '보살핌'을 받으며 숙성되고 있었는데, 생각시(나이 어린 궁녀) 두세 명을 데리고 간장과 고추장만 전담하는 상궁이 따로 있을 정도였다. 그들은 매일 날이 밝으면 자신의 몸을 깨끗하게 씻고 모든 독을 정성을 다해 닦고 그 안을 들여다보면서 살피는 게 임무였다. 장독이 그토록 귀하게 보살펴졌던 이유가 고종의 섬세한 식성 때문이었다. 맵거나 짠 것을 싫어하는 그에게 어울리는 장은 이 독의 간장이 유일했기 때문이다. 외국 문물이 들어오던 시기였던지라 고종은 서양 음식에도 관심을 보였는데, 특히 생선 프라이를 즐겼으며 독일에서 요리 공부를 한 숙수에게 직접 빵을 굽도록 해 즐기기도 했다.

역사는 고종을 나약한 군주로 평가한다. 맞는 말이다. 그러나 우리는 그가 처한 상황만이 아니라, '그 세월을 그가 어떻게 견뎠는가'에 대해서도 눈을 돌려야 한다고 생각한다. 최소한 그는 자신이 '대한제국의 황제'라는 사실을 결코 망각하지 않았다. 그것이 오히려 그를 더 힘들게 만들었지만. 고종은 간이 사납지 않은 부드러운 음식을 즐기며 험난한 시간을 이겨낼 수 있었다. 삶이 고독해질수록 미식가인 그의 음식 사랑은 더욱 깊어졌을 것이다.

+ *조대비: 조선 제24대 헌종의 어머니. 왕족인 익종(翼宗; 헌종의 친부이며 추존왕 호칭)의 부인이다.

5

7月

《식시오관》

음식을 대하는 선비의 다섯 가지 태도

1759년 영조 24년 서울에서 당대 명문가인 전주 이씨 가문의 막내딸로 태어난, 조선 시대 유일의 여성 실학자 빙허각 이씨(憑虛閣 李氏)*는 당시에는 잘 볼 수 없던 실용서인 생활경제 백과사전《규합총서(閨閤叢書)》를 저술했다. 물론 당시 조선의 상황이 그랬듯 쉽게 자기 시간을 내서 책까지 낼 수 있는 환경은 아니었다. 게다가 그녀는 남편이 옥사로 벼슬에서 물러나자 곤궁해져 몸소 차밭을 일구면서 집안 살림과 가정의 경제적인 부분까지 직접 책임지는 등 세 가지 일을 동시에 해야 하는 막중한 임무를 맡고 있었다. 하지만 그녀는 그 모든 것을 하나도 소홀히 하지 않았다. 그러면서도 나이 51세에 스스로 목표로 정한《규합총서》를 집필했고, 이 책은 20세기 초까지도 여성들에게 가장 널리 읽히고 인용되는 생활경제 백과사전으로 사랑 받았다. 그녀는 중국 북송의 문학가 황정견(黃庭堅)이 지은《식시오관(食時五觀)》을 참고해서《규합총서》안에 '선비가 식사할 때 지켜야 할 덕목' 다섯 가지를 밝혀두었는데, 시사하는 바가 많아 이를 현대 생활에 맞게 고쳐 소개한다.

1. 만든 사람의 노력이 얼마나 담겼는지를 살피며 동시에 음식이 어디에서 나온 것인지 생각해봐야 한다. — 본질을 망각하지 말고 늘 모든 것의 시작을 보라는 말이다. 이를 통해 누구나 식사를 하면서도 일상에서 본질을 추구하고 관찰하는 힘을 기를 수 있다.

2. 충효와 입신의 뜻을 살펴서 음식의 맛을 너무 심하게 따지지 말라. — 때로는 맛이 없는 음식을 먹게 될 수도 있고, 상황이 여의치 않아 원하는 음식을 먹지 못할 상황에 놓일 수도 있다. 그럴 때는 대의를 생각하면서 눈앞에 놓인 것에 흔들리지 말라는 의미이다.

3. 마음을 다스려서 과하게 먹지 말고 심하게 탐하지도 말라. — 과한 것은 언제나 우리에게 나쁜 결과를 안긴다. 많이 먹으면 건강도 나빠지며 더욱 중요한 건 몸이 게을러져서 움직이지 않으려고 한다는 사실이다. 마음을 다스려 몸을 제어하는 자세를 가져라.

4. 음식의 맛만 고려하지 말고 좋은 약으로 생각하여 즐겨라. — 어떤 좋은 약도 건강한 음식에 비할 수 없다는 말이다. 건강을 잃는 이유는 입에 들어가는 음식의 맛에만 신경을 써서 매일 몸을 상하게 만들었기 때문이다. 입에 달고 좋은 것만 찾지 말고, 약으로 생각하며 즐기는 게 현명하다.

5. 선비로서의 도리를 다한 후에 음식을 받아 즐겨라. — 가장 중요한 내용이다. 실학과 유교적 전통에 가장 잘 맞는 내용이기도 하다. 선비라고 앉아서 먹기만 하지 말고, 자신의 역할을 매일 충실히 해낸 후에 먹어야 한다는 말이다. 입에 들어가는 음식의 가치 만큼 일해야 한다는 의미를 담고 있다.

식시오관은 그저 식사에 대한 좋은 습관에 국한된 이야기는 아니다. 식사를 하며 스스로 본질을 탐구하는 공부도 할 수 있으며, 마음을 제어하며 몸을 움직이는 과정에 대해서도 배울 수 있다. 그 옛날 선비들의 식사 태도를 배워 익히는 가운데 21세기를 사는 우리도 충분히 어떤 가치를 내면에 담을 수 있어 더욱 빛나는 조언이라 할 수 있다. 이처럼 밥상을 대하는 그녀의 마음은 진심이었다.《규합총서》의 발췌 필사본으로 보이는《부인필지(夫人

必知)》에서 절절한 그녀의 마음을 확인할 수 있다. 그녀는 이 책에서 밥상을 구성하는 음식을 하나씩 일일히 나열하며 이렇게 썼다. "밥은 봄처럼 짓고, 국은 여름처럼 만들고, 장은 가을같이 만들고, 술은 겨울처럼 빚으라 했으니 밥은 따뜻해야 하고, 국은 뜨거워야 하며, 장은 서늘해야 하고, 술은 차야만 한다."

마치 시처럼 읽히는 이 글에서 음식을 대하는 그녀의 확고한 태도를 엿볼 수 있다. 이런 태도가 그녀에게 음식을 대하고 구성하는 방식까지 지혜롭게 접근할 수 있게 해주었다. 의학이나 한방에 대한 지식은 없지만, 음양오행에 맞춰서 음식을 조리한다면 건강도 지킬 수 있다는 사실을 자신의 글로 증명한 것이기 때문이다. 비록 18세기의 인물이기는 하나 음식에 있어서 대선배인 빙허각 이씨가 그토록 중요하게 생각한 식사 태도이니, 요즘 시대와 비록 맞지 않는 것이 있다고 해도 좋은 부분을 실천해 스스로를 바꿀 가치가 충분하지 않은가.

✚ *빙허각 이씨: 조선 후기 가정학백과인 《규합총서》, 여성백과인 《청규박물지》, 자작시와 산문집인 《빙허각고략》 등을 저술한 여성 실학자. 15세에 소론 집안인 서유본(徐有本)과 결혼했고 남편이 죽은 후에는 세상과의 왕래를 끊고 자리에 누워 지낸지 19개월만에 66세의 나이로 사망했다.

6

7月

《사소절》

음식을 대하는 예절이 바로 서야 인생이 바로 선다

《사소절(士小節)》은 1775년에 조선 후기 실학자 이덕무(李德懋)*가 일상생활에서의 예절과 수신에 관하여 저술한 일종의 자기 수양서다. 요즘 말로 '자기계발서'라고 부를 수도 있는 책이다. 그는 당시 지식인들이 주로 읽는 《서경》, 《논어》, 《소학》 등에서 공통적으로 제시한 '소절(小節)을 닦아야 대절(大節)을 보고 대의를 실천할 수 있다'라는 생각에 공감하고 있었고, 그 결과가 글로 나온 것이 바로 이 책이다. 《사소절》에는 조선의 백성들이 본받아 실천할 수 있는 식사 예절에 대한 글이 나오는데, 내용이 세밀하고 흥미로운 부분이 많다.

1. 쌈은 너무 크게 싸서 입에 넣기 어렵게 하지 마라. 식사할 때 볼이 커지는 것은 예절에 맞지 않다.
2. 무와 배, 밤을 먹을 때는 사각사각 소리가 나지 않게 여러 번 자주 씹어서 넘겨야 한다.
3. 국수와 죽, 국을 먹을 때는 갑자기 들이마셔 후루룩 소리를 내지 말고 천천히 나눠서 먹어야 한다.
4. 물을 마실 때도 마찬가지로 급히 마셔서 꿀꺽꿀꺽 소리가 나지 않도록 주의해야 한다.
5. 음식 부스러기를 혀로 핥아서 먹지 말라.
6. 급하다고 국물을 손가락으로 찍어 먹지 말라.
7. 음식을 입에 넣은 상태로 과하게 웃지 말라.
8. 음식을 먹을 때는 배에 맞게 먹어서 남는 것이 없도록 하라.
9. 특히 식사를 마친 후에는 밥그릇에 물을 부어 한 톨의 쌀이라도 남기지 말아야 한다.
10. 숟가락이 그릇에 닿아 소리 나는 일이 없도록 하라.
11. 밥알을 남겨 뜰이나 도랑, 혹은 더럽고 습한 곳에 흘려버리지 말라.

그는 현실에서 실제 적용이 가능한 지식을 배우고 실천하는 것을 매우 중요하게 생각했던 실학자였다. 위에 나열한 음식을 대하는 열한 가지 예절도 그의 평소 생각을 반영하는 것이라 할 수 있다. 물론 다 맞는 말이라고는 할 수는 없다. '이건 아니다'라는 생각이 드는 내용도 분명 있을 것이다. 그래서 이덕무도 《사소절》을 쓸 당시에 지나친 내용을 걸러서 썼으며 동시에 후세에 이렇게 당부했다.

"위에 나열한 책들이 쓰여진 때와는 시대가 바뀌어서 풍속이나 습관이 널리 변하여 몸과 마음에 맞지 않는 것이 있어, 조심스럽게 검토하여 백성이 본받을 수 있는 소절이라 생각되는 것을 책에 실었다."

늘 그렇지만 어떤 글에서든 좋은 내용만 삶에 적용하면 된다. 우리에게 눈과 머리가 있는 이유는 비난하기 위해서가 아니라, 나쁜 것을 걸러내고 자신에게 가장 좋은 것만 골라 담기 위해서이기 때문이다. 식탁에서 음식을 대하는 자세가 삶에 영향을 미친다는 진리는 과거와 지금 모두 적용되는, 변함없는 사실이다.

*이덕무: 조선 후기 《관독일기》, 《편찬잡고》, 《청비록》 등을 저술한 유학자. 실학자. 북학파 실학자들과 교유했다.

밥상

쉬운 인생도 쉬운 밥상도 없다

역시 이덕무(李德懋)의 저술인 총서《청장관전서(青莊館全書)》*에 보면, 조선시대 남자는 한 끼에 7홉을 먹고 여자는 5홉, 아이는 3홉을 먹는다는 내용이 있다. 7홉, 5홉, 3홉이라면 결코 적지 않은 양이다. 이는 각각 현대 성인의 식사량의 5배, 여성은 3배, 아이는 2배에 달한다. 먹는 양이 다르니 밥그릇의 크기도 차이가 컸다. 지금 쓰이는 일반적인 밥그릇의 크기는 350그램 내외의 밥이 들어가는 정도인데, 조선 시대의 밥그릇은 무려 690그램 정도로 거의 두 배에 달한다. 조선 후기의 학자 이익(李瀷)이 쓴 책《성호사설(星湖僿說)》에는 이런 내용이 나올 정도다.

"다른 것은 몰라도 우리나라 사람들이 밥을 많이 먹는 건 세계 최고다. 내가 만난 다른 나라 사람들은 우리나라 사람들을 보며 한결같이 '밥을 이렇게 실컷 떠서 먹으니 어찌 가난하지 않겠는가?'라며 비웃었다."

조선시대에는 특히 밥을 많이 먹었다. 왜 그랬을까? 농사 등 몸을 쓰는 일을 해서 유독 배가 고파서 그랬던 걸까? 그러나 내가 밥의 양보다 더욱 흥미롭게 주목하는 것은 밥상이다. 나는 늘 밥상을 바라보며 이런 생각을 해왔다. 외국의 식탁과 달리 어른 네 명이 앉아 식사를 하기에도 좁은 이 밥상에서, 온 식구가 한꺼번에 앉아 밥을 먹는 것이 얼마나 힘들었을까? 아무리 큰 밥상도 어른 네 명이 동시에 앉기조차 쉽지 않았다. 어린 시절에 겪어봤던 사람도 많겠지만 아무리 큰 상을 펴도 한쪽 다리가 상 밖으로 삐죽 튀어나오는 경우가 많았다. 모두가 편안하게 앉아 식사를 할 수 있을 정도의 크기가 결코 아니었던 것이다.

밥상을 회상하며 나는 다음 두 가지 의미를 찾아냈다. 하나는 '공간을 소중하게 생각하는 마음'이다. 조선시대에는 백성들이 할 수 있는 일이 농사를 짓는 것 이외에는 별로 없었다. 그럼에도 산은 많아 경작할 수 있는 땅은 부족했다. 상황이 이러니 자연스럽게 자투리 땅도 귀하게 여기는 마음이 생겼고, 그 귀한 땅에서 나온 결과를 모두 올리는 '밥상이라는 공간'을 소중하게 생각하게 되었던 것이 아닐까 짐작할 수 있다. 또 다른 하나는 서양처럼 개인이 모두 각자의 반찬과 국을 따로 먹는 것이 아니라, 밥과 국을 제외한 모든 반찬을 공유하는 것이 우리 밥상이었다. 작은 공간이라도 소중하게 여기는 마음과 함께 정성껏 만든 음식을 공유하며 즐기는 마음의 온기가 밥상에 가득 녹아 있어서 좁아도 좁은지 몰랐을 것이다.

누구에게나 인생은 참 치열하다. 그 치열한 인생을 살며 밥상이라는 작지만 따스한 공간에서 우리는 얼마나 큰 위로를 받고 살고 있나. 유독 밥을 많이 먹었던 것도 그렇게라도 조금 더 같은 공간에 함께 하고 싶었던 따스한 마음이 이끈 식욕은 아니었을까.

*《청장관전서》: 조선 후기 실학자 이덕무의 저술을 모두 모아 엮은 전집. '청장관'은 저자의 호이며 전서는 모두 33책 71권이었다.

8

7月

조선의 채식주의자

생명을 대하는 기준은 어디에서 어디까지인가

'채식주의자(Vegetarian)'는 먹는 음식에 따라 그 이름이 여러 가지로 나뉜다. 과일과 견과류만 먹는 프루테리언(Fruitarian)과 육식만 거부하는 비건(Vegan)을 비롯하여 락토 베지테리언(Lacto Vegetarian), 오보 베지테리언(Ovo Vegetarian), 락토오보 베지테리언(Lacto Ovo Vegetarian), 페스코 베지테리언(Pesco Vegetarian), 폴로 베지테리언(Pollo Vegetarian), 플렉시테리언(Flexiterian) 등의 단계 구분이 그것이다.

그런데 요즘 등장했다고 생각했던 채식주의를 이미 조선시대에 실천한 사람이 있다. 조선 후기의 문인 혜환(惠寰) 이용휴(李用休)*의 《탄만집(歎數集)》 중 〈만채재기(晩菜齋記)〉라는 글에 그 사람에 대한 이야기가 실려 있다. 만채는 혜환의 친구인 유넉상의 호로 '만년에 채식을 하다'라는 의미다. 채식에 대해 그는 이렇게 말했다.

"채식이 좋기 때문이기도 하지만, 동물을 죽이는 '도살'을 안 좋게 여긴 뜻이 큽니다."

불가에서 승려들이 살생을 경계하여 채식을 한 이유, 또 채식주의자들이 상업적 도축과 환경 파괴를 거부하고 채식을 주장하는 뜻도 이와 크게 다르지 않을 것이다. 만채의 채식은 채소 위주의 소식을 추구한다는 점에서 채식주의 중 앞서 언급한 비건에 가깝다. 만채에 대한 이야기가 이렇게 남아 우리에게 전해질 수 있었던 것은, 그의 이야기를 쓴 친구 이용휴가 성호 이익의 조카로서 당대의 큰 학자였기 때문이다. 이 사실로 미루어 짐작할 때 당시 지식인들도 채식에 대한 어느 정도의 정보와 욕구가 있었다는 사실까지 알 수 있다. 친구인 이용휴가 본 만채는 이랬다.

'늘 밭에 채소만 심으니 집 근처가 언제나 푸른빛으로 가득했다. 밭에서 나온 채소를 삶아서 소식(小食)을 하고, 더러는 어떤 가공도 하지 않고 생으로 씹어 먹기도 했다. 혹자는 만채의 곤궁한 처지를 비웃으며 "비록 고기를 먹고 싶어도 돈이 없어 불가능하니 어떻게 채소를 먹지 않을 수 있겠는가"라고 비웃었다. 그러나 그건 사실이 아니다. 만약 그가 정녕 고기를 먹고자 했다면 채소를 재배하는 대신 값싼 닭이나 새끼 돼지를 길렀을 것이기 때문이다. 그러므로 만채의 채식은 본성이며 또한 늙어서 처음으로 좋아하게 된 것이 아니라, 만년에 더욱 좋아하게 된 것이라고 볼 수 있다.'

만채는 자신이 육식을 하지 않는 이유에 대해서 이렇게 설명하기도 했다.

"살아 있는 동물을 도살하면 피와 살점이 낭자하게 되니, 이를 어찌 입으로 넣을 수 있겠는가! 차라리 먹고 싶은 것을 조금 참아서 견디는 것이 낫지 않겠는가. 오장육부 사이에 비린내와 썩은 내가 나는 고기와 향기를 발하는 채소는 서로 같지 않다."

지금도 마찬가지다. 불판 위에서 고기가 익어가는 모습을 보면 안타까워서 도저히 먹을 수 없다는 사람도 있고, 반대로 그걸 보며 "잘 익었다"라고 입맛을 다시는 사람도 있다. 누가 옳고 누가 그른지를 가리자는 게 아니다. 어떤 선택이든 자신만의 기호일 뿐이다. 여기에서 눈여겨볼 것은 조선시대에도 채식주의자가 있었다는 사실이니까.

*이용휴: 조선 후기 관리이자 문인. 천문, 지리, 병농 등 실생활에 필요한 학문에 조예가 깊었으며 《탄만집》, 《혜환시초》, 《혜환잡저》 등을 저술했다.

9

7月

이리 오너라

굶주림보다 더 날카로운 가시는 없다

"눈물 젖은 빵을 먹어본 적이 없는 사람과 인생을 논하지 말라"는 괴테의 말이 있다. 이를 한국식으로 바꾸려면 '빵'만 '밥'으로 대체하면 바로 의미가 통한다. '눈물 젖은 밥' 이야기로 '이리 오너라'라는 문장의 풀이를 시작하는 이유는, 이 문장이 언뜻 보기에는 강한 어조의 명령문 같지만 사실은 한없이 나약한 자의 호소라고 생각하기 때문이다.

'이리 오너라'라는 말은 이제는 사극(史劇)에서나 듣는 말이다. 과거 왕조 시대에 양반들이 '사람이 왔으니 문을 열라'고 하인을 부를 때 썼던 말이라 그렇다. 이 말을 들으면 내게는 이상하게도 좀 별난 상황이 상상된다.재산을 모두 탕진한 양반이, 그러나 일말의 자존심은 남아 있는 사람이 배가 너무 고파서 아무 집이나 찾아가 있는 용기를 다 쥐어짜 그 집 하인을 부르는 장면, 자존심을 내세우며 굶어 죽기보다는 당장 부끄럽더라도 뭐라도 얻어먹고 보려는 간절한 상황 말이다.

그 간절하고 아픈 마음을 알아서일까? 우리나라에는 오래전부터 전통으로 내려온 '삼덕(三德)'이라는 게 있었다. 음식을 준비할 때, 식구 수에 세 사람 몫을 더 추가해 밥을 짓고, 반찬도 꼭 먹을 분량에 덤을 얹어 민드는 부덕(婦德)을 말한다. 지나가던 행인 중에 배고픈 사람이 있을 수도 있고, 주변의 어려운 이웃들이 가져다 먹을 수도 있기 때문이었다. 부덕이란 '부녀자의 아름다운 덕행'이라는 뜻인데, 이런 덕을 행하는 주체를 굳이 부녀자로 특정해 의미를 한정할 필요는 없겠다. 사람이라면 누구나 지닌 '연민'이라는 보편적 감정이니까. 그 시대에 다른 사람을 도울 정도로 형편이 넉넉한 사람은 많지 않았다. 그러나 우리는 경험으로 알고 있다. 어려운 사람을 돕는 건, 그걸 겪어보거나 같은 처지에 있는 사람이라는 사실을 말이다. 알고 있으니 손이 가는 것이다.

어렵지만 밥을 조금 더 짓고 반찬을 조금 더 만들어 "이리 오너라"라고 외치는 굶주린 양반을 기다린 이유는 신분이 양반이라서가 아니라, 굶주리는 것보다 더 사람을 아프게 찌르는 가시는 없다는 것을 알기 때문이었다. 아픈 사람을 더 아프게 할 수는 없는 거니까.

10
7月

고수레
아픈 사람을 위로하고 싶은 애틋한 마음

'고수레'의 사전적 의미는 '산이나 들에서 음식을 먹을 때, 귀신에게 먼저 바친다는 의미로 음식을 조금 떼어 던지는 일'이다. 이때 "고수레"라고 외치며 기복(祈福)하는 민간신앙 행위인 것이다. 자기가 먹을 것도 모자라는데 왜 굳이 그런 의례를 했던 걸까? 신앙이란 '사람의 행복을 위해 갖는 것'이고, 보통은 자신을 위해 갖는다. 이런 점에서 나는 고수레를 '타인을 위한 신앙'이라고 생각한다. 아름다운 이 사실을 증명이라도 하듯《한국구비문학대계(韓國口碑文學大系)》*에는 21개 지역에서 나온 36편의 고수레 설화가 소개되어 있다. 그중 세 편을 소개하면 다음과 같다.

1. 어머니 고 씨가 세상을 떠나자 풍수의 대가인 도선은 익산 부근 만경들에 어머니를 묻었다. 주변에 사는 사람들이 무덤 부근에서 "고 씨네, 잘 받아먹으시오"라며 고수레를 하니 놀랍게도 그해 풍년이 들었다. 이 일이 소문 나서 전국적으로 고수레가 퍼졌다.

2. 황해도 연안에서 가난하게 살며 삶을 마감한 '고수레'라는 사람에게 주변 사람들이 "이 음식을 줄 테니 마음껏 먹고, 아무 일 없이 무사히 하늘나라로 가라"라는 의미에서 고수레를 했다.

3. 동네에 인심 좋은 부자 고 씨가 살고 있었는데, 하루는 소작인이 "고 씨가 더욱 부자가 되게 해주세요, 고수레"라고 마음을 담아 기원했다. 그러자 그의 기원대로 고 씨는 더욱 부자가 되었다.

이 세 가지 경우의 공통점은 고수레가 자기의 행복과 기쁨만을 위해 행한 의례가 아니라는 사실이다. 고생한 누군가에게는 자유와 기쁨을, 힘든 상황에 놓인 이웃들의 삶에는 행복을, 좋은 일을 하며 사는 사람에게는 더 나은 삶을 살 수 있도록 바라는 '이타적 소망'을 담은 행위라고 볼 수 있다. 고수레는 자기 자신이 아니라, 한 공간에 함께 사는 다른 이들의 행복을 기원한 것이다. 또한 자연과 함께 행복하게 살자는 생명 의식도 담겨있다. 자연에서 나온 음식을 다시 자연에 되돌려준다는 의미에서 그렇다.

고수레는 넉넉지 않은 음식이지만 가난한 사람들과 나누며 스스로 인간이 어떤 가치를 지니고 있는지 잊지 않게 하는 행위였고, 사람은 어떻게 살아야 하는지 방향을 잃지 않고 깨어 있게 한 '삶의 죽비(竹篦)'였다. "내가 잘났으니 너는 내 말을 들어라"라는 못된 마음이 아닌, "내가 느낀 행복을 너도 느끼고, 네가 느끼는 아픔도 내가 느끼겠다", "네가 아프니 내가 조금 더 다가갈게"라는 공감과 연민의 심성이 담긴 풍습이라고 볼 수 있다.

*《한국구비문학대계》: 한국학중앙연구원(전 한국정신문화연구원)에서 전국의 구비문학 관련 자료를 연구한 조사보고서.

11
7月

조선의 독주
이길 수 없지만 포기할 수도 없는 것

최근에는 많이 사라졌지만, 여전히 남은 음주 문화가 하나 있다. 그건 바로 이길 수 없는 술을 자꾸 이기려고 한다는 것이다. 그 마음 안에는 이런 생각이 녹아 있지 싶다. "남자라면 술 정도는 거절하지 않고 마셔야지!" 어리석은 생각이다. 그러나 이런 생각은 어느 날 갑자기 생긴 게 아니다. 조선시대에도 애주가들의 행태는 마찬가지였다.

"최근 조정 관료들이 술을 너무 많이 마시고 있다고 한다. 마시지 않는 자는 오히려 웃음거리가 되고 있으니 이것은 큰 문제다. 그래서 임금이 직접 여러 관서의 벽에 금주를 고(告)하는 글을 써 붙이도록 했다."

《조선왕조실록》 효종 3년인 1625년에 기록된 내용이다. 대체 관료들이 얼마나 술을 많이 마셨으면 임금이 나서서 금주를 고(告)했을까. 조선 후기 형조판서, 우의정, 영의정 등을 역임한 문신 이의현(李宜顯)의 《경자연행잡지(庚子燕行雜識)》*에는 당시 조선 사람들이 얼마나 독주를 즐기는지 증거로 삼을 만한 글이 실려 있다. 그 내용은 다음과 같다.

'술은 계주(薊州) 술이 가장 좋다고 하지만, 독하지 않아서 쉽게 깬다 — 중략 — 우리나라 소주(燒酒)는 연중(燕中) 사람들은 너무 독하다고 해서 마시지 않는다.'

첫 구절에 나오는 계주는 북경 옆에 있는 지역으로 그 지방에서 나오는 술은 중국 북방의 최고 명주였다. 당연히 중국 전통술의 도수가 낮을 리가 없다. 이 글을 통해 우리는 당시 조선에서 즐기던 소주가 지금처럼 낮은 도수가 아닌 최하 30도 이상의 술이라는 사실을 짐작할 수 있다.

그렇게 독한 소주를 조선 조정의 관리들이 일과 시간에 즐겼다는 사실이 흥미로우면서 동시에 안타깝다. 그 시대에 청나라로 파견된 이정신(李正臣)의 《역옹유고(櫟翁遺稿)》 중 〈연행록(燕行錄)〉에는 이런 글이 나온다. '방금 나는 관사에 도착했다. 아침에 조선의 소주를 청해서 맛보았다'. 공무로 외국에 파견된 공무원이 아침부터 소주를 마셨다는 사실도, 중국에서조차 조선의 소주를 쉽게 구할 수 있었다는 사실도 놀랍기는 마찬가지다.

아무리 금지해도 관리들이 여전히 술에 취해 돌아다니자, 영조는 1733년 1월 마침내 금주령을 내린다. 밀주 제조 단속이 엄해지자 제사상에도 냉수를 올리는 진풍경이 펼쳐졌다. 모두가 술 욕심을 버리지 못하고 마셔댄 관료들의 책임이었다. 이런 통제에도 애주 문화는 사라지지 않았다. 조선 후기에 서양 문화가 들어오면서 술의 종류가 다양해졌는데, 하필 그게 위스키와 진이었다는 게 문제였다. 50도에 육박하는 증류 소주에 익숙한 관료들에게 40도 정도의 위스키와 진은 매우 '친숙한' 술로 느껴졌기 때문이다. 게다가 그 독특한 향에 매료된 관리들이 이제는 위스키까지 즐기게 되고 만 것이다. 예나 지금이나 한국인은 참 술을 좋아하는 민족이다. 객관적 자료를 봐도 개인당 술 소비량이 세계에서 수위를 차지한다니, '음주가무'에 뛰어난 민족성은 쉽게 변하지 않는 것인가 싶다.

+ *《경자연행잡지》: 조선 후기의 문신 이의현이 청나라에 다녀온 1720년(숙종 46년)에 작성한 사행록. 2권 필사본으로 중국의 제도와 문물을 살펴볼 수 있는 자료다.

12

7月

감자

가난한 이들에게 주어졌던 자연의 혜택

김창한(金昌漢)이 쓴 《원저보(圓藷譜)》라는 책을 보면 우리가 즐겨 먹는 감자가 조선에 들어온 경위를 알 수 있다. 1832년 영국의 상선이 전라북도 해안에서 한 달 정도 머물러 있는 동안에 배에 타고 있던 선교사가 백성들에게 씨감자를 나누어주며 친절하게 재배법을 가르쳐주었다. 김창한은 그의 아버지가 선교사에게 감자 재배법을 배워 주변에 보급한 과정과 자세한 재배법을 《원저보》에 썼다.

감자가 농민들에게 이익이 된다는 소문이 돌자, 당시 함경북도 무산(茂山)의 수령 이형재(李亨在)는 전북의 농민들에게 다양한 방법으로 접근한다. 어떻게든 씨감자를 얻어서 자신이 다스리고 있는 지역 농민들에게 가르쳐 진파시키려 했으나, 감자 재배에 이익이 많이 남는 것을 이미 알고 있는 전북 지역 농민들은 씨감자를 쉽게 내놓지 않았다. 생각 외로 감자가 귀하다는 실상을 알게 된 이형재는, 당시에 귀하게 여겼던 소금을 주고서야 씨감자를 구해 널리 보급할 수 있었다.

이후 감자는 기르기에 수월하다는 장점 때문에 매우 빠른 속도로 전국 각지에 보급되었다. 흉년 때마다 가난으로 고생하던 강원도 일대는 감자 덕분에 굶주림을 면할 수 있었다. 감자는 아직 겨울이 채 지나지 않은 초봄에 심어 한여름이 되기 전에 수확하므로 먹을 것이 부족한 보릿고개에 가난한 이의 배를 채워준 고마운 존재였다. 다른 작물에 비해 보관도 어렵지 않은데, 다음 세 가지 원칙만 지키면 여섯 달 이상도 보관이 가능하다. 하나는 해가 들지 않는 어두운 곳에 보관해야 한다는 것이고, 또 하나는 상처 난 감자를 우선 먹어치워야 한다는 것, 마지막 하나는 저장 적정온도인 섭씨 4도를 유지하는 게 좋다는 것이다.

그러나 보급 과정에 문제가 생기기도 했다. 지금도 그렇지만 당시에도 어떤 작물이 잘된다는 소문이 나면 밭을 갈아엎고 전부 그 작물만 심었다. 백성들이 모두 돈이 되는 감자만 심고 다른 곡물은 재배하지 않으려 하자 관에서는 특단의 대책을 내놓았다. 그건 '감자 재배 금지'였다. 세금으로 받아들일 곡물이 부족하여 이런 법령을 내리기는 했으나 백성들은 이를 무릅쓰고 계속 감자를 재배했다.

이제는 모두 지나간 이야기가 되었지만, 지금도 감자를 생각하면 참 따뜻한 마음이 든다. 감자전이나 감자조림, 감자튀김, 감자떡 등 온갖 요리로 즐길 수 있어서도 그렇지만, 우리에게 가난을 이길 힘을 주었기에 더욱 소중한 존재라서가 아닐까.

13

7月

한국의 전통 전투식량

침략을 자주 당해서 늘 필요했던 것

한국은 전쟁을 자주 경험한 나라 중 하나다. 물론 거의 당하는 입장이었지만……. 그래서 더욱 중요한 전쟁 물자가 하나 있다. 바로 전투식량이다. 지난 역사를 돌아보면 안타까운 이야기지만, 언제 당할지 모르기 때문에 늘 식량을 준비하고 있어야 했다. 지금이야 그렇지 않지만, 옛날에는 전쟁 기술이나 무기가 변변찮으니 그저 나라를 지키겠다는 강한 의지로 싸워야 하는데, 그러기 위한 최소한의 조건이 식량이었기 때문이다.

이쯤에서 문제를 하나 풀어보자. 우리나라를 대표하는 전통적인 전투식량은 무엇일까? 보통은 주먹밥이나 누룽지 정도를 답이라고 내놓을 가능성이 높다. 구하기 쉽고 보관이 쉽다는 장점이 떠오르기 때문이다. 그러나 사실은 그와 다르다. 주먹밥은 실전에서는 피할 수 없는 결정적인 한계가 있었다. 간장이나 소금으로 빠르게 간을 하므로 쉽게 먹을 수 있다고 생각할 수도 있지만, 결정적으로 밥을 짓는 최소한의 과정이 필요하다. 적이 편안하게 밥 지을 시간을 허락할 리가 없다. 일정한 만큼의 노력과 시간이 필요한 일이다. 이렇게 어렵게 만들어도 보관이 쉽지 않았다. 상온에서는 쉽게 상하는 주먹밥을 하루 이상 보관할 곳이 마땅하지 않았기 때문이다. 그렇다고 어렵게 만든 주먹밥을 한 끼만 먹고 버리기에는 너무나 손해가 컸다. 추운 겨울에는 그나마 보관이 쉬웠지만, 차갑게 얼어버린 주먹밥은 먹는 사람 입장에서는 고역이었다. 이런저런 이유로 주먹밥은 '비효율적인 전투식량'이라고 말할 수 있다. 부드러운 식감과 영양적인 측면을 조금 포기하고 누룽지를 선택할 수도 있지만, 밥을 아무리 많이 해도 만들 수 있는 누룽지의 양에는 한계가 있어 그것도 좋은 선택은 아니었다.

그래서 찾아낸 가장 적절한 전투식량이 바로 떡이다. 떡은 쉽게 만들 수 있고 오랫동안 보관하기도 좋아 전투식량으로 그만이다. 특히 말린 인절미는 전투식량의 대명사가 될 정도로 자주 활용되었는데, 그 이유를 다음 두 가지로 설명할 수 있다. 하나는 적당한 크기로 자를 수 있어서 가지고 다니기 좋고 분배하기도 간편했다는 점이고, 또 하나는 무게 대비 열량이 높아서 효율적이었다는 점이다. 먹을 때의 불편을 다소 감수할 수 있다면 더욱 단단하게 말려서 무게는 더욱 가볍게 열량은 더욱 높게 만들 수도 있었다.

전투식량이 무엇이든 전쟁은 서로를 망치는 슬픈 일이니 가급적 하지 않는 게 좋다. 농반진반으로 '우리 민족이 침략을 자주 당해서 늘 전투식량을 준비하며 살아야만 했다'고 말했지만, 이를 뒤집어서 말하면 그만큼 '평화를 사랑했다'고 말할 수도 있으니 너무 슬퍼할 일은 아니다.

14
7月

한솥밥

먹고 있는 음식이 아닌 함께 먹는 사람을 보라

'한솥밥'. 듣거나 읽기만 해도 마음이 따뜻해지는 말이다. 사전적 의미로 보면 '같은 솥으로 만들어 나온 밥'을 의미한다. 시간이 지나며 의미가 꽤 확장되었는데, 과거에는 가족이나 매우 친근한 사이를 뜻하는 단어였지만, 요즘은 공감대를 축으로 모이는 커뮤니티나 한 조직에서 함께 일하는 동료까지 통틀어 표현하는 말이 되었다.

"한솥밥 먹는 사람끼리 왜 이래?"

"우리도 이제 한솥밥 먹는 처지가 됐으니까 네가 이해해야지."

이런 문장에서 쓰인 '한솥밥'에는 간혹 다른 의견도 있고 납득 안 되는 일이 벌어질 때도 있지만, 어떻게든 보듬고 가자는 '한국식 정서'가 작용하고 있다. '한솥밥'은 이미 친근한 사이를 상징하기도 하지만, 아직 하나가 되지 않은 두 사람 혹은 내부의 여러 구성원을 하나로 모아 결속력을 다질 때도 쓰인다. '한솥밥을 먹는다'는 것은 '이제 어떤 일이 있어도 우리는 공동운명체로 살아가야 한다'는 사실을 의미하기 때문이다. 그렇게 보면 한솥밥은 '끼리끼리' 혹은 '유유상종(類類相從)'과도 비슷한 느낌을 주는 낱말이다.

과거 전쟁터에서는 한솥밥을 지어 함께 나누어 먹는 일이 많았다. 이렇게 하면 식사하기 편해서였겠지만, 결과적으로는 아주 중요한 의미를 갖게 되었다. 생사를 알 수 없는 전투에 나서면서 한 솥에서 지은 밥을 나눠 먹었다는 동료애를 토대로 비장한 각오를 최대한 고양시키는 역할을 한 것이다. 그 밥에는 나누어 먹는 모든 이들의 염원이 들어 있었다. "우리가 하나가 되게 하소서. 내가 전우를, 전우가 나를 믿게 하소서". 한솥밥을 나눠서 먹으며 하나가 되게 해달라는 기원도 동시에 한 것이다.

어려웠던 시절에는 커다란 솥에 밥을 지어 거기에 넣을 수 있는 모든 반찬을 넣어 비빈 후 온 식구가 함께 나누어 먹기도 했다. 살기 어렵고 먹을 게 없어서 그러기도 했지만, 그렇게 한솥밥을 먹고 나면 전에 없던 힘이 솟았다. "우리는 하나다. 내가 못 먹으면 형도 못 먹고, 형이 먹는 날에는 나도 먹는다. 역시 믿을 건 가족밖에 없다". 그토록 어려운 살림 속에서도 서로 한 술이라도 더 먹으라며 마지막 한 숟가락을 양보하는 모습, 그건 오직 한국인만이 가진 정이었다. 내가 아니라 식구를 위해 먼저 수저를 내려놓을 수 있다는 것은 무엇과도 바꿀 수 없는 아름다운 일이 아닐 수 없다.

그 아름다운 마음을 악용하는 사람도 있기는 하다. '한솥밥 먹고 송사 간다'라는 속담도 그래서 나왔을 터다. 함께 살던 가족이나, 둘도 없는 친구 사이라도 사소한 이익 때문에 법적 다툼까지 벌일 만큼 사이가 나빠질 수도 있음을 비유하는 말이다. 모든 일에는 양면이 있기 마련이고, 아무리 좋은 것도 나쁜 일에 쓰는 사람은 언제나 있는 법이니까. 그러나 그 모든 경우를 다 감안하더라도 우리에게 '한솥밥'이란, 솥 안에 담긴 밥보다는 그것을 함께 나누는 사람을 바라보도록 하기에 더욱 의미 있는 낱말이다. 사람을 보며 즐기는 밥, 한솥밥의 매력은 바로 거기에 있다.

15

7月

김치

주식을 능가하는 세계 유일의 반찬

나도 알고 있다. 평양냉면과 더불어 김치는 한국에서 쉽게 건드릴 수 없는 주제라는 걸. 워낙 전문가도 많고 각자의 기호가 달라서 반박의 여지가 많으며, 전국적으로 광범위하게 퍼져 있어서 어떤 최고의 요리 전문가에게도 부담스러운 주제이기 때문이다. 그 사실을 나는 충분히 알고 있으며, 그래서 잘 모르는 김치의 종류나, 확실하지 않은 김치와 고추 그리고 배추의 기원 등 애매한 정보와 지식을 전하기보다는, 나만 할 수 있는 말 그러니까 '김치라서 할 수 있는 말'을 한 가지 하려고 한다.

"이 김치 하나만 있으면 밥 한 그릇 정도는 뚝딱이지!"

"막 지은 따뜻한 밥에 김치만 있으면 세상 부러운 게 없지!"

부모님이 옆에서 김장을 담그고 계시거나, 정말 맛나는 김치를 앞에 두고 있을 때 자주 하거나 듣던 표현일 것이다. 그런데 궁금해진다. 이런 말은 김치가 맛있다는 의미일까, 밥이 맛있다는 의미일까. 모르긴 몰라도 진짜 맛있는 김치는 밥 한 그릇 정도는 쉽게 먹을 수 있도록 해준다는 말일 것이다.

잘 생각해보라. 김치는 사실 반찬이다. 그런데 세계 어디를 가도 반찬 한 가지가 맛있다고 주식을 모두 '해치울 수 있다'는 생각을 하는 경우는 흔치 않다. 이를테면 단무지가 맛있다고 라면 한 그릇을 해치울 수 있다고 생각하거나, 감자 샐러드가 맛나다고 스테이크 한 덩이를 깨끗이 먹을 수 있다고 생각하는 경우는 거의 없다. 그런가 하면 피클이 아무리 맛있다고 해도 그걸 먹기 위해서 피자를 떠올리지는 않는다. 라면을 먹기 위해 단무지가 필요하고, 피자를 먹기 위해 피클이 필요하다고 생각하는 것이 일반적이다. 그래서 주식과 반찬은 서로 비교하기가 쉽지 않은 관계일 경우가 많다. 앞뒤 전제와 호응이 서로 맞지 않기 때문이다.

그러나 김치와 밥은 전혀 다르다. 보통은 밥을 먹기 위해 반찬이 필요하다고 말하지만, 반찬 중에서 김치 하나만큼은 '김치가 맛있어서 밥이 필요하다'고 말하는 경우가 적지 않다. 이건 거의 '창조적 파괴'라고 부를 수 있을 정도의 파격적인 예인 셈이다. 간혹 영화나 드라마를 시청할 때, 전혀 존재감이 없었던 인물이 빛을 발할 때가 있다. 주인공을 능가하는 카리스마, 이처럼 한국인에게 김치는 '감히 주인공(주식)의 자리를 꿰차는', 몇 안 되는 조연(부식) 중 하나다.

16

7月

김치국물

'국물도 없다'는 세상에서 가장 무서운 말

국물은 한국인에게 매우 중요한 먹을거리다. 특히 라면 국물이 그렇다. 면을 다 건져 먹은 국물을 버리지 않고, 거기에 밥을 말아서 다시 식사를 시작하는 민족은 흔치 않다. 면이나 밥 등의 건더기도 중요하지만, 국물이 없으면 그것들의 가치는 반감한다. 국물도 그 가치에 따라 다양한 종류가 있는데, 라면 국물 '따위'는 범접할 수 없는, 떠올리는 것만으로도 식욕을 자극하는 국물이 있다. 바로 김치국물이다. 김치국물은 적어도 한국에서는 '국물의 최고봉'이라고 말해도 전혀 과장이 아니다. 인터넷 검색을 하면 '김치국물 활용법'이라는 포스팅이 쏟아져 나올 정도로 김치국물은 우리에게 '경배의 대상'이다.

우리는 왜 이토록 김치국물을 좋아하는 걸까? 깍두기도 그렇지만 우리의 절임 요리에는 꼭 국물이 들어가며 건더기 이상의 가치를 지닌다. 참 독특하다. 김치 중에서도 열무김치는 아예 국물이 메인일 경우가 많고, 국수를 말아 먹을 때 국물로 쓰기도 한다. 같은 동양에서도 흔히 접할 수 있는 음식이 아니다. 우리의 김치에 해당하는 일본의 오싱꼬(おしんこ; 채소를 소금이나 겨에 절인 반찬 – 편집자)나 다꾸앙(たくあん; 다꾸앙澤庵이라는 스님이 발명한 저장 식품. 우리나라의 단무지에 해당 – 편집자)에는 국물이 없다. 오히려 있는 국물을 모두 버리고 건더기만 남겨서 보관한다. 하지만 우리의 경우에는 발효 과정에서 나온 국물을 버리지 않고 그걸 오히려 맛을 더하는 데 활용한다. 쓸모가 없다고 쓰레기로 규정하지 않고 새롭게 가치를 부여해 더 나은 것으로 재탄생시킨 것이다.

놀랍게도 김치국물은 요리로만 쓰인 것은 아니었다. 쉽사리 상상이 가지 않겠지만, 아플 때 약으로 활용하기도 했다. 약이 흔하지 않았던 시절, 불과 수십 년 전만 해도 손주가 배앓이를 하면 할머니는 마치 보물이라도 가져오듯 동치미 국물을 떠 와 한 술씩 먹이며 "이제 괜찮아질 거야"라는 말로 속을 달래주었다. 과거 연탄을 난방 연료로 쓰던 시절에는 연탄가스에 중독되었을 때 응급 처방으로 김치국물 마시라고 '장려'한 적도 있다.

그래서 "너 (김치)국물도 없을 줄 알아!"라는 표현은 듣는 이 입장에서는 가장 무서운 말이었다. '국물도 없다'는 표현은 아무것도 주지 않겠다는, 요즘 말로 '1도 없다'는 말과 같은 의미이기 때문이다. 건더기만큼이나 국물도 아끼는 한국인의 음식문화가 만들어낸 유니크한 표현이 아닐 수 없다. 어쨌거나 국물은 버리는 것 하나 없이 주어진 모든 것을 활용하며 아끼는 한국인만이 가진 음식문화의 결정체라고 볼 수 있겠다.

17

7月

묵은지

소비의 시대와 기다릴 수 있는 가치

세상에 존재하는 신제품들은 각자 분야와 장르는 서로 달라도 목표는 하나다. '자신을 사용하는 사람에게 사랑을 받고 부족한 부분을 보완하여 그들을 편하게 만들어 주는 것'이다. 소비자에게 조금 더 빠르게 원하는 것을 얻게 해주기 위해 지금 이 시간에도 신제품은 저마다 큰 꿈을 품고 출시되고 있다. 그러나 한국에는 딱 하나, 모두가 사랑하는 음식이지만 결코 빠르기를 요구하지 않고 그저 시간이 정직하게 흐르기만 기다리는 상품이 하나 있다. 그건 바로 이름에조차 '시간이 지나야 한다'는 의미를 담고 있는 묵은지다.

묵은지는 여러 가지 김치의 한 종류로 '6개월 이상 저온에서 숙성시킨 김치'를 일컫는다. 보통은 담근 지 6개월을 기준으로 그 미만일 때는 '햇김치'라고 부르고 이후일 때 '묵은지'라고 부른다. 묵은지의 대부분은 배추김치이며 김칫독에다 묻어놓고 숙성을 시킨다. 6개월 이상일 때 맛이 나기 시작하지만, 전문적으로 다루는 음식점 같은 데서는 1년, 2년, 3년 등으로 나눠서 요리에 따라 묵은 세월이 다른 묵은지를 쓰며, 곁들이는 고기나 생선의 맛과 조화를 이루게 만든다.

묵은지는 정신없이 빠르게 변화하는 시내의 흐름 속에서, 영혼의 중심을 잡을 수 있도록 우리를 돕는 음식이다. 우리는 지금 돈만 있으면 뭐든 살 수 있는 소비의 시대를 살고 있다. 그런데 소비와 창조는 전혀 다르다. 소비가 그저 버튼을 눌러 가질 수 있는 것이라면 창조는 그 버튼을 만들기 위해 수많은 밤을 보내야 만날 수 있는 '세월이 만든 가치'이기 때문이다. 그런 점에서 묵은지는 손쉽게 소비하려는 조급함을 조금이나마 늦춰주는 고마운 역할을 한다. 기다릴 가치가 있는 존재도 있다는 사실을 가르쳐주는 것이다.

김치가 가장 맛없는 순간은 언제일까? 그건 바로 방금 만든 겉절이도 아닌, 그렇다고 묵은지도 아닌, 이도 저도 아닐 때일 것이다. 자신의 정체성을 찾아야 비로소 김치도 자기가 가진 능력을 보여줄 수 있다는 얘기다. 김치가 잘 익으면 '신김치'가 되지만 잘못 익으면 '쉰 김치'가 된다. 화학적으로는 둘 다 산화 과정의 결과지만 신김치는 정상적인 보관 상태에서 천천히 산화된 것인 반면, 쉰 김치는 비정상적인 보관 상태에서 급격히 산화된 것으로 맛의 기준으로 보면 먹을 수 없는 상한 음식이라고 할 수 있다.

쉰 김치인지 묵은지인지 쉽게 구분할 수 있는 두 가지 기준이 있다. 하나, 쉰 김치는 쉰 냄새와 군내가 많이 나지만, 묵은지는 결코 쉰 냄새와 군내가 나지 않는다. 둘, 쉰 김치는 급격하게 배추의 잎이 흐물흐물해지지만, 묵은지는 일정 온도에서 보관되기 때문에 시간이 지나도 배추 특유의 식감이 살아 있다. 이처럼 시간을 제대로 보낸 것들은 그 결과도 다르다. 맛있는 묵은지는 속도가 중요한 이 시대에 '지름길로 뛰어넘을 수 없는' 시간의 가치를 증명하고 있으며, 제대로 만든 창조의 기쁨이 얼마나 행복한지 알려주는 '오래된 신상품'이다.

18

7月

매운맛

경쟁과 고통의 크기가 커질수록 더 매운 맛을 부른다

매운 음식을 먹는 나라는 많다. 그러나 일상생활 속에서 항시 즐기는 나라는 많지 않고, 더구나 다른 나라의 음식을 수입해 자기 방식으로 가장 맵게 변주하는 나라는 거의 없다. 그런 면에서 한국의 매운맛 사랑은 유별나다. 한국의 짬뽕은 일본의 나가사키짬뽕*에서 유래했지만, 나가사키짬뽕이 전혀 맵지 않은 것에 반해 한국식으로 재탄생한 짬뽕은 자극적일 정도로 맵다. 이미 맵지만 더 매운맛을 원하기도 한다. 그래서 다른 나라 사람들은 아무리 매운맛을 좋아하더라도 먹기 쉽지 않다. 즉석라면도 마찬가지다. 원조 나라인 일본에도 매운 라면은 있지만 한국처럼 본격적으로 매운 라면은 찾아보기 힘들다.

맵기의 정도를 측정하는 '스코빌 척도(Scoville scale)'라는 지수가 있다. 고추에 포함된 캡사이신의 농도를 스코빌 매움 단위(Scoville Heat Unit)로 계량화하여 표시하는 방식인데, 한국에서 시판되는 매운 라면들을 스코비 지수로 순위를 매긴 자료에 따르면, 1위 핵불닭볶음면미니(1만 2000), 2위 핵불닭볶음면(1만), 3위 틈새라면빨계떡(9413), 4위 핵불닭볶음면(8706), 5위 갓짬뽕(6000), 6위 이마트하바네로라면(5930), 7위 열라면(5013), 8위 짜왕매운맛(5000), 9위 불닭볶음면(4404), 10위 마라불닭볶음면(4400), 11위 진짜진짜맵다라면(4000), 12위 남자라면(3019), 13위 신라면(2700), 14위 너구리얼큰한맛, 오징어짬뽕(2300), 16위 진라면매운맛(2000)이다. 한국인들도 매워서 쉽게 입에 넣지 못하는 청양고추의 스코비 지수가 보통 4000~7000 사이인데, 그걸 뛰어넘는 라면까지 있다니 정말 대단하다고 하지 않을 수 없다. 입에 라면을 넣는 게 아니라, 청양고추를 잘게 썰어서 뭉텅이로 넣는 것과 다를 바 없다고 볼 수 있다.

'이열치열(以熱治熱)'이라는 말이 스스럼없이 쓰이는 걸 보면, 한국인들은 태생적으로 매운맛을 즐기는 체질인 듯하다. 그러나 이런 일차적인 이유 외에 후천적 이유도 한몫한다고 생각한다. 그건 바로 '스트레스 해소'를 위해서다. 최근에 발표되는 자살률을 보면, 세계 어느 나라도 한국만큼 경쟁이 심하지는 않은 듯하다. 좁은 공간에서 살아남기 위해 받은 마음의 상처와 고통을 치유하기 위해서, 순간적이기는 하지만 몸에 원기를 돋움과 동시에 마음을 가라앉게 해주는 매운 음식을 먹는다고 볼 수도 있다. 특히 최근 젊은 세대들이 그냥 매운 것이 아니라, "정말 맵다!"라는 감탄사가 나올 정도의 매운 음식을 찾는 이유가, 우리가 살아가는 이 사회의 경쟁이 날로 심해지고 있다는 유력한 증거 아닐까.

+ *나가사키짬뽕: 19세기 일본에 정착한 화교 천핑순이 자기 고향인 푸젠성의 요리인 탕육사면을 변형시켜 만든 음식. 초기 명칭은 '시나(支那)우동', '주카(中華)우동'이었으나 후에 '잔폰(짬뽕)'으로 바꾼다. '나가사키짬뽕'이라는 명칭은 여기서 유래한 것이다.

19

7月

콩나물

아무런 투정 없이 주어진 환경에서 조금씩 자라 이룬 기적

우리가 콩나물을 언제부터 먹기 시작했는지를 정확히 알 수 있는 기록은 없다. 다만 콩나물의 재료인 콩의 원산지와 그 역사를 미루어 꽤 오래되었을 것이라 짐작할 뿐이다. 문헌으로는 고려 때의《향약구급방(鄕藥救急方)》*에 '대두황(大豆黃)'이라는 이름으로 콩이 처음 등장하고, 이어서 조선 숙종 때 실학자 홍만선이 엮은 가정생활서《산림경제(山林經濟)》에는 '두아채(豆芽菜)'라는 다른 이름으로 간략한 조리법까지 수록되어 있다. 콩은 한국인이 사랑하는 식재료답게 다양한 문헌에 소개되어 있어 자료는 충분하다.

성장 과정으로 볼 때 콩나물은 독특한 식재료다. 뿌리를 아래에 두고 위로 솟아오르는 방식이 아니라, 거꾸로 대두를 발아시켜 뿌리를 자라게 한 것이기 때문이다. 게다가 보통의 식재료가 햇빛을 받아 자라는 것이 반해, 콩나물은 어두운 곳에서 발아를 거쳐 콩나물로 자란다. 이 과정에서 풍미와 영양소가 풍부해지지만, 성장 과정이 다른 식물과는 완전히 반대라서 특별하다고 볼 수 있다.

콩나물은 매력적인 식재료다. 데친 후 양념에 무쳐 나물로 먹거나, 시원하게 국으로 끓여 먹기도 하며, 밥을 지을 때 넣고 익힌 후 양념에 비벼서 비빔밥으로 즐기기도 한다. 어떻게 생각하면 참 흔하고 대단하지 않은 식재료라고 생각할 수도 있다. 여기에서 콩나물을 소개하는 이유는 그 성장이 마치 지난 세월 한국인들이 살아낸 역사와 닮았기 때문이다. 속사정을 잘 모르는 사람들은 우리가 '한강의 기적'을 통해 순식간에 성장했다고 생각한다. 물론 틀린 말은 아니다. 우리는 마치 물만 주면 쑥쑥 자라는 콩나물처럼 빠르게 성장했다. 그러나 뒤집어서 이렇게 생각할 수도 있다. "먹을 수 있는 게 물밖에 없었지만, 그거라도 먹고 성장하기 위해 분투했다". 콩나물은 절대로 물만 주면 쑥쑥 자라는 식물이 아니다. 이어령 박사는 〈콩나물시루에 물을 주듯이〉라는 글에서 이렇게 그 성장 과정을 표현했다.

'콩나물시루에 물을 줍니다. 물은 그냥 모두 흘러내립니다. 퍼부으면 퍼붓는 대로 그 자리에서 물은 모두 아래로 빠져 버립니다. 아무리 물을 주어도 콩나물시루는 밑 빠진 독처럼 물 한 방울 고이는 법이 없습니다. 그런데 보세요. 콩나물은 어느새 저렇게 자랐습니다. 물이 모두 흘러내린 줄만 알았는데, 콩나물은 보이지 않는 사이에 무성하게 자랐습니다. 물이 그냥 흘러 버린다고 헛수고한 것은 아닙니다. 아이들을 키우는 것은 콩나물시루에 물을 주는 것과도 같다고 했습니다. 아이들을 교육시키는 것은 매일 콩나물에 물을 주는 것과 같다고 했습니다. 헛수고인 줄만 알았는데, 저렇게 잘 자라고 있어요. 무두 다 흘러버린 줄 알았는데, 그대로 매일 매일 거르지 않고 물을 주면 콩나물처럼 무럭무럭 자라요. 보이지 않는 사이에 우리 아기가.'

그렇다. 콩나물은 결코 그냥 자라는 것이 아니다. 마치 우리 민족이 나라를 위해서라면 뭐든 참고 견디며 분투해왔듯, 그 어둡고 쓸쓸한 곳에서 콩나물도 참고 견디며 투정하지 않고 물 하나만 마시며 내일을 준비한 것이다. 언제나 그렇지만 보이는 게 전부가 아니다.

+ *《향약구급방》: 고려시대 대장도감에서 향약으로 질병을 치료하는 방법과 처방을 모아 간행한 의약서.

양념과 고명

이성과 감성의 조화

한식의 주요 특징을 하나만 고르자면 뭐가 있을까? 잡채와 잔치국수, 냉면 등의 면 요리와 비빔밥과 볶음밥 등의 밥 요리 등에는 공통적으로 양념이 들어가고 동시에 각종 고명을 올린다. 바로 양념과 고명이 바로 한식의 특징 중 하나인 것이다. 이런 음식들을 처음 접할 때, 우리 눈에 가장 먼저 뜨이는 것은 고명이다. 고명을 보면 식재료는 저마다 다르고 음식 맛도 다를 것이라고 짐작할 수 있다. 고명은 맛을 보지 않고 눈으로 보기만 해도 확인이 가능하기 때문이다. 양념으로 뭐가 들어갔는지는 맛을 봐야만 알 수 있다. 아니, 사실 양념은 맛을 봐도 제대로 짐작하기 힘든 경우가 많다. 그 음식을 한 사람만의 비법이기 때문이다.

양념은 혀를 유혹하고 고명은 눈을 유혹한다. 양념은 음식 맛에 결정적인 역할을 하지만, 고명은 눈길을 끄는 역할을 하는 것이다. 서로의 임무가 다르다고 말할 수 있다. 냉면을 예로 들자면 눈에 보이지 않는 양념은 맛을 크게 좌우하지만, 면 위에 올리는 달걀지단과 무, 오이, 육전 등의 고명은 실제로 냉면의 맛을 크게 좌우하지는 않는다. 고명은 음식의 멋과 개성을 살리기 위한 시각적 장치인 셈이다. 계란찜에도 파를 비롯한 각종 채소가, 비빔밥에도 온갖 채소와 달걀지단이 들어간다. 하지만 맛의 방향을 결정하는 것은 언제나 양념이다.

음식 하나를 경험할 때도 우리는 감성과 이성의 균형이 얼마나 중요한지 깨닫게 된다. "아, 여기 정말 맛있다"라는 소리를 듣기 위해서는, 단순히 양념이 좋아서 혀만 만족시키는 것으로는 부족하기 때문이다. 이성을 최대한 활용해서 최고의 양념 맛을 내고, 감성을 자극하는 고명의 형태를 구현했을 때 비로소 근사한 한 그릇의 음식이 완성된다. 그래서 이성과 감성의 조화를 중요하게 생각하는 한식은 가장 창조적인 작업 중 하나다. 한식 요리는 누구나 시작할 수 있지만, 아무나 완성할 수는 없는, 하나의 예술인 것이다. 머리와 마음에 동시에 만족을 줄 수 있어야 하기 때문이다.

우리 사는 것도 마찬가지다. 이성이나 감성 중 어느 하나만 앞선 사람은 어떤 일도 제대로 완성하기 힘들다. 감성적인 가슴을 가진 자가 이성적인 눈으로 세상을 바라볼 때, 모두를 깜짝 놀라게 할 무언가를 창조할 수 있다. 감성이 구름이라면 이성은 땅이다. 잡히지 않는 뜬구름 같은 이야기를 현실이라는 땅으로 끌고 내려오는 게 이성이다. 양념과 고명이 주는 메시지가 바로 거기에 있다.

21

7月

비빔밥

사물과 사람의 다양성과 깊이를 이해하는 힘

비빔밥의 유래는 다양한데, 그 중 하나가 제삿상에 밥, 고기, 생선, 나물 등을 정성껏 차려 제사를 지낸 후 남은 음식을 후손들이 다 함께 비벼 먹었던 풍습에서 시작되었다는 것이다. 이와 관련해서 조선시대 경상북도 안동에서 흥미로운 '사건'이 벌어진 적이 있었다. 사람들이 제사를 지내고 남은 음식으로 비빔밥을 만들어 먹고 있었는데, 그 고장으로 새롭게 발령받은 사또가 지나다 자기 신분을 밝히지 않은 채, "비빔밥 한 그릇 먹을 수 있을까요?"라고 부탁한 것이다. 그가 누군지 몰랐던 집안 일꾼은 좋은 식재료로 만든 제사 음식이 아닌, 하인들이 먹는 반찬으로 몰래 비빔밥을 만들어 줬다. 그러자 그걸 알아차린 사또가 분노했다. 어떻게 알았을까? 제사를 지내고 남은 밥과 반찬에는 제사 때 피운 향내가 배는데, 그 냄새가 나지 않으니 다른 재료로 만든 것임이 분명했던 것이다. 이렇듯 무엇이 되었건 그 속을 자세히 들여다보면 그 안에서 움직이는 규칙이 선명하게 보인다.

2016년 미국 마스터셰프(Master Chef)* 시즌7 탈락 미션 종목으로 한국의 대표 음식인 비빔밥이 나왔었다. 세계적인 요리사 고든 램지가 먼저 시범을 보여줬지만, 참가자들이 만든 비빔밥은 상상을 초월한 '이상한 것들'이었다. 고추장 대신 인도 카레를 얹는 사람도 있었고, 재료가 너무 커서 비비기 힘들 수준이거나, 돌솥에 밥과 조화를 이루기 힘든 재료들이 들어가 있었다. 가장 큰 비판을 받은 건 육류를 철판에 구울 때 생기는 국물에 후추, 소금, 캐러멜 따위를 넣어 조미한 그레이비 소스와 옥수수빵을 밥에 올려놓은 일명 '추수감사절 비빔밥'이었다. 그걸 보고 경악한 고든 램지는 짧은 한마디를 던졌다. "다들 비빔밥이 뭔지 규칙을 이해하지 못하고 있어요". 아무거나 넣는 듯 보여도 비빔밥에는 나름의 규칙이 있고, 그걸 알아야 좋은 맛을 낼 수 있다는 의미였다.

한국에는 비빔밥과 유사한 보쌈도 있다. 보쌈 역시 역사적으로도 의미가 있으며 가치 있는 음식이다. 아무거나 있는 것 다 털어 넣어서 생각 없이 먹는 사람도 있겠지만, 자신의 기호와 식재료의 균형을 면밀하게 맞춰 '서로 다른 여러 개'를 '최선의 하나'로 섞어 즐기는 사람도 존재한다. 이런 사람은 자기가 원하는 목표를 이루기 위해 세상의 모든 정보와 사람의 심리까지도 하나로 모아 가장 좋은 결과를 만들 수 있는 사람이다.

비빔밥은 한자로 '골동반(骨董飯)'이라 썼는데, '골동'에는 '여러 가지 것이 한데 섞인 것'이라는 의미가 있다. 비빔밥은 다양한 재료를 자신의 식성에 맞게 적절히 섞어 즐기는 음식인 것이다. 그러므로 만족할 만한 비빔밥을 즐기고 싶다면 먼저 자기가 뭘 좋아하는지 제대로 알아야 하며, 다양한 종류의 식재료에 대한 이해가 동반되어야 한다. 이해하면 알게 되고, 알게 되면 깊어진다. 자신(입맛)과 대상(식재료)을 제대로 이해한 만큼 더 깊은 맛의 비빔밥을 창조할 수 있는 것이다. 남이 보면 그저 어지럽게 섞은 것으로 보이지만, 그들이 비빈 밥에는 그들만의 규칙이 엄존한다는 사실을 잊지 말 일이다.

\+ *마스터셰프: 1990년 7월부터 영국 BBC에서 방영된, 비전문 요리사들을 대상으로 한 요리 리얼리티 프로그램. 미국, 한국, 중국, 호주, 인도, 스페인 등 전 세계 40여 개국으로 수출되었다.

22 7月

설렁탕

한국 최초의 배달음식

'냉동요리'와 '간편 조리'를 키워드로 검색하면 설렁탕은 언제나 10위 안에 드는 인기 메뉴 중 하나다. 지명도에서 그 '유명한' 부대찌개와 피자, 탕수육과 같은 급으로 쳐주는 메뉴인 셈이다. 설렁탕은 100년 전에도 최고의 인기를 누리던 서민의 '애정 메뉴'였다.

"'설렁탕' 하면 '서울'이 따라붙는다. 그만큼 설렁탕은 서울의 명물이다. 설렁탕 안 파는 음식점은 껄렁껄렁한 음식점이다."

설렁탕을 향한 이 극찬은 1926년 8월 11일자 동아일보에 실린 기사 중 일부다. 설렁탕은 사골과 도가니 위주로 국물을 내어 밥과 함께 올리는 국으로 서울을 대표하는 몇 안 되는 향토음식이다. 삶은 소면(素麵)을 국물에 넣기도 하는데 밀이 귀했던 과거에는 소면을 넣지 않았고, 1970년대 쌀 부족 현상 때문에 혼분식을 장려하던 시절에 가격이 싼 밀가루 음식을 쓰려고 시작한 방식이다. 같은 음식이지만 그 안에 밥이 들어가는지 혹은 국수가 들어가는지에 따라서 그 시대의 분위기와 경제적 흐름까지 짐작할 수 있다.

설렁탕이 여느 음식과 다른 부분 중 하나는 고기 특유의 누린내를 없애라고 파를 따로 내놓는다는 점이다. 고기 누린내를 좋아하는 사람도 있지만 견디지 못하는 사람도 있으므로 식성에 따라 파로 조절할 수 있도록 배려한 것이다. 그러면 설렁탕과 곰탕은 어떻게 다를까. 곰탕은 고기를 우려내 국물을 만들고, 설렁탕은 뼈를 우려내 국물을 만든다는 게 차이점이다. 고기로 우려내 국물이 맑은 곰탕과는 달리, 설렁탕은 뼈와 도가니를 넣고 끓이기 때문에 국물이 탁하고 색깔이 희고 뽀얀 게 특징이다.

앞서 동아일보 기사를 통해 100여 년 전에도 높은 인기를 구가하던 설렁탕의 위상을 밝혔지만, 고급 음식은 아니라는 사람들의 인식 때문에 "나는 설렁탕을 좋아합니다"라고 드러내지 못했다. 누구나 쉽고 빠르게 게다가 비교적 저렴하게 배를 채울 수 있는 음식이었지, 누구도 고급 요리라고 생각하지는 않았다. 1930년대 당시 조선총독부의 고시가격에 따르면 비빔밥 한 그릇이 15전인데 비해 설렁탕은 그 3분의 1 정도인 5전에 불과했다. 고급이라는 인식은 없었지만, 맛이 좋아 도저히 먹지 않고 살 수는 없었다. 그래서인지 직접 식당에 가서 먹는 것보다는 배달시켜 먹는 경우가 많았다. 이를 증명하듯 1930년대에는 경성에만 설렁탕집이 100여 곳이 넘어 종로와 청계천 주변까지 가득 들어섰다. 체면 때문에 설렁탕집에 드나들기를 꺼렸던 양반, 모던보이들과 심지어 조선에 살던 일본인들까지 집에서 주문해 먹자 거리마다 '설렁탕 배달부'가 넘쳐났다. 자장면을 배달하듯 수많은 식당에서 설렁탕을 들고 여기저기를 누빈 것이다. 지금처럼 식당까지 가기 귀찮거나 갈 시간이 없어서가 아니라, 남들에게 먹는 모습을 들키지 않기 위해 배달을 시킨 것이라는 사실이 이채롭기는 하다.

23
7月

국밥
우리가 과연 하나로 섞일 수 있을까?

한국인의 밥상을 크게 세 가지로 구분하면 반찬, 밥 그리고 국으로 나눌 수 있다. 재미있는 것은 이 세 가지의 요소를 두 개씩 더하면 우리가 익히 아는 일품(一品) 메뉴가 된다는 사실이다. '밥과 반찬'의 조합으로 비빔밥이 되며, '밥과 국'의 조합으로 국밥이 된다. 효율적인 동시에 놀라운 조합이 아닐 수 없다. 손쉬운 조합만으로 전혀 새로운 메뉴를 창조해낼 수 있었으니까.

국밥은 각 나라의 서민 음식을 꼽을 때, 한국을 대표한다고 말할 수 있을 정도로 대중적인 음식이다. 대표적인 국밥으로는 순대국밥과 소머리국밥, 굴국밥이 있고 지방을 대표하는 국밥을 따로 열거하면 부산의 돼지국밥, 대구의 따로국밥, 전주의 콩나물국밥, 평양의 평양온반 등이 있다. 이런저런 양념이 된 나물 등을 넣거나 다양한 고명을 얹는 등 국밥의 변주는 먹는 이의 상상력에 달렸을 정도로 무궁무진하다. 국밥을 만드는 과정 중 가장 중요한 부분은 건더기(국밥 또는 국수)에 국물을 부은 다음 그 국물을 따라내고 다시 국물을 붓는 과정을 반복하는 작업이다. 이를 '토렴'이라고 하는데, 이 과정을 통해 면과 밥에 국물 특유의 풍미가 깊게 밴다. 게다가 국물과 밥을 동시에 따뜻하게 제공할 수 있기도 하다.

이와는 달리 국물 따로 밥 따로 나오는 것을 직관적인 이름으로 '따로국밥'이라고 부르는데, 따로 나오기 때문에 보통은 일반 국밥보다 조금 더 비싸다. 식당에서 밥그릇과 국물 그릇을 따로 준비해야 하므로 비싸게 받는다고 생각할 수도 있지만, 식당 입장에서는 국그릇에서 밥이 빠지는 만큼 국물이나 건더기가 더 들어가기 때문에 비싸게 받을 수밖에 없는 것으로도 보인다. 다른 입장에서 바라보면 이해하지 못할 부분이 없다. 그것은 마치 국밥의 모습과 닮았다. 서로 따로 존재할 때는 "이게 과연 섞일 수 있을까?"라는 생각을 하게 되지만, 일단 서로를 받아들이게 되면 "우리가 이렇게 잘 맞았나?"라는 생각을 하게 만들기 때문이다.

국밥의 또 다른 특징으로 간편하게 먹을 수 있다는 점을 들 수 있다. 일본의 초밥이 원래 물고기 잡는 어부들이 빠르게 식사를 끝내고 다시 일하기 위해서 만들어진 음식인 것처럼, 국밥이 생긴 이유도 그와 별반 다르지 않다. 건강이나 영양을 위해서가 아니라, 빠른 식사 속도를 위해서 만든 메뉴인 것이다. 처음 국밥이 탄생했을 때도 미국의 햄버거처럼 한국식 패스트푸드 정도로 인식되었다고 한다. 하지만 이제는 중년 이상의 남성들이 조용히 앉아 즐기는 메뉴라는 인식이 강한 것을 보면 세월의 흐름에 따라 음식도 그 의미가 바뀐다는 것을 알 수 있다. 예나 지금이나 국밥은 사는 게 힘든 서민들이 최소의 음식으로 최대의 만족을 누릴 수 있는 최고의 음식이다. 바쁜 현대인들의 뱃속만이 아닌 마음까지 채워주는 '소울푸드'로서 그 명맥을 지금도 이어가고 있다.

평양냉면

자극적인 맛은 전혀 없지만 부르르 떨면서라도 먹고 싶은 맛

냉면은 한국인에게 특히 민감한 주제다. 전국에 전문가들이 워낙 많아서 함부로 언급하기 어렵기 때문이다. 탕수육 소스를 부어 먹는지 혹은 찍어 먹는지를 선호하는 것 이상으로 냉면 종류에 대한 개인적 취향은 극단적으로 나뉜다. 살얼음이 조금 있는 게 좋다고 말하는 사람도, 미지근한 육수에 간장 기운이 맴도는 육수가 좋다는 사람도 있다. 아마 하나의 취향을 선택해서 그것을 주장하는 내용으로 생각하고 이 글을 읽기 시작했다면 약간 실망했을 수도 있다. 게다가 그냥 냉면도 아닌 '평양냉면'이 아닌가! 여기에서 말하려는 것은 평양냉면이라는 음식의 전문성이 아닌, 한국인에게 평양냉면이 어떤 의미인지 그것을 말하려고 할 뿐이다.

언론잡지인 《개벽(開闢)》의 뒤를 이어 1926년에 11월 1일 개벽사에서 창간되어, 1934년 7월 1일에 종간된 월간 취미잡지 《별건곤(別乾坤)》* 24호에는 냉면에 대한 이야기가 하나 나온다. '김소저'라는 필명의 작가가 쓴 〈사시 명물 평양냉면〉이라는 글인데, 매우 특이하면서도 실감나게 평양냉면을 기술하고 있다. 그는 이 글을 통해 평양 사람들이 어떤 마음으로 냉면을 즐겼는지 생생하게 묘사하고 있다. 실제로 평양냉면을 일상에서 즐겼던 사람의 글이므로 맛있는 평양냉면 한 그릇 먹는 마음으로 읽어볼 만하다.

'평양 사람이 타향에 가 있을 때 문득문득 냉면을 그리게 하는 커다란 힘이 있으니, 그것은 바로 겨울에 즐기는 냉면의 맛이다. 함박눈이 더벅더벅 내릴 때 방 안에는 바느질하시며 《삼국지》를 이야기하는 어머니의 목소리만 고요히 또 고요히 울리고 있다. 눈앞에 글자가 하나, 둘, 셋으로 보이고 어머니 말소리가 차차 가늘게 들려올 때 '국수요!'라는 큰 목소리와 함께 방문을 열고 들여 넣는 것은 타래타래 지은 냉면이다. 꽁꽁 언 김치죽을 두르고 살얼음이 뜬 김칫국에다 조금씩 풀어 먹고 우르르 떨려서 온돌방 아랫목으로 가는 맛! 평양냉면의 이 맛, 상상하니 어떻소!'

나는 평양냉면을 이토록 생생하게 표현한 글을 본 적이 없다. 게다가 자극적인 표현 없이도 그 감정이 고스란히 전해져 더욱 인상적이다. 그 시절에 그 상황을 경험한 사람만이 쓸 수 있는 글이라 그런 듯하다. 마치 평양냉면처럼 마음이 외로워질 때마다 자꾸만 꺼내 기쁨에 '우르르' 떨면서 즐기고 싶은 글이 아닌가.

*《별건곤》: 1926년 개벽사에서 취미와 읽을거리를 위해 창간한 월간 취미 잡지. 창간 초기에 A5판 150면 내외였으며 1934년 7월 1일에 9권 6호, 통권 74호로 종간되었다.

25
7月

골목상권

경쟁의 원리를 통한 서로의 성장

서울 신당동에 가면 역사가 50년 가까이 되는 떡볶이 골목을 만날 수 있다. 100미터 정도의 길지 않은 거리에 떡볶이집이 빼곡하게 늘어서 있어, 서울 사는 사람이라면 떡볶이를 생각할 때 가장 먼저 떠오르는 동네 이름 중 하나다. 그런데 사실 떡볶이 골목의 역사는 1970년대보다 훨씬 더 전인 1950년대로 거슬러 올라간다. 떡볶이 골목에 '마복림할머니집'이 있는데, 할머니 말에 따르면 1953년부터 떡볶이를 팔기 시작했다고 한다. 그런데 만약 그때부터 지금까지 '떡볶이 골목'이 형성되지 않고 '마복림할머니집' 하나만 장사를 해왔다면 지금 어떻게 되었을까? 우리가 아는 신당동의 모습은 어떻게 달라졌을까? 마복림할머니는 그렇게 오랫동안 장사를 계속할 수 있었을까? 그 질문에 대한 답을 우리는 조금은 엉뚱한 곳에서 찾을 수 있다.

하루는 남북회담에 참석한 북한 대표가 이어령 박사에게 이렇게 물었다. "왜 서울 시내에서는 같은 음식을 파는 식당이 한 골목에 몰려 있나요? 그렇게 모여서 장사를 하면 손해가 아닌가요? 저는 정말 이해할 수 없습니다". 그는 혁명의 원리에는 밝았지만 경쟁의 원리는 모르는 사람이었다. 이어령 박사는 이렇게 설명해주었다. "같은 음식을 파는 식당이 한 곳에 모여 있으면 사람들 사이에 '어디를 가면 그걸 판다'는 사실이 널리 알려지니까 오히려 사람이 많이 모여 장사에 도움이 됩니다".

한국에는 정말 다양하고 많은 골목상권이 있고, 오늘도 그곳에서는 비슷한 상품을 팔며 경쟁을 벌이고 있다. 그러나 그건 결코 불행한 일이 아니다. 개인으로 보면 힘든 경쟁이지만 전체로 보면 '행복한 공존'이라고 할 수 있다. 그러나 개인의 입장에서 볼 때도 장기적으로는 그렇게 부정적인 것만은 아니다. "내가 원조다", "우리가 더 맛있다"라며 벌이는 경쟁 속에서 살아남기 위해 발전하려고 노력하기 때문에 그 지역의 상품과 서비스 수준이 계속 높아지기 때문이다. 성장을 멈추지 않고 매일매일 나아지니, 다른 지역이나 식당에서는 범접할 수 없는 경쟁력이 생기는 것이다. 이것이야말로 최대한 균등한 기회를 주면서도, 자멸하지 않게 만드는 최선의 방식이다. 한국에서 유독 흔하게 볼 수 있는 수많은 시장과 그 안에 속해 있는 다양한 골목상권이 그 사실을 증명한다. 골목상권이야말로 가장 혹독하게, '베스트 원'을 넘어 '온리 원'이 되도록 가르치는 최고의 스승인 것이다.

26
7月

원조

원조는 첫 키스 같은 것

세상에는 원조(元祖)가 참 많다. 원조의 사전적 의미는 '어떤 일을 처음으로 시작한 사람'인데, 원조 경쟁이 치열한 이유는 원조에게 허락되는 메리트가 매우 강력하기 때문이다. 유독 최초를 중요하게 생각하는 한국인의 특성상 그 하나뿐인 자리를 차지하기 위해 저마다 "내가 원조다!"라고 주장하고 있는 게 현실이다. 특히 경쟁이 심한 분야가 바로 음식이다. 다른 분야도 그렇겠지만 유독 음식은 미묘한 차이가 소비자의 호불호를 극적으로 가르기 때문이다. 정확하게 배워서 만들어도 따라하기가 쉽지 않은 분야가 바로 요리인 것이다.

어떤 음식을 떠올리면 동시에 특정한 거리나 풍경이 떠오를 때가 있다. 그게 바로 우리 기억 속에 존재하는 원조다. '떡볶이' 하면 가장 먼저 신당동을 떠올리는 사람이 많고, '닭갈비' 하면 춘천의 아름다운 호수가 생각난다. 사실 신당동이나 춘천이 떡볶이나 닭갈비가 처음 생긴 곳은 아니다. 이곳에서 '탄생했다'라기 보다는, '발견했다'라고 표현하는 게 더 사실에 가까운 표현일 것이다. 탄생한 장소가 아니라 발견된 장소인 셈이다. 이런 '원조의 발견'은 누구나 자동차 한 대는 갖고 사는 마이카 시대와 함께 시작되었다고 볼 수 있다. 자동차가 많아지자 전국 방방곡곡 오지까지 새롭게 길이 뚫렸고, 온갖 곳을 다녀본 사람들은 각 지역에서 이름난 음식을 마치 원조인 것처럼 여기며 음식과 지역을 동시에 연상하게 되는 단계에 이른 것이다. 이를테면 "거기에 가면 이건 꼭 먹어야지", "이거 먹고 싶은데 거기에 갈까?"라는 식이다.

신당동 떡볶이와 춘천 닭갈비에 이어 대표적으로 수원 갈비, 전주 비빔밥, 제주 고기국수, 동래 파전, 정선 곤드레밥, 천안 호두과자, 부산 밀면 등 자신이 원조라고 외치는 수많은 명소가 있다. 어떤 지역은 타당한 이유가 있기도 하지만 어떤 지역은 그렇지 않은 곳도 있다. 하지만 원조를 말할 때 그런 사실은 이제 그리 중요하지 않다. '원조'라는 말과 함께 바로 연상되는 공간과 거기에서 좋은 사람들과 나눈 추억을 떠올릴 수 있다는 것만으로도 그 의미는 충분하기 때문이다.

한국인에게 원조는 첫 키스와 같다. 그곳에 직접 가지 않아도 그저 생각하는 것만으로도 마치 그 공간에 있는 것처럼, 혹은 첫사랑을 다시 만난 것처럼 마음이 포근해지기 때문이다. 원조를 이름으로 걸고 다양한 냉동 간편 가정식이 출시되고 인기를 끄는 이유도 바로 거기에 있다. 맛이 똑같지 않아도, 직접 그 음식을 즐기지 않아도, '원조'라고 써 붙인 것이 눈에 들어오면 이미 마음은 그곳으로 '시공간 이동'하는 게 한국인의 정서니까.

27
7月

분홍 소시지

분홍 소시지를 부치면 모든 싸움이 멈춘다

1970년대 후반에서 1980년대 초반에만 해도 국민학교(지금의 초등학교) 점심시간에 누군가의 도시락에 든 분홍 소시지가 발견되면 일제히 탄성이 터져 나왔다. "와, 분홍 소시지다. 나 하나만!" 지금은 이해하지 못할 이야기지만, 그때는 모두가 가난했고 분홍 소시지만 해도 귀한 반찬 중 하나였다. 그러나 사실 분홍 소시지는 가난의 상징으로 태어난 반찬이었다. 제2차 세계대전에서 많은 것을 잃고 항복을 선언한 일본에서 식재료가 충분하지 않아 돼지고기가 아닌 다른 값싼 식재료를 이용해 만든 소시지 대용품이 분홍 소시지의 원조였던 것이다. 이 음식이 우리나라에 분홍 소시지로 들어왔다. 애초에 만들어진 일본에서는 가난의 상징이었던 것이 전해 받은 우리나라에서는 반대로 부의 상징처럼 되었으니 아이러니다. 이처럼 같은 음식도 나라와 상황에 따라서 전혀 다른 대우를 받기도 한다.

분홍 소시지에는 다양한 재료가 들어가지만 가장 많은 것은 생선 살을 으깬 연육과 밀가루다. 현재 국내 식품 규격에서는 성분의 60% 이상을 어육이나 수육을 사용토록 규정하고 있고, 보통 분홍색을 띠므로 이런 류의 소시지를 통틀어서 '분홍 소시지'라고 부른다. 최근에는 어육이나 수육의 함량이 매우 높은 '고급' 분홍 소시지가 시판되고 있는데, 부드럽고 깊은 맛은 있지만 예전에 먹던 맛과는 전혀 다르다. '진짜 소시지' 맛이 나기 때문이다. 어육과 수육의 함량이 높아진다는 것은 반대로 밀가루의 함량이 낮아진다는 것을 의미하고, 그건 원래의 분홍 소시지와는 다른 음식이라는 얘기다. 우리가 '분홍 소시지'라고 부르는 것은 밀가루가 어느 정도 들어가야 비로소 특유의 맛이 나서 어육과 수육의 함량이 필요 이상으로 높아지면 오히려 곤란해진다.

분홍 소시지는 밀가루 함량이 매우 높아서 조리하지 않고 날것으로는 먹을 것이 못 된다. 분홍색 밀가루를 먹는 불쾌한 느낌이 나기 때문이다. 반드시 계란옷을 적당히 입혀서 기름에 부쳐야 맛이 살아난다. 계란옷을 입히지 않으면 밀가루가 기름을 흡수해서, 기름과 밀가루를 번갈아 먹는 묘한 식감을 느끼게 되므로 주의하는 게 좋다. 한때 완두콩을 넣은 다소 납작한 형태의 분홍 소시지가 나와서 신선한 충격을 주기도 했지만, 너무 '고급스러워서' 원래의 분홍 소시지가 떨치던 명성에는 미치지 못했다.

분홍 소시지는 맛으로 먹는 것이 아니다. 맛보다는 그 시절의 추억이니까. 가난했던 시절 사소한 일로 형제간에 다투다가도 엄마가 방금 부친 분홍 소시지를 가지고 나오면 바로 싸움을 멈추고 젓가락을 잡을 수밖에 없었던, 그 시절을 되돌아보게 만드는 '추억 속의 맛'이다.

28
7月

초코파이

당신에게는 해석하는 수준을 바꿀 질문이 있는가

가끔 초코파이를 보며 이런 질문과 함께 깊은 사색에 빠진다. '어떻게 하면 나도 이토록 오랫동안 사랑받는 글을 쓸 수 있을까?', '어떻게 하면 줄을 서서 내 책을 살 정도로 황홀한 글을 쓸 수 있을까?' 단순히 돈을 벌기 위해서가 아니라, 독자들에게 초코파이를 한입 물었을 때의 그 느낌과 같은 순간을 주고 싶다는 마음에서 비롯된 질문이다. 이런 시선으로 초코파이를 바라보면 전에는 보이지 않던 창조의 비밀이 얼핏 보인다.

초코파이의 구성은 단순하다. 두 개의 원형 비스킷과 그 가운데의 마시멜로로 나눌 수 있다. 두 재료를 하나로 붙인 후 겉면에 초콜릿을 씌운 것이 바로 우리가 알고 있는 초코파이다. 그런데 비슷한 과자가 하나 더 있다. 초코파이보다 무려 60여 년 전인 1917년, 미국 남부 테네시주의 채타누가 베이커리(Chatanooga Bakeries)에서 발매한 문파이(Moon Pie)가 바로 그것이다. 그러나 이 두 과자 사이에는 결정적인 차이점이 하나 있다. 이 차이점이 바로 초코파이가 국내외에서 오랜 기간 많은 인기를 얻게 된 포인트라고 볼 수도 있다.

본격적으로 그 차이를 설명하려면 먹고살기 쉽지 않았던 한국의 어제부터 되돌아봐야 한다. 1973년 당시의 한국은 여전히 가난했으며 아이들이나 어른들 모두 쉽게 즐길 간식이 없는 상태였다. 항상 '마땅히 즐길 간식이 없는 우리 국민에게 최대한 값싸게 즐길 수 있는 과자를 하나 만들어 주고 싶다'고 생각해오던 동양제과(현재의 오리온)의 김용찬 과자개발팀장은 미국 조지아주 출장길에 한 호텔 카페에서 초콜릿을 입힌 과자를 먹어보고는 깜짝 놀랐다. '세상에 이런 맛이 있다니!' 이 과자가 바로 테네시주의 문파이와 비슷한 과자였다.

그러나 김용찬 팀장은 그 맛에 만족하지 않았다. 더 맛있게 그리고 값싸게 만들어서 국내에 공급하고 싶었기 때문에 무려 1년이 넘는 실험을 반복했다. 그 결과 원하는 맛과 모양의 초코파이를 만들 수 있었다. 그가 만든 초코파이는 문파이처럼 딱딱한 비스킷 형태가 아닌, 상대적으로 촉촉한 식감의 빵을 넣은 파이의 형태였다. 딱딱한 기존의 비스킷 반죽으로는 즉시 만들 수 있었지만, 그가 원하던 부드러운 형태의 파이로 만들기 위해서는 마시멜로와의 균형을 잡아야 했다. 수분이 너무 많아도 곤란했다. 미생물이 번식할 수 있기 때문이다. 수많은 시행착오 끝에 결국 그는, 적절한 수준의 부드러운 비스킷 반죽을 만들어 낼 수 있었다. 포장 후 저온 창고에서 3일간의 숙성을 시키는데, 그 과정에서 마시멜로의 수분이 비스킷으로 천천히 옮겨지는 현상을 발견한 것이다. 이렇게 하면 바삭한 비스킷이 촉촉하게 바뀐다. 그 과정이 너무 섬세하기 때문에 실패를 반복하면서도 실험을 계속할 수밖에 없었다.

수많은 시행착오 끝에 시장에 나온 초코파이는 없어서 팔지 못할 정도로 큰 인기를 얻었다. 당시 소매상들이 초코파이를 사려고 실제로 서로 멱살을 잡고 싸우기까지 했다고 한다. 한 개에 50원짜리 초코파이가 출시 첫해에만 10억 원의 매출을 기록했고, 정부에서 관리하는 물가 기준표에 초코파이 가격이 포함될 정도였다.

세상에 우연은 없다. 한낱 과자라도 아무 생각 없이 그냥 먹어 치울 대상이 아니다. 그 과자가 만들어지기까지의 간단치 않은 역사가 존재하기 때문이다. 질문을 가슴에 품고 끝없이 방법을 찾는 자만이 그 역사를 써 나갈 수 있는 것이다.

29

7月

콘치즈

'제조업의 나라'임을 증명하는 음식

퀴즈를 하나 풀어보자. 제목을 먼저 읽지 않았다면 답하기 어려울 수도 있다. 다음 세 가지 조건을 충족하는 음식은 과연 무엇일까?

1. 생각 이상으로 마요네즈 역할이 중요해서, 마요네즈 없인 특유의 맛이 나지 않는다.

2. 마요네즈가 들어가기 때문에 열을 과하게 가하면 기름이 분리되어 맛이 느끼하게 변한다.

3. 주요 재료와 조리법은 서양식이고, 제공하는 곳은 일식 횟집이지만, 처음 시작된 고향은 한국이다.

"세상에 그런 음식이 어디에 있냐?"고 되물을 수 있지만, 정말 있다. 그것도 아주 가까운 곳에 말이다. 답은 '콘치즈'다. 별생각 없이 즐길 때는 잘 몰랐지만, 이렇게 보니 콘치즈는 정말 특이한 음식이다. 그러나 한국이라는 나라의 기준으로 바라보면 전혀 특이하지 않다고 생각한다. 오히려 한국이라는 나라와 정말 잘 어울리는 음식이기 때문이다. '한국이라는 나라의 기준'이란 바로 제조업이라는 산업적 특성에 있다. 제조업은 자연에서 얻은 재료를 가공하여 생활에 필요한 물건을 생산하는 산업이다. 바로 콘치즈는 자원이 풍부하지 않아 수많은 나라에서 다양한 재료를 수입해서 상품을 제조하는, 한국이라는 나라의 특성을 가장 잘 보여주는 대표적 음식이라고 볼 수 있다. 들어가는 재료는 대부분 수입품이지만 소비자의 입맛에 맞게 적절히 조리해서 한국이 그 원조가 된 것이다.

가끔 술집에서 기본 안주로 콘치즈를 제공하는 곳이 있는데, 그럴 때면 마치 메인 안주를 본 것 이상으로 기쁘기도 하다. 콘치즈는 주로 횟집에서 기본 안주로 나오는 음식이기 때문이다. 간혹 '콘치즈가 기본 안주로 나오는가 아닌가'의 여부가 그 횟집을 갈지 말지를 결정하는 요인이 될 정도다. 만약 리필까지 된다면 그야말로 금상첨화다. 콘치즈는 이 정도로 누구나 좋아하는 것이기도 하고, 만들기도 어렵지 않다는 장점이 있다.

콘치즈와 비슷한 음식이 또 하나 있다. 바로 김치와 양념을 빼면, 스팸, 소시지, 마카로니, 치즈, 베이크드 빈즈와 같은 서양 식재료로 만드는 부대찌개가 그것이다. 부대찌개를 처음 접하는 외국인들이 '이건 서양 음식인가, 아니면 한국 전통 음식인가?'라는 의문을 품는 것처럼, 서양인들은 콘치즈를 처음 마주하면 그것이 서양 음식이거나 그도 아니면 다양한 디저트를 잘 만드는 일본에서 온 음식이라고 생각한다.

콘치즈를 근거로 나는 한국의 제조업은 여전히 전망이 밝으며 전성기가 끝나지 않았다고 생각한다. 이처럼 삶의 곳곳에서 '제조업 본능'이라는 빛을 발하고 있기 때문이다. 전혀 연관성이 없다고 생각하는 분야를 서로 연결하고 변주해서 콘치즈처럼 '국적은 없으나 맛은 차고 넘치는' 음식을 만들어 낼 저력이 여전히 건재하기 때문이다.

숭늉과 믹스커피

식사의 끝과 재시작을 알리는 신호

그저 밥알 몇 개 들어있지 않은 시중에서 파는 숭늉이 아니라, 물보다 밥알이 더 많이 보일 정도로 풍성한 숭늉을 보면 마음까지 푸짐해진다. 숭늉은 한국인에게는 마르지 않는 '마음의 호수'라고 부를 수 있다. 그 호수가 거부할 수 없을 정도로 매력적이라, 거기에 다시 젓갈을 올려 두 번째 식사를 시작하는 사람도 종종 있다. 그렇게 숭늉은 식사를 끝내는 신호가 되기도 하고, 다시 시작하는 신호가 되기도 하면서 한국인의 입맛을 살려주는 역할을 해왔다. 그러나 솥으로 밥을 짓는 집이 점점 줄어들면서, 이제 숭늉은 식당에서나 가끔 만날 수 있는 특별한 음식이 되어 버렸다. 특히 무쇠솥에 지은 밥이 어떤 전기밥솥보다 밥맛이 좋을 뿐만 아니라, 많은 양의 누룽지까지 나온다는 '일거양득'의 효과가 있는데도 그렇다. 그럼에도 무쇠솥을 사용하지 않는 가장 큰 이유는 밥을 하고 난 뒤 솥을 관리하기가 번거롭기 때문이다. 무쇠솥은 세척 후에 완전히 바짝 말려야 하고, 들기름을 살짝 부어서 키친타월로 솥 전체를 한번 골고루 발라줘야 한다. 들기름으로 솥 전체를 코팅해줘야 녹슬지 않기 때문이다. 그냥 설거지해서 말리는 것조차 귀찮게 여기는 요즘, 그런 과정을 굳이 거쳐서 숭늉을 마시려는 사람은 많지 않다.

그러나 그렇게 숭늉이 사라졌다고 그 역할마저 사라진 것은 아니다. 한국의 점심시간에는 식사를 마치고 커피를 들고 걸어가는 사람들을 자주 목격할 수 있다. 굳이 밖이 아니더라도 집에서도 식사를 마치고 커피를 즐기는 사람도 많다. 참 독특한 풍경이다. '우리가 언제부터 이렇게 커피를 마치 물 마시듯 많이 마셨나?' 싶기도 하다. 다른 이유도 있겠지만, 나는 이런 풍경이 생긴 이유를 '무쇠솥의 실종'에서 찾는다. 솥이 자취를 감추고 식사 후에 마시던 숭늉이 없어지면서 그 대신 구수한 커피를 즐기는 사람이 조금씩 늘어난 것이다.

'숭늉 대신 커피'라는 증거는 한국인이 주로 즐기는 커피 맛에 있다. 다른 나라와 달리 한국인들은 유독 산미가 있는 커피보다는 숭늉처럼 구수한 믹스커피를 즐긴다는 사실을 떠올려보라. 게다가 숭늉에 젓갈을 올려 두 번째 식사를 하듯이 구수한 커피에 달콤한 빵이나 쿠키 혹은 케이크를 곁들여 디저트를 즐기는 것도 비슷하다. 식사를 즐긴 후 차를 마시며 여유롭게 식사를 정리하는 과정은 어느 나라에나 있는 풍경이다. 다만 우리나라의 경우 시대가 변하며 숭늉이 머물 공간에 커피가 놓여 있다는 것만 다르다. 시대가 변하듯 입맛도 음식도 변하기 마련이니까.

31
7月

신선로와 은수저

왕관의 무게보다 무거운 은수저의 무게

조선시대까지도 한국의 음식은 외국인이 먹기에 쉽지 않은 것들이 많았다. 비난을 위한 비난이었겠지만 가까운 나라인 일본인들조차 냄새가 심하고 자극적이라며 거부할 정도였다. 하지만 이 음식만큼은 달랐다. 그것은 요즘 사람에게는 익숙하지 않은 신선로(神仙爐) 요리였다. 조선을 처음 방문한 외국인들도 원형의 구리 단지 안에 고기와 채소, 밤과 잣 등을 넣어 끓여 먹는, 일종의 모듬 냄비와 같은 신선로를 조선의 요리 중에서 첫 번째 명물로 꼽았다. 그런데 신선로에는 의외의 숨은 기능이 있었다. 여럿이 함께 즐기는 요리 특성상 손님으로 하여금 음식을 통한 독살의 위험을 염려하지 않도록 안심시킬 수 있다는 점이 그것이다. 정사(正史)로 인정되어 기록되지는 않았지만 조선시대 권력 중심부에서 음식을 통한 암살이 드물지 않았는데, 하나의 그릇에 담긴 음식인 신선로 요리를 함께 즐길 때만큼은 서로에 대한 의심을 거둘 수 있었던 것이다.

조금 더 깊이 들어가 그 시대와 신선로의 상관관계를 살펴보자. 신선로는 한가운데 구리로 만든 단지에 숯불을 넣어 음식을 먹는 내내 가열하는 방식으로 만들어졌다. 이런 특성 때문에 신선로 요리는 집안에서보다는 집 바깥에서 좋은 풍경을 감상하며 즐기는 경우가 많았다. 이를테면 '들고 다니는 솥'이라서 실외에서 사용하기 좋았기 때문이다. 요즘 유행하는 '캠핑 요리 아이템'이었던 셈이다. 이처럼 신선로는 집을 떠난 산이나 계곡 등지의 연회에서 많이 쓰인 탓에 '독살 도구'로 이용될 가능성도 있었다. 그래서인지 보통의 신선로가 유기나 백동 등으로 만들어진 데 비해, 돈 많은 벼슬아치의 집이나 궁궐에서는 구리에서 한술 더 떠 은으로 만든 신선로를 사용하기도 했다. '독살 방지 기능'을 더하기 위해서였다. 특히 조선시대 왕들이 독살을 방지하기 위해 은수저를 썼음은 잘 알려진 이야기다.

그렇다면 독살과 은은 어떤 관련이 있을까. 조선시대에 독으로 가장 많이 쓰인 것은 비소다. 그런데 은은 비소의 불순물로 포함된 황을 만나면 색이 바뀐다. 그러므로 식사의 필수 도구인 수저를 은으로 만들면 음식에 수저를 담그는 순간 비소가 들어 있는지 먹기 전에 확인할 수 있는 것이다. 물론 왕이 먹기 전에 궁녀가 먼저 시식을 한[기미(氣味)] 후에 먹는 방법도 있었으나, 독을 피하는 방법은 많으면 많을수록 좋았다. 그게 바로 조선의 왕들이 더 비싼 금수저보다 은수저를 사용했던 이유다. 영국의 문호 세익스피어는 '왕이 되려는 자, 왕관의 무게를 견뎌라'라고 썼지만, 이 문장을 조선시대에 대입하면 '왕이 되려는 자, 은수저의 무게를 견뎌라'라고 바뀌어야 할 것이다.

조선 후기에 들어서면 무려 여덟 명이나 되는 왕에 대한 독살설이 떠돌 정도로 왕권이 약화됐다. 이 와중에 '독살'이라는 '숨겨진 위협'으로 인해 신선로가 '안전 보장 요리'가 되기도 하고, '금수저보다 더 좋은 게 은수저'인 세태가 되기도 했다. 이것만 봐도 음악이나 미술 등 다른 문화 요소 이상으로 음식도 그 나라의 시대상을 여실히 반영한다는 사실이 증명되고도 남는 것 아닐까.

7월 음식

1~4일 **국립고궁박물관**

'왕의 밥상은 어땠을까?' 경복궁 입구에 들어선 국립고궁박물관은 왕가의 식생활은 물론 조선의 궁궐과 왕가의 생활까지 상세하게 전시하고 있다. 궁궐을 방문하기 전에 둘러보면 유익할 정도로 알찬 전시가 이어진다. 고종황제와 황후가 탔던 어차(御車)에도 눈길이 간다. 세월을 머금은 엔틱카(Antique Car)를 볼 수 있는 전시다.

서울시 종로구 효자로 12

4일 **궁중음식연구원**

고종은 미식가로 면을 특히 좋아했고, 커피도 즐겨 마셨다고 한다. '조선왕조궁중음식'은 국가무형문화재. 이를 전수하는 곳이 바로 궁중음식연구원이다. 연구원 전시 공간에서는 일반인들이 궁금했던 궁중 음식 견학이 가능하고, 궁중 음식 전수자로부터 궁중 요리 강좌도 받을 수 있다. 창덕궁 인근에 자리해 왕실의 기운이 절로 느껴지는 곳이다.

서울시 종로구 창덕궁5길 16

11일 **전통술박물관산사원**

조선의 관리들이 일과 시간에 술을 즐겼다는 사실은 매우 흥미롭다. 배상면주가에서 운영하는 전통술박물관은 전통술에 관한 오감 만족 체험장이다. 전통술의 냄새를 맡아보고, 맛보고, 술 이야기를 들어보는 코스가 이어진다. 야외 정원으로 나오면 수백 개의 술독에서 술이 익어가는 전경도 만나게 된다. 술에 관한 최고의 여행지다.

경기도 포천시 화현면 화동로 432번길 25

15~17일 **뮤지엄김치간**

'김치 하나만 있으면 밥 한 그릇 정도는 뚝딱!' 한국인의 밥반찬으로 으뜸인 김치를 내 손으로 만들어 보기 전에 김치의 변천사와 김치의 과학부터 알아보자. 그러기 위해서라면 뮤지엄김치간을 찾아볼 만하다. 양념 김치는 물론 백김치까지 제대로 만들어보는 등 유익한 체험이 가능하다. 5층 전시관의 김치 만들기 다큐멘터리 영상도 꼼꼼히 챙겨보자.

서울시 종로구 인사동길35-4

21일 안동 & 헛제삿밥

우리가 평소 즐겨 먹는 음식 중 하나가 비빔밥이다. 안동 지방에 내려오는 헛제삿밥은 각종 나물을 넣고 비벼 먹는 일반 비빔밥과는 달리, 제사상에 올린 여러 가지 찬을 한꺼번에 넣고 간장과 깨소금을 넣어 비벼 먹는 음식이다. 안동의 전통 음식인 헛제삿밥 한 그릇 먹으며 재미있는 유래도 들어본다. 안동 월영교의 일몰과 야경 투어까지 두루 즐기면 금상첨화.

경북 안동시 상아동 569

23일 예산전통시장 & 백종원국밥 거리

국밥은 우리나라 서민 음식 중 하나다. 순대국밥과 소머리국밥, 콩나물국밥 등이 있지만 예산전통시장의 백종원국밥거리는 소머리국밥이 주를 이룬다. 예부터 예산 주변 우시장 덕분에 생겨난 국밥거리는 오일장이 열리는 장날이면 축제의 장이 된다. 구수하고 든든한 국밥 한 그릇으로 배를 채우고 난 후, 시장 안을 돌며 장날 분위기도 만끽해 보자.

충남 예산군 예산읍 관양산길

25일 신당동떡볶이타운

1950년대에 시작된 신당동떡볶이는 1970, 1980년대를 거친 후 지금까지도 인기 메뉴다. 원조 마복림할머니 떡볶이가 여전한 인기를 누리고 있지만, 신당동떡볶이 타운의 메뉴는 진화를 거듭했다. 고추장 국물에 떡과 계란, 어묵, 라면 사리 추가는 기본, 해물떡볶이와 치즈, 짜장떡볶이의 변신도 이어졌다. 떡볶이는 이제 간식이 아니라 한 끼 식사로 손색이 없다.

서울시 중구 청구로 77

30일 덕수궁 정관헌

요즘은 식사 후 숭늉 대신 커피를 마시는 것이 일상이 돼버렸다. 우리나라에서 가장 먼저 커피를 마신 사람은 대한제국의 고종이라고 알려져 있다. 고종은 덕수궁 내 정관헌에서 커피를 즐겼다고 한다. 돌담길이 아름다운 덕수궁 내에는 석조전과 정관헌 등 고풍스러운 건물이 여럿 들어서 있다. 덕수궁은 커피를 마신 후 산책하기 좋은 도심 속 명소다.

서울시 중구 세종대로 99

08

역사

세상의 변화를 감지하는
넓고 깊은 안목을 전해주는 30장면

고조선 팔조법금

인간이 분열하는 이유는 답이 없는 질문에 매달리기 때문이다

기원전 2333년부터 기원전 108년까지를 '고조선시대'라고 부른다. 너무 오래된 과거의 일이라 그 시대상을 추론할 기록은 지금 거의 남아 있지 않지만, 그 시대의 모습을 상징적으로 드러내는 기록이 하나 있다. 고조선을 세운 단군왕검이 공포한 팔조법금(八條法禁)* 이 그것이다. 안타깝게도 세 항목만 전해지지만, 그 시대의 사회상을 판단하는 데는 크게 부족하지 않다.

1조. 남을 죽인 사람은 죽인다.

2조. 남을 때려 다치게 한 사람은 곡식으로 보상한다.

3조. 남의 물건을 훔친 사람은 그 물건 주인집의 노예가 되어야 한다. 만약 풀려나려면 50만 전을 내야 한다.

세 항목 중에서 1조만 놓고도 우리는 많은 생각을 하게 된다.

"사람을 죽인 자는 죽인다."

더 이상 설명이 필요 없는 간결한 문장이다. 전문가들은 이 문장에서 생명을 존중하는 고조선의 시대정신을 볼 수 있다고 하는데, 물론 맞는 말이다. 그러나 우리는 정반대로 생각할 수도 있다. 사람을 죽인 자를 죽이는 것도 생명 존중의 가치를 보여주는 것이지만, 반대로 사람을 죽인 자를 죽이지 않고 그에 합당한 중형을 내리고 생명만은 빼앗지 않는 것 역시도 생명을 존중하는 태도이기 때문이다. 어떤 각도로 보느냐에 따라 결과도 달라지는 것이다.

오늘날 사형제를 부활해야 한다는 주장도 있고, 어떤 경우에도 생명은 존중되어야 한다는 주장도 있다. 전자는 피해자의 생명을 존중하는 마음에서, 후자는 가해자의 생명까지도 존중해야 한다는 논리에서 비롯된 주장이다. 이 논란은 좀처럼 끝이 보이지 않는 문제 중 하나다. 사형제 외에도 사소한 문제를 가지고도 의견이 나뉠 수 있는 사안에는 언제나 파벌이 생기고 정치적으로 악용되는 경우가 많다. 세상을 바라보는 시각에 따라 파벌을 나누고, 정당을 만들어 붕당정치로 이어지는 것이다. 주변을 보면 지금도 이런 식으로 사회가 분열되고 정치 문제화하여 서로 다툰다. 수학 문제처럼 똑 떨어지는 정답이 없는 문제이기 때문이다. 그럼에도 고조선에서는 '사람을 죽인 자는 죽인다'고 명시했다. 어쩌면 법을 애매하게 만들면 파벌이 나뉠 것을 예감한 통찰에서 나온 결론이 아니었을까.

이 세상의 모든 건국 신화가 그렇듯 우리가 배워서 알고 있는 단군 신화 전체가 실제 역사라고 보기는 어려운 게 사실이다. 다만 중요한 것은 당시의 신화를 통해 그 시대 사람들이 어떤 생각으로 살았는지 현재와 비교하며 추론할 수 있다는 것이며, 거기에서 무엇을 이어가고 무엇을 버릴지는 전적으로 현재를 사는 우리의 책임임은 분명하다.

\+ *팔조법금: 고조선시대의 여덟 가지 금법(禁法). 3개의 조항이 《한서(漢書)》 지리지(地理志)에 전해진다. '팔조지교(八條之敎)'라고도 한다.

2

8月

음서

욕망은 인간에게 공평과 평등을 허락하지 않는다

음서(蔭敍)는 고려시대에 시작해 조선시대에 걸쳐 시행된 제도다. 부(父)나 조부(祖父)가 관직 생활을 했거나 국가에 공훈을 세웠을 경우에 그 자손을 과거를 거치지 않고 특별 채용하는 제도인데, '음사(蔭仕)'나 '음직(蔭職)'이라고 부르기도 했다. 대체 왜 이런 제도가 도입된 걸까? 그 시작은 '기회의 평등'을 위해 만든 과거제도에 의해서 촉발되었다. 지위를 얻으려는 의지보다 더 인간의 욕망을 부추기는 것은, 이미 확보한 지위를 후세에까지 전하려는 의지였던 것이다.

귀족이라고 지위 계승 문제가 덜 중요한 것은 아니었다. 맛을 보지 못했다면 몰라도 벼슬자리라는 지위의 맛이 얼마나 달콤한지 알아버린 자의 행동은 누구도 말릴 수가 없다. 그래서 지위 계승은 사회적으로 고위 신분을 대대로 유지하는 방책이었다. 그러던 그들에게 엄청난 걸림돌이 하나 생기고 말았다. 바로 958년에 생긴 과거제도가 그것이었다. 과거제도는 지금까지 당연하게 계승할 수 있었던 것을 당연하지 않게 만들었다. 자기들의 자리가 위태롭게 된 것이다. 국가가 과거제도를 통해 일정한 자격의 백성들에게도 높은 지위에 오를 수 있는 기회를 준 것이기 때문이다.

이에 대한 반작용으로 997년에는 문무관 5품 이상 고관의 아들에게 음직을 주도록 하는 음서제가 최초로 생겼으며, 1049년 고려 문종 3년에는 전시(田柴)*를 지급하는 공음전(功蔭田)** 제도가 마련되면서 고려의 문벌(門閥)을 중심으로 한 귀족사회를 형성하는 토대가 마련되었다. 이미 세력을 형성한 귀족들은 그들의 지위를 자손 대대로 이어가려는 욕망을 가지고 있었으며, 음서는 이러한 욕구를 충족시키기 위해 부분적으로나마 관직을 세습할 수 있도록 해주는 제도였다. 음서에 의해 선발된 관리들을 '음관'이라고 하는데, 원칙적으로 장자(長子)만이 받을 수 있었으나 장자가 유고인 경우에는 장손이나 차자가 감등(減等)하여 음직을 받을 수 있었다. 어떻게든 후세가 받을 수 있도록 만든 것이다. 음관을 제수받는 나이는 만 18세 이상으로 규정되어 있었으나 실제로는 15세를 전후하여 관직에 등용되었으며, 부와 조부의 정치적 배경에 따라 승진 속도에 차이를 보이기도 했다.

음서제도를 두고 혈통을 중시하는 문벌주의에 대한 비판을 하는데, 결국 모두가 평등을 외치면서도 아무도 평등해지고 싶지 않은, '나만 특별해지고 싶다'는 인간의 욕망을 증명하는 증거라 볼 수 있다. 모든 것이 다 사라져도 단 하나 인간의 욕망은 어디에서든 그 힘을 발휘하는 게 세상을 움직이는 진리였던 것이다.

*전시: 관료와 군인 등에게 나누어준 토지

**공음전: 고려시대 5품 이상 고위 관리에게 지급한 토지. 자손에게 상속 가능한 것이 특징이다. 고려시대는 토지 수급자가 죽거나 관직에서 물러나면 그 토지를 국가에 반납하게 되어 있었으나 공음전은 예외였다.

3

8月

훈요십조

고려의 정체성을 드러내는 열 가지 금언

고조선의 팔조법금이 온 백성에게 강제된 법인데 비해 고려 태조 왕건이 남긴 〈훈요십조(訓要十條)〉는 자손들을 훈계하기 위한 열 가지 조목이다. 태조는 943년 세상을 떠나기 한 해 전에 이 가르침을 유훈으로 남겼는데, 이것이 특히 중요한 이유는 당시의 신앙과 사상, 정책과 규범 등이 선명하게 드러나 있기 때문이다.

훈요1조. 국가의 대업은 여러 부처[佛]의 호위를 받아야 한다. 후세의 간신들이 정권을 잡고 승려들의 간청에 따라 각기 사원을 경영하거나 쟁탈하지 못하게 하라.

훈요2조. 신설한 사원은 도선(道詵)*이 산수의 순(順)과 역(逆)을 계산한 후 그에 맞게 세운 것이다. 땅이 힘을 잃고 왕의 일이 제대로 되지 않을 수 있으므로, 정해놓은 땅이 아니라면 함부로 절을 세우지 말라.

훈요3조. 왕위 계승은 맏아들로 해야 하지만, 만일 맏아들이 부족할 때에는 둘째 아들에게, 둘째 아들도 힘들 때에는 그 형제 중에서 가장 신망 받는 자로 대통을 이어라.

훈요4조. 우리는 예로부터 당(唐)의 풍속을 숭상해 음악과 예술 등 모든 문화를 답습하고 있으나, 풍토와 인성이 다르므로 반드시 같이할 필요는 없다. 특히 거란은 금수의 나라이므로 의관 제도를 본받지 말라.

훈요5조. 나는 우리나라 산천의 신비력에 의해 통일의 대업을 이룩하였다. 서경(西京; 평양)의 수덕(水德)은 우리나라 지맥의 근본을 이루고 있어 길이 대업을 누릴 만한 곳이니, 사중(四仲: 子 · 午 · 卯 · 酉가 있는 해)마다 두루 보살피며 100일을 머물러 태평을 이루게 하라.

훈요6조. 연등은 부처를 제사하고, 팔관은 하늘과 5악(岳), 명산, 대천, 용신 등을 봉사하는 것이니, 후세의 간신들이 신을 모시는 의식 절차에 함부로 건의하지 못하게 하라. 군신이 힘을 합쳐 제사를 경건히 지내라.

훈요7조. 귀에 쓴 조언을 들으면 어진 임금이 되고, 남을 헐뜯는 말이 비록 꿀과 같이 달지라도 이를 믿지 아니하면 참소는 그칠 것이다. 백성의 마음을 헤아려서 용역과 세금을 낮추고 농사의 어려움을 이해한다면, 자연히 민심을 얻게 되어 나라가 부강해지며 백성이 편안할 것이다.

훈요8조. 아랫녘(남쪽 지방, 즉 옛 후백제의 영역 - 편집자)의 군민이 조정에 참여해 왕후와 혼인을 맺고 정권을 잡으면 나라를 어지럽히거나 통합(후백제를 합병한 일)에 원한을 품고 반역을 감행할 수 있다. 또 관노비나 잡역에 속했던 자가 세력을 확장하고 그 신분에서 벗어나게 되면, 왕후나 궁원(宮院)에 붙어서 음흉한 말로 권세를 잡고 정사를 문란하게 해 반란을 일으킬 수 있으니 이를 늘 경계하라.

훈요9조. 녹봉은 나라의 기준에 따라 정하고 함부로 바꿔서는 안 된다. 공적은 없지만 친족이라는 이유로 녹을 받게 하면 백성들의 지탄도 받겠지만, 그 사람 역시 복록(福祿) 오래 누리지 못할 것이다. 이웃에 못된 나라가 있으면 늘 마음을 놓아서는 안 된다. 항상 병사들을 사랑해야 하고 매년 가을 사열(査閱) 때에는 용맹한 자를 반드시 승진시켜야 한다.

훈요10조. 국가를 운영하는 자는 항상 평화로운 시절을 경계해야 하고, 나라의 일과 과거의 가르침을 배우고 역사를 거울로 삼아 늘 현실의 일을 의심해야 한다.

여기까지가 태조 왕건의 나라 걱정과 혜안(慧眼)이 돋보이는 열 가지 금언(金言)이다. 이렇듯 태조는 후사(後嗣)들이 방탕하여 기강을 문란하게 할까 걱정이 되어 훈요를 짓고 '조석으로 읽어 길이 귀감으로 삼으라'고 강조했다. 태조가 그랬던 것처럼 후세를 생각하는 그 간절함으로 다시 한 번 읽는다면, 무엇을 취하고 무엇을 버릴지 발견할 수 있을 것이다.

*도선: 남북국시대 통일신라의 승려이자 음양풍수의 대가. 송악에서 고려 태조가 탄생할 것을 예언했으며 고려조의 왕들은 대대로 그를 극진히 모셨다. 특히 태조는 훈요십조에서 도선의 풍수 사상을 거론하기도 했다.

위화도회군

우리는 언어와 싸우고 있다

고려에서 조선으로 넘어가는 과정은 영화의 한 장면처럼 드라마틱했다. 그중에서도 명령 불복종을 작정한 이성계가 위화도에서 회군해* 돌아와 최영을 사로잡는 장면이 클라이맥스였다. 그 숨막히는 광경을《고려사》우왕 14년 6월조에서는 이렇게 전한다.

'최영의 손을 잡은 우왕은 눈물을 흘리며 이별을 고한다. 이에 최영은 두 번 절하고 곽충보와 함께 나선다. 그 모습을 말없이 바라보며 기다리던 이성계는 최영에게 이렇게 말한다. '이번 사태는 제 본심에서 나온 결과가 아닙니다. 다만 장군께서 대의를 거역하여 나라가 편안하지 못하였고 백성들도 힘들어졌습니다. 그래서 저도 어쩔 수 없었습니다. 부디 잘 가시길 바랍니다'. 그렇게 이성계와 최영은 서로를 바라보며 울었다. 그리고 최영은 고양현으로 유배되었다.'

이성계가 최영과 우왕이 대화를 마칠 때까지 기다렸다는 점, 마지막으로 부둥켜안고 울었다는 점이 많은 것을 시사한다. 서로를 이해하지 못해 벌어진 일이지만 존경하는 마음은 의심할 수 없으니 말이다. 최영과 이성계는 모두 고려를 대표하는 명장이었다.

이성계는 전투에 나갈 때마다 자신에게 도움이 될 조언을 해줄 사람과 동행했다. 정몽주나 정도전과 같은 학자들을 부관으로 임명해서 함께 나가곤 한 것이다. 여기에는 이런 의미가 있다. "전장에서 승리하는 비결은 간단하다. 적은 더 많이 죽이고 아군은 덜 죽으면 된다". 전장에서는 "죽여야 하나 살려야 하나?"라는 고민을 할 필요가 없다. 그러나 정치는 전혀 다르다. 겉으로 봐서는 절대로 그 속을 알 수 없기 때문이다. 언어를 매우 섬세하게 다룰 수 있는 사람이 아니라면 실수할 개연성이 높아진다. 죽여야 할 때 살리고, 살려야 할 때 죽인다면 애써 만든 현실이 오히려 자신을 막다른 골목에 가두는 독이 되기 때문이다.

당시 이성계는 요동 정벌을 떠나기 전부터 이 전쟁을 해서는 안 되는 이유 네 가지를 조목조목 열거했었다. 하나는 작은 나라가 큰 나라를 치는 것은 불가하다는 것이고, 또 하나는 여름철에 군사를 동원하는 것은 농사철이라 불가능하다는 것이었다. 또한, 요동을 치려고 남쪽을 비우면 그 틈을 이용하여 왜구가 침입할 것이고, 마지막으로 장마철에는 활의 아교가 녹아 풀어지고 병사들이 전염병에 걸리기 쉽다는 것이 그 이유였다. 최영은 그럼에도 불구하고 반드시 이길 수 있다는 정신으로 밀고 나가야 한다고 주장했다.

이성계와 최영의 의견 대립은 무력으로 다툰 것이 아니라, 서로 자신의 판단을 드러낸 언어로 싸운 것이다. 무력이 전투의 영역이라면 언어는 정치의 영역이다. 무력의 세계에서는 누구보다 뛰어난 당시 이성계와 최영이 맞선 상황, 결국 정치를 잘 모르는 두 장군의 '군인 속성'이 고려라는 역사에 마침표를 찍게 만들었다고 볼 수도 있다. 당시 서로 논쟁한 언어에 녹아 있는 행간까지 읽을 수 있는 안목이 있었다면, 역사는 전혀 다른 방향으로 달라질 수도 있었을 것이다.

+ *위화도에서 회군해 → 위화도회군(威化島回軍): 1388년(우왕 14년) 명나라의 요동(遼東)을 정벌하기 위해 출정했던 이성계가 위화도에서 군대를 돌려 우왕을 폐위시키고 정권을 장악한 사건. 요동 정벌은 명나라가 철령위(鐵嶺衛)를 설치해 철령 이북의 땅을 요동으로 귀속시키겠다는 데에 고려가 반발해 시작됐다.

5

8月

신덕왕후

'대담한 지략'과 '섬세한 행동'

조선을 개국한 이성계의 부인인 신덕왕후(神德王后)*는 대중적으로 많이 알려진 인물은 아니지만 꼭 기억해야 할 역사적 인물 중 한 사람이다. 그녀는 '대담한 지략'으로 이성계를 몇 번의 위험에서 구했으며, '섬세한 행동'을 통해 조선 개국에 기여해 개국공신이 되었기 때문이다. 대담한 지략과 섬세한 행동, 두 표현은 서로 엇갈리는 수식어다. '섬세하다'는 지략과 어울리고, '대담하다'는 행동과 더 맞기 때문이다. 그러나 이렇게 서로 바꿔서 쓴 이유가 이 글의 말미에 나온다.

본격적인 이야기의 시작은 1392년 조선 태조 즉위년의 선죽교로 돌아간다. 몸이 아팠던 이성계를 위로하기 위해 문병을 왔던 정몽주는 돌아가던 중, 선죽교 위에서 후에 태종이 된 이방원 일당에게 무참하게 피살된다. 원래 '선지교(善地橋)'라 불렸던 이 다리는, 정몽주가 피살되던 날 밤 다리 옆에서 '참대가 솟아올랐다' 하여 그날 이후 '선죽교(善竹橋)'로 고쳐 부르게 된다. 사실이 아닌지는 중요하지 않다. 그날을 어떻게 기억하고 있는지, 역사 해석의 방향을 보여주는 일이기 때문이다.

이성계는 두려움에 휩싸였다. 한때 함께 전장을 오가던 '마음이 동반자'인 정몽주를 자신이 죽였다는 소문이 날까 두려웠기 때문이다. 이성계는 정몽주를 죽였다고 보고하는 아들 방원을 혼내면서 "네가 벌인 일 때문에 나는 차라리 약을 먹고 죽고 싶은 심정이다!"라는 극단적인 말까지 던진다. 다리 이름이 바뀐 것처럼, 언제나 역사 해석에는 반대 입장이 있기 마련이고, 훗날 자신이 나쁜 평가를 받을 수도 있다는 것이 못내 두려웠던 것이다. 아들 방원도 쉽게 물러서지 않았다. 오히려 이성계의 집안을 모함하고 다니는 그를 죽인 것은 효도라고 주장하며 기세를 올린다. 이 상황을 관찰자처럼 지켜보던 신덕왕후는 전지전능한 절대자가 판결을 내리듯 이렇게 '선포'한다. 그의 눈은 방원이 아닌 남편 이성계를 향했다.

"공께서는 언제나 자신을 대장군으로 부르시더니, 왜 이 사소한 일에 놀라고 두려워하십니까?"

폐부를 찌르는 그 한마디에 결론이 내려졌다. 신덕왕후의 이 말은 왜 '담대한 지략'과 '섬세한 행동'이라는 엇갈린 수식이 가능한지를 증명한다. 그는 남편 이성계가 주변에서 받을 평가나 모함에 흔들리지 않고, 스스로를 대장군이라 부르는 그 기세를 끝까지 펼쳐 새로운 나라를 창업하기를 바라고 있었고, 이미 일상에서 그 계획을 실천하고 있었던 것이다. 한마디의 말은 때로는 역사를 바꿀 정도로 커다란 비중을 갖기도 한다. 그 말을 얼마나 가치 있게 다룰 수 있느냐, 언제나 그게 가장 큰 문제다.

\+ *신덕왕후: 조선 제1대 태조 이성계의 둘째 부인이자 왕비. 신덕왕후의 친정 강씨 가문은 고려말의 권문세족으로 이성계의 권력 집중과 조선 개국에 중요한 일익을 담당했다. 방석의 친모로 세자 책봉을 둘러싸고 방원(태종)과 갈등하다가 화병으로 사망했다.

6
8月

정종
권력과 형제애, 그 사이에서의 방황

조선 제2대 왕 정종(定宗)*은 제1차 왕자의 난**을 수습한 후에 왕위에 올랐으며, 재위 2년만에 보위를 이방원에게 넘겼다. 이후 모든 권력을 버리고 스스로 상왕(上王)***으로 물러났다. 그러나 그것은 기꺼운 마음에서 우러나온 게 아니라 목숨을 부지하기 위한 어쩔 수 없는 선택이었다. 비록 실권 없는 왕이었지만 그는 성품이 인자하고 용기와 지략이 뛰어나다는 평가를 받았다. 고려 때는 아버지를 따라 북방 여진족과의 전투에 참가해 많은 전공을 세우기도 했다. 전장에서는 대장군으로 불리던 아버지에게도 뒤지지 않았지만, 왕의 자리에 앉은 후에는 왕다운 모습을 보여주지 못했다.

정종의 재위 기간은 겨우 2년이지만, 그 2년이 그에게는 어떤 시간보다 길고 아득했다. 아버지 태조의 양위를 받아 왕위에 올랐으되 정치적 실권을 행사할 처지가 아니었고, 모든 정치적 판단과 결정은 거의 동생 이방원의 뜻에 따라서 이루어졌다. 정종은 재위 기간 동안에 정무보다는 다른 일에 심취하며 세월을 보냈다. 그 이유는 '나는 왕위에 별 관심이 없다'라는 것을 동생 이방원에게 보여서 안심을 시켜야 했기 때문이다. 그래서 그의 마음 속에는 늘 '내가 왕 흉내를 내기라도 하면 동생 방원의 의심을 사서 숙청을 당하는 게 아닐까?'라는 불안함이 똬리를 틀고 있었다. 이런 사실을 증명이라도 하듯 그는 왕위에 오른 첫해에 신하들과의 대화에서 이런 고민을 토로했다. "걱정이 많다 보니 밤에 잠을 거의 이루지 못하겠다". 이 걱정은 왕에서 물러나 상왕이 된 후에도 여전히 그를 괴롭혔다.

조선의 문신 이육(李陸)이 역대 인물들의 일화를 중심으로 엮은 야담집《청파극담(青坡劇談)》****에는 기이한 이야기가 하나 전한다. 하루는 상왕으로 물러난 정종(이방과)과 그의 뒤를 이어 왕위에 오른 태종(이방원) 두 형제가 정원에 나란히 앉아 복숭아를 먹으며 즐거운 시간을 보내고 있었다. 화기애애한 분위기였다. 그러다가 정종이 무슨 이유에서인지 복숭아 하나를 먹지 않고 풀로 덮어 두었다. 그러고는 이듬해 봄에 그 복숭아를 다시 꺼내보았다. 의아한 행동이 아닐 수 없었다. 대체 왜 그런 행동을 한 것일까? 그는 현명했으며 정신적으로 문제가 있던 것도 아니었다. 어떤 복숭아라도 시간이 지나면 썩는다는 사실을 알고 있었을 텐데 왜 그런 어리석은 행동을 했던 걸까? 이에 대해서는 다양한 해석이 나올 수 있는데, 나는 형제조차 믿을 수 없도록 만드는 '권력에의 두려움'이었을지도 모른다고 생각한다. 비록 상왕에 올라와 있지만 눈 밖에 나면 언제든 동생에게 불행한 일을 당할지도 모른다는 그 두려움을 복숭아를 통해 보여준 게 아닐까. 아무리 진실하고 좋은 마음을 갖고 있어도 시간과 환경이라는 변화와 맞물리게 되면 썩은 복숭아처럼 언제든 그 형체를 잃을 수 있다는 자신의 생각을 다시 확인한 것이라고 짐작할 수 있다. 또는 '나(정종)는 상왕으로 물러나 풀숲에 묻힌 듯 살며 썩은 복숭아나 다름 없으니 신경쓰지 말라'라는 메시지를 태종에게 내비친 것일 수도 있다. 그래야 목숨이라도 보전할 테니까.

이후 정종은 왕위에서 물러난 뒤 인덕궁에 거주하며 사냥과 격구, 연회, 온천 여행 등으로 마치 세상에 없는 사람처럼 세월을 보내다가 1419년 63세를 일기로 세상을 떠났다. 더구나 사망 후 묘호(廟號)도 없이 '공정대왕(恭靖大王)'으로 불리다가, 1681년 숙종 7년에서야 겨우 '정종'이라는 묘호(廟號)를 받았다. 왕이나 황제가 죽으면 종묘에 신위를 모실 때 붙이는 호가 묘호인데, 세상을 떠난 후 무려 260년이 지난 후에야 받은 것이었다.

정종도 물론 권력에 대한 욕망이 있었을 것이다. 그러나 역사 기록의 곳곳에서 그가 형제애를 매우 중시하는 장면이 전해진다. 인간은 누구나 자기 나름대로 더 가치 있는 것을 추구하며 산다는 일반론에 대입해보면, 정종에게 권력보다 더 가치 있는 것은 형제에 대한 사랑이 아니었을까.

*정종: 조선 전기 제2대(재위 1398~1400) 왕. 태조 이성계의 둘째 아들이며, 어머니는 태조의 정비 신의왕후 한씨(神懿王后 韓氏). 초명은 방과(芳果)다. 여말에 아버지 이성계와 함께 왜구의 침략을 무찌르는 등 무공을 많이 세웠고, 조선 건국 후에는 병권에 관여했다.

**제1차 왕자의 난: 태조 이성계의 첫 부인인 한씨(신의왕후) 소생 왕자들이 동복 형제들(방우, 방과, 방의 방간, 방원, 방연) 및 종친들과 결탁해 태조 7년인 1398년 10월 6일에 강씨 소생 왕세자(방석)와 무안군(방번)을 살해한 사건. 태조가 둘째 부인인 강씨를 수비(首妃: 으뜸 왕비)로 삼고 첫째 부인 한씨를 차비(次妃)로 삼은 데다 강씨 소생의 막내아들인 방석을 세자로 책봉하자 벌어진 일이다. 이밖에도 태조는 개국에 공이 많은 왕자, 종친, 공신들의 사병을 혁파한 것도 난의 원인이 되었다.

***상왕: 현재의 임금 이외에 전왕(前王)이 살아 있을 경우 그 전왕을 부르던 호칭. '지금의 왕보다 위의 왕'이라는 뜻에서 윗상[上] 자를 쓴 것이며, 대개 정치 격변기에 비정상적으로 왕위가 이어진 경우가 많다.

****《청파극담》: 조선 전기 문신 이육이 역대 인물들의 일화를 중심으로 엮은 야담 · 잡록집. 작자의 문집인 《청파이선생문집(靑坡李先生文集)》 제2권에 수록되어 있다.

7

8月

결정적인 대화

500년 미래를 결정한 단 5분 동안의 대화

세종이 성군이라는 사실은 초등학교에 막 입학한 아이도 알고 있을 정도로 기초적인 상식이다. 그가 있어서 우리 민족은 수많은 침략을 당하면서도 정체성을 잃지 않을 수 있었으며, 지금 이렇게 한글로 글을 쓰고 또 읽으며 우리 문화를 면면히 이어올 수 있었다. 그런데 만약 세종이 왕이 되지 못했다면 지금의 우리는 어땠을까? 세종이라는 역사상 최고의 성군을 만날 수 없었을 것이고, 지금 사는 한국이라는 공간도 이렇지 않을 개연성이 높다. 그러나 세종이 왕이 되기까지는 많은 어려움을 넘어야 하는 지난(至難)한 과정이 있었다. 그중에서도 가장 결정적인 장면이 있었으니, 태종 16년 2월에 태종과 양녕대군(讓寧大君)*, 그리고 나중에 세종이 되는 충녕대군(忠寧大君)**이 나눈 삼자 대화가 바로 그것이다.

아버지 태종이 두 아들에게 이렇게 말했다. "집에 있는 사람이 비가 내리는 모습을 보면, 반드시 길 떠난 사람의 고생을 생각하게 된다". 그러자 충녕이 《시경》을 예로 들며 "황새가 언덕에서 우니, 부인이 집에서 탄식한다고 했습니다"라고 답했다. 충녕의 적절한 비유와 글을 선택하는 안목에 태종은 기뻐하며 이어지는 이야기를 듣고 있는데, 양녕이 불쑥 끼어들어 이렇게 충녕을 비난했다. "충녕은 용맹하지 못합니다". 앞뒤가 맞지 않는, 비난을 위한 비난이었다. 그러자 노한 태종이 양녕을 이렇게 꾸짖었다. "비록 충녕은 용맹하진 못한 듯하나 만사에 큰 결정을 내릴 때는 지금 겨룰 수 있는 사람이 없다". 동생의 용맹을 말하기 전에 사색의 깊이가 얕은 너의 수준이나 걱정하라는 말이었다.

자신의 입지가 좁아지고 있다는 사실을 누구보다 잘 알고 있던 양녕은 오히려 충녕을 비난하려다가 반대로 자신의 어리석음만 그대로 드러내고 만 것이다. 태종 입장에서는 그동안 조금씩 쌓여오던 양녕에 대한 불신이 더욱 깊어지고, 동시에 충녕에 대한 신뢰는 확신으로 바뀌는 결정적인 순간이었을 것이다. 양녕의 초조한 마음이 돌이킬 수 없는 결정적인 순간을 만든 셈이다.

이 대화를 계기로 태종은 충녕을 더욱 아끼게 되었다. 훗날 충녕이 왕이 되고 업무에 바쁜 일정을 보내고 있을 때도, 태종은 사랑하고 아끼는 아들을 보고 싶은 마음을 누르지 못하고 기어이 만나 얼굴을 보았다. 그 애틋한 마음을 태종은 이렇게 표현했다.

"오늘 주상을 만나기 위해 온 것이 번거롭고 과한 것임을 모르는 것은 아니나, 항상 보고 싶어 청한 것이니 비록 비난하는 사람이 있더라도 내가 가지 않을 수 없다."

모든 결과에는 다양한 요인과 계기가 있지만, 그중에서도 '결정적인 순간'이 있기 마련이다. 그 순간을 제대로 움켜쥐면 만사가 풀리지만, 만일 놓치면 영원히 만회할 수 없는 결론을 맞게 된다. 그런 의미에서 태종은 500년 사직이 길이 이어질, 더 나아가서는 우리 민족의 미래가 융성해질 '역사적 기회'를 제대로 잡은 셈이다.

+ *양녕대군: 태종의 장남인 왕자. 이름은 이제(李褆). 자는 후백(厚伯)이며, 1404년(태종 4년) 왕세자로 책봉되었으나 1418년에 폐위되었다.

**충녕대군: 조선 제4대(재위:1418~1450) 왕 세종의 왕자 시절 명칭. 이름은 이도(李祹), 자는 원정(元正). 태종의 셋째 아들이며, 1418년 6월에 왕세자에 책봉되고 8월에 태종의 양위를 받아 즉위했다.

8

8月

부모 마음

세상에서 가장 깊고 진한 두 사람만의 역사

나라를 이끈다는 것, 한 나라의 왕이 된다는 것은 무슨 의미일까? 고려가 끝나고 조선이 시작된다는 것은 한 시대를 이끌 이성계가 자신의 집을 한 나라로 발전시키는 일과 같았다. 그 거대한 의무와 책임의 크기를 상상해보라. 결코 감당하기 쉬운 일이 아니다. 이성계 혼자가 아닌, 가족 구성원 모두가 각자 조선을 책임지는 몫을 해야만 했기 때문이다. 그는 냉정했다. 다양한 이유를 들어 처남들을 비롯 공신들까지 처단했다. 냉혹한 현실에서 그는 현실보다 더 냉혹해질 수밖에 없었지만, 단 하나 가정으로 돌아가면 완전히 다른 사람이 되었다. 한마디로 밖에서는 냉혹한 리더였지만, 집에 돌아가면 따스한 마음의 아버지가 되었다.

아버지의 따뜻한 마음이 절로 느껴지는 1418년 태종 18년 5월의 기록이 남아 있다.

"소경공(昭頃公)*이 생전에 소고기를 참 좋아했다. 그래서 이번에 그의 영혼을 기리는 삭망제(朔望祭)**에 소고기를 올리려고 한다. 그러나 소를 잡는 것은 쉽게 할 수 있는 일이 아니니, 연회나 종묘에 제사할 때 올린다는 핑계로 먼저 잡아서 소경공에게 줄 수 없을까?"

먼저 떠난 자식에게 어떻게든 생전에 좋아했던 음식을 주고 싶은 부모의 마음이 느껴지는 대목이다. 그 간절함이 녹아 있는 이야기는 이렇게 이어진다. 태종이 "제사 음식으로 닭을 쓰는 것이 맞는가?"라고 묻자 여러 대신들이 예절에 맞다고 답했다. 그러자 "소경공이 생전에 닭도 그렇게 좋아했다"고 말하며, 궁궐 사람들에게 명하여 닭을 길러서 매월 닷샛날에 한 마리를 삶아 제사상에 올리도록 했다. 태종이 제상에 닭을 올려도 된다는 사실을 몰랐을 리가 없다. 자기 입으로 아들 소경공을 위해 상에 올리라고 말하기 어려웠으므로, 질문을 가장해서 지시를 한 것이라고 생각할 수밖에 없다. 대신들도 아마 태종의 그 마음을 알았을 것이다. 온기는 서로에게 전해지는 거니까.

그렇다고 태종이 온갖 규칙과 예에 어긋난 행동을 한 것도 아니며, 심각하게 사치를 한 것도 아니었다. 그래서 더 마음 아프다. 말년에는 자식의 제사를 지내며 심각할 정도로 식사를 못 했는데, 신하들이 그 이유를 묻자 슬픈 표정으로 이렇게 답했다. "아이가 죽었는데 나는 할 수 있는 일이 없다. 이렇게밖에는 그 사랑스러운 아이를 위로할 방법이 없다". 그러면서 철선(徹膳)을 지시했는데, 철선이란 '반찬을 치운다'는 뜻으로, 국상이 났거나 나라에 재앙이 들 때 임금이 근신의 뜻으로 육선(肉膳; 고기반찬)을 들지 않던 일을 말한다. 나라(조선)를 세우는 일은 집을 한 나라로 발전시키는 일이었고, 임금의 아들이 죽은 일은 나라의 기둥 하나가 무너지는 것이므로 국상에 버금간다고 생각할 수도 있는 것이다.

예나 지금이나 자식을 생각하는 부모 마음은 다르지 않다. 이것 또한 우리 삶의 일부인 하나의 역사다. 부모의 자식 사랑보다 질기고 깊은 역사가 또 어디에 있을까.

*소경공: 조선 태종의 넷째 아들. 이름은 이종(李褈)이며 열네 살에 홍역으로 죽었다.

**삭망제: 삼년상의 기간 중 매월 초하루와 보름에 신주에게 상식(上食)을 드리는 의식. 초하루와 보름이 되면 상기(喪期)가 줄어들어 애모하는 마음이 간절해져서 평소와 다른 특별 상식을 올리는 것을 말한다.

9 8月

조선을 이끈 두 사람

괴물과 싸우는 사람은 스스로 괴물이 되지 않도록 노력해야 한다

아래의 내용은 누가 한 말일까?

"당대의 일을 찬양하게 할 수는 없는 일이다. 후세에 평가하게 하여 그때 노래하게 하자."

이런 말은 아무나 할 수 있는 말이 아니다. 자신이 잘한 것을 당장 인정받고 평가를 받고 싶은 것이 인간의 마음인데, 이 말의 주인공은 그런 인간의 본성을 정면으로 거스르고 있기 때문이다. 이 말은 세종대왕이, "당장 임금께서 이룬 업적을 찬양해 백성들에게 알리자"는 신하들의 의견에 답한 내용이다. 세종이 왜 '성군(聖君)'이라 불리는지를 짐작하게 하는 대목이다. 세종의 모든 말과 생각은 마치 하나의 예술 작품을 보는 것처럼 아름답다.

정치가 예술의 경지에 오르려면 다음 두 가지에서 벗어나야 한다. 하나는 '나를 지지하는 사람들이 원하는 것을 해주려는 마음', 또 하나는 '나를 지지하는 사람을 만들기 위해서 그들이 원하는 것을 해주려는 마음'이다. 이런 마음을 버리지 못한 채 정치를 하면 모든 백성을 위해 필요한 것이 아닌, 내 지지자들에게 당장 필요한 정책에만 몰두하게 된다. 지지자들만을 위한 나라가 되는 것이다. 이런 정치가 "국민의 수준이 곧 그 나라 정치의 수준이다"라는 말을 만들어내는 것이다.

다음으로 아래의 내용은 누가 남긴 말일까?

"윗사람의 지시라 어쩔 수 없었다고 변명하지 말자. 나는 그런 못된 상관들과의 불화로 몇 차례나 파면과 귀양이라는 불이익을 받았다. 그러나 나는 내 뜻을 지켜냈다."

이것은 이순신 장군의 말이다. 세종과 마찬가지로 그도 수많은 괴물과 싸웠다. 자신의 적이 왜놈이 아닌 아군이었기에 더욱 슬프고 고통스러웠을 것이다. 그러나 정치를 예술의 경지에서 펼친 사람들은 이것 하나가 달랐다. 백성이라면 모두 같은 백성이지, 지지하는 백성과 지지하지 않는 백성으로 나누지 않았다. 사소하게 보일 수도 있는 그 시선 하나가, 나라를 완전히 다르게 바꿨고 희망과 기쁨으로 가득하게 만들었다.

누구나 정치를 처음 시작할 때는 맑은 마음으로 나선다. 그러나 세상 도처에 산재한 괴물들과 싸우다가 결국 자기 자신도 괴물이 되어 버린다. 하지만 끝까지 자신의 뜻을 지켜내는 사람이 있어 그나마 우리가 여기까지 올 수 있었다. 그 대표적인 사람이 바로 세종대왕과 이순신 장군이다. 두 사람은 백성만 바라봤기 때문에 주변에서 자신을 미워하고 시기하는 사람들의 말에 일일히 반박하려는 욕망에서 벗어날 수 있었다.

만약 두 사람이 자기 지지자들만 바라보며 사는 사람들이었다면, 자신을 비난하는 사람들에 대해 '저 인간을 어떻게 하면 완전히 쓰러뜨릴 수 있을까?'라는 마음가짐으로 대했을 것이다. 세종과 이순신은 그런 쓸모없는 생각에 시간을 낭비하지 않았으므로 더욱 많은 백성을 위해 더 많은 것을 해줄 수 있었다. 인간의 사사로운 욕망에 굴하지 않고 자신의 초심을 끝까지 유지한 두 사람이 있어서 한국의 역사가 근사해진 것이다.

10
8月

붕당 정치
정치는 왜 발전이 없나

이익의 시문집 《성호집(星湖集)》* 제45권에 '붕당을 논한다'에 이런 내용이 나오는데, 만약 이익이 오늘의 대한민국에 다시 태어난다면 크게 노하며 "왜 세상은 이토록 변하지 않는가!"라고 호통을 칠 것만 같다.

'대체 쓸모도 없는 붕당은 왜 생기는 걸까? 나는 그 현상이 나타나는 이유가 두 가지라고 본다. 하나는 과거 시험을 지나치게 자주 시행하여 선발된 인원이 너무 많기 때문이고, 나머지 하나는 임금이 신하를 아끼는 마음이 저마다 달라서 편파적으로 벼슬을 올리거나 내리기 때문이라고 본다. 원칙이 없으니 분열하는 것이다.'

당파 싸움은 본질적으로 자리싸움이었다. 말로는 백성을 위하고 나라를 생각한다고 하지만, 그건 구실에 불과할 뿐이다. 자기편으로 만들기 위해 선발한 인원이 너무 많으니 자꾸만 자리를 마련해야 하고, 자기 뜻에 맞는 신하만 편파적으로 벼슬을 올리거나 반대로 마음에 안 들면 배제하니 싸움이 일어나는 것이다. 또한 임금의 사랑을 받아 출세한 사람 곁에는 그를 그림자처럼 따르고 무작정 지지하며 "좋습니다"라고만 외치는 무리가 생긴다. 이런 현상을 이익은 한 줄로 완벽하게 정리한다. "그들은 모두 자신이 지지하는 관리가 남긴 음식으로 배를 채우기 때문에 당파가 나뉘는 것은 자명한 일이다".

붕당 정치가 최악으로 치닫는 이유는 이런 상황에 높은 곳에 앉으려는 인간의 욕구가 추가되기 때문이다. 치열하게 싸워 주도권을 잡는다고 싸움이 끝나는 것이 아니다. 반대편의 공격이 멈추면 이제 내부에서 혼란과 분열이 시작된다. 정승 자리는 셋인데 거길 노리는 자는 다섯이고, 판서 자리는 여섯인데 역시 거길 노리는 자는 열이 넘기 때문이다. 그럼 또 어떤 일이 생길까? 자기편 모두에게 한 번씩 자리를 주기 위해 빈번하게 교체를 하게 된다. 요즘 말로 '회전문 인사'다. 전문성은 떨어지고 일의 연속성도 기대할 수 없다. 이겨도 분열, 져도 분열이다. 물론 방법은 있다. 이익은 이에 대해 확실한 방법을 제시했다.

1. 과거 시험 횟수를 줄여 인원을 제한하라.
2. 관리들의 근무 평가를 엄격하게 관리해서 무능한 이는 오르지 못하게 하라.
3. 관직을 아껴서 아무에게나 주지 말라.
4. 승진은 최대한 신중하게 결정해서 함부로 올리지 말라.
5. 가장 적합한 인재를 골라 자리를 반복해서 옮기지 않게 하라.
6. 사적인 이익이 나오는 구멍을 철저하게 막아 백성의 신뢰를 얻어야 한다.
7. 이 모든 것이 자연스럽게 이루어져야 비로소 나라에 평안이 가득해진다.

그리고 이익은 마지막으로 이렇게 덧붙였다. "만약 이 모든 것을 철저하게 지키지 않는다면, 설사 때려죽인다고 위협을 하더라도 당파 싸움을 막지 못한다". 그의 말이 틀리지 않았다는 사실을 우리는 지금도 눈앞에서 목격하고 있다.

*《성호집》: 조선 후기 실학자 이익의 시가와 산문을 엮어 1774년에 간행한 시문집. 권38~47을 잡저로 분류하는데, 여기에서 그의 학문적 깊이와 사상의 경향이 엿보인다. 이익은 전통 유가 사상을 존중하면서도 실사구시적 견해로 당시에 시급하게 다루어야 할 일과 실학적인 문제에 대해서 깊은 연구와 이론을 전개했다.

11

8月

사약

왕이 내린 가장 깨끗하고 편안한 죽음

세상에는 아픈 사람을 살리는 온갖 약이 많지만, 간혹 사람을 죽이는 약도 있는데 그 대표적인 것이 사약(賜藥)*이다. 사약은 조선시대에 죄인을 죽이기 위해 임금이 직접 내리는 것으로 다른 문명권에서는 쉽게 볼 수 없는 형태의 처벌이라는 점에서 특별하다. 그런데 조선시대를 배경으로 만든 드라마나 영화를 보면 죄인들이 사약을 마시기 전에 꼭 왕이 있는 곳을 향해 절을 올리는 것을 볼 수 있다. 그들은 왕에게 감사 인사를 전하기까지 한다. 이유가 뭘까? 먹고 죽을 약을 준 것이 고마워서 그런 것일까? 아니면 그냥 예를 갖추는 것일까? 모두 틀렸다. 자신에게 가장 편안하고 깨끗하게 죽을 수 있는 기회를 준 것이기 때문이다.

당시에는 목을 졸라 죽이는 교형(교수형)이나 목을 잘라 죽이는 참형(참수형) 등도 있고, 능지처참과 같은 처절한 사형 방식도 있었다. 참수형으로 말하자면 사람 목은 두부 자르듯 단숨에 자를 수 있는 것이 아니어서 망나니가 칼로 세 번 이상 내리쳐야 간신히 목이 떨어졌다. 자신의 목이 떨어지는 것을 지켜봐야 하는 고통은 말로 표현할 수 있는 것이 아니었다. 교수형도 공개된 장소에서 구경꾼들이 보는 앞에서 죽는 것이라 체면이 말이 아니었다. 죄인의 양 귀에 화살을 꽂고 웃통을 다 벗긴 후, 형장에 며칠씩 묶어서 세워둔 뒤에야 형을 집행했다. 심지어 죽지 않을 정도로 매를 때린 후에 집행을 시작하기도 해서 그 모욕감과 고통의 정도가 상상을 초월했다.

참수나 교수로 죽이면 될 것을 굳이 돈과 인력, 그리고 시간을 들여가며 약을 달여 죽인 이유는, 그만큼 상대를 '존중'했기 때문이다. 형을 당하는 사람의 입장에서는 참수형이나 교수형에서 당하는 괴로움을 피할 수 있다는 장점이 있었다.

- 사약을 마시는 건 조정의 입회인들만 보기 때문에 상대적으로 덜 창피하다.
- 상대적으로 덜 아프게 죽을 수 있다.
- 사약으로 죽는 것은 시체가 온전하게 보존된다.
- 자손은 그 시신을 정당하게 수습하여 매장하고 제사를 지낼 수 있다.

이런 이유로 사약을 마시기 전에 임금을 향해 무조건 네 번 절을 해야만 했다. 사약을 통한 죽음은 국왕의 재가도 받았으나 정상참작의 여지가 조금 있거나 다소 억울한 면이 있는 죄인에게만 선물처럼 내려졌다.

사약을 마시고 세상을 떠나는 과정은 그러나 드라마에서 보는 것처럼 깨끗하고 편안한 것은 아니었다. 마당 등 바깥에서 마신 다음 효과를 높이기 위해 아궁이에 불을 뜨겁게 지핀 방에 들어가 있어야 했다. 죄인은 방 온도가 올라감에 따라 약 기운이 몸 안에 돌다가 고통스럽게 생을 마감했다. 고통을 이기지 못해 밖으로 뛰쳐나오지 못하도록 문에 못을 박았으며, 불을 지필 때도 온도를 최대한 높여 빠르게 사망하도록 했다. 그럼에도 사약은 다른 형벌에 비해 훨씬 인간적인 사형 집행 방법이었다. 죄인의 입장에서도 '최선의 죽음'이었던 셈이다.

+ *사약: 왕족 또는 사대부가 죄를 지었을 때 임금이 내리는 극약. 형전(刑典)에 인정된 제도는 아니다.

12

8月

역사 속으로

설득당하지 말고 스스로 바라보고 생각하라

연산군에 대해서 당신은 어떻게 생각하는가? 1476년 성종 7년 연산군이 태어날 때까지 조정의 분위기는 매우 좋았다. 성종은 사면형이 너무 지나치게 많다는 비난을 받으면서도 대대적인 사면령을 내려 원자(元子)가 태어난 기쁨을 천하에 알렸다. 연산군의 좋은 시절은 그게 끝이었다. 겨우 네 살이라는 어린 나이에 생모가 쫓겨났고, 일곱 살 때는 생모가 사약을 받고 세상을 떠나는 모습을 지켜봤다. 아무리 정상적인 사람이라도 어린 시절에 이런 일을 겪으면 트라우마 때문에 제대로 성장하기 쉽지 않다. 자, 이제 다시 묻는다. 연산군에 대한 당신의 생각은 어떤가? 처음 생각과 같은가, 아니면 조금 바뀌었는가?

이번에는 《중종실록》 1년 9월 2일의 기록을 옮기니, 읽고 나서 연산군에 대한 당신의 평가를 다시 돌아보기 바란다.

'연산군은 그 성질이 모질고 시기심이 매우 많은 것이 꼭 어미와 닮았으며 지혜롭지 못했다. 하루는 성종이 시험 삼아 어떤 일에 대한 옳고 그름을 판단하라고 했지만, 매우 어리석어 이를 분간하지도 못해 성종은 연산군을 매우 혼냈다. 이런 이유로 연산군은 부왕 뵙기를 피하려고 불러도 아프다는 핑계로 가지 않았다. 성종은 연산군을 폐세자하고 싶었으나, 연산군에게 다른 의지할 곳이 없음을 불쌍히 여겨 실행에 옮기지는 못했다.'

이 기록은 연산군에 대해 대단히 악의적인 평가를 하고 있다. 지혜롭지 못하며, 부왕을 만나기 싫어 거짓말을 일삼으며, 공부도 제대로 하지 않는, 재생이 불가능한 인간으로 쓰여 있기 때문이다. 그런데 이게 과연 전부 맞는 이야기일까? 연산군을 옹호하는 사람들은 전혀 다른 주장을 한다. 그들이 근거로 제시하는 자료는 《성종실록》이다. 성종 25년 8월 12일에는 이런 기록이 나온다. '세자의 얼굴에 생긴 종기가 오랫동안 낫지 않는다. 우리나라 의원은 견문이 넓지 않아 약은 쓰지만 효과는 없다. 중국에 좋은 의원이 있을 것이니, 사은사(謝恩使)*로 하여금 사행 길에 중국의 명의를 찾으면 좋은 방법을 알 수도 있을 것이다'. 이 기록에 따르면 연산군이 경연에 자주 빠진 이유도 피부병이 갈수록 악화되어 차마 사람들에게 드러낼 처지가 못 되었기 때문이라는 것이다.

연산군 옹호자들은 '오죽하면'이라는 수식까지 동원하며 그에 대한 많은 사실은 오해에서 비롯된 것이라고 주장할 것이다. 반대로 연산군 비난자들은 그의 온갖 못된 면을 확대하고 재생산할 것이다. 이처럼 역사는 한쪽의 의견만을 근거로 머리에 주입하면 매우 위험하다. 이런 자세는 주체적으로 사고하는 것이 아니라, 일방적으로 설득당하는 행위일 뿐이다. 늘 객관적 정보를 습득한 후 가장 중립적인 시선으로 바라보며 자기만의 판단을 내릴 필요가 있다. 세상의 평가가 모두 진실은 아니라는 생각으로 사물이나 사태를 바라보고 자신의 기준을 세워 검토한 후, 마치 물을 깨끗하게 정수해서 마시듯 어떤 선입견도 없는 순수한 사실만 남겨 자기 안에 쌓는 게 좋다.

*사은사: 명나라나 청나라가 조선에 대해 좋은 일을 했을 때 이에 보답하기 위해 보낸 사절. 사안이 있을 때마다 수시로 보내던 임시 사절이었다.

13
8月

무교가

인간에게 가장 큰 비극은 저항할 수 없다는 것이다

'무교가(無橋價)'라는 말을 처음 듣는 사람은 이 말이 대체 무엇을 의미하는지 쉽게 알 수 없다. 그러나 한자를 한 자씩 풀어가면 어렴풋이 그 뜻이 짐작된다. 무(無)는 '없을 무', 교(橋)는 '다리 교', 가(價)는 '값 가'이니, '다리가 없는 가격을 받는다'는 의미다. 그래도 여전히 무슨 말인지 정확하게 알기는 힘들다. 그 뜻을 완전히 알려면 이 말이 나온 그 배경지식이 있어야 하기 때문이다.

역사를 되돌아보면 우리는 언제나 중국을 어버이나 스승의 나라로 섬겼다. 중국을 '대국'이라고 여겼으며 우리 스스로를 '소국'이라고 부르기도 했다. 문제는 바로 거기에서 시작됐다. 중국에서 사신이 올 때마다 우리는 화려한 연회나 유람을 기획해서 최대한 정성을 보였다. 그런데 그게 익숙해지자 나중에는 중국에서 오는 사신들이 연회와 유람을 거부하며 색다른 요구를 하기 시작했다. "괜히 엉뚱하게 돈을 쓰지 말고, 거기에 쓸 비용을 은으로 계산해서 달라"는 것이었다. 지금 생각하면 도저히 이해가 되지 않는 짓이었지만, 안타깝게도 당시에는 그게 통했다. 실제로 응대 비용을 돈으로 환산해서 주자, 그들은 더욱 기세를 올려 급기야 이른바 '무교가'를 요구하기에 이른다. 자기들이 '행차'할 때 다리가 없는 곳을 배를 타고 건너게 되면, 필요 이상 고생하는 것이므로 그 대가로 은을 달라고 요구한 것이다. 즉 '무교가'란 다리가 없는 내나 강을 건널 때, 그 지방 수령에게 '다리 없는 값'이라 하여 받던 돈을 말한다.

그나마 무교가는 '근거'라도 있는 약탈이었다. 돈을 요구하는 이유조차 없는 악질적인 경우도 많았다. 그 대표적인 사건이 1602년 선조 35년에 있었던 일이다. 당시 명나라 사신 고천준(顧天埈)이 명에서 황태자를 책봉한 사실을 조선에 알리기 위해서 방문했는데, 그를 수행했던 동충(董忠)이란 자가 조선에서 보인 행태를 묘사한 시가 남아 있다. 요즘 말로 풀어쓰면 다음과 같다.

'올 때는 사냥개처럼 돌아갈 때는 바람처럼, 모든 것을 쓸어가니 조선 천지가 텅 비었네. 오직 풀과 나무만은 가져갈 수 없으니, 다음에 와서 그것까지 그림으로 그려서 가져가는 것은 아닐지.'

동충은 조선 땅에 발을 딛은 이후부터 중국으로 돌아갈 때까지 온갖 명목을 빙자해서 은을 비롯해 온갖 물자를 빼앗아갔다. 아무리 부당해도 그들의 요구를 거부할 수 없었던, 치욕적이며 불행한 역사의 기록이다.

14

8月

전조

어제의 자신과 오늘의 자신을 구별할 수 있는가

일상에서 간혹 '전조(前兆)'라는 말을 쓸 때가 있다. 역사에서도 마찬가지다. 어떤 일이 생길 기미가 보일 때 '전조가 보인다'고 말하며 상황을 예의 주시하게 된다. 그때도 그랬다. 일본 전역을 평정하고 66주를 통일한 도요토미 히데요시는 승리에 도취해 조선에 사신을 보낸다. 쉰 살이 넘은 사신 야스히로는 조선에 와서는 특이한 행동과 의미심장한 말을 한다.

그 첫째는 조선에서 쓰던 병장기인 창에 대한 평이다. "조선의 창은 자루가 참으로 짧습니다. 그걸로 싸울 수나 있을지". 이건 시작에 불과했다. 상주에 도착한 그는 연회에서 수많은 기생과 악사가 있는 자리를 둘러보며 이렇게 말했다. "나는 오랜 세월을 전장에서 보냈기에 이렇게 머리카락이 희어졌지만, 귀공께서는 기생들의 노래 속에서 편안하게 세월을 보내는데 어찌 머리가 희어졌소?" 무례한 언사였지만, 이 모든 것이 조선을 판단하려고 계획적으로 벌인 일이었다는 것을 마지막 사건을 통해 짐작할 수 있다. 야스히로가 한양에 도착하자 예조판서가 다시 잔치를 베풀어 맞았다. 술에 취한 야스히로는 호초(胡椒; 후추)를 한 줌 꺼내 뿌렸다. 그러자 기생과 악사들이 하던 일을 멈추고 그 귀한 호초를 줍기 위해 달려들어 아수라장이 되었다. 그 모습을 묵묵히 지켜보던 그는 이렇게 말했다. "너희 나라가 망할 날이 얼마 남지 않았다. 아랫사람들의 기강이 이 모양이니 어찌 나라가 온전하기를 바랄 수 있겠는가?"

야스히로의 이 모든 행동이 악의적이라고만 말할 수 없는 이유가 하나 있다. 야스히로를 조선에 보낸 목적은 조선도 일본에 사신을 자주 보내서 인사를 하라는 것이었는데, 야스히로는 "수로가 험해서 사신을 보내지 못하노라"라는, 히데요시가 원하지 않는 조선의 답신을 갖고 돌아왔고, 크게 노한 히데요시는 야스히로를 그 자리에서 죽이고 그의 가족까지 모두 죽이고 만 것이다. 왜 조선에 항의하지 않고 자신이 보낸 사신과 가족을 죽인 걸까? 당시 야스히로는 조선에 사신으로 자주 와서 따로 조선의 관직까지 받은 상태였다. 이런 이유로 조선에 일말의 애정을 가진 그는 가끔 히데요시에게 조선을 두둔하는 말을 하기도 했는데, 그게 히데요시의 분노를 사서 죽였다는 이야기가 전하기도 한다.

이렇게 보면 야스히로가 죽기 직전 조선에 와서 벌였던 행동이 단순히 비난을 한 것이 아니라, "조선이 지금 이 상태로는 일본을 결코 이길 수 없으니 지금이라도 힘을 기르라"라는 충고나 조언이었다고 해석할 수도 있는 것이다. 이쯤에서 나는 '전조(前兆)'라는 표현을 이런 '전조(轉調)'로 바꿔서 설명하고 싶다. '전조(轉調)'란 음악에서 악곡의 진행 중에 계속되던 곡조를 다른 곡조로 바꾸는 것을 일컫는데, 이 부분부터 곡의 분위기가 달라지는 지점이다. 마치 야스히로의 행동에 곡조가 바뀌듯 반전이 생겼다고 보는 것이다.

결국 조선은 야스히로가 전한 '행간의 메시지'를 읽지 못했고, 조선의 사정을 면밀하게 파악한 히데요시는 1592년 조선을 침략했다. 임진왜란은 그렇게 시작된 것이다. 이런 전조는 역사에서 정말 자주 일어난다. 우리가 역사를 공부하며 깊이 사색해야 하는 이유다. 혹시 당신의 하루 중에 이런 '전조'가 나타난 적은 없는가. 하루하루를 허투루지 않게 살면 이런 '전조'를 알아차릴 가능성은 더욱 높아진다.

15
8月

조선의 해안과 배

우리는 약자인가 평화를 사랑하는 민족인가

조선시대에는 해안가의 나무를 모두 베어내는 일을 반복했다. 이유가 뭘까? 아궁이에 넣어서 연료로 쓰기 위해서? 혹은 집을 짓기 위해서? 그런 이유도 다소 있겠지만, 진짜 이유는 따로 있었다. 이전 시대에도 그랬지만 조선시대에는 외적의 침략을 더욱 자주 받은 터라, 나무가 풍성하게 숲을 이루고 있으면 거기에 사람이 살고 있을 거라고 생각한 외적이 침략할 수 있다는 걱정과 두려움 때문에 그랬다. 게다가 이런 조치도 있었다. "금이나 은이 나오면 바로 땅에 묻어라". 금이 나왔다는 소문이 나면 외적이 쳐들어 와 약탈할 수도 있으니 보이지 않게 숨겨 화를 피하자는 것이었다.

조선시내의 이런 조치들을 지혜롭다고 생각할 수도 있으나, 반대로 해석할 수도 있다. 나라에 힘이 있었다면 해안가의 나무들을 베어내지 않고 오히려 더욱 풍성하게 가꿔 아름다운 곳으로 만들 수 있지 않았을까? 금과 은을 땅에 묻지 않고 그것으로 각종 문화재를 만들고 교역에 활용할 수 있지 않았을까? 처음부터 힘이 약했던 것이 아니라, 피하고 숨기려고만 하니 그게 체질처럼 굳어져 나약한 존재가 된 것은 아닐까? 이렇게 같은 것이라도 바라보는 시각을 달리하면 보이지 않았던 부분까지 발견할 수 있다. 같은 상황을 바라보면서 이처럼 다른 것을 발견해내는 시선의 힘이 역사를 볼 때 더욱 필요하다. 그래야 살아본 적도 없는 그 시대의 일상을 자기만의 관점으로 짐작하며 파악할 수 있기 때문이다. 이를 통해 우리는 배우지 않은 것을 스스로 자신에게 선물할 수 있다.

이와 비슷한 시각으로 바라보아야 할 또 하나의 사실이 있다. 조선시대 대부분의 배가 평저선(平底船)*인 이유가 뭘까? 선체가 U자형으로 안정감과 방향 전환이 뛰어났기 때문에, 즉 연안 항해만을 염두에 두고 만든 배였기 때문이다. 평저선은 풍랑이 심한 먼바다에서는 취약하지만, 암초가 많아서 좁고 물살이 거친 남서해안을 자유롭게 오갈 때는 장점을 발휘한다. 이 사실은 조선시대의 모든 배는 침략이 목적이 아닌 방어를 목적으로 만들었다는 사실을 말해준다. 침략 전쟁을 하러 먼바다를 건너 다른 나라로 건너갈 일이 없으니 연안에서 장점을 발휘하는 평저선을 주로 만든 것이다. 임진왜란 당시 조선 수군이 왜군을 수월하게 이겼던 이유 중 하나도, 원정이 목적인 왜군의 배가 바닥이 V자인 첨저선(尖底船)이었기 때문이다. 첨저선은 원양 항해 성능은 좋았지만, 암초가 많고 물살이 강한 연안에서 교전할 때는 매우 불리했다.

이 모든 사실은 결국 무엇을 의미하는가? 사람이 살지 않는 것처럼 보이려고 해안가에 멀쩡하게 자라고 있는 나무를 베고, 금과 은은 발견하자마자 땅에 묻고, 배는 침략이 아닌 방어만을 위한 방식으로 만들었다는 것, 우리는 유독 평화를 사랑하는 민족인가, 혹은 그저 평화를 강요당한 약자일 뿐인가?

*평저선: 우리나라의 전통적인 주선(舟船)인 밑바닥이 평평한 배. 물이 얕은 데로 다니는 데 좋다.

16

8月

배수의 진

7년의 고통은 단 한 번의 실수에서 시작됐다

"적들이 이렇게 빠르게 올라오고 있으니 걱정이오, 무슨 대책은 있소?"

임진왜란 당시 임금을 곁에서 모시던 정치가 유성룡(柳成龍)이 묻자 신립(申砬)* 장군은 비록 불리한 상황이지만 자신이 나가서 싸우겠다는 의지를 밝혔다. 자기 생명까지 내건 태도에 감명한 유성룡은 어전에 나아가 그 사실을 아뢰었다. 임금은 친히 신립을 불러 그 의지를 확인하고 출전을 명한다. 그러나 아무도 그를 따라서 전장에 나가려고 하지 않았다. 당시의 조선은 오랫동안 평화에 길들여져 작은 전투조차 힘든 상황이었기 때문이다.

그렇게 출발해 마침내 충주에 들어선 신립은 결연한 의지를 불태우며 충청도의 모든 군사를 모았다. 그가 신임하는 군관이 막사에 들어와 조용히 소식을 전했다. "적이 이미 조령을 넘었다고 합니다". 그 말을 들은 신립은 갑자기 성 밖으로 뛰어나가 어디론가 사라졌다. 병사들은 장군의 행동에 영문을 몰라 당황했다. 신립은 밤이 깊은 이후에야 돌아왔고, 이튿날 아침 자신에게 보고한 군관을 불러 이해가 되지 않는 행동을 한다. "너는 왜 그런 망령된 보고를 해서 군사들의 마음을 불안하게 했는가!" 그리고 그는 즉시 그의 목을 베어 죽였다.

도저히 납득되지 않는 일을 벌인 후, 그는 임금에게 적이 아직 상주에 머물러 있다는 거짓 보고를 한다. 적은 이미 10리 밖 근처까지 진격해 온 상태였는 데도 말이다. 더 큰 문제는 이후에 일어난다. 탄금대 앞을 흐르는 두 강물 사이에 진을 친 그는, 좌우에 논이 있고 풀도 우거져 말과 사람이 움직이기 힘든 곳에서 전투를 벌이겠다는, 이해하기 힘든 선택을 한 것이다. 적은 그때를 놓치지 않고 달려들었고, 그 기세에 눌린 신립은 당황해서 어쩔 줄 몰라 하다가 말을 돌려 적진으로 돌격했다. 그러나 그것도 통하지 않자 급기야 말을 돌려 강물 속으로 들어가 스스로 목숨을 끊었다. "아, 저게 대체 뭐 하는 짓이란 말인가?" 그 광경을 지켜보던 병사들도 그를 따라서 강물에 뛰어들었고, 강은 이내 시체로 가득찼다. 신립이 병사들을 이끌고 승리할 수 있을 거라고 믿었던 조정의 예상은 완전히 빗나갔다. 결과는 역사 기록에서 확인할 수 있듯이 말로 표현하기 힘들 정도로 참혹했다.

당시 왜군은 빠른 속도로 조선 땅을 장악하고 있었다. 부산진성과 동래성을 순식간에 무너뜨리고, 한양을 향해 쳐 올라왔다. 제대로 준비하지 못한 조선 군대는 여기저기서 패전을 거듭했고, 유성룡과 선조는 투지가 가득한 눈초리로 의지를 불태우던 신립 장군에게 마지막 희망을 걸던 상황이었다. 신립은 탄금대에서 나름 배수의 진을 치고 싸웠지만, '질 수도 있다'는 불안한 마음이 만든 이해할 수 없는 두 번의 선택을 통해 전투에서 패배하고 말았다. 그 순간의 선택이 결국 생각만 해도 끔찍한 7년간의 임진왜란을 만든 것이나 마찬가지였다. 만약 그가 그런 황당한 선택을 하지 않았다면 전투는 어떻게 되었을까, 임진왜란이 그렇게 오랫동안 지속되었을까. 역사에 가정이란 없는 법이니 그 결과도 알 수 없기는 하다. 다만 분명한 사실 하나는 그의 잘못된 선택이 왜군의 기세에 불을 붙였다는 것이다.

*신립: 조선 전기 함경도남병사, 삼도순변사 등을 역임한 무신. 22세 때 무과에 급제하고 임진왜란 전에는 북방 육진을 지키며 용맹을 떨쳤다.

17

8月

마름쇠

힘이 약해 방어만 해야 했던 전쟁

1592년 6월 11일 선조는 적의 동태를 묻는다. "평양성은 지킬 만하던가? 심히 걱정이다. 어제 노약자들을 성 밖으로 내보냈다고 하던데, 성은 지킬 수 있겠는가?" 두려움에 가득한 음성으로 묻자 유성룡은 이렇게 답한다. "전하께서 걱정하시는 것도 무리는 아닙니다. 신이 그곳에 있을 때는 괜찮았습니다만, 적이 강을 건넌다면 아마도 얕은 곳을 고를 겁니다. 이를 대비하기 위해 마름쇠*를 물속에 깔아 놓는다면 효과가 좋을 것 같습니다". 그러자 선조는 즉시 그곳 주변에 있는 모든 마름쇠를 모으라고 지시했고, 그렇게 모은 마름쇠가 수천 개에 이르자 "즉시 평양성에 보내라"는 명령을 내렸다.

'마름쇠'란 대체 무엇이고, 왜 임진왜란 당시 조정은 마름쇠에 그렇게 집착했을까? 마름쇠는 길 위에 뿌려서 적의 말이나 사람의 이동을 막기 위해 만들어진 마름모꼴의 무쇠 침을 말한다. 약 5센티미터 길이의 끝이 뾰족한 가지가 네 가닥으로 돌출되어 있으며, 아무렇게나 던져도 늘 한 가닥은 항상 위를 향하게 되어 있어 상대방에게 피해를 입히는 데 효과가 좋다. 그러나 조금만 생각해 보면 이것은 공격하는 자의 무기가 아닌, 도망치거나 방어하는 자의 무기라는 사실을 알 수 있다. 적을 물리치기 위해서 활용한 무기가 아니라, 적의 공격을 피할 때나 적이 다가오는 속도를 조금이라도 늦추기 위해서 사용한 무기인 셈이다.

임진왜란 당시 조선군이 왜군과 처음 대적한 곳은 부산진성이다. 다음으로는 동래산성에서의 전투였다. 두 번의 접전에서 벌어진 상황을 잠시만 들여다봐도 이 전쟁의 승패가 앞으로 어떻게 될지 쉽게 짐작할 수 있다. 먼저 부산진성에서 일어난 전투에서 조선군은 백성과 힘을 모아 모두 최선을 다해 싸웠으나 성은 곧 함락되었고, 성 안에 있던 백성 3000명이 무참하게 살육당했다. 곧이어 벌어진 동래산성 전투에서도 마찬가지로, 전력을 다해 싸웠지만 모두 전사했다. 이때 또 마름쇠가 나온다. 당시 동래성은 동래부사 송상현이 3000여 명의 병력으로 방어를 하고 있었는데, 일본군이 다가오는 것을 감지하자 성 주변에 나무를 많이 심고 성벽 근처에는 마름쇠를 깔았다. 그러나 그런 것들은 적을 막는 데 아무 소용이 없었다. 단순한 장비 하나로 만회할 수 있는 전력의 차이가 아니었기 때문이다. 이번에도 역시 무참히 패배했고, 왜군은 동래성을 함락한 뒤 남은 5000여 명의 관민을 모조리 학살했다. 결론을 내리자면 임진왜란 당시 조선군은 부산에서 처음 만난 일본군과 두 번 대적했다. 두 전투 모두에서 마름쇠를 깔았고, 무참히 패배했고, 백성들은 8000여 명이나 학살당했다. 마름쇠는 곧 '패배의 상징'인 셈이었다.

적이 다니는 길목이나 진지에, 혹은 적이 침범해 올 때 뿌려두면 적의 발에 상처를 입혀서 걷지 못하게 만들 수 있었으며, 적이 탄 말에도 상처를 입혀서 달릴 수 없게 만드는 마름쇠 자체의 효과는 좋다고 말할 수 있다. 그러나 그건 백 가지 방책 중 하나에 불과할 뿐이다. 승자도 간혹 전술적으로 활용했겠지만, 마름쇠는 결코 승자의 무기는 아니다. 힘이 약해서 방어만 하는 무기로 마름쇠는 패자의 역사 곳곳에 기록되어 있다. 위기를 단순히 모면하려고 하면 더욱 깊은 나락에 빠질 것이다. 위기는 모면하는 것이 아닌 이겨내겠다는 강한 마음으로 대해야 한다.

18
8月

수렴청정

스스로 시작해야 자신의 세계를 만들 수 있다

'수렴청정(垂簾聽政)'이란, '발을 내려두고 정치를 듣는다'라는 뜻으로, 군주가 너무 어린 나이에 즉위하여 정사를 돌보기 어렵다고 판단되는 경우, 왕실의 최고 어른인 태황태후(대왕대비)나 황태후(왕대비)가 신하들과 의논하여 임금 대신 정치를 하는 일종의 섭정(攝政)이다. 왕을 앞세우고 하고 싶은 대로 왕과 나라를 동시에 움직일 수 있는 것이다. 수렴청정을 한 사람이 올바른 인격자여서 왕을 더욱 지혜롭게 이끈 경우도 있었겠지만, 그건 사실 바라기 힘든 요구였다. 인간이란 결국 권력을 탐하게 되며 처음에는 올바른 마음으로 시작해도 시간이 흐르면서 '자기가 왕'이라는 착각에 빠질 수 밖에 없기 때문이다.

가장 대표적인 나쁜 사례가 바로 조선의 제13대 왕 명종(明宗)과 그를 둘러싼 사람들이었다. 중종과 문정왕후 윤씨 사이에서 태어난 명종은 열 살에 왕이 되었기 때문에 어쩔 수 없이 생모인 문정왕후 윤씨가 수렴청정을 했다. 그 시대의 모든 불행이 거기에서 시작되었다. 인종 때 세도정치를 일삼던 인종의 외삼촌 윤임(尹任) 일파인 대윤(大尹)과 명종의 외숙부 윤원형 일파인 소윤의 싸움은 백성들의 반감을 샀으며 승려 보우(普雨)를 통한 불교 중흥은 반대로 유학자들의 반감을 샀다. 상황이 이러니 상소가 끊이지 않았는데, 당시 죽음을 각오하고 상소문을 올린 사람이 있었다. 그 주인공은 바로 출사를 거부하고 평생을 학문과 후진 양성에 힘썼던 조식(曺植)*이다. 그가 쓴 상소문은 임금의 폐부를 찔렀다.

"전하의 모든 명령은 크게 잘못되었고 나라의 근본이 이미 망가져서 하늘의 마음도 이미 떠났습니다. 백성의 마음도 떠난 지 오래입니다. 비유하자면 마치 백 년 된 거목 속을 벌레가 갉아먹어 진액이 다 마르고, 도저히 피할 수 없는 폭풍우가 언제 찾아올지 알 수 없는 상황입니다. — 중략 — 낮은 벼슬에 있는 자들은 아래서 낄낄거리며 술과 여자에 빠져 있고, 높은 자리에 있는 이들은 그저 재물을 쌓는 것에만 신경을 쓰고 있습니다."

진심은 결국 통했다. 당시 명종은 왕으로서 수치심을 느끼면서도 조식의 뛰어난 능력을 높이 사서 몇 번이나 벼슬을 내리며 그를 불렀다. 그럼에도 그가 자신을 낮추며 왕의 부름에 응하지 않자 명종은 마지막으로 이렇게 물었다. "유비가 제갈공명을 부르기 위해 세 번이나 초가집으로 찾아간 것을 어찌 생각하느냐?" 이에 조식은 이런 멋진 답변을 내놨다. "맞습니다. 인재를 얻어야 큰일을 해낼 수 있습니다. 그러나 제갈공명이 유비를 오랫동안 섬겼지만 끝내 한나라는 발전하지 못했습니다. 그 이유를 저는 잘 모르겠습니다."

조식은 '임금 스스로 자신의 뜻과 길을 선택하지 못하면 인재를 아무리 많이 얻어도 나아질 수 없다'는 진리를 에둘러서 말한 것이다. 아무리 작은 일이라도 스스로 시작해야 '자기만의 세계'를 창조할 수 있다. 아무리 뛰어난 사람도 스스로 선택한 일이 없다면, 그저 남의 명령과 지시를 받기만 하고 산다면 어떤 성장과 변화도 기대할 수 없다는 것은 만고의 진리다.

+ *조식: 조선 전기 《신명사도》, 《파한잡기》 등을 저술한 학자. 처사로 살면서 학문 연구에 전념했고 명망이 높아 수차례 관직 천거가 있었으나 응하지 않았다. 척신 정치의 폐단과 비리를 비판하고 시정을 요구하는 상소를 올렸다. 수하의 문인들은 남명학파를 이루어 북인의 주축이 되었고, 실천을 강조하는 그의 학문적 특징을 현실 정치에서 구현했다.

19

8月

조선시대 최고의 부업

세상에 작은 일은 없다

요즘 부업에 대한 관심이 높아지면서 직업을 갖고 있으면서, 시간이 남는 평일 저녁에 혹은 주말에만 추가로 일하는 사람들이 많다. 그렇게 일하지 않으면 생계를 유지하기 힘든 각박한 현실을 비관할 수도 있지만, 옛날에도 현실은 다르지 않았다. 승려들도 양식이 부족한 가을과 겨울에는 짚신을 삼아 생계를 꾸렸다. 조선시대 선비들의 글을 보면 승려에게 짚신을 선물로 받았다는 기록이 많다. 짚신 삼기를 전업으로 하는 사람들조차 있었다. 부지런히 짚신을 삼으면 부자가 되는 것도 가능했다.

송세홍이라는 사람은 낮에는 품팔이를 하고 밤에는 짚신을 삼았다. 잠을 쫓으려고 후추를 찧어 눈에 발랐다. 이렇게 밤낮없이 일하던 그는 돌연 출가하여 승려가 되었고 절에서도 계속 짚신을 삼았다. 승려라는 직업이 있었지만, 짚신을 삼는 또 다른 직업 하나를 추가한 것이다. 요즘 말하는 부업을 하면서 살았다. 효과는 상상 이상이었다. 그렇게 십 년이 지나자 돈 수천 냥을 가진 부자가 될 수 있었다. 생활이 안정되자 그는 승려 노릇을 그만두고 가정을 꾸렸다. 이미 마을 최고의 부자가 되었지만 짚신 삼기를 그만두지 않았다. 큰 재산을 모으고도 짚신 삼기를 그만두지 않았던 이유에 대해서 그는 이렇게 말했다. "나는 짚신으로 집안을 일으켰으니, 죽는 날까지 짚신을 잊을 수 없다". 승려처럼 검소하게 살았지만 인색하지 않았고, 마을에 어려운 일이 있으면 큰돈을 내놓았다. 마을 사람들을 위해 강에 다리를 놓아주기도 했고, 마을 사람들은 기념비를 세워 보답했다. 현재 기장군 기장읍 동부리에 있는 청강교비(淸江橋碑)가 바로 그것이다. 그는 유지(遺志)조차도 자기 삶의 은인인 짚신으로 남겼다. 자기 상여를 멜 상여꾼들이 신을 수십 켤레의 짚신을 만들어놓고 눈을 감은 것이다. 그 짚신들을 하나하나 삼으며 그는 무슨 생각에 잠겼을까.

조선 후기 문인 심노숭(沈魯崇)*이 유배지 부산 기장에서 거의 매일 썼던 《남천일록(南遷日錄)》에 나오는 이야기 중 하나다. 부업으로 시작했던 짚신 삼기로 송세홍은 요즘 말하는 재벌이 되었다. 예나 지금이나 직업 하나로 먹고사는 것은 쉽지 않다. 자기 안에서 또 다른 자신을 꺼내 일을 시키는 것이기 때문이다. 유배를 당한 심노숭이 심적으로 힘든 상황에서도 굳이 송세홍 이야기를 책에 쓴 이유는 무엇일까. 세상에 작고 쓸모없는 일은 없으니 뭐든 최선을 다해 노력하면 하늘이 알아주는 날이 온다는 사실을 말하려고 그랬던 것이 아닐까.

*심노숭: 조선 후기의 문신, 문인. 《효전산고(孝田散稿)》, 《적선세가(積善世家)》, 《남천일록(南遷日錄)》 등을 지었으며, 감정의 순화와 절제를 강조하는 문학관을 견지했다.

20
8月

명성황후

나라를 잃은 민족에게는 미래가 없다

1895년 10월 7일 한밤중에 일본 낭인 30여 명이 흥선대원군 별장을 습격했다. 최종 목표는 명성황후였으나 그들이 굳이 그곳에 먼저 간 이유는, 명성황후를 시해할 때 생길 조선인의 반발과 여러 후유증을 남기지 않기 위해서였다. 즉, 흥선대원군이 자신들을 시켜 명성황후 시해를 주도했다고 주장하려는 전략을 세웠던 것이다. 명성황후를 증오하며 싫어했지만 그녀를 없애기 위해 일본인의 힘까지 빌리고 싶지는 않았던 흥선대원군은 "(명성황후 시해를) 원하지 않는다"며 그들의 강압적인 제안을 완강히 거부했다. 그러나 무력에 굴복해 결국 가마에 탈 수밖에 없었고, 가마는 경복궁을 향해 빠르게 이동했다. 새벽 5시, 고종과 명성황후는 아직 잠들지 않고 있었다. 늘 암살의 위험을 안고 살았기에 해가 떠야 그제야 안심하고 잠자리에 들었기 때문이다. 밀려오는 일본 낭인들의 모습을 보며 이번에는 살아나기 어렵다는 생각을 한 명성황후는 고종에게 "원컨대, 종묘사직의 중대함을 잊지 마소서"라고 외치며 돌아선다. 결국 그녀는 경복궁 건청궁 내에 있던 건물 옥호루(玉壺樓)에서 비참하게 살해되고 말았다. 이것이 을미사변의 전말이다.

'10월 8일 화요일 오전 5시. 서울의 궁궐은 조선 군인들과 민간인 차림의 일본 낭인들의 공격으로 파괴됐다'. 1895년 10월 12일자《뉴욕 헤럴드》가 전한 명성황후 시해 사건 뉴스의 헤드라인이다. 비참한 소식을 담은 이 기사는 전 세계에 큰 충격을 줬다. 일본은 기사 보도 이전까지 이 사건과 자신들은 전혀 관련이 없다고 부인했다. 자기들이 세운 계획에 따라 '황후는 흥선대원군과의 갈등 과정에서 시해됐다'고 변명했다. 비겁한 일본의 변명에도 불구하고 을미사변의 배후가 밝혀질 수 있었던 것은, 이 사건을 목격하고 생생하게 알린 러시아 공사관 사바틴(Sabatin)의 증언 덕분이었다. 전 세계적 비난을 받게 된 일본은 결국 일본 군인 미우라가 사건에 연루됐음을 시인하고 마지 못해 사건을 철저히 조사하겠다고 밝혔다. 하지만 사바틴은 일본측으로부터의 살해 위협에 시달려 한동안 조선을 떠났다. 우리는 그가 사명감을 갖고 진실을 밝힌 덕분에 명성황후의 최후를 알게 되었다.

"일본인들이 황후 민씨와 궁녀들이 머물고 있던 방을 습격했다. 이때 궁내부 대신 이경직이 달려와 일본인과 민씨 사이에 서서 항복하는 의미로 두 팔을 들었다. 그러나 일본군은 칼로 무참히 그의 두 팔을 잘랐다. '왕비 어디 있어?' 일본인들은 크게 외쳤다. 궁녀들은 모두 '왕비는 여기에 없다'고 답했다. 이때 민씨가 복도를 따라 도망쳤는데, 한 일본군이 그녀를 쫓아가 잡았다. 민씨를 바닥에 넘어뜨린 그는 그녀의 가슴 위로 올라가 발로 세 번 짓밟고 결국 찔러 죽였다. 상궁은 수건으로 민씨 얼굴을 가렸다. 잠시 후 일본군들은 민씨 시체를 가까운 숲으로 옮겼다. 대부분의 궁녀들은 아무것도 볼 수 없었으나 한 궁궐 관리는 일본군들이 민씨 사체를 태우는 모습을 봤다고 한다."

사바타가 묘사한 당시 상황을 생각하기만 해도 가슴이 아프다. 힘이 없다는 것, 그리고 나라를 잃는다는 것이 얼마나 슬픈 일인지 무엇보다 선명하게 알려주는 대목이기 때문이다. 우리가 가진 모든 것을 잃는다고 해도 마지막까지 절대 포기할 수 없는 단 하나는 바로 '나라의 주권'이다. 그걸 잃으면 모든 것을 잃는 것이기 때문이다.

중퇴

세상에서 가장 고귀한 삶의 권리

우리는 많은 지식과 정보를 일상에서 만나며, 조금 익숙해지면 그것을 모두 자기 안에 담았다고 생각한다. 그러나 정보 속에서 지식을 잃고, 지식 속에서 지혜를 잃고, 지혜 속에서 일상을 잃어 결국 모든 것을 다 잃는 경우가 허다하다. 학교나 각종 교육기관을 거친 후 이른바 '졸업'이나 '이수'를 한다는 것이 그 사람이 정말 무언가를 안다는 것을 증명할 수 있을까? 오히려 정보 속에서 지식을, 지식 속에서 지혜를 잃어서, 그 무엇도 추구하지 못하는 '무기력한 평균인'이 되어 있는 것은 아닐까. 무언가를 발견한 사람은, 그것이 가치 있는 것이라면 당장 그 자리를 박차고 뛰쳐 나와 달릴 수밖에 없으니까. 그렇다면 오히려 끝까지 남았다는 것은 중간에 뛰쳐나갈 무언가를 발견하지 못했다는 증거일 수도 있다.

최근의 IT기업이나 스타트업 비즈니스에서 대성한 창업자들을 보면 안주하던 조직에서 중간에 물러난[중퇴] 경우가 많다. 다니던 대학을, 다니던 직장을 그만두고 자신의 길을 향해 한발 더 나아간 것이다. 누구도 그들을 말릴 수 없었다. 졸업 후에 주어지는 대기업 입사의 보장도, 30년 장기 근무를 보장하며 연봉을 매년 200% 올려준다는 달콤한 제안도, 그들의 '중퇴'를 막을 수 없었다. 어떤 제안보다 더 근사한 '자기의 내면이 외친 제안'을 이미 받았기 때문이다.

돌아보면 우리가 존경하는 많은 독립운동가 중에도 '중퇴'한 사람들이 많았다. 윤봉길 의사는 1918년 덕산보통학교에 입학했으나 다음 해에 삼일운동이 일어나자 이에 자극받아 식민지 노예 교육을 배격하면서 학교를 자퇴했다. 졸업보다 소중한 가치를 발견했기 때문이다. 안중근 의사도 그렇다. 1904년 홀로 평양에 나와 석탄상을 경영하며 순탄한 삶을 살고 있었지만, 1905년 을사늑약(乙巳勒約)이 체결되는 것을 보자 뒤도 돌아보지 않고 상점을 접었다. 1906년 그 돈으로 삼흥학교(三興學校)를 세우고, 이어 남포(南浦)의 돈의학교(敦義學校)를 인수했다. 자신만을 위해 살았던 삶에 안녕을 고하고, 독립 투쟁을 위한 삶에 발을 들여놓은 것이다. 그렇게 무난한 삶에서 스스로 이탈한 자의 삶은 누구도 말릴 수 없다. 자기 인생을 모두 걸었기 때문이다. 그들은 새로운 길을 하나 만든 '자기 삶의 창조자'였다.

평균적이고 무난한 인생 궤도는 누가 만든 것인가? 죽는 날까지 주어진 궤도에서 벗어나지 않는다면 그걸 좋은 인생이라고 말할 수 있나? 삶의 창조자들은 이렇게 조언한다.

"이탈하라, 너 자신이 이끄는 곳으로 가라. 그리고 어디에서 어떤 대우를 받으며 무엇을 하고 있든, '중퇴'를 걱정하거나 두려워하지 말라. 오히려 한치도 벗어나지 못하고 떠밀려서 끝에 도달하는 삶을 두려워하라."

타의에 의해 주어진 '지금'에서 떠나자. 당신의 내면이 이끄는 소리를 향해서. 그렇게 한 사람이 하늘의 별이 된다. 그렇게 또 하나의 역사가 탄생한다.

22

8月

유관순

때로 한 사람의 삶은 한 나라의 역사를 대변한다

대한민국 국민이라면 대부분 유관순 열사를 존경한다. 우리는 그녀가 어떤 일을 했는지 잘 알고 있다. 시간을 되돌려 그 날로 돌아간다 할지라도, 그녀처럼 '대한 독립 만세'를 외칠 사람은 많지 않을 것이다. 처음 유관순을 체포한 일본 검사는 온갖 고문을 하는 동시에 이런 생각을 했을 것이다. "아직 어린애니까 금방 자백하겠지?" 그러나 그녀는 주모자가 자기라는 것 외에는 더 이상 입을 열지 않아 일본 검사는 아무 정보도 캐낼 수 없었다. 오히려 유관순 열사는 법정에서 이렇게 일제의 사법부를 꾸짖었다.

"나는 대한 사람이다. 너희는 우리 땅에 와서 우리 동포들을 수없이 죽이고 나의 아버지와 어머니를 죽였으니 죄를 지은 자는 바로 너희다. 우리가 너희에게 형벌을 줄 권리는 있어도 너희는 우리를 재판할 그 어떤 권리도 명분도 없다."

이때 일본인 검사가 "조선인이 무슨 독립이냐?"고 핀잔을 주자, 그녀는 바로 일어나 걸상을 들어 검사를 쳤다. 이 일로 법정 모독죄가 추가되어 중형인 7년 형을 선고받았다. 일본인들이 판치는 혼탁한 세상에서는 삶의 가치를 찾을 수 없다는 생각에, 스스로 죽음을 각오하며 옥중에서도 온종일 만세를 외쳤다. 그때마다 죽도록 매를 맞았으나 끝내 뜻을 굽히지 않았다. 대체 어떻게 그 모진 고통을 견디면서도 애국을 할 수 있었던 것일까? 1919년 3월 1일 그 날로 되돌아가 생각해 보자. 답은 그 날에 있다.

1918년 11월 1차대전이 끝났다. 종전에 맞추어 미국 대통령 윌슨의 민족자결주의*가 공포되었고 국내외에서의 독립운동은 더욱 체계적으로 진행되었다. 1919년 1월 21일 일어난 고종의 서거가 전 민족을 울분의 도가니에 빠뜨렸다. 이화학당의 여학생들은 자진해서 상복을 입고 휴교에 들어갔다. 3월 1일 아침, 천안의 아우내 장터는 나라를 사랑하는 사람들의 마음으로 뜨거워졌다. 이에 유관순은 차분하게 군중들의 행렬을 정돈하며, 길목에서 광주리에 숨겨온 태극기를 나누어주고 행렬의 선봉에 서서 소리 높여 '대한 독립 만세'를 부르짖었다. 만세 소리는 천지를 진동했고 감격과 흥분에 휩싸인 군중들은 만세를 부르며 더욱 거세게 행진했다. 일본 헌병의 저지에도 불구하고, 만세 행렬은 멈추지 않았다. 이때 유관순의 부모님이 왜병의 총에 살해당했다. 유관순은 생각했다. "돌아가신 부모님을 위해서 내가 할 수 있는 일은 독립운동뿐이다. 살이 찢겨나가고 모든 몸이 부서지는 고통이 있지만, 이 고통마저도 살아있기 때문에 느낄 수 있는 것이 아닌가".

사랑하는 사람이 눈앞에서 세상을 떠났지만 유관순은 결코 멈추지 않았다. 부모님의 죽음보다 더 큰 가치를 실현해야 했기 때문이다. 1920년 9월 28일 오전 8시 20분 서대문형무소에서 그녀는 그렇게도 목메어 외치던 조국의 독립을 보지 못한 채 열아홉의 꽃다운 나이에 어두운 감방에서 세상을 떠났다. 하지만 그녀의 삶은 오늘날 우리나라를 상징하는 역사가 되어 여전히 온 국민의 가슴 속에 남아 있다. 때로는 그렇게 한 사람의 존재가 한 나라의 역사를 증명하기도 한다.

+ *민족자결주의: 각 민족은 정치적 운명을 스스로 결정할 권리가 있으며, 다른 민족의 간섭을 받을 수 없다는 주장.

23

8月

소년병의 편지

600명이 1만 명과 싸워 이길 수 있을까

1만 명과 맹렬하게 싸우는 600명, 그 불가능한 싸움을 시작한 용감한 사람들이 있다. 그런데 놀랍게도 이들은 성인이 아니라, 아직 부모의 보살핌이 필요한 소년들이었다. 실제로 소년병 600명이 인민군 1만 명과 싸워 기적 같은 승리를 거둔 기록이 있다. 1950년 6월 25일, 패배가 뻔히 눈에 보일 정도로 일방적인 싸움이었다. 그러나 소년들은 전장에 나가는 순간에도 당당했으며 눈빛 역시 태양보다 뜨거웠다. 18세 미만의 소년들로 구성된 이들은, 자기 키 만한 총을 잡고 겨우 일주일 훈련받은 후 지옥보다 처참한 전쟁터로 뛰어들어야 했다. 그 마음이 어땠을까? 아래에 소개하는 글은 한 소년병의 편지다. 살아서 어머니 곁에 가고 싶었던 소년병은 안타깝게도, 1950년 8월 포항 전투에서 전사하고 말았다. 이 편지는 그가 숨진 후, 주머니 속에서 발견되었다. 죽음이 두렵고, 어머니를 볼 수 없다는 고통에 떨며 하늘로 돌아간, 어린 소년병의 마음을 헤아려보자.

'어머니, 나는 사람을 죽였습니다. 그것도 돌담 하나를 사이에 두고……. 아마도 10여 명은 될 것 같습니다. 나는 4명의 특공대원과 함께 수류탄이라는 무서운 폭발 무기를 던져 일순간에 그들을 죽이고 말았습니다. 나는 무서운 생각이 듭니다. 지금 내 옆에서는 수많은 학우가 죽음을 기다리듯이, 적이 덤벼들 것을 기다리며 뜨거운 햇볕 아래 엎드려 있습니다. 적은 침묵을 지키고 있습니다. 하지만 언제 다시 덤벼들지 모릅니다. 적병은 너무나 많습니다. 그러나 우리는 71명입니다. 이제 어떻게 될 것인지 생각하면, 그저 무섭습니다……. 어머니, 어서 전쟁이 끝나고 어머니 품에 안기고 싶습니다. 어제 저는 내복을 빨아 입었습니다. 풀 내 나는 내복을 입으면서 저는 두 가지 생각을 했습니다. 어머님이 빨아주시던 백옥같이 청결한 내복과 내가 빨아 입은 내복 말입니다. 그런데 저는 내복을 갈아입으며, 왜 수의를 생각해냈는지 모르겠습니다. 죽은 사람에게 입히는 수의 말입니다. 어머니, 어쩌면 제가 오늘 죽을지도 모르겠습니다. 어머니, 어머니……. 저는 꼭 살아서 다시 어머니 곁으로 가겠습니다. 상추쌈이 먹고 싶습니다. 찬 옹달샘에서 이가 시리도록 차가운 냉수를 한없이 들이켜고 싶습니다. 아! 놈들이 다가오고 있습니다. 다시 쓰겠습니다.'

언제 죽을지 모를 두려움 속에서도 어머니를 그리워하는 소년의 두렵고, 막연하고, 한없이 답답한 마음이 전해지는가? 하지만 그는 모든 두려움을 이겨내고 나라를 위해 싸웠다. 그게 얼마나 숭고한 정신인지도 모른 채. 그저 당연하다는 듯이 생명을 바쳤다. 따뜻한 곳에서 편안하게 휴식을 즐기는 게 일상이 되면, 그게 당연하게 느껴진다. 하지만 아주 가끔은 지금 우리가 당연하게 누리는 그것을 누리지 못했던, 자유를 위해 생명을 바친 사람들의 거룩한 정신을 생각해 보는 게 어떨까. 우리가 누리는 자유는 당연하게 누릴 수 있는 것이 아니다. '불평'보다는 '감사'해야 하고, '불행할 이유'보다는 '행복할 이유'가 더 많다는 사실을 알아야 한다. 오늘 주어지는 이 고통마저도, 내가 살아 숨쉬기 때문에 느낄 수 있는 소중한 삶의 기쁨이라는 사실을 기억하자. 그게 바로 오늘도 고마운 마음으로, 현재를 충실하게 살아야 할 이유다.

24
8月

김시습

그냥 보는 것과 면밀히 보는 것은 다르다

조선 전기를 대표하는 문인 김시습(金時習)은 우리에게 《금오신화(金鰲新話)》의 작자로 잘 알려져 있다. 그러나 《금오신화》는 그의 수많은 작품 중 일부일 뿐이다. 다산 정약용과 비교할 수는 없지만, 김시습도 유교와 불교에 대한 각종 글과 책을 남겼으며, 15권이 넘는 분량의 빼어난 한시를 쓰기도 했다. 김시습의 삶은 시작부터 달랐다.

'어릴 때부터 천재 소리를 들으며 자랐다. 생후 8개월 만에 글을 읽기 시작했다. 무려 3살 때는 한시를 짓기도 했다. 《대학》과 《중용》을 5세 때 이미 깨우쳤다.'

그가 신동(神童)이라는 소문은 국왕인 세종에게까지 전해졌다. 집현전 학자 최치운이 그의 이름을 '시습(時習; 때때로 익힘. 《논어》의 學而時習之에서 따온 이름)'이라 지어 주었고, 세종이 승지를 시켜 시험을 치르게 하고는 "장차 크게 쓸 재목이니 열심히 공부하라"며 선물을 내렸다. 그때 '오세(五歲, 다섯 살)'라는 별호도 얻게 되었다.

사람은 누구나 좌우명 같은 문장 하나를 가슴에 품고 산다. 그 문장이 무엇인지 알면 그 사람이 어떤 생각으로 살았으며, 앞으로 어떻게 살아갈 것인지 짐작할 수도 있다. 김시습이 가슴에 품고 살아온 문장은 그가 《매월당집》에 쓴 다음의 글이라고 할 수 있다. '사람을 잘 보는 자는 그 사람의 처음을 보고, 사람을 잘 살피는 자는 그 사람의 일상을 살핀다'. 그는 '보는 자'와 '살피는 자'를 구분해서 말했다. 보는 것은 일시적이고 살피는 것은 연속적인 과정에서 일어나는 관찰이다. '보는 자'가될지 '살피는 자'가 될지는 선택에 달려 있다. 김시습은 살아가는 내내 후자를 선택했고, 그가 이룬 문학적 성과 역시 그런 선택의 결과인 셈이다.

모든 것을 차분하게 오랫동안 살피는 그에게 삶은 쉽지 않았다. 사람들은 대부분 그렇게 살지 않기 때문이다. 김시습은 남들과 다른 시각으로 세상을 보느라 수없이 많은 혼란과 갈등을 겪으며 살았다. 혼인했으나 원만한 가정을 이루지 못했고, 어머니의 죽음으로 삶의 무상함을 깨달았다. 이런 고통을 겪은 후 열여덟 나이에 송광사에서 불교 수행에 입문했고, 삼각산(三角山) 중흥사(重興寺)로 들어가 공부를 계속했다. 아직 약관의 나이 스물하나인 1455년에는 단종이 왕위에서 물러나게 되었다는 소식을 듣고 사흘간 통곡했으며, 보던 책들을 모두 불사른 뒤 스스로 머리를 깎고 승려가 되어 산사를 떠나 전국 각지를 유랑했다. 그는 자신이 방랑을 시작한 동기에 대해서는 이렇게 말했다.

"나는 어려서부터 성격이 강해서 불의를 보면 분개한다. 명예와 이익에 뜻을 두지 않아 생업에 관심이 없다. 청빈하게 살자는 뜻을 지키는 것이 내 삶의 목표다. 사람이 이 세상에 태어나서 도(道)를 행할 수 있는데도 출사하지 않는다는 것은 부끄러운 일이다. 또한 도를 행할 수 없는 경우에는 홀로 그 몸이라도 지키는 것이 옳다."

사육신이 처형되던 날 밤, 많은 사람이 무서워 그 자리를 피할 때, 팔과 다리가 찢겨 죽은 사육신의 끔찍한 시신을 바랑에 주섬주섬 담아다가 노량진 부근에 임시 매장한 사람도 바로 그였다. 무언가를 오랫동안 차분하게 관찰한 자의 삶은 그렇게 다르다. 그냥 본 사람과 자세히 본 사람은 다른 선택을 하게 된다. 자세히 본 사람은 옳다고 생각한 것을 행하지 않을 이유를 찾지 못하기 때문이다.

허균

자신과 가장 잘 지내는 사람이 결국 이름을 남긴다

조선을 대표하는 문인이자 작가인 허균(許筠)*을 소개하는 내용 중 가장 자주 나오는 서술은 이것이다. "그는 한번 눈길이 스친 문장은 모두 잊지 않을 정도로 천재적 재능을 가진 사람이었다". 그러나 나는 이런 질문을 던지고 싶다. "과연 그가 문장을 그냥 스쳤을까?", "단순히 문장을 빠르게 암기하면 그것이 천재성을 증명하는 것인가?" 정작 내가 하고 싶은 말은 이것이다. "그는 단순한 암기 천재가 아니라, 자신을 스치는 모든 것을 곱씹어 사색할 줄 아는 지성인이었다".

허균에게는 세 명의 친구가 있었는데, 보통 사람은 이해하기 힘든 매우 특별한 친구였다. 모두 죽은 사람이었기 때문이다. 중국 진나라 시인 도연명, 당나라 시인 이태백, 송나라 문인 소동파가 바로 그의 절친한 친구들이었다. 친구의 의미와 관계가 보통 사람과는 달랐던 것이다. 그에게 친구란 단순히 나이가 비슷한 사람이 아닌, 뜻을 나누고 서로 가르침을 줄 수 있는 사람을 뜻했다. 죽은 사람이냐 산 사람이냐도 굳이 나눌 이유가 없었다. 그러므로 그는 굳이 집 밖으로 나가지 않아도 스스로 배우며 성장할 수 있었다. 상상 속에서 친구를 불러내 마음껏 대화를 나눌 수 있었기 때문이다.

간혹 스스로 청한 고독이 아닌, 낯선 외로움이 그를 찾아왔다. 고독과 외로움을 굳이 구분한 이유가 있다. 고독은 스스로 찾아가는 지성인을 위한 사색의 창고이지만, 외로움은 나를 찾아오는 외톨이가 머무는 고민의 늪이기 때문이다. 외로움이 자신을 찾을 때마다 그는 이런 생각을 했다.

'나는 소탈한 성격이지만 세상과 결이 잘 맞지 않는다. 세상 사람들은 무리 지어 나를 비난하고 배척한다. 벗이 없고 밖에 나가도 뜻이 맞는 곳이 전혀 없다.'

이 글을 내가 소중하게 생각하는 이유는, 그가 '세상과 어울리지 못한 사람'이라는 것을 드러내는 것이 아니라, '자신과 매우 잘 지냈던 사람'이라는 사실을 드높이는 글이기 때문이다.

이런 까닭에 그는 생활이 어려워도 못된 길을 선택하지 않을 수 있었고, 남이 아무리 헐뜯고 비난해도 흔들리지 않고 자신의 글을 쓰며 하루하루를 고요히 살아갈 수 있었다. 시공을 초월해서 뜻을 나눌 수 있는 세 명의 친구와, 스스로를 믿고 내면의 대화에 몰입할 수 있었기에 가능한 일이다. 꿈과 희망이 무엇이든 자신과 가장 잘 지내는 사람이 끝까지 아름답게 살아갈 수 있다. 자신과 나누는 로맨스는 끝나지 않는 법이니까.

*허균: 조선 중기의 문신이자 작가. 개혁사상가로서 여러 이론을 개진했고, 사회 모순을 비판한 소설 《홍길동전》, 《한정록》 등의 작품을 남겼다.

26

8月

격구

집을 팔아도 할 수 없었던 고가의 운동

고려시대에는 마치 서양의 럭비만큼이나 거친 운동이 하나 있었으니 격구(擊毬)*가 그것이다. 무신들이 무예를 익히기 위해 즐기기도 했고, 고려 이후로 조선시대까지 우리 민족이 즐긴 전통 스포츠이기도 하다. 삼국시대에 중국에서 들어온 것으로 추측되지만, 가장 왕성하게 유행한 것은 고려 이후부터다. 말을 타고 달리며 막대기로 공을 쳐 상대방 문에 넣어 승부를 내는 방식이라, 말을 사랑하던 고려시대 사람들의 각별한 사랑을 받았다. 심지어 고려 제18대 왕 의종은 뛰어난 격구 선수이기도 했고, 고려 말 명장이자 조선을 창업한 이성계 역시 탁월한 격구 선수로 명성을 떨친 바 있다.

도대체 무엇 때문에 그렇게 많은 사람이 격구를 즐기며 사랑했던 걸까? 당시 고려의 대표적 문인 이규보는 격구를 본 소감을 이렇게 글로 표현했다.

'격구 놀이장은 무려 400보쯤이나 되며, 둘레의 길이는 몇 리나 된다. 말을 잘 타는 자들이 천 리를 달리는 명마를 타고, 재빠르게 휘둘러 번개처럼 여기저기를 달린다. 동쪽에서 서쪽으로 달릴 것처럼 하다가는 갑자기 멈추기도 하고, 달리는 말 위에서 서로 손을 잡기도 한다. 마치 용무리들이 갈기를 날리며 사나운 발톱을 드러내며 드넓은 바닷속에서 진주 알을 놓고 다투는 것 같다.'

말과 선수들이 격렬하게 교차하는 경기 모습을 실감나게 글로 표현한 것이, 마치 그 시대로 돌아가 직접 경기를 관람하는 느낌마저 든다. 아쉬운 점은 격구가 백성들이 즐기는 운동은 아니었다는 점이다. 일단 말과 부수 장비가 엄청난 고가였기 때문이다. 고려시대에 들어 인기가 높아지면서 격구는 상류층을 위한 '귀족 스포츠'로 인식되기 시작했다. 그걸 확인할 수 있는 기록도 있다. '격구하는 사람들은 의복 장식을 매우 화려하게 치장하려고 했다. 사치를 강조한 것이다. 당시 말안장 하나 값이 중인 열 집의 재산을 더한 것에 해당되었다'라는 내용이 그것이다. 보통 서민의 열 집 재산을 다 합해야 비로소 말안장 하나를 살 수 있다는 얘기다. 안장 값이 이럴진대, 그러면 말은 얼마나 비쌌던 것일까? '격구야말로 그 시대에 전 세계의 모든 운동 중에서 가장 돈이 많이 드는 게 아니었을까'라는 생각이 들 정도다.

사실 말을 탄다는 것은 지금도 누구나 쉽게 할 수 있는 운동은 아니다. 게다가 고려시대에는 말이 가장 귀한 시대였으니 돈이 많이 들었다는 사실을 이해할 수도 있지만, 무언가를 시작하면 '장비가 중요하다'라며 고가의 장비부터 먼저 사들이는 한국인의 습성은 예나 지금이나 다르지 않다는 사실을 확인하게 되어 씁쓸한 웃음을 짓지 않을 수 없다.

*격구: 말을 타고 채로 공을 쳐 상대방 문에 넣어 승부를 내는 경기. 무관들과 민간에서 하던 무예의 하나다. 민간에서는 '공치기' 또는 '장치기'라고 했으며, 중국에서는 '타구(打毬)'라고 불렀다.

투전

사람의 욕망을 자극하는 다섯 가지 조건

투전(鬪牋, 投箋)*은 조선 후기에 특히 널리 퍼졌던, 한국을 '대표'하는 도박 중 하나로, 돈을 건 뒤에 패를 뽑아가며 승부를 겨루는 놀이다. 승부가 쉽게 결정이 되기 때문에 판돈이 빠르게 회전하는 특성이 있어, 참가자들의 심장을 쥐락펴락 흔든다. 투전은 18세기 초반부터 조선 전역에 널리 퍼져 백성들에게 매우 나쁜 영향을 주었지만, 관아에서 아무리 단속을 해도 효과가 없었다. 심지어 생판 모르는 집 초상에 문상객으로 가장하고 들어가 자기들만의 판을 벌이기도 할 정도였다. 한번 발을 들이면 누구나 본전을 생각하므로 쉽게 끝낼 수가 없었다. 돈을 잃고 딴다는 것은 원래 그런 것 아닐까.

과천 현감을 지내는 등 나라를 위해서 봉사하다가 말년에 벼슬에서 물러나 낙향하자 정조가 이를 아쉬워하며 이별 시까지 써 주기도 했던 신기경(愼基慶)은 조정을 떠나며 걱정스러운 마음에 투전에 관한 글을 정조에게 올리기도 했다.

'지금 조선은 양반이든 평민이든, 그들 본인이든 자식이든, 집과 땅을 팔아서 바꾼 돈을 들고 투전의 굴레에서 쉽사리 벗어나지 못하고 있습니다.'

투전을 금지하며 단속까지 했지만, 오히려 투전목을 전문적으로 생산하는 사람까지 나오는 등 수요는 계속 늘어갔다. 이런 세태에 대해 정약용도 이렇게 일갈했다.

"삼법사(三法司)에 도박 금지법이 있지만, 투전과 골패, 장기, 그리고 쌍륙 따위가 시장에서 공공연하게 일반 물건처럼 팔린다."

이쯤이면 하나의 '사회현상'이라고 말할 수도 있었다. 대체 '말리지 못할' 투전의 인기 요인은 어디에 있는 걸까? 다양한 이유가 있겠지만 그 특징과 사람들의 욕망을 자극하는 요소를 지적하자면 다음 다섯 가지를 들 수 있었다.

1. 속도: 놀이 방법이 쉬워서 누구나 빠르게 시작할 수 있다.
2. 착각: 놀이 방법이 쉬우니 돈도 쉽게 벌 수 있다고 착각하게 만든다.
3. 재미: 게임이 빠르게 끝나므로 판돈의 회전도 빨라 지루할 틈이 없다.
4. 편리성: 투전의 제작과 구입이 매우 쉽고 간단하다.
5. 빠른 결과: 승부가 빠르게 나므로 기회가 자주 생겨서 욕망을 강하게 자극한다.

이렇듯 사람 심리를 건드리는 요소가 집중적으로 녹아 있으니, 가볍게 놀이로 시작했다가 도박으로 변질되는 건 처음부터 정해져 있는 거나 다름없었다. 오늘날에도 도박은 그 누구든 유혹하는 매혹적인 마법이다. 들어가는 문은 사방에 있지만 나오는 문은 아직 만들어지지 않아서, 거기에서 빠져나오려면 아예 그 공간을 부숴버릴 정도의 각오를 해야 가능하다.

\+ *투전: 여러 가지 그림이나 문자 따위를 그려 넣어 끗수를 표시한 종이조각(엽)을 가지고 승부를 가리는 노름. 60장 혹은 80장이 한 벌이나 40장을 가지고도 하며 방법도 여러 가지가 있다.

28

8月

한복

예민하지 않고 섬세하게 받아주는 공간

같은 내용을 이야기해도 그 방식에 따라 전혀 다른 느낌이 전해진다. 이를테면 "왜 이렇게 예민하세요"라는 말은 듣는 사람에게 안 좋은 기분을 전한다. "내가 이상한 사람인가?"라는 생각이 들게 하는 말이기 때문이다. 그러나 같은 상황에서도 "참 섬세하시네요"라는 말은 좋은 뉘앙스의 말이다. 배려가 많고 사람을 더 이해하는 사람으로 생각하게 만들기 때문이다.

서양의 옷과 한복의 차이를 이런 '뉘앙스의 차이'라고 말할 수 있지 않을까. 천이라는 같은 재료를 통해 옷을 만들지만, 완성된 형태는 전혀 다르다. 서양의 바지와 남방 혹은 슈트는 보기에는 멋지지만 살이 조금만 쪄도 압박이 심해져 앉기조차 어려울 때도 있다. 볼 때만 멋지지 다가가 경험하면 전혀 다른 기분이 느껴진다. 앞뒤가 꽉 막혀서 말이 통하지 않는 사람과 대화를 나눌 때의 느낌과 비슷하다. 치수를 재서 옷을 고르거나 맞추지만, 치수가 정확히 맞을 수는 없기 때문이다. 밥을 먹었을 때의 허리 사이즈와 밥을 먹기 바로 직전에 잰 수치는 다를 수밖에 없다. 상황에 따라 모든 것은 조금씩 변하기 마련인데 서양의 옷은 그걸 허락하지 않을 정도로 '예민'하다. 사실 애초에 줄자로 항상 움직이는 사람의 허리 사이즈를 정확하게 측정한다는 것이 가능한 일이 아니다.

반면에 한복은 참 '섬세'하다. 밥을 조금 많이 먹어도, 약간 살이 쪄도 여유롭게 받아주기 때문이다. 한복이 매우 단순한 옷이라고 생각하는 사람도 있는데, 한복은 옷 자체로 많은 것을 보여주는 옷이다. 그 사람의 가능성을 표현하기 때문이다. 입는 사람의 몸에 잘 맞으면서 그때그때의 장점을 부각시키는 옷은 그리 많지 않다. 바로 거기에 한 사람의 가능성을 허락하는 옷인 한복의 가치가 존재한다.

오래전부터 한복은 이런 사실을 전제로 지어졌다. "옷 하나만으로 패션이 완성되는 것이 아니다. 옷을 입은 사람의 가치가 살아나야 옷도 빛나기 때문이다". 한국인 특유의 말버릇 중에는 이런 것이 있다. "그럴 수도 있지. 괜찮아, 괜찮아", "다 그런 건 아니지. 정답은 없는 거니까". 이 말들과 한복의 가치가 지향하는 바는 동일하다. 무엇이든 이해하고, 누구든 그 가치를 인정하고 순순히 받아들이는 '섬세한 배려'가 한국인의 말버릇과 한복 안에는 녹아 있다.

29
8月

1950년대 명동

그 공간은 차라리 한 권의 시집이었다

명동은 서울특별시 중구에 있는 행정동과 법정동이자 이곳에 위치한 상권을 이르는 명칭이다. 시대에 따라 부르던 이름도 달랐다. 조선시대 초기에는 '명례방'으로, 이후에는 '남촌'이라고 부르기도 했다. 당시에는 지금처럼 상업지구가 아닌 평범한 선비들이 모여 사는 주택가였다. 상업지구로 변하기 시작한 것은 일제강점기 시절 일본인들이 살기 시작하면서 그들의 필요에 따라서였다.

이때를 시작으로 명동에는 크게 세 가지 변화가 일어났다. 첫 번째는 문화다. 지금도 명동예술극장 건물이 있는 것처럼 당시에도 명동은 예술과 문학을 하는 사람들의 무대이자 공간이었다. 하지만 1970년대 이후 명동 땅값이 너무 오르면서 이를 감당하기 힘들었던 많은 음악감상실, 화구점, 화랑, 소극장들이 홍대거리나 신촌, 대학로 등으로 자리를 옮길 수밖에 없었다. 두 번째는 종교다. 현재 명동성당이 건립된 자리는 한국 천주교 최초의 순교자인 김범우 토마스의 집이 있던 자리다. 이 자리에서 우리나라 최초의 천주교 전례가 거행됐고, 김범우가 순교한 뒤 천주교 조선대목구(조선교구) 측이 명례방 언덕의 김범우 집터를 사서 성당을 지었는데, 이것이 오늘날의 명동성당이다. 마지막 세 번째는 외국인 관광객이다. 관광특구로 지정된 명동은 특히 2000년대 중후반부터 엔고 현상과 한류 붐 등으로 인해 일본인 관광객들이 부쩍 늘었다. 요즘은 엔저로 줄어든 일본인 대신 '요우커'라 불리는 중국인 관광객이 급증했다. 2010년대 후반 이후에는 서양, 중동, 남아시아 등에서 온 관광객도 많은 편이다. 그 모든 변화를 지켜본 이어령 박사는 1950년대 명동이 가장 근사했다고 추억하며 그 시절의 명동을 이렇게 서술했다.

"폭격으로 부서져 설계 도면처럼 구획만 남아 있는 남의 집 부엌과 화장실과 거실을 가로질러 르네상스나 돌체 같은 음악감상실을 드나들 때 역설적인 자유가 느껴지는 공간이었다. 우리가 믿고 있었던, 그리고 강하게 의지했던 것은 조국도, 이념도, 철조망도 아니라 붕괴된 벽을 횡단하여 만난 모차르트, 그리고 베토벤과 브람스의 음악이었다. 엄청난 폭격 속에서도 깨지지 않고 살아남은 SP판의 바늘 소리와 함께 들려오는 클래식이었다. 그 시절의 젊은이들은 거기에 모여 겨우 살아갔다. 신기한 것은 음악감상실이 명동의 술집과 밀집해 있었는데, 문학청년들이 술에 취해 주정을 하고 다녀도 이른바 명동 깡패들이 건드리지 않고 그냥 두었다는 사실이다. 글 쓰는 사람, 시인이라고 하면 모두가 존경하고 봐주던 시절이었기 때문이다."

이어령의 말처럼 1950년대 명동은 깡패와 술집 마담과 시인이 공존하는, 그런 어수룩한 순정과 낭만이 있던 곳이다. 막걸리 마실 돈도 데모할 자유도 충분하지 못했던 시대였지만, 폭격 맞은 잔해의 도시 명동은 문학적 상상력을 키워주는, 표지조차 떨어져 나간 한 권의 '이상한 시집'이었다. 어쩌다 명동에 나갈 일이 생기거든 상상의 타임머신을 타고 1950년대로 돌아가 그 시집을 들춰보라. 의외로 고급한 낭만과 마주칠 것이니.

빨랫방망이

깨끗해진 건 빨래가 아니라 마음이었다

방망이를 떠올리면 어떤 생각이 드는가? 별로 특이한 생각이 들지 않거나, 아예 아무런 생각도 들지 않아서 "방망이가 뭐 그냥 방망이죠!"라고 답할 수도 있다. 모두 맞는 말이다. 물건과 각종 사물은 스스로 가진 힘이 없다. 언제나 인간이 자신이 처한 상황과 마음의 렌즈를 통해 그 힘의 크기와 방향을 정해 주는 법이다. 같은 칼을 줘도 어떤 사람은 깎아 먹을 과일을 생각하며 군침을 삼키지만, 또 어떤 사람은 죽이고 싶은 사람을 생각하며 마른 침을 삼킨다. 같은 사물의 용도를 전혀 다르게 상상하는 것이다. 이처럼 사물 자체는 특정 기능을 갖고 있지 않다. 어떤 일에 쓰일지는 언제나 그것을 사용하는 인간의 몫이다.

방망이도 마찬가지다. 원래 방망이는 누군가를 때려서 고통을 가하기 위해 사용하던 무기였다. 그러나 우리나라에서는 전혀 다른 방법으로 방망이를 사용했는데, 그중 하나가 바로 '빨랫방망이'다. '방망이' 앞에 '빨래'를 붙여 전혀 다른 물건이 된 것이다. 옛날에는 빨래하려면 빨랫감을 들고 물이 흐르는 냇가에 가야만 했고, 빨래하는 공간을 '빨래터'라고 불렀다. 빨래는 손으로 할 수도 있지만, 빨랫방망이를 자주 활용했는데, 잘 지지 않는 때를 더욱 깨끗하게 제거하는 데 유용했기 때문이었다. 그러나 이 빨랫방망이가 원래 용도에서 벗어나게 쓰이는 경우도 종종 있었다.

1919년 4월 4일 오후 2시, 한 남자가 일제의 탄압에 맞서 '대한 독립 만세'를 크게 외쳤다. 일제가 쏜 총탄은 그의 가슴을 관통했고 억울하게 삶을 마감해야 했다. 냇가에서 빨래하다가 남편이 억울하게 죽었다는 소식을 들은 아내는 빨랫방망이를 들고 쫓아와 일본 헌병과 대적하다가 역시 총에 맞아 죽었다. 《남원 항일운동사》에 나오는 내용 중 하나다. 얼마나 억울하고 분했으면 빨래하다가 그대로 뛰어나갔을까. 그것도 자칫하면 죽을 줄 뻔히 알면서도.

빨랫방망이가 원래 용도 외에 쓰인 경우를 이야기했지만, 사실 우리 어머니들은 답답하고 억울한 심정을 빨래를 두들기면서 가라앉혔다. 빨랫방망이를 빨래를 더 깨끗하게 빠는 동시에, 자신의 헝클어진 마음을 가다듬기 위한 도구로 쓴 셈이다. 이 얼마나 지혜로운 '도구의 전용(轉用)'인가! 그것마저 없었다면 우리 어머니들은 그 억울하고 힘겨웠던 세월과 꺼낼 수 없었던 이야기를 어디에 하소연을 했을까.

31
8月

수원역급수탑

전쟁의 악몽은 전방에만 있는 게 아니다

철도문화재 준철도기념물이었던 수원역급수탑은 지난 2020년 5월 국가등록문화재로 지정되었다. 많은 사람이 이 주변을 지나쳤겠지만 '저게 대체 뭐지?'라는 생각만 했지, 겉모양만 봐서는 어떤 용도로 쓰인 것인지 짐작도 못했지 싶다. 그도 그럴 것이 요즘 시대와는 어울리지 않는 형태로 우뚝 솟아 있기 때문이다. 급수탑이란 증기기관차에 물을 공급하기 위한 구조물이다. 증기기관차는 물을 끓여 발생하는 수증기의 힘으로 움직이는 기계장치여서 항상 물을 공급받아야 했던 것이다. 이 급수탑들은 역사적으로 매우 중요한 구조물이다. 수원역급수탑은 모두 2기인데, 1930년대의 국철(國鐵)인 광궤철도 급수탑과 사철(私鐵)인 협궤철도 급수탑이 같은 부지 내에 나란히 서 있다.

이쯤에서 궁금증이 하나 생긴다. '일제강점기에 세운 걸 왜 아직껏 그냥 놔둔 걸까?' 여기에는 '군사전략적' 이유가 있다. 한국전쟁이 끝난 후, 정부에서는 이런 생각을 했다. '나중에 혹시 또 북한이 쳐들어올 수 있으니 그때 증기기관차를 사용할 일이 생길 수도 있다. 그때 쓸 수 있게 그냥 두자'. 지금 생각으로는 웃음이 나는 일이지만, 당시로서는 숙고 끝의 선택이었다. 이렇게 수원역급수탑은 남게 되었고, 세계 어디에서도 쉽사리 볼 수 없는 풍경을 지금 우리에게 보여주고 있는 것이다. 더구나 이 두 급수탑은 국철과 사철의 급수탑 변화양상과 변천사를 보여주는 철도 유산이라서 더욱 가치가 높다. 전쟁의 안목에서 보관해둔 것이 역사적인 문화재가 된 셈이다.

급수탑은 현재의 수원역에서 6번 출구 병점 방향으로 400미터 정도 떨어진 곳에 서 있다. 18미터가 조금 넘는 높이여서 가까이 다가가 보면 꽤 웅장하다고 느낄 정도의 크기다. 19세기 말 대한제국 시대에 처음 한국에 들어온 증기기관차*는 1970년대에 이르기까지 서서히 사라지고, 1996년에는 협궤철도인 수인선마저 폐선되고 만다. 수원시는 2015년에 용도가 사라진 수원급수탑 주변에 녹지를 조성해 공원을 꾸몄다. 기왕에 수원역급수탑까지 왔다면 길 건너의 수인선 세류공원도 방문해 보는 것이 좋다. 국내 최초로 폐철도 부지를 활용한 600m의 터널식 공원이라 봐둘 만한 가치가 있다.

수원역급수탑은 거의 100년 전에 세워진 근대 문화유산으로 '전쟁 덕에 살아남았다'는 점에서 역설적이다. 이곳은 여타의 문화유산과는 달리 지하철을 이용해 쉽게 방문하고 관찰할 수 있으므로 아이들과 함께 감상하기를 추천한다. 요즘 세대들에게 전쟁은 상상 속에서나 가능한 것이라서, 급수탑을 보여주고 아직껏 남아있는 이유에 대한 설명을 통해 전쟁의 악몽과 고통을 짐작케 하는 교육도 할 수 있어 유익하다.

+ *대한제국 시대에 처음 한국에 들어온 증기기관차: 19세기 말인 1899년 6월에 모가형(Mogul) 증기기관차가 도입되어 경인선 구간(제물포–노량진)에서 운행된 것이 최초다.

1일 사직공원 단군성전

'남을 죽인 사람은 죽인다'. 고조선 팔조법금의 첫 조항에서 생명을 존중하는 고조선의 시대정신을 엿볼 수 있다. 사직공원 내에 들어선 단군성전은 고조선의 건국자 단군을 경배하는 곳이다. 해마다 개천절이면 이곳에서 기념행사가 열려 우리의 조상이 단군임을 분명히 하고 있다. 인왕산 아래에 자리해 둘레길 걷기에도 좋다.

📍 서울시 종로구 사직동

4일 종묘

위화도 회군으로 조선을 건국한 이성계는 경복궁을 건설하면서 조선 왕조 최고의 사당인 종묘를 세웠다. 일제강점기에 도로로 끊겼던 종묘와 창경궁 사잇길이 복원되었다. 숲이 우거진 사잇길을 따라 궁궐 트레킹을 할 수 있다. 조선의 종묘 안에 고려 31대 공민왕과 노국공주의 신당이 있어 이채롭다. 태조 이성계는 조선이 고려의 정통성을 잇는다는 것을 보여주려 했던 것으로 해석된다.

📍 서울시 종로구 종로 157

20일 명성황후 생가

명성황후는 1895년 10월 7일 새벽, 경복궁 건청궁 내의 옥호루에서 일본인 낭인들에 의해 시해되었다. 그녀는 태어나서 8세까지 여주에서 살았다. 명성황후 생가 주변에는 추모비와 기념관이 들어서 있다. 생가 옆 명성황후탄강구리비(明成皇后誕降舊里碑)에는 아들 순종이 눈물을 머금고 새긴 글도 있어 비극적인 그날을 되돌아보게 한다.

📍 경기도 여주시 명성로 71

21일 매헌윤봉길의사기념관

독립운동가 윤봉길 의사는 학업보다는 나라 잃은 민족의 미래를 위한 독립운동에 더 앞장섰다. 서초구 양재시민의숲 내에 들어서 있는 매헌윤봉길의사기념관을 방문하면 가장 먼저 독립운동의 결기로 가득 찼던 윤 의사의 동상을 마주하게 된다. 전시실에서는 출생에서부터 어린 시절, 청년 시절로 이어지는 의사의 발자취를 하나하나 되짚어볼 수 있다.

📍 서울시 서초구 매헌로 99

29일 명동

조선시대 초기에는 '명례방'으로, 이후에는 '남촌'이라고 불렸던 곳이 바로 대한민국에서 가장 땅값이 비싸다는 명동이다. 명동은 예부터 예술과 문화가 어우러지는 공간으로 유명했다. 그 상징으로 명동 한가운데의 명동예술극장을 꼽을 수 있다. 외국인 여행객들에게는 한류 여행 명소, 내국인들에게는 길거리 음식과 쇼핑, 맛집 투어 일번지로 꼽힌다. 최근 코로나 팬데믹 이후 방문객이 줄어들었지만, 곧 예전의 활기를 되찾을 것으로 기대한다.

📍 서울시 중구 명동로

09

철학

너의 죽음을 기억하라.
죽음을 기억할수록 오늘의 삶이 빛나리니

1

9月

강감찬

더 생각하면 모든 문제는 풀린다

머나먼 10세기에 살았던 인물 중 이 정도로 한국인의 사랑과 존경을 받는 인물도 별로 없다. 유치원 아이들도 알고 있을 정도로 높은 지명도를 자랑하는 고려시대 귀주대첩의 신화 강감찬(姜邯贊)* 장군이 바로 이야기의 주인공이다. 그는 고구려의 을지문덕, 조선의 이순신과 더불어 외적의 침입으로부터 나라를 구한 3대 영웅으로 칭송받는 인물이다. 하지만 이번에는 우리가 익히 알고 있는 전쟁 이야기는 접어두고, 좀 더 본질적인 질문을 던져보자. '그는 어떻게 전투마다 승리할 수 있었던 걸까?', '불리한 상황에서도 이길 수 있었던 힘은 어디에 있는 걸까?' 모두가 강감찬을 전쟁에서 이긴 장수로만 기억하지, 어떻게 이길 수 있었는가에 대해서는 별 얘기가 없다. 전해지는 아래 두 가지 이야기로 그의 경쟁력이 어디에서 비롯되었는지 알 수 있을 듯하다.

먼저 어느 고을의 수령으로 부임했을 때 이야기다. "뭐야, 풍채가 볼품이 없네, 저렇게 작고 왜소하니 뭘 제대로 할 수 있겠어?" 그를 처음 본 아전이나 향리들은 딱 보기에도 힘이 없어 보이는 그를 보며 비웃었다. 강감찬은 그들을 동헌에 불러놓고 뜰 안의 수수를 가리키며 이렇게 말했다. "저기 수숫대를 모두 그대들 소매 속에 넣어 보겠소?" 그 긴 수숫대가 소매 속에 들어갈 리가 없었다. 그걸 본 강감찬은 이렇게 말하고 돌아섰다. "겨우 일 년 자란 수숫대도 소매 속에 넣지 못하면서, 감히 20년도 넘게 자란 나를 소매 안에 넣고 마음대로 평가했단 말인가!" 멋진 비유 한마디로 상황을 역전시킨 것이다.

이번에는 강감찬이 얼마나 실용적인 사람인지를 보여주는 이야기다. 매번 실속 없이 같은 행동을 반복하는 것을 좋아하지 않았던 그는, 처가에 갈 때마다 장인에게 큰절 올리는 일을 귀찮게 여겼다. 그래서 전략을 하나 세웠다. 장인의 바로 앞까지 가서 장인의 코에 얼굴이 닿을 정도로 머리를 숙여 절을 올린 것이다. 장인은 깜짝 놀랐고 반사적으로 이렇게 외쳤다. "아니 여보게, 내 콧등이 떨어지는 줄 알았네. 다음부터는 멀리 떨어져서 절을 올리도록 하게나". 얼마 지나 다시 처가에 갔을 때 그는 장인에게 아예 절을 올리지 않았다. 화가 난 장인이 물었다. "왜 절을 하지 않는 건가?" 그러자 그는 기다렸다는 듯이 이렇게 대답했다. "장인어른께서 멀리 떨어져서 절을 올리라고 하셔서, 이미 문밖에서 절을 올리고 들어왔기 때문입니다". 자신은 장인의 지시를 잘 따른 것 뿐이며, 만약 그렇다고 장인 앞에서 한 번 더 절을 올리면 죽은 사람에게 절을 올리는 예법이 된다는 것이었다.

두 이야기 모두 강감찬의 기지를 엿볼 수 있는 이야기다. 도저히 해결할 수 없을 것 같은 사안을 기발한 방법으로 해결했다는 공통점이 있다. 그는 "모든 문제는 조금 더 생각하면 해결 가능하다"라는 일상의 철학을 갖고 있었다. 그런 자세로 전투에 임했으므로 급박한 상황에서도 유연하게 대처하며 마치 최고의 전략을 이미 세운 사람처럼 모든 전투에서 좋은 결과를 낼 수 있었다. 풀리지 않는 문제는 없다. 더 생각하지 않았을 뿐이다.

*강감찬: 고려 전기 외침 등 국가 비상시에 임명되어 전군을 지휘하는 상원수대장군, 문하시중 등을 역임한 문신. 1018년(현종 9년) 요나라의 소배압이 10만 대군으로 침공하자 상원수대장군으로서 귀주(龜州)에서 큰 승리를 거두었다.

2

9月

일과 일상

늘 진지하게 살아갈 필요는 없다

일과 일상은 다르다. 아니, 반드시 달라야 한다. 현장에서 일하는 것처럼 일상에서도 그렇게 살아갈 수는 없기 때문이다. 연극에서 주어진 배역이 서로 다른 것처럼, 직장에서와 가정에서 주어진 일은 서로 다르다. 15세기 조선 문단의 거장이자 유능한 관리였던 이 사람도 일과 일상을 확실하게 구분해 살았다. 학문의 깊이도 타의 추종을 불허하는 수준인데다 그 반경도 매우 넓어서 천문과 지리, 의약, 성명, 풍수에 이르기까지 그의 관심이 닿지 않은 분야가 없었다. 관리로서도 유능했다. 세종에서 성종에 이르기까지 조선 초기 여섯 임금을 모시며, 23년간 대제학을 역임했고, 종2품까지 올랐다. 그는 바로 '사가정(四佳亭) 서거정(徐居正)'이다. 지금 당신이 머리에 떠올린 서울 지하철 7호선의 사가정역이 바로 서거정의 호인 사가정에서 유래했다. 그가 이 역 주변의 용마산 부근에서 살았기 때문이다. 그래서 주변에 그의 호를 딴 '사가정공원'이라는 공원도 있고 공원 곳곳에 서거정의 시를 새긴 조형물들도 세워져 있다.

서거정은 누구보다 분주한 인생을 살았다. 25살에 문과에 급제한 이후 무려 45년이나 조정에서 일하며 그는 맡은 일을 빈틈없이 해냈다. 관리로서 승승장구하며 지성과 통찰력을 세상에 뽐낸 것이다. 그러나 집에 돌아오면 전혀 다른 사람이 되었다. 시간 날 때마다 밤늦게까지 아내와 술을 마시며 시를 쓰고, 누구보다 아름다운 시간을 즐겼다. 그가 아내를 생각하며 쓴 이 시에 그 광경이 고스란히 스며있다.

'어린 풀잎 그윽한 향기 집 안 가득하네.
흥겨워 작은 술상 차리고 아내와 더불어 마시고 있네.
주렴을 훌훌 걷으니 산빛이 그림처럼 곱구나.
구름 그림자 유유히 하늘에 걸려 있네.'

더 꾸미거나 포장할 필요도 없는, 시 자체로 행복이 그려지는 모습이다. 한번은 그의 생일이었던 12월 4일, 자신의 기분을《사가집》시집 제20권에 이렇게 기록했다.

'오늘은 내 생일 청춘이 흘러 쉰세 번째라네.
얼굴은 이미 심하게 시들었지.
벼슬도 내 힘으로 감당하지 못하겠네.
임금님 보좌할 재주가 있을 리 없어.
전원으로 돌아가는 것이 나의 분수인 걸.
아내가 축하해준 덕분에
단양주 마시고 먼저 취하였네.'

서거정은 집 바깥에서, 그리고 집안에서 모든 역할에 충실했다. 그 충실하다는 것이 억지 노력이나 의지가 필요한 것은 아니었다. 바깥에서는 지성을 발휘해 최선을 다해 일했고, 가정에서는 감성을 담은 마음으로 아내를 사랑하며 살았던 것이다. 그는 묻는다. 일이 바빠서 가정에 충실하지 못하다면, 그 일은 당신에게 대체 무슨 의미가 있는가?

3

9月

정도전

조선을 설계한 열세 가지 건국 철학

'새 왕조 조선의 설계자'. 정도전(鄭道傳)을 한마디로 정의하는 서술이다. 조선이 개국한 후 그의 활약은 눈부셨다. 한양 천도, 경복궁 설계, 수도(首都) 건설 등 굵직한 것부터 시작해 세세한 것까지 하나하나 그의 손을 거치지 않은 것이 없었다. 또한 조선 개국의 기본 강령과 육전에 관한 사무를 규정한 《조선경국전(朝鮮經國典)》*을 지어 태조에게 올렸는데, 여기에서 그는 자신이 평소 꿈꾸던 나라를 건설하기 위한 거대한 정치 구상을 제시했다. 이 구상은 그냥 나온 것이 아니었다. 중국과 한국의 역사와 각종 문헌을 검토하고, 백성이 중심이 되는 나라를 만들기 위해 '하나의 기준'을 세웠다. 《경제문감(經濟文鑑)》**을 살펴보면 그 기준이 무엇인지 확인할 수 있다.

'임금이 원수라면 재상은 임금을 위해 좋은 선택을 논하는 자리이므로 임금의 복심이다. 대간과 감사는 임금을 위해 규찰하므로 임금의 눈과 귀라고 볼 수 있고, 부위와 수령은 왕의 명령을 받들어 교화를 선양하고 방어하는 임금의 수족이다. 사람이 사지 가운데 하나라도 없으면 사람 노릇을 하지 못하듯, 앞서 언급한 그 관직이 하나라도 없으면 나라가 제대로 설 수 없다.'

정도전의 마스터플랜은 조선이라는 나라로 구체화되어 세상에 펼쳐졌다. 그러므로 우리가 조선 이후의 한국 사회에 대해서 이해하고 싶다면 먼저 정도전이 어떤 철학으로 조선을 설계했는지에 대해 이해할 필요가 있다. 아래 글은 자기 철학을 잘 드러낸 정도전의 문장을 현대 감각에 맞도록 다시 쓴 내용이다.

1. 죽는 날까지 배워라. 배우고 깨달으면 '자기 소원을 들어주는 것은 한낱 돌탑이 아니라, 바로 너 자신의 의지'라는 사실을 깨닫게 될 것이다.

2. 정치의 소임은 재물을 쌓는 것이 아니라, 세상의 정의를 바로잡는 것이다.

3. 백성이 가장 귀하고 제사가 다음이고, 군주는 가장 낮은 것이다. 백성의 고통이 가장 중요한 것임을 잊으면 모두 잃게 되는 것이다.

4. 사서오경을 완벽하게 외우고 입으로 공자와 맹자의 가르침을 말한다고 군자가 되는 것이 아니다. 노동의 고통을 모른다면 그는 아무런 쓸모가 없는 인생을 사는 것이다.

5. 모든 백성이 그 자체로 존중받고, 각자 자기 땅을 갖고 농사를 지으며, 군자처럼 사는 세상을 만들어야 한다.

6. 군주는 백성의 안위를 위해 존재하는 도구이니 스스로 나아져야 한다. 못된 재상은 바꿀 수 있지만, 못된 군주는 바꿀 수 없으니 민생에 고통만 안긴다.

7. 싸움에서 가장 긴장해야 할 순간은 이겼다 싶을 때다. 언제나 가장 편안할 때가 위기라는 사실을 기억하자.

8. 장님에게 등불을 쥐어준다고 과연 길이 보이겠는가?

9. 군주의 권위와 힘을 갖지 못한 자가 용상에 앉아 있는 모습은 모두에게 큰 비극이다.

10. 사람답게 살아야 한다. 산다고 다 사는 것이 아니기 때문이다.

11. 눈에 보이지 않는다고 없는 것은 아니다. 네가 보낸 가시는 언젠가 단검이 되어 돌

아와 너를 찌를 것이다.

12. 우리가 나아가야 할 지점은 아주 평범하고 분명하다. 모든 백성이 오늘 저녁 먹을 따뜻한 밥 한 그릇이 어떤 영광보다 우선이다.

13. 당신은 하지 않는 것이지, 하지 못하는 게 아니다.

우리는 어떤 일을 할 수도 있고 반대로 하지 않을 수도 있다. 정도전이 남긴 열세 가지 말 중 특히 마지막에 이 문장을 쓴 이유는, 하겠다는 의지가 없다면 어떤 근사한 정책도 무용지물이라는 사실을 말하고 싶어서다. 기적은 그냥 일어나지 않는다. 지금 바로 실행하는 것이 곧 기적이다.

*《조선경국전》: 조선 전기인 1394년(태조 3년) 정도전이 국가를 다스리는 기본 정책을 규정하여 태조에게 지어 올린 법제서.

**《경제문감》: 조선 전기 정도전이 《조선경국전》 중 〈치전(治典)〉의 내용을 보완하여 1395년에 편찬한 정치서.

9月

조선을 살린 왕

왕의 철학이 그 나라의 운명을 결정한다

외세의 침략이나 갑자기 생긴 우환으로 나라가 흔들릴 때마다 조선을 굳건하게 잡아주고 발전시킨 대표적인 임금으로 많은 사람이 제4대 세종대왕과 제22대 정조대왕*을 꼽는다. 물론 어떤 사람의 모든 행적과 일생이 전부 아름다울 수는 없지만, 두 임금은 끊임없이 외세의 간섭과 침략을 받던 조선을 자기만의 분명한 철학을 토대로 탄탄하게 지켜주었다. 다음은 두 사람의 철학이 잘 드러나는 대표적인 글들이다.

먼저, 독촉하거나 닦달하지 않고 사람의 재능을 자연스럽게 발휘하게 만드는 세종대왕의 말이다.

"그대가 가진 자질은 아름답다. 그런 자질을 가지고 아무것도 하지 않겠다 해도 뭐라 할 수는 없지만, 그대가 만약 온 마음과 힘을 다해 노력한다면 무슨 일인들 해낼 수 있을 것이다."

이를 통해 우리는 그가 주변 신하를 어떻게 움직였고, 백성 한 명 한 명을 어떤 마음으로 포용하며 살았는지 짐작할 수 있다. 위의 글이 세종의 삶을 증명하고 있으니까.

이번에는 자신에게 주어진 시간을 온전히 나라 운영에 쓰며 살았던 정조대왕의 말이다.

"모든 일에 있어서 시간이 부족하지 않을까를 걱정하지 말고, 내가 마음을 바쳐 최선을 다할 수 있을지 그것 하나만 걱정하면 충분하다."

이 말처럼 정조대왕은 무언가를 시작할 때 실패 가능성이나 불가능을 생각하지 않았고, 늘 이루어낼 방법을 찾아내는 데 몰두했다.

이토록 긍정적인 철학을 가진 왕 아래에서 변명하거나 투정을 부리는 신하는 견디기 힘들 것이다. 햇살이 밝은 곳에는 이끼가 살 수 없는 것처럼, 부정적인 마음을 갖는 신하는 햇살과도 같은 임금의 말을 견딜 수 없을 테니까. 한 나라가 그렇게 자기 철학이 분명한 지도자 덕에 성장하듯, 우리 인생도 확고한 철학이 담긴 좌우명 하나로 충실해질 수 있는 것이다. 논리정연한 철학을 기둥 삼아 자기 삶의 일관성을 지킨다는 것은 참 멋진 일이다. 자기 머리로 생각하고 자기 입으로 내뱉은 말이 결국 자기가 살아갈 인생을 결정하는 법이니까. 이런 의미에서 세종대왕과 정조대왕의 철학을 잘 보여주는 위의 말은 소중하다. 두 임금의 말을 통해 그 시대 지도층의 정신세계를 짐작할 수 있기 때문이다.

*정조대왕: 조선 후기 제22대 임금. 할아버지인 21대 영조의 뒤를 이었으며, 영조의 아들 사도세자와 혜경궁 홍씨 사이의 차남이다. 아버지 사도세자의 죽음으로 인해 당쟁에 대해 극도의 혐오감을 가졌으며, 왕권을 강화하고 체제를 재정비하기 위해 영조 이래의 기본 정책인 탕평책을 계승했다. 재위 기간은 1776~1800년.

5

9月

세조

왕은 군림하는 존재가 아니라 함께 살아가는 존재다

백성을 사랑하는 위민(爲民) 정치를 논하면 대부분 세종대왕을 언급한다. 그러나 나라 안팎의 힘든 문제를 모두 해결하고 안으로는 백성의 마음을 이해하려고 노력한, 세종의 둘째 아들이자 조선 제7대 왕 세조(世祖)를 간과해서는 안 된다.

세조 2년 사헌부는 한 백성이 성문 밖 사당에서 제사 지내는 것을 보고, 귀신에게 지내는 제사인 것으로 여겨 체포해서 죄를 논하고 있었다. 이 소식을 접한 세조가 관계자인 김서진을 급히 불러 이렇게 말했다. "행동을 규제하는 금령(禁令)이 이해하기 어려울 정도로 복잡하고 까다로우면 백성들이 불안함을 느낀다. 백성도 이해할 수 있게 더 쉽게 바꾸라". 세조는 백성이 아닌 사헌부를 질책한 것이다. 관리들도 타당한 이유를 들어 어쩔 수 없음을 토로했다. "그러나 그것은 이미 정해진《육전(六典)》*에 근거한 조치였습니다". 그러자 세조는 '그건 변명에 불과하다'며 이런 논리로 차분히 설명했다. 백성을 향한 세조의 치세 철학이 모두 녹아 있는 설명이었다.

- 나는《육전》에 나온 법이 잘못되었다고 말하는 것이 아니다.
- 그 규정은 그대로 두고, 세세한 금지 규정은 시행하지 말라는 것이다.
- 큰 줄기를 봐야지 오로지 눈앞의 통쾌한 일에만 몰두하면 옳지 못하다.
- "백성들에게 가혹하게 굴지 말라"고 전했는데, 이를 어기고 있으니 이게 무슨 일인가.

세조의 훈계가 아름다운 이유는 백성을 위한다는 명분으로 조정 관리들의 행위를 함부로 지적하며 비난하지 않았기 때문이다. 임금이라는 지위로 억압할 수도 있었지만, 그는 늘 몇 번이라도 세심하게 설명하며 당사자가 이해할 수 있도록 설명했다.

세조는 백성의 민원을 직접 받은 왕이었으며, 그런 처사를 당연하게 여겼다. 자신을 하늘이 내린 왕이 아닌, 백성을 위해 존재하는 공복(公僕)이라고 생각하지 않았다면 도저히 설명 불가능한 사고와 행동이었다. 심지어 흉년이 들어 백성들이 먹고사는 일이 힘들어지면 이런 생각까지 했다. "내가 왕이 되기 전에는 홍수가 나고 가뭄이 들어도 내게는 그저 늘 있는 자연재해에 불과했다. 그런데 이제는 비가 너무 많이 내려도, 해가 너무 지나치게 비춰도 모든 일이 내 탓으로 여겨져 가슴이 아프고 속상해 몸 둘 바를 모르겠다". 시처럼 아름다운 왕의 고백이다. 햇살이 너무 많이 비추기만 해도 그토록 속상했다는 그 마음이 백성에게 온전히 전해지지 않는 것이 오히려 안타까운 일이 아닐 수 없다.

물론 세조의 집권 과정과 그 이후에 불미스러운 일도 많았던 게 사실이다. 그러나 그런 사건들은 백성의 입장에서 보면 별 의미도 없는 정치가들의 다툼일 뿐이다. 역사는 결과를 다루는 분야이고, 결국은 과거에 일어난 그 사건을 '어떻게 볼 것인가'라는 관점의 문제일 뿐이다. '어떤 시선으로 무엇을 눈에 담을 것인가?' 모든 고정관념을 버리고 백성의 편에 서서 질문을 던질 때, 역사는 비로소 진실한 대답을 내놓을 것이다.

*《육전》→ 경국육전(經國六典): 조선시대 치국의 전장(典章)을 《주례》의 육전 체제에 의거하여 1394년에 편찬한 법제서. 조선의 개국 공신이자 학자인 정도전이 편찬했다.

6
9月

왕의 기품

낮은 곳을 바라볼 때 비로소 높은 지성이 싹튼다

어떤 나라든 어떤 시대든, 왕은 막강한 권력을 행사하며 작고 사소한 일에는 일일이 신경을 쓰지 않을 거라고 생각하는 게 보통이다. 한마디로 무소불위의 권력을 누리기만 하는 존재라고 생각하기 쉬운 것이다. 하지만 왕들도 한 사람의 인간이었고, '인간의 기품'을 느낄 수 있는 대표적인 인물이 조선의 제 22대왕 정조(正祖)였다.

실학자 정약용(丁若鏞)에게는 잊을 수 없는 두 사람이 있었다. 한 사람은 마음 깊이 그를 신임하며 능력 발휘 기회를 여러 번 제공했던 정조였고, 다른 한 사람은 자기 친형 정약전(丁若銓)이었다. 정약전은 본래 과거(科擧)에 뜻이 없었으나 자신이 추구하는 바를 세상에 펼치기 위해서는 '과거'라는 관문을 통과해야 한다는 생각에 조금 늦은 나이인 1790년 정조 14년에 당시 왕자 순조의 탄생을 경축하기 위해 열린 증광 별시에 응시했다. 이에 병과로 급제하여 규장각에서 매달 시행하는 과제를 맡는 일을 했다. 그런데 문제는 당시 조정에 한 해 먼저 과거에 급제한 동생 정약용이 근무하고 있었다는 사실이었다. 이 상황을 무심하게 보면 이렇게 생각할 수도 있다.

- 형과 동생이 함께 근무하니 의지가 되고 좋겠네.
- 형제가 나란히 벼슬을 얻었으니 축복할 일이네.

하지만 형제를 바라보는 정조의 시선은 조금 달랐다. 정조의 시선을 한 문장으로 정리하면 이렇다. '형 정약전이 동생 정약용보다 한 해 늦게 급제해서 서열이 낮으니, 바라보는 내 마음이 편치 않구나'. 놀라운 마음 씀씀이가 아닐 수 없다. 자신의 안위와 관계없는 문제로 그렇게 섬세하게 누군가를 걱정하는 것이 흔한 일은 아니기 때문이다. 더구나 조선시대에, 그것도 왕이 말단 신하를 바라보며 그랬으니 더욱 '특별한 시선'임이 분명하다. 더욱 놀라운 것은 정조의 후속 조치였다. 형이 아우의 뒤를 따르는 것은 좋지 않다는 이유로 규장각에서 다달이 치르는 시험인 월과(月課)를 면제해주었다. 또한 이후 1797년 정조 21년에 정약용이 곡산도호부사*가 되어 외직으로 나가게 되자 정조는 정약전의 벼슬이 낮다는 것을 걱정하여 자신의 직권으로 6품 사관직에 임명했으며 성균관전적(成均館典籍)을 거쳐 병조좌랑**에 임명했다.

물론 이를 부정적으로 바라보면 왕이 특권을 행사했다고 생각할 수도 있다. 그러나 중요한 것은 세상 모든 사람이 찬성하는 일은 없다는 사실이며, 그보다 더 중요한 것은 그럼에도 불구하고 자신이 옳다고 생각하는 것은 그대로 실천하는 용기인 것이다. 정조는 자신에게 어떤 이익도 없어서 굳이 그럴 필요가 없었음에도, 두 형제의 마음을 헤아려 자신만의 따뜻한 인간학을 조용히 실행에 옮겼다. 이처럼 우리는 가장 높은 곳에 있는 사람이 고개를 한없이 숙여 가장 낮은 곳을 바라볼 때, 선불리 흉내 낼 수 없는 고결한 인간의 기품을 느끼게 된다.

*도호부사: 고려 · 조선시대 지방행정구역 도호부의 장관직. 고려시대에는 4품 이상이었고, 조선시대에는 종3품이었다.

**좌랑: 고려 · 조선시대 육부 또는 육조 정6품 관직. 문과 출신의 문관으로만 임명했고, 이조와 병조의 정랑 · 좌랑은 인사행정을 담당했기 때문에 전랑(銓郎)이라고 불렀다.

7
9月

신사임당

가치 있는 인생을 만드는 세 가지 금언

조선 중기의 문인이자 화가, 게다가 율곡 이이의 어머니로도 유명한 신사임당(申師任堂)은 가장 고액 지폐인 오만 원권에 실릴 정도로 오늘날에도 존경받는 인물이다. 존경의 이유는 학문과 예술적 성취를 이룬 동시에 가정 경영과 자녀 교육에도 성공하는 등 '자신에게 주어진 모든 것'을 가장 완벽한 수준으로 이끌었기 때문이라고 볼 수 있다. 세월이 흘러 추구하는 이념과 목표는 바뀌었지만, 자기 철학이 분명한 사람은 확고한 인생을 산다는 사실에는 변화가 없다. 물론 누구나 신사임당처럼 살 필요는 없다. 그러나 자기 삶을 귀하게 만든 신사임당만의 철학을 알게 된다면, 누구든 그녀처럼 자기 삶을 변화시켜 좀 더 가치 있는 인생을 보낼 수 있다. 신사임당의 삶에는 그녀만의 철학이 담긴 세 가지 금언이 있었다. 개인적인 성취는 물론 가정을 통해 이룬 모든 것들도 결국 이 금언에서 나온 것들이기 때문에 두 번 읽고 또 세 번 읽을 이유가 충분하다.

1. 말은 망령되게 하지 말아야 한다.

듣기만 해도 과도하게 혐오스럽거나, 누가 생각해도 정상을 벗어난 사람의 언어를 쓰지 말라는 조언이다. 같은 일을 겪어도 꼭 최악의 언어로 설명하고 이야기를 전하는 사람이 있다. 이렇게 하면 본인은 물론 듣는 사람에게까지 부정적인 기운을 주게 된다. 그들은 불행한 일을 자주 겪고, 같은 일을 해도 결과가 다른 사람보다 좋지 않다. 일단 이런 말이 오고가는 공간에서 벗어나라. 그리고 스스로 희망의 언어를 자주 사용하는 사람이 되자. 굳이 자신에게 불행을 선물로 줄 필요는 없으니까.

2. 기품을 지켜라, 그러나 사치하지 말라.

기품은 갖추기 쉬운 것이 아니다. 이유가 뭘까? 신사임당 역시 그것의 어려움을 느끼며 이렇게 설명하고 있다. 사치하지 말라. 사치는 기품을 갖기 어려운 이유가 된다. 사치는 비단 물질을 쓰는 것만 의미하는 것은 아니다. 온갖 기술과 성과물을 굳이 그것이 없는 사람에게 자랑하는 것 역시 사치라고 볼 수 있다. 가졌지만 갖지 않은 사람처럼 겸손함을 유지한 사람만이 기품이라는 빛을 발한다.

3. 지성은 갖춰야 하지만, 내보이지 마라.

지성은 지식과 경험을 쌓고 내면에서 숙성한 이후에야 비로소 그 가치를 발한다. 무언가를 배웠다고, 혹은 조금 안다고 주변에 자랑하면 머지않아 자신이 배운 지식에 파묻혀 아무것도 알지 못하게 된다. 자신이 가진 지식이나 경험 이상의 사람이 되기 위해서는 그걸 온전히 자기 걸로 만들 침묵의 기간이 필요하다.

한 사람이 성장하기 위해서는 시대와 환경도 중요하지만, 그보다 더 중요한 것은 자신에게 주어진 조건을 어떻게 활용할 것인가에 달려 있다. 망령된 말을 하지 말고 듣기만 해도 기분이 좋아지는 말을 사용하자. 자신이 배운 지식과 쌓은 경험, 작은 성과 하나까지도 남에게 자랑하지 말자. 오히려 깊숙한 내면에 간직하며 그렇게 쌓인 지성이 저절로 떠올라 빛을 발할 때를 기다리자. 이 세 가지 금언을 갖고 살면 누구에게든 빛나는 순간이 찾아올 것이다.

8

9月

이황

진보하라, 그대의 삶이 가장 큰 자부심이 될 수 있게

퇴계 이황(李滉)은 굳이 설명이 필요 없는 조선 전기의 대표적인 학자이자 문신이다. 그가 평생 이룬 것들을 보면 그가 어떤 자세로 삶을 대했는지 알 수 있다. 이기호발설(理氣互發說)*을 주창하여 영남학파를 이루었고, 율곡 이이의 제자들로 이루어진 기호학파와 와 함께 조선 성리학의 쌍벽을 이루었다. 경쟁의 주체가 되었다는 것은 나쁜 것만은 아니다. 자신만의 고유한 사상을 가진 자가 누릴 수 있는 특권이기 때문이다. 후진 양성을 위해 도산서당(陶山書堂)**을 설립하여 학문 연구와 후진 양성에 힘썼고, 그의 성리학은 조선을 넘어 일본 유학계에도 큰 영향을 끼쳤다. 이황의 삶의 흔적은 시와 글씨로 드러나 중종과 명종, 그리고 선조 등 역대 임금들의 존경을 받기도 했다. 이황이 남긴 다음의 말이 그의 삶을 생생하게 증언한다.

"나아가지 않는 것은 그 자리에 머물러 있는 게 아니라, 저 멀리 퇴보한다는 뜻이다. 망설이지 말고 늘 앞을 보고 진보하라. 진보하는 자에게는 적어도 후회는 없을 테니까."

사실 이황의 시작은 전혀 위대하거나 대단하지 않았다. 지금의 시각으로 보면 그는 처가살이를 하는 수험생에 불과했다. 매년 과거 시험을 봤지만 늘 떨어지기만 했다. 1542년 이황의 아버지는 아들이 세월을 낭비하는 게 안타까워 이런 내용의 편지를 보냈다. "이번 과거 시험을 보러 가는 길에는 집으로 와서 겨울 내내 집중해서 공부를 해라". 하지만 이황은 시험을 본다 해도 이번에도 떨어질 것이니 아예 본가에 가지 않겠다는 답장을 보냈다. 아버지 입장에서는 매우 당황스러웠다. 완전히 자신감을 잃고 처가살이를 하는 아들의 현실을 알게 된 아버지는 다시 이런 내용이 담긴 편지를 보냈다.

'네가 지금 부지런히 공부하지 않으면 세월은 빠르게 흘러갈 것이다. 한 번 지나간 세월은 도저히 따라잡을 수 없다. 공부하는 사람은 다른 것을 마음에 두면 안 된다. 천 번 만 번 마음에 새겨 소홀함이 없어야 할 것이다. 나아가지 않으면 곧 물러나게 되는 것이다.'

그때까지 처가살이를 하는 재수생이었던 이황은 아버지의 이 편지를 받아 읽은 후 완전히 다른 삶을 시작했다. 가난과 처가살이를 핑계로 공부를 게을리 하며 현실에 만족하며 살았던 과거를 반성하고, 공부에 매진하는 계기를 마련한 것이다. '나아가지 않는다는 것은 그 자리에 머무른다는 뜻이 아니라 퇴보한다는 뜻이다'. 이황은 늘 아버지의 이 말을 기억하며 자신의 지식이 지금에 머물러 있지 않도록 공부에 힘을 썼으며, 마침내 모든 사람에게 존경을 받는 위대한 학자로 우뚝 섰다.

퇴계는 삶의 마지막 순간에도 자신의 중심을 놓지 않았다. "저 매화나무에 물을 줘라". 그의 유언이다. 마지막으로 남긴 그의 말은 어떤 꽃보다 향기롭다. 세상을 떠나는 날 아침, 이황은 평소에 아끼던 매화분에 물을 주고 침상을 정돈시킨 후, 일어나 단정히 앉은 자세로 세상을 떠났다. 임종을 앞두고 "내가 죽으면 조정에서 성대하게 장례를 치르겠다고 말할 것인데, 이를 반드시 사양하라. 또한, 작은 비석조차 세우지 말라"는 유언을 남겼다. 세상을 떠나는 자신은 사라지지만, 여전히 세상에 남아 주변을 밝히는 매화나무 걱정을 하면서 생을 마감한 것이다.

이황의 삶을 들여다보면, 심지어 죽음에 이르기까지 그의 철학이 고스란히 녹아 있다. “자기를 버리고 남을 따르지 못하는 것은 배우는 사람의 큰 병이다. 천하의 의리(義理)에 끝이 없는데, 어찌 자기만 옳고 남은 그르다고 할 수 있겠는가?” 우리는 이황의 삶을 본받아 늘 미래의 성취에 대한 자세한 계획을 세우고, 끊임없이 앞으로 나아가는 삶을 살아야 한다. 자신의 과거가 자기 삶 속에서 가장 큰 자부심이 될 수 있도록.

*이기호발설: 인간의 본성[人性]과 하늘의 이치[天理]와의 관계를 밝힌 이황의 이론. 인의예지(仁義禮智)의 사단(四端)은 이(理)에서 비롯된 것이고, 희노애락애오욕(喜怒哀樂愛惡欲)의 칠정(七情)은 기(氣)에서 비롯된 것이므로 사단과 칠정은 그 근본이 다르다는 주장이다.

**도산서당: 퇴계 이황이 1558년 공조참판 임명을 여러 차례 고사하고 1560년에 고향에 세운 서당. 이후 7년간 서당에 기거하면서 독서 · 수양 · 저술에 전념하는 한편, 많은 제자를 길렀다. 이황의 사후 도산서당의 뒤편에 그를 기리는 도산서원이 세워진다.

9月

이언적

자연의 법칙 속에 인간의 법칙이 있다

이언적(李彦迪)은 조선 중기 중종 때의 문신이자 유학자다. 대중적으로 많이 알려진 인물은 아니어서 더욱 주목할 필요가 있다. 물건이든 사람이든 가치 있는 것들은 숨어 있는 경우가 많아서 일부러 찾아야 만날 수 있기 때문이다. 그가 정리한 기(氣)보다 이(理)를 중시하는 '주리적 성리설'은 이황에게 계승되었고, 이후 영남학파(嶺南學派)*의 성리설로 발전했으며, 이전에는 없던 조선 성리학의 한 특징을 이루었다. 그의 저술인《이언적수고본일괄(李彦迪手稿本一括)》은 모두 5종 13책으로 구성되어 있는데 친필 원고라서 더 가치가 높으며, 조선 중기의 예학과 경학 연구에 있어 중요한 역할을 하는 자료인 것이 인정되어 보물로 지정되기도 했다.

앞의 글에 소개한 이황은 이 책이 '조선의 유학이 독자적으로 나아가야 할 방향을 제시하는 뛰어난 저술'이라며 경탄했고 크게 영향을 받아 이언적의 행장(行狀)을 짓기도 했다. 그러나 우리가 지금 알아야 할 것은 당시의 유교적 전통이나 방향은 아니다. 그 중심에 존재하는 철학이 무엇인지를 배우는 것이 중요하다. 이언적의 유고집인《회재집(晦齋集)》으로 그의 철학이 무엇인지 알 수 있다. 그의 글에 나의 생각을 덧붙여 현재에 맞게 고쳐 소개한다.

1. 현명한 사람을 구하라.

현명한 사람이 있는 곳은 호랑이와 표범이 산에 있는 모습과 같다. 또한 도(道)가 널리 고르게 행해지는 곳은 마치 해와 달이 중천에서 밝게 비추는 것과 같다. 결국 여우와 살쾡이는 넋을 잃고 도망쳐 숨을 수밖에 없다. 어두운 그늘은 밝은 빛을 이기지 못하고 흩어져 없어진다. 현명한 사람을 곁에 두는 것은 그래서 도(道)와 밝은 빛을 빌리는 것과 같다.

2. 군자의 조건을 갖춰라.

스스로 군자가 되어야 한다. 군자가 누군가를 만날 때는 말과 행동이 담담한 물과 같다. 스스로 바르고 투명하기에 특별한 맛을 섞을 필요가 없기 때문이다. 하지만 소인이 사귀는 행위는 달콤하기가 감주와도 같다. 스스로 부족하기 때문에 자꾸 무언가를 섞어 혀를 속여야 하기 때문이다. 군자는 담담하기 때문에 더욱 친해지고, 소인은 달콤하기 때문에 더욱 멀어진다.

3. 나보다 나은 사람을 보라.

밑을 바라보지 말라. 사람은 본능적으로 자신보다 아래에 있는 사람에게 먼저 시선이 가게 되어 있다. 그걸로 정서적 만족과 위안을 얻기 때문이다. 하지만 자기보다 못한 사람을 벗으로 사귀면 이로움이 없을 뿐 아니라 도리어 해가 된다. 그러므로 옛사람들은 아주 오랫동안 사색하며 숙고한 끝에 벗을 골라 사귀었다.

4. 사랑과 사치를 구분하라.

자녀와의 관계는 모든 관계의 기본이다. 자녀를 대하는 생각의 틀을 세워야 삶의 기둥을 제대로 세울 수 있다. 돈과 물질로 자녀를 떠받드는 것은 그 자녀를 사랑하기 때문이므로 그 자체는 나쁜 것이 아니다. 그러나 그 사랑이 마침내 그 자녀를 망치는 원인이 된다면 불행한 일이다. 사랑하면 모든 것을 줄 수 있다. 그러나 최고의 사랑은 다 주고 싶은 마음을 억제하고 꼭 필요한 것만 주는 것이다.

5. 시작부터 맑아야 한다.

좋았던 사람이 점점 비호감이 되는 경우는 자주 생기지만, 반대로 비호감이었던 사람이 점점 호감이 되는 경우는 거의 생기지 않는다. 사람과의 관계는 처음부터 좋아야 한다. 푯대가 바르면 그림자가 곧고, 물의 근원이 탁하면 흐름이 자신을 잡지 못해 방황한다. 자연의 법칙과 인간과의 관계는 이렇듯 서로 닮았다.

이언적은 이처럼 자연을 통해서 인간을 봤다. 자연의 이치 속에 인간이 살아가는 이치가 들어 있다는 것을 깨달았기 때문이다. 명나라 사신이 와서 "조선에도 주자를 훌륭하게 해석한 학자가 있는가?"라고 물었을 때 이황이 이언적의 저술을 자신 있게 보여줄 수 있었던 이유도 바로 거기에 있다. 인간은 실패하고 방황하지만, 자연은 방황하지 않고 자신의 길을 간다. 어디에 살든 우리가 바라보는 자연은 같은 것이므로 인생 지표로 삼을 스승이 될 수 있다.

*영남학파: 조선시대 영남지방(조령 이남 경상도 지방)을 중심으로 하는 학문상의 유파. 영학파(嶺學派), 퇴계학파(退溪學派), 남명학파(南冥學派), 여헌학파(旅軒學派)를 총괄해 일컫는 명칭이다. 조선 중기에 이르러 이황을 중심으로 하는 퇴계학파는 이율곡 중심의 기호학파(畿湖學派)와 양대 산맥을 이루었다.

10
9月

통제사 이순신을 애도함

가장 높은 자리에는 가장 거센 바람이 분다

이순신 장군을 생각하면 바로 떠오르는 유성룡(柳成龍)*은 그 시대 대가들이 대부분 그랬듯 네 살 때 이미 글을 깨우친 천재였다. 당연히 주변의 기대를 한몸에 받았고, 스스로도 어린 시절부터 학자가 될 꿈을 품고 자랐다. 그러던 1562년 가을, 21세의 청년 유성룡은 퇴계 이황의 문하로 들어가 학업에 매진했다. "하늘이 내린 인재다. 장차 큰 학자가 될 것이다". 유성룡을 보자마자 내뱉은 스승 퇴계의 평가였다. 그 기대는 헛된 것이 아니었다. 좀처럼 듣기 좋은 말이나 칭찬을 하지 않았던 퇴계도 참지 못하고 "마치 빠른 수레가 길에 나선 듯하니 매우 가상하다"라며 칭찬을 아끼지 않았을 정도로 뛰어났다. 다양한 분야에서 족적을 남겼는데, 좋은 글과 시를 많이 쓰기도 했다.

사실 유성룡이 아니더라도 조선에는 근사한 글과 시를 쓴 수많은 문인이 있다. 그럼에도 내가 굳이 그를 선택해서 그의 시 한 편을 소개하려는 이유는, 이 시가 이순신 장군을 기리는 추모시이기 때문이다. 유성룡과 이순신은 임진왜란 동안은 물론이거니와 그 이전부터 평생 서로 의지하며 힘든 시절을 보낸 사이였다. 그런 이순신이 전사했다는 소식을 들었을 때 그의 마음은 얼마나 참담했을까. 슬픔을 이기지 못한 그는 바로 붓을 들어 자신의 처절한 마음을 시로 썼다. 그의 문집《서애문집(西厓文集)》제2권에 실린 〈통제사 이순신을 애도함〉이 바로 그 시다. 유성룡이 느꼈을 당시 감정을 선명하게 받아들일 수 있도록 조금 고쳤음을 밝힌다.

'아, 한산도와 고금도라
넓은 바다에 두어 점 푸른 섬이로구나.
싸워야 할 때 거기에서 백 번 싸운,
이순신 장군 그가 있었지.
한 손으로 직접 하늘 한쪽을 강하게 잡았네.
고래를 모두 죽이자 피가 파도를 물들였지.
맹렬한 불길로 물의 신이 사는 곳까지 불살랐네.
그러나 공이 높아지자
질투와 모함에서 벗어나지 못하셨지.
나라의 평화를 생각하는 그에게,
그저 목숨이란 기러기 털과도 같은 것
어찌 그가 아끼셨으리오.'

시를 읽는 내내 가슴이 답답해지고 아프다. 이순신 장군의 충정을 아는 한국인이라면 모두 마찬가지일 것이다. 나라를 지킬 수 있었다면, 그는 백 번의 삶이 주어져도 백 번 모두 자신의 생명을 기러기 털처럼 생각해, 아끼지 않고 세상에 내놨을 것이다.

이 시가 훌륭한 이유는 감동적이기 때문은 아니다. 당시 조선은 위태로운 나라였다. 율곡 이이는 당시 조선을 '고칠 수 없는 썩은 집'이라고 개탄했다. 나라의 이름은 있지만 이백 년 역사를 가진 나라가 두 해 먹을 양식이 없었으니, 이런 현실을 제대로 알리기 위해 죽을 각오를 하고 "조선은 나라도 아니다"라고 왕에게 직언하기도 했다. 임금의 입장에서는 그 말이 "너는 이 나라의 왕이 아니다"라고 말하는 것과 같은 의미로 들렸을 것이다. 당시 조선은 정말 그랬다. 하지만 그 시절 가장 높은 자리에서, 혼자 쓸쓸히 고독을 친구처럼 만나며 나라를 위해 살았던 유성룡과 같은 사람이 있어 조선은 흔들리면서도 쓰러지지는 않았다. 이 시는 이순신의 죽음을 애도하고 있지만, 정작은 조선을 지탱한 선각자들의 애국심을 고스란히 함축하고 있다고 봐도 무방하지 않을까.

*유성룡: 조선 중기 이조판서, 좌의정, 영의정 등을 역임한 문신. 왜란에 대비해 형조정랑 권율을 의주목사에, 정읍현감 이순신을 전라도좌수사에 천거했으며, 이후 영의정에 올라 4도의 도체찰사를 겸해 군사를 총지휘했다.

11

9月

관찰사 홍재철

마음을 주면 마음을 받는다

'관찰사(觀察使)'란 조선시대에 각 도에 파견되어 지방 통치의 책임을 맡았던 지방 행정의 최고 책임자를 말한다. 처음에는 '도관찰출척사(都觀察黜陟使)'라고 했으나 1466년 세조 12년에 '관찰사'로 명칭이 바뀌었고, 1910년 일본이 조선을 강점할 때까지 오랫동안 국정 운영의 핵심 직책이었다. 수많은 조선의 직책 중 유독 관찰사를 별도로 언급하는 데에는 그럴 만한 이유가 있다. 관찰사는 그 지방의 거의 모든 것을 다스리는 지방 장관이었으므로 서민의 삶과 직접 맞닿아 있었기 때문이다. 관찰사의 역할은 크게 두 가지였다. 하나는 왕의 특명을 받은 사신으로서의 역할인데, 끊임없이 도내를 순회하면서 일 년에 두 차례 수령을 비롯한 모든 외관(外官)에 대한 성적을 평가해서 보고하는 일이었다. 둘째는 지방 장관의 역할로서 도내의 군사와 민사를 지휘하며 통제하는 것이었다. 물론 독자적으로 일을 처리할 수 있도록 상당한 정도의 직권이 주어졌다.

관찰사의 이런 역할에 매우 충실했던 인물이 한 사람 있었다. 경기도를 담당했던 홍재철(洪在喆) 이 바로 그 사람인데, 그는 흉년이 들자 양평 서종면 주민들의 세금을 3년간 면제했다. 이 조치는 말처럼 쉬운 결정이 아니었다. 세금을 걷어 조정에 보내야 하는 압박도 있었고, 지금 힘들다고 무작정 세금을 면제하면 나중에 더 힘들어지기 때문이었다. 관찰사의 입장을 백성들도 알았다. 그래서 서종면 주민들은 그 은덕을 기념하고자 비를 세웠고, 서종면에 가면 북한강 앞 산책로에 그 기념비가 남아 있다. 경상남도 양산시 양산향교 앞에도 한 관찰사를 기리는 영세불망비(永世不忘碑)가 서 있다. 1840년에 경상도에 부임한 관찰사가 진심을 다해 백성을 보살펴 망해가는 고을을 살려냈고, 이에 감동한 백성들이 그 고마움을 기억하기 위해 이 비를 세운 것이다. 놀라운 사실은 이 영세불망비의 주인공이 앞서 양평에 세워진 비의 주인공 '홍재철'과 이름이 같다는 사실이다.

그렇다. 두 사람은 같은 인물이다. 그는 양평에 이어 경상도 관찰사로 부임하여 역시 백성을 사랑하는 마음으로 고장을 돌봤다. 더욱 감동스러운 사실은 인근 부산의 강서구와 사상구, 그리고 기장에도 같은 제목의 비석이 있다는 사실이다. 이 모두가 한 사람이 이룬 업적이니 경탄하지 않을 수 없는 삶이다. 누군가를 아끼는 마음은 어디를 가도 변하지 않으며, 그것은 소리를 내지 않지만 모두가 느낄 수밖에 없다. 이처럼 멋진 마음을 가지고 있으니 백성이 어찌 그를 사랑하지 않을 수 있겠는가. 그는 새롭게 부임할 때마다 지역 주민 삶에 당장 절실하게 필요한 게 무엇인지 제대로 파악해냈다.

상황이 그러하니 왕이 그 사실을 모를 리가 없었다. 그렇게 그는 1840년에 경상도를 시작으로 1845년에는 평안도, 1860년에는 맨 앞에 소개한 경기도에서 관찰사를 지냈는데, 중간에 있는 1845년에도 역시 평안도 지방이 극심한 수재(水災)를 당하자 "백성들이 안정을 되찾을 수 있도록 방도를 강구하라"는 왕의 특별한 명령을 받고 다시 평안도 관찰사에 부임했다. 어디를 가든 모든 문제를 원만하게 해결하니, 왕도 그를 믿고 그를 가장 필요로 하는 곳에 보낸 것이었다. 홍재철은 "마음을 주면 마음을 받는다"는, 인간에게 가장 숭고한 삶의 철학을 위민 정치로 구현한 '진짜 공무원'이었다.

12
9月

최한기
유교적 전통에서 벗어난 최초의 철학자

19세기 조선 후기의 실학자 최한기(崔漢綺)*는 잘 알려진 사람은 아니다. 이름만 들어서는 그가 대체 무엇을 했던 사람인지 짐작하기조차 힘들다. 중요한 사실은 그가 사람들 눈에 뜨이는 성과를 많이 낸 사람은 아니지만, 1803년에 태어나 1877년까지 74년을 살며 흔들리지 않고 단 하나의 철학을 일생 동안 유지했다는 점이다. 한 마디로 자신을 통째로 보여줄 수 있는 인생을 산 것이다. 유교적 전통에서는 쉽게 볼 수 없는 경험주의를 자기 철학의 중심에 두고 살았던 그는 다음 두 가지 입장을 지키며 살았고 주변에 전파했다.

- 인간에게 필요한 모든 앎이란 선천적이 아니라 후천적 경험을 통하여 얻어지는 것이다.
- 경험이란 경험의 주체인 '인간의 마음'과 '경험의 대상', 그리고 이들 둘을 맺어주는 '섬세한 감각기관'이 있어야 가능하다.

당시는 유교가 지배하던 세상이었다. 실천적인 배움과 경험을 중시하는 그의 철학이 쉽게 받아들여지지 않았다는 것은 쉽게 짐작이 간다. 모두가 동일한 하나를 추구하며 살 때, 혼자만 다른 공간에서 다른 사물을 바라보는 것은 쉬운 일이 아니다. 하물며 평생을 그렇게 사는 일은 고독한 일이며 아무나 해낼 수 있는 일이 아니다. 하지만 그는 해냈다. 그를 언급하는 이유의 전부가 거기에 있다. 타인을 위해 살지 않았기 때문에 그의 일생에 대해서는 거의 알려진 바가 없다. 다만 그가 저술한 수많은 책을 통해 그의 철학이 지금까지 전해지고 있다. 그러나 세상이 추구하는 철학과 반대의 삶을 살았기 때문에 방대한 저술에도 불구하고 같은 시대의 다른 학자들조차 그의 이름을 기록에 남긴 일이 극히 드물었다. 최한기는 〈과거와 지금 세상의 경험은 다르다〉라는 글에서 이런 말을 남겼다. 이 내용이야말로 그의 삶을 모두 대변한다고 해도 과언이 아니다.

'과거에 살았던 사람이 스스로 고난을 겪고 모든 힘을 기울여 깨달은 것을 나는 눈과 귀로 쉽고 편안하게 받아들인다. 힘을 더 소모하지 않고 그 귀한 지식을 얻기도 하고 약간의 노력만으로 천천히 배우기도 한다. 이는 과거를 치열하게 보낸 사람이 자신을 성장시켜 이끌어 준 공덕이다. 만약 내가 눈과 귀로 그것을 보거나 듣지도 못하였다면 알 수 없었을 일이다.'

이처럼 최한기는 과거의 대가들이 물려준 경험의 산물을 결코 가볍게 여기지 않았다. 현실이라는 접시에 그것들을 보물처럼 담아서 일상이라는 무대에서 멋지게 활용했다. 과거의 경험을 현재에 적용하며 끝없이 더 실용적인 학문으로 발전시킨 것이다. 자신을 대표하는 철학을 가진 사람은 자신의 가치를 누구보다 잘 알기 때문에 유혹에 흔들리지 않고, 사는 내내 자신만의 공간을 만들어 그 누구도 아닌, '자기 자신'으로 살아가는 법이다.

*최한기: 조선 후기 《농정회요(農政會要)》, 《지구전요》, 《신기천험》, 《우주책(宇宙策)》 등을 저술한 실학자. 경험주의를 주창했으며 맹자가 인간 본성이라고 규정한 인의예지조차 경험으로 얻는 후천적 습성에 불과하다고 주장했다.

13

9月

선교사들의 철학

모든 뿌리에는 철학이 존재한다

"이 나라의 정승들과 대신들을 포함해 모든 고관과 관리들은 천주교와 관련된 사건에는 별 관심을 두지 않습니다. 왕이 미성년으로 있는 동안에는 그저 현상 유지만 하려고 합니다. 임금은 이제 열 살에 불과합니다. 놀라운 사실은 그런데도 저들은 왕을 지난 봄에 결혼시켰다는 것입니다."

우리나라 최초의 서양(프랑스)인 사제인 모방 신부(Pierre-Philibert Maubant)가 1837년 파리의 신학교 지도자들에게 보낸 편지의 일부다. 이 편지에 언급된 '어린 왕'이란 조선의 제24대 왕 헌종(憲宗)*이었다. 헌종은 여덟 살의 나이에 즉위했다. 모방 신부는 한국의 종교적 상황에 대해서 말하려고 쓴 편지였지만, 편지 서두에는 안타까운 조선 후기의 현실이 그대로 드러나 있다. 이 편지의 주요 키워드는 다름 아닌 '현상 유지'다. 조선 전기와 중기에는 없었던 현상 유지의 기류가 조선 후기에 이르러 흐르기 시작한 것이다. 모든 조정의 관료가 자기 자리만 지키면 된다는 생각으로 하루를 보냈다. 관료들의 눈에 백성은 보이지 않았고 나라의 미래가 어떻게 되든 상관할 바가 아니었다. 그 심각했던 상황을 이번에는 앵베르 주교(Laurent Joseph Marie Imbert)가 1838년 파리로 보낸 편지에서 살펴 보자.

"조선과 일본 사이에는 '대마'라는 이름의 커다란 섬이 있습니다. 이 섬의 통치자는 조선이 일본에 바치는 공물을 징수하는 책임을 맡고 있는데, 이것은 일본인들이 예전에 10년마다 한 번씩 일본에 왔던 조선 사절을 1800년부터 더 이상 맞이하기를 원치 않았기 때문에 생긴 것입니다. 이것은 조공을 바치는 예속 관계에서 벗어나기 좋은 기회였습니다. 그러나 그러기에는 지금의 조선은 너무나 연약합니다."

역사적 사실에 대한 오해(조선과 일본이 상호 대등한 지위에서 주고받은 조선통신사와 일본국왕사의 우호교린 외교를 일본 내 정한론자들이 대외적으로 '조공'이라고 주장)를 기반으로 쓴 편지이기는 하지만 조선 말기 동북아 지역의 국제 정세에서 약자의 위치였던 조선에 대한 연민이 절절히 드러나는 편지다.

당시 조선에는 온갖 핍박을 받으면서도 서양의 선교사들이 대거 찾아왔다. 그들은 단지 종교적 메시지만 전한 것이 아니었다. 선교사들은 나약해진 조선의 백성들에게 사람은 누구나 평등하며, 누구든 자신의 삶을 살 수 있고, 그것은 오직 자신의 의지가 결정하는 문제라는 철학을 전파했다. 실제로 당시 선교사들은 대부분 선진국에서 온 지식인들이었으며, 당시 조선인들에게 종교와 더불어 문화적 지식과 인간 평등의 철학까지 알리려고 노력한 것이다. 비록 이후 조선은 일본의 침략을 받아 국권을 빼앗기고 고통스러운 나날을 겪게 되지만, 만약 그때 서양 선교사들에게 각종 문화적 유산과 철학적 세례를 받지 못했다면 상황은 더 나빠졌을 거라는 짐작은 어렵지 않다. 나약해진 정신을 바로 세우는 것은 결국 철학이고, 좋은 철학은 쉽게 완성되는 것이 아니니까.

*헌종: 조선 후기 제24대 왕. 순조 사후 여덟 살에 즉위하자 대왕대비 순원왕후가 수렴청정했다. 재위 15년 중 9년에 걸쳐 수재가 발생하고 모반사건 · 이양선 출몰 등으로 민심이 흉흉했으며, 기해박해로 많은 천주교 신자를 학살하고 신부 김대건을 처형했다.

14
9月

이회영
나라를 지킨 정신은 도덕에서 시작했다

1910년 12월 30일의 압록강. 뼛속까지 파고드는 혹한의 날씨를 무릅쓰고, 쉰 명 남짓의 사람들이 배를 타고 어딘가로 이동하고 있었다. 얼마나 시간이 흘렀을까? 무리를 이끌고 무사히 강을 건넌 한 남자가 뱃사공에게 약속한 뱃삯보다 두 배나 많은 돈을 건네며 이렇게 말했다. "일본 경찰이나 헌병에게 쫓기는 독립투사가 혹시 돈이 없어 강을 헤엄쳐 건너려 하거든, 부디 나를 생각해서 그들을 배에 태워 건너 주시오".

이 말을 남긴 사람은 백사 이항복(李恒福)의 10대손이자 독립운동가인 우당 이회영(李會榮)*이다. 그는 백사 이래 이유승에 이르기까지 9대조를 제외하고는 모두가 정승, 판서, 참판을 지낸 손꼽히는 명문가의 일원이었고, 양평으로부터 서울까지 밟는 땅이 자기 땅이 아닌 곳이 없었다는 대부호였다. 단언컨대 나는 이회영의 집안이 한국 최고의 명문가라고 생각한다. 그 이유는 그의 집안이 8대를 이어 고관대작을 배출하며 막대한 재산을 쌓았기 때문이 아니라, 일제의 강제 합병이 이루어지자 주저 없이 지금 시세로 천억 원에 가까운(실제 가치 2조 원) 재산을 모두 처분해 만주로 떠나 독립운동에 뛰어들었기 때문이다. 나라를 위해 살겠다고 결심한 그는 자신의 돈과 권력을 모두 조국 독립에 바쳤다. 서전서숙을 설립해 민족 교육에 힘쓰고, 신흥무관학교를 설립해 3500명의 독립군을 배출하는 등 20년 넘게 독립운동에 매진했다. 하지만 그가 가져간 군자금은 금세 바닥을 드러냈다. 조선 최고의 부자였던 이회영 일가는 순식간에 거지 신세가 되어 그 후 22년 동안 빈민가를 전전하며 하루 세끼가 아닌 일주일에 세끼를 먹으며 살아야 했다. 6형제 중 5형제와 가족 대부분은 조국으로 돌아오지 못한 채 굶주림과 병, 고문으로 세상을 떠났다. 그러나 어떤 고난도 그의 독립 의지를 꺾지는 못했다. 이회영은 독립운동을 결심했을 때 형제들에게 이렇게 말했다. "슬프다. 세상 사람들은 우리 가족에 대하여 말하기를 '대한 공신의 후예'라고 하는데, 우리 형제가 당당한 명문 호족으로서 차라리 대의가 있는 곳에서 죽을지언정 왜적 치하에서 노예가 되어 생명을 구차히 도모한다면 이는 어찌 짐승과 다르겠는가?"

가정해보자. 만약 당신에게 2조 원이라는 돈이 있고, 지금 조국에 전쟁이 일어났다면 과연 이회영처럼 할 수 있을까? 당연히 누구나 그처럼 살 수는 없다. 그만큼 이회영의 행동은 모든 사람에게 요구하기에는 힘든, 참으로 숭고하며 거룩한 것이었다. 명문가를 만드는 건 지식이나 돈, 명예가 아니라 '도덕이라는 철학'이다. 도덕은 마음에서 시작해서 마음으로 전해지며 주변을 아름답게 한다. 돈은 누구나 가질 수 있는 것이지만, 도덕은 마음의 영역이라 쉽게 가질 수 없다. 그래서 귀하고 값진 것이다. 치열하게 도덕이라는 철학을 추구하라. 완전하지 않더라도 그렇게 하려는 최소한의 마음가짐이라도 지녀라. 그게 바로 우리나라 최고의 명문가를 이룬 이회영 선생이 남긴 소중한 가르침이다.

*이회영: 일제강점기 신민회 중앙위원, 항일구국연맹 의장 등을 역임한 독립운동가. 을사늑약이 체결되자 1907년 4월 신민회를 조직하고 활약했다. 1910년 국권이 상실되자 전 가족이 만주로 건너가 1911년 교민자치기관 경학사를 조직했고, 1912년 독립군지도자 양성을 위해 신흥강습소를 설립했다. 1931년 11월 만주 일본군 사령관을 암살하려고 가던 중 대련의 일본 경찰에 잡혀 악독한 고문 끝에 옥사했다.

15
9月

유형
조선의 지성을 강하게 만든 고독의 힘

유형(流刑)은 죄인을 다루던 아홉 가지 형벌, 즉 구형(九刑) 가운데 죄인을 귀양 보내던 형벌을 말한다. 사극을 보면 빠짐없이 나오는 장면일 정도로 조선시대에는 유형이 잦았다. 그렇다면 조선시대에 유형에 처해진 사람은 모두 몇 명 정도나 될까? 기록에 따르면 총 2만 명으로 추정될 정도로 많다. 동시에 유형에 관한 자료에서 우리는 몇 가지 사실을 발견할 수 있다.

- 유형을 받으면 일단 죽을 때까지 유배지에 머무르게 하는 것이 원칙이었으나, 중간에 다양한 이유로 감형되거나 사면되는 경우도 있었다.
- 죄가 무거울수록 사람의 왕래가 없는 먼 곳으로 가야만 했다. 죄의 가볍고 무거움에 따라 장소의 멀고 가까움이나 주거지의 제한 정도에 차등을 두었다.
- 가장 결정적인 사실 하나는 당시 지식인 중 상당수가 유형에 처해졌다는 것이다.

어느 시대든 과학이나 문학, 예술과 의학 등 전문 분야에서 특별한 능력을 발휘하는 대가들은 능력을 펼치느라 매우 바쁜 일상을 보낸다. 조선시대에도 마찬가지였다. 바빴던 인재들이 어떤 '기회'로 유형을 받아 외지고 한가한 벽촌으로 유배되자, 조선에 뜻하지 않은 축복이 벼락처럼 쏟아졌다. 삼국시대에서 시작되어 조선시대까지 내려온 이 제도가 유독 조선시대에 이르러 기대하지 않던 역할을 해낸 것이다. 유형이라는 형벌 특성 때문에 가능했던 결과인데, 외딴곳에 혼자 떨어져 시간을 보내니 자연스럽게 자신에게 집중하게 되었고, 그간 쌓았던 지적 파편을 모아 책으로 엮어 사상을 정리하는 기회를 갖게 된 것이다.

그들의 면면을 간단하게 나열만 해도 그 이름과 성과에 놀랄 것이다. 먼저 정약용은 18년간의 강진 유배 기간 동안《목민심서》,《흠흠신서》,《경세유표》를 비롯해 무려 500여 권의 책을 저술했다. 안동김씨 세력의 정치 보복으로 나이 쉰다섯에 제주도 유정현에 유배된 김정희는 평생 글을 쓰며 벼루 10개를 썼고, 붓 1000자루를 몽당붓으로 만들었는데, 그 소모 기간이 주로 유배 시절이었다. 김만중(金萬重)이 모친을 위로하기 위해 쓴 고대소설《구운몽》도 마찬가지로 3년 남짓한 시간을 보낸 유배지에서 쓴 작품이다. 그 외에도 김만중은 수십 편에 이르는 시와《사씨남정기》등 주요 작품들을 유배 기간에 썼다.

조선시대에 나라를 다스리는 기준이 된 최고의 법전,《경국대전(經國大典)》*에 따르면 유형지는 죄의 경중에 따라 가깝게는 2000리에서 시작해서 2500리, 멀게는 3000리 등 3등급으로 구분하고 있다. 그러나 비교적 국토가 좁은 우리나라에서 거리를 기준으로 유형 등급을 나누는 것은 쉽지 않았다. 이를테면 한양을 기준으로 할 경우 3000리가 되는 지점은 매우 애매했기 때문이다. 그러므로 주로 특정 지역을 지명해 유배시키는 경우가 대부분이었다. 이후 1896년 유형이 거리제에서 형기제로 바뀐다. 즉 거리를 기준으로 형의 경중을 나누던 방식에서 기간 기준으로 바꾼 것이다. 기존의 3000리형은 종신형으로, 2500리형은 15년형, 2000리형은 10년형이 되었다. 조선시대 유배지로 이용된 곳은 총 408곳이며 경상도가 81곳으로 가장 많았고, 전라도가 74곳, 충청도가 70곳으로 나타났다. 유배지는 주로 해안이나 외딴섬 등에 집중되어 있었는데, 한양에서 최대한 멀리 떨어진 곳으로 지명해야 했기 때문이었다.

유배를 떠난 당사자는 생명이 위태로울 수도 있는 일이니 두려움에 떨었겠지만, 후세의 우리들 입장에서는 선각들이 떠난 유배가 위에 나열한 수많은 위대한 작품을 만나게 해준 '고마운 형벌'이라고 말할 수도 있을 것이다. 조선을 대표하는 지성들은 마치 통과의례라도 되는 듯 유배를 당했다. 하지만 바쁘게만 살았던 그들이 조용한 곳에서 사색하며 그간 쌓은 지식을 정리해 책으로 펴낸 덕분에 동시대를 살았던 사람은 물론 후대의 많은 이들이 크나큰 덕을 보았다는 건 참으로 아이러니한 일이 아닐 수 없다.

+ *《경국대전》: 조선시대에 통치 기준으로 삼은 최고 법전. 고려 말부터 조선 성종 초년까지 100년 동안 반포된 법령, 교지(敎旨), 조례 및 관례를 망라했다. 중국의 《대명률(大明律)》을 참고했지만 조선 고유의 법사상에 의거해 《대명률》보다 우선 적용되었다.

16
9月

다인

일상을 예술로 만드는 하나의 철학

누구든 자기가 사랑하는 것에 대해서는 욕심이 나기 마련이다. 다산 정약용도 마찬가지로 유독 차(茶)를 좋아해서 차 욕심이 많았다. 유배 중이었던 어느 날 다산은 친하게 오가던 혜장(惠藏)* 스님에게 '귀여운 짜증'을 부린 적이 있었다. 혜장 스님이 다산에게 보낼 차를 만들고 있었는데, 스님의 제자가 이미 다산에게 차를 보냈다고 하자 자신이 만든 차는 보내지 않은 것이다. 이 사실을 알게 된 다산은 혜장 스님의 제자가 보낸 한 봉지에 만족하지 않고, 끝까지 스님의 차를 받아내야겠다고 생각하고 편지를 써서 보냈다. 《다산시문집》 제5권에 실린 그 내용은 이렇다.

'그대 사는 곳이 다산이지요.
온 산에 널린 것이 자색 찻잎 아닌가요.
제자의 마음은 후하던데 스승은 왜 이리도 야박한지요.
백 근을 주어도 사양하지 않을 텐데 두 봉지를 주면 왜 안 될까요.'

다산을 생각하면 늘 유배지가 떠오르며 엄숙하게 느껴졌던 그가 갑자기 귀엽게 보이는 순간이다. 대체 차 한 봉지에 얼마나 욕심이 났으면 체면과 자존심을 버리고 이렇게 편지까지 써서 보낼 수 있는 걸까?

기록에 의하면 우리 민족이 차를 마시기 시작한 것은 신라 선덕여왕(善德女王) 때부터이니, 632~647년 사이라고 추정할 수 있다. 1500년이 넘는 역사를 지닌 셈이다. 다산도 그랬지만 차는 유독 지식인들이 즐겼다. 백성이나 천민들의 차 문화는 기록에 남지 않아서 그렇게 보일 수도 있지만, 지식인들이 차를 유난히 즐겼다는 사실은 분명하다. 차를 사랑하여 시까지 짓기도 했던 그들을 세상에서는 '다인(茶人)'으로 불렀는데 면면을 보면 우리가 익히 아는 역사적 인물이 많다. 최치원, 최승로, 이색, 정몽주, 김종직, 김시습, 김정희 등이 그들이다. 신라시대부터 조선시대까지 차의 세계는 넓고 깊었다. 차의 길은 모든 종교와 철학과 예술을 두루 관통한다고 생각했으며 그러므로 차를 즐기는 일은 곧 지성인의 일상이었다. 13세기 한국 문학사의 지평을 넓힌 문인 이규보(李奎報)는 〈장원 방연보의 화답 시를 보고 운을 이어서 답하다〉라는 차시(茶詩)에서 이렇게 말하고 있다.

'초암의 다른 날 선방을 두드려 몇 권의 오묘한 책 깊은 뜻을 토론한다.
늙기는 했어도 오히려 손수 샘물 뜰 수 있으니 차 한 사발은 곧 참선의 시작이라네.'

철학과 문학, 예술을 사랑하는 지성인들에게 차를 즐기는 문화는 일종의 참선에 가까운 행위였다. 단순하게 차를 마시는 것이 아니라, 자신의 삶을 반성하고 어제를 돌아보며 일상을 예술로 만드는 하나의 철학이었던 것이다.

*혜장: 조선 후기 해남 대둔사에 출가해 《아암집》을 남긴 승려. 30세 때 두륜대회(頭輪大會; 두륜산 내의 승려 대회)를 주도할 정도로 선(禪) · 교(敎) 양종의 거목이었다. 1801년(순조 1년) 강진에 유배되어 온 정약용과 깊은 교우관계를 맺었다. 정약용은 그를 일컬어 "《논어》 또는 율려(律呂), 성리(性理)의 깊은 뜻을 잘 알아 유학의 대가나 다름없다"고 칭찬했다.

17
9月

짐작
타인을 향한 따스한 관찰

"그 정도는 짐작으로 알 수 있지 않을까?"

"오랫동안 관찰하면 짐작할 수 있지."

이처럼 짐작(斟酌)은 '대개 어림으로 따져 헤아려 보는 것'을 뜻하는 말로 알고 있고, 또 실제로 그렇게 쓰고 있다. 하지만 한자의 뜻과 유래를 찾아보면 전혀 상상치 못한 데서 비롯된 말임을 알게 되고, 더불어 옛사람들이 지녔던 삶의 철학을 하나 발견할 수 있다.

신라와 고려, 조선시대를 통틀어 가장 많이 제작된 도자기 중 하나는 술병이다. 그런데 이것을 사용할 때 문제가 하나 있었다. 도자기로 만든 술병은 투명하지 않아서 속을 볼 수가 없었던 것이다. 이런 이유로 술병을 흔들어보지 않으면 술이 얼마나 남았는지 알 방법이 없었다. 하지만 소위 '양반네'들은 술이 얼마나 남아 있는지 알아보자고 병을 흔드는 짓은 하지 않았다. 술병을 까닥거리거나 흔드는 것은 '채신머리없는 짓'이었기 때문이다. 남은 방법은 하나였다. 상대방에게 술을 따를 때 최대한 집중해서 남은 양을 마음속으로 어림해보는 것이었다. 이처럼 '헤아려가며[斟짐]술을 따른다[酌작]'는 것이 짐작의 원래 뜻이다. 이 말이 '사정이나 형편 따위를 어림잡아 헤아림'이라는 의미로 바뀌어 쓰이게 된 것이다.

짐작의 중요성은 우리 삶 곳곳에서 드러난다. 이를테면 "눈은 마음의 거울이다", "뱁새가 어찌 황새의 뜻을 알랴", "어느 구름에서 비가 올지 알 수 없다" 등의 금언들이 그 예다. 사소한 기미만으로 상대의 마음을 헤아리거나, 자연의 소소한 움직임만으로 날씨를 가늠하는 등 우리는 작은 단서 하나로 어떤 일의 전모나 결과를 짐작하는 것이다.

특히 연인 사이에서 다툼이 생기는 이유 중에, 한쪽이 상대의 마음을 읽는답시고 엉뚱한 짐작을 반복해서 일이 커지는 경우도 적지 않다. 자기 마음을 다 털어놓으면 금방 알 수 있는 일도 '이 정도 말했으면 내 마음을 짐작할 수 있어야지!'라는 욕심에 자기는 조금만 보여주고 상대방이 전부를 짐작해서 알 수 있기를 바란다. 그 정도는 되어야 자기를 사랑하는 것이라는 생각에서 그렇게 한다. 다른 문화권에서는 이런 행위가 답답하고 못된 행동일 수도 있지만, 속이 보이지 않는 술병의 남은 술 양을 짐작하는 것처럼, 우리에게는 오히려 한 번 더 상대의 마음을 헤아려보고 이해할 기회를 얻은 것이라고 볼 수 있지 않을까.

18

9月

장마

모든 고생과 슬픔에도 끝은 있다

여름의 한가운데쯤, 여러 날 동안 멈출 줄 모르고 내리는 비를 바라보며 우리는 '지긋지긋한 장마'라고 표현한다. 한반도에 내리는 비의 30%가 '장마철'이라고 부르는 한 달 남짓의 단기간에 쏟아진다니 지겨울 만도 하다. 장마철을 영어로 'rainy season'이라고 하는데, 한국인에게는 장마는 영어 표현 그대로 '계절(season)'과 다름없는 기간이다. 온 국민이 열광의 도가니에 휩싸였던 2002년 한일월드컵이 다른 대회처럼 6월 중순에 열리지 않고 5월 31일에 개막한 이유도 장마철을 피해서였다. 장마가 시작되면 경기를 제대로 진행할 수 없으므로 경기 일정까지 바꾼 것이다.

장마는 대체 어디에서 어떻게 시작되는 걸까. 일반적으로는 북쪽 러시아 지역에 위치한 차갑고 습한 오호츠크해 기단과 일본 오가사와라 제도 부근의 덥고 습한 북태평양 기단 사이로 뚜렷한 정체전선이 생기면서 시작된다고 알려져 있다. 장마라고 하면 흔히 며칠이나 몇 주 동안 비가 멈추지 않고 이어지는 상황을 떠올리기 쉬우나 그런 경우는 별로 없다. 보통 하루 종일 비가 내리는 경우는 거의 드물고, 시간대에 따라 내렸다 그치기를 반복하는 집중호우가 자주 발생한다. 때로는 특정 지역에 집중적으로 비가 내리는 국지성 호우가 발생하기도 한다.

장마에 대한 자연과학적 분석도 중요하지만, 장마가 우리 삶에 시사하는 바도 크다. "장마에도 끝이 있듯이 고생길에도 끝이 있다". 김수환 추기경이 남긴 말이다. 한 방울 빗줄기로 장마가 시작되면 우리 입에서는 "드디어 장마 시작이네"라는 말이 절로 나온다. 그러다가 중간쯤에 "대체 언제 끝나려나?"라는 짧은 감상을 더한 후에는 별다른 푸념이나 분노 없이 그 끝을 맞이한다. 그만큼 우리는 주어진 환경을 인정하고 견디는 데 능한데, 그 인내심 속에는 이런 지혜가 녹아 있다. '이 장마는 어차피 내 의지와는 전혀 상관없이 내릴 만큼 내린 후에야 끝난다. 어떤 슬픔이나 기쁨이라도 장맛비처럼 가진 힘을 다하면 결국 끝나게 되어 있다'.

장마는 우리에게 추억을 남겼지만, 동시에 지혜도 주었다. 수해를 자주 겪던 옛날에는 비가 멈추지 않으면 곤란해질 때가 많았다. 그래서 장마가 길어지면 노총각과 노처녀를 결혼시키는 풍습이 생겼다. 결혼하지 못한 총각과 처녀들의 한이 서렸기 때문에 비가 그치지 않는다고 생각했기 때문이었다. 때로는 음양의 조화를 이룬다며 숭례문을 열기도 했다. 음양오행설에 따라 비가 가진 음의 기운을 막기 위해 양의 기운이 들어오는 숭례문을 활짝 개방한 것이다. 두 사례 모두에서 비를 그치게 하려는 옛사람의 안타까움이 절절히 느껴진다. 그러나 이런 행위에서 우리는 합리적이거나 과학적인 근거를 찾을 수 없다. 당시 지적 수준이 낮아서가 아니라, 문제를 해결하기 위해 진지하게 고민할 필요가 없어서 그랬던 것 아닐까. 비가 너무 많이 오는 것이 문제이기는 했지만, '모든 일은 때가 되어야 비로소 끝나는 법'이라는 사실을 너무 잘 알고 있었으므로.

19
9月

조선의 연회

피해를 주지 않으려는 그 마음의 태도

세상에는 남에게 최대한 피해를 주지 않으면서 서로의 이득을 적절하게 추구하며 사는 사람이 있고, 반대로 남은 아예 신경도 쓰지 않으면서 오로지 자신의 이익만 생각하는 사람도 있다. 물론 모든 경우에 그런 것은 아니었지만, 한국은 역사적으로 자신의 이득조차 생각지 않고 남에게 피해를 주지 않는 나라였다. 이웃 나라를 먼저 공격한 적도 없었고, 남에게 먼저 공격을 받아야 방어하는 수준에서 그쳤다. 전쟁에서만 그랬던 것이 아니다. 역사를 되돌아보면 곳곳에서 한국인의 그런 태도가 드러난다. 서방에 닫혔던 문을 연 19세기 후반부터 조선에서는 서양인을 초대하는 연회가 자주 열렸는데, 훗날 연회에 참석한 서양인들이 남긴 기록을 통해 당시의 연회 분위기를 들여다볼 수 있다.

- 열렬한 호의를 담아 환영한다.
- 근사한 인사말로 기분을 좋게 한다.
- 곡주, 맥주, 샴페인까지 다양한 술을 제공한다.
- 기생들이 나와 사이사이에 앉는다.
- 한식을 강요하지 않는다.
- 중국 혹은 일본인 요리사가 내온 서양식을 즐긴다.
- 식사가 끝나면 마당에 설치한 무대에서 공연이 펼쳐진다.

당시 조선이 주최한 모든 연회가 이런 방식은 아니었지만 이런 형식의 연회가 잦았던 건 사실이고, 우리는 기록을 통해 서양인을 대하는 조선인들의 태도가 어땠는지 짐작할 수 있다. 약간은 조심했으며, 무례한 언행을 하지 않으려고 노력했고, 심지어는 굳이 서양 음식을 제공하며 조선 음식을 억지로 권하지도 않았다. 물론 조선에서 만든 서양 음식이 그들의 입맛에 맞지 않을 수도 있었다. 하지만 불평할 수는 없었을 것이다. 우리가 그들에게 준 것은 단순한 음식이 아닌 '불편을 끼치지 않으려는 성의 그 자체'였으니까.

이런 자세가 늘 좋은 것은 물론 아니다. 한국인의 마음 씀씀이는 때로 지나치게 남을 의식하는 자세로 나타나기도 한다. 이런 자세가 도를 넘으면 과공비례(過恭非禮)*가 되어 오히려 상대방이 불편해질 수도 있고, 자칫하면 상대방에게 업신여김을 당할 수도 있다. 이처럼 모든 행동에는 양면이 존재한다. 가장 지혜로운 선택은 성심으로 상대를 대하되, 자기가 보이고자 하는 핵심 메시지는 분명히 상대방에게 전하는 태도일 것이다.

*과공비례: 지나치게 공손하면 오히려 예의에 어긋난다는 뜻. 《논어》의 〈선진편(先進篇)〉에 나오는 말이다.

20
9月

책임감

당신은 주인인가 여인인가

독립운동가 안창호(安昌浩) 선생. 과거에도 그랬지만 지금까지도 많은 한국인은 그의 말과 글에 감동한다. 우리의 마음을 흔들고 심장을 뛰게 하기 때문이다. 수양동우회 사건으로 체포당했을 때 경성 지방법원 검사가 "너는 독립운동을 계속할 생각인가?"라고 묻자 안창호는 이렇게 답했다. "그렇다. 나는 밥을 먹어도 대한의 독립을 위해, 잠을 자도 대한의 독립을 위해서 할 것이다. 이것은 내 목숨이 없어질 때까지 변함이 없을 것이다".

시대가 바뀐 지금에도 안창호 선생의 말이 우리에게 의미 있는 이유는 무엇 때문일까? 모든 이에게 귀감이 되는 행동이었기 때문만은 아니다. 그의 말에서 '독립'을 빼고 '자기의 일'을 넣으면 전혀 다른 의미를 발견할 수 있다. 이를테면 작가라는 내 삶에 대입하면 이렇게 바뀐다. "나는 밥을 먹어도 나의 글쓰기를 위해, 잠을 자도 나의 글쓰기를 위해서 그것을 할 것이다". 그가 독립을 위해 일상을 바친 것처럼, 나는 더 나은 글을 쓰기 위해 글쓰기를 중심에 두고 일상을 재배치한다. 삶의 중심이 달라지는 것이다. 역사를 배울 때 중요한 점은 단지 역사적 사실을 기억하는 것만이 아니라, 그것을 현실에 맞게 변주해서 적용하는 것이다. 역사적 사실의 근간을 이루는 철학을 자기 삶에 이식하는 것이다. 그런 과정을 거쳐야 비로소 과거의 역사가 나의 역사가 되어 그 가치를 빛낸다. 1925년 1월 25일자 동아일보에는 안창호 선생이 쓴 〈주인(主人)인가 여인(旅人)*인가?〉라는 글이 실렸다. 오늘을 사는 당신은 이 글에서 무엇을 느낄 수 있는가.

'여러분께 묻습니다. 오늘날 한국의 주인 되는 이가 얼마나 됩니까. 한국 사람이 모두 이 사회의 주인인데, '주인이 얼마나 되는가?' 하고 묻는 것이 참 이상한 질문처럼 느껴질 정도입니다. 그러나 한국인 모두 누구든지 명의상 주인은 될 수 있지만, 실상 주인다운 주인은 얼마나 되는지 알 수 없습니다. 어느 집이든지 주인이 없으면 그 집이 무너지거나 그렇지 않으면 다른 사람이 그 집을 점령합니다. 마찬가지로 어느 민족 사회든지 그 사회에 주인이 없으면 그 사회는 망하고 그 민족이 누릴 권리를 딴 사람이 취하게 됩니다. 그러므로 우리는 우리 민족의 장래를 위하여, 먼저 '우리 민족 사회에 주인이 있는가 없는가?'라는 질문을 해야 하며, 만약 있다면 '그 숫자가 얼마나 되는가?' 하는 것을 생각하지 않을 수 없고 살피지 않을 수 없습니다. 나부터 시작해서 여러분은 각각 우리의 목적이 이 민족 사회의 진실한 주인인가 아닌가를 물어볼 필요가 있습니다.'

안창호 선생의 모든 삶과 이 멋진 글을 한마디로 압축하면 그가 당시 한국의 청춘들에게 남겼던 이 말을 꺼내지 않을 수 없다. "그대는 왜 한국에 인재가 없다고 한탄만 하고, 스스로 그 인재가 될 생각은 하지 않는가?" 한국에는 수많은 독립운동가가 있다. 우리가 그들에게 배울 점은 그저 나라를 위해 목숨을 바쳤다는 단편적인 사실만이 아니다. 그들은 모두 스스로 나서서 자신이 주인인 삶을 살았다는 공통점이 있다. 자신이 주인이었기에 자신을 던질 각오도 할 수 있었던 거다.

*여인(旅人): 잠시 머물거나 떠도는 사람, 나그네. 이 글에서는 나라의 일을 남의 일로 여기는 방관자를 의미한다.

21

9月

한국을 지킨 말들

오늘의 말이 미래를 결정한다

우리 역사에서 '결코 부정할 수 없는 사실'이 하나 있다. 고조선 시대부터 시작해서 현대까지 정말 많은 외세의 침략을 당했다는 게 그것이다. 침략을 당해서 물리치고 정신을 차릴 때쯤 되면 또 침략을 당했고, 그 슬픈 역사는 지겹게도 반복되었다. 하지만 그럼에도 우리가 지금까지 나라를 지킬 수 있었던 이유는 중간중간 철저한 민족관을 가진 지도자와 그를 지지하며 힘을 보탠 백성들이 있었기 때문이다. 죽을 만큼 힘들었지만 그래도 힘을 내서 앞으로 나갈 수 있었던, 그 위대한 힘은 어디에서 나온 걸까? 나는 지도자와 백성을 이어주는 말[언어]들이 가장 큰 역할을 했다고 생각한다. 한국을 지킨 대표적인 금언(金言) 다섯 가지를 소개한다.

"나라를 위해 죽기는 쉽다. 그러나 길을 비켜주기는 어렵다." — 동래부사 송상현

"나를 알고 적을 알면 백 번 싸워도 지지 않는다." — 이순신

"자기를 아끼고 사랑할 줄 아는 사람이 비로소 남을 사랑하고, 나아가 나라를 사랑하고 세상을 이롭게 할수 있다." — 안창호

"역사를 잊은 민족에게 미래는 없다." — 신채호

"나라의 부강함은 적당히 있으면 되지만, 문화의 부강함은 한없이 깊어야 한다." — 김구

이 말들은 단순히 의지만 드러낸 말장난이 아니라, 말을 한 본인이 자신의 삶에서 뜨겁게 실천한 것이라 더욱 귀하다. 이렇듯 일치된 언(言)과 행(行) 안에는 깊은 사색과 성찰, 그리고 지혜와 가치가 가득해서 듣기만 해도 우리 내면이 풍요로워지는 느낌이 든다. 이런 수준으로 언행이 일치된 말을 하려면 어떤 일상을 보내야 하는 걸까? 그들의 삶을 분석해 보면 다음에 나열한 세 단계 깨달음의 과정을 발견할 수 있다.

1. 첫 번째 깨달음은 세상에 존재하는 부조리를 날카롭게 지적하는 것에서 비롯된다. 잘못된 것은 쉽게 발견할 수 있다. 쉽게 지나칠 수 없는 악취가 나기 때문이다. 여기까지는 쉬운 일이다. 의지만 가지면 할 수 있는 일이라, 주변에서 자주 발견할 수 있다.

2. 두 번째 깨달음은 위의 부조리를 그 사람의 삶을 통해 이해하는 것에서 온다. 세상만사에는 나름의 이유가 있고, 이해하면 모두 사랑하게 된다. 이 과정에 도달하게 되면 분노하거나 누군가를 비난하는 일이 급격히 줄어든다. 대신 어려운 가운데서 늘 방법을 찾아내는 사람으로 성장한다.

3. 마지막 깨달음은 이 모든 부조리가 지금 내 안에서도 일어나고 있다는 것을 깨달았을 때 온다. 이 과정에 도달한 사람은 입을 자주 열지 않는다. 침묵보다 귀한 말을 찾는다는 것이 얼마나 어려운 일인지 알기 때문이다. 앞서 언급한, 나라를 지탱해온 금언을 말한 선현들의 삶이 그랬다. 결코 말이 많은 사람이 아니었지만, 드물게 발언하는 말의 무게가 다른 이들과는 비교할 수 없을 정도로 귀하고 무거웠다.

앞에 나열한 금언을 자주 읽어보라. 그러면 선현들이 자기 말에 어떤 마음을 담았는지 깨닫게 되며, 당신은 이전보다 탄탄해진 자신의 내면을 발견하게 될 것이다. 선현들이 자신의 생명을 바쳐 나라를 지킨 것처럼, 당신도 자신의 삶을 지킬 힘을 갖게 되리니.

22

9月

도자기

깨지는 것도 도자기의 역할이다

"조금이라도 흠이 있으면 가차 없이 깨버립니다. 뒤도 돌아보지 말아야죠. 모든 것은 과정에 지나지 않습니다. 헤어짐에는 미련이 없어야지요."

도자기를 빚는 장인이라면 누구나 이렇게 말한다. 방송 등의 미디어에서 자주 보거나 들었던 표현일 것이다. 그러나 같은 말도 그의 입에서 나오면 무게가 다르다. 그의 삶이 증명하기 때문이다. 그 주인공은 조선 시대 이후 우리나라의 대표적인 백자인 달항아리 전통 제작 기법을 이어가고 있는 신경균(申京均)* 작가다(달항아리에 대한 자세한 내용은 '2월 미술 편' 참조). 그는 자신만의 방법을 찾기 위해《세종실록지리지》에 기록된 전국 가마터 324곳 중 300여 곳을 답사했을 정도로 열정적이다. '이렇게 하면 이렇게 될 것이다'라는 공식을 '모든 가능성을 파괴한다'는 이유로 싫어하기 때문에, 더더욱 자신만의 방법을 찾기 위해 노력한다. 매일 정해진 새벽 2시 30분에 일어나 물 한 잔 마신 다음 수련하듯 작업에 임하며 16시간 동안 멈추지 않는다.

신경균이 빚은 달항아리의 가치를 알려면, 일본인 미술 평론가 야나기 무네요시(柳宗悅)가 동아시아 삼국의 도자기에 대해서 분석한 글을 읽어보면 된다. "중국의 도자기는 듬직한 형태미에 있고, 일본의 도자기는 아기자기한 색채에 있다. 그리고 청자든 백자든 한국의 도자기는 그 가냘픈 선(線)에 있다". 그러나 정작 그가 한국 도자기를 서술한 표현의 백미는 바로 이 문장이다. "불규칙 가운데 규칙이 있고 미완성 가운데 완성의 흐름이 있다. 불규칙을 동반하지 않는 규칙은 기계에 지나지 않고 규칙을 간직하지 않는 불규칙은 문란에 지나지 않는다". 또한 그는 일본의 작품들이 "완성을 지향하는 버릇 때문에 이따금 생기를 잃고 만다"는 자기 반성의 말도 남겼다. 이어령 박사는 이 분석에 동의하면서 이런 의견을 덧붙였다.

"모두 맞는 말이다. 그런데 우연히도 신경균의 도자기를 대하는 순간, 한국의 도자기가 지닌 특성은 단순한 선의 예술만이 아니라는 사실에 눈을 떴다. 그 도예품에는 이른바 중국적인 형, 일본적인 색을 모두 포함하고 있었으며, 그 통합된 도자기의 예술적 특성 안에서만 한국 특유의 '선의 예술'이 나온다는 것도 몸으로 느낄 수가 있었다. 한마디로 선은 형과 색과 비교되는 것이 아니라, 그 모든 것을 통합한 뒤에야 얻어지는 결과물이라는 것에 대해서 확신을 갖게 된 것이다."

놀라운 분석이다. 중국과 일본이 지향한 것을 모두 충족한 후에야 비로소 한국 도자기의 특성인 가냘픈 선에 도달할 수 있다는 통찰이기 때문이다. 이어령 박사가 신경균의 도자기는 보는 것만으로는 충분히 감상했다고 말할 수 없다고 강조하는 이유가 거기에 있다. 도자기 미학의 최종 단계는 바로 촉각이기 때문이다. 눈으로 보고 귀로 듣는 아름다움에 만족하지 않고, '그 이상의 무엇'을 구하기 위해 허공을 더듬던 손에 잡힌 달빛이 바로 조선의 달항아리인 것이다. 더 세밀하게 표현하자면 그냥 달빛이 아니라 하늘에서 내려온 우주의 작은 파편이다. 묵직한 중량감을 느끼면서도 들고 있는 손은 허공에 떠 있는 깃털처럼 가볍다. 그런 이유로 신경균 작가는 전시에 온 관객들에게 자신이 빚은 도자기를 꼭 만져보라고 권한다. 손에 닿는 촉감이 마치 아기 피부 같다는 것을 알려주고 싶기 때문이다.

"예술이라는 것은 멀리서 관람하는 게 아니라 함께 사는 것이다"라는 게 자신의 '도자기 철학'이기 때문에 돈이 되지 않는 밥그릇과 국그릇, 그리고 반찬 그릇, 다기(茶器)까지 열심히 빚는다. 놀랍게도 그는 관람하다가 실수로 작품이 깨져도 별로 신경을 쓰지 않는다. '깨지는 것도 도자기 역할의 일부'이기 때문이다. 도자는 관상용 예술이 아니라, 일상에서 쓰여야 한다는 철학이 빛나는 이유다. 이런 작품이 쉽게 세상에 나오는 것은 물론 아니다. '산이 자신을 허락해야 그 산을 오를 수 있다'고 말하는 산악인들처럼, 신경균은 '불이 자신을 허락해야 비로소 생각하는 것을 만들 수 있다'고 말하는 겸양지덕까지 갖춘 도예가다.

+ *신경균: 한국의 전통 계승 도예가. 일제강점기에 맥이 끊긴 조선 사발을 재현한 사기장 장여(長如) 신정희의 셋째 아들이다. 열다섯 살에 물레질을 시작해 전통 방식을 따른 분청사기를 만들고 있으며 지금은 백자 제작을 많이 하고 있다.

23
9月

손기정

너의 인식이 너의 미래다

1936년 8월 9일 베를린올림픽의 피날레를 장식한 마라톤에서 결승점인 올림픽 스타디움에 처음으로 모습을 드러낸 선수는 전혀 예상치 못했던 사람이었다. 어디에 있는지도 잘 알려지지 않은 일본의 식민지 '조선'이라는 나라에서 온, 작고 깡마른 데다 머리카락을 바싹 자른 손기정(孫基禎)이 바로 그 주인공이었다. 독일 역사박물관에는 당시 마라톤 경기 모습이 이렇게 남겨져 있다.

'한국의 대학생이 세계의 건각들을 가볍게 물리쳤습니다. 그 한국인은 아시아의 힘과 에너지로 뛰었습니다. 타는 듯한 태양의 열기를 뚫고, 거리의 딱딱한 돌 위를 지나 뛰었습니다. 그가 이제 트랙의 마지막 직선 코스를 달리고 있습니다. 우승자 '손'이 막 결승선을 통과하고 있습니다.'

독일의 역사는 분명히 그를 한국인으로 기록했다. 일본의 식민지 신세였지만 그가 한국인이라는 사실을 정확히 알고 있었던 것이다. 결승선 통과 후 손기정은 승리한 선수가 누리는 기회인 어떤 세리머니도 하지 않았다. 그저 힘들게 연습했던 시간을 되새기며 고개를 숙인 채 탈의실로 퇴장했다. 우승했지만 전혀 우승자의 행동이 아니었다.

그로부터 오랜 세월이 흐른 어느 날, 노인이 된 손기정 옹이 평소 친분이 있던 세무사를 찾아와 이런 말을 했다.

"최근 어디에서 상을 받았는데 뜻밖의 상금이 생겼다. 큰돈은 아니지만 공짜로 생긴 것이니까 세금을 먼저 내고 써야겠다."

손기정 옹의 말에 세무사는 통상적인 방식대로 세금을 계산해서 그 내역서를 보여줬다. 하지만 손기정 옹은 "이것밖에 안 되는 돈이라면 별 의미가 없다"며, 생각지도 못한 요구를 했다. "가장 많은 세금을 낼 수 있는 방법으로 바꿀 수는 없나?" 세무사가 요구대로 다시 계산한 내역서를 내밀자, 손기정 옹은 그제야 만족한 표정을 지었다. "그래, 이 정도는 내야 내 마음이 편하지"라며 돌아갔다.

젊은 시절 받은 손기정의 금메달은 지금까지도 일본이 딴 금메달로 되어 있고, 올림픽 공식 기록에는 손기정의 국적 또한 일본으로, 이름도 일본식 이름인 '손기테이'로 되어 있다. 생전에 그는 잘못된 이 기록을 바로잡기 위해 할 수 있는 모든 것을 해봤지만, 일본올림픽위원회가 손기정에 대한 국적 변경 신청을 받아주지 않아 원하는 것을 이루지 못했다.

손기정은 국권을 빼앗긴 나라에서 태어나 올림픽 금메달을 수상했지만 우승 세리머니조차 마음껏 할 수 없었으며 이후로도 늘 일제의 감시를 받으며 살았다. 그러나 그는 그런 나라를 위해서 뭐라도 하고 싶은 마음에, 최대한 더 많은 세금을 내려고 노력했다. 빼앗긴 나라였지만 그럼에도 나라가 있어서 견딜 수 있다고 생각하며 살았기 때문에 할 수 있었던 행동이라 더욱 아름답다. 그가 만약 과거에 나라 탓이나 환경 탓을 하면서 살았다면 해방 이후 그런 선택을 할 수 없었을 것이다. 그게 바로 자기 현실에 대한 인식이 중요한 이유다. 최악의 상황에서도 애써 좋은 부분을 찾아 인식하는 사람은 늘 좋은 현실에서 살아갈 수 있다.

24
9月

엄홍길
자신을 이기는 자가 가장 강하다

인간의 한계를 극복하는 의지를 상징하는 대표적인 인물인 엄홍길 대장은 1988년 역사적인 에베레스트 등정 이후 13년 만인 2001년에 한국에서 두 번째이자 세계에서 아홉 번째로 히말라야 8000미터급 14개 봉우리 완등에 성공했다. 그러나 그의 도전은 여기에서 끝나지 않았다. 또 다른 8000미터급 위성봉인 얄룽캉과 로체샤르를 등정하여 16좌 등정에 성공한 세계 최초의 인물이 되었다. 세상을 놀래킨 이 엄청난 기록을 달성한 힘은 대체 어디에서 나오는 걸까?

한번은 엄홍길 대장에게 이런 질문을 던진 적이 있다. "어떻게 그 험한 산을 오를 수 있었나요? 생사를 오가는 그 길을 어떻게 갈 수 있었나요?" 그의 답은 단순명료했다. "저는 운동할 때 팔굽혀펴기를 50개 하자고 목표를 세우고 51개 이상을 합니다. 오늘 51개를 했다면 내일은 52개를 하지요. 세상 이치는 의외로 간단해요. 늘 한 걸음만 더 내디디면 어제보다 나아질 수 있죠". 산악인으로서의 그의 엄청난 기록은 결국 스텝 바이 스텝, 즉 '한 걸음 더' 정신에 있었다. 50개 목표를 세우고 50개만 하는 사람도 있고, 중간에 힘들어서 45개만 하고도 '이 정도만 해도 안 하는 사람보다는 낫잖아'라며 자위하는 사람들이 많은 게 현실이다. 하지만 그는 알고 있었다. 세상을 바꾸는 건 힘들 때 거기에서 멈추지 않는 사람들이라는 사실을. 하나를 더하면 어제는 몰랐던 오늘의 세계를 만날 수 있다. 그렇게 51개를, 다시 52개를 하다 보면 결국 불가능할 것 같았던 100개를 해내는 사람이 되며, 자신의 삶은 물론 세상을 바꿀 기회가 주어지는 것이다.

사람들은 기록을 세운 엄홍길만을 본다. 그래서 14좌 등정에서 멈추지 않고 굳이 16좌 등정을 시도하며 '세계최초' 타이틀을 거머쥔 걸 억지라고 생각한 사람도 있다. 하지만 그를 아는 사람의 생각은 다르다. 그의 고집은 기록이 아닌 자신의 의지를 시험하려는 선택이었다는 사실을 알기 때문이다. 우리는 전쟁과도 같은 고산 등반을 몇 번이나 감수한 그의 열정을 간과하지 말아야 한다. 사람들은 엄홍길이 높은 산과 싸운다고 생각하지만, 결국 그는 자기 자신과 싸운 것이었다. 그는 '자승최강(自勝最強)'이라는 삶의 철학을 갖고 산다. '자신을 이기는 자가 가장 강하다'는 사실을 증명하며 살아온 게 그의 인생이었다.

단언컨대 열정은 쌓이는 것이다. 하지만 어떤 사람들은 열정을 가진 척하며 살아간다. 더 먹고 싶은, 더 자고 싶은, 더 놀고 싶은 자신의 욕구와의 싸움에서 매번 무참히 지면서도 자기는 열정을 가졌다고 말한다. 그러면서 남에게 자신의 삶을 변화시켜 달라고 말한다. 자신의 넘치는 열정을 작동시킬 방아쇠를 당겨달라고 말한다. 그런데 미안하지만 누구도 이런 사람들의 삶을 변화시킬 수 없다. 자는 사람은 깨울 수 있지만, 자는 척하는 사람은 절대 깨울 수 없기 때문이다. 엄홍길 대장은 다시 이렇게 말한다.

"가야 한다. 불가능은 없다."

25
9月

이어령

젊은이는 늙고 늙으면 죽는다

이어령 선생은 현대 한국을 대표하는 지성이다. 그를 수식하는 수많은 직함만 나열해도 이 말이 실감된다. 문학평론가, 언론인, 교육자, 정치인, 사회기관단체장, 초대 문화부 장관, 소설가, 시인이자 수필에 희곡까지 써낸 작가, 그리고 기호학자 등 매우 다양하다. 그러나 가장 중요한 것은 그 일들을 누구보다 근사하게 해냈다는 사실이다. 그는 과거 이화여대 국문과 교수 시절 박사 신분이 아니었다. "박사도 아닌 사람이 교수를 했다고?" 보통은 이런 의문을 가질 수도 있다. 그러나 오랫동안 박사를 안 딴 데는 보통 사람은 감히 상상도 못 할 이유가 있었다. '감히 누가 나 이어령의 논문을 심사하겠는가?'라는 게 그것이었다. 그럴 정도로 그는 자신의 삶에 자신이 있었고, 또 그런 말을 해도 비난받지 않을 정도로 모두가 인정하는 지성이었다.

나는 지난 2008년 이후로 이어령 선생과 15년 동안 만남을 이어가며 매년 10시간 이상 문해력과 창조성 그리고 자녀 교육 등 다양한 주제로 대화를 나눴다. 이 연례행사의 시작은 예상치 못한 선생의 제안에서 비롯되었다. 첫 만남 때 이어령 선생은 내게 이렇게 말했다. "나를 마음껏 이용하라!" 그렇게 나는 한국의 지성인 그를 15년 동안 다양한 분야에서 마음껏 이용했다. 그러나 시간은 정말 빠른 것이다. 인생은 한마디로 '늙어가는 것' 그 이상도 이하도 아니다. 늙으면 많은 것이 우리를 떠난다. 윤기 있던 살결도, 머리카락과 발톱까지도 떠나고, 생각도 힘도, 그리고 의지력도 모두 떠난다. 그러나 남는 것이 하나 있다. 바로 삶이다. 이어령 선생은 2021년 나와의 마지막 인터뷰에서 이런 말을 남겼다.

"나는 마루에 쪼그려 앉아 발톱을 깎다가 눈물 한 방울을 툭, 떨어뜨렸다. 멍들고 이지러져 사라지다시피 한 새끼발톱, 그 가여운 발가락을 보고 있자니 회한이 밀려왔다. 이 무겁고 미련한 몸뚱이를 짊어지고 80년을 살아오느라 네가 얼마나 힘들었느냐. 나는 왜 이제야 너의 존재를 발견한 것이냐."

모든 것이 다 떠나도 살아 있는 자에게는 여전히 남은 삶이 자기 존재를 지켜준다. 그래서 더욱 선생의 말씀이 오랫동안 기억에서 사라지지 않고 떠돌 것만 같다.

우리는 결국 모두 죽는다. 그리고 사람은 누구나 자기 삶의 마지막에 이르면 자신을 정의할 철학 한마디를 남긴다. 이어령 선생이 여든일곱 해 생애를 살며 남긴 한마디로 내가 꼽는 것은 바로 이것이다. "젊은이는 늙고 늙으면 죽는다". 그는 평생 죽음을 생각하며 살았다. 언제 죽을지 모른다고 생각하면 생이 농밀해질 수밖에 없다. 그러므로 그는 몇 사람이 살아도 할 수 없는 일을 단 한 번의 생애 동안 완벽하게 해냈다. 그는 늘 '메멘토 모리(Memento Mori; 죽음을 기억하라)*'라는 금언을 강조해왔다. 그러나 같은 글을 읽어도 사람들의 반응은 전혀 다르게 갈린다. "어차피 죽는 거 즐기며 사는 거지!"라고 생각할 수도 있고, "오늘 사랑과 희망을 전하며 살아야 한다"라고 생각할 수도 있다. 그렇다면 이 세상에 무엇이 영원할 수 있을까? 술은 마르고 음식은 썩어 사라지지만, 한 사람이 남긴 사랑과 희망은 다음 세대로 영원히 전해진다. 그는 희망이 사라진 이 시대를 살아가는 사람들에게 이렇게 말했다.

"너의 죽음을 기억하며 살아라. 일이 잘되지 않아 힘들다면 죽음을 기억하라. 사는 게 어려워 포기하고 싶다면 다시 죽음을 기억하라. 다시 시작하는 것조차 망설여진다면 또 한 번 죽음을 기억하라. 언제든 세상을 떠날 수 있다는 너의 죽음을 기억하며 살아라. 어두워지며 빛나는 별처럼, 죽음을 기억할수록 오늘의 삶이 빛나리라."

죽음을 기억하라, 죽음을 기억하는 자는 죽어도 죽는 게 아니니까.

*메멘토 모리: "(너의) 죽음을 기억하라", "(너도 반드시) 죽는다는 사실을 기억하라"라는 의미의 라틴어 금언. 로마 시대에 전쟁의 개선장군이 시가행진할 때 노예를 시켜 행렬 뒤에서 큰소리로 외치게 했다고 한다. '전쟁에서 승리했다고 우쭐대지 말라. 오늘은 개선 장군이지만, 너도 언젠가는 죽는다. 그러니 겸손하게 행동하라'라는 의미에서 나온 말이다.

26
9月

강수진

카리스마는 힘으로 압도하는 게 아니라, 삶으로 압도하는 것

국립발레단을 책임지고 있는 강수진(姜秀珍)* 단장에 대한 정보는 이미 차고 넘치기 때문에 굳이 설명을 보탤 필요는 없을 것이다. 그래서 바로 '내가 본 강수진'에 대한 이야기를 시작한다. 다음에 나오는 질문과 대답은 모두 2012년 그녀와의 2주간 인터뷰 동안 나눈 이야기들이니 당시의 시점이라는 것을 염두에 두고 읽어주시길.

직장에서 해외 출장을 나가면, 업무를 마친 뒤에 약간의 관광도 하고 맛집도 찾아가 그 나라의 다양한 문화를 즐기는 게 일반적이다. 하지만 내가 만났던 강수진은 전혀 달랐다. 심지어 부모님이 사는 한국에 공연이 잡혀도 공연에만 집중하지 부모님을 따로 만나지 않을 정도다. 공연을 다 마치고 출국할 때야 공항에서 부모님을 처음 만날 정도로 독하게 자신의 일정을 관리한다.

"저는 지금 해야 할 일에 집중해요. 공연하러 한국에 왔으면 공연만 하고 가는 게 관객에 대한 예의죠. 3박 4일 일정으로 방한하면 정말로 3박 4일 동안 공연장과 호텔만 왔다갔다 해요. 쉬는 시간도 없어요. 틈이 날 때마다 저는 어떻게 하면 더 관객에게 깊은 감동을 줄 수 있을까 고민하느라 바쁘거든요. 그게 제가 여기에 온 이유니까요".

자신의 직업에 대한 그녀의 철학은 이렇게 남달랐다. 그녀는 다시 이렇게 말했다.

"스스로 생각했을 때 5시간을 일한 게 중요하지, 남이 봤을 때 5시간을 일한 것처럼 보이는 것은 쓸데없는 일입니다. 왜 내 일을 하는 데 남의 눈치를 봐야 하나요? 그건 당신이 남의 일을 하기 때문입니다. 내 일을 하는 사람은 절대 남의 눈치 보지 않습니다."

간혹 다른 사람들에게 강수진의 이런 면을 말해주면 "그렇게 열심히 살아야 할 이유가 있을까요? 가끔은 여유롭게 살아야죠"라고 대답하는 사람도 적지 않다. 하지만 나는 휴양지에서 한가로운 시간을 즐기는 것도 여유로운 삶이지만, 관객에게 진심을 전하기 위해 30년 내내 자신을 몰아세운 사람도 마찬가지로 자신의 시간을 멋지게 즐기며 사는 삶이라고 생각한다. 세상에 진심을 전하는 것보다 소중한 일이 없으니까. 이렇게 사는 사람에게는 '일상의 카리스마'가 생긴다. 강수진과 매일 함께 연습하는 동료들조차 그녀의 카리스마에 찬사를 보낸다. 슈투트가르트발레단의 예술 감독인 리드 앤더스는 그녀를 이렇게 평했다.

"그녀는 아무런 치장도 없이, 화장도 하지 않은 자연 그대로의 모습으로 아침마다 연습실에 들어섭니다. 하지만 조용하고 꾸밈없이 등장한 그녀는 아무런 동작을 하지 않은 채 가만히 서 있기만 해도 그녀만의 강렬한 카리스마로 곧 사람들을 끌어당깁니다."

강수진은 말도 통하지 않는 타국에서 최고의 발레리나로 성장하기 위해 얼마나 노력했을까? 얼마나 힘들었을까? 보통의 직장에 비유하자면, 그녀는 모나코에서 그리고 독일에서 말단 계약직 인턴으로 일을 시작한 셈이다. 그것도 외국인 신분으로. 당시 발레로 이름을 떨치는 동양인은 거의 없었기 때문에 동료들에게 알게 모르게 무시당했을 것이다. 하지만 그녀는 오로지 자신의 힘으로 자기가 하고 싶었던 발레를 해냈다. 이제 전 세계에서 발레리나 강수진을 무시하는 사람은 한 명도 없다. 오히려 이제 그녀는 많은 사람의 롤모델

이 되었다.

강수진과의 인터뷰 도중에 나는 수차례 물었다. "당신의 그 엄청난 카리스마는 어디에서 나오는 건가요?" 그녀는 딱히 대답하지 못했다. 하지만 2주 동안 대화를 나누어 오며 나는 이미 알고 있었다. 정답은 그녀의 삶이었다. 상대를 압도하는 카리스마는 어떤 테크닉이나 꼼수로 생겨나는 게 아니라는 사실을.

카리스마란, 시간과 땀이 쌓여 만들어지는 공들인 수공예품같은 것이다. 그녀는 한국이든 독일이든, 전 세계 어디를 가도 사는 게 쉬운 곳은 없다고 말한다. 평생을 세계적인 발레리나로 살았지만, 국립발레단을 이끄는 지금도 언제 바닥으로 굴러떨어질지 알 수 없다고 그녀는 생각한다. 그래서 처음 발레를 시작할 때처럼 최선을 다하는 마음으로 하루를 보낸다. 강수진은 말한다. 아니 그녀의 삶이 말한다. '진정한 카리스마는 힘으로 압도하는 게 아니라, 삶으로 압도하는 것이다'.

*강수진: 동양인 최초로 독일 슈투트가르트발레단에 입단하여 솔리스트로 선발된 후 수석 발레리나로 활동한 한국의 발레리나. 1999년 무용계의 아카데미상인 브누아 드 라 당스(Benois de la Danse)의 최고 여성무용수로 선정되었으며, 2014년 2월부터 대한민국 국립발레단 단장으로 재임하고 있다.

27
9月

김군자 할머니

세상에 내미는 또 하나의 손

세상에 할머니는 많다. 그 많은 할머니 중에 한 사람을 특정해 소개하는 이유는 그녀가 2000년 8월 5000만 원이라는 거금을 자신과 전혀 연고가 없는 재단에 기부하며 한 다음의 말에 모두 담겨 있다.

"내가 고아로 자랐어. 그래서 배운 것이라곤 야학 8개월이 전부야. 어려서 부모를 잃고 못 배운 탓에 삶이 그렇게 힘들었던 것만 같아서. '그때 조금 배웠더라면 그렇게 힘들게 살진 않았을 텐데'하는 생각이 자주 들었어. 가난하고 부모 없는 아이들이 배울 기회만이라도 갖도록 돕고 싶어. 그런데 너무 적은 돈이라 부끄럽고 미안해."

의외로 많은 사람이 기부를 결심한다. 그러나 그 결심을 실천으로 옮기는 것은 어렵다. 기부란 돈이 남아서 하는 게 아니라, 자신이 써야 할 돈을 아껴서 하는 것이기 때문이다. 자신의 것을 어떤 조건도 없이 줄 수 있는 사람은 흔치 않다.

할머니가 살아온 삶은 외롭고 쓸쓸했다. 1926년 강원도 평창에서 태어나 10살에 아버지를, 14살에는 어머니를 여의었고 그 후로 늘 혼자서 풍진 세상을 살아내야 했다. 누구보다 가난하고 외로웠지만 아무도 그녀를 돕지 않았다. 그러다가 어느 집 수양딸로 들어갔다. 하루는 수양 아버지가 나가서 돈을 벌어오라며 그녀를 한 조선인에게 보냈다. 돈벌이라는 일이 중국 지린성 훈춘 위안소로 끌려가는 것이었다. 돈에 팔린 것이다. 기구한 운명의 이 할머니가 바로 위안부의 존재를 세상에 알리는 일에 평생을 바친 김군자 할머니다. 3년간의 위안부 생활 동안 차라리 죽고 싶어 일곱 번이나 자살을 시도했지만 번번이 실패했다. 일제가 전쟁에 패한 후에는 무려 38일 동안이나 두 발로 걷고 두만강을 헤엄쳐 건너 고향으로 돌아갔다. 고향에서 남자를 만나 사랑도 했다. 그러나 삶은 그녀를 또 다시 외롭게 내몰았다. 결혼을 약속했던 남자는 집안의 반대로 스스로 목숨을 끊었고, 혼자 딸을 낳았지만 5개월 만에 세상을 떠났다. 불행은 집요하게 그녀를 따라다녔다. 이번에도 그녀의 손을 잡아주는 사람은 없었다. 그래서 생각했다. '이번에는 반대로 내가 이웃의 손을 잡아보자. 기왕이면 나보다 어려운 사람들의 손을'. 그러므로 할머니가 해온 모든 기부는 자신은 외면당했지만, 그래서 더욱 잘 알게 된 세상의 더 외로운 사람들을 향해 내민 그녀의 따뜻한 손이 되었다. 세상의 많은 할머니 중에 김군자 할머니를 특정해 언급하는 이유가 바로 여기에 있다.

이야기는 여기에서 끝나지 않는다. 할머니는 2000년에 이어 2006년에도 같은 금액을 기부했다. 두 차례에 걸쳐 1억 원을 기부한 것이다. 이쯤 되면 궁금해하지 않을 수 없다. 김군자 할머니는 어떻게 길지 않은 기간에 그 많은 돈을 모을 수 있었던 걸까? 분명한 철학을 가진 사람에게는 그 방법이 보인다. 할머니의 삶이 딱 그랬다. 그 1억 원은 쓰고 남은 돈이 아니라 장사해서 모은 돈과 정부의 생계지원금 등을 모두 모은, 그녀가 가진 전부였다. '쓰고 남은 돈이 아닌, 아껴서 모은 돈'이라는 사실이 중요하다. 할머니는 이런 생활을 조금도 힘들게 생각하지 않았다.

"가만히 보니 1년 동안 아껴 모으면 1000만 원은 모을 수 있더라고. 돈 많은 양반들에게는 별거 아니겠지만, 나한테는 쉽지 않았어요. 옷이야 몸에서 냄새나지 않을 정도만 갖추면 되는 거고, 먹고 자는 거야 몸뚱이 누일 곳이 있으니 됐고. 돈이 들어오면 그저 아이들에게 장학금 주고 싶다는 마음으로 차곡차곡 모은 거야. 모쪼록 부모 없이 공부하려고 고생하는 아이들에게 잘 전해줘요."

2017년 7월 23일 김군자 할머니는 자신의 장례 비용만 남겨 두고 우리 곁을 떠났다. 세상에서 가장 아름다운 마무리를 보여준 것이다. 그렇게 그녀는 전 재산을 세상에 베풀고 위대한 유산까지 남겼다. 바로 할머니의 뜻과 마음을 기억하는 사람의 심장이 그것이다. 손잡아주지 않는 세상을 향해 자신이 먼저 손을 내민 그때부터, 앞으로도 영원히 그녀는 혼자가 아니다.

28
9月

이국종
아픈 자에게 힘을 주는 한마디의 철학

이국종의 아버지는 한국전쟁에서 한쪽 눈을 잃고 팔다리를 다친 장애 2급 국가유공자였다. 아버지는 그에게 반갑지 않은 이름이었다. '병신의 아들'이라 놀리는 친구들 때문이었다. 가난은 그림자처럼 그를 따라다녔다. 아버지는 아들에게 미안한 마음을 표현하고 싶을 때마다, 술의 힘을 빌려 말했다. "아들아, 미안하다". 한국인이라면 이제는 모르는 사람이 없을 정도인 외과의 이국종 교수의 이야기다. 한 인터뷰에서 그는 이렇게 말했다.

"중학교 때 축농증을 심하게 앓은 적이 있습니다. 치료를 받으려고 병원을 찾았는데, 국가 유공자 의료복지 카드를 내밀자 간호사들의 반응이 싸늘했습니다. 다른 병원에 가보라는 말을 들었고 몇몇 병원을 돌았지만 문전박대를 당했습니다. 이런 일들을 겪으며 이 사회가 장애인과 그 가족들에게 얼마나 냉랭하고 비정한 곳인지 잘 알게 됐던 것 같습니다."

이야기는 여기에서 끝나지 않는다. 자신을 받아 줄 다른 병원을 찾던 중 그는 자기 인생을 바꿀 의사를 만난다. '이학산'이라는 외과 의사였는데, 그는 어린 이국종이 내민 의료복지 카드를 보고 이렇게 말했다. "아버지가 자랑스럽겠구나". 그 의사는 진료비도 받지 않고 정성껏 치료하고는 이렇게 격려했다. "열심히 공부해서 꼭 훌륭한 사람이 되어라". 그 한마디가 어린 이국종의 삶을 결정했다. '의사가 되어 가난한 사람을 돕자, 아픈 사람을 위해 봉사하며 살자'. 이국종은 자신의 인생 원칙을 그때 세웠다. 이후로 의사로서 그의 원칙은 분명하다. "환자는 돈 낸 만큼이 아니라, 아픈 만큼 치료받아야 한다". 만약 "아버지가 자랑스럽겠구나"라고 말해준 의사가 없었더라면, 그는 우리가 아는 이국종이 될 수 없었을지도 모른다. 사려 깊은 의사의 한마디가 냉혹한 세상을 아름답게 만든 것이다.

이국종은 수많은 사건과 사고의 현장에서 정치적 이유나 경제적 이익에 대한 생각은 아예 던져버리고, 오직 다치고 죽어가는 환자만 생각하며 살았다. 덕분에 오른쪽 어깨는 세월호 참사 현장에 갔다가 부러졌고, 왼쪽 무릎은 헬기에서 뛰어내리다가 꺾여서 불편한 상태다. 왼쪽 눈은 이미 거의 실명 상태에 이른 상황이다. 한국 최고의 외과의가 왜 자신의 몸은 제대로 간수하지 못한 걸까? 다른 사람의 몸을 치료하느라 정작 자기 몸을 돌볼 틈은 만들지 못했기 때문이다. 이국종이 걸어온 지난날을 모르는 사람은 그를 오해할 수도 있다. 매사가 칼로 자르듯 분명하고 그러기에 다소 날카로울 수밖에 없는 그의 일상에 대해, 유난스럽다고 할 수도 있고 혼자만 나선다고 뒤에서 손가락질할 수도 있다. 하지만 그의 철학을 조금이라도 공감하는 사람이라면 이국종의 전혀 다른 부분을 바라볼 것이다.

누군가 자신의 꿈을 말할 때 당신은 어떤 말을 해주는가. "다 좋은데, 그게 돈이 되겠니?", "너 그거 하려고 대학 나왔니?", "그거 아무도 알아주지 않는 일이야!" 현실적인 조언이랍시고 이렇게 내뱉지는 않는가? 그런 말은 도움이 되기는커녕 상대의 마음만 아프게 할 뿐이다. 그보다는 따뜻한 마음을 담아 이렇게 호응하면 어떨까. "네 꿈 참 근사하다", "참 멋진 꿈을 가졌구나!", "그런 꿈을 가진 네가 참 자랑스럽다". 한 사람의 꿈은, 그 꿈을 지지하는 다른 한 사람에 의해 더 커지고 강해진다. 그 사람을 사랑한다면, 당신이 그 한 사람이 되어라. 한마디만 달리 말해도, 한 사람의 인생 전체를 송두리째 바꿀 수 있으니까.

29
9月

대박
생각할 필요를 느끼지 못하게 만드는 수식어

요즘 두 사람 이상이 모인 곳에서 어떤 사안에 대한 의견을 한참 설명하고 나면 결국 마지막에 이런 질문이 돌아온다. "그래서 너는 누구 편인데?" 결국 그들이 원하는 답은 '내 편이냐 아니냐'에 대한 "네, 아니오"다. 구체적인 설명은 원하지도 않고, 허락하지도 않는다. 지지하는 사람이라면 어차피 모든 것이 옳고, 반대편 입장이라면 어차피 모든 것이 그르다는 전제하에 대화하기 때문이다. 이른바 '진영 논리의 늪'에 빠지는 것이다. 이런 현상은 최근 들어 더욱 심해지고 있다. 이런 사회적 흐름이 대세가 되면 사람들은 매사에 구체적인 자기 생각을 하려들지 않게 된다. 이미 누군가가 설계한 사고(思考) 시스템을 통해 나온 것들에 대해 "지지한다" 혹은 "반대한다"라는 의사 표시만 하면 되기 때문이다.

이런 현상은 갑자기 나타난 것일까? 아니다. 사람의 생각은 자주 쓰는 언어에 의해서 달라진다. 생각의 디테일을 뭉뚱그리고 말살하는 대표적 수사(修辭)가 하나 있다. '대박'이라는 신조어가 바로 그것이다. 요즘에는 아이들조차도 맛있는 음식을 먹고 나면 열이면 열 모두 "대박!"이라고 외친다. 심지어 서로 다른 맛의 음식을 먹고도 마치 같은 음식을 먹은 것처럼 오로지 '대박'이라고만 표현한다. '대박'이라는 표현만으로는 그들이 무엇을 먹었는지 알 도리가 없다. 자기만의 느낌이, 전혀 들어가 있지 않기 때문이다. 더 심각한 사실은 모두가 대박을 외치면, 그렇지 않다고 생각하는 사람은 견딜 수가 없다는 것이다. 그런 사람은 사실 유무와 관계없이 다른 편으로 이동해야만 한다. 그렇다고 옮겨 간 다른 편의 표현이 나아지는 것도 아니다. 그 곳에서도 다시 "대박!"이라고 외치니까.

신조어가 그 자체로 나쁜 것은 아니다. 의도적이건 아니건 그것을 잘못 사용해서 사람들의 생각을 하나로 뭉뚱그리고 더 이상 생각하지 못하도록 만드는 점이 나쁘다. 만약 누군가 당신에게 이런 질문을 던지고 '네, 아니오'로 대답해달라고 요청했다고 하자. "여전히 당신은 가난한 아이들이 굶어서 죽는 일이 '대박'이라고 생각하시나요?" 사실 말도 안 되는 질문이다. '여전히'라는 수식어가 들어갔기 때문에, 어떤 선택을 하더라도 가난한 아이들이 굶어서 죽는 일을 '대박'이라고 생각했다는 굴레에서 벗어나기 힘들다. 누구도 그런 상황을 '대박'이라고 여기지는 않기 때문이다. "네, 아니오" 중 하나로만 대답하라며 별도의 설명은 필요하지 않다는 것 역시 말도 안 되는 요구다. 어떤 상황에서는 나름의 설명이 필요하며, 세상에 완전히 옳거나 완전히 그른 경우는 별로 없기 때문이다.

이런 상황에서 벗어나려면 평소에 구체적인 자기의 어휘를 쓰는 게 좋다. '대박', '너무', '매우' 등의 수식은 사안이나 상황의 미묘함을 생략하고 듣는 사람을 한쪽으로 몰아넣어 더는 생각할 수 없도록 만들기 때문이다. "너무 맛있어", "너무 예뻐"라는 식의 말은 반사신경처럼 생각 없이 나오는 말이라 자신만의 시선이나 생각을 드러내지 못한다. 대중매체에서 이런 식의 언어생활을 보여주자, 사람들은 자기만의 생각을 하거나 느낌을 표현하기를 포기했다. 우리는 '잘못된 익숙함'에서 벗어나야 한다. 디테일을 생략하고 대충 표현하거나 유행어로 모든 표현을 대신하려는 생각을 버리자. 그렇게 하면 자기만의 생각을 할 수 있고, 자기만의 말을 할 수 있게 된다. 생각이 입 밖으로 나온 것이 바로 말이니까.

30
9月

국립중앙도서관

도서관은 '모든 철학의 결정체'다

2022년 2월, 이어령 전 문화체육부 장관이 세상을 떠났다. 그의 영결식이 어디에서 열렸는지 아는가? 짐작이 불가능하니 답이 더 궁금해진다. 워낙 다양한 분야에서 활약하며 '한국의 지성'으로 불리던 사람이었기 때문이다. 답은 바로 국립중앙도서관이다. 며칠 후인 3월 2일 도서관의 국제회의장에서 영결식이 진행되었다. 이는 무엇을 의미할까? 중앙국립도서관이 곧 한국의 지성을 대표하는 장소라는 증거다.

국립중앙도서관은 당신이 지금 읽고 있는 이 책에서 가장 중요한 요소다. 그 이유는 이렇다. 2년 이상의 시간을 이 책을 쓰는 데 쏟아부으면서 내가 가장 전하고 싶은 메시지는 '사물과 공간의 가치를 스스로 발견해서 느끼는 삶'을 시작할 수 있게 돕자는 생각이었다. 건물이라고 다 건축 파트에 속하는 게 아니고, 사람이라고 다 인물이나 철학 파트에 넣을 것도 아니며, 그림이라고 다 미술 파트에서 다뤄야 하는 게 아니라는 주장을 전하고 싶었다. 때로 사람이 건축일 수도 있고, 건물이 철학일 수도 있다. 모든 분야를 폭넓게 관조하며 경계를 허물고 자기만의 고유한 시각을 장착하는 것, 이것이 바로 이 책에서 펼치는 내 생각의 핵심이자 철학 파트에 국립중앙도서관을 소개하는 이유의 전부다. 한국에서 가장 많은 책을 체계적으로 접할 수 있는 곳이 바로 이곳이고, 그래서 여기는 모든 한국 철학의 아카이브(archive)다. 책은 사람에 의해서 만들어진 것이고, 한 사람 한 사람이 곧 하나의 철학 주체이기 때문이다. 이 세상에 철학이 없었다면 책도 없었을 것이다.

기관의 역사도 유구(悠久)하다. 1945년에 개관한 국립중앙도서관은 국내에서 발행된 출판물과 각종 지식 정보를 수집 · 보존하고 있다. 무엇보다 중요한 것은 이를 국제 기준에 맞추어 정리 · 제공한다는 사실이다. 국립중앙도서관이 처음부터 지금의 자리인 반포에 있었던 건 아니다. 도서관이 개관할 당시의 반포는 사람이 거의 살지 않는 들판이었다. 그 후 서울시 확장 계획에 따라 강남이 개발되고 발전한 1988년 5월 28일 남산에 있던 국립중앙도서관은 지금의 서초구 반포대로로 신축 이전한다. 지금은 본관 기준으로 연면적 3만 4722평방미터에 지상 7층 지하 1층 규모의 건물로 과사무실과 각 자료실, 전시실, 그리고 서고가 있다. 2021년 12월 기준으로 무려 1300만 권이 넘는 책을 보유 중이며, 온라인 자료 역시 1800만 건으로 지금의 한국을 이루고 있는 역사와 철학, 미술과 음악 등 거의 모든 분야에 대한 온갖 지식과 정보가 모여 있다고 보면 맞다.

참고로 국립중앙도서관은 열람밖에 되지 않는다. 그러므로 앉은 자리에서 책과 자료를 충분히 읽고 머리에 담아야 한다. 그런 뒤 밖으로 나와 길건너 몽마르뜨공원을 산책하며 자신의 철학으로 만드는 시간을 갖는 것도 좋다. 또 하나, 장서 보존을 위해 어린이의 출입이 금지되어 있으므로 아이를 동반할 때는 멀지 않은 역삼동 국립어린이청소년도서관을 이용하면 된다. 그럼에도 불구하고 국립중앙도서관을 아이와 함께 자주 방문하길 추천하는 이유는 안에서 책을 읽을 수는 없지만, 그 주변을 산책하며 뛰노는 것만으로도 수많은 책이 있는 이곳에서 한국 지성들의 철학에 감응(感應)할 수 있기 때문이다. 주변 풍경도 매우 아름다우니 가족과 함께 찾아 근사하게 즐기기 바란다.

방에서 떠나는 인문학 여행지

1일 낙성대공원

귀주대첩의 영웅 강감찬 장군이 태어난 날 하늘에서 별이 떨어졌다고 전해지는 곳이 낙성대다. 낙성대공원 내에는 장군의 집터와 장군을 기리는 사당인 안국사가 들어서 있다. 장군의 영정과 생애의 주요 장면을 그린 기록화도 볼 수 있다. 고려 때 장군을 기리기 위해 세워진 삼층석탑은 안국사로 옮겨졌고 원래 있던 터에는 유허비만 남아있다.

서울시 관악구 낙성대로 77

7일 오죽헌

뛰어난 학문과 훌륭한 자녀 교육, 여류 문인화가 등으로 추앙받는 신사임당은 오죽헌에서 율곡 이이를 낳았다. 강릉의 여행 일번지인 오죽헌 내 몽룡실은 율곡선생이 태어난 방이다. 율곡기념관에는 신사임당과 율곡 선생의 일대기, 〈조충도〉 등 사임당의 화폭을 담은 작품들이 전시되어 있다. 오죽헌 내에 둘러선 검은 대나무, 오죽의 모습도 이채롭다.

강원도 강릉시 율곡로 3139길 24

8일 도산서원

성리학의 대가인 퇴계 이황 선생은 고향에서 서당을 열고 후학 양성에 힘썼다. 훗날 이곳에 도산서원이 세워졌다. 낙동강을 바라보며 서원으로 들어가는 길은 고목들이 도열해 있어 청량감을 만끽할 수 있는 산책코스다. 서당을 비롯한 농운전사, 시습재 등 여러 채의 건축에 담겨진 이야기를 제대로 알려면 문화해설사의 해설이 유익하다.

경북 안동시 도산면 도산서원길 154

➤ 12월 13일

하회마을 충효당 제공

10일 하회마을 충효당

임진왜란 당시 이순신 장군과 더불어 국난 극복에 앞장 선 서애 유성룡. 그의 고택 하회마을 충효당은 조선시대 양반가문 가옥의 전형이다. 기품있는 한옥의 멋을 하나하나 찾아가는 충효당 관람은 흐트러진 옷자락도 바로 세우게 만든다. 충효당 내 영모각에는 국보로 지정된 〈징비록〉 외에 다수의 유물이 소장되어 있어 눈길을 끈다.

경북 안동시 풍천면 하회종가길 69

15일 다산초당

천주교인이었던 정약용은 황서영백서 사건에 연루되어 18년 간 강진에서 유배생활을 보냈다. 그가 기거했던 초당으로 이어지는 길은 숲이 우거진 산길이다. 다산은 차밭으로 유명한 이곳에서 차를 즐겨 마셨다. 초당 앞마당에는 선생이 솔방울을 태워 차를 달였다는 차 부뚜막이 놓여있다. 초당 주변으로 동백나무가 빽빽하게 들어서 있는 모습도 눈을 즐겁게 한다.

전남 강진면 도암면 만덕리

23일 손기정체육공원

1936년 8월 베를린올림픽의 피날레를 장식한 마라토너 손기정을 기념하는 공간이 손기정체육공원 내에 들어서 있다. 이곳은 당시 손기정 선생이 다녔던 양정의숙 터. 기념관 전시실에는 각종 기록물과 우승기념으로 받은 고대 그리스 청동 투구가 전시되어 있다. 오래된 붉은 벽돌건물의 손기정문화도서관과 손기정옹의 동상도 함께 둘러보자.

서울시 중구 손기정로 101-4

10

과학

이전에 없던 세상을 만들려면
이전에 없던 생각이 필요하다

1

10月

인쇄술

소수의 이익만 생각하면 다수의 성장이 멈춘다

책을 읽다가 이런 생각이 들 때가 있다. "왜 한국의 출판 산업은 서양에 비해서 늦었던 걸까?" 역사적으로도 글을 사랑하고 아끼는 마음이 결코 부족한 문화는 아니었기 때문에 더욱 궁금할 수밖에 없다. 게다가 한국은 세계 최초로 금속활자를 발명해서 책을 찍어낸 나라다. 지금으로부터 792년 전인 고려 중기 1230년에 첫 금속활자를 발명했고, 현존하는 유물을 기준으로 해도 무려 645년 전인 1377년에 《직지심체요절(直指心體要節)》*을 금속활자로 찍어냈다. 이 책은 현존하는 책 중 세계에서 가장 오래된 금속활자 인쇄물로 인정받고 있다. 공식적으로 확인할 수 있는 1455년에 출판한 라틴어판 〈구텐베르크 성경〉과 비교할 때, 무려 78년이나 앞섰기 때문이다.

그러나 '세계 최초'라는 것보다 더 중요한 사실은 그렇게 앞선 인쇄 기술을 가지고도 출판 산업은 늦어도 너무 늦게 시작되었다는 점이다. 이유가 뭘까? 놀랍게도 개인에게 인쇄를 허락하지 않았기 때문이다. 조선시대에 책의 발행은 왕이 직접 출간을 결정하거나 고위 관료들의 요청을 왕이 허락해야 가능했다. 반드시 왕을 거쳐야만 책을 낼 수 있는 구조라서 일반 백성들에 의한 출판은 꿈도 못 꿀 일이었다. 인쇄소에 해당하는 주자소(鑄字所)도 궁궐 내에 있었고, 책의 유통은 서점을 통해서가 아니라 왕의 하사(下賜)나 개인 간의 물물교환으로 이루어졌다. 상황이 이러니 원하는 책을 읽으려면 직접 필사를 하거나 누군가 필사한 책을 사야만 했다. 인쇄술의 시작은 다른 나라보다 빨랐음에도 '출판의 국가 독점'으로 인해 산업으로 발전하지 못해 뒤처지는 원인이 된 것이다.

뛰어난 인쇄술에, 과학적인 문자인 한글이 있었고, 위대한 학자와 지식인들이 쏟아져 나왔지만, 어렵사리 축적된 지식과 정보는 일부 식자층의 전유물이 되고 말았다. 조선 중기 때 정계에 진출한 사림(士林)들은 이렇게 주장했다. "수많은 책을 높은 곳에 쌓아 두고 한 번도 펼쳐 읽지 않아 좀벌레의 먹이가 된다면 무슨 가치가 있겠습니까?" 요즘 식으로 바꿔 말하면, "왜 책을 대량으로 찍어내지 않고, 서점도 만들지 않는 건가요?"라는 질문이었다. 그러나 이런 사회적 요구는 기득권층 관료들의 반대로 무산되었다.

만약 개인들에게 인쇄를 허락해서 출판 기업으로 성장하게 했었더라면, 책을 더 빠르고 쉽게 보급하는 유통 체계를 갖췄더라면, 대중의 지식정보 수준과 생산력이 동시에 높아져서 우리의 근대화도 더 빨랐을 것이다. 세계 최초의 출판사와 유통 기업이 우리나라에서 가장 먼저 나올 수도 있었다. 역사에 가정은 없다고 하지만, 그렇게만 했더라면 우리가 매일 접하는 오늘의 한국은 지성과 문화가 더욱 빛나는 세상이 되어있었을 것이라는 안타까움은 어쩔 수가 없다.

\+ *《직지심체요절》 → 직지심체요절권하(直指心體要節下卷): 1377년 승려 백운 화상이 타계한 승려들의 행적을 엮어 만든 책. 세계에서 가장 오래된 금속활자본으로, '직지' 또는 '직지심체요절'이라고도 불린다. 2001년에 유네스코 세계기록유산으로 등재되었다.

2

10月

도천법

학식과 파벌 신분까지 초월한 인재 추천제

조선 제3대 임금인 태종 때의 일이었다. 영남지방에 발생한 큰 가뭄으로 농사는커녕 마실 물도 없는 나날이 이어졌다. 백성들의 고통은 극에 달하고 있었다. 모두가 방법이 없다고 포기하던 그때, 관청 소속의 한 노비가 강에서 물을 끌어 올려 논에 물을 대는 장치를 만들었다. 지금이야 당연한 일이지만, 과학도 기술도 발달하지 않았던 당시의 기준에서 볼 때는 획기적인 생각이었다. 그렇게 가뭄을 이겨낸 현감은 이 장치를 만든 관노에게 큰 상을 내렸는데, 그가 바로 우리가 알고 있는, 조선을 대표하는 과학자 장영실(蔣英實)*이다.

조선은 신분제도가 엄격해서 아버지가 양반이라도 어머니가 천민이면 아들은 노비가 되었다. 그렇다면 이런 의문이 생긴다. 어머니가 기생이었던 장영실이 궁에서 일할 수 있었던 이유는 무엇일까? 그만이 특별한 혜택을 받은 걸까? 아니다. 지금은 말할 것도 없지만 당시에도 아무리 왕이라도 그렇게 사회적 규범을 벗어난 조치를 함부로 내릴 수는 없었다. 정치적인 부담으로 작용하기 때문이다. 노비 신분이었던 장영실이 궁에서 일할 수 있었던 건, 지방의 인재를 한양으로 불러들이는 도천법(道薦法) 덕분이었다. 도천법은 과거제도(科擧制度) 외에 추천으로써 전국의 숨은 인재를 발굴하는 인재 선발 방법이었다. 과거 시험은 그 특성상 일정한 신분 이상의 사람들만 응시할 수 있었기 때문에 다른 분야에서 뛰어난 능력을 지닌 사람을 찾아내기 어렵다는 결정적 단점이 있었다. 이를 보완하기 위해 도천법이 나왔고, 인재를 선발하는 데 탁월한 안목을 가졌던 세종이 적극 활용했던 제도이기도 하다. 이 부분에서 가끔 착각하는 사람이 있는데, 장영실을 궁궐로 처음 부른 사람은 세종이 아닌 그의 아버지 태종이라는 사실이다. 지방 팔도를 다스리는 관찰사가 추천한 지방의 우수한 인재들을 한양으로 불러들여 일하게 하는 도천법을 시행한 장본인 태종은 신분을 가리지 않고 인재를 추천하게 했다.

1423년 평소 손재주가 좋은 장영실을 눈여겨보고 있던 공조 참판 이천은 아버지 태종의 뒤를 이은 세종에게 장영실의 기술과 미래 발전 가능성을 근거로 추천했고, 세종은 장영실의 능력을 아껴 그를 받아들였다. 그 후 세종은 '관노에게 벼슬을 줄 수 없다'는 신하들을 설득해가면서 오랜 원칙을 깨고 장영실을 면천(免賤)시키고 벼슬까지 내렸다. 그때부터였다. 조선 곳곳에 숨어 있던 문장이나 그림, 음악, 그 밖에 어떤 분야에서든 재주가 뛰어난 사람을 출신에 상관없이 벼슬에 앉히기 시작한 것은. 도천법 덕분에 조선의 문화와 예술, 그리고 과학은 더욱 발전하게 된 것이다.

+ *장영실: 조선 세종 때 국내 최초의 물시계인 보루각의 자격루를 만들었으며, 그 외 여러 과학적 도구를 제작한 과학자. 《조선왕조실록》에 의하면 고려에 귀화하여 아산군(牙山君)에 봉해졌던 장서(蔣壻)의 9대손이며, 아버지는 고려말 전서를 지낸 장성휘이고 어머니는 기녀였다고 전해진다.

3 10月

세종대왕

한국의 미래를 바꾼 최고의 질문

굳이 과학자가 아니더라도 학문으로서의 과학은 누구나 학교에서 배운다. 그러나 실천은 아무나 하는 것이 아니다. 과학 원리를 적용하고 응용하는 것은 스스로 하나하나 발견하고 길을 찾아야 하는 것이라, 배우는 것보다 어렵고 힘들기 때문이다. 우리 조상 중에서 그 힘든 일을 누구보다 잘 해낸 사람이 있었으니, 그는 바로 세종대왕이다.

세종대왕은 다양한 분야에서 그 능력을 발휘했는데, 이는 그가 '현명한 질문'을 할 줄 알았기에 가능한 일이었다. 과학을 실천하는 것이 힘든 것처럼, 질문도 결코 쉽지는 않다. 늘 무언가를 사색하고 있어야 하며, 사람들이 고민하는 문제를 풀어주고 싶다는 강렬한 의지를 가져야 비로소 질문이 나오기 때문이다. 세종대왕이 위대한 이유가 바로 거기에 있다. 그는 본래 뛰어난 사람이 아니라, 백성을 사랑하면서부터 조금씩 자신의 능력을 키워 뛰어난 왕이 된 '노력형 성군(聖君)'이다. 백성에 대한 사랑이 그를 키운 것이다. 그는 글을 읽거나 쓸 줄 몰라 답답한 나날을 보내거나 억울한 일을 당하는 백성들에 대해 생각했고, 스스로에게 이런 질문을 던졌다. "왜 우리 백성은 가엾게도 어려운 중국의 글을 써야 하는가?" 세종대왕이 한글을 창제한 후 남긴 말은 그 질문에 대한 답이었다.

"국어가 중국과 달라 문자가 서로 통하지 않으므로 (문자를) 배우지 못한 백성이 말하고자 하는 바가 있어도 제 뜻을 (문자에) 실어 펴지 못하는 경우가 많다. 내가 이것을 가엾게 생각하여 새로 스물여덟 글자를 만드니, 모든 사람이 쉽게 익혀서 날마다 편하게 사용하기를 바랄 뿐이다."

한글은 세계에서도 가장 창의성이 빛나는 우수한 문자다. 그런데 대체 그 참신한 발상은 어디서 나왔을까? 세종은 백성이 아파하는 현실에 대해 마치 자신의 일처럼 고통스러워했고, 이렇게 된 이유를 백성이 아닌 자신의 탓으로 돌렸다. 불편한 문자 생활이 임금의 책임이므로 그 문제를 해결하기 위해서 배우기 쉬운 한글을 만들려고 한 것이다.

"한글이 바로 세계 최고의 문자이다. 만약 세계의 여러 문자를 하나로 통합해야 한다면 반드시 한글이 되어야 한다". 세계적인 베스트셀러 《총, 균, 쇠》의 저자 제러드 다이아몬드*가 한글을 배우기 쉽고 읽기 쉬운 '세계 최고의 문자'라고 극찬하면서 남긴 말이다. 세계적인 문명연구가가 수많은 문자 중에 한글을 가장 과학적인 문자라고 인정한 셈이다. 이런 결과는 우리만의 문자가 없었던 그 시절, 답답한 일상을 살아가던 백성들에게 도움을 주려고 했던 세종의 따스한 마음이 있어 가능했다. 세종대왕의 일생을 통해 우리는 '최고의 과학을 만들어내는 것은 사람에 도움이 되려는 마음이다'라는 사실을 새삼 깨닫게 된다.

* 제러드 다이아몬드: 《총, 균, 쇠(1997)》, 《문명의 붕괴(2005)》 등을 저술한 미국의 과학자이자 문명비평가, 논픽션 작가. 미국 캘리포니아대학교 로스앤젤레스(UCLA)의 의과대학 생리학 · 지리학 교수이며 2021년부터 성균관대학교 석좌교수로 임명되었다.

4

10月

집현전

조선의 뿌리와 줄기를 창조한 공간

우리나라의 과학 역사를 제대로 파악하기 위해서는 무엇보다 집현전(集賢殿)에 대한 깊은 이해가 필요하다. 집현전을 '세종을 도와 한글을 만든 선비들이 모인 곳' 정도로 아는 사람들은 "과학이 집현전이랑 무슨 연관이 있냐?"라고 물을 수도 있다. 하지만 그건 집현전의 역할과 기능을 제대로 모르고 하는 말이다.

1420년에 창설된 새로운 자문기관 집현전은 1428년 이후에는 '조사 기관'과 '참고 도서관'이라는 새로운 역할을 맡았다. 구성원인 집현전 학자들은 대부분 지식이 풍부하여 앞날이 유망한 젊은 지식인들이었다. 당시 세종이 판단하여 장래가 촉망되는 이들을 불러 그 재능을 나라를 위해 쓰게 만든 것이다. 평균보다 이른 나이에 문과에 합격한 사람들이라 기회와 선택권이 더욱 다양하게 주어졌다. 더구나 지원을 아끼지 않았던 세종이 있었기 때문에 권력이나 정쟁의 눈치를 볼 필요도 없었다. 귀양을 가게 될 수도 있다는 걱정 없이 뭐든 하고 싶은 것을 말하고 행할 수 있었다. 게다가 집현전 학사들에게는 다른 이들은 누릴 수 없는 두 가지 특권이 주어졌다. 하나는 특정 업무나 보직을 맡지 않고 학문에만 전념할 수 있는 연구직이었다는 것이고, 또 하나는 경연관(經筵官)*으로서 왕에게 자주 수월하게 접근할 수 있어 갖가지 의견을 개진할 수 있었다는 것이다.

이 책에 소개된 조선시대 인물 대부분이 집현전 출신이었다. 그중 주요 인물을 연도별로 나열하면, 정인지, 최항, 신숙주, 양성지, 서거정, 강희맹 등을 들 수 있다. 이름만 들어도 엘리트들이 모인 집단이라는 사실을 알 수 있다. 게다가 그들은 대부분 실용적인 학문에 관심을 가졌던 학자들이라 그때까지 없던 사상, 제도, 문물에 집중하며 삶에 꼭 필요한 것들을 찾기 위해 애썼다. 집현전 출신들은 하나같이 조선 왕조 최초의 종합 법전인《경국대전》편찬에 직간접으로 관여하여 왕조의 기본법을 형성하는 데도 큰 영향을 끼쳤다. 이런 이유로 집현전을 연구하면 조선의 개국 정신과 거기에서 비롯된 줄기의 방향까지 쉽게 이해할 수 있는 것이다.

집현전이 조선의 과학 발전에 기여할 수 있었던 이유는 그 구성원들이 실용적인 학문 연구에 집중적으로 시간과 노력을 투자했기 때문이다. 당시에는 다소 소홀했던 군사와 지리, 천문, 의약, 농업 등은 물론이고 지도와 금속 활자를 만드는 데 필요한 과학적 기술과 식견을 갖추기 위해 더욱 연구에 몰입하기도 했다. 중요한 사실은 이렇게 자신이 연구한 분야에 대한 결과를 책으로 집필해서 백성에게 전파했다는 것이다. 단순히 콘텐츠만 만들고 떠난 게 아니라, 백성들에게 전파해서 현실에 응용하는 일까지 했다는 점에서 '국가 발전의 기둥'이 되는 기관이었다고 해도 과언이 아니었다.

\+ *경연관: 고려시대와 조선시대에 임금과 신하가 학문 · 기술 · 국정 등을 논의하는 경연에 참가하던 관리직. 학문과 덕망이 높은 문관이 겸임했으며, 주임무는 임금의 학문 지도였지만 왕도(王道)에 대한 강론과 나라의 현안을 토의하기도 했다.

5

10月

조선의 의료 제도

소중하지만 소중하지 않게 다룬 결과

1396년 태조 2년에는 육학(六學)의 하나인 의학을 설치하여 의학 교육을 시켰다. 백성들에게 골고루 의료 혜택을 제공하기 위한 목적이었다. 문제는 그 교육 대상을 양반과 천민 사이의 중간 신분인 중인으로만 한정했다는 사실이다. 이는 신분 사회인 조선이 의술의 가치를 어느 정도로 보느냐를 드러내는 것이었다. 사람을 살리는 의학이 중요하다는 것은 인정하지만, 양반이 직접 나설 정도로 귀하지는 않으며 그렇다고 천민에게 맡길 정도로 가볍지도 않다는 것을 상징하기 때문이다. 애매한 기준이었다.

물론 이런 사회적 편견을 바꾸려는 노력도 없지 않았다. 1406년 태종 6년에 십학(十學)*을 설치하고 기술 계통 일을 관장하던 관직인 제조관을 두어 의학 교육을 더 강화했고, 1409년에는 의정부 건의로 의약활인법을 제정하기도 했다. 의업 출신자를 궁중에서 쓰는 의약의 공급과 임금이 하사하는 의약에 관한 일을 관장했던 전의감(典醫監)의 권지(權知; 과거 합격자 중 견습 관원)로 삼고, 제생원(濟生院)과 혜민국(惠民局)의 정5품 관직인 별좌(別坐)로 삼아 의업에만 전념할 수 있게 혜택을 제공한 것이다. 세종은 유학자로서 의학 지식은 갖고 있지만 의술을 업으로 삼지 않는 유의(儒醫)를 삼의사(三醫司)에 겸직시켜 의학 교육과 의술을 겸하도록 했다. 또한, 세조는 80명의 의생 가운데 50명은 전의감에 나머지 30명은 혜민서에 배치한 후 교육을 강화했다. 그러나 의술을 천시하는 양반들 때문에 의학에 전념하는 사람은 흔치 않았다.

의술인에 대한 대우가 좋은 것도 아니었다. 의술이 뛰어나 왕의 진료를 직접 맡을 정도로 출세를 해도, 높은 신임도에 비해 사회적 지위는 매우 낮았다. 아흔아홉 번 뛰어난 의술을 펼치다가 단 한 번만 실수를 해도 책임을 추궁 받아 자리를 잃기도 하고 가혹한 죄를 쓰고 처형까지 당할 수도 있었기 때문에, 의관(醫官)의 자리는 편안치 않았다. 이런 이유로 자신 있게 의술을 펼치기보다는 되도록 나쁜 결과가 되지 않도록 매사에 조심스러워야만 했다. 당대 최고의 지식인이었지만 합당한 대우는 받지 못한 셈이다.

이런 와중에도 백성들에게 최소한의 의료를 베풀려는 시도는 있었다. 궁내의 내의원과 같은 역할을 하는 혜민서(惠民署)**를 두고 도성 내 백성이 이용하도록 했다. 장소는 지금의 청계천 주변이었다. 외곽에도 '활인서(活人署)'라는 민간 의료기관이 있었는데, 남대문과 동대문 밖의 서활인서와 동활인서가 그것이었다. '백성을 살린다'는 의미의 활인서는 평상시에는 일반 의료시설로 기능하다가, 기근이 들어 지방 백성들이 한양으로 오거나 전염병이 유행할 때 환자들을 격리 수용하며 보호하는 역할도 했다. 그럼에도 불구하고 보통의 백성들은 제대로 치료받지 못하는 경우가 많았다. 계급 차이를 당연시하고 문치에 치중한 시대적 흐름이 의술 발전을 가로막아 그 날개를 펼치지 못하게 한 결과다.

*십학: 조선시대 국가 운영에 필요한 각종 전문 관리를 양성하던 관학(官學)의 총칭. 유(儒) · 무(武) · 역(譯) · 의(醫) · 음양(陰陽) · 산(算) · 율(律) · 화(畵) · 도(道) · 악(樂) 등 10개의 학술 및 교육 분야를 말한다.

**혜민서: 조선시대 때 의약과 서민을 구료(救療)하는 임무를 관장하던 관서. 고려의 혜민국을 답습하여 1392년(태조 1년) 혜민고국(惠民庫局)이라는 명칭으로 설치되었다가 개칭했다.

6

10月

조선의 의사들

백성을 살리려는 의지가 만든 의학 기술

조선을 대표하는 의사들은 의술을 낮게 보는 시대 상황 때문에 비록 의술은 뛰어나지 않았지만, 돈을 벌고 명예를 쌓는 것보다 병을 다스리고 백성을 구하는 것을 최고의 가치로 여겼다. 때문에 돈을 벌지 못하는 것보다 백성을 구하지 못하는 현실에 아파했다. 돈보다 생명을 중시한 고귀한 그 마음을 기억하며 조선의 멋진 의사들을 만나보자.

"만 명의 백성을 살린 의사가 되겠다!" 그는 매일 이런 다짐으로 자신의 이름도 밝히지 않은 채 병으로 고통받는 백성을 치료했다. 명성은 그에게 한낱 바람처럼 스쳐 사라질 사소한 것이었다. 아무리 거리가 멀어도 위급한 사람에게는 반드시 달려갔고, 언제나 가난하고 미천한 이들을 먼저 치료했던 그의 이름은 조광일(趙光一)*이다. 그는 뛰어난 의술로 명성을 얻어 고관대작들의 치료 요청을 자주 받았지만 대부분 거절했다.

영조 때 이헌길(李獻吉)**은 당시 어떤 병보다 위험했던 홍역 치료제 개발에 평생을 바쳤다. 당시에는 홍역이 한 번 돌면 수많은 백성이 목숨을 잃었다. 그가 오랫동안 연구하며 쓴《마진기방(痲疹奇方)》의 치료법이 수많은 생명을 구했다. 지금도 그가 전파한 승마갈근탕(升麻葛根湯)은 한의학에서 훌륭한 처방으로 꼽힌다.

종기를 치료하는 종의(腫醫)로 이름을 떨친 피재길(皮載吉)***이라는 의사도 있었다.《정조실록》17년 7월 16일자에 그의 실력과 능력에 대한 기록이 나온다. "병이 나아서 평소처럼 완전히 회복되었다. 피재길이 스스로 고안한 고약을 올렸는데, 매우 빠르게 신기한 효력을 내었기 때문이었다. 이에 그를 약원(藥院)의 침의(鍼醫)에 임명하도록 하였다". 피재길은 글을 몰라 의서도 읽지 못했지만, 어머니의 도움과 스스로의 노력으로 왕의 병까지 치료한 최고의 의사가 되었다.

사주당 이씨(師朱堂李氏)****는 당시로는 특별한 분야인 여성 의학 분야에서 활약한 사람이었다. 아기를 가진 여성들을 위해 살았던 그녀의 지론은 이것이었다. "하늘로부터 받은 천품은 동일하지만 어머니 뱃속에 있는 기간 동안 인간의 품성이 결정된다". 그녀는 태내 10개월의 교육이 출생 후의 교육보다 중요하다 주장하고 최초의 임신부 교육서인《태교신기(胎教新記)》를 저술했다.

위에 소개한 모든 의원들은 자신의 명예를 위해 살지 않았기 때문에 별다른 기록은 남아 있지 않다. 세상은 돈이 많거나 지위가 높았던 사람을 주목하고, 역사는 그런 사람을 주로 기록하기 때문이다. 그러나 어떤 이익과 대가도 바라지 않고 치료한 수많은 백성들이 그들을 기억할 테니, 그보다 아름다운 기록은 세상에 없을 것이다.

*조광일: 조선 후기 종기를 침으로 치료하는 기술이 뛰어났던 의료인, 의원(醫員).

**이헌길: 조선 후기 마진(痲疹; 홍역)에 대한 연구를 통해 《마진기방》을 편찬한 학자, 의학자.

***피재길: 조선 후기 고약으로 유명한 종의(腫醫)이며 침의(鍼醫). 1793년 정조에게 생긴 종기를 고약으로 치료하여 내의원 침의에 차정되고 육품의 정직에 제수되었다.

****사주당 이씨: 조선 후기 임산부 태교법 교습서 《태교신기(胎教新記)》를 저술한 여성 의술인. 1800년 사주당 이씨가 저술한 《태교신기》에 아들인 실학자 유희(柳僖)가 한글로 음을 달았다.

7
10月

허준

병도 긴 눈으로 보면 하나의 수양이다

영화나 드라마에서 하도 자주 봐서 한국인이라면 누구나 아는 허준(許浚)은, 의술이 뛰어나 선조와 광해군의 어의(御醫)를 지낸 명의다. 그가 조선 한방의학 발전에 기여한 《동의보감(東醫寶鑑)》*을 완성한 것은 1610년 광해군 2년이었는데, 이것으로 의심할 여지 없이 한국을 대표하는 의학자의 자리에 올랐다. 중국 의학에 뒤처졌던 조선에 '의학을 뛰어넘는 의학'을 확립한 허준의 의학관은 그가 남긴 말을 근거로 이렇게 압축할 수 있다. "병도 긴 눈으로 보면 하나의 수양이다". 한 분야를 심도 있게 연구한 사람의 입에서만 나올 수 있는 통찰이라고 하지 않을 수가 없는 말이다. 병과 함께 산다는 것은 결국 '병을 앓는 일까지 포함된 것이 인생'이라는, 긍정적 삶을 살아가는 하나의 수양 방식이라고 본 것이다. 그는 또한 "배는 덥게 머리는 차게 하라"는 조언도 했다. 의학적으로 몸에 좋은 온도를 말하는 것이겠지만, 가슴으로는 뜨겁게 사람을 사랑하고, 머리로는 냉철하고 객관적으로 생각하라는 의미로도 해석해볼 수 있지 않을까.

《동의보감》에 나오는 아래의 글을 보면 허준이 한 사람 한 사람의 목숨을 무엇보다 귀하게 여겼음을 짐작할 수 있다.

"목을 맨 사람을 구하는 방법이 있다. 스스로 목을 맨 사람이 아침부터 저녁까지 매달렸을 때는 몸이 조금 차갑게 식어도 살릴 가능성이 있지만, 반대로 저녁부터 아침까지 매달렸을 때는 살리기 힘들다. 그러나 명치가 따듯하다면 살릴 가능성이 높다. 줄을 풀어 사람을 내릴 때도 주의를 기울여야 한다. 천천히 안아서 내린 후에 줄을 풀어야지, 갑자기 줄을 끊으면 안 된다. 내린 후에는 환자를 이불 속에 눕히고 급히 가슴을 눌러 안정시킨 후에 목구멍을 바로 잡는다. 이때 한 사람은 손바닥으로 숨이 통하지 않게 입과 코를 덮어야 하며, 이를 통해 숨이 빠르게 반복되면 살아날 가능성이 높아진다."

이런 처방은 현대 의학으로도 해석하기 힘든 방법이기는 하다. 과학적으로 증명할 수 없기 때문이다. 하지만 이 글에서는 말로 할 수 없는 난처한 상황에 처한, 그리고 억울한 죽음을 앞둔 백성에게 어떻게든 최선의 방법을 찾아 도움을 주고 싶다는 그의 간절한 마음이 손에 잡힐 듯 생생하게 느껴진다.

허준의 말처럼 병도 긴 안목으로 바라보면 인생을 이루는 중요한 하나의 요소라고 볼 수 있다. 병은 비록 우리를 아프게 하지만, 어차피 내 몸속이라는 같은 공간에서 나와 함께 사는 존재이기 때문이다. 병에 걸렸다는 것은 병과 내가 서로를 알아가야 한다는 사실을 의미한다. 회피하며 어떻게든 없애버릴 대상이 아닌, 정면으로 응시하며 관찰할 대상으로 여기고 시간과 애정을 쏟을 필요가 있다.

*《동의보감》: 조선시대 의관 허준이 중국과 조선의 의서를 집대성하여 1610년에 저술한 의학서. '동의(東醫)'란 중국 남쪽과 북쪽의 의학 전통에 비견되는 동쪽의 의학 전통 즉, 조선의 의학 전통을 의미한다.

8

10月

운주당

최고의 과학 기술은 모두의 생각을 더하며 시작된다

현재 통영 한산도에 있는 제승당(制勝堂)*은 이름 그대로 '승리를 제조하는 집'이란 뜻이다. 본래 이곳은 과거 이순신 장군의 서재인 운주당(運籌堂)이 있던 자리였다. 여기에서 '운주(運籌)'의 의미는 '지혜로 계책을 세운다'는 뜻이다. 그곳에서는 계급이나 나이와 상관없이 모두가 같은 장소에서 거리낌 없이 자신이 생각하는 의견을 개진하며 함께 전략을 세웠다. 요즘 말하는 '집단지성의 힘'을 발휘했던 것이다. 《난중일기(亂中日記)》에는 당시 운주당의 모습이 이렇게 기록되어 있다.

'모든 일을 함께 의논하고 계획을 세웠다.'

'온갖 방책을 함께 의논했다.'

'밤낮으로 의논하고 실천을 약속했다.'

의논한 것을 말로만 끝내지 않았다. 누구나 편안하게 운주당을 오가게 만들어 소통할 수 있게 했으며, 모든 백성들의 아픔에 눈높이를 맞추며 이야기를 듣는 등 '경청(敬聽)'이 무엇인지 보여주는 장소로 기능했다. 운주당은 이순신 장군의 23전 23승을 잉태한 공간이었던 것이다.

그런 운주당의 주인이 딱 한 번 바뀌었을 때가 있었다. 이순신이 선조에게 불려가 억울하게 고문을 당할 때, 원균이 내려와 운주당을 관리하게 되었다. 원균은 운주당을 어떻게 활용했을까. 서애 유성룡이 《징비록(懲毖錄)》에 기록한 내용을 압축하면 아래와 같다.

"원균은 자기가 아끼는 첩과 함께 운주당에 머무르며, 이를 숨기기 위해 이중 울타리로 운주당의 안팎을 막아버렸다. 여러 장군들은 그의 얼굴을 보기가 어렵게 되었다."

전쟁 중 병영에서 가장 중요한 '소통'이 사라진 것이다. 병사들 사이에는 이런 걱정마저 나돌았다. "만일에 왜놈들을 만나면 우리는 그저 달아날 수밖에 없다". 상황이 이렇게 되자 병영의 장수들은 원균을 비난하고 비웃었다. 또한 그의 힐난이 두려워 군무를 제대로 보고하지 않았으며, 원균의 지시를 잘 듣지도 않았다. 그 결과 조선 수군은 1597년 선조 30년 7월 15일 칠천량에서 전멸했다. 패배는 병사들 때문이 아니었다. 그들은 이순신 장군과 함께였을 때 혁혁한 공을 세웠던 역전의 용사들이었기 때문이다. 그러나 두 달 후 모든 것이 제자리로 돌아갔다. 돌아온 이순신 장군은 단 13척의 판옥선으로 133척의 왜군 선단을 격파하는 명량대첩으로 다시 자신의 실력을 입증하는 데 성공한 것이다. 조직원의 마음을 100퍼센트 완전하게 하나로 모아 승리로 이끄는 일은 결코 운과 파이팅만으로 이룰 수 있는 것이 아니다. 언제나 불리한 상태에서 벌어진 전투에서 기록한 23전 23승이라는 놀라운 승률은 구성원 모두의 지혜가 더해졌기 때문에 달성할 수 있었다. 이순신 장군은 이기겠다는 목표 하나로 더해진 집단지성이 이길 수밖에 없는 '승리의 과학'을 증명한 셈이다.

*제승당: 왜란이 있은 지 백수십 여년이 지난 1740년(영조 16년) 통제사 조경(趙儆)이 이순신 장군의 지휘본부 역할을 하던 운주당 터에 유허비(遺墟碑)를 세우고 붙인 이름. '운주당'은 이순신 장군이 가는 곳마다 기거하던 곳을 편의상 부르는 명칭이었다.

9

10月

의병장 전유형

살리고 싶은 간절함이 이끈 의술

성호 이익(李瀷)은 《성호사설(星湖僿說)》에 매우 흥미로운 기록을 남기고 있다. 놀랍게도 그 시대(조선)에 인간을 해부했다는 기록이 바로 그것이다. 인체 해부가 지금은 별로 특별한 일이 아니지만, 과거에는 동양이나 서양이나 인체 해부를 탐탁치 않게 여겼기 때문이다. 그러다 보니 인체에 대한 연구는 큰 제약을 받았고, 따라서 의학 발전도 이루어지지 않았다. 그런 시대에 인체 해부를 했다는 것이다. 《성호사설》에 따르면 그 전말은 이렇다.

"송나라 휘종(徽宗) 황제 시절, 군수 이이간이 실력 좋은 의원과 화원을 보내 사천 저잣거리에서 죽은 사형수의 배를 갈라 그림을 그리게 했다. 이를 통해 그간 제대로 알지 못했던 사람의 배 안에 무엇이 들어 있는지 정확하게 알게 되었으니 의학 발전에 매우 큰 도움이 되었다."

이익은 먼저 중국 송나라의 예를 든 후 다음의 이야기를 덧붙인다. 조선에도 중국처럼 사람을 해부한 이가 있었으니 그는 형조참판 전유형(全有亨)*이다. 평소 의술에 밝았으며 의서까지 저술했고, 광해군과 왕비의 병을 고치는 데 참여했던 그는 후세 사람들에게 좋은 기술을 전파했다는 공적을 인정받았다. 《성호사설》에 자세한 내용까지는 쓰여 있지 않지만, 유생 신분으로 의병장 조헌(趙憲)과 함께 임진왜란에 참전한 전유형은 임진왜란 당시 길거리에서 세 사람의 왜구 시신을 해부해 조선의 외과수술 발전에 큰 족적을 남겼다. 그가 남긴 〈오장도(五臟圖)〉는 훗날 허준의 《동의보감》 첫 장에 그려진 〈신형장부도(身形藏府圖)〉에도 영향을 끼쳤다는 것이다.

여기까지가 전유형에 대하여 남은 기록의 전부다. 그러나 안타깝게도 그는 갑자년 이괄의 난에 억울한 이유로 참형을 당했으니, 사람들은 그가 제명에 살지 못하고 세상을 떠난 이유가 사람을 해부했기 때문이라고 생각하기도 했다. 이는 당시 의술을, 더구나 인체 해부를 대하는 사람들의 의식과 시선이 어땠는지를 잘 보여주는 이야기라고 할 수 있다. 더구나 그 조선시대에 의술을 펼치는 사람은 양반이 아닌 중인이었고, 그들은 양반의 업신여김을 받으며 살아가던 사람들이었다. 그럼에도 불구하고 전유형은 양반의 신분으로 의술을 연구했고 금기시하던 인체 해부까지 감행했다. 그 이유가 뭘까?

나는 전유형의 삶에서 그 답을 찾았다. 그는 문신 유생이지만 임진왜란 때인 1592년 의병을 일으켜 왜군으로부터 백성을 지킨 의병장이기도 하다. 그런 그가 전투에 임해 눈앞에서 소중한 의병들이 허무하게 죽어가는 모습을 목격했음은 자명한 일이다. 부하의 죽음이 안타까웠던 그는 자신의 의술 수준이 그들을 살리고 싶은 마음에 미치지 못함을 마음 아파했을 것이다. 이런 이유로 시신을 해부하면서까지 죽어가는 의병들을 살릴 방법을 어떻게든 찾으려고 노력한 것이 아닐까.

\+ *전유형: 조선시대 청안현감, 광주목사, 형조참판 등을 역임한 문신. 괴산의 유생 시절 임진왜란이 일어나자 조헌과 함께 의병을 일으켰다. 이괄의 난 때 난군과 내응했다는 무고로 성철(成哲) 등 37인과 함께 참형을 당했다.

10
10月

《구수략》
수학의 가치를 깨닫고 수학을 향해 걸어가다

조선을 대표하는 학자 최석정(崔錫鼎)은 1646년(인조 24년) 명문가 집안에서 태어났다. 17세에 초시 장원을 하고 1671년에 급제하면서 관직 생활을 시작한 그는 영의정을 여덟 번이나 지낼 만큼 다방면에서 뛰어난 능력을 발휘한 문신이자 정치가였다. 그러나 정작 주목할 부분은 그가 수학자로서도 누구도 넘볼 수 없는 뛰어난 업적을 남겼다는 사실이다. 그 증거가 바로《구수략(九數略)》*이라는 저술인데, 이는 그가 숙종 26년인 1700년에 지은 수학책이다. 이 책은 당시 세상에 존재하는 다양한 이론과 공식을 자기만의 방식으로 융합해서 지은 책이다. 이 책의 저술 방식을 '융합'이라고 표현한 이유는 오늘날의 사칙연산을《주역(周易)》의 사상(四象)에서 따온 태양, 태음, 소양, 소음으로 구분하여 재정립했기 때문이다. 책의 구성은 본편과 부록으로 이루어져 있으며, 우리나라 근대 이전 수학책 가운데 가장 과학적인 서적이라고 볼 수 있다.

그러나 최석정의 성과 중 정작 놓치지 말아야 할 것은 세계 최초의 9차직교라틴방진(Orthogonal Latin Square)에 대한 발견이다. '마방진'이라는 이름으로 더 잘 알려진 9차직교라틴방진이란 가로와 세로 9칸씩 81개의 칸에 숫자가 1에서 81까지 하나씩 들어가는 방진으로, 가로나 세로나 대각선 어느 방향으로 더해도 합이 같은 방진을 말한다. 학창시절 누구나 배웠을 이 9차직교라틴방진은 원래 스위스의 수학자 오일러가 최초로 만든 것으로 알려져 있었다. 그러나 2006년 11월에 발간된《조합론 디자인 편람》에《구수략》에 나온 최석정의 방진이 소개되면서, 최석정이 오일러보다 무려 67년 앞서 9차직교라틴방진을 만들었다는 사실이 세계적으로 알려지게 되었다.

최석정의 연구가 특별한 이유는 누구나 하는 수학적 접근이 아니라, 당시 자신이 알고 있던 역학 사상에 적용해서 융합하고 변주했기 때문이다.《구수략》은 동양과 서양의 사상을 적절하게 접목했다는 점에서 의미가 있는 책이라고 말할 수 있다. 혹자는 그가 영의정을 지낸 사대부 출신이었기 때문에 새로운 지식을 누구보다도 먼저 접할 수가 있었다며 그의 수학적 발견과 과학적 사고를 낮춰 평가하지만, 반대로 이렇게 말할 수도 있지 않을까. "영의정에 돈도 넉넉한 사람이, 게다가 사대부의 학문으로 여기지도 않던 수학을 깊이 연구했다는 점이 오히려 매우 대단하다". 그의 학문을 한마디로 정의한다면 이렇게 말할 수 있겠다. '최석정에게 수학이 온 것이 아니라, 수학의 가치를 깨달은 최석정이 수학을 찾아서 떠났다'.

✚ *《구수략》: 조선 후기 문신 최석정이 형이상학적인 역학(易學) 사상에 의거해 수론(數論)을 전개한 수학서. 갑 · 을 · 병 · 정(부록)의 4편으로 엮어졌으며 갑편은 주로 사칙에 관한 기본적인 설명, 을편은 사칙의 응용문제, 병편은 개방 · 입방 · 방정 등에 대해서, 그리고 정편은 문산(文算) · 주산(籌算) 등의 새로운 산법 및 마방진(魔方陣) 연구 등으로 구성되어 있다.

11
10月

실학
시선의 수준이 곧 과학의 수준이다

"무엇 때문에 재물을 모으는가? 재물은 샘물과도 같은 것이다. 퍼내면 다시 차지만, 쓰지 않고 방치하면 말라 없어진다". 조선 실학의 대가 박제가(朴齊家)의 말이다. 있는 돈을 다 쓰라니, 그는 사치하라고 말했던 걸까? 게다가 모든 것이 풍족하지 않았던 조선시대에 그가 그런 말을 했던 이유는 무엇 때문일까? 그는 비단옷을 예로 들어 이렇게 설명했다. "사람들이 지나치게 모으고 쓰지 않아 검소하게 살면 비단옷을 입지 않게 되고, 그럼 자연스럽게 비단 짜는 기술자가 사라지며, 그만큼 직조 기술이 퇴보한다". 이것이 그의 주장이었다. 그는 조선의 학문과 예술은 뛰어나지만 가난에서 쉽게 벗어나지 못하는 이유가 우물물을 퍼 올리지 못하는 것처럼 부의 원천을 제대로 활용하지 못했기 때문이라고 생각했다. 물론 이는 당장 먹고 살기에 바쁜 가난한 백성들을 대상으로 한 것이 아니라, 수많은 재산을 꿰차고 앉아 그것을 쓰지 않고 있는 사람들을 지칭한 것이다. 그는 조선의 양반과 지배계층이 지나치게 상인이 지닌 가치를 무시한다고 생각하며 이렇게 말했다.

"우리나라 사람들은 중국의 거리에 상점이 발달한 것을 보며 그들 삶에 녹아든 근본이 무엇인지는 바라볼 생각은 하지 않고 눈앞에 있는 작은 이익을 가지려고만 한다. 이는 하나만 알고 둘은 모르는 것이다. 상인은 사공농상의 하나로 나머지 셋을 서로 통하게 해주는 사람이므로 마땅히 인구의 3할(30%) 이상이 되어야 한다."

박제가의 대표작《북학의(北學議)》*의 서문은 그와 동시대를 살았던 실학의 대가 연암 박지원이 썼는데, 그중 눈여겨볼 대목은 아래의 글이다.

"이 책의 내용이 나의《열하일기(熱河日記)》와 그 뜻이 어긋남이 없으니, 마치 한 작가가 쓴 글인 것 같다. 나는 몹시 기뻐 사흘 동안이나 읽었으나 조금도 지루하지 않았다. 이러한 사실을 우리 두 사람이 눈으로 직접 본 뒤에야 알게 된 것인가? 그렇지 않다. 우리는 일찍부터 연구하고 밤이 새도록 맞장구치며 이야기를 나누었던 것이다."

박지원이 박제가를 향한 절대적 신뢰와 지지를 보낸 이유를 알 수 있는 대목이다. 두 사람 모두 중국을 방문한 후 '바퀴'라는 대상에 집중했다. 박제가는 "수레가 발달하면 도로도 발달하고 따라서 말도 편해져 다치는 일도 적어진다"고 주장했다. 결국 수레가 발달해야 전국의 교통이 원활하게 되어 상업도 발달한다는 것이다. 수레가 발달하려면 가장 먼저 무엇이 섬세하게 만들어져야 할까? 바로 바퀴다. 바퀴의 변화가 결국 그 나라의 상업 수준을 바꾼다는 것을 박제가와 박지원은 한 목소리로 주장했다. 박제가는 그 시대에는 상상도 하지 못할 과학적인 내용을 주장했다. 워낙 많은 주장과 참신한 것들이 있지만 그중 세 가지만 고르면 다음과 같다.

1. 시멘트 기술을 활용해야 한다.

박제가는《북학의》에서 외국의 다양한 기술을 언급하며 서양에서 발달한 시멘트라는 건축 자재를 소개했다. 한 번 굳으면 마치 쇠처럼 단단해진다고 말하며 그것을 우리도 수입해서 활용하자고 주장했다.

2. 규격화를 이루어야 한다.

박제가는 일본에서 일어나는 일에 대해서도 상당한 수준의 지식을 갖고 있었다. 당시 일본에서는 일반 가옥을 지을 때 모두 같은 규격의 창문을 쓰고 있어서 창문 하나가 부서지면 시장에서 규격에 맞는 창문을 하나 사서 끼웠다. 이처럼 우리도 물건의 규격을 통일하면 생산적인 사회가 될 수 있다고 생각했다.

3. 양반을 상업적으로 활용하자.

박제가는 딱히 할 일이 없는 양반들을 그냥 두지 말고, 그들에게 돈을 빌려주어 상업 활동을 시켜야 한다고 주장했다. 돈만 빌려주는 것이 아니라 상점도 차려주고, 장사를 잘하는 양반에게는 특별히 벼슬자리도 주어 모두가 상업이라는 분야를 공평한 시선으로 바라볼 수 있게 해야 한다는 것이다.

과거에 매몰되어 살지 않고 같은 시대, 같은 공간에서도 늘 실용적인 것을 찾겠다는 시선으로 바라보면 이렇듯 남들이 볼 수 없는 것들을 발견하게 된다. 과학은 숨어 있지 않다. 발견해 주기를 기다리며 항상 우리 눈앞에 있다. 결국은 찾는 자의 몫이 되는 것이다.

+ *《북학의》: 조선 후기 실학자 박제가가 청나라의 풍속과 제도를 시찰하고 돌아와 1778년에 간행한 견문록이자 실학서. 내외 2권 1책으로 구성되어 있으며, 내편은 주로 생활에 필요한 모든 기구와 시설에 대한 개혁론을, 외편은 상공업의 발전과 농경 기술 · 농업 경영을 개선해 생산력과 민부(民富)를 증대시켜 나가자고 주장했다.

12
10月

화성 건설

한국 최초의 신도시 건설 프로젝트

1794년 1월에 시작해서 1796년 8월까지 진행한 화성 축조에 대한 내용을 알려면《화성성역의궤(華城城域儀軌)》*라는 책을 보면 된다. 정조가 당시 신도시 화성 성역을 어떻게 구상했는지 생생하게 들여다볼 수 있기 때문이다. 이 책은 총 10권 9책 667장의 방대한 양으로, 화성의 기획과 축성 과정이 세밀하게 기술되어 있는데, 특히 공사를 위해 투입된 혁신적인 기계들을 살펴보면 얼마나 과학적인 프로젝트였는지 알 수 있다.

1. 거중기(擧重機): 도르래의 원리를 이용해 적은 힘으로 무거운 물체를 들어올리는 기구다. 위에 4개 아래에 4개의 도르래를 설치한 뒤 아래 도르래에 물체를 매달고 위 도르래의 양쪽 끈을 잡아당겨 들어올렸다. 정약용이 중국의《기기도설(奇器圖說)》을 참고해 만들어 수원화성 건설에서 주 장비로 쓰였다.

2. 유형거(游衡車): 적은 인원으로 무거운 짐을 쉽고 빠르게 운반하는 공사장용 수레다. 특히 바퀴에 복토를 달아서 사고 가능성을 최소화했다.

3. 복토(伏兎): 유형거의 바퀴와 차상을 연결하는 부품이다. 짐 싣는 판자가 늘 평형을 유지하도록 해주는 장치였다. 반원형으로 아래의 굴대가 위의 차상을 떠받쳤다.

4. 녹로(轆轤): 활차(滑車)를 이용해 무거운 물건을 들어 올리는 데 쓰인 기구다. 성을 쌓거나 큰 집을 지을 때 사용했다. 지주 구실을 하는 긴 간목(竿木) 두 개를 비스듬히 세운 다음 간목 꼭대기에 활차를 달고 뒤쪽에 얼레를 달고 줄을 감아 물건을 들어올렸다. 틀의 크기는 세로 15척, 높이 10척이고 간목의 길이가 35척 정도였다.

5. 대거(大車): 두 사람 이상이 미는 거대한 수레를 말한다. 화성 공사에서 총 8대를 만들어서 활용했는데, 성벽과 돌기둥, 아름드리 재목 등 크고 무게가 많이 나가는 것들을 주로 옮겼다. 지나치게 거대해서, 기동성이 좋지 않다는 단점이 있었다.

6. 동거(童車): 무겁고 크기가 큰 재료는 대거로 옮겼지만, 기동성이 필요한 작은 재료는 사람이 끄는 동거를 활용했다. 화성 공사에서는 총 192량이 쓰였는데, 주로 평지에서 돌과 기와 등을 나르는 데 사용했다.

정조는 나라 전체를 바꾸려는 개혁 군주였다. 그러나 오랫동안 정권을 잡고 있던 노론 세력의 저항이 만만치 않았다. 그들은 끊임없이 개혁 시도에 흠집을 내며 현실에 안주하기를 바랐다. 이런 상황이 계속되자 노론의 근거지인 서울을 벗어나야 한다고 생각한 정조는 개혁을 제대로 추진하기 위해서 아예 수원에 신도시인 화성을 새로 짓기 시작한 것이다. 당시 정약용 등의 뛰어난 인물들과 새로운 기계들을 활용해 공사는 예정보다 훨씬 일찍 끝났다. 중요한 점은 정조의 개혁이 성공했는가 혹은 실패했는가가 아니다. 이전에 없던 시대를 만들기 위해서는 이전에 없던 생각이 필요하며, 과학 역시도 그런 생각과 함께 진보했다는 사실을 깨닫는 것이 핵심이다.

*《화성성역의궤》: 1801년 김종수가 화성 성곽 축조에 관한 경위와 제도 및 의식을 기록한 의궤. 정조가 봉조하(奉朝賀) 김종수(金鍾秀)에게 편찬을 명령해 1801년(순조 1) 9월에 인쇄 발간되었다.

13
10月

과학자

의미를 부여할 수 있다면 누구든 삶에서 과학을 발견할 수 있다

과학을 한마디로 정의하면 뭐라고 말할 수 있을까? 과학은 창조가 아니라 이미 존재하지만 발견하지 못했던 것을 찾아내는 것이다. 이를 위해서는 사물이 기존에 갖고 있던 의미를 지우고 다시 부여하는 과정이 필요하다. 그래서 과학자는 '의미를 부여할 줄 아는 사람이다'라고 정의할 수도 있다. 여기에서 중요한 것은 '의미'와 '부여할 줄 아는 사람'이라는 표현이다. 앞서 말했듯 무언가를 창조하려면 일단 '의미를 찾는 것'과 다른 분야와 융합하기 위해 '의미를 부여할 줄 아는 능력'이 필요하기 때문이다.

우리나라 역사에서 그걸 가장 잘했던 사람이 바로 정약전 · 정약용 형제였다. 정약전은 어류에 대한 지식과 정보를 담은《자산어보(玆山魚譜)》*라는 책을 썼다. 이 책은 그때부터 지금까지도 꾸준히 많은 사람들의 사랑을 받으며 읽히고 있고 최근에는 영화로도 나왔다. 그런데 정약전은 그 책을 대체 언제 썼을까? 책을 쓸 수 있을 정도로 충분한 환경과 재력이 갖춰진 후에 쓰기 시작한 걸까? 오히려 그 반대다. 그는 한번 유배당하면 다시는 나올 수 없다는 흑산도에서 유배 생활을 하면서《자산어보》를 완성했다. 당연히 집필에 필요한 환경은커녕 아무런 참고 자료도 없었다. 그럼에도 자연과학에 대한 주제로 책을 쓸 수 있었던 그 힘은 '의미를 찾고 부여할 줄 아는 능력'에 있었다. 의미를 찾고 부여하는 행위는 그것을 하겠다는 생각만 가지면 저절로 되는 것이기 때문이다. 이를테면 정약전은 이런 것들에서 의미를 찾고 다른 분야로 활용해서 의미를 부여했다. 바다에서 잡은 오징어 먹물을 글을 쓰는 먹물 대신에 사용했으며, 기름상어의 간에서 짜낸 기름을 등잔 기름으로 활용했다. 그는 자신이 머무는 모든 일상의 공간에서 새로운 의미를 찾았으며 변용했다. 오징어와 글을, 기름상어와 등잔을 서로 연결해서 의미를 부여한 것이다.

이처럼 과학이란 결국 존재가 갖고 있던 의미를 지우고 거기에 다른 사물이나 환경을 녹여서 새롭게 의미를 부여하는 행위다. 그래서 과학은 전혀 예상하지 못한 곳에서 짐작할 수 없는 것을 만들며 그 진가를 발휘한다. 익숙한 것에 새로운 의미를 부여할 수 있다면, 그는 어디에서 살든 과학과 친하게 지내고 있는 것이라 말할 수 있다.

✚ *《자산어보》: 조선 후기 문신 정약전이 귀양지였던 흑산도 연해의 수족(水族)을 조사하고 연구해 1814년에 저술한 실학서. 오늘날의 과학적 분류법의 관점에서는 비과학적이기는 하지만, 당시는 구미 선진국에서도 과학적 동식물 분류법이 확립되지 않았음을 고려할 때 획기적인 저술이다.

14
10月

서유구

일상에서 끌어낸 생활과학 백과전서

"책을 폈다. 이제야 눈을 뜬 느낌이다."

조선을 대표하는 성군 정조대왕에게 이런 호평을 받은 주인공은 누굴까? 정조는 경탄하며 다시 이렇게 말했다. "근거가 분명하고 충분하며, 언어는 알맞고 논리가 정연하다. 고도의 전문성을 가진 사람만이 쓸 수 있는 책이다". 이 책을 쓴 주인공은 누굴까? 혹시 다산? 아니다. 그는 바로 다산과 동시대를 살았던 또 다른 천재, 실학자 서유구(徐有榘)*다. 그는 인생의 절반 이상을 자신보다 두 살 많은 다산이라는 인물에 가려져 살았지만, 다산에게 생각지도 못한 문제가 생겨 입장이 바뀐다. '생각지도 못한 문제'란 다산 형제가 연루된 천주교 문제였다. 다산이 천주교 문제로 유배를 떠난 이후에 서유구는 빛을 보며 승승장구하게 된다. 서유구가 과연 어떤 글을 썼길래 정조가 그렇게 경탄하며 칭찬했던 걸까?

서유구는 조선 후기에 농업정책과 자급자족의 경제론을 편 실학적 농촌경제 정책서 《임원경제지(林園經濟志)》의 예언(例言; 일러두기)에서 저술 동기를 이렇게 밝혔다. "사람이 살아가는 데 두 가지 방법이 있다. 하나는 세상에 나아가 벼슬할 때는 백성들에게 혜택을 주어야 한다는 것이고, 다른 하나는 벼슬에서 물러나 개인으로 살아갈 때는 스스로 의식주에 힘쓰고 뜻을 길러야 한다는 것이다". 그는 거기에서 멈추지 않는다. 선비들에 대한 그의 평가는 냉혹했으며 거부하기 힘들 정도로 선명했다.

"선비들이여! 농업, 공업, 상업 알기를 똥으로 아는 그 선비 의식부터 싹 다 뜯어고쳐라. 제발 버러지처럼 놀고먹지 마라. 경서를 공부하지 말라는 것이 아니다. 공부도 하면서 제 식구 먹을거리, 입을 거리, 살 곳은 책임지고 유지하면서 하라. 방 안에 틀어박혀 공자와 맹자를 논할 시간에 밖으로 나가 바지 걷어붙이고 열심히 쟁기질을 하라! 그물 던져 고기 잡아라. 짐 지고 나가서 장사하라. 그대의 몸놀림을 혁신하라!"

당시의 선비들로서는 받아들이기 힘든 실용적인 지식을 강조했기 때문에 서유구 역시 다산처럼 고통을 겪어야 했다. 1806년 숙부 서형수가 김달순의 옥사**에 연루되자, 그도 벼슬을 내놓을 수밖에 없었다. 1823년 이후 복직할 때까지 오랜 시간 혼자서 지내야 했지만, 오히려 그는 그 기간을 113권 54책, 252만 7083자에 달하는 《임원경제지》를 저술하는 기회로 삼았다. 과학을 말로만 외친 것이 아니라 스스로 증명한 것이다. 이 책의 주요 내용은 다음과 같다.

제1지 본리지(本利志, 1~13): 농사 전반에 대한 정보

제2지 관휴지(灌畦志, 14~17): 채소와 약초의 특성과 재배법

제3지 예원지(藝畹志, 18~22권): 꽃과 꽃나무의 재배법

제4지 만학지(晩學志, 23~27권): 과실수 재배법

제5지 전공지(展功志, 28~32권): 의복 제조에 필요한 각종 염색법과 직조법

제6지 위선지(魏鮮志, 33~36권): 농사에 필요한 기상과 천문에 대한 지식

제7지 전어지(佃漁志, 37~40권): 양축법(養畜法) 및 사냥법. 소, 말, 닭, 오리 및 각종 물고기의 특성에 대한 정보

제8지 정조지(鼎俎志, 41~47권): 식품 및 조리법. 165가지에 이르는 전통주의 재료와 빚는 방법, 전통 음식 요리법과 조리기구 사용법

제9지 섬용지(贍用志, 48~51권): 집 짓는 방법과 건축구조를 비롯해 가재도구 및 장식품, 의복과 각종 교통 및 운송 수단에 대한 설명

제10지 보양지(葆養志, 52~59권): 심신 건강에 필요한 각종 수양법과 양생법, 육아법

제11지 인제지(仁濟志, 60~87권): 《동의보감》을 비롯한 기존의 의학 서적을 바탕으로 병을 다스리는 침과 뜸, 탕제 등 한의학에 대한 내용

제12지 향례지(鄕禮志, 88~90권): 가정과 향촌 생활에 필요한 관혼상제와 향약 등에 대한 설명

제13지 유예지(遊藝志, 91~98권): 선비에게 필요한 교양과 각종 기예에 관한 내용

제14지 이운지(怡雲志, 99~106권): 선비의 여가 생활 및 선비가 갖춰야 할 각종 예술과 문화에 대한 설명과 방법

제15지 상택지(相宅志, 107~108권): 집을 짓고 살기 위해 알아야 할 공간 배치와 풍수 관련

제16지 예규지(倪圭志, 109~113권): 사회경제를 다룬 상업 활동과 재산 증식 및 관리, 전국 팔도의 시장 경제에 관한 정보

《임원경제지》가 더욱 귀한 자료인 이유는 서유구가 일상에서 축적한 경험과 실사구시 정신을 기록했기 때문이며, 잘 모르는 농사와 의복, 음식 만들기에 대해서는 스스로 실천하며 해본 경험으로 집필했기 때문이다. 그는 늘 혁신을 통한 삶의 발전을 중요하게 생각했다. 과학은 일상의 필요에서 비롯되는 것이라는 확실한 증거가 아닐 수 없다.

*서유구: 조선 후기 이조판서, 우참찬, 대제학 등을 역임한 문신, 실학자. 할아버지(대제학 서명응徐命膺)와 아버지(이조판서 서호수徐浩修)의 가학을 이어 특히 농학(農學)에 큰 업적을 남겼다. 여러 국내 농서와 중국 문헌 등 800여 종을 참조하여 만년에 《임원경제지》를 완성했다.

**김달순의 옥사: 조선 순조 4년(1804년)에 전직 군수 및 현감과 유생 등이 좌의정 서용보를 제거하려고 소를 올린 일에 엮여 형(刑)을 받은 사건. 초기에는 순조가 막아주었으나 결국 '임금(순조)의 궐밖 행차에 참석하지 않았다'는 트집으로 유배되었다. 유배 후 복직되어 이조판서에 임명되었다.

15
10月

김정호

과학은 조금 더 힘든 과정을 통해 진화한다

'김정호(金正浩)*'라는 이름과《대동여지도(大東輿地圖)》가 무엇인지 아는 사람은 많지만, 지도의 전체 모습을 본 사람은 아마 거의 없을 것이다. 이유는 무엇일까? 답은 의외로 간단하다. 사진으로 찍어 책에 싣기에는 지도가 너무 크기 때문이다.《대동여지도》는 현존하는 조선시대 전국 지도 중에서 가장 크다. 전체를 펼쳐 이으면 세로 6.6미터, 가로 4미터에 이른다. 요즘 아파트의 층고가 보통 2.7~3미터 정도이므로 대략 3층 정도 높이에서 봐야 지도의 전체 모습을 한눈에 볼 수 있다는 얘기다.

질문은 다시 이렇게 이어진다. '이 거대한 지도를 대체 그 시대에 어떻게 만들었나?' 시중에 떠도는 이야기로는 지도를 완성하기 위해서 김정호는 팔도강산 방방곡곡을 무려 세 번이나 돌았다고 하는데, 그게 현실적으로 가능하기는 한 걸까? 양반도 아닌 데다 물질적으로도 넉넉하지 않았던 그가, 나라로부터 어떤 지원이나 협조도 받지 않고 혼자서 수많은 산의 정상에 오르면서 어떻게 지도를 완성했을까? 그 해답은 바로 어린 시절 김정호에게서 발견되었던 천재성과, 어떤 일을 할 때 가장 어려운 해결 방법을 선택하는 그의 태도에서 찾아볼 수 있다.

김정호와 소년 시절부터 친하게 지내던 최한기(崔漢綺)라는 과학사상가가 있었다. 그는《만국경위지구도(萬國經緯地球圖)》라는 지도를 만들기도 했던 양반 출신의 학자였다. 김정호와 그는 신분 차이를 뛰어넘어 평생을 지성의 동반자로 살았다. 1834년 순조 34년에 친구 김정호의《청구도(靑丘도(圖)》가 완성되자 최한기는 서문에 이런 글을 남겼다.

'나의 친구 정호는 소년 때부터 지리학에 깊은 뜻을 두고 오랫동안 연구하며 사색했다. 모든 방법에서 장점과 단점을 구분하며 자세히 관찰했고, 틈틈히 사색하며 부분적으로 작성해서 쉽게 펼쳐볼 수 있게 만든 형태의 지도를 만들었다'.

여기까지 김정호의 가능성과 사색의 깊이를 강조하고 나서, 뒤이어《대동여지도》를 만든 김정호의 역량이 어디에서 어떻게 나왔는지 그 근거를 찾을 수 있는 힌트를 알려준다. "그는 어릴 때부터 경도와 위도를 나타내는 선을 그어 산수(山水)를 끊고 주현(州縣)을 배열하는 능력을 갖고 있었다". 공간을 지각하는 천재적인 능력을 갖고 있었다는 의미다.

다음으로는《대동여지도》를 인쇄본으로 제작했다는 사실에서 우리는 일에 대한 김정호의 태도를 다시 확인할 수 있다. 당시의 지리지에 실린 지도는 대부분 손으로 베껴 쓴 것이었다. 이런 이유로 많은 대중이 접하기 힘들었고, 양반들 중에서도 소수의 학자만이 볼 수 있었다. 이런 시대에 그는 힘들고 어려운 선택을 했다. 목판으로 인쇄한 목판본 지도를 만든 것이다. 더구나《대동여지도》는 분첩접철식(分貼摺綴式; 나누어 붙이고, 접어서 한데 묶는 방식)으로 제작되었다. 우리나라를 남북으로 120리 간격 22층으로 구분하여 하나의 층을 1첩으로 만들고, 총 22첩의 지도를 상하로 연결하면 전국지도가 되게 만들었다. 22첩을 연결하면 전체가 되며, 하나의 첩은 다시 병풍처럼 접고 펼 수 있으므로 부분만 필요할 경우에는 얼마든지 뽑아서 그것만 휴대할 수 있게 한 것이다.

김정호는 더 많은 사람이 더 쉽고 편하게 지도를 볼 수 있게 하려고 스스로 더 힘든 제작 방법을 택했다. 목표에 도달하기 위해 그는 지도 제작 기술을 더 가다듬고 발전시키지 않을 수 없었고, 그것이 《대동여지도》라는 시대를 초월한 콘텐츠를 생산할 수 있었던 비결이었다. 김정호의 예를 통해 우리는 '과학은 스스로 택한 어려움을 통해 진화한다'는 진리를 새삼 깨닫게 된다.

+ *김정호: 조선 후기 《청구도》, 《동여도》, 《대동여지도》의 3대 지도를 제작한 학자이자 출판인. 낮은 신분으로 업적을 남긴 사람을 기록한 유재건의 《이향견문록》에 전기가 실렸다는 점, 목판본의 《대동여지도》 22첩, 《대동여지전도》에서 확인되듯이 판각에 뛰어났다는 점을 고려할 때 평민 출신의 장인(匠人)으로 추측된다.

16

10月

의문당

누구나 자유롭게 질문하며 공부하는 공간

1840년 9월에 시작해서 1848년 12월에 끝난, 짧지 않은 추사 김정희(金正喜)의 제주도 유배 기간에 있었던 일이다. 이 사례는 '질문하지 않는 한국인'에 대한 이야기이며, 왜 우리가 질문하는 삶을 포기하지 말아야 하는지 그 가치에 대해서도 일깨우는 '사건'이다.

제주도 서귀포시 안덕면에는 '대정향교(大靜鄕校)*'라는 곳이 있다. 그 향교의 한 공부방에는 '의문당(疑問堂)'이라 쓰인 편액이 걸려 있다. 이 편액에 적힌 글은 김정희가 제주도 유배 시절에 직접 써서 달아준 것이다. 그런데 그는 왜 하고 많은 글자 중에 '의문'이라는 낱말을 골라 당호(堂號)에 넣은 것일까?

추사는 이곳에서 어린아이들에게 송나라의 유자징이 8세 정도의 아이들을 위해 편찬한 수양서《소학(小學)》을 가르친 적이 있었다. 그런데 그의 눈에는 아이들의 배우는 태도와 자세가 영 마음에 들지 않았다. 특히 질문하지 않는 아이들의 태도가 께름칙했다. 아무리 가르쳐도 듣기만 했고, 아무리 질문해도 답하지 않았고, 아무리 질문을 하라고 다그쳐도 누구도 입을 열지 않았다. 평소 질문이 그 사람의 변화와 혁신을 주도한다고 생각해온 김정호는 어떤 위기감을 느꼈다. 그는 아이들에게 가만히 일러주었다. "궁금한 것이 있으면 지체 말고 즉시 질문해서 그 뜻을 알아야 소학이 너희의 지혜가 될 수 있느니라".

그 일이 있고 다음 날, 대정향교의 훈장을 지내면서 지방의 유림을 발전시키기 위해서 많은 노력을 기울여 온 강사공(姜師孔)이 향교에 걸 글씨를 청하자 추사는 망설임 없이 글을 써주었다. '의문당(疑問堂)'. 전날 있었던 일을 알지 못하는 강사공은 서각장이[書刻匠]에게 이 글을 새기도록 맡긴 후, 진지한 표정으로 그에게 물었다. "의문당에는 어떤 의미가 있습니까?" 그러자 추사는 어제 있었던 일을 이야기하면서, "배우려면 질문을 해야 합니다. 여기는 누구나 자유롭게 질문하며 공부하는 공간입니다"라고 답했다. 의심이 들면 반드시 그것을 묻고, 그렇게 알게 된 것을 스스로 사색을 통해 다질 때, 그 사람의 내일을 밝혀주는 꺼지지 않는 등불이 될 수 있다는 대답이었다.

내가 질문을 굳이 과학 카테고리에 넣은 이유는 '질문이야말로 과학에 첫발을 내딛는 가장 효과적인 도구'이기 때문이다. 김정희도 사실을 바탕으로 한 질문을 통해 진리를 찾아냈던 조선의 과학자였다. 실제로 그는 금속이나 돌에 새긴 글씨나 그림을 해석하는 금석학(金石學)에서 독보적인 권위를 갖고 있던 사람으로, 당시까지 '무학대사비'로 잘못 알려진 북한산 '진흥왕순수비'의 실체를 밝혀내기도 한 고증의 대가였다. 작은 단서 하나를 질문이라는 필터를 통해, 이전에는 몰랐던 것의 정체를 밝혀내는 논리적 사고의 소유자였던 것이다. 질문하는 사람은 관찰을 즐거워한다. 세밀하게 들여다보면 질문이 생기고 그 질문에 대한 답을 찾다 보면 진실이 드러나기 때문이다. 그러니 무엇이든 질문하라, 그럼 온갖 삶의 비밀이 당신에게 문을 열 것이다.

+ *대정향교:조선 전기에 창건된 제주도 서귀포시 안덕면 소재의 향교. 1420년(세종 2년) 현유(賢儒)의 위패를 봉안하고 지방민의 교육과 교화를 위하여 창건되었다.

17

10月

지석영

사명감이 이끈 영혼을 건 승부

지석영(池錫永)이 종두법을 배운 것은 1879년 일본 정부가 부산에 세운 우리나라 최초의 근대식 병원인 제생의원(濟生醫院)*의 해군 군의관인 마쓰마에와 도쓰카에게서였다. 도쓰카와의 만남은 지석영의 인생을 바꿔 놓았다. 종두법을 배운 그는 조국을 위해 봉사할 수 있다는 생각에 서울에 가서 많은 사람을 고통에서 벗어나게 해주겠다는 희망에 부풀었다. 모든 준비를 마치고 서울로 가던 그는 중간 지점인 처가가 있는 충주에서 멈췄다. '어린 처남에게 종두법을 시험해보기 위해서'였다. 주위의 만류에 그는 단호하게 말했다. "우리 가족에게 먼저 해봐야 모두가 안심하고 쓸 수 있지 않겠습니까". 그는 이제 막 두 살 된 처남에게 우두를 맞혔다. 한국인이 한국인에게 우두를 접종한 첫 사례였다. 이 일로 자신감을 얻은 그는 1880년에는 아예 일본으로 건너가 일본 위생국에서 우두 제조법을 배워서 서울에 종두장을 설립하고 본격적인 종두 접종을 시작했다. 그때까지 의학 지식 수준이 낮았던 백성들은 천연두에 걸리는 것을 '마마신이 들어오신다'고 생각했고, 병을 이겨낼 방법은 그저 굽신거리며 마마신의 비위를 맞추는 수밖에 없다고 믿었다. 이런 상황에서 의학이 뿌리를 내리기는 힘들었다. 오히려 과학과 의학을 '근거 없는 귀신의 흉계'라고 치부했기 때문이다.

지석영은 조정의 무지한 대신들로부터 황당한 비난까지 받기에 이르렀다. "지석영은 몰래 흉한 음모를 꾸몄다. 백성들에게 독을 주입한 자도 바로 그다. 흉물스럽게 그는 우두 기술을 가르친다는 핑계로 도당들을 끌어모았으니 그 의도가 심히 의심스럽다". 1887년에는 '위험 인물 '로 고발당해 정약용처럼 강진의 신지도로 유배를 떠났다. 그러나 지석영은 거기에서도 여전히 우두를 연구하고 도민들에게 우두 접종을 했다. 무려 5년이나 유배를 당했다가 풀려났는데, 그가 나오자마자 가장 먼저 한 일은 자신을 그렇게 만든 사람에게 복수하기는커녕 그간 연구한 자료를 모아 책을 내고, '우두보영당'이라는 의료시설을 설립해 아이들에게 종두를 실시했다.

지석영은 한글에 대해서도 당대 지식인들과는 전혀 다른 생각을 하고 있었다. 조선이 세계의 여타 나라에 비해 개화가 늦어지는 이유가 어려운 한문을 쓰기 때문이라 생각했던 그는, 모든 백성이 신문물을 쉽게 배우기 위해서는 한글을 널리 사용해야 한다고 주장했다. 지석영은 의학에서도 조선의 수준을 높인 인물이었지만, 국어학자이자 독립운동가인 주시경(周時經)과 더불어 당시로서는 혁신적인 한글 가로쓰기를 주장한 지식인이기도 했다. 시대가 좋지 않아 비록 상반된 평가를 받기도 하지만, 의학과 한글을 향한 그의 마음만은 뜨거웠다는 사실을 우리는 잊지 말아야 할 것이다.

*제생의원: 1877년 2월 부산의 일본 거류민 진료를 위해 일본 해군성이 건립한 관립 병원. 후에 부산공립병원, 부산거류민단병원, 부산부립병원, 부산시립병원 등을 거쳐 1956년 부산대학 의과대학 부속병원으로 개칭된 후 현재의 부산대학교병원이 되었다.

18

10月

우장춘

길가의 민들레는 밟혀도 꽃을 피운다

1945년 8월 15일, 우리는 지긋지긋한 35년간의 일제강점기에 마침표를 찍었다. 그러나 문제는 자주독립은 이루었지만, 경제적 독립은 여전히 이루지 못했다는 사실이었다. 그걸 잘 알고 있던 정부에서는 중요한 사업을 하나 계획한다. '우장춘(禹長春) 박사 환국 추진 위원회'의 결성과 추진이었다. 이런 사업을 벌인 이유가 뭘까? 크게 두 가지가 있다. 하나는 우리나라가 식량난을 겪고 있었기 때문이고, 또 하나는 일본 채소의 종자가 우리 것보다 우월했기 때문이다. 아무리 그렇다고 해도 나라에서 기획해서 한 사람의 환국을 추진한다는 것이 지금의 생각으로는 쉽게 이해가 되지 않는다. 그러나 그때의 역사는 그때의 눈으로 바라봐야 한다. 지금은 아니지만 그때는 옳았던 일이 세상에는 많기 때문이다.

우장춘은 1935년 '종의 합성'을 밝힌 논문을 통해 육종학의 새로운 지평을 열며 세계적인 육종학자로 자리매김하고 있었다. 이 이론을 통해 '종의 분화는 자연 선택의 결과'라던 다윈의 진화론을 수정하는 이변을 일으켰기 때문이다. 우장춘이 세계적 학자로 이름을 날릴 당시 한국은 지독한 가난에 허덕였으며, 과학 기술 역시 마찬가지로 최하위 수준이었다. 한마디로 성장 가능성이 없는 나라였다. 1950년 조국의 과학 발전을 위해 우장춘 박사는 빈곤과 혼란으로 뒤덮인 대한민국 땅에 발을 디뎠고 한국농업과학연구소 소장으로 취임한다. 이후 1959년까지 10년간 그가 한국에서 농업과학연구소를 운영하며 이룬 업적은 짧은 글로 설명하기 어려울 정도로 많다. 결정적인 사례를 하나만 들면 다음과 같다.

"일제강점기 당시만 해도 김치를 일본 배추로 만들었다. 그런데 일본이 패망하자 종자 공백이 생겼다. 토종 배추는 품질이 나빠 김치가 무르고 맛이 없었다. 우장춘 박사가 귀국하자마자 배추와 무 종자 개발에 매달린 덕분에 우리가 지금껏 맛있는 김치와 깍두기를 먹는 것이다. 특히 그가 국내에서 길러낸 제자들이 학계로 진출하고 종자업계로 가면서 국내 종자 산업이 발전하는 토대가 됐다."

그러나 조국은 우장춘을 온전히 안아주지 못했다. 1959년 8월 정부는 그가 죽기 사흘 전에야 어쩔 수 없다는 듯 문화포상을 전달했는데, 그는 병실에서 눈물을 흘리며 이렇게 말했다. "조국이 드디어 나를 인정해 주는구나. 그런데 조금만 더 일찍 주었다면 얼마나 좋았을까". 여기에는 내막을 아는 사람은 이해할 수 있지만, 앞뒤 사정을 모르면 이해가 불가능한 스토리가 숨어 있다. 사실 우장춘은 민족반역자 우범선(禹範善)*의 아들이었다. 어떤 이들은 과학자 우장춘 박사 존재 자체에 감사를 표하기도 했지만, 죽을 때까지 친일에 대해 반성해야 한다고 생각하는 사람도 있었다. 생각의 차이에서 비롯된 결과였다. 우장춘은 2003년 과학기술인 명예의 전당에 헌액되었고, 부산에는 그의 업적을 기리는 우장춘 기념관도 있다. 결국 그가 남긴 말처럼 된 것이다. "길가의 민들레는 아무리 밟혀도 자신의 꽃을 피운다".

+ *우범선: 개항기 별기군 참령관, 군국기무처 의원 등을 역임한 친일파 관료이자 농학자 우장춘(禹長春)의 아버지. 1895년 을미사변 때 훈련대 제2대대장으로 일본군 수비대와 함께 궁궐에 침입, 명성황후의 시해를 방조했다. 일본 망명 후 1903년 12월 한국의 자객 고영근(高永根)에게 암살당했다.

19
10月

장기려

주는 것까지가 아니라 받는 것까지가 사랑의 완성이다

그는 그저 의사라는 직업인에 머문 사람이 아니었다. 영혼이 맑고 깊은 성인과도 같은 인생을 살았기 때문이다. 한국 의료보험의 선구자이며, 자기 삶을 바쳐 어두운 세상을 밝힌 수많은 가난한 자들의 아버지였다. 한국전쟁 이전에 북에서 김일성의 전담 의사로 활동하며 큰 명성과 지위를 얻었다는 것, 평범한 수준을 훌쩍 뛰어넘는 실력이었다는 것, 전쟁 이후 남한으로 내려오며 북한에서의 활동 때문에 의심을 받아 매우 힘들었다는 것은 '장기려(張起呂)'라는 이름을 검색하면 자세히 나오므로 이 정도에서 그치고, 그가 어떤 마음으로 가난하고 아픈 사람들을 위해 살았는지 검색으로는 알 수 없는 그 마음을 헤아려보자.

장기려는 남한으로 온 이후 부산에 현재 고신의료원의 전신인 복음병원을 세우고 전쟁 직후 가난에 허덕이는 사람들을 무료 진료하는 등 최선을 다해 의사의 본분을 지켰다. 그는 한국의 의료 발전을 위해 모든 것을 쏟아냈는데 그중 가장 큰 업적은 의료보험 분야다. 무려 54년 전인 1968년에 '청십자의료보험'이라는 국내 최초의 의료보험을 만들어, 많은 사람이 더 나은 의료혜택을 누릴 수 있게 만든 것이다. 그는 치료비가 없는 환자에게 자신의 급여를 가불해 지불하기도 했고, 병원 측의 반대로 치료비 대납이 원활하지 않자 사정이 딱한 환자를 뒷문으로 도망시키기도 했다. 환자를 향한 이런 애틋한 마음이 모두 모여 의료보험이라는 빛나는 제도가 탄생한 것이다. 장기려가 만든 청십자의료보험은 현행 국민건강보험의 토대가 되었는데, 나중에 문제가 하나 생겼다. 정부에서 의료수가를 책정할 때 청십자 의료보험조합의 자료를 참고했는데, 그가 만든 조합은 이익을 내기 위한 것이 아니라 봉사단체의 성격이 강했기 때문에 인건비 등 빠진 부분이 매우 많았던 것이다. 그 덕분에 우리가 지금 저렴한 비용으로 질 좋은 의료 서비스를 받고 있다고 생각할 수도 있다.

장기려는 1943년 국내 최초 간암 환자의 간암 덩어리를 떼어내는 데 성공했고, 이어 1959년 10월 20일에는 한국 최초로 간암 환자의 간 대량절제술도 이루어냈다. 이것이 얼마나 대단한 일인가 하면, 대한간학회는 2000년부터 10월 20일을 '간의 날'로 제정하고 기념할 정도다. 이런 공적으로 그는 1979년에 막사이사이상(사회봉사부문)을 받았으며, 1995년 인도주의실천의사상 등을 받았다.

장기려의 일상은 병원에서의 희생적인 모습과 다르지 않았다. 사람을 향한 사랑이 가득했던 그는 하루는 지나가는 거지에게 돈을 줬는데 그것 때문에 경찰서에 가야만 했다. 거지에게 자신이 받은 한 달 월급 전부를 수표로 주는 바람에 '거지가 훔친 게 아닐까?'라는 의심에서 비롯된 도난 신고가 접수돼 있었기 때문이다.

최고의 의사였고, 마음만 먹으면 누구보다 높은 지위와 부를 누릴 수 있는 그였지만, 1995년 12월 25일 성탄절에 지병인 당뇨병 합병증으로 84세에 세상을 떠날 때까지, 집조차 없어 고신대학교 복음병원의 옥탑방에서 기거할 정도로 개인적인 욕심이 없었다. 사람은 입이 아닌 삶으로 자신의 가치를 말한다. 그리고 그 가치는 대부분 죽음에 이르러 드러난다. 장기려의 삶에 대해서 더 이상의 수식이 필요가 없는 이유가 바로 거기에 있다.

20
10月

김용관
생명이 자본이고 사람이 빛이다

우리는 "무엇보다 사람이 중요하다는 사실을 알아야 한다"라는 말을 자주 하거나 듣고 산다. 과학이라는 학문도 인간의 가치를 아는 것이 기본이다. 인간의 가치를 어떻게 쉽게 설명할 수 있을까. 나는 간단한 방법을 하나 알고 있다. 금과 다이아몬드가 귀한 것은 누구나 알고 있는 사실이다. 그런 귀금속을 누구나 공짜로 가져갈 수 있게 거리에 두면 어떤 일이 벌어질까? 아마 수많은 사람이 일제히 귀금속을 향해 뛰어갈 것이다. 그러다 보면 힘이 좋아 남을 밀치는 사람이나 어깨싸움에서 밀려나는 사람이 생길 것이고, 그 와중에 자기가 짓밟고 지나가는 사람의 고통 따위는 안중에도 없을 가능성이 높다. 그 순간만큼은 오직 남들보다 귀금속을 하나라도 더 손에 쥐는 것이 지상 목표이기 때문이다.

현실 세계는 위의 예처럼 귀금속이 길에 널려 있지는 않지만, 모두가 각자 자신의 이익만을 위해 달리는 상황이라는 점에서는 동일하다. 그 속에서 공존해야 할 인간의 가치는 자꾸만 잊혀진다. 그러나 치열한 경쟁 속에서도 누군가는 여전히 인간의 가치를 깨닫고 인간을 바라보며 걷는다. 그런 사람만이 바로 앞으로의 과학계를 짊어지고 갈 수 있다. 과학은 인간의 가치, 즉 생명을 존중하는 마음에서 시작하기 때문이다.

한국에도 인간의 가치를 누구보다 우선했던 과학계의 인물이 있었으니, 그의 이름은 김용관(金容瓘)이다. 그는 1897년 서울에서 유기 도매상을 하는 집에서 태어나 부족할 것 없이 성장했다. 그는 1916년에 경성공업전문학교가 설립되자 요업과에 입학하여 1회로 졸업했다. 성적이 좋아 졸업과 동시에 조선총독부 장학생에 선발되어 일본으로 유학을 떠나기도 했다. 그러나 1년간의 일본 유학은 그의 삶을 완전히 바꿔 놓았다. 그때까지 자신만 바라보며 살았다면, 그때부터 주변의 '사람'을 바라보기 시작했다. '자신의 성장'보다는 '과학의 대중화'라는 가치로 눈길을 돌린 것이다.

과학의 대중화를 위해 김용관이 했던 일은 매우 다양하다. '발명학회'를 재건하고, 《과학조선》*을 창간했다. 그리고 이런 움직임을 알리기 위한 대중 집회도 구상했다. 그것이 바로 한국 최초의 '과학의 날'이었다. 과학자 찰스 다윈의 사망 50주년이 되는 해를 기념해 1933년을 4월 19일을 제1회 '과학의 날'로 정해 그때까지는 없었던 새로운 행사를 추진했다. 당시 그는 자신이 만든 과학의 날을 전국에 홍보하기 위해서 4월 16일부터 3일간 매일 라디오에 출연해 자신이 왜 과학의 날을 만들었는지 설명하기도 했다. 덕분에 언론의 주목을 받으며 일주일 이상 진행된 과학의 날 행사에는 수천 명의 사람들이 몰렸고, 당시 활동하던 전문가들을 통해 '과학의 개념'이나 '산업의 발명' 등과 같은 다양한 종류의 강연이 이루어졌다. 안타깝게도 보통의 백성들이 직접 참여할 수 있는 프로그램은 없었지만, 질 좋은 강연이나 견학, 과학영화를 관람하는 등 당시까지는 존재하지 않았던 특별한 경험을 백성들에게 베풀어 과학에 대한 인식을 제고시킬 수 있었다. 의외의 반응에 힘을 얻은 그는 1934년 7월 5일 서울 공평동 태서관에서 '과학지식보급회'라는 조직을 알리는 창립총회를 개최했다. 그러나 독립운동의 일환으로 보였던 그 행사는 일본 경찰에 의해 제지당했고, 그는 1938년에 체포되었다. 1942년에 가석방된 김용관은 남은 생을 모두 바쳐 일본 경찰의 눈을 피해 한국에 과학 사상을 전파하려고 시도했지만 모두 실패로 돌아갔다.

김용관의 인생을 통해 우리는 '과학은 그 가치를 아는 사람으로부터 탄생하는 것'이라는 사실을 알 수 있다. 시대가 변하면 더 높은 수준의 과학을 다시 만나게 될 것이다. 이제 과학은 과거처럼 특별히 전공한 사람만 접할 수 있는 학문의 영역이 아닌, 일상에서 누구나 펼칠 수 있는 상상의 영역이 되었다. 이 시점에서 가장 중요한 것이 생명을 귀하게 여기고 그 가치를 아는 삶을 시작하는 것이다. 과학은 생명이 자본이고, 사람이 빛이라는 사실을 기본 전제로 시작해야 하는 학문이다.

✚ 《과학조선》: 일제강점기인 1933년 김용관 · 박길룡이 과학기술의 중요성을 알리기 위해 창간한 과학기술 대중잡지. 초기에는 발명가들에게 실용 정보를 제공하는 내용이 주를 이루었지만, 1934년 발명학회 주도의 과학 대중화 사업이 진행되면서 대중적 과학잡지로 바뀌었다.

21
10月

만보기

본질이 무엇인지 알면 자신만의 숫자가 보인다

한국에서는 유독 분명한 숫자를 제시하여 무언가를 유혹하는 일들이 흔하다. 대표적인 예가 바로 '만 보 걷기'다. 하루 일과를 끝내는 저녁 시간에 SNS에 접속하면 다양한 종류의 기기에 적힌 숫자를 사진으로 찍어 보여주며, 자신이 오늘 하루 만 보를 걸었다는 인증을 남긴 포스팅을 어렵지 않게 볼 수 있다. 왜 굳이 만보인 걸까? 9900보를 걸었을 때는 나오지 않는 무언가가 1만 보에서 급격하게 증가하고 분출되는 걸까?

본질로 돌아가 생각해보자. 보통은 다이어트 등 건강을 위해 걷는 사람이 많다. 그러면 만 보 걷기는 건강을 지키고 다이어트를 위해 효과적인 운동인 걸까? 보통 성인의 걸음으로 만 보를 걷는 데는 110분 정도 소요되며, 걷는 코스와 몸무게에 따라 다르겠지만(큰 차이는 없다) 적게는 400킬로칼로리, 많게는 450킬로칼로리 정도의 열량이 소모된다. 결론을 내리자면 만 보 걷기란 라면 한 봉지의 열량도 되지 않는 에너지를 소모하기 위해서 무려 2시간이나 투자하는 운동이라는 얘기다. 만 보 걷기에 대한 탐구를 계속하다 보면 결국 이런 정보까지 얻게 된다. "1964년 도쿄올림픽이 끝난 뒤 일본에서 건강에 대한 관심이 높아지자 업체들이 '만보계(萬步計)'라는 걸음 계측기를 팔아먹기 위한 상술에서 만 보 걷기가 시작됐다". 이것은 사실일 수도 있고 아닐 수도 있다. 하지만 중요한 것은 실제로 만 보를 목표로 매일 걷는 사람이 많다는 사실이다. 어느 정도는 과학적으로 증명된 이론인 줄로 알았는데, 그저 구호에 불과했다는 사실이 충격적이다.

모두를 위하거나 모두에게 적용되는 과학은 별로 없다. 많은 과학 정보 중에서 자신에게 맞는 하나를 찾아야 한다. 중요한 건 자신의 '걷기 목표'가 무엇인지 제대로 설정하는 것이다. 다이어트가 목적인가, 단순히 걷는 것이 목적인가?, 무릎이 안 좋아서 뛰지 못하니 무리하지 않는 선에서 운동하는 것이 목적인가? 다이어트가 목적이라면 걷기는 비효율적이니 다른 운동을 찾아야 한다. 단순히 걷기 자체가 목적이라면 숫자에 구애받을 필요가 없고, 몸에 무리가 가지 않는 선에서 운동하려면 더욱이 숫자는 잊고 걸어야 한다. 생각을 위해 걷는 사람도 있을 것이다. 그럼 숫자를 아예 생각할 필요가 없다. 만 보를 걷는 것 자체가 아니므로 고민하던 문제가 풀리면 돌아가도 되기 때문이다.

미국《뉴욕타임스》는 하버드대 보건대학원의 2019년 논문을 인용해 '1만 보까지 걷는다고 해서 건강 이익이 계속 증가하는 것이 아니다'라는 기사를 실었다. 실제로 보통 사람은 굳이 걷기 운동을 따로 하지 않아도 일상생활 중에 5000보 이상을 걷고 있다. 결론은 대부분의 사람들이 세상이 정한 규칙이나 마케팅 수단에 장단을 맞춰왔다는 말이다. 이런 것에 휘둘리지 않으려면 누구보다 자신을 자신이 가장 잘 알아야 한다. 그러기 위해서는 늘 성찰하는 자세로 '지금의 나'를 들여다보는 일을 습관화해야 한다. 그래야 남이 정해준 것이 아닌, '나만의 숫자'를 발견할 수 있는 법이니까.

지폐

악용하는 사람이 기술의 진보를 이끈 아이러니

2019년 11월 경남 함양군에서 범상치 않은 사건이 하나 발생했다. 택시를 탄 손님이 요금으로 5만 원권을 내고 "거스름돈은 필요 없다"라며 서둘러 내린 것이다. 기사가 놀란 이유는 받은 그 지폐가 얼핏 봐도 너무나 허술하게 만들어진 위조지폐임을 금방 알 수 있었기 때문이다. 더구나 그 지폐는 뒷면만 인쇄돼 있을 뿐 앞면은 백지였다. 체포된 범인은 이렇게 자백했다. "홀로그램이 있는 앞면은 모방하기 쉽지 않아서, '쉽게' 만들 수 있는 뒷면만 인쇄해서 사용했다". 그도 그럴 것이 이제는 지폐 제작 기술이 발전해서 웬만한 재주로는 위조가 쉽지 않다. 아이러니하게도 그동안 해온 위조지폐범들의 위조 노력이 곧 지폐 제작 기술 발전의 원동력으로 작용했기 때문이다.

지폐 제작에는 과연 어떤 기술이 숨어 있는 걸까? 손바닥 크기의 작은 종이이지만, 지폐에는 생각보다 많은 기술이 들어가 있다. 5000원권 지폐를 예로 들면 크게 일곱 가지 기술이 적용되어 있는데, 지금 실제로 돈을 꺼내 눈으로 확인하며 읽어보자.

1. 돌출 은화: 액면 숫자 5000을 숨은 그림 옆쪽에서 확인할 수 있다.
2. 숨은 그림: 앞쪽 그림이 없는 부분을 빛에 비추어 보면 숨겨져 있는 율곡 이이 초상이 보인다.
3. 홀로그램: 보는 각도에 따라 우리나라 지도, 태극과 숫자 5000, 4괘가 번갈아 나타난다.
4. 요판잠상(凹版潛像): 눈 위치에서 비스듬히 기울여보면 숨겨져 있는 문자 WON이 보인다.
5. 숨은 은선: 앞면 초상 오른쪽에 숨어 있는 띠를 빛에 비추어 보면 작은 문자가 보인다.
6. 앞뒤 판 맞춤: 숨은 그림 옆쪽의 동그라미 무늬를 비추어 보면 태극 무늬가 보인다.
7. 색 변환 잉크: 보는 각도에 따라 뒷면 하단 액면 숫자의 색깔이 황금색에서 녹색으로 변한다.

방법을 모두 다 외기도 힘들 정도로 다양한 기술이 지폐 한 장에 녹아 있다. 그래서 앞의 사건처럼 모방하기 힘든 한 면은 아예 포기하고 다른 면에만 '승부'를 거는 반쪽짜리 위조범도 간혹 나오는 것이다. 날이 갈수록 위조지폐를 제작하고 유통하기 어려운 환경이 조성되면서 2019년에는 발견된 위조지폐 건수가 267장으로 역대 최저 수준을 기록했다. 아예 사라진 것은 아닌 셈이다. 지폐 위조 기술의 수준이 높아지며 자연스럽게 지폐 제작 기술도 높아졌지만, 이제는 그 높아진 지폐 제작 기술을 위조범들이 100퍼센트 따라하기에는 불가능한 세상이 되었다.

23
10月

애니콜 화형식

초일류 기업으로 가기 위한 기술 혁신

고 이건희 회장이 삼성 경영진에게 골프를 사업에 빗대어 자주 했던 이야기가 있다. "드라이버샷으로 180야드 나가는 사람이 원 포인트 레슨 수준의 코치를 받아 200야드를 보내기는 쉽다. 더 배우면 220야드도 보낼 수 있다. 그러나 250야드 이상을 보내려면 그립 잡는 법부터 스탠스 등 모든 것을 바꿔야 한다". 세계적 초일류 기업과의 미세한 기술 차이를 이런 자세를 통해 극복하라고 당부한 말이다. 그는 이렇듯 생전에 '일등' 즉, 월드 베스트 상품을 만들 것을 집요하게 주문했다.

지금까지 세계시장을 주도하는 삼성의 휴대폰 사업은 이러한 초일류 정신의 산물이다. 1983년 휴대폰 사업을 시작한 삼성은 초기 10년 동안 수많은 난관에 봉착하고 고전을 면치 못했다. 사업 초창기에 세계시장은 고사하고 국내시장에서도 이동통신 기기 선발업체였던 모토로라의 벽을 넘을 수 없었기 때문이다. 1994년 그는 특명을 내렸다. "돈은 얼마든지 써도 좋으니 수단과 방법을 가리지 말고 모토로라 수준의 제품을 내놔라". 그런데 그의 특명으로 개발되어 1995년 시판에 들어간 휴대폰에 문제가 발생했다. 불량품이 나왔다는 절망적인 보고를 받은 그는 즉각 그 모델 전체를 회수할 것을 지시했다. 결과적으로 15만 대를 새 제품으로 교환해주거나 전량 회수했다. 더불어 그는 "이대로는 안 된다"고 외치며 안주하거나 자만에 빠진 연구원들에게 품질의 중요성을 강조하기 위해 일명 '애니콜 화형식'을 기획했다. 1995년 3월 9일 삼성전자 구미사업장에서 벌어진 '불량 제품 화형식'이 그 중 하나다. 이건희 회장은 "고객이 두렵지도 않냐?"며 불같이 화를 낸 뒤 "시중에 나간 제품을 모두 거두어들여 공장 사람들이 보는 앞에서 태워 버리라"고 지시했다. 2000명의 임직원이 지켜보는 앞에서 비장한 표정의 현장 근로자들이 산더미처럼 쌓인 휴대폰과 무선전화기 등을 해머로 내리치고 다시 시뻘건 불구덩이 속으로 던졌고 불길이 사그라져버릴 즈음 다시 불도저가 가루를 내어 완전히 사라졌다. 돈으로 따지면 500억 원이 넘는 제품이 연기와 함께 사라진 것이다. 그 순간부터 모든 것이 바뀌었다. 자신이 만든 제품이 눈앞에서 사라지는 최악의 경험을 한 애니콜 사업 부문의 임원과 간부들은 직접 모토로라를 방문했고, 제품을 일일이 뜯어봐가며 연구하는 등 2000대의 애니콜과 함께 사라져버린 자존심을 되찾기 위해 연구에 몰두했다. 기술자들도 밤새 공부하며 토의하고 주말이면 대학 교수를 초청해 강의를 듣는 등 공장 전체가 연구소를 방불케 할 만큼 최선의 노력을 거듭했다.

2021년 9월 14일, 가슴 설레는 기사가 나왔다. "삼성처럼 못 만들겠다". 중국 스마트폰 제조사 TCL이 삼성과 비교할 때 가격도, 품질도 더 나은 제품을 만들 수 없다고 판단해서 결국 폴더블폰 출시를 포기(출시 연기)했다는 내용의 기사였다. 사양 산업은 있어도 사양 기업은 없고, 사양 기업은 있어도 사양 개인은 없다. 누구든 자신의 힘으로 충분히 꿈꾸는 그 모습을 세상에 보여줄 수 있다. 늘 정진하는 자에게 삼성이 표방하는 초격차는 곧 맞이할 현실이다. 지금 삼성의 스마트폰이 세계적인 명성을 얻으며 최고의 브랜드로 자리잡을 수 있었던 건 모두 그때 분투한 결과다. 삼성의 예처럼 때로 과학의 혁신은 하겠다고 결심해야 얻을 수 있는 의지의 문제이기도 하다.

24

10月

인터넷

우리는 혼자 있지만, 결국 함께 있다

한국인의 특성 중 하나로 따뜻함을 들 수 있다. 예를 들면 무언가를 혼자 독점하거나 활용하지 않고 주변과 함께 나누려는 성향이 그것이다. 모든 이익을 자기만 독점하지 않고 주변과 나눈다는 것이 말로는 쉽지만, 그 가치를 모르는 사람들에게는 이해시키는 것조차 힘들 정도로 쉬운 것이 아니다. 자신의 이익을 잘 알지도 못하는 타인에게 준다는 것이 쉽게 납득되지 않는 행동이기 때문이다.

그러나 우리는 위기를 맞을 때마다 실제로 그런 행동을 해냈다. 2020년 세계를 휩쓴 코로나바이러스 사태에서도 우리는 그런 나눔의 실천을 일상에서 멋지게 펼쳐졌다. 한결같이 마스크를 쓰고 바깥 행동을 자제하며, 동시에 손해를 보더라도 더 고생하는 사람들을 위해 자신의 이익을 버리고 희생했다. 나는 그것이 바로 '한국인만의 인터넷 정신'이라고 생각한다. 생각하고 알고 있는 것을 더 빠르게 더 많은 사람과 나누려는 마음이 인터넷을 발달하게 했듯이, 알면 즉시 실천하고 빠르게 전파하는 '나눔의 정신'을 제대로 발휘한 것이다.

물론 이 시대는 무작정 나누려는 마음만으로는 경쟁력을 확보하기 힘들다. 자신만의 독특한 생각이 필요하다. "나는 무엇을 원하는가?", "그걸 얻으려면 어디에서 무슨 키워드를 검색해야 하나?", "그렇게 얻은 정보를 어떻게 결합하고 변주해야 하나?" 이런 질문은 이제 생존을 결정짓는 능력이 되었다. 정보화는 자신을 제대로 알고 활용하는 자에게는 시간을 아껴 주지만, 휩쓸려서 어디로 가는지도 모른 채 사는 사람에게는 시간을 아껴 주기는커녕 온라인이라는 늪에 빠져 헤어나지 못하게 만들기 때문이다. 근사하게 함께 존재하려면 위에 나열한 질문을 매일 스스로에게 던져야 한다.

우리에게 주어진 이 근사한 온라인 환경을 제대로 활용할 수 있다면 모든 인생은 매일 새로워질 것이다. 하지만 누군가에게는 정확하고 신속한 것이 누군가에게는 짜증 나고 지루할 수도 있다. 결국 활용하기 나름이라는 말이다. 같은 물을 마셔도 뱀은 독을 만들고, 소는 젖을 만드는 이치*와 같다. 다행히 인터넷 세상에서 모두는 공평하다. 그러나 고독하다. 모두가 혼자서 자기만의 시간을 보내야 한다. 그러나 인터넷의 고독이 다른 시대의 고독과 다른 이유는 '모두 함께하는 고독'이라는 사실이다. 혼자 있지만 결국 함께 있는 것이다. 모두가 각자의 공간에서 혼자 인터넷에 접속하지만, 그 안에서 모두 만나 자기의 것을 서로 나누며 살기 때문이다. 인터넷 세상에서는 나누지 않으면 존재할 수 없다.

*같은 물을 마셔도 뱀은 독을 만들고, 소는 젖을 만드는 이치: 불교 경전인 《초발심자경문(初發心自警文)》에 나오는 '우음수성유사음수성독(牛飮水成乳蛇飮水成毒)'을 풀이한 말.

25
10月

토기

이동의 시대에서 정착의 시대로 이끈 과학 작품

'이것'이 세상에 나오기 전까지 인류는 어느 곳에도 정착할 수 없었다. 지금은 있지만 그때는 없었던 '이것' 때문이었다. 과거에는 사냥을 아무리 잘해도, 그렇게 얻은 고기가 아무리 맛있게 구워져도 그걸 담아 보관할 '이것'이 없었다. 그렇다. '이것'은 바로 토기다. 신석기시대 토기의 발명으로 인간 활동의 시간적 공간적 영역은 놀랄 만큼 확대되었다. 토기는 점토를 물에 개어 빚은 후 불에 구워 만든 그릇이다. 인류는 여기에 식량을 저장하고 식수를 담아서 장기간 보관할 수 있게 되었다. 보관이 가능하니 한 곳에서 오랫동안 살 수 있게 되었고, 정착하니 모여 살기 위한 최소한의 규칙이 생겼고, 그 과정에서 문화가 축적되기 시작했다. 토기의 발명은 인간의 삶 전체에 큰 변화를 가져온 방아쇠가 된 것이다.

한국의 선사 토기는 신석기시대 원시민무늬토기와 빗살무늬토기로부터 시작됐다. 청동기시대 이후로는 민무늬토기와 마연(磨硏; 표면을 간)토기가 유행했으며, 초기 철기 및 원삼국시대에는 타날문(打捺文; 두들긴무늬)토기와 와질토기(灰陶회도; 회색토기)로 발전했다. 시간이 흐를수록 토기는 더욱 단단해졌고 기술의 발전과 함께 실용성과 미적인 부분에서도 발전을 이뤘다. 우리가 여기에서 주목할 부분은 크게 두 가지다. 하나는 "어떻게 처음 토기를 발명하게 되었을까?"라는 것이며, 나머지 하나는 "토기의 발명으로 인간의 삶은 어떤 변화를 이룰 수 있었을까?"이다. 기록으로 남길 문자가 없는 시대였기 때문에 지금까지 알려진 내용이 많지 않고 그것조차 확실하다고 주장하기 힘들다. 뒤집어 말하면 질문을 통해 그 시대를 짐작하거나 상상할 수 있다는 말이다.

먼저 토기의 발명 과정을 상상해보자. 불 땐 자리의 흙이 단단하게 굳어 물이 고인 모습을 우연히 목격한 누군가가, 또는 흙 묻은 바구니가 불 위에 떨어져 바구니는 불에 타버리고 바구니 모양의 흙만 구워진 모습을 본 누군가가 토기의 형태를 머릿속에 그렸을 수 있다. 다음으로 토기가 인간의 삶에 미친 영향을 짐작해보자. "정착 생활에 도움을 주었다"는 너무 교과서적이고 뻔한 답이다. 우리는 조금 더 깊이 들여다볼 필요가 있다. 토기가 문명의 발전에 기여한 바가 크기는 하지만, 그것보다는 인간이 최초로 무언가 근사한 과학 작품을 하나 만들어냈다는 점에 더 큰 의의를 둘 수도 있다. 이전에는 없던 새로운 물건을 만드는 창의적 활동을 했다는 사실에 초점을 맞추면 토기 발명의 의미는 크게 달라진다. 이런 시각으로 보면 토기는 인류의 과학 발전에 시동을 건 최초의 창조물인 셈이다.

26 10月

땅
땅의 기운은 곧 그 사람의 기운이 된다

외국 여행을 하다 보면 특이한 사실 하나를 깨닫게 된다. 시대를 막론하고 전 세계 거의 모든 나라의 건물에는 지하층이 있었는데, 유독 한국의 전통 건축에는 지하층이 없다는 사실이다. 모르고 있을 때는 이상하지 않지만, 이렇게 다른 나라와 비교해 차이점을 발견하게 되면 궁금증은 배가된다. 대체 우리 건축에 지하층이 없는 이유는 무엇일까?

오랜 옛날부터 서양식 건축이 도입되기 전까지 한국의 모든 건축은 지하가 아닌 1층에서 시작했다. 이는 땅의 기운을 중시했던 한국 특유의 문화에서 비롯된 것이라 볼 수 있다. 서양과 달리 우리 민족은 유별나게 '땅의 과학'을 믿었다. 이를테면 지하층에서 아무리 크게 소리를 질러도 밖에서는 들리지 않는다. 그걸 우리는 이렇게 해석했다. '소리가 들리지 않는다는 것은 땅의 기운이 바깥에서 안으로 들어오지 못한다는 의미다'. 그러므로 지하에서 산다는 것은 땅이 주는 기운을 스스로 버리는 것과 같다고 여긴 것이다.

일제 강점기 시절, 일제가 한민족의 정기를 끊을 목적으로 산의 주요 지점만 골라 쇠말뚝을 박았다는 것은 많이 알려진 이야기다. 실제로 그들은 땅의 정기가 흐르는 주요 지점에 말뚝을 박아 우리 민족이 가진 정신의 흐름이 끊어지기를 바랐다. 한국인들이 얼마나 땅의 정기를 중요하게 생각했는지 알고 있었기에 저지른 못된 행동인 셈이다.

실학자 이중환(李重煥)이 현지 답사를 기초로 저술한《택리지(擇里志)》*에는 땅의 기운과 관련된 놀라운 이야기도 나온다. "양반가뿐만 아니라 일반 백성들도 좋은 묏자리를 잡는 데 혈안이 되어 전국을 뒤지고 다녔다. 심지어 부모 시신의 목을 잘라 삼베 보자기에 싸 들고 헤매는 사람까지 나타났다".

지금 기준으로는 '기괴하다'고밖에 말할 수 없는 일이었다. 하지만 그 시대에는 절실한 문제였다. 조선시대에는 더욱 땅이 인간에게 주는 정기와 에너지를 철석같이 믿었다. 땅에서 곡식을 얻는 농사를 천하의 근본이라 여겼기 때문이기도 하지만, 자주 다니고 거주하는 땅의 기운이 곧 자신의 기운이 된다고 생각했기 때문이다.

+ *《택리지》: 1751년 실학자 이중환이 전국 현지 답사를 토대로 지은 지리서. 종전의 《동국여지승람(東國輿地勝覽)》이 군현별로 쓰인 백과사전식 지리서인 데 비해, 팔도총론, 도별지지, 그리고 주제별 등 우리나라를 총체적으로 다룬 인문지리서의 효시다.

27
10月

처마

일상에서 발견한 생산적인 과학

전통 한옥 사진을 찍을 때는 꼭 위를 바라보게 된다. 아래에서 위로 올려다보는 사람에게만 자신의 아름다운 모습을 드러내는 처마를 가장 예쁘게 담기 위해서다. 어쩌면 이렇게 예쁘고 정갈할까? 그러나 시각적 아름다움은 처마가 가진 장점의 10퍼센트도 되지 않는 일부일 뿐이다. 처마는 아름답기도 하지만 그 속에 일상과 맞닿은 과학의 원리가 숨어 있다. 단순히 건물 외부를 장식하려고 만든 것이 아니라, 필요에 따라 발명된 건축물의 요소이기 때문이다.

'처마'란 서까래가 기둥 밖으로 빠져나간 부분을 일컫는다. 넓은 의미로는 지붕이 도리 밖으로 내민 부분까지 '처마'라고 부른다. 처마의 미적 · 과학적 기능은 다음과 같다.

1. 처마는 비와 눈으로부터 집의 외벽을 보호하고 일조량을 조절한다. 처마는 유독 동아시아 문화권에서 발달했는데, 한옥만 봐도 처마의 아름다움을 쉽게 느낄 수 있다.

2. 처마 기둥이 받쳐주는 기와집은 흉내 낼 수 없는 고유의 멋이 느껴진다. 처마와 기둥을 잇는 부분을 공포(栱包)라고 하는데, 공포의 층계가 높을수록 처마를 더 길게 돌출시킬 수 있다.

3. 처마는 일반적으로 나무로 지은 집에 자주 쓰인다. 처마가 나무를 보호하기 때문이다. 우리가 수백 년 된 목조 건축물을 지금도 볼 수 있는 것은 처마 덕분이라고 할 수 있다.

4. 우리나라가 남향으로 집을 짓는 이유는 계절에 따라 해의 고도가 다른 점을 이용해 처마의 일조량 조절 기능을 극대화하기 위해서다. 온도가 낮은 겨울에는 햇볕을 흡수한 처마가 집을 따뜻하게 하며, 온도가 높은 여름에는 햇볕을 가린 처마가 집을 시원하게 하는 역할을 한다.

5. 물이 부족한 시대에는 비가 오면 처마 끝에 물통을 놓고 물을 받아 보충했다. 지금은 가뭄에 대한 걱정을 많이 하지 않지만, 과거에는 물을 다른 곳에서 길어오기 불편했으므로 처마를 활용했다.

처마는 이처럼 일상을 더욱 풍요롭게 만드는, 삶의 지혜가 넘치는 발명품이다. 안타깝게도 현대사회에서는 전통가옥보다는 아파트나 콘크리트 주택과 같은 서구식 건물에서 살기 때문에 처마가 점점 사라져 가는 추세다. 처마는 일조량 조절 면에서 서양 문화권의 블라인드나 커튼 등과 비교 대상이 되기도 한다. 그러나 블라인드는 아예 모든 햇빛을 막기 때문에 한낮에도 불을 켜야 하는 불편함이 있는 데 반해 처마는 비가 와도 문을 열어 놓을 수 있을 정도로 개방적이다. '햇살과 비'라는 자연과 공존하는 것이다. 현대식 건물에는 비용상의 문제나 설치의 난점 등으로 거의 사용되지 않으나 요즘에는 아파트 등의 공동주택이 아닌 개인 주택의 경우 미적 효과를 위해 처마를 설치하는 집도 조금씩 늘고 있어 다행이다.

28

10月

물독대

빗방울 하나도 놓치지 않는 일상의 과학

도시에서는 이제 쉽게 볼 수 없지만, 시골집에 가면 아직도 여러 가지 장이 담긴 장독대를 볼 수 있다. 참 정겨운 모습이다. 그런데 조선시대에는 장독대 외에 '물독대'라는 게 하나 더 있었다. 말 그대로 '장(醬)이 아닌 물을 보관하는 장소'였다. 물독대는 일 년 내내 같은 자리에 두고 내리는 비를 받아두었다가 필요할 때마다 꺼내 쓰는 용도였다. 거대한 저수지나 보를 만들어 비를 대량으로 저장하는 것도 중요했지만, 각 가정에서 저마다 필요한 약간의 물을 저장하고 여러 목적으로 써 온 것이다. 이렇게 일 년 내내 물을 받아 생활용수로 쓰기도 했지만, 특정 시기에만 물을 받아 정해진 목적에 맞게 사용하기도 했다. 이 물은 이유와 목적에 따라 각각 구분해서 썼다.

먼저 이른 새벽에 처음 길어올려 밤하늘의 정기를 담고 있다는 정화수(井華水)가 있었다. 정월에 처음 내린 빗물은 '춘우수(春雨水)'라 불렀고, 가을에 국화 꽃잎에 맺힌 이슬을 받은 물을 '국화수(菊花水)'라 하여 어지럼증이 있을 때 마셨다. 입춘 날에 받아둔 물은 '입춘수(立春水)'라고 불렀는데, 아들을 원하는 집에서 부부가 합방하기 전에 입춘수를 나누어 마시면 득남한다는 속설이 있어 자녀 계획에 활용했다. 입동 후에 받은 물은 '액우수(液雨水)'라고 불렀고, 이 물로 약을 달이면 약효가 배가된다고 생각했다. 마지막으로 동짓날 세 번째 납일(臘日)에 내린 눈을 받아 저장한 물은 '납설수(臘雪水)'라 하여 곡식 씨알을 담았다 뿌리면 병충해가 생기지 않는다고 믿었다. 의미도 다양하고 목적도 여럿이어서 흥미롭다. 공통된 것은 이 모든 일이 물독대를 통해서 이루어졌다는 사실이다. 조선 후기의 풍속을 모은《동국세시기(東國歲時記)》*에 이런 내용이 수록되어 있다. "납일에 모아둔 물은 약용에 쓰이며, 이 물에 적셔둔 물건은 충해를 입지 않는다". 사람의 몸에서도 그 효과를 보이지만, 농사를 짓는 데도 활용했다는 사실을 알 수 있다.

이 모든 풍습의 시작은 빗방울 하나였다. 언젠가 그리고 누군가 비 내리는 모습을 보며 '아, 저 아까운 물을 나중에 쓸 방법이 없을까?'라는 질문을 했을 것이고, 그 해답으로 물독대가 만들어졌을 것이기 때문이다. 미신이라고 무시하거나 검증되지 않은 지식이라고 치부할 수도 있다. 하지만 오랫동안 사람들에 의해서 지속되어 온 것이라면 마냥 부정할 수만은 없다. 때로 과학은 믿음에서 시작되기도 하는 거니까.

+ *《동국세시기》: 조선 후기인 1849년 문신 홍석모가 1월부터 12월까지 연중행사와 풍속들을 정리하고 설명한 풍속지. 우리나라 세시풍속 연구의 중요한 기본 문헌으로 활용되는 책이다.

29
10月

화로
마음의 과학이 만든 가장 한국적인 '재생에너지'

'집에 화롯불은 반드시 하나만 두라'라는 말이 있다. 나는 처음 그 말을 들었을 때, 그 이유를 도저히 짐작할 수 없었다. 화롯불이란 구들을 덥히기 위해 불을 때고 남은 불똥이나, 밥을 짓고 난 후 남은 장작불을 모아 담은 것을 말한다. 한마디로 한 번 사용한 불을 재활용해 쓰는 것이다. 요즘에는 사람이 죽으면 화장한 유해를 납골당에 안치하는 경우가 많은데, 비유하자면 화롯불은 '불의 납골당'이라고 말할 수 있겠다.

화로는 두 가지 측면에서 새삼 되돌아볼 가치가 있는 물건이다. 그중 한 가지는 '하나만 두라'는 말에 있다. 과거에 우리는 화롯불 주위에 모여 이런저런 이야기를 나누며 가족 간에 의사소통을 했다. 가족이 서로 의견을 나누고 정을 확인하는 유일한 공간이었던 셈이다. 그런데 요즘에는 '개인용 화로'가 너무 많다. 스마트폰, 컴퓨터, 텔레비전이 그런 '현대판 화롯불'들이다. 이렇게 화롯불 역할을 하는 것이 많아서는 가족 모두가 함께하는 공간이 사라져버린다. 말만 가족이지 서로 간의 대화도 없고, 꿈이나 희망 그 어느 것도 공유가 안 되는, 남과 다름없는 존재가 되어버리는 것이다. '집에 화롯불은 하나만 두라'는 말이 뼈에 사무치는 오늘날이다. 또 한 가지는 화롯불 자체의 특성에 있다. 화로는 새로운 연료를 필요로 하지 않는다. 어딘가에서 이미 거의 소모되어 사라지기 직전의 잔불로 마지막 온기를 내는 방식이기 때문이다. 요즘 말하는 재생에너지와 유사한 우리 고유의 연료 활용법이다.

추운 북쪽 지방에 살던 우리 조상이 남쪽으로 이동하면서 가지고 온 유산으로 추측되는 화로는 사랑하는 가족을 한 공간으로 모으고, 이미 다 쓴 연료에게 다시 한 번 타오를 힘을 부여하는 기적을 일으킨다는 점에서 한국만이가진 과학 문화의 소산이라고 말할 수 있다. 늘 사람을 생각의 중심에 두는 '마음의 과학'이 만든 인간적 난방 기구인 것이다.

30 10月

포대기

따뜻한 정과 사랑을 키우는 인간의 과학

일왕의 생일인 1932년 4월 29일, 윤봉길(尹奉吉) 의사*는 폭탄을 던져 생일 축하 행사장에 있던 일본군 대장을 폭살했다. 현장에서 체포된 그는 바로 총살당했다. 한국인이라면 윤봉길 의사가 거사를 치르기 전에 두 아들 모순과 담에게 보낸 편지를 보며 가슴이 미어지지 않을 수 없다.

"너희도 만일 피가 있고 뼈가 있다면 반드시 조선을 위해 용감한 투사가 되어라. 태극의 깃발을 높이 드날리고, 내가 잠든 무덤 앞에 찾아와 술 한 잔 부어라. 그리고 너희는 아비 없음을 슬퍼하지 말아라."

그러나 이 편지가 더욱 슬픈 이유는 첫 줄에 쓰인 서두 때문이다. '강보(襁褓)에 쌓인 두 아들 모순과 담에게…….' 강보는 '포대기'다. 포대기 안에서 잠든 아이는 아직은 부모 등에 업혀 의지하며 살아야 할 정도로 나약하고 보호가 필요한 존재다. 그런 아이들을 두고 죽음을 불사하고 떠난 윤봉길 의사의 마음이 손으로 만져지는 것 같지 않은가.

서양에서는 아이가 태어나면 업는 것이 아니라 요람에서 키운다. 태어나자마자 부모와 아이를 분리하는 셈이다. 철저한 개인주의가 바로 그때부터 시작된다. 하지만 한국은 아직까지도 포대기로 싸서 업어 키우는 게 대세다. 다양한 종류의 유모차를 쓰기는 하지만, 그럼에도 중간중간 포대기를 꺼내 아이를 업거나 포근하게 안아준다. 서양에는 없는 한국인만의 육아 방식이다. 이처럼 한국인에게 업는다는 행위는 약자를 돕거나 보살피는 가장 적극적 행위다. 그러나 서구에서는 생각이 완전히 다르다. 노쇠해 계단도 제대로 오르지 못하는 노인에게 "제 등에 업히세요"라고 말하면 상대는 오히려 불쾌하게 생각할 수도 있다. 업히라는 말을 "나를 시체로 생각하나?"라고 이해하기 때문이다. 서양 문화는 아플 때 부축은 받아도 업히는 건 수치로 여긴다. 그러나 한국인은 전혀 다르다. 곤경에 처한 노인을 돕지 않는 것은 정이 없다고 생각한다. 이 사안은 둘 중 누군가 틀린 게 아니라 서로 다른 것이다. 아프면 누구에게라도 업히려고 도움을 요청하는 게 우리 정서다. 그건 결코 부끄러운 일이 아니다.

포대기로 아이를 업거나 안으면 엄마와 아이의 신체가 접촉한다. 모자의 등과 배가 서로 닿는 것만으로도 사랑과 정이 오가고 서로의 정서에 커다란 변화를 일으킨다. 이것이야말로 서구문화권에서 살아온 사람은 도저히 따라하지 못하는 '포대기의 과학'이다.

*윤봉길 의사: 일제강점기에 중국 홍커우공원에서 상해파견군사령관 시라카와, 상해 일본거류민단장 가와바다 등을 폭살한 독립운동가. 거사 직후 현장에서 잡혀 일본 군법회의에서 사형을 선고받고 그해 12월 19일 총살형을 당해 순국했다.

31
10月

허준이

'세상의 소리'에서 벗어나야 '자신의 소리'를 들을 수 있다

2022년 필즈상 수상자 수학자 허준이는 독특한 선택을 해온 사람이다. 고등학교 때는 시를 쓰겠다며 자퇴하기도 했다. 세상의 상식을 기준으로 봤을 때는 이해하지 못할 선택이었다. 이러던 그가 어떻게 '수학계의 노벨상'이라고 불리는 필즈상을 수상하게 되었을까? 먼저 필즈상을 간단하게 소개하면 다음과 같다.

- 1936년에 제정된 수학계의 노벨상이다.
- 국제수학연맹이 4년마다 주는 상이다.
- 40세 미만의 수학자에게 수여한다.

이런 세계적인 상을 대한민국의 허준이 교수가 받은 것은 기념비적인 일이다.

오래전으로 돌아가 그가 시를 쓰겠다며 고등학교를 자퇴하던 상황을 다시 생각해보자. 그가 시를 쓰겠다던 선택과 오늘의 필즈상 수상 사이에 어떤 상관관계가 있는지에 대해서, 2022년 서울대 졸업생들에게 한 축사는 시사하는 바가 크다.

"'나는 어떻게 살까'. 오래된 질문을 오늘부터의 매일이 대답해줍니다. 무례와 혐오와 경쟁과 분열과 비교와 나태와 허무의 달콤함에 길들지 않길, 의미와 무의미의 온갖 폭력을 이겨내고 하루하루를 온전히 경험하길, 그 끝에서 오래 기다리고 있는 낯선 나를 아무 아쉬움 없이 맞이하게 되길 바랍니다."

허준이는 '시를 말하는 수학자'다. 수학 공식을 다루면서도 마치 시인처럼 아름다운 언어를 구사한다. 여기에 그의 경쟁력이 있다. 그의 말처럼 수학은 어떤 정의도 허락한다. 수학자들이 하는 일이 그중 하나를 선택하는 것인데, 이 과정을 그는 이렇게 아름답게 표현한다.

"언어를 어떻게 사용할 것인가에 대한 가능한 여러 약속 중 무엇이 가장 아름다운 구조를 끌어내는 지가 그 가치의 잣대가 된다."

돌아보면 허준이의 삶은 방황의 반복이었다. 고등학교 자퇴 후 1년간 PC방에서 세월을 보내다가 검정고시로 서울대 물리천문학부에 입학했지만 방황은 끝나지 않았다. 3학년 때는 우울증에 걸려 전 과목 낙제도 했다. 그럼에도 그는 끝없이 내면의 소리에 귀 기울였다. 당시에 대한 회상이다.

"먼 길을 돌아 적성을 찾았는데, 돌아보니 그 길이 가장 제게 맞는 길이었다. 목표를 정해두고 생각대로 풀리지 않더라도 조급해하거나 집착하지 말기 바란다."

세상은 보통 '근거 있는 자신감'을 요구하지만, 그는 반대로 말한다. 자신감에 근거가 없으면 오히려 새로운 상황과 목표에 부딪혔을 때 궤도를 수정할 수 있는 유연성이 생긴다는 것이다. '근거 있는 자신감'은 오히려 난제에 부딪혔을 때 쉽게 부서질 수 있어 위험하다고 말한다. 수학계에서는 그의 학문 여정을 "18살에 테니스 라켓을 잡고, 2년 뒤 윔블던에서 우승한 것과 마찬가지다"라고 말한다.

허준이에게는 소원이 하나 있다. '수학을 향한 호기심을 끝까지 유지하는 것'이 그것이다. '세상의 소리'가 요구하는 무난한 선택에서 벗어나, 내면에서 울리는 '자신의 소리'에 귀 기울이며, 학문의 뜻을 지킨 사람만이 할 수 있는 말이라서 더욱 귀한 소원이다.

아산장영실과학관 제공

2일 아산장영실과학관

손재주가 좋아도 출생이 비천했던 장영실에게 벼슬을 내리고, 기용한 것은 세종대왕의 결단이었다. 장영실과학관 2층은 해시계와 측우기 등 장영실의 발명품 전시가 주를 이룬다. 발명품의 원리를 하나하나 배울 수 있도록 꾸며져 있어서 과학자의 꿈을 가진 아이들과 함께 방문하면 더욱 유익한 배움터이다.

충남 아산시 실옥로 222
➤ 12월 7일

8일 한산도 & 제승당

한산대첩의 요충지였던 한산도의 제승당은 이순신 장군이 《난중일기》를 집필하던 서재였다. 군사적으로 천혜의 요새인 한산도는 한려해상공원의 아름다운 뷰를 자랑하는 명품 여행지로 꼽힌다. 수루에 홀로 앉아 나라를 걱정하던 장군의 충정이 서린 곳까지는 유람선을 타거나 요트를 타고 가는 것도 즐겁다. 섬 둘레를 따라 걷는 길도 고즈넉하고 예쁘다.

경남 통영시 한산면 두억리

16일 대정향교 & 서귀포 추사 유배지

제주도에서 유배 생활을 하던 추사 김정희는 대정향교에서 후학을 가르쳤다. 대정향교 인근에는 추사가 머물던 당시의 모습을 복원한 유배지가 들어서 있다. 이곳 사랑채에는 유배 당시 후학 양성에 힘쓰던 추사의 모습을 재현해놓았다. 집 앞에 들어선 추사기념관에는 〈세한도〉가 전시되어 있는데, 진품은 국립중앙박물관에 소장되어 있다.

대정향교 : 제주도 서귀포시 안덕면 향교로 165-17
서귀포 추사 유배지 : 제주도 서귀포시 대정읍 추사로 44

22일 한국은행화폐박물관

옛 한국은행 본점을 박물관으로 개관했다. 르네상스 양식의 고풍스러운 건물로 들어서면 1층에는 세계 각국의 화폐가 전시된다. 2층 체험관은 위조지폐 확인하기, 신사임당의 얼굴 대신 5만원권 지폐에 자신의 얼굴을 넣어 보기 등 신기한 체험들로 꾸며져 있다. 아이들과 함께하면 유익하다. 평일에는 자유 관람, 주말엔 사전예약을 해야한다.

서울시 중구 남대문로 39

11

경제

'경제'라는 자전거는 '욕망'이라는
페달을 밟아야 넘어지지 않고 달린다

1

11月

개성상인

인간을 기억하며 천 년을 이어온 얼

개성상인(開城商人)은 고려시대와 조선시대를 거쳐서 개성을 중심으로 활동한 상인을 말한다. 고려 때 송악 근처 예성강 입구의 벽란도가 국제 무역항 역할을 하게 되면서 성장하게 되는데, 그 후 송악이 고려의 수도로서 외국 사신에 의한 공무역과 사무역이 번창함에 따라 급속도로 성장했다. 하지만 조선의 건국과 함께 개상상인들은 주류에서 밀려났다. 그들은 악조건을 뛰어넘기 위해 스스로 체질을 개선했다. 왕조가 바뀌어 벼슬길에 진출하지 못한 개성의 양반들까지 상업에 뛰어들면서 경쟁은 더욱 치열해졌고, 그럴수록 그들의 상술은 더욱 조직화 · 체계화되었다. 배울 만큼 배운 양반들이 장사에 합세하자, 조선 후기에 이르러서는 조선 전역에 개성상인늘의 체인망인 송방(松房)이 구축되고, 조선 전체의 예산보다 개성 갑부 한 사람의 사유재산이 더 많을 정도로 세가 확장되었다.

개성상인의 이야기는 과거에만 머물지 않는다. 한국 경제계를 주름잡고 있는 기업가들 가운데서도 개성상인의 후예들이 많다. 사무기기로 유명한 신도리코는 개성상인의 인간 존중 정신과 도덕성을 이어받은 대표적인 개성상인 기업이다. 개성상인 기업은 절약 정신을 바탕으로 튼튼한 재무구조를 유지해 가면서도 인간에 대한 투자를 아끼지 않는 특성이 있다. 신도리코는 높은 수준의 사내 복지시설과 직원에 대한 지원을 아끼지 않는 것으로 유명하다. 아울러 사회 환원을 통해 공동체와 사회에 대한 책임을 나누며 고객들로부터 신뢰받는 기업으로 인식되고 있다. 아모레퍼시픽(구 태평양)은 한 우물만 파는 집중화 전략의 대표적인 예로 화장품 사업을 근간 사업으로 하면서 뷰티와 헬스 분야에서 관련 다각화를 통해 지속적인 성장을 이룩해 왔다. 개성상인 조직이 송방을 거점으로 정보와 물자, 자금을 교환하면서 전국 상권을 장악했던 전통을 이어받아 전국 최초로 방문판매를 도입하기도 했다. 아모레퍼시픽은 이를 통해 시장점유율을 급속하게 신장시킬 수 있었고, 고객들에 대한 살아있는 정보를 축적할 수 있었다. 그렇게 구축된 정보력을 통해 새로운 브랜드 개발과 마케팅 전략을 다양하게 구사할 수 있었다. 또한 과거로부터 지금까지 "고객을 속이지 않는다"는 신념을 토대로 광고에 부합하는 우수한 품질 개발에 힘쓰고 있다. 개성상인의 장인정신을 이어받은 기업으로서 우수한 품질만이 지속적인 성장을 약속하는 요인임을 인식하고 있기 때문이다.

개성상인이 주목 받는 가장 큰 이유 중 하나는 그들의 상업 철학이 기업 경영의 다양한 분야에 귀중한 가르침을 주기 때문이다. 한 우물만 판다는 가치관은 집중화를 통한 기업 투자 전략을 의미하며, 장인정신을 바탕으로 한 제품의 질에 대한 애착은 품질 경영과 의미를 같이 한다. 신의에 목숨을 거는 신용제일주의는 윤리 경영을 의미하며, 남의 돈으로 장사하지 않는 보수적인 자세는 무차입 경영으로 건전한 기업 재무구조를 위한 재무 전략이라고 볼 수 있다. 또한 돈보다 사람을 중시하고, 종업원을 소중하게 생각하는 인본주의는 인간 존중 경영의 맥락에서 이해할 수 있다. 고객을 절대로 속이지 않는 상도의는 고객중심 경영을 보여주고 있다. 오늘날 개성상인의 후예들은 선조들의 경영철학을 계승 발전시켜 한국 최고의 기업으로 거듭나고 있다.

2

11月

상업과 농업 사이

순간의 선택이 문명과 삶의 질을 결정한다

고려시대에 불교가 힘을 발휘했던 이유와 조선시대에 신유교(성리학)가 전폭적인 지지를 받을 수 있었던 데는 나름의 이유가 있다. 단순하게 다른 종교보다 더 가치 있는 이념을 갖고 있어서라거나, 왕권 강화의 수단이어서만은 아니었다. 고려는 상업(무역)이 국가 경제를 지탱한 데 반해, 조선은 농자천하지대본을 앞세우며 농업 위주의 사회를 만들기 위해 노력한 사회였다는 데에 그 차이점이 있다. 물론 이것이 이유의 전부는 아니겠지만, 이 선택이 두 왕조의 운명을 갈랐다고 해도 과언이 아니다. 각 왕조의 문화와 역사의 배경이 되었기 때문이다.

상업을 중시하는 고려는 많은 노동 인구가 필요하지 않았다. 대신 상품의 수준을 높일 수 있는 높은 기술력이나 예술적 능력이 필요했다. 이런 이유로 고려는 일반인들이 승려로 출가하는 정책을 펼쳐 인구를 스스로 제어하는 능력을 갖추었다. 승려들은 지식인 · 예술인으로서 문화를 창조하고 전파하는 역할을 했다. 고려 왕조에서 불교가 발전한 이유는 결국 상업을 중시하는 그 시대의 흐름이 한몫을 했다는 사실을 알 수 있다. 이에 반해 조선에서는 농업 사회를 표방했기 때문에 모든 흐름이 고려 왕조와 반대로 흘렀다. 농사를 짓기 위해서는 상업보다 상대적으로 많은 일손이 필요했고, 자연스럽게 다산(多産)이 장려되며 승려가 설 자리는 점점 줄어들었다. 자연스러운 흐름이었다. 조선시대의 특징 중 하나가 흉년이 들면 다른 시대와 비교해 유독 많은 인구가 굶어서 죽는다는 사실이었는데, 다산의 사회상과 무관하다고 말하기 힘들다. 조선시대는 다른 시대보다 당파 싸움이 치열한 것으로도 유별나다. 싸움이 시작되면 씨가 마를 때까지 계속 공격하는 형태를 보이기도 한다. 고려에서는 아무리 당파 싸움이 심해도 상대가 모든 것을 내려놓고 승려로 출가를 하면 싸움이 그쳤는데, 조선에서는 탈출할 곳이 없으므로 상대가 죽을 때까지 싸움이 계속됐다고 볼 수도 있다. 상대를 철저하게 죽이지 않으면 자신이 죽기 때문이다.

어떤 왕조가 더 좋았다고는 말할 수는 없다. 두 왕조 모두 장점과 단점이 있었기 때문이다. 중요한 것은 역사와 문화의 시작과 흐름, 그리고 연결고리를 발견할 수 있는 안목을 기르는 일이다. 작은 것 하나라도 서로 연결되어 있지 않은 것은 없으니까.

3

11月

시전

경제는 경제로만 돌아가는 것이 아니다

시전(市廛)은 보통 시장통에 늘어선 노점을 가리킬 때 쓰는 말이지만, 조선시대에 지금의 종로를 중심으로 설치한 상설 시장을 일컫기도 한다. 여기에서 말하는 시전은 후자에 대한 이야기다. 당시 시전은 세 가지 방식으로 운영되었다. 하나, 상품을 파는 공간을 관아에서 임대해준다. 둘, 특정 상품에 대한 독점 판매권과 난전을 금지하는 특권*을 준다. 셋, 대신 관아에서 필요로 하는 물품을 바칠 의무를 진다.

그런데 흥미로운 사실이 하나 있다. 시전에서 불이 나거나 사고가 나면 언제나 조정에서 상황을 수습할 수 있도록 각종 지원을 해주었다는 사실이다. 이유가 뭘까? 시전은 그저 조정의 허락을 받고 장사를 하며 원하는 물건을 공급할 뿐인데, 굳이 조정이 나서서 손해를 보전해줄 필요가 있었을까. 그럴만한 충분한 이유가 있었다. 시전은 그저 장사만 하기 위해 설치된 시설이 아니었기 때문이다. 조선 후기 시전에서 장사를 했던 상인 중 한 명이 이런 기록을 남겼다.

'나라(조선)가 건설된 초기에 종로 길거리에 판매할 물건을 설치하여 도로 양옆에 배치한 것은 다름이 아니라, 나라의 심장인 종묘와 궁궐을 수비하기 위해서였다.'

이게 과연 무슨 말일까? 그 답은 이렇다. 시전은 민간에 물건을 팔거나 궁궐에 쉽게 구할 수 없는 물자를 납품하기 위해 존재했다. 그러면서 동시에 군사적으로 궁궐을 보호하기 위한, 또 하나의 성벽 역할을 하는 시설이기도 한 것이었다. 시전에 사고가 생길 때마다 최대한 빠르게 지원해 마치 무너진 성을 보수하듯 복원을 서두른 이유는, 시전에 있는 이런 방어막 역할 때문이었다. 조선 건국 초기에 시전을 종로 길거리 좌우에 배치한 것도 종묘와 궁궐을 지키기 위해서였다. 이런 이유로 당시 임금 및 왕실이 개인적으로 쓸 수 있는 사유재산인 내탕금(內帑金)을 최대한 풀어 시전을 지원한 것이다. 그들의 곤란한 사정은 곧 자신의 위기였기 때문이다.

겉으로는 드러나지 않았지만 시전은 왕실과 지배층에게 사치품을 조달하기 위한 '개인 마트'이자 안위를 지켜주기 위해 서 있는 '은닉된 보초'와도 같았다. 때로는 이렇게 경제와 안보의 영역이 뒤엉켜 하나가 되기도 한다. 지나치게 편협된 시각으로만 바라보면 그 탄생과 본질에 대해 제대로 볼 수 없는 이유이기도 하다.

*난전을 금지하는 특권 → 금난전권(禁亂廛權): 조선 후기 육의전(六矣廛)이나 시전상인(市廛商人)이 난전(亂廛)을 금지시킬 수 있었던 권리. 육의전이나 시전이 국역을 부담했기 때문에 도성 안과 성저십리(城底十里) 이내의 지역에서 허가 받지 않은 난전의 활동을 규제하고, 특정 상품에 대한 전매 특권을 지킬 수 있도록 조정으로부터 부여받았던 상업상의 특권이다.

4
11月

저울

인간의 탐욕을 제한하는 최고의 기술

역사적으로 볼 때 중국은 우리나라에 다양한 분야에서 많은 영향을 주었다. 무게를 재는 단위와 그걸 측정하는 저울 역시 마찬가지였다. 우리나라는 삼국 초기부터 중국의 도량형제를 수용했으므로 중국의 무게 단위를 사용할 수밖에 없었다. 그러다가 고려시대에 들어서 정종 6년에 저울을 정비했는데, 이유는 통일신라시대와 고려 초기를 거치면서 통일된 저울을 쓰지 않으니 백성들 사이에 혼란이 있었기 때문이다. 저울을 전체적으로 정비한 이후 정종 12년에는 매년 봄과 가을 두 차례에 걸쳐 중앙의 경시서(京市署)*와 지방의 계수관(界首官)**에서 각각 저울을 검사하여 부정행위를 막으려고 노력했다. 그러나 그때까지도 무게를 재는 단위와 저울까지 우리 고유의 것은 없는 상태였다. 각종 기록을 보면 중국의 저울이 전해져서 사용되었음을 알 수 있다. '저울대와 저울추 500개를 원에 요청했지만 300개를 보냈다'라는 기록도 남아 있다.

안 좋은 경험을 너무 자주 했기 때문일까. 조선 초기 조정에서 가장 중요하게 생각한 것 중의 하나도 저울을 교정하는 일이었다. 저울은 각종 물건의 중량 측정에 있어 필수적이기 때문에 백성들이 원활한 경제 활동을 하려면 반드시 통일해야 했기 때문이다. 저울 제작을 관장하는 관청인 공조에서는 서울과 지방에서 사용하는 저울의 근량이 같지 않으므로 새롭게 만들어야 한다고 건의했다. 1422년(세종 4년) 세종은 공조참판 이천에게 "관청과 민간에서 사용하는 저울을 하나로 통일하라"고 명했다. 그렇게 만들어진 1500개의 저울을 서울과 지방에 배포했으며, 여기에 맞춘 저울을 더 만들어 백성들이 자유롭게 사용할 수 있게 했다.

그러나 시장은 그렇게 만만한 상대가 아니었다. 이익만 생각하는 교활한 상인들에 의해서 혼선이 생겼다. 새 저울을 만들어 주며 이전의 저울을 폐기하라는 명이 없었다는 점을 악용하여 자신의 이익에 맞게 옛 저울을 섞어서 사용한 것이다. 그래서 세종 10년인 1428년에는 강력한 선언이 나온다. "물건을 저울질해서 출납할 때 간사하고 교활한 무리가 자신의 이익을 꾀하기 위해 관을 속여 저울눈을 옮겨 놓는 일이 자주 생기고 있다. 이에 모든 곳의 저울을 바로잡도록 하고, 만일 꾀를 쓰는 자가 있다면 즉시 중벌을 내리겠다".

그 후로 기록에 다시는 저울의 교정 문제가 나오지 않은 것으로 미루어 일은 그렇게 마무리된 것으로 보인다. 자신만 이익을 보려는 마음을 애초에 가지고 있지 않았다면 사실 저울 자체가 쓸모 없는 것이 되었을 것이다. 아무도 양보하지 않아서 더 정교한 저울이 필요해졌다. 공평하게 나누는 것은 매우 중요한 삶의 진리이지만, 결국 저울의 발전은 인간의 탐욕에서 비롯된 것이라고 볼 수 있다.

*경시서: 고려 · 조선시대에 시전(市廛) 관장을 위해 설치된 관서. 조선 초기에는 물가 조절 및 상인들의 감독, 세금 등에 관한 업무를 담당했고, 문물 제도가 정비됨에 따라 화폐의 유통과 도량형에 관한 업무도 관장했다.

**계수관: 고려와 조선 초기 지방제도의 한 형태. 고려에서의 경(京) · 목(牧) · 도호부(都護府), 조선 초기의 부(府) · 목 · 도호부가 이에 해당하며 행정구역상의 대읍을 일컫는다.

5
11月

이익

노력하지 않아도 벌 수 있는 이익을 만나면 사람은 변한다

조선시대에도 밀무역(密貿易), 즉 수입이 금지된 품목을 부정하게 수입하거나, 실제 거래가격보다 낮게 신고해 탈세하는 잠상(潛商) 행위가 빈번하게 발생했다. 특히 일본과의 무역에서 자주 일어났는데, 주로 금과 은 등 귀금속 제품을 사무역을 통하거나 정해진 장소가 아닌 은밀한 곳에서 거래하는 방식이었다. 당국의 엄한 단속에도 불구하고 목숨을 걸고 밀무역을 하는 이유는 이익이 워낙 컸기 때문이었다. 성안의 왜인들에 의해서 잠상 행위가 빈발하자 한때 왜관을 성 밖으로 옮겨 왜인이 입성하는 것을 막으려는 시도도 했다. 그러나 그런 방식으로 밀무역이 사라지지는 않았다.

밀무역 금지 방법을 구상하던 1429년(세종 11년)에 충격적인 사건이 하나 일어났다. 그해 4월에 왜통사(倭通事)* 홍성부가 왜관에서 금은을 밀무역하던 상인 김생언을 자극해서 왜통사 이춘발을 살해한 것이다. 당시 이익이 엄청났던 왜관 밀무역을 둘러싼 각종 이권 문제로 일어난 참극이었다. 이런 상황을 그냥 두고 볼 수 없다고 생각한 조정은 '금방절목(禁防節目)'이라는 다음의 6개 조항을 정해 더욱 철저하게 무역 거래를 감시하기 시작했다.

1. 상품의 수량을 꼭 확인하고, 서울의 왜관에서는 금난관과 녹사가, 포소에서는 사원이 객인과 마주 앉아서 거래를 감시하라.
2. 금물의 명목을 금은, 채화석, 저마포, 표피, 동전 등으로 한정하라.
3. 밤에 은밀히 이루어지는 거래를 막아야 한다. 금난관을 1관에 2인으로 증원하여 교대로 숙직하면서 감시를 강화하라.
4. 왜어(倭語)를 배워서 밀무역에 손을 대지 않도록 사령은 늘 초임자로 임명하고, 방수는 각사의 노비를 윤번으로 교대하라.
5. 통사와 사령이 밀무역에 관여했을 때는 금난관과 장무관, 녹사에게도 그 책임을 물어라.
6. 공정한 가격에 근거하지 않고 거래한 왜물(倭物)에 대해서는 금난관이 금물이나 위반 행위의 유무를 사찰하라.

완벽한 조항이었지만 이 6개 조항의 신설로 생긴 변화는 거의 없었다. 이유는 간단하다. 생명까지 투자할 정도로 이익이 많았기 때문이다. 밀무역은 달콤한 도박과도 같았다. 그러나 잃을 염려가 없는 도박이었다. 이러니 마다할 사람이 없었다. 단속을 담당하는 문지기도 밀무역에 가담해서 밤에 문을 열어주었고, 그를 감시해야 하는 담당자 역시도 손을 잡고 밀무역에 앞장서는 상황이었다. 보통의 이익은 사람을 움직이지 못하지만, 평생 노력해도 벌 수 없는 돈이 눈앞에 보이면 사람은 모든 것을 걸게 된다. 이는 지금도 변치 않는 세상 돌아가는 원리다.

*왜통사: 조선시대 사역원에 소속되어 통역의 임무를 담당한 역관(譯官) 중 왜(일본)와의 통역을 담당한 관리.

6

11月

관영 수공업

더 나은 것을 만들고 싶다는 인간의 욕망을 제어하는 방식

'부역(賦役)'이란 국가나 관청이 백성에게 부과하는 노역(勞役)이었다. 국가나 관청 입장에서는 일한 대가도 주지 않고 백성의 노동력을 동원하니 좋지만, 한 나라의 경제 흐름으로 볼 때는 나쁜 제도였다. "굳이 열심히 할 필요 있어?", "어차피 대충 시간만 보내다가 가면 되잖아". 일하는 부역자들 사이에서는 노동 문화가 만들어지기 마련인데, 이런 태도가 창의성과 상상력 그리고 예술성의 성장을 가로막는 '국가적 부작용'을 일으키기 때문이다.

부역을 일삼던 삼국시대에서 조선까지, 특히 예술 분야에서 다른 나라와 비교해 시대를 대표할 수 있는 특별한 걸작을 풍성하게 만들어내지 못한 이유도 거기에 있다. 공장에서 찍어내는 상품처럼 그저 생각 없이 지시대로 만들기만 하면 되므로 굳이 새로운 것을 시도할 이유가 없었다. 조선 초기에는 관가나 궁궐을 중심으로 관영 수공업이 활발하게 이루어졌는데, 관영 조직에 속해서 일하는 것이 자신의 이익과 거의 상관이 없었으므로 자기가 만드는 물건에도 전혀 애착이 없었다. 반복해서 수준 이하의 상품이 양산되자 상품에 제작자의 이름을 써서 구별할 수 있게 하기도 했고, 원료의 유용을 막기 위해서 원료의 양과 제작 기일을 정기적으로 적도록 하기도 했다.

그러나 이런 규정마저 쓸모없게 되었다. 국가 재정이 악화되면서 관장(官匠; 관에 속한 장인)들에 대한 대우가 급격하게 나빠진 것이다. 일하는 동안에는 식대 명목으로 일정한 급료를 받고 있었는데, 성종 대에 이르러 재정이 어려워져 점심마저 제공되지 않는 상황에 이르렀다. 일이 이 지경에 이르자 그나마 있던 직업의식마저 사라지고 기강도 해이해져 조정이 정한 규칙도 지키지 않게 되었다. 젊은 사람들은 오히려 관장에 임명되지 않으려고 애썼다. 우의정과 좌의정을 역임했던 김안로(金安老)*는 현실을 통렬하게 진단하며 다양한 의견을 제시했다. 그의 의견을 세 가지로 구분해서 정리하면 이렇다.

- 공예를 관장하는 각사의 제도는 그 기술을 아는 사람을 임명하여 감독하게 하자.
- 급료를 적게 주니 그 돈으로 집을 돌볼 수 없으므로 도망갈 생각만 가득하다.
- 일에 서툰 자만이 남았기 때문에 도저히 장인이 생길 수 없는 구조다.

하지만 한번 자리 잡은 병폐는 쉽게 사라지지 않았다. 게다가 현실적으로 그들에게 줄 돈이 없었다. 그렇게 조선 전기에 시작된 관영 수공업은 급격하게 무너지며 사라졌다.

이런 상황은 오히려 새옹지마가 되었다. 관영 수공업이 사라지자 민영 수공업이 활성화되면서 민간이 중심이 되어 개성과 창조성을 담은 물건이 만들어지는 계기가 마련된 것이다. 그렇게 다양한 상품이 개발되면서 매일 새로운 상품이 쏟아져 나왔다. 사실 조선 전기가 지나 중기와 후기가 되면서 관영 수공업이 급격하게 몰락한 이유는 시장경제의 흐름으로 보아 '그럴 때가 되었기 때문'이다. 백성의 수준이 그걸 원하고 있었기 때문에 변화는 더욱 급격하게 이루어졌다.

+ *김안로: 조선 전기 이조판서, 도총관, 대제학, 좌의정 등을 역임한 문신. 저서로 《용천담적기(龍泉談寂記)》, 《희락당고(希樂堂稿)》 등이 있다.

7

11月

사절

누가 더 위인지를 알려주는 힘의 논리

'사절(使節)'이란 나라를 대표하여 일정한 사명을 띠고 외국에 파견되는 사람을 일컫는 말이다. 고려시대까지는 흔하지 않았던 것이 조선 건국 후에 특히 많아져 다양한 나라의 사절들이 서울을 왕래했다. 우리는 보통 중국이나 일본의 사절 정도만 알고 있지만, 당시에도 꽤 다양한 나라와 교류가 있었다. 태국과 필리핀, 베트남 등의 동남아시아에서도 사신이 찾아와 외교적 현안과 경제적 교류를 논했다. 그들이 조선을 찾은 이유는 결국 경제적 이익을 위해서였다. 그런 이유가 아니라면 굳이 멀리에서 찾아올 필요가 없었기 때문이다. 이런 사절들을 응대하는 것은 조정의 중요한 일 중 하나였다.

사절이 한양에 도착해서 주로 하는 일은 세 가지 정도였다. 하나는 한양에서 아름다운 한강 근처나 남산 혹은 성균관 근처를 관광하는 것, 또 하나는 동교나 서교에서 사냥을 하며 자유로운 시간을 보내는 것, 마지막으로는 태조의 비인 신덕왕후강씨의 명복을 빌기 위해 창건된 사찰 흥천사(興天寺)와 같은 절을 탐방하거나 멀리는 금강산을 유람하기도 했다. 그렇다고 모두 같은 대우를 받은 것은 아니었다. 지금도 그렇지만 각국 사절은 그 나라 수준과 가치에 맞는 대우를 받았다.

가장 극진한 대우를 받았던 사신은 역시 중국에서 온 이들이었다. 중국에서 사신이 온다는 소식이 전해지면, 먼저 그들이 도착하는 지역을 다스리는 의주 부윤이나 평안도 병마사가 일행을 정성스레 영접했다. 의주로부터 연락을 받은 조정은 바로 2품 이상의 대신을 원접사(遠接使)로 임명하여 의주로 보내 직접 사신을 맞이하여 조정으로 안내했다. 돌아갈 때도 마찬가지로 의주까지 동행을 했다. 특별히 중국 사신을 맞이하여 접대하는 관직까지 있었으니, 당시 중국이 조선에 어떤 존재인지 짐작되고도 남음이 있다. 사절 일행은 의주에서 한양의 조정에 이르는 경로 곳곳의 역관에 유숙하며 그 지역 수령이 베푸는 대접을 받았다. 의주와 평양, 개성 등 총 스무 곳이 넘는 역관이 있었으며, 중국 사신 일행은 마치 왕이라도 된 듯 후한 대접을 받으며 이동했다. 상황이 이러니 조선시대를 통틀어 명나라와 청나라의 사신들이 총 450회 이상이나 조선에 다녀가기에 이르렀다.

중국 사절과 기타 국가의 사절에 대한 응대를 비교할 때, 외교적으로나 경제적으로 누가 우위에 있느냐에 따라 조선 조정의 대접하는 규모와 마음 자세가 달라진 것은 어쩔 수 없었다. 국력의 차이가 곧 사절의 힘이었으니까.

8

11月

문제는 경제

도덕과 정의도 가난 앞에서는 한낱 먼지일 뿐이다

조선에서 임진왜란을 비롯한 여러 전쟁이 발생한 이유와 그럴 때마다 조정이 전혀 힘을 쓰지 못하고 당하기만 했던 이유의 중심에는 경제 문제가 있다. 임진왜란 직전 일본은 3년 동안 조선의 상황을 마치 입시 공부하듯 조사하고 연구했다. 그리고 마침내 이런 결론을 내렸다. "문제는 경제다!" 당시 조선의 백성들은 흉년으로 고생하고 있었지만, 그들을 지키고 살펴야 할 관료와 왕은 파벌을 나누어 서로 죽일 듯 싸우고 있었다. 이런 모습은 특별한 것이 아니었다. 고려시대에도 마찬가지였고, 안타깝게도 지금도 크게 다르지 않다.

백성들은 붕당으로 나뉘어 다투는 조정을 불신했다. 당연한 결과였다. 임진왜란이 일어나자 백성들은 나라를 위해 싸우기는커녕 뿔뿔이 흩어져 달아났다. 심지어 개성으로 피신하는 선조에게 돌이 날아왔고, 평양에 머물던 의인왕후 박씨가 함흥으로 거처를 옮기려고 하자 분노한 백성들은 내관들을 공격하며 일행이 움직이지 못하게 말을 공격했다. 부끄러운 일이 아닐 수 없었다. 백성들은 왜군이 선조를 잡을 수 있도록 '친절하게' 선조의 이동 방향을 종이에 써서 벽에 붙였다. 얼마나 화가 나고 억울했으면 그랬을까.

백성들의 이 모든 행동은 물론 조정의 잘못에서 비롯된 것이지만, 주목해야 할 것은 이런 문제의 본질을 파악한 왜군이 백성들에게 내세운 전쟁의 명분이었다. 왜군은 임진왜란을 일으킨 후, 저항하는 조선 백성들에게 이렇게 말했다. "우리는 너희를 죽이기 위해 온 것이 아니다. 너희 군주가 너희를 학대하므로 너희를 지켜주려고 왔다". 그러면서 그들은 남자는 농사를 짓고 여자는 가업을 돌보면 된다고 말하며, 자기들이 조선 백성들이 경제적으로 넉넉하게 살 수 있도록 돕겠다고 말했다. '문제는 경제'라는 사실을 잘 알고 있던 왜군의 전략이 당시 붕당정치의 폐해로 고생하던 백성들 마음을 흔들었다.

왜군은 수많은 것들을 약속했다. 과중한 부역과 가난을 면치 못했던 백성들은 과도한 부역을 감면하고 노비를 모두 자유롭게 풀어주겠다고 공언하자, 손에 든 무기를 버리고 왜군을 받아들였다. 백성 입장에서도 먹고사는 게 힘들어서였다. 다른 나라는 바깥으로 세력을 키우고 있을 때 우리는 안에서 작은 것 하나를 가지려고 서로 끝없이 싸우고 죽이고 그것마저 힘들면 멀리 귀양을 보냈다. 너무나 비참하고 슬픈 역사가 아닐 수 없다.

9

11月

대동법

부모의 마음으로 약자를 바라보는 시선의 힘

17세기 초 임진왜란이 끝난 후 시간이 지나면서 전쟁의 상처는 아물어가고 있었지만, 한번 망가진 농민들의 삶은 복구되지 않았다. 삶의 터전인 땅이 사라졌기 때문이다. 오랜 기간 계속된 전쟁으로 경작지가 크게 망가져 농사 지을 토지가 턱없이 부족했고, 그나마 농토는 대부분 부자 양반들의 몫이었다. 백성은 전쟁이 나면 그나마 있던 것까지 모두 잃지만, 부자는 전쟁이 나도 계속 부자였다. 이러니 전쟁 후에도 부자나 양반이 아닌 일반 농민들은 지주의 땅을 빌어 경작할 수밖에 없었다. 거기까진 좋았다. 문제는 정성을 다해 농산물을 수확한 뒤에는 지주에게 절반이나 되는 지대를 바쳐야만 했다는 사실이다. 거기에 또 국가에 세금도 내야 했으니, 손에 쥐는 것은 거의 없어서 가난을 면치 못했다. 죽도록 일해서 겨우 목숨만 부지했다는 말이 꼭 맞다.

"봄을 만나 온갖 생물이 즐거워하는데, 유독 우리 백성만이 고통스러운 상황에서 벗어나지 못하고 있다. 이런 백성을 보살펴주지 않는다면, 그건 백성의 부모 된 도리가 아닐 것이다". 갖은 고생을 다하지만 가난에서 벗어나지 못하는 백성을 걱정하는 마음에 대동법(大同法)을 시행한 조선 제51대 왕 광해군이 남긴 말이다. 대동법을 시행하자 당시 이런 말이 유행처럼 번지기도 했다. "백성들은 밭에서 춤을 추고, 개들은 아전을 향해 짖지 않았다". 대동법의 시행이 백성들에게는 좋은 일이지만, 아전에게는 불행한 일이었기 때문이다. 그도 그럴것이 대동법은 그간 백성들을 괴롭히던 공납 대신 쌀이나 무명, 돈 등을 바칠 수 있게 한 제도인데 결정적으로 토지를 기준으로 걷는 것이었기 때문이다. 사실 쉽게 세금을 책정할 수 있는 매우 합리적인 제도였다. 하지만 생각하기는 쉬우나 실행하기 어려웠다. 그 이유는 지금까지 세금을 따로 내지 않아 이득을 본 많은 지주와 지배 계급 등 기득권 세력의 반발 때문이었다.

광해군은 기득권 세력의 반발에도 불구하고 오직 백성의 고통을 덜기 위해 용기를 냈다. 진실로 '임금은 백성의 부모'라는 생각이 없었다면 해내기 힘든 일이었다. 그가 쓴 일기에서 우리는 광해군의 진실한 마음을 조금이나마 짐작할 수 있다. "백성을 괴롭히는 것 가운데 없앨 수 있는 것은 없애고, 굶주린 자들은 착실히 도와서 목숨을 잃는 자가 없도록 하라". 그는 부모의 마음으로 백성들을 바라보며 그 아픔을 포근하게 감싸주는 정치를 펼쳤다. 대동법을 실천한 것 하나만으로도 광해군은 성군(聖君)이라고 칭할 만하다.

10

11月

명목화폐의 유통

경제의 패러다임을 바꾸는 모든 변화의 시작

금과 은이라는 광물의 가치가 아닌 실질적 가치와는 관계없이 표시된 가치로 통용되는 화폐(지폐, 동전 등의 은행권)를 명목화폐(名目貨幣)라고 하는데, 조선 초기부터 명목화폐를 만들려는 시도가 있었다. 그러나 익숙하지도 않은 데다 그런 제도 없이도 잘 살아온 기득권의 반발로 명목화폐 제도 도입은 늘 실패를 거듭했다. 그러나 17세기 이후 반전이 일어났다. 조선에 시장경제 기운이 감돌면서 명목화폐 유통의 필요성이 절실해지기 시작했다. 억지가 아닌 저절로 바뀌는 때가 찾아온 것이다.

1603년 선조 36년에 영의정 이덕형(李德馨)*은 이렇게 주장했다. "우리나라는 화폐로 단지 미포(米布; 쌀과 베)만을 사용하기 때문에 농사는 점점 병들고 백성은 가난하다". 미포를 교역의 매개물로 삼는 것이 비현실적이고 불편하다는 말이었다. 이어 그는 동전의 유통을 통해 당장 필요한 국가 경비에 보태고, 현재 화폐로 사용하는 미포는 군량으로 비축하여 유사시에 대비하자고 말했다. 반박할 부분을 찾기 힘들 정도로 옳은 말이었다. 조정의 신념은 확고했다. 1620년대부터 1650년대 말까지 주전청(鑄錢廳)을 설치해 동전을 대량으로 주조했고, 백성들도 실제로 일상의 거래에서 활용했다. 처음에는 쉽지 않았지만 그렇게 동전 유통을 위한 여건이 갖춰지기 시작했다. 1634년 인조 12년에는 실제로 이런 상황까지 이르게 되었다. "백성들의 거래는 크게는 집과 노비, 작게는 땔감과 과일에 이르기까지 모두 동전을 사용해서 거래가 이루어지고 있습니다. 게다가 동전을 사용하는 모습을 보면 아이도 속지 않고 거래를 할 수 있을 정도로 익숙해지고 있습니다".

1650년대 이후 화폐 정책을 맡아 주관했던 김육**은 단기적인 목표에 초점을 맞추지 않았다. 당장 동전을 유통해서 조정에 필요한 재정을 지원하기보다는, 10년간에 걸친 매년의 계획에 맞춰 단계적으로 화폐 정책을 추진해서 무리 없이 정착되도록 할 계획을 세웠기 때문이다. 물론 그 과정이 쉽지는 않았다. 동전이 유통되며 부작용도 생겼다. 돈이 생긴 농민들이 토지에서 벗어나 각종 유흥이나 타락에 빠졌고, 돈이 필요하니 고리대금업이 성행했으며, 반복적으로 일탈이 이루어지자 농촌 사회가 분열되면서 돈이 한 쪽으로 편중되기 시작한 것이다.

모두 짐작할 수 있는 후과(後果)였다. 모두가 인정하고 거래 가능한 돈이라는 재화가 생기면, 서로 더 갖고 싶어지며 돈을 위해 뭐든 하는 것이 인간의 본성이기 때문이다. 그렇다고 필요한 것을 외면할 수는 없었다. 이후 화폐는 십전통보, 상평통보, 대동은전 등으로 이어지며, 조선 경제의 패러다임을 바꾸는 데 결정적인 역할을 했다.

\+ *이덕형: 조선시대 이조판서, 우의정, 영의정 등을 역임한 문신. 이순신의 하옥 때 적극 변호했고, 전란 뒤 민심 수습과 군대 정비에 노력하며 대마도 정벌을 주장하기도 했다. 이항복과 절친한 사이로 함께 영창대군의 처형과 폐모론을 반대하다가 삭탈관직된 얼마 후 사망했다.

**김육: 조선시대 형조참의, 병조참판, 개성부유수 등을 역임한 문신, 실학자. 대동법 시행 건의 및 확장에 힘썼고, 화폐의 주조 · 유통, 수레의 제조 · 보급에 노력했다. 저술로는 시 · 문을 모은 《잠곡유고(潛谷遺稿)》, 백과사전 격인 《유원총보(類苑叢寶)》 등이 전한다.

11

11月

불법 노점상

먹고살기 위한 개인의 욕망으로 경제는 돌아간다

"사헌부에서 아뢰니다. 최근 인심이 각박해지고 간교한 속임수를 부리는 자가 늘고 있습니다. 그들은 종로 거리에 모여 물품을 마음대로 팔며 이익을 모두 가져가고 있습니다. 이들은 시안에도 정식으로 등록하지 않은 난민(亂民, 무리를 지어 다니며 법과 질서를 어지럽히는 백성)입니다."

그때도 지금과 마찬가지였다. 국가에 적절한 세금을 내고 떳떳하게 장사를 하면 모든 것이 편하겠지만, 하루 벌어 하루 살아야 하는 처지에 그것은 쉬운 일이 아니었다. 세금을 내면 남는 게 별로 없었기 때문이다. 당시에는 국가가 인정하는 시전(市廛)*이라는 제도가 있었다. 시전의 특징을 나열하면 다음과 같다.

- 왕실과 관아에 필요한 물품을 조달한 대가로 물품의 고유 전매권을 소유했다.
- 고유 전매권은 금난전권(禁亂廛權)으로 나타난 현상이다.
- 국가로부터 시전 행랑(行廊)을 대여받고 한 점포마다 한가지 물품만을 독점적으로 판매했다.
- 정기적으로 평시서(平市署)로부터 가격과 품질을 검사받았다.

조선시대에도 지금처럼 무언가를 팔고 산다는 것이 쉽지 않았다. 규제도 많고 의무도 많았다. 시전 상인들은 나라가 정한 규칙을 지키며 가격과 품질까지 검사를 맡아가며 생계를 꾸렸다. 당연히 불법으로 상품을 팔며 규제도 받지 않고 세금도 내지 않는 난전 상인들을 미워하며 괴롭힐 수밖에 없었다. 그러나 한양의 인구가 늘어나자 시전을 중심으로 돌아가던 시장의 규칙이 깨지면서 난전 상인들 중심으로 상권이 돌아가게 되었다. 이유는 간단하다. 많은 사람이 먹고살기 위해 너도나도 시장에 나타나 마구잡이로 상업 활동을 했기 때문이다. 주변 상인들과는 달리 처음에 조정에서는 그리 심각하게 생각하지 않았다. 당장 자신들에게는 별 피해가 없었기 때문이다. 세금이 조금 덜 들어오기는 하지만 단속을 해서 세금이 조금 더 늘어난다고 아주 형편이 나아지는 것도 아니었으니, 늘 하던 정쟁에만 몰입할 뿐 불이익을 당하는 시전 상인의 고충을 돌보지 않았다.

그러다가 갑자기 태도를 급변하게 된 계기가 생겼다. 임진왜란 직후 시전 상인이 교체되고, 이들을 평시서 시안에 등록하면서부터 시안에 등록하지 않고 장사를 하는 상인에 대한 엄격한 단속이 이루어졌다. 당시에는 국가 재정의 상당 부분을 시전 상인이 부담하고 있었기 때문에, 전란 이후 부실해진 왕실 곳간을 채우기 위해서 시안에 등록하지 않은 상인들의 영업을 단속하지 않을 수 없었기 때문이다. 세금을 더 걷어야만 하는 상황에 놓이게 되니 불에 눈을 켜고 단속을 시작한 것이다.

예나 지금이나 세상은 각자의 이익 위주로 돌아간다. 이렇듯 작은 원칙이나 규제 하나도 각자의 이익에 관련되지 않은 것이 없다.

*시전: 옛날 전통 사회의 성읍(城邑)이나 도시에 있던 상설 점포. 조선시대에는 성내 주민들의 생활용품 공급과 정부에서 필요로 하는 수요품을 조달했다. 종로를 중심으로 혜정교(惠政橋)로부터 창덕궁 입구에 이르는 길 양편에 행랑시전(行廊市廛)이 지어졌다.

12
11月

차인 제도

재물은 평등하기가 물과 같고 사람은 저울처럼 바르다

조선시대에는 매년 정월 초하루가 되면 개성상인의 집은 손님들로 가득했다. 전국 각지에 퍼져 있던 차인(差人)들이 올라오는 날이었기 때문이다. 당시 개성상인은 큰 부를 이뤄 조선의 일 년 예산보다 많은 사유 재산을 소유한 거상(巨商)이 나타나기도 했다. 그럴 수 있었던 이유는 개성상인 특유의 고도화된 상술과 더불어 뛰어난 조직력에 있었다.

개성상인의 대표하는 시스템의 하나로 차인 제도를 들 수 있다. 차인은 지금으로 말하면 전국 지점에 파견되어있던 지점장이라고 말할 수 있다. 지점장이라는 개념의 직책을 일찍부터 만들어서 활용한 것이다. 차인은 전문 경영인의 역할을 하면서 지방 생산품의 수집과 매매를 담당했고, 정초가 되면 개성으로 돌아와 가족을 만나고 자본주인 주인에게 보고를 했다. 그들이 이런 체계화된 조직력을 갖출 수 있었던 데는 특별한 계기가 있었다. 조선이 건국되었을 때, 고려 왕조에 복무했던 개성의 사대부들은 벼슬길이 막히자 출사(出仕)를 포기하고 상업에 투신하게 된다. 이때부터 개성상인은 다른 상인들과 구별되는 지성(知性)을 갖추게 되고, 조선의 대표 상인으로 거듭나게 된 것이다.

지식인층이 대거 흡수된 상인 집단인 개성상인이 일궈낸 조직력의 핵은 이 차인 제도와 송방(松房)이었다. 개성상인은 17세기에 이르러 지방의 객주(客主)와 여각(旅閣)을 기반으로 상권을 조직화한다. 개성에서 발간된 지방신문인 《고려시보(高麗時報)》*에 따르면 개성상인은 차인을 최소 2~3명 많게는 30명 정도를 두었다. 동시에 전국 주요 상업 중심지에 송방을 설치하여 지점장에 해당하는 차인을 파견했다. 개성상인은 송방을 통해 상품 유통에 관한 전국의 정보를 수집하고 판매 전략을 세울 수 있었던 것이다.

지금으로 치면 '전문 경영인'쯤 되는 차인이 되기 위해서는 어떤 과정을 거쳐야 했을까? 처음에는 견습 사원 격인 사환(使喚)으로 시작하고, 승진하면 수사환(首使喚)이 되는 단계를 거쳐야 했다. 이런 단계를 거쳐 독립하기 위해서는 보통 10년 이상의 시간이 필요했다. 사환은 열악한 작업 환경 속에서 무보수에 휴일도 없이 최선을 다해 일했다. 그러다 어느 정도 장사 수완이 있다고 인정을 받는 경우에만 수사환이 될 수 있었다. 수사환이 되면 비로소 판매를 할 수 있었고, 거기에서도 인정을 받아야 차인 후보가 될 수 있었다.

차인이 되면 책임 경영으로 실적을 높여 주인의 인정을 받아야만 했다. 하지만 개성상인의 특성상 한번 차인이 되어서 송방 경영을 맡게 되면 그 독립성을 인정받아 영업에 간섭을 받지 않았다. 한 번 신뢰를 주면 끝까지 믿었던 것이다. 그 신뢰는 차인이 영업상의 실수로 손실이 발생했을 때도 마찬가지로 지켜졌다. 손실이 발생하면 주인도 손실액의 절반을 부담했고, 만약 차인이 자산이 없을 경우에는 손실액의 전부를 책임지기도 했다. 개성상인의 주인과 차인 관계가 얼마나 굳은 신뢰로 맺어져 있는지 알 수 있다. 이런 관계는 오늘날의 어떤 경제 주체라도 참고해야 할 기업 정신이 아닐 수 없다.

+ *《고려시보》: 일제강점기인 1933년 4월 15일 경기도 개성에서 발간을 시작한 지방신문. 일제에 의해 강제 폐간된 1941년 4월 16일까지 매월 2회 발간되었다. 개성을 중심으로 인근의 황해도 등지까지도 보급되었다.

13

11月

상업적 농업

시대의 흐름이 땅의 가치를 결정한다

조선의 수도인 한양은 17세기 후반 들어 느낌이 조금 다른 도시가 된다. 급속도로 상업 도시로 성장하면서 그 영향이 농업에까지 미쳐서다. 상업화의 영향을 받은 대표적인 농업 종목이 채소와 약초 재배업, 그리고 과수 농업이었다. 채소 농사는 지금으로서는 상상도 안 되는 지역에서 이루어졌다. 상상이 안 되는 이유는 한양의 중심지인 금싸라기 땅에 '겨우 채소 따위'를 심었다는 사실 때문이다. 하지만 당시에 그 지역은 금싸라기 땅이 아니었다. 가끔 어른들이 옛 추억을 회상하며 "여기가 예전에는 배추밭이었지", "여기는 예전에 발이 푹푹 빠지는 습지였어!"라는 말을 예사롭지 않게 할 정도로 변두리였다.

우선 동대문과 서대문 밖에서는 미나리가, 독립문 주변에는 무와 배추, 왕십리는 무, 연희궁 주변에는 고추와 부추가, 이태원에는 토란이 그 지역 특산 채소로 유명했다. 이렇듯 채소 농사가 성행한 이유는 쌀농사보다 훨씬 큰 이익을 가져다주었기 때문이다. 벼 다섯 마지기 심어서 얻는 이익보다 미나리 한 마지기를 심어서 얻는 이익이 더 많았으니, 너도 나도 채소 농업에 뛰어들지 않을 이유가 없었다. "도성 안과 근교에 파밭, 마늘밭, 배추밭, 오이밭 등을 만들어 불과 네 마지기의 땅으로 수백 냥의 이익을 얻을 수 있다". 당시 일찌감치 채소 농업의 가치를 알아본 실학자 정약용의 말이다.

햇빛이 들지 못할 정도로 빽빽하게 꽃과 나무가 들어섰던 도성의 근교 주변 곳곳에서도 점차 변화가 생기기 시작했다. 꽃과 나무가 뽑히고 그 자리에 호박이나 배추를 심었기 때문이다. 사태가 심각해지자 1744년 영조 20년 조정에서는 특단의 조치를 내렸다. "한양 안에서 화전과 농포, 미나리밭을 제외한 다른 채소를 기르는 자는 곤장 100대 형벌에 처한다". 당연히 기존에 채소를 재배하며 살던 농민들의 반발이 만만치 않았다. 그러자 조정에서는 "대대로 채소를 재배하던 농민은 제외한다"라는 한발 물러난 타협안을 제시하기도 했다.

조선의 농업이 상업의 영향을 받아 변모하는 모습은 시사하는 바가 크다. 뭐든 영원한 것은 없다. 땅의 용도가 시대 흐름에 따라 바뀐 것처럼, 오늘날 제아무리 최첨단 산업이라도 삽시간에 다른 산업의 영향을 받거나 융합하여 새로운 분야가 생겨나기 때문이다. 깨어 있지 않으면 도태된다. 21세기의 진리다.

14
11月

독점과 정보

알짜 정보는 대중에게 공개되지 않는다

조선시대에 겨울에 얼음을 저장하고 여름에 공급하는 일은 빙고(氷庫)에서 담당했다. 조정에 속한 빙고는 총 네 군데로, 서빙고(西氷庫)와 동빙고(東氷庫)*, 궁궐 안의 내빙고 두 곳이었다. 초기에는 한강의 얼음을 채빙(採氷)하여 얼음을 저장하는 일인 장빙역(藏氷役)을 한강 주변에 사는 경강 주민들에게 부역으로 부과했었다. 이때까지는 그래도 공평했다. 문제는 17세기 후반 이후 점차 화폐가 아닌 물건으로 징세하는 물납세(物納稅)로 전환되고, 18세기 후반에 이르러 얼음 파는 일을 직업으로 삼던 빙계(氷契)가 만들어져 경강 주민들에게 품삯을 주며 얼음을 저장하는 방식이 되자 일어나기 시작했다.

당시 조선에서 이재(理財)에 밝은 사람들 사이에서는 이런 소문이 나돌았다. "장빙업에 한 해에 1만 냥을 투자하면 최소 2만 냥에서 최대 20만 냥까지 수익을 올릴 수 있다". 나라에서 공적으로 쓰던 얼음의 수요도 많았지만 민간 수요는 공적 수요보다 네 배 이상 많았고, 그에 비해 쓸 수 있는 얼음의 양은 터무니없이 적었다. 당연히 사업을 시작하기만 하면 적게는 2배에서 많게는 20배나 수익을 올릴 수 있는 시장이 만들어진 것이다. 장빙 기술이 어려운 것도 아니었다. 채취해서 보관하는 과정은 간단했다. 크기에 맞춰 얼음을 자른 후, 지게나 수레에 실어 빙고까지 운반한다. 옮겨진 얼음을 빙고에 크기대로 배열한다. 이때 가장 '과학적'인 기술이 나오는데, 얼음과 얼음 사이에 공간이 생겨서 녹지 않게 작은 얼음 조각으로 빈 곳을 채워주는 일이 그것이다. 누구나 조금의 눈치만 있다면 짐작 가능한 일이었다. 마지막으로는 얼음 위에 빈 가마니를 몇 장 덮어 외부 공기와 최대한 닿지 않도록 하면 끝이었다.

그렇다고 아무나 그 사업을 할 수는 없었다. 장빙업이 막대한 이익을 내는 사업이었지만, 바로 그 이유 때문에 고위 관료를 지낸 사람이거나 그들과 친분이 있는 양반들이 꿰차고 있었다. 일반 백성들에게는 기회도 주어지지 않았고, 심지어 그런 사업이 있다는 것도 알 수가 없었다. 백성들에게는 돈도 정보도 없었던 것이다. 결국 돈 많은 기득권층이 그 돈으로 더 많은 돈을 버는 꼴이었다. 이런 못된 악순환은 지금도 사라지지 않고 여전히 반복되고 있다. '모두가 아는 정보는 이미 정보가 아니다'라는 말이 있다. 이익이 되는 정보는 결코 세상에 공개되지 않기 때문이다.

+ *서빙고와 동빙고: 서빙고는 지금의 용산구 서빙고동 둔지산 기슭 한강가에, 동빙고는 성동구 옥수동에 있었다.

15

11月

조선의 사채업자

남의 돈에는 날카로운 이빨이 있다

21세기의 사채업자 이야기를 그린 드라마《쩐의 전쟁》에는 돈과 사채에 대한 명언이 여럿 나온다. "사랑은 상처를 남기지만, 돈은 이자를 남긴다", "타짜는 눈보다 손이 빨라야 하지만, 사채업자는 눈치가 빨라야 한다", "사채업자의 눈은 물건의 값어치를 정확히 볼 수 있어야 한다. 그래야 채무자가 갚을 수 있을 만큼의 돈을 빌려줄 수 있다", "사람의 걷는 모습과 말투 손짓, 각종 습관을 관찰해봐라. 거기에 그 사람의 인생이 보인다. 사채업자는 다른 사람 인생에 관심을 가져야 한다", "싸구려 사채업자는 서류에 연연하지만, 유능한 사채업자는 오직 인간을 심사한다. 서류는 조작될 수 있어도, 인간은 조작될 수 없기 때문이다". 내가 굳이 드라마에 나왔던 대사를 길게 언급한 이유는 이 말들이 실제로 21세기에 활동하는 사채업자들의 이야기이기 때문이며, 돈의 가치와 동시에 사람 심리에 대한 이면을 무섭도록 정확히 보여주기 때문이다.

이번에는 18세기에 활동하던 사채업자들의 이야기를 만나보자. 역사는 흐르지만 사람 사는 세상 원리는 별로 달라지지 않았음을 보여주는 기록을 볼 수 있는데, 당시에도 지금처럼 사채업자가 존재했다는 것이 놀랍다. 당시 백성들이 겪는 고통은 다양했다. 그중 가장 견디기 힘든 것이 바로 사채업자에게서 받는 고통이었다. 흉년이 자주 들었던 조선시대에 가장 기승을 부렸던 것 중 하나가 사채업자였던 것이다. 그들은 주로 가난하고 힘없는 백성들을 괴롭혔다.《승정원일기(承政院日記)》* 1725년 영조 1년 7월 16일 기사에 그 실상이 여실히 드러나 있다. 사채는 주로 돈 많은 부잣집이 놓았다. 사채를 쓰면 많게는 두 배의 이자를 부담해야 했지만 당장 죽게 생겼는데 빌리지 않고 견딜 수가 없었던 백성들은 불어난 이자를 갚기 위해 또 죽도록 일해야 했다. 지독한 것은 본인이 돈을 갚지 못하고 세상을 떠나면 기필코 그 자손과 친족에게까지 돈을 받아내고야 말았다는 사실이다. 지금보다 더하면 더했지 덜하진 않았던 셈이다. 돈을 빌려준 사람 입장에서는 되돌려받아야 하는 것이 당연하지만, 이자 붙는 속도가 너무 빨랐다는 것이 문제였다. 참고로 지금 사채업자라 불리는 자들을 조선시대에는 식리인(殖利人), 즉 '재물을 불려 이익을 늘리는 자'라고 불렀다.

그때나 지금이나 남의 돈을 빌린다는 것은 정말 위험한 일이다. 다시 드라마《쩐의 전쟁》에 나왔던 명언을 되새기며 사채의 무서운 면을 확인할 수밖에 없을 것 같다. "남의 돈에는 날카로운 이빨이 있다. 빚이라는 건 물귀신이다. 도와주다가 같이 빠져 죽으니까".

+ *《승정원일기》: 조선시대 1623년부터 1910년까지 승정원에서 왕명 출납, 행정 사무, 의례 사항 등을 기록한 관청 일기. 역대 임금들의 하루 일과, 지시와 명령, 각 부처의 보고, 각종 회의 및 상소 등이 모두 기록되어 있다.

16

11月

쌀값

시장을 이기는 정책은 없다

조선 후기 학자 우하영(禹夏永)이 쓴《천일록(千一錄)》*이라는 책이 있다. 누구를 시키거나 다른 자료를 참고하지 않고 자신이 직접 전국을 유람하고 사회 실정을 체험하며 기록한 글이라 가치가 높다. 책 제목의 '천일(千一)'은 '천 가지 생각 중에 쓸만한 것이 간혹 있다'는 의미라서 겸손함이 느껴지는데, 자기가 쓴 책을 읽으며 실생활에서 활용 가능한 것을 발견하기를 바라는 마음이 담겼다고 보면 된다. 그의 바람처럼 나는 책에서 이런 흥미로운 부분을 하나 발견했다.

'평안도에서 일어난 흉년으로 쌀값이 올라가자 삼남** 지역의 미곡 상인들이 서로 다투어 평안도로 향했다. 그러자 그들의 행패를 막기 위해 신속히 평안감사가 '억지로' 쌀값을 내렸다. 이를 알게 된 상인들은 평안도로 향하던 발걸음을 황해도로 변경했다. 이 때문에 평안도에서는 돈이 있어도 쌀을 살 수 없는 상황에 이르렀다.'

여기에서 주요 키워드는 '미곡 상인'들과 '억지로'다. 쌀값이 오른 지역이 발생하자 미곡 상인들은 일제히 그곳을 향해 달려갔다. 하지만 억지로 평안감사가 쌀값을 내리자 그들은 팔기 위해 가져간 쌀을 모두 거두어 다른 지역으로 가버린다. 이런 현상은 시장경제의 흐름을 그대로 드러낸다. 미곡 유통이 시장 가격에 따라 움직인다는 사실을 보여주기 때문이다.

이 시대에 미곡이 가장 비싸게 팔린 곳은 한양이라서 미곡상들은 일단 한양의 경강에 쌓아두었다가, 흉년 등의 사정으로 갑자기 쌀값이 오른 지역이 생기면 바로 쌀을 들고 그곳으로 이동해서 비싼 값에 팔았다. '경강(京江)'이란 과거에 한양 뚝섬에서 양화 나루에 이르는 한강 일대를 이르던 말이다. 경강은 당시 유통의 중심이었다. 여기에서 다양한 재화의 가격이 대부분 정해졌다. 이곳에서 한양으로 오는 세곡, 물자 따위가 운송되거나 거래되었기 때문이다. 여러 기록을 통해 우리는 당시 전국 시장의 중심이었던 경강이 미곡 가격을 조절하는 중앙시장 역할을 했다는 사실을 알 수 있다. 1817년 순조 17년 경강에 몰려드는 상선은 해마다 1만 척을 헤아릴 정도로 많았다. 매일 평균 30척 정도의 상선이 오가며 상업 활동을 했던 셈이다.

지금도 그때와 크게 다르지 않다. 전국에서 생산한 모든 식재료는 일단 서울에 모였다가 다시 전국 각지로 출하된다. 이제는 전국을 쉽게 오갈 수 있어, 가격 폭등이 지방별로 이루어지던 과거와는 다르지만, 흉년이 들면 가격이 오르고 풍년이 들면 가격이 내린다는 사실은 변함없다. 중앙 정부에서 가격을 통제하며 폭등과 폭락을 막으려고 시도하는 것 역시 과거와 같다. 하지만 그런 시도는 언제나 만족스럽지 않은 결과를 초래한다. 시장을 이기는 정책은 쉽게 나오지 않기 때문이다.

+ *《천일록》: 조선 후기 학자 우하영이 국정 개혁안에 관해 논술한 정책서. 1796년(정조 20년) 천재(天災)가 계속되자 정조의 구언(求言)으로 시무(時務)에 관한 것만 골라 책자로 만들어 상소한 내용이다.

**삼남: 충청도, 전라도, 경상도 세 지방을 통틀어 이르는 말. 옛부터 우리나라의 곡창지대였다.

17

11月

집값

더 좋은 곳에서 살고 싶다는 인간의 욕구

부동산 이야기는 많은 사람에게 민감한 주제 중 하나다. 매년 가파르게 오르는 집값을 보면 "이 정도의 월급을 받고 살면서 무슨 희망이 있을까?"라는 자괴감이 드는 것도 사실이다. 집이 없는 사람이거나 구매 시기를 아깝게 놓친 사람들이라면 더욱 깊은 시름에 빠진다. 이런 이들은 "그때 집을 샀어야 했는데!"라는 후회로 잠을 설치기 일쑤다. 그래서 "집은 오늘이 가장 싸다"라는 말이 생겼을 정도다.

그런데 놀랍게도 집값은 요즘 시대만 오르는 것이 아니었다. 조선시대에도 집값이 '살림에 차질을 빚을 정도'로 올랐다는 역사적 기록이 있다. 한양 정선방(지금의 익선동 주변)의 한 주택 매매 기록이 남아 있는데, 대략 50간 정도의 제법 규모가 큰 주택이었다. 당시에는 '칸[間]'이라는 기준으로 공간을 측정했다. 이를테면 99칸은 176평 정도였으니 비교해 생각해보면 1칸은 2평이 조금 안 되는 넓이였다. 그러므로 50칸짜리 주택은 지금으로 따지면 약 90평 정도 규모라는 사실을 알 수 있다. 이 주택의 가격 변화를 한번 살펴보자. 기록에 따르면 이 집의 가격은 해마다 크게 상승했다. 1777년 275냥으로 시작해서 1798년 500냥, 1816년 600냥, 1821년 700냥에 매매가 되었다. 그러다가 마치 오늘날의 집값 널뛰기처럼 1845년 750냥 하던 가격이 1846년에는 갑자기 1000냥으로 1년 만에 250냥이 단숨에 오르기도 했다. 조선 후기 한양으로 사람들이 몰리면서 일어난 주택 가격 상승이었다. 예나 지금이나 가격이 오르내리는 데는 다 나름의 이유가 있다. 연봉 5000만 원의 직장인이 20년간 10원도 쓰지 않고 모두 저축해야 겨우 서울에 집 한 채를 살 수 있다는 말이 있는데(요즘에는 30년으로 늘었다), 이는 당시에도 마찬가지였다. 1846년에 1000냥의 돈은 당시에도 지금의 연봉 5000만 원 정도 버는 백성이 20년을 쓰지 않고 벌어야 모을 수 있는 엄청난 금액이었다. 이른바 '한양집'은 내 것으로 만들기에 결코 쉽지 않은 재화였다.

다산 정약용은 유배지에서 자식들에게 자주 편지를 보냈다. 그중 1810년에 집과 주거에 대해 언급한 내용도 있다.

'우리나라는 서울 문밖에서 몇십 리만 떨어져도 마치 태초의 원시 사회와 같은데, 하물며 멀고 먼 시골은 얼마나 더 심각하겠느냐? 지금 내가 죄인인 처지라서 아직은 너희를 시골에 숨어 살게 하고 있다만, 앞으로의 계획은 오직 서울로부터 10리 안에서만 살도록 하는 것이다. (서울을) 한번 멀리 떠나면 영영 다시 돌아오지 못하게 된다. 경제적 이유로 먼 시골로 이사 가버린다면, 영원히 무식하고 천한 백성으로 일생을 끝마치게 될 뿐이다.'

퇴계 이황도 이런 현실을 직시했다. 그는 《퇴계집(退溪集)》에서 "사대부는 자기 경제는 스스로 경영할 줄 알아야 한다"라고 말했다. 요즘 말로 재테크도 할 줄 알아야 한다는 의미였다. 이를 증명하듯 조선시대에도 지금처럼 주택 재테크에 나타나는 세 가지 흔적이 기록에 드러나 있다.

1. 단기간에 큰 이익을 남기고 바로 집을 매매한 부동산 투기의 흔적
2. 초가집을 헐고 기와집으로 늘리는 '부분 재건축'이나 증축의 흔적

3. 보통 근로자의 임금 상승이 집값 상승을 도저히 따라잡지 못한 흔적

집값 문제는 어느 시대나 마찬가지로 서민들에게는 일생이 걸린 가장 큰 문제였다. 오죽하면 실학자 정약용마저 "절대 서울을 벗어나지 말라"라고 강조했을까. 백성 대다수가 서울, 서울에서도 더 살기 좋은 곳에 살기를 바라왔다. 그러므로 주거에 대한 인간의 욕구가 사라지지 않는 이상 집값 문제도 사라지지 않을 것이다. 정치철마다 정쟁의 도구로만 이용될 뿐, 뜻하는 대로 잡히는 날은 오지 않을 가능성이 매우 높다. 자전거 페달을 밟지 않으면 넘어지고 말 듯, 인간에게 욕망이 사라진다는 것은 성장을 멈추는 것과 같기 때문이다.

18

11月

전세

양쪽 모두에게 이득이 되기 때문에 살아남은 제도

의미를 잘 모르는 낱말이 있을 때 포털 검색을 해보면 보통은 한자어나 한글로만 표기가 된다. 그러나 간혹 특별히 다양한 언어로 검색 결과가 나오는 단어가 있는데 대표적인 사례 중 하나가 바로 '전세'라는 단어다. 'Jeonse', 'Rental housing', '傳貰' 등이 검색으로 나오는 결과다. 보통의 경제용어는 그 의미가 분명해서 명확한 하나의 표현이 있는데, 유독 전세라는 단어를 이렇게 다양하게 설명한 이유가 뭘까? '전세'라는 제도가 없는 나라에서는 도저히 이해할 수 없는 개념이기 때문이다. 집을 사거나 월세를 낼 때는 자신의 돈이 사라지지만, 전세는 잠시 공간을 빌려서 살며 돈을 은행에 맡기는 것처럼 집주인에게 일시적으로 맡기기로 하고 이루어지는 거래다. 과거 노무현 정부가 2007년 펴낸《실록 부동산 정책 40년》에는 전세에 대한 흥미로운 내용이 나온다. '1876년 병자수호조약(丙子修好條約)*에 따른 3개 항구 개항과 일본인 거류지 조성, 농촌 인구의 이동 등으로 서울 인구가 늘어나면서 전세 제도가 생겨났다'. 이 기록에 의하면 전세의 역사는 최소 145년 이상 이어진 한국의 부동산 제도 중 하나라고 볼 수 있다. 결코 짧지 않은 역사다.

전세의 정확한 정의는 '보증금을 걸고 타인의 부동산을 용도에 따라 독점적으로 사용하는 계약 관계'다. 한국에서 오랫동안 살면서 집을 매입하지 않는 외국인들에게 그 이유를 물어보면 이렇게 답하는 경우가 많다. "전세라는 멋진 제도가 있는데 왜 굳이 집을 사지요?" 자기 나라에서 비싼 월세를 내며 살았던 그들에게 한국의 전세 제도는 그야말로 '한 줄기 빛처럼 멋진' 주거 임대 방식이다. "왜 남의 집을 빌려서 살다가 나가는데 줬던 돈을 다시 되돌려받나요?", "왜 집 주인은 공짜로 자기 집을 빌려주지요?" 서구 문화권에서 온 사람이 이런 말을 하는 건 전혀 이상하지 않다. 부동산 제도가 그만큼 다르다는 방증이다.

한국에서 전세 제도가 생긴 데에는 나름의 이유가 있었다. 공급자인 주택 소유자(임대인) 입장에서는 세입자(임차인)로부터 비교적 큰 투자금을 당겨 쓸 수 있는 사적 주택 담보 대출 역할을 했다. 한국처럼 부동산 가격이 가파르게 상승하는 나라에서는 목돈인 전세 보증금을 끼고 집을 매입하여 주택 가격 상승기에 되팔아 이득을 취할 수 있는 장점이 있는 것이다. 세입자에게도 장점이 많다. 전세 보증금을 목돈으로 지불하지만, 주택을 구입하는 것보다 적은 금액으로 돈 가치 이상의 주거 환경에서 거주할 수 있고, 월세에 비해 저렴한 임대 비용으로 살 수 있었다. 전세로 몇 년 살면서 모은 돈을 보태어 조금 더 비싼 전세 주택으로 몇 번 이사하다가 결국은 자기 집을 마련하는 사람들이 많았다. 조금씩 불려나가는 전세 보증금이 나중에 주택 구입을 위한 마중물 역할을 한 것이다. 또한 전세 보증금은 향후 취직과 결혼, 출산 등으로 이어지는 일련의 단계에서 더 나은 주거와 삶을 위한 자금으로 활용할 수도 있었다. 임대인과 임차인의 상호 경제적 이익에 도움이 되는 제도였던 셈이다.

이처럼 집주인과 세입자의 이해관계가 부합해 우리나라의 보편적인 임대차 제도로 정착되어 온 전세는 2020년 이후 급격하게 사라지고 있다. 주택 매입 가격보다 보증금이 낮아야 성립될 수 있는 전세 임대의 조건이 무너지고 있기 때문이다. 심지어는 전세 보증금이 매입 가격보다 높은 '깡통 전세'도 적지 않게 나타나고 있는 실정이다. 시장이 급변하자 요즘은 반전세(半傳貰)가 많아지고 있다. '반전세'란 전세 보증금보다 조금 적은 정도의 보증금을 내고, 그 차액의 이자 만큼을 월세로 돌리는 형태의 임대 방식이다. 우리는 지금 백수십 년 이어온 부동산 제도가 서로가 이익이 되는 방식으로 진화하는 '시장의 진리'를 실시간으로 목도(目睹)하는 중이다.

*병자수호조약: 1876년(고종 13년) 2월 강화부에서 조선과 일본 사이에 체결된 조약. 조선과 청의 관계를 약화시키고, 추가 개항과 해안 측량으로 조선에 대한 정치 · 경제적 침략 의도를 담은 조약이다. 정식 명칭은 조일수호조규(朝日修好條規)이며, 강화조약(江華條約)이라고도 한다.

19
11月

식민지 공업 정책

힘으로 제압당하면 나중에는 문화로 다시 제압당한다

암울한 일제강점기 시절, 일본은 조선총독부 중앙시험소(유형문화재 제279호로 지정된 현재 한국방송통신대 별관) 요업부를 통해 식민지 통치의 하나인 도자(陶瓷) 정책을 펼쳤다. 중앙시험소에서는 도자 원료에 대한 연구를 중심으로 한국의 도자 예술품을 하나하나 검열하며 점검하기 시작했다. 나중에는 원료 분석, 실험, 감정 등을 거쳐서 전승 자기와 산업 자기, 법랑 칠기 등을 자체 제작하는 단계에 이르렀다. 도자 시험소는 계속 늘어나 여주와 평양에까지 생기는 등 전국 각지로 확산되었다. 겉으로 보기에는 조선의 요업이 발전된 것으로 보이기도 하지만, 사실은 식민 통치라는 큰 틀에서 자기 산업을 왜곡시켜 진행한 결과였다. 특히 개성과 강화도에서 도굴한 고려청자에 반한 일본인들은 1908년에 이(李) 왕가에서 설립한 공예품 제작 시설인 이왕직미술품제작소(李王職美術品製作所)*에서 이른바 '비원자기(秘苑磁器)**'로 불리는 청자의 재현에 힘을 쏟았다. 왕가의 도자 제작소가 본래의 취지에서 벗어나 일본인들의 상업적 이익을 위한 공장으로 변질된 것이다.

이런 기미는 이미 오래전부터 보이기 시작했다. 1884년 12명의 민간 업자에게 이양된 분원(分院; 조선시대 사옹원의 관영 사기제조장)은 이후 한동안 민수용 백자를 전국에 유통시켜 성황을 이루었으며, 지방의 가마에서도 간략한 초화문(草花紋)을 넣은 분원 풍의 청화백자가 널리 제작되었다. 이것이 불행의 시작이었다. 개항 이후부터 산업화된 일본 규슈 지역 도자기들이 본격적으로 수입되자 수공업으로 생산되던 분원 자기는 시장에서 경쟁력을 잃고 말았기 때문이다. 일본의 조선 수출용 백자는 조선인들의 취향에 맞추어 분원 백자와 비슷한 형태를 가졌으면서도 기계식 물레로 생산되었고, 문양도 대부분 전사나 공판인쇄, 도장 등으로 찍어 정성을 들이지 않고 속도만 중시하는 방식으로 대량생산한 것이다. 일본인들은 조선 땅에도 상업용 가마를 운영했다. 충주 미륵리에서는 일본 자본으로 설립된 근대 백자 가마 4개가 발견되었는데, 이 가마의 운영 실태는 1926년 조선총독부가 조사한 내용을 담은 《조선의 요업》에 자세히 나온다. 기록에 의하면 이 가마는 1900년 일본인 다니구치가 설립했고 약 260평방미터의 공장에서 장인 10여 명이 무려 연간 6만 6000점의 도자기를 생산했다.

일본인의 침탈과 정책을 막으려는 조선인의 노력과 시도도 있었다. 1876년 개항 이후 일본산 수입 도자기의 범람을 걱정한 조선의 지식인들은 도자 산업의 중요성을 인식하며 백성들을 계몽하려고 애썼다. 1897년 농상공부에서는 주한 프랑스 공사의 협조를 받아 공예미술학교 설립을 추진했고, 1900년에는 파리만국박람회에 참가하는 등 나름의 노력을 지속했다. 그러나 이런 시도는 모두 일본의 모략에 의해 빛이 바랬다. 조선 왕실도 전통적인 수공예 기술을 복원한 고급 공예품 제작을 표방하며 1908년에 한성미술품제작소를 설립했지만, 한일합병 직후인 1911년 일본의 개입으로 이왕직미술품제작소로 이름을 바꾸고 점차 일본인의 취향을 반영한 고려청자 모조품을 제작하게 되었다.

그게 끝이 아니다. 1911년에는 서울 묵정동에 '한양고려소'라는 모조품 청자 공장이 설립되었는데, 여기에서는 유근형과 황인춘을 비롯한 한인 10여 명이 기술자로 활동했으나 안타깝게도 모든 작업의 책임과 과정은 일본인이 주도했다.

이런 상황을 극복하기 위해 1929년 영등포 모래말에 황인춘이 청자 공장을 설립하는 등 조선인들의 끈질긴 노력이 이어졌다. 그러나 불행하게도 여기에서 생산되는 청자의 주요 구매자조차 일본인들이었다. 한마디로 조선은 거대한 도자기 실험장이 되었고, 일본인의 도자기 수요를 충족시키기 위한 생산지로 전락한 것이다. 힘으로 제압당하고 식민지가 된 것도 모자라 급기야는 문화로 제압을 당하는 국면을 맞이한 셈이다. 자신의 권리를 한 번 빼앗기면 이렇게 모든 면에서 압도당하고 만다는 사실을 보여주는 역사적 증례가 아닐 수 없다.

+ *이왕직미술품제작소: 1908년 이왕가(李王家)에서 설립한 공예품 제작 시설. 한성미술품제작소로 시작했으나, 1911년에 이왕직미술품제작소, 1922년에 주식회사 조선미술품제작소로 명칭 변경과 함께 운영 주체가 일본인으로 바뀌었고, 제작품의 성격도 수공예 예술품에서 상업용 상품을 생산하는 쪽으로 바뀌었다. '이왕직(李王職)'이란 사람 이름이 아닌, 일제강점기 이왕가와 관련한 사무 일체를 담당하던 기구의 명칭이다.

**비원자기: 창덕궁 후원인 비원에서 고려청자의 옛 기법을 재현하여 제조한 자기. 골동품은 아니지만 최상급 품질로 간주되어, 헌상품만이 아니라 일본 황족이나 귀빈에 대한 선물용 또는 하사품으로도 곧잘 쓰였다. 이왕직미술품제작소에서 만들었다.

20
11月

조선의 유통
과거 상인들이 걷던 길이 지금 우리가 걷는 길이다

19세기 초 서울은 이미 인구 30만을 넘나드는 대도시의 면모를 갖춘 곳이었다. 당연히 전국 각지에서 생산하는 모든 식재료가 대도시인 서울로 모였다. 당시 동해에서 잡아 서울에 공급하는 주요 어물 중에 마른 명태인 북어가 있었다. 북어는 일상에서 반찬으로 쓰이기도 하지만 특히 제사용으로 많이 쓰이기 때문에 수요가 많은 서울로 대부분 반입되었다.

북어의 유통 경로는 이랬다. 먼저 동북 지역의 마른 생선은 일단 함경남도 원산(元山)에 집하되었다. 그리고 수많은 지역을 거쳐 서울로 이동했는데, 그 시간이 만만치 않았다. 지금처럼 고속도로를 통해 순식간에 이동할 수 없었으므로 포천과 양주 등에 쉬어가는 곳이 있을 정도로 긴 경로를 따라 이동해야 했다. 음식이 상하는 것도 문제였지만, 가장 중요한 것은 시간을 낭비하며 숙박비 등의 체류비까지 쓰게 된다는 점이었다. 이런 이유로 최대한 빠르게 이동할 수 있는 새로운 길을 찾았지만 그 시대의 기술로는 만만한 일이 아니었다.

그래서 당시에 북어를 유통하는 사람들 사이에는 이런 말이 있었다. 1778년 실학자 박제가(朴齊家)가 쓴《북학의(北學議)》*에 기록된 내용이다. '원산에서 말에 미역과 건어를 싣고 사흘에 돌아오면 조금 이득이 남고, 닷새 걸리면 본전이며, 열흘이면 손해를 본다'. 경제적인 시각에서 현실을 냉정하게 바라본 말이었다. 이득을 보려면 반드시 사흘 안에 서울에 도착했다가 집으로 돌아가야 했다. 편도가 아니라 왕복 시간 기준이었다. 혹 손해를 볼까 걱정이 되어 북어를 말에 싣고 서울에 오면, 빈손으로 그냥 돌아가지 않고 아무리 피곤해도 반드시 서울에서 목면이나 의류를 구입해 동북 지역으로 돌아가 파는 상인들도 많았다. 그래야 조금이라도 수익을 낼 수 있었기 때문이었다. 상인들 앞에 놓인 이런 물리적 현실 때문에 동북으로 통하는 빠른 길이 계속 뚫린 것이다.

인간이 만든 대부분의 길은 상인들이 개척한 것이라고 볼 수 있다. 걷거나 말을 타는 것이 이동 수단의 전부였던 시대에는 더욱 그렇다. 물건이 필요한 곳에 빠르고 정확하게 도착해야 그 후의 일도 수월해지며 이익도 얻을 수 있기 때문이다. 이런 이유로 그 나라에서 주로 무엇을 사고팔았는지 알게 되면, 그 상품을 통해 길의 형태를 추측할 수 있다. 역으로 길의 형태를 보면 무엇을 자주 사고팔았는지도 짐작할 수 있다. 상인들의 걷는 힘과 정보의 힘이 만나 구체화된 결과가 바로 우리가 지금 걷고 있는 길인 셈이다.

\+ *《북학의》: 조선 후기 실학자 박제가가 청나라의 풍속과 제도를 시찰하고 돌아와 1778년에 간행한 견문록. 당시의 시대착오적인 북벌론을 무릅쓰고 청나라를 배워야 한다고 주장했다. 동시에 조선의 도시와 농촌의 의식주에 관한 귀중하고 솔직한 기록도 담겨 있다.

21

11月

한성권번

기생을 관리하고 양성했던 최초의 기관

조선시대 경제의 한 축을 담당하던 부류가 기생이다. 당시 교육 기능에 에이전시 기능을 더한, 기생을 관리하고 교육을 맡아 주관하던 '교방'이라는 기관까지 있었다. 철저한 교육과 훈련을 통해 당시 기생들은 상류 계층이나 유생 접대에 부족함이 없도록 기본 기술과 시, 서화 등의 예술 교육까지 받았다. 기생은 누구나 할 수 있는 것도, 아무나 능력을 발휘할 수 있는 것도 아니었다. 나이 제한이 있어서 12세부터 교육을 시작했는데, 각기 자신이 잘하는 분야에 따라 불리는 명칭도 달랐다. 어릴 때부터 전문 분야를 나누어 소질을 찾아내고 그 장점을 확대한 것이다. 이를테면 노래를 잘하는 기생은 '가기(歌妓)', 춤을 잘추는 기생은 '무기(舞妓)', 악기를 잘 다루는 기생은 '현기(絃妓)'로 불렀다. 외모가 뛰어난 기생은 '미기(美妓)', 특별히 사랑하는 기생은 '애기(愛妓)', 귀엽게 여겨 돌보는 기생은 '압기(狎妓)'라고 불렀다. 나이에 따라 달리 부르기도 했는데 나이가 지긋한 기생은 '장기(壯妓)'라고 불렀다. 각자의 특기나 상황에 맞춰 '기(妓)'를 붙이면 명칭이 된 셈이다. 이런 논리로 의로운 일을 한 기생은 '의기(義妓)'로 부르며 칭찬하기도 했다.

교방이 점점 발전하고 커지다가 나중에는 '한성권번(漢城券番)'이라는 조직으로 진화하는데, 이는 1918~1947년까지 서울에서 활동한 최초의 기생조합이다. 권번은 각 지방마다 따로 있었고, 기생들은 각자 권번에서 짧게는 3년 길게는 5년 정도 교육을 받은 이후 졸업시험에 합격해야 소위 관에서 주최하는 행사나 개인 연회 등에 나갈 수 있었다. 마치 요즘 엔터테인먼트 기업과 소속 연예인의 관계처럼, 기생이 행사에 나가면 수익금은 권번과 7:3으로 분배되었다. 수익을 나누는 과정과 기준도 구체적이었다. 행사 소요 시간과 액수가 적힌 전표를 받아서 권번에 제출하면, 권번에서는 기생 개인별로 행사 시간에 따른 지급 액수를 게시판에 공고했다. 실적 공개 방식으로 기생 각자의 '노력과 열정'을 더욱 불태우도록 한 것이다.

기생은 수준에 따라 3단계로 나눠서 구분하기도 했다. 가장 높은 1패는 궁중 연회에 참석하는 기생으로 모든 면면이 가장 훌륭한 기생들이었다. 다음 단계인 2패는 고관대작들이나 선비들을 벗하는 기생들이었는데, 화류계(花柳界)에서는 여기까지만을 진정한 기생이라고 생각했다. 다음 단계인 3패는 기생에 낄 수 없었으며 가장 천하고 수한 일을 하는 존재로 인식되었다. 사람 모이는 곳은 어디든 계급을 나누고 구분하는 것처럼 기생 세계도 다르지 않았다. 그만큼 경쟁이 치열했기 때문일 것이다.

일제강점기인 1925년 조선총독부가 실시한 조사에 의하면 당시 조선의 기생 숫자는 총 3413명이었다. 그중 소학교도 다니지 못해 한글을 읽지 못하는 기생은 2780명으로 80%나 되었다. 권번에서 교육을 시켰다고는 하지만 기생 노릇을 위한 기예 교육으로 한정된 탓이었다. 조선 후기 관기 제도가 폐지되자 민간 비즈니스로 더욱 프로페셔널해진 기생이라는 직업, 되기도 힘들었지만 된다고 해도 또 다른 경쟁이 기다리고 있어 지금의 연예계만큼이나 치열한 삶이었다는 것은 분명하다.

22
11月

달걀 꾸러미
가장 비경제적이지만 가장 인간적인

과거에는 어디에서든 쉽게 볼 수 있었지만, 지금은 아예 찾아볼 수도 없는 것들이 있다. 그중 하나가 짚으로 만든 달걀 꾸러미인데, 1980년대 이후로 자취를 감췄다. 마흔 후반 이상의 나이가 아니라면 이게 무엇인지 아예 모를 가능성도 높다. 달걀은 우리가 먹는 식재료 중 가장 충격에 약하다. 온도에도 약해서 실온에서는 빠르게 상하기 때문에 보관에 세심한 주의가 필요한 식재료이기도 하다. 이런 이유로 우리 조상들은 달걀을 10개씩 짚으로 묶어서 팔 수 있도록 '달걀 꾸러미'라는 근사한 포장재를 창조했다.

물론 다른 나라에서도 나름의 포장을 해서 판매했을 것이다. 하지만 한국의 그것은 다른 나라의 포장과 달랐다. 달걀 전체를 짚으로 가리지 않고 반은 가리고 반은 '공개'했다는 점이다. 내가 굳이 '공개'라는 낱말을 쓴 이유는 소비자들에게 달걀의 싱싱함을 가리지 않고 보여주려고 그랬을 것이라는 짐작에서다. 달걀은 가장 깨지거나 상하기 쉬운 식재료라 가능하면 모두 짚으로 덮어 외부와의 접촉을 봉쇄하는 게 안전하지만, 굳이 반쯤 열어 보여준 이유는 상한 것을 속여서 팔지 않으니까 눈으로 직접 확인하라는 자신감의 표시 아니었을까.

그런데 짐작도 못할 이유가 하나 더 있다. 전체를 짚으로 가리면 한때는 살아 있던 식재료의 존재를 아예 지우는 것이 되므로 반쯤은 열어 달걀이라는 식재료의 가치를 잊지 않고 보여주려는 목적도 있었을 것이다. "어차피 먹을 건데 굳이 뭐 그런 수고를 해야 하나?", "유난 떠는 거 아닌가?"라고 말할 수도 있다. 맞다. 달걀을 짚으로 싼다는 게 결코 쉬운 일은 아니다. '시간이 돈'인 사람들이지만, 그들은 자신이 추구하는 가치를 세상에 보여주기 위해서 기꺼이 시간을 더 투자했다. 시간이 더 필요했던 이유는 포장 일을 두 번 해야만 했기 때문이다. 반쯤 연 채 쌓아두면 아래에 있는 달걀이 깨질 위험이 있었기 때문에, 처음에는 전체를 포장한 달걀 꾸러미를 쌓아두었다가, 달걀을 진열할 때 묶여있던 짚을 적당히 양쪽으로 밀어서 소비자에게 달걀을 보여주는 방식을 선택했다. 그 정성을 한번 상상해보라. 반쯤 열어둔 볏짚 그 사이로, 마치 둥지에 놓인 달걀처럼 생생한 모습을 손님들에게 보여주려는 그 마음이 어떤 화려한 포장지보다 값지지 않은가. 시간과 노력을 더 투자하면서도 그에 필적하는 이득이 생기는 것도 아니므로 어떻게 보면 비경제적 행위라고 말할 수도 있다.

달걀을 흔히 '완전식품'이라고 부른다. 그것만 먹어도 살 수 있다는 말이다. 당연히 달걀을 식품으로 한 역사도 오래되었을 것이다. 그러면 이런 추측도 해볼 수 있다. 인류가 최초로 포장을 한 물건은 달걀이 아니었을까? 매일 먹어야 하는데 취급은 어려우므로 '보호를 위한 포장'을 창안했을 수 있는 것이다. 짚으로 달걀 꾸러미 포장을 최초로 한 게 누군지는 알 수 없지만, 달걀이 지닌 생명의 의미까지 고려해서 포장한 나라는 아마 우리가 최초이지 않을까 싶다. 달걀 꾸러미는 '가장 비경제적이지만 가장 인간적'인 상품 포장이라고 나는 주장한다.

23

11月

꽁초와 잔술

가난한 시절에는 경제 이론도 눈을 감는다

"저기, 왜 자꾸 따라오시는 거예요?" 한 남자가 자신을 자꾸만 따라오는 사람에게 그 이유를 묻는다. 그러자 그는 조금 주저하며 이렇게 답한다. "당신이 담배를 태우다가 꽁초를 버리면 그걸 주워서 피우려고요". 이런 장면은 어쩌다가 한번 일어나는 일이 아니라 일상이었다. 돈은 없는데 담배를 피우고 싶었던 사람들은 밖으로 나가 바닥만 바라보며 걸었다. 누군가 태우다 버린 꽁초를 줍기 위해서였다. 그때는 그랬다. 정말로 살기 힘들고 무엇에도 마음 둘 데가 없던 시절, 한숨을 연기에 실어 하늘로 보내는 게 유일한 낙이었던 사람이 많았던 시절이었으니까.

요즘처럼 모든 게 풍족하지 않았던 과거에는 지금 기준으로는 사소한 물건들을 잘게 나눠서 파는 일이 많았다. 요즘 세대들이 들으면 놀라겠지만, 과거에는 버스 정류장 앞 신문 가판대에서 담배를 개비 단위로 팔았다. 즉 담배 20개비가 들어 있는 한 갑째 파는 것이 아니라, 포장을 뜯어서 낱개로 판 것이다. 길 가다가 담배가 떨어지면 바로 한 개비만 사서 피울 수 있었다. 간편해서 그러기도 했지만, 사실은 한 갑을 통째로 살 돈이 없는 사람이 많아서였다는 게 맞다. 담배 생각은 간절한데 주머니에 돈이 없으면 가판대로 가서 낱개로 사서 피울 수 있었고, 그것도 힘들면 염치불구하고 지나가는 사람에게 "정말 죄송한데, 담배 한 개비만 빌릴 수 있을까요?"라고 부탁하면 대부분 성공했다. 일면식도 없는 사람이 청한 담배 한 개비의 부탁을 거절하지 못하는 인간미가 있던 시절이었다. 개비 담배와 비슷한 이야기 중 하나로 잔술을 꼽을 수 있다. '잔술'이라고 하면 요즘 사람들은 근사한 곳에 키핑해두었다가 즐기는 위스키 한잔을 떠올릴 수도 있겠지만, 장소와 주종이 전혀 달랐다. 길거리 포장마차에서 손님이 마시다가 남긴 소주를 주인이 챙겨두었다가, 술은 마시고 싶은데 한 병을 살 수 없는 사람들에게 잔으로 팔았다.

개비 담배를 팔거나 생면부지인 사람과 담배를 나누고, 남이 마시다 남긴 소주를 모아 잔술을 파는 것을 경제 논리로 설명하려는 것은 어리석은 짓이다. 인간미가 없이는 도저히 이해하기 힘든 일이기 때문이다. 가난한 날에는 모든 경제 이론도 눈을 감고 모든 것을 용납하나니, 인간미가 모든 이익보다 우선이던 시절이었다.

24
11月

한국 경제의 발전

변두리에서 세계의 중심으로

한국전쟁으로 완전히 폐허가 된 상태에서 출발한 한국 경제는 상대적으로 짧은 기간인 40~50년 만에 세계 10대 경제 대국으로 발전했다. 국내의 많은 기업들이 정부의 '수입 규제 정책'이라는 안락한 내수시장에 안주할 때, 삼성과 금성, 현대, 대우 등은 적극적으로 해외시장을 개척하면서 급격히 성장했다. 50여 년 전 삼성과 금성, 현대는 각기 30~40개의 계열사로 이루어진 비즈니스 그룹을 이루고 있었다. 삼성그룹에는 삼성물산, 삼성전자, 동방생명, 제일제당, 신세계백화점, 전주제지 등의 회사가 있었고, 럭키금성그룹에는 전자 부문의 금성사와 화학 부문의 럭키화학을 주축으로 30여 개의 회사가 뭉쳐 있었다. 현대그룹에는 현대건설, 현대자동차, 현대중공업, 현대상선, 현대엘리베이터 등의 회사가 있었고, SK그룹은 선경합섬이 SK로 이름을 바꾸고 섬유와 화학업종에 여러 회사들이 있었으며, 유공을 인수해 에너지 산업을 키워나갔다. 이와 별도로 포스코(POSCO)는 국가 기간산업으로 정부 지원을 받으면서 생산 규모를 키워나갔다.

지금은 그렇지 않은 경우가 많지만, 기업의 초창기에는 설립자가 곧 최고 경영자였다. 삼성그룹은 삼성상회의 설립자인 고 이병철 회장이, 현대그룹은 현대건설의 설립자인 정주영 회장이, 럭키금성그룹은 럭키상회의 설립자인 구자경 회장이, SK그룹은 선경합섬의 설립자인 최종원 회장이, 포항제철은 포항제철의 설립자인 박태준 회장이 맡고 있었다. 이들의 공통점은 주로 일본에서 교육을 받았거나 일본기업과 협력하는 방식을 택했다는 것이었다. 초창기에는 일본식 경영 방식이 통했고, 한국의 경제 발전에 기여해왔지만, 1980년 이후 몇 번의 위기를 맞게 되고, 경영자가 설립자에서 2세로 교체되었으며, 그룹사의 구성도 바뀌면서 일본식이 아닌 미국식 경영을 도입하게 된다.

삼성은 고 이병철 회장에서 일본과 미국에서 교육을 받은 고 이건희 회장으로 교체되었고, 그룹사의 구조도 많이 바뀌어서 삼성그룹에서 CJ그룹, 신세계그룹, 한솔그룹, 새한그룹 등으로 분화되었다. 삼성그룹에는 삼성물산, 삼성전자, 삼성생명(동방생명), 삼성화재(안국화재) 등이 남고 제일제당을 주축으로 한 식품계열이 CJ그룹으로 분리된 것이다. 또한 신세계백화점을 주축으로 한 유통계열이 신세계그룹으로, 전주제지를 주축으로 한 제지 부문이 한솔그룹으로, 제일합섬을 주축으로 한 합섬 부문이 새한그룹으로 독립했다. 이 중 새한그룹은 새한미디어와 제일합섬으로 형성되었으나 경영 미숙으로 파산했다. 한솔그룹은 이동통신사업에 참여하기 위해 한솔텔레콤을 세워 도전했으나 사업 실패로 그룹사가 해체되는 상황을 맞이하기도 했다. 럭키금성그룹은 설립자인 구자경 회장에서 구본무 회장으로 교체되고 LG그룹으로 새로운 도약을 꿈꿨다. LG그룹은 LG건설과 LG유통을 중심으로 GS그룹이 분리되었고, LG산전을 중심으로 LS그룹이 분리되고, LG화재는 별도 회사인 LIG화재로 독립했다. 현대그룹은 '빅5 그룹' 중 가장 큰 변화를 겪었다. 30년 전 국내 최대 그룹이었던 현대그룹은 설립자인 정주영 회장 사망 이후 세 부문으로 분리된다. 현대자동차는 정몽구 회장이, 현대전자는 정몽헌 회장이 맡게 되고, 현대건설은 독립했다. IMF를 겪으면서 현대그룹은 경영위기를 맞게 되었고 현대건설은 은행 관리 상태에 이른다. 그에 비해 현대자동차는 승승장구하며 기아자동차를 인수하여 현대자동차그룹을 이루었다. SK그룹은 수장이 설립자인 최종원 회장에서 최태원 회장으로 교체되고, 정부로부터 한국이동통신㈜을 인수하여 SK텔레콤을 출범시켰다. SK그룹은 화학회사에서 정유회사로, 다시 텔레콤 회사로 변신을 하며 발전했다. 포스코는 설립자인 박태준 회장이 퇴진한 후 전문 경영인 체제로 바뀌고 정부 소유 지분이 줄고 민영화되면서 사명을 포항제철에서 포스코로 바꾸고 제철 사업뿐만 아니라 건설이나 IT 부문을 보강하여 기업문화를 바꾸고 기술력을 높여왔다.

이렇듯 한국을 대표하는 기업들은 나름의 전략으로 어려운 시절을 뚫고 미래를 향해 진화를 거듭해왔다. 그 결과로 우리나라는 개발도상국에서 선진국 그룹으로 뛰어오른 최초의 국가가 되었다. 수십 년 동안의 세계 경제 변두리 국가에서 세계 경제의 중심에 우뚝 서게 된 것이다.

한강

어디 가지 않고 늘 거기에 있는 것

유럽 여행을 해보기 전에는 책에서 배운, 이름도 멋진 유럽의 수많은 강을 생각하며 환상에 빠져 사는 게 보통이다. 그러다가 실제로 유럽에 가서 그 강을 만나면 의외의 모습에 실망하고 만다. 한강에 비해서 폭도 좁고 규모도 초라할 정도로 작아 우리나라의 '하천' 수준이기 때문이다. 그런 의미에서 한강은 매우 특별한 강이다. 폭이 무려 1킬로미터가 넘는 강이 도시 한가운데를 관통한다는 것은 세계 어디에서도 쉽게 볼 수 있는 풍경이 아니기 때문이다. 과거에는 지금의 강북에 집중되었던 서울특별시가 확장되면서 이런 구조가 만들어진 것인데, 전 세계적으로도 이런 구조의 도시는 드물다. 이런 이유로 다른 나라에는 없는 구분도 하나 생겼다. '강북'과 '강남'이라는 개념이다. 1963년 시역(市域) 확장으로 현재의 강남 지역 대부분이 서울에 포함되기 이전까지 서울의 중심은 지금의 강북 지역이었다. 1960년대 후반에서 1970년대 초반, 한남대교와 경부고속도로가 완성되기 이전까지 강남 지역의 개발은 지지부진했다. 서울 도심은 강이 좋거나 필요하다는 이유로 확장된 것이 아니라, 인구의 급속한 팽창과 유입으로 최소한의 생활 공간이 필요해짐에 따라 계획적으로 한강 이남을 개발해서 확장된 것이라는 의미다.

한강이라는 이름은 순우리말 '한가람'에서 비롯됐다. 옛말에서 '한'은 '큰'을 뜻하며, '가람'은 '강'을 가리킨다. 즉 한강은 '큰 강'이라는 뜻이다. 한강은 삼국시대 초기까지는 '대수(帶水)'라 불렸고, 백제에서는 '욱리하(郁利河)'라 불렀다. '한강'이라는 명칭이 붙게 된 시점은 백제가 중국 동진과 교류하기 시작한 즈음인데, 그때부터 '한수(漢水)' 또는 '한강(漢江)'이라 불렀다.

한강의 수질은 본격적인 산업화와 한강 개발이 착수되기 전인 1970년대 초반까지만 해도 깨끗한 편이었고, 강 둔치가 모래사장이라서 피서철에 한강에서 수영을 즐기는 게 일반적인 모습이었다. 서해의 조수간만의 차도 심해서 신곡수중보를 건설하기 전에는 압구정에서 밀물과 썰물까지 볼 수 있었다. 수영하기 딱 좋은 곳이었던 셈이다. 하지만 인구 유입이 계속되면서 각종 산업 시설도 우후죽순처럼 들어섬에 따라, 각종 공장에서 흘러나온 오폐수와 생활 하수가 한강으로 유입되며 수질이 급격히 떨어졌고 자연스럽게 수영도 금지되었다. 그러자 수질을 개선하는 사업과 동시에 둔치 개발 사업이 시작되었다. 개발 과정은 크게 세 단계로 나뉘었다.

1. 먼저 한강을 깊게 팠다. 이유는 홍수로 인한 범람을 막고, 부수 효과로 근사한 풍경을 즐길 유람선을 다닐 수 있게 하는 것이었다. 지금도 유람선은 한강을 자유롭게 떠다니는 명물이다.

2. 생활 하수와 산업 폐수로 오염된 한강 둔치에는 오염을 덮고 강변 높이를 높여 홍수 피해를 줄일 수 있도록 제방을 쌓아 그 위에 공원을 조성했다. 그 결과가 바로 한강고수부지, 즉 지금의 한강공원이다.

3. 강남 지역의 한강 둔치를 활용한 도로는 바로 지금의 올림픽대로다. 원래 한강변을 따라가는 서울시의 도로는 강변북로 하나뿐이었다. 올림픽대로는 지금까지도 서울의 교통

에 큰 기여를 하고 있다.

한강은 우리 민족과 오랫동안 함께 살아온 강이다. 삼국시대에는 한강을 누가 차지하느냐에 따라 그 나라의 국력이 결정되기도 했다. 한강 유역의 농업 생산력, 물길을 통한 교통로 확보, 중국과의 해상 교역로 확보 등 장점이 많았기 때문이다. 한강을 차지한다는 것은 그 나라의 전성기가 시작된다는 사실을 의미하는 신호였던 것이다. 한강은 처음에는 백제가, 다음에는 고구려가, 나중에는 신라가 차례로 차지했다. 물론 이제는 굳이 그런 싸움은 할 필요가 없는 시대다. 다만 한강변에 살고 싶어 막대한 돈을 투자하는 사람은 있다. 그 시절이나 지금이나 우리가 기억해야 할 것은 단 하나다. 수천 년 동안 한강을 차지하려고 그렇게 많은 사람이 서로 싸우고 비난했지만, 그들은 모두 세상을 떠났고 한강은 여전히 남아 그때 흐르던 그 물길을 따라 면면히 흐르고 있다는 사실이다. 한강은 우리에게 긴 안목으로 세상을 보면 조급한 마음을 가질 필요가 없다는 진리를 웅변하고 있다.

26
11月

능내역

경제는 선택의 예술이다

경기도에는 새로운 경제 관점을 제시하는 인상적인 공간이 하나 있다. 한때 '중앙선 능내역'이라고 불리던 기차역이 바로 그곳이다. 이 역은 1956년에 이용객이 적고 효율성이 낮아 역장이 배치되지 않는 '무배치 간이역'으로 영업을 시작했고, 1967년 까지만 해도 승객과 화물을 함께 처리하는 일반적인 역을 말하는 '보통역'이었으나, 1993년에 다시 역장을 두지 않고 직원만 두는 '배치 간이역'으로 격하되었다. 그 뒤 2001년에는 열차의 교행 또는 대피를 위한 '신호장'으로 격하된 뒤, 2005년에는 역무원마저 철수하고 아예 역사를 폐쇄했다. 무궁화호가 하루 왕복 1회 정차를 하다가 그마저도 2007년 6월 1일부터 아예 정차하지 않게 되었고, 중앙선 복선 전철화 사업으로 인해 열차가 정차할 일이 없어지면서 2008년 12월 29일에 최종적으로 폐역하고 북동쪽으로 3.5km 정도 떨어진 운길산역으로 역사 자체를 이전한 것이다. 능내역의 변천사에서 우리는 사람의 이동 경로와 집중도에 따라 역의 이름과 역할이 어떤 방식으로 바뀌는지 볼 수 있다. 역의 가치야말로 가장 치열하게 경제성을 따져서 나온 결과라고 볼 수 있다.

그런데 그토록 중요한 경제성의 개념을 완전히 뒤바꾸는 '사건'이 일어났다. 능내역이 폐역 신세가 되자, 오히려 열차가 오갈 때는 생각지도 못했던 놀라운 현상이 나타난 것이다. 철로를 없앤 폐선 부지가 자전거도로로 바뀐 뒤 자전거 동호인들의 휴게소로 이용되면서부터 찾는 사람이 급증한 것이다. 일반 기차역으로 사람들이 드나들 때보다 더 분주한 공간이 되었다. 자전거 탐방 인증 센터도 있어 능내역 역사를 새긴 스탬프도 있을 정도로 인기가 높다. 실제로 열차를 타거나 본 적은 없지만, 능내역은 요즘 젊은 사람들에게 매우 유명한 공간이다. 게다가 폐역되면서도 버려진 게 하나도 없다. 쓰지 않아 방치한 레일에 폐객차를 올려 놓고 분위기 좋은 휴게소의 일부로 사용하고 있기도 하다.

선택을 바꾸니 모든 것이 달라진 좋은 예다. 인기 명소가 된 능내역은 이제 각종 기업 광고와 방송에 다양한 콘셉트로 등장하고 있다. 열차로 편안하게 갈 수 있던 곳을 이제는 자전거라는 이동하기 힘든 수단을 이용해서까지 방문하고 있어 역설적이다. 능내역이라는 공간은 그대로다. 동일한 공간에 다른 선택을 함으로써 새로운 가치를 부여했을 뿐이다. 쉽게 갈 수 있는 곳을 어렵게 갈 수 있는 곳으로 바꾸자 사람들은 오히려 움직이기 시작했다. 그게 바로 인간의 심리이자, 가늠할 수 없는 '경제성이라는 이름의 오묘함' 아닐까.

이건희

실패를 분석하면 혁신의 비결이 나온다

생전 이건희 회장의 명함은 매우 단순했다. '삼성'이라는 기업의 이름과 자신의 이름 이외에는 어떤 글자도 적혀 있지 않았다. 놀라운 사실은 오히려 삼성이라는 브랜드보다 이건희 라는 자신의 이름이 더욱 크게 새겨져 있다는 것이다. 이름이 자신을 알릴 수 있는 최고의 가치인 사람만이 할 수 있는 일이다. 무엇이 그의 이름 가치를 그렇게 높일 수 있었던 걸까?

그 비결을 짐작할 수 있는 단초가 2021년 4월 세상에 그 모습을 드러냈다. 대한민국을 뒤흔든 세기의 기증이 바로 그것이다. 고 이건희 회장 유족이 고인이 생전에 수집한 미술품과 문화재를 국가에 기증했는데 그 면면을 살펴보면 놀라운 마음을 감추기 힘들다. 이중섭의 〈황소〉와 〈흰소〉, 겸재 정선의 〈인왕제색도〉 등 무려 국보가 14점에 달하며, 보물이 46점이 포함되어 있다. 게다가 피카소의 도자기를 비롯하여 모네와 르누아르 등 해외 거장의 작품까지 모든 작품의 숫자를 더하면 약 2만 3000여 점에 이른다. "기업을 운영하는데 미술에 대한 애정이 과연 얼마나 쓸모가 있는 건가?"라고 질문할 수도 있다. 물론 과거에는 별 상관이 없었을 수도 있다. 과거의 기업은 그저 대량생산만을 하던 시기였으니 말이다.

하지만 이젠 시대가 달라졌다. 모든 기업의 기술 수준이 거의 동등해졌다. 이런 상태에서 가장 중요한 것은 바로 혁신이며, 거기에 디자인이 가장 결정적인 역할을 한다. 그는 수없이 반복되는 실패를 통해 창조한 미술품을 감상하며 그 안에서 혁신의 비결을 발견했다. 그에게 미술품은 그저 작품이 아니라, 자신이 겪을 수 없는 온갖 실패를 들여다볼 수 있는 거대한 실패의 창고였던 셈이다. 과학 파트에서 소개한 1995년 3월 9일 삼성전자 구미사업장에서 벌어진 '불량 제품 화형식'을 주도한 이건희 회장의 모습에서만 실패를 분석하는 그의 면면을 확인할 수 있는 것은 아니다. 실패를 분석하는 생전 이건희 회장의 노력은 집에서도 멈추지 않았다. 그의 한남동 자택에는 30여 평 규모의 지하실이 있었는데, 그곳은 집무 공간이자 '실패 분석실'이었다. 정면에 100인치 규모의 대형 스크린이 자리잡고 있었고, 좌우에는 첨단 음향기기들이 놓여 있었다. 책상 좌우에는 500여 개가 넘는 비디오테이프가 빼곡히 쌓여 있었다. 이 회장의 작업실에는 한 달에도 몇 차례씩 일본과 미국 현지 법인에서 공수해오는 제품들이 들어왔다가 나갔다. 그는 삼성 제품보다 좋다고 평가받는 제품을 벤치마킹 대상으로 설정해놓고, 삼성이 만든 제품이 그것들과 비교했을 때 어떤 점이 부족한지 분석하면서 자사 제품의 현주소를 파악했다. 실패를 통해 현실을 돌아보고 미래를 구상한 것이다.

앞서 말했듯 이건희 회장에게는 경영자적인 자질이 없었다. 그래서 선친인 이병철 삼성 초대 회장은 이건희 회장이 경영자적 자질이 없다고 판단하여 처음에는 동양방송과 중앙일보 쪽에서 활동하게 조치했었다. 그러던 그는 '실패를 분석하는 일상'을 반복하여 경영인의 자질을 스스로 갖췄다. 전설적인 경영인 이건희를 만든 건 '팔 할이 실패'였던 셈이다.

28
11月

한일시멘트

부패를 경계하고 정직을 추구하면 싸우지 않고도 성장할 수 있다

코로나 바이러스 사태로 많은 사람이 힘든 2021년에도 한일시멘트가 노사 간 무분규 햇수 기록을 56년으로 늘렸다. 노동조합이 코로나 사태로 맞은 위기 극복과 회사의 경영을 돕기 위해 올해 임금 교섭을 회사에 위임했기 때문이다. 결코 쉽지 않은 결정이다. 어쩌다 한 번은 그럴 수 있지만, '56년 연속'이라는 사실에서 우리는 그 결정의 대단함을 인정하지 않을 수 없다. 이처럼 한국노동조합총연맹 소속인 한일시멘트 노조는 1965년 출범 이후 지금까지 한 번도 파업과 쟁의 등을 하지 않았다. 재계에서 손에 꼽을 정도의 장기 무분규 기록을 세우고 있는 것이다. 한일시멘트는 고 허채경 창업주가 설립한 이후 한 번도 적자를 낸 적이 없는 건전한 재무구조를 가진 기업이다. 재무구조가 좋으니 업계 최초로 노조 설립을 허용했음에도 무분규 기업이다. 덩치도 큰 대기업이라 더욱 놀라운 수치가 아닐 수 없다. 실제로 2021년 12월 창립 60주년을 맞는 한일시멘트그룹의 총자산은 3조 3000억 원, 연 매출은 1조 5000억 원 규모다.

한일시멘트에서 파업이 생기지 않는 가장 큰 이유로 창업주의 사람을 중시하는 경영철학을 들 수 있다. 허채경 창업주는 '글 무식보다 인(人) 무식을 경계하라'는 인간 존중의 경영을 강조했다. 그는 해방 후 근검절약, 무차입 경영, 신뢰와 인간 존중 경영, 한 우물만 파는 경영으로 그룹을 일구었다. 극심한 불황에도 끄떡 없는 기업, 남들이 부러워하는 기업으로 주목받는 것은 선대의 경영철학을 발전시키면서도 창업보다 어렵다는 수성에 성공했기 때문이다. 잘 알려지지 않은 사실이지만, 차남은 자신의 힘으로 녹십자를 일군 허영섭 회장이고, 4남은 허남섭 서울랜드 회장, 5남은 허일섭 녹십자 부회장이다. 허 회장 일가의 기업은 하나같이 사회적으로 존경받는 기업이라는 공통점이 있다.

허채경 회장은 16세에 사업가의 길로 나섰다. 한학자였던 그의 부친은 "사업의 성공에 연연하지 말고 실패해도 좋으니 여러 사람을 상대하며 올바른 상술을 터득하는 데 정성을 쏟으라"고 당부했다. 허 회장은 특유의 근면함과 성실함, 뛰어난 경영 기법을 바탕으로 상업적으로 성공하고 자신만의 경영 철학도 만들어냈다. 늘 부친의 말을 경계로 삼고, 성실한 자세와 정도 경영을 앞세웠다. 그는 평생을 시멘트를 중심으로 한 우물을 파는 경영 전략을 고집해 왔다. 그래서 한일시멘트는 한 분야에 집중해 최고를 이룬 대표적인 기업으로 평가받는다. 한 가지 분야에 매진함으로써 전문성과 탁월한 노하우를 갖게 된 것이다. 생산하고 있는 제품의 종류도 우리나라 시멘트 회사 중에서 가장 다양하다. 일반 시멘트와 레미콘 외에 한일시멘트가 시장에 선보이고 있는 시멘트 등 2차 제품의 숫자가 40여 가지 이상이 된 지 오래며, 제품 종류도 매년 늘어나고 있다. 한일시멘트가 창업 초기부터 꾸준히 발전할 수 있었던 결정적인 요인은 부패를 경계하고, 정직을 추구하는 정신이 발휘되었기 때문이다.

29

11月

주인의 시선

생산자가 아닌 소비자가 주인이 된 시대

지하철은 현대인에게 매우 익숙한 공간이다. 매일 수많은 사람이 각자의 목적을 향해 그 안에 실려서 어딘가로 이동하며 살고 있기 때문이다. 그럼에도 그토록 많은 사람이, 그토록 자주 이용하는 지하철역 공간에 초창기와 지금을 비교해 달라진 게 하나 있다는 사실을 눈치 챈 사람은 그리 많지 않다. 거의 '반전(反轉)'이라고 말해도 좋을 패러다임의 변화가 이루어졌는데도 그렇다.

지하철 출범 초창기에는 승차권을 다루는 창구에 '표 파는 곳'이라고 적혀 있었다. 그러나 지금은 같은 네 글자이지만 전혀 다른 글자가 적혀 있다. '표 사는 곳'이라는 문구가 그것이다. 무엇이 달라진 걸까? 초창기의 '표 파는 곳'이라는 문구는 철저히 표를 판매하는 사람 입장에서 쓴 글이다. 길게 풀이하자면 "내가 여기에서 너희를 위해 표를 팔고 있으니 줄을 서서 사면 된다"라는 의미다. 하지만 '표 사는 곳'이라는 문구는 느낌부터 벌써 부드럽다. '표가 필요한 분은 여기에서 사시면 됩니다'라는 공손한 분위기다. 판매자 입장에서 소비자 입장을 고려한 문구로 바뀐 셈이다. 그 의미가 그 의미인 듯 아무것도 아닌 것 같지만, 결코 아무것도 아닌 게 아니다. 짧은 이 문구 하나가 '누가 그 공간의 주인인가?'라는 질문에 대한 답을 주기 때문이다. 스스로 그 공간의 주인이라고 생각하며 살아가는 사람은 그렇지 않은 사람과 전혀 다른 문법을 사용한다. 이제 소비자가 자신의 권리를 찾는 시대가 되었으므로 시점(視點)의 중심이 생산자가 아닌 소비자로 이동했다고 보면 된다.

주변을 둘러보면 이런 방식으로 바뀐 문구가 상당히 많다는 사실을 알게 된다. 과거 아이들은 자기가 사는 집을 가리킬 때 '우리 집'이라고 불렀다. 요즘에는 놀랍게도 '내 집'이라고 표현하는 경우가 종종 있다. 이제부터라도 대화할 때 주의 깊게 들어보면 그 변화를 알아챌 수 있을 것이다. '우리집'과 '내 집', 단지 한 글자 차이지만 양자에 담긴 의미는 하늘과 땅의 거리처럼 멀고도 깊다. 시대가 변하며 자신이 속해 있는 집단과 공간에 대한 생각이 달라진 탓에 일어나는 현상이다. '우리 집'이라고 부르는 것이 나쁘다는 것이 아니다. '내 집'이라고 부르는 것이 이기적이거나 개인주의적이라고 비난하는 것도 아니다. 빠르게 바뀌는 시대에 단독 가구가 급격히 늘면서, 많은 사람이 자기 공간의 주인으로 살고 싶다는 생각에서 사용하는 언어도 바뀐다는 사실을 말하는 것일 뿐이다. 간혹 선한 의지를 가지고 식당을 운영하는 사람들에게 '돈쭐을 내준다'며 주문을 하며 응원을 하기도 하고, 반대로 나쁜 식당을 공개해서 대중의 비난을 받게도 만든다.

이렇게 사용하는 어휘가 변하고 새로운 조어(造語)가 만들어지는 현상은, 경제 활동의 중심이 생산자에서 소비자로 바뀌었으며 사람들이 자신의 공간을 대하는 태도도 바뀌었다는 사실을 드러내는 바로미터 역할을 하기도 한다.

30

11月

한강 나루

경제의 흐름을 위아래로 연결하는 오래된 통로

'나루'란 강가나 냇가 또는 좁은 바닷목에서 배가 건너다니는 곳을 말한다. 요즘에는 거의 쓰이지 않는 말이지만, 옛날에는 한강에 나루가 매우 많았다. 그럼에도 우리가 '나루'라는 낱말에 익숙하지 못한 이유는 이 말을 주로 한자로 표기해왔기 때문이다. 대개는 '포(浦)'라고 불렀고, 큰 규모의 바닷가 나루는 '항(港)'이라고 하고, 군대가 주둔하며 지키는 곳은 '진(陣)'으로 쓰기도 했다. 옛날부터 나루는 단절된 도로를 연결해 여행객을 나르고 화물을 교역하는 구실을 했다. 경제 · 사회적으로 매우 중요한 역할을 한 것이다. 이를 증명하듯 《대동여지도》를 만든 김정호는 한강 수역을 따라 100여 곳에 진도(津渡), 즉 나루가 있다고 〈대동지지(大東地志)〉에 기록했다.

조선시대에 들어서는 한강 나루를 오가는 배가 크게 늘었다. 18세기 중엽에는 63척으로 증가했는데 신천에 2척, 한강진과 노량진에 각각 가장 많은 15척, 양화도에 9척, 광진에 4척, 송파에 9척, 삼전도에 3척, 공암진에 5척, 철관진에 1척 등을 배치했다. 나루에 따라 거래되는 물건도 달라서 들고나는 배의 종류도 다양했다. 망원과 합정에서는 빙어선(氷魚船)으로, 마포는 청석어 젓갈류와 새우젓 등을 취급하는 청석어선(青石魚船)으로, 노량진은 숭어과에 속하는 바닷물고기를 취급하는 수어선(秀魚船)이 주로 드나들었다. 특정 나루를 중심으로 특정 상품의 유통이 활발하게 전개되었다.

1960년대 이후에도 한강을 오가는 나룻배가 많았는데, 시대가 바뀜에 따라 화물도 달라졌다. 가축과 화물, 마차, 손수레, 나중에는 자동차까지 실어 날랐다. 강남 개발이 시작되자 공사에 필요한 토목 기계까지 작고 허름한 나룻배에 실어 옮기기도 했다. 당시에 강을 건너는 방법이 그것 하나뿐이었으니 안전은 뒷전이었다. 출근길에 나룻배가 침몰하는 사고도 자주 발생했다. 작은 나룻배에 안전장치가 있을 턱이 없어 뒤집어지면 익사 외에는 다른 방법은 없었다. 1962년 9월 7일에는 한남동에서 잠실 쪽으로 가던 나룻배가 전복돼 36명이 목숨을 잃었고, 1963년 경기도 여주 강줄기에서 49명이 익사했으며, 1969년에는 당시 기록적으로 내린 폭우로 한강 물이 범람하는 바람에 사당동에서 승객을 가득 싣고 나오던 나룻배가 전복돼 7명이 숨지는 사건이 일어났다.

이런 이유로 한강에 다리를 놓는 일은 모두의 숙원이자 시대의 흐름이었다. 다리가 생기면 나룻배로 생활비를 벌었던 뱃사공은 밥벌이를 잃게 되지만, 오히려 다리를 빨리 만들어야 한다고 주장했다. 그 정도로 한강 주변의 교통 인프라는 열악했던 것이다. 한강에 놓인 수많은 다리가 과거에 나루가 있던 위치에 건설된 것도 그 이유 때문이다. 그 자리들은 본래 강남과 강북을 연결해서 경제의 흐름을 잇는 곳이었다. 주요 다리만 해도 삼전도와 송파나루에는 잠실대교가, 뚝섬 나루터에는 영동대교가, 한남 나루터에는 한남대교가, 마포나루에는 마포대교가, 양화진에는 양화대교가 들어섰다. 다른 곳도 상황은 다르지 않다. 원효대교와 서강대교, 반포대교와 동작대교 등도 예전에는 나루터가 있던 곳이었다. 경제적으로 가치가 있는 공간은 시간이 아무리 지나도 변하지 않는다. 오래전 나룻배가 구현하던 경제적인 가치를 이제는 한강의 수많은 다리가 대신하고 있을 뿐이다.

방에서 떠나는 인문학 여행지

11일 광화문광장

광화문광장은 서울 시민의 쉼터이자 소통 마당이다. 광장 일대에서 조선시대 의정부 터, 육조거리를 알려주는 유물이 대거 발견되었다. 세종문화회관 앞 인도에는 조선의 '사헌부 터'라는 표지석도 세워져 있다. 광화문광장이 새롭게 개장한 후 광화문 앞 월대(月臺; 궁궐 등 중요 건물 앞에 설치하는 넓은 기단 형식의 대) 복원 공사가 진행 중이다. 광화문광장 동편에 들어선 대한민국역사박물관도 들러보면 좋다.

서울시 종로구 세종대로 175

25, 30일 한강

예부터 한강 유역에는 광나루, 마포나루, 양화나루 등 나루터가 있어 강북과 강남을 오갈 수 있었다. 그 자리에 광진교, 한남대교, 동작대교, 양화대교 등이 들어서면서 강 건너기가 수월해졌다. 다리 주변으로 시민들이 나들이를 즐길 수 있도록 이색카페와 테마공원도 들어서 있다. 남산 N서울타워의 조망과 함께 피어나는 서울의 야경은 한강공원에서 볼 때 더 화려하다. 한강공원을 따라 이어지는 자전거 길도 시민들에게 보배로운 코스다.

서울시 한강공원 내

26일 능내역 폐역

시원한 물길을 따라 달리는 팔당댐 드라이브 길은 언제나 기분 좋다. 이곳을 자전거로 달리면 더욱 상쾌·통쾌하다. 지금은 폐역이 된 능내역까지의 라이딩 코스는 자전거 동호인들의 성지가 되어 있다. 폐역의 예스러운 멋까지 깃들어 있어 사진 촬영 명소로도 인기 높고, 모여든 여행객을 위한 맛집과 예쁜 카페도 많이 생겨 인기 만점 여행지다.

경기도 남양주시 조안면 다산로 566-5

29일 서울역사박물관

근현대사를 거치는 동안 우리의 생활과 문화, 인식에 많은 변화가 있었다. 서울역사박물관에는 이러한 서울의 변천사가 일목요연하게 전시되어 있다. 전차가 누비고 다니던 서울 거리는 이제 지하철이 사방팔방으로 가로지른다. 동사무소의 명칭이 주민자치센터로 거듭난 것도 도시의 주인이 시민이라는 생각에 따른 것이다. 박물관을 방문해 서울의 역사 여행을 시작해보자.

서울시 종로구 새문안로 55

12

공부

세 사람이 길을 가면,
반드시 그중에 나의 스승이 있다

1
12月

공부
자신만의 색을 남기는 가장 지적인 행위

코로나 사태로 인해 최근 학습 격차가 더욱 심각해졌다. 경제적으로 넉넉한 집안의 아이들은 등교하지 않는 시간에 오히려 비싸고 잘 가르치는 학원에 마음껏 갈 수 있으니 예전보다 더 많이 배우고 있지만, 경제적으로 어려운 집안의 아이들은 그나마 기댈 곳인 학교 공부마저 못 하게 되어버린 것이다. 그러나 공부의 의미를 곰곰 생각해보면 그리 절망할 일은 아니다.

어릴 때부터 우리는 "공부 열심히 해야 한다"라는 말만 들었지 다음 두 가지 의문에 대해서는 별로 생각해본 적이 없다. "공부란 무엇인가?", "나는 공부를 왜 해야 하는가?" 한국에서 공부(工夫)는 '학문이나 기술을 배우고 익히는 것'을 말하지만, 중국에서는 '시간의 여유', '틈'을 뜻하고, 일본에서는 '사색(궁리)하다'라는 의미로 통한다. 낱말 하나도 사는 공간이 다르면 이렇게 다른 해석이 나올 수 있다. 나는 이 세 가지 해석을 모두 더해서 이렇게 융합하고 싶다. "공부란, 중요한 어떤 것을 배우기 위해서 자신의 시간을 아낌없이 투자하고, 거기에 사색이라는 칠을 해서 자신만의 지식을 스스로 얻는 과정이다".

각종 중요한 시험 때가 오면 부모님들은 바빠진다. 한 사람은 교회로, 다른 한 사람은 절로 각자 믿지도 않는 신에게 기도하러 가야 하기 때문이다. 이렇게 자녀에 공들인 한국 부모들의 영향력은 실로 대단한 바가 있어서 "너 전공은 뭘로 정할 거니?"라고 물으면 "부모님이랑 상의를 해봐야지"라고 대답하는 한국 학생들이 많다. 이런 모습은 서양에서는 상상도 할 수 없다. 성적에 의해 달라질 자식의 미래를 생각하면, 뭐든 할 수밖에 없는 현실이 만든 웃지 못할 상황이 아닐 수 없다. 세상이 이럴수록 우리는 공부의 의미와 목적을 다시 생각해볼 필요가 있다. 물론 시대에 따라 같은 것을 바라보는 시각도 생각하는 방식도 달라지는 건 맞다. 그 시대를 이끄는 학문이 달라지기 때문이다. 선진국의 문화와 학습법 등을 가져와서 배우고 다른 시선으로 볼 줄 알아야 한다고 말하기도 한다.

조선 후기 끝없는 공부를 통해 자신만의 길인 '추사파'를 완성한 김정희(金正喜)는 앞에서 언급한 '세간의 상식'과는 전혀 다른 주장을 남겼다. "학문하는 방법을 배우려면 굳이 한나라니 송나라니 하는 어떤 한계를 정할 필요가 없다. 굳이 정현, 왕숙과 정자, 주자의 장단점을 비교하며 우위를 나눌 필요도 없다". 한계와 비교 우위를 무시한 그가 내린 결론은 이렇다. "마음을 차분하게 유지하여 널리 배우고 독실히 실천하면 그게 바로 공부다. '사실에서 진실을 찾는다'는 한마디 말만 확신하고 앞으로 나아가는 삶은 언제나 지혜롭다". 그는 자신이 추구하는 스타일은 있었지만, 그럼에도 사는 내내 이념이나 노선의 노예가 되는 삶을 거부했다. 자신의 학문적 성과와 한계를 극복하기 위해 어디에든 속하며 누구든 만나 배움을 얻었다. 진영이나 이해관계가 아닌, 오직 객관적 사실 속에서만 진실을 찾겠다는 배움의 철학이 그를 흔들리지 않게 지탱한 것이다. 여기에 바로 동북아 삼국이 공부를 대하는 모든 의미가 녹아 있다. 배우려는 의지와 사색, 그리고 실천의 시간이 모두 들어 있는 말이기 때문이다.

2

12月

문방사우

말보다 글이 앞선 삶의 완성

'문방사우(文房四友)'란 글을 쓸 때 늘 곁에 두는 '네 명의 친구'라는 의미다. 이 문구(文具)들에 대해서는 '친구'가 아닌 다른 표현도 많다. 글을 쓸 때 함께하는 '네 가지의 보물'이라는 뜻으로 '문방사보(文房四寶)', 혹은 황제를 보필하는 '네 명의 제후(諸侯)'에 빗대어 '문방사후(文房四侯)'라고 부르기도 한다. 또는 네 가지 문구에 해당하는 한자들을 차례로 나열하여 '지필묵연(紙筆墨硯; 종이, 붓, 먹, 벼루)'이라고도 한다. 무엇이라 부르든 그건 자유다. 단지 그 가치를 어디에 두고 있느냐에 따라서 선택도 달라질 뿐이다. 지금은 다양한 도구로 글을 쓸 수 있지만 옛날에는 자신의 생각을 적어 상대에게 보여줄 도구가 많지 않았다. 종이와 벼루, 그리고 붓과 먹이 없으면 아무리 좋은 생각이라도 어디에도 쓰거나 기록할 수 없었다. 이런 이유로 마치 요즘 등산이나 스키 등 뭔가를 시작할 때 최고의 장비를 먼저 갖추는 것처럼 당시 문방사우는 "누가 더 좋은 벼루와 붓을 갖고 있는가?"라는 '장비 경쟁'의 소재가 되었다는 사실이다. 세상은 예나 지금이나 별로 다를 것이 없다는 사실에 쓴웃음이 지어진다.

고려 시인 이규보(李奎報)*는 벼루를 소재로 한 〈소연명(小硯銘)〉이라는 시를 남겼다. 그의 시를 읽어보면 당시 양반들이 벼루를 어떻게 생각했는지 짐작할 수 있다. '벼루여 벼루여, 네가 작다는 것은 부끄러움이 아니다. 네 비록 한 치쯤 되는 웅덩이지만, 나의 끝없는 뜻을 쓰게 하기 때문이다. 내 키가 비록 여섯 자나 되지만, 모든 사업(事業)은 너를 빌려야 비로소 이루어진다. 그러니 벼루여, 나와 너는 함께 돌아가리니, 살아도 너 때문이요, 죽어도 너 때문이다'. 우리나라에서 처음 문방사우에 대한 기록이 나타난 것은 고려 문인 이인로(李仁老)의 《파한집(破閑集)》에서다. 이 사실로 지성인을 상징하는 네 가지 도구에 대한 애호 풍조가 고려 중기 이후에 왕실과 귀족을 중심으로 조성됐음을 알 수 있다. 이후 조선시대에는 문인 사대부를 중심으로 그 문화가 확산되었다. 조선 후기에는 글씨와 그림을 아끼는 풍조와 더불어 골동품과 문방 명품을 애호하는 취미가 널리 퍼졌다.

여러분은 글과 말에 대해서 따로 생각해본 적이 있는가? 글과 말은 서로 다르다. 글은 가다듬어 가장 정교한 자신의 생각을 보여줄 수 있지만, 말은 생각보다 빠르게 나가서 늘 뜻하지 않은 실수를 하게 만들 수 있다. 그러므로 우리는 항상 말을 조심해야 한다. 무심코 뱉은 한마디 말이 자기 삶을 결정할 때가 적지 않기 때문이다. 중요한 말을 하기 전에는 먼저 글로 써서 정리하면서 감정을 추스리는 과정이 필요하다. 내뱉은 말은 되돌릴 수 없지만, 글은 얼마든지 지우고 더 좋게 바꿀 수 있기 때문이다. 비난은 축소하고 찬사는 확장하는 방식으로 말이다. 말보다 글이 앞서는 삶이 더 좋다는 이유는, 말하고 싶은 욕망을 참고 글로 표현하는 과정에서 자신의 생각과 욕망에 대한 공부가 더 깊어지기 때문이다. 이런 이유로 글을 쓴다는 것은 자기 내면의 가능성을 확장하는 최고의 지적 공부다.

*이규보: 고려시대 정2품 벼슬인 문하시랑평장사 등을 역임한 문신이자 학자. 《동국이상국집(東國李相國集)》 등의 저서가 있으며, 무인정권에 봉사한 입신출세주의자이자 보신주의자라는 평가를 받는다.

3

12月

스님의 공부

지혜를 공부해야 하는 여섯 가지 이유

지눌(知訥)*은 종교사적으로 매우 중요한 인물이지만, 우리는 인물 자체에 대한 위대함보다 그가 그런 위치에 오를 수 있었던 근본적인 힘이 바로 공부하는 일상에 있었다는 사실을 아는 것이 더 중요하다. 1161년 10세의 나이로 출가한 지눌은 21년 후인 1182년 보제사(普濟寺)에서 주최한 승과에 합격한 뒤, 3년 동안 홀로 담양에 있는 청원사(淸源寺)에 머물면서 공부에 매진했다. 그의 첫 깨달음은 중국 남종선(南宗禪)의 근본이 되는 선서《육조단경(六祖壇經)》에 나오는 다음 문장을 공부하던 중에 얻는다. '진여(眞如)**의 본래 청정한 본성이 생각을 일으키는 것이므로, 어떤 것에도 더럽히지 않고 항상 걸림이 없이 자유롭다'. 밝은 생각의 중요성을 강조한 글이다. 1185년 이후에는 중국 당나라의 불교 학자 이통현(李通玄)이 저술한《신화엄경론(新華嚴經論)》을 읽다가 완전함에 대한 깨달음을 얻게 되었고, 이는 1188년 대구 팔공산 동화사 거조암으로 거처를 옮겨 정혜결사(定慧結社)***를 시작하는 계기가 된다. 끊임없이 공부하는 일상이 그에게 늘 새로운 깨달음을 주었으며, 그로 인해 고려 불교는 더욱 성장하고 깊이를 더하게 되었다.

깊은 깨달음을 얻은 후 1190년 발간한 자신의 책《권수정혜결사문(勸修定慧結社文)》에서 그는 이렇게 말한다. "요즘 승려들은 항상 제멋대로 탐욕, 분노, 질투, 교만, 방만을 일삼으며 명예와 이익을 구하면서 세월을 헛되이 보낸다. 쓸데없는 말이나 하면서도 천하의 일을 의논한답시고 떠든다. 계율도 없으면서 함부로 신도들의 보시를 받아들인다. 공양을 받으면서 부끄러워할 줄도 모른다. 이렇게 허물이 많은데, 어찌 슬퍼하지 않겠는가". 자신이 속한 곳에 있는 승려들의 반성을 촉구하고 공부하는 삶을 주장하는 내용이다. 지눌 본인이 수행을 멈추지 않았기에 이처럼 귀한 글을 쓸 수 있었다. 책의 권두에 이어지는 여섯 차례의 문답을 통해서 그는 선정과 지혜를 닦아야 하는 이유 및 수행하는 이들이 갖기 쉬운 의문을 풀어주고 있다.

첫째, 시대가 변해도 심성은 변하지 않는다. 염불이나 경 읽기 모두 필요한 수행이지만 선정과 지혜가 모든 수행의 근본이라는 사실을 기억해야 한다. 실천하기 어렵다는 이유로 일상에서 닦지 않으면 세월이 흐를수록 더욱 닦기 어려워진다.

둘째, 지혜와 선정에 의지하여 마음의 온갖 망상을 제거하면, 깨달음은 시간이 지남에 따라서 저절로 생겨난다. 그러므로 지엽적인 문제에 매몰되지 말아야 한다.

셋째, 현재 도를 닦는 사람들은 신앙이 깊지 않아 수행하지 않고 방치하면 더욱 타락하게 된다. 늘 선정과 지혜를 닦아야 할 뿐 아니라, 마음을 꽉 잡고 안을 들여다보며 생각을 차분하게 다스려야 한다.

넷째, 제 마음의 귀한 가치와 자유를 제대로 알지 못하고 밖을 향해서 도를 구하는 것을 염려하라. 스스로 제 마음을 속여 믿지도 않고 닦지도 않는다면 결코 뜻을 이룰 수 없다.

다섯째, 선종의 가르침이 그렇듯 고요함과 명쾌한 시선으로 수행하여 본성에 도달해야 한다. 수행이란 결국 고요함과 명쾌함으로 집약된다는 것을 마음에 담자.

여섯째, 왕생을 위한 수행은 결국 마음을 맑게 하는 것이므로 왕생을 구하지 않더라도

'다만 마음뿐'임을 깨달아서 지혜와 선정을 닦으면 저절로 정토에서 날 수밖에 없다. 염불 또한 일행삼매(一行三昧)를 성취하기 위한 방편임을 기억하라.

당시 지눌은 후배 승려들을 걱정하며 사랑하는 마음에 자신의 시간을 매우 오랫동안 투자하여, 스님이 공부해야 하는 이유를 여섯 가지로 정리해서 전파했다. 그가 실제로 그렇게 살았기 때문에 더욱 빛나는 조언이다.

*지눌: 고려시대 《권수정혜결사문》, 《수심결》, 《원돈성불론》 등을 저술한 승려. 1182년(명종 12년) 승과에 급제한 뒤, 보제사 담선법회에 모인 승려들과 함께 정혜결사(定慧結社)를 맺어 참선과 교학을 함께 수행할 것을 기약했다. 사후에 국사(國師)로 추증되었다.

**진여: '사물의 있는 그대로의 모습'이라는 뜻으로, 우주 만유의 본체인 평등하고 차별이 없는 절대의 진리를 이르는 불교 용어.

***정혜결사: 불교 수행의 핵심을 이루는 두 요소인 정(定=선정禪定, Samādhi)과 혜(慧=지혜智慧, Prajnā)를 함께 닦자는 실천 운동. 지눌에 의해 주도되었으며, 고려 중기 무신정변 이후의 불교계에 대한 반성에서 비롯되었다.

12月

정몽주

자기만의 삶을 살 수 있게 할 학문을 설정하라

고려 말기 문신이자 학자 정몽주(鄭夢周)는 멈추지 않고 성장하는 사람이었다. 성리학에 밝았던 그는 언제나 스스로 나아지려면 어떻게 해야 하는지 사색했다. 곡식을 저장하여 두었다가 흉년이나 비상시에 가난한 백성들에게 대여하던 기관인 의창(義倉) 활성화에 적극 앞장서서 빈민을 구제하는 등 나라에 도움이 되는 창의적인 일을 많이 했다. 또한, 주자가 유가(儒家)의 예법의장(禮法儀章)에 관하여 상술한 책, 《주자가례(朱子家禮)》를 따라 개성에 5부 학당과 지방에 향교를 세워 백성들의 학구열을 자극하는 데 앞장서기도 했다.

시를 쓰는 능력도 매우 뛰어났다. 이성계(李成桂)가 위화도(威化島)에서 회군하여 그의 마음을 떠보기 위해 부른 〈하여가(何如歌)〉에 답한 〈단심가(丹心歌)〉는 모르는 사람이 없을 정도로 유명한 시다. 한시를 쓰며 서화에도 뛰어난 능력을 보일 수 있었던 건 방대한 지식이 쌓여 있었기에 가능했던 일이다. 그러나 놀라운 사실은 그는 시를 짓는 행위를 '잡기'라며 비판했다는 것이다. 대신 《대학》과 《중용》에 몸과 마음을 이끌 학문이 존재한다고 생각했다. 시를 낮추고 성리학을 높이는 정몽주의 태도에 대해서는 그의 삶과 공부의 방식을 아는 사람이라면 이해할 수 있는 대목이다. 정몽주는 《대학》과 《중용》에서 얻은 지식을 자신만의 시각으로 변주해서 세상을 바라보며 관찰했다. 공부의 대상을 포착하는 자신만의 시각과 안목이 있었던 것이다. 실제로 정몽주는 지인과 함께 한적한 암자에 들어가 《대학》과 《중용》을 공부하며 한동안 바깥과의 왕래를 중단하기도 했다. 결국 그 선택이 그를 고려를 대표하는 지성인으로 성장하게 만들었다.

《고려사(高麗史)》에 의하면, 주희(朱熹)의 종손에게 《주역》과 《서경》을 배워 뛰어난 지성을 자랑하던 호병문(胡炳文)의 《사서통(四書通)》이 고려에 들어왔을 때, 정몽주의 해석이 많은 부분에서 그의 해석과 일치하여 여러 유학자들이 경탄하기도 했다. 그는 모두가 인정할 만큼 당대의 뛰어난 지식인이었다. 정몽주의 공부 방식에 대해 자세한 내용은 알 수 없지만, 그의 전기를 보면 대개 이렇게 요약할 수 있다.

- 매일 방대한 분야의 책을 읽었다.
- 날마다 《대학》과 《중용》을 암송했다.
- 이(理)를 연구하여 자신의 지식을 완성했다.
- 자신을 탐구하며 실질적인 표현을 찾으려고 했다.
- 누구의 도움도 받지 않고 송의 유학자들이 알려주지 않은 것을 해결하려고 노력했다.

주자의 사서에 대하여 대규모 논쟁을 주도할 정도로 뛰어난 지성을 자랑하던 이색(李穡) 역시도 그를 이렇게 찬양했다. "정몽주가 무언가를 논할 때는 이치에 합당하지 않은 것이 없다". 정몽주를 '동방 이학(理學)의 시조'라고 부르며 존경심을 드러낸 것이다.

모든 학문은 귀한 것이다. 다만 그것이 우리 삶에 힘을 주지 못하는 이유는 스스로 선택해서 고른 것이 아니기 때문이다. '정몽주의 공부'는 원하는 삶이 있다면 그렇게 살게 해 줄 학문은 스스로 선택하는 게 현명하다는 사실을 여실히 보여주는 좋은 예다.

5

12月

문해력 천재 세종

그가 본 것은 곧 세상에 그 모습을 드러낸다

'세종대왕'과 '공부'를 함께 언급하려면 가장 먼저 그만의 독서법을 살펴봐야 한다. 어릴 때부터 백 번 읽고 백 번 쓴다는 의미의 '백독백습'을 실천하며 살았던 세종대왕은 이를 통해 읽고 배운 지식을 완벽하게 자신의 것으로 만들었다. 왕위에 오른 후에는 자신의 공부 경험을 바탕으로 삼아 유명무실해진 집현전(集賢殿)*의 기능을 되살려 문풍을 진작하고, 특히 '언어 공부'의 가치가 조선에 널리 퍼질 수 있도록 힘썼다. 집현전의 강화와 한글 창제가 결코 우연히 이루어진 것이 아님을 알 수 있다. 공부의 가치를 소싯적부터 알고 있었기 때문에 자기 내면에 쌓은 것을 국가 정책으로 삼을 수 있던 것이다. 집현전을 요즘 시대에 맞는 어휘로 좀 더 세밀하게 표현하자면, '문해력 아카데미'라고 볼 수 있다. 그 근거는 세종의 공부 방법에 있다.

세종은 책 한 권을 한 번 읽은 후 그냥 덮어두지 않았다. 같은 책을 백 번을 읽고 백 번을 썼다는 사실은 인내심이 있었다는 증거가 아니라, 문해력이 뛰어났다는 증거다. 읽을 때마다 새로운 의미를 깨달을 능력이 있었다는 말이기 때문이다.

첫째, 백 번 읽고 백 번을 필사할 가치가 있는 책을 선택할 수 있는 안목이 있었다.

둘째, 책 한 권을 닳을 정도로 읽어서 단어 하나에서도 특별한 의미를 발견했다.

셋째, 백 번을 읽었다는 것은 백 번의 다른 질문을 하며 읽었다는 사실을 의미한다.

세종대왕은 하나의 사물을 백 가지 시선으로 볼 줄 아는 사람이었다. 학문(성리학)과 제도(유교 국가)의 연구기관 집현전은 나라의 문해력 발전을 위해 궁중에 설치한 '문해력 연구 기관'이었다고 볼 수도 있다. 그는 나라가 부강해지기 위해서는 궁극적으로 모든 백성의 문해력이 높아져야 한다고 생각했고, 그 구체적 실천 방법으로 모든 백성이 글을 읽고 배울 수 있도록 한글을 창제했다.

한글을 창제한 이후 세종의 행보는 매우 인상적이다. 다양한 분야의 서적을 발간해 백성들이 문해력을 키울 수 있는 계기를 마련해준 것이다. 왕이 스스로 주체가 되어 정치서, 문학서, 역사서, 유교서, 지리서, 천문역학서, 법률서, 의학서, 음악서, 어학서 등을 한글판으로 발간했고, 심지어 노래까지 만들어 악보로 제작하기도 했다. 세종이 자기 눈으로 보고 느껴 필요하다고 생각한 것은 곧 세상에 그 모습을 드러냈다. 천하의 모든 분야를 일관성 있는 시선으로 통찰하는 뛰어난 문해력이 없었다면 이런 행동력은 불가능했을 것이다. 세종은 자신의 이런 능력을 만백성의 문해력을 높이는 데 아낌없이 발휘했다. 대왕이 가진 그 간절한 마음은 그가 평생 성취한 성과를 살펴보면 짐작이 가고도 남을 정도다.

+ *집현전: 조선 전기 학문 연구를 위해 궁중에 설치한 기관. 원래 중국 한(漢)나라 때 생겼고 우리나라에서 '집현전'이라는 명칭이 처음 사용된 것은 고려 인종 때다. 조선 정종 때 집현전이 설치되었으나 보문각(寶文閣)으로 개칭했고, 이것마저 곧 유명무실해졌다. 그 후 1420년(세종 2년)에 인재 양성과 문풍 진작을 위해 재설립되었다.

6
12月

원리

원리를 알면 무엇에든 응용할 수 있다

문해력의 천재 세종은 음악적 재능도 뛰어났다. 《세종실록(世宗實錄)》은 세종이 음악을 만드는 모습을 이렇게 묘사하고 있다. '임금은 운율에 밝았다. 새로운 음악의 절주(節奏; 리듬)는 모두 임금이 직접 결정한 것으로, 지팡이를 짚고 땅을 쳐서 음절을 구분하여 하룻저녁에 마무리했다'. 하룻저녁에 음악 한 곡을 완성하는 세종, 그것도 막대기를 짚고 땅을 치는 기묘한 방식이라, 더욱 음악적 천재성이 돋보인다고 생각할 수도 있다. 그러나 당시 음악을 만드는 방식에 대한 이해가 조금이라도 있다면 납득할 수 있는 설명이다. 그 시대에 음악을 만든다는 것은 지금처럼 완전히 새로운 곡과 가사를 창조하는 것이 아니라, 기존에 있던 선율에 노랫말을 얹어서 완성하는 방식이었다. 거꾸로 좋은 노랫말이 있으면 거기에 기존에 존재하던 선율의 구조가 어울리도록 가사 배치를 바꾸기도 했다. 세종의 음악적 재능은 결국 '원리를 파악하는 힘'에서 비롯된 것이라는 사실을 알 수 있다.

음악 분야에서 이룬 세종의 업적 중 또 하나 특별한 '사건'이 있다. '편경(編磬)'이라는 악기를 직접 제작해서 국산화에 성공했다는 사실이다. 세종은 왜 굳이 그 수많은 악기 중 편경의 국산화를 서둘렀을까? 편경은 동아시아 지역 아악(雅樂)에서 사용되는 팔음(八音) 악기 중 석부(石部)에 해당하는 유율타악기(有律打樂器)*다. 돌로 만들었기 때문에 재료의 특성상 음색과 음정이 쉽게 변하지 않아 모든 악기 조율의 표준 역할을 한다. 세종의 '발명욕'을 불러일으킨 부분이 바로 이 점이었다. 표준이 필요했던 것이다. 언제나 기준을 잡아주는 악기가 있어야 그 나라의 음악도 성장할 수 있다는 생각에 세종은 편경의 국산화를 서둘렀다. 그러나 편경 제작은 간단한 문제가 아니었다. 그는 편경의 원리를 파악하기 위해 재료와 과정을 분석했다.

첫째, 먼저 경돌을 구하기 위해 원석을 채취해야 한다.

둘째, 원석 중에서 온전히 악기로 만들 수 있는 좋은 부분만 다듬는다.

셋째, 그것을 다시 일정한 두께로 잘라 정해진 음높이를 낼 수 있도록 곱게 갈아야 한다.

넷째, 이때 반드시 최고의 장인이 필요하다. 조금만 덜 갈거나 조금만 이물질이 들어있으면 음색이 달라지기 때문이다.

네 가지 조건에 맞춰 힘들게 제작을 끝내고 드디어 악기가 시연되었다. 아름다운 소리가 은은하게 퍼지는 것은 분명했지만 뭔가 걸리는 부분이 있었다. 소리가 미세하게 높았던 것이다. 절대음감의 소유자인 세종은 누구보다 먼저 그 사실을 알아차렸다. 확인해보니 경돌에 제작을 위해 그었던 먹줄이 조금 남아 있어 소리가 다르게 울렸던 것이었다. 악기가 만들어지는 원리를 제대로 아는 사람만이 발견할 수 있는 문제였던 셈이다. 세종은 이처럼 무슨 일이든 원리부터 차근차근 연구했고, 그렇게 알아낸 원리는 다양한 분야에서 응용하는 데 확실한 근거로 쓰였음은 우리 모두가 이미 아는 바와 같다.

*유율타악기: 음의 높낮이가 있어 음정을 조율해서 선율을 연주할 수 있는 타악기. 편종, 편경, 방향, 운라 등이 여기에 속한다.

7

12月

장영실

진짜 공부는 스스로 자기 삶을 창조하는 것이다

조선 세종 때의 과학자 장영실(蔣英實)을 떠올리면 바로 생각나는 이미지가 있다. 하나는 환경이 불우했다는 것, 또 하나는 그 환경을 극복하고 자기 삶을 재창조했다는 사실이다. 어떤 힘이 그를 빛나게 만든 것일까? 그가 남긴 말에 단서가 있다. 자기 내면의 힘을 깨닫지 못하고 세상이 자신을 알아주지 못한다고 불평하며 사는 사람들에게 그는 이렇게 조언한다. "내가 남을 알지 못하는 것이 죄일 뿐, 남이 나를 알아주지 않은 것이 무슨 죄인가?" 공부와 성장의 본질을 꿰뚫는 그의 말은 그의 삶을 닮았다. 장영실은 열 살이라는 매우 어린 나이에 관청의 노비가 되었다. 하지만 그는 자신의 처지를 비관하거나 슬퍼하지 않았다. 오히려 자신에게 주어진 기회를 열심히 살려 재능을 발휘했다. 치열한 노력이 결실을 맺어 세종대왕의 마음을 사로잡았고, 그렇게 자신의 힘으로 노비의 신분에서 벗어날 수 있었다.

장영실로 인해 조선의 과학은 큰 걸음으로 도약했다. 하늘의 움직임을 알아보는 천체 관측 기구인 간의대(簡儀臺)와 혼천의(渾天儀)를 발명하고, 정확한 시간을 측정할 수 있는 해시계와 물시계를 만들었다. 역사는 그를 신분의 벽을 넘어 세종대왕의 과학 정책을 현실화하며, 우리나라의 과학을 높은 수준으로 이끈 인물로 기억하고 있다. 그렇지만 그것만으로는 뭔가 부족하다. 그가 보여준 과학의 세계는 한 사람의 내면에서 나온 것이라고 생각하기에는 바다처럼 깊고 넓기 때문이다. 그는 자신의 삶을 돌아보며 치열했던 나날에 대해 이렇게 표현했다. "지금 자면 꿈을 꿀 수 있지만, 지금 공부하면 꿈을 이룰 수 있다".

공부하는 그의 일상을 공부의 대가 세종이 몰라봤을 리 없다. 《세종실록》의 세종 15년(1433년) 9월 16일 기사에는 이런 내용이 기록되어 있다. '영실의 사람됨이 비단 뛰어난 솜씨에만 있는 것이 아니다. 말을 알아듣고 이해하는 재능이 보통보다 뛰어나서, 매일 강무(講武)할 때에는 나의 곁에 두고 내시를 대신하여 명령을 전하기도 했다. 최근 자격궁루(自擊宮漏)*를 만들었는데 비록 나의 지시를 받아서 만들었지만, 만약 그가 아니었다면 누구도 결코 만들어 내지 못했을 것이다'. 세종의 무한한 믿음이 고스란히 드러나는 글이다. 장영실의 삶을 통해 우리는 진짜 공부란 타인이 알려주는 지식을 단순히 배워서 암기하는 것이 아니라, 자신을 알기 위한 노력을 멈추지 않는 것임을 알게 된다. "남을 아는 것은 조금 아는 것이고, 자신을 아는 것이 많이 아는 것이다".

그 시대 백성들의 삶이 모두 그랬듯 장영실의 정확한 생몰년은 모호하다. 그러나 그걸 아는 것이 뭐가 그리 중요할까? 우리가 그의 삶을 통해 배울 수 있는 것은 단지 숫자가 가리키는 곳이 아닌, 그의 정신이 향하는 방향이기 때문이다. 장영실은 치열하게 공부하는 사람이었다는 것. 수많은 발명품을 만들었지만, 정작 그가 만든 것 중 가장 위대한 것은 자기 자신이었다. 불우한 환경에서 살았지만 그 사실에 절망하지 않고 더 나은 세상을 향해 끝없이 전진했기 때문이다. 그는 자기 삶의 창조자였다.

✚ *자격궁루: 조선시대에 장영실이 만든 자동 시보 장치가 된 물시계. 1434년(세종 16년) 왕명으로 제작되었으며, 시(時) · 경(更) · 점(點)에 따라서 자동적으로 종 · 북 · 징을 쳐서 시보를 알리는 장치였다.

8

12月

신숙주

7개 국어에 능통했던 언어 천재

조선 초기 문신 신숙주(申叔舟)는 '타고난 능력'만을 바탕으로 화려한 업적을 이룬 사람이 아니라, 하나하나 스스로 공부해서 인생을 바꾼 '노력하는 천재'였다. 신숙주라는 인물에게서 가장 주목해야 할 부분은 뛰어난 언어 실력이었다. 조선 후기 학자 이긍익(李肯翊)이 지은《연려실기술(燃藜室記述)》*에 의하면, 신숙주는 중국어, 일본어, 몽골어, 여진어 등의 말에 능통해서 통역을 빌리지 않고도 대화를 나눴을 정도로 외국어 실력이 뛰어났다. 그에 더해 신라시대 설총(薛聰)이 만든 이두(吏讀)를 포함하여 인도어와 아라비아 문자까지 총 7개 이상의 언어를 구사할 수 있었다고 전해지기도 한다. 그런가 하면 다양한 분야에 걸친 서술도 많다. 세조의 문화 통치를 위해 역대 왕들의 귀감이 될 치적을 엮은《국조보감(國朝寶鑑)》, 국가 질서의 기본을 적은《국조오례의(國朝五禮儀)》,《동국통감(東國通鑑)》의 편찬을 총괄했다.

7개 이상의 언어를 구사하고, 동시에 각기 다른 분야에 대한 책을 편찬할 수 있었던 그의 언어 능력은 어디에서 나오는 걸까? 바로 '경탄'과 '집중'이다. 어디에서도 통하는 보편타당한 법칙을 인식하게 되면, 각기 다른 영역처럼 보이는 과학과 철학 그리고 예술과 사회가 각기 다른 목적에 맞춰서 변주되어 있을 뿐 시작의 근본은 하나라는 것을 알게 된다. 그걸 알게 되면 빠르게 변하는 이 세상이 마치 굼벵이처럼 느릿느릿하게 이동하는 것처럼 느껴진다. 이 원리를 깨닫지 못한 이류와 삼류는 남을 비난하며 살아갈 수밖에 없다. 그들은 남과 비교해 자신이 나은 점이 없으므로, 타인을 눌러 자신을 내세우는 것만이 유일한 생존 수단이라서 그렇게 한다. 그러나 신숙주와 같은 사람은 애초에 비난이라는 걸 모른다. 이 부류의 사람들은 이류든 삼류든 누구에게서나 자신이 가지지 못한 부분을 찾아내 경탄한다. 그리고 그것을 배운다. 그러므로 경탄하는 삶은 일류를 더욱 확고한 일류로 만든다.

신숙주가 꼭 그랬다. 어릴 때부터 보통 아이들과 달랐고, 작정하고 공부를 시작하자 모든 경서와 역사책을 한 번 읽으면 생생하게 기억할 정도로 뛰어난 실력을 보였다. 갖가지 시험도 그에게는 그저 밥 한 끼 먹는 것처럼 수월했다. 21세 때인 1438년 세종 20년에 과거에 합격했고, 처음으로 실시된 진사 시험에는 서울에서 장원을 차지한 후, 이어서 생원 시험에도 합격하고, 이듬해에는 친시문과(親試文科)에도 급제했다. 조정에 들어간 후에는 장서각(藏書閣)에 들어가 책을 읽으며 밤을 보내기 일쑤였다. 언제나 동료들 대신 숙직을 자처했고, 시간 가는 줄 모르고 공부했다. 책에서 발견한 진리에 경탄하고 집중하는 삶을 보냈다는 증거다. 하루는 책을 읽다가 잠이 든 그를 세종이 우연히 발견하고 직접 어의(御衣)를 덮어주었다는 일화가《연려실기술》에 전한다. 사람들은 그에게 '이렇게 늦은 밤까지 공부를 하나?'라고 묻겠지만, 신숙주 입장에서의 밤은 전혀 다르다. '공부하다 보니 그새 밤이 됐네'다. 전자와 후자는 시간의 가치에 대한 인식이 전혀 다름을 보여준다.

당신은 지금 어디에 서 있는가? 혹시 쓸데없는 다툼만 일어나는 곳인가? 비난과 조롱으로 어렵사리 생존해가는 사람들 틈에서 벗어나라. 그런 곳에서는 아무것도 배울 점이 없으니까. 그 대신 타인을 인정하고 경탄하는 사람들 속으로 들어가서, 자신이 돋보이는 법이 아닌 남의 돋보이는 부분을 발견해내는 힘을 배워라. 우리는 신숙주의 삶을 통해 이런 교훈을 배울 수 있다. "근사한 곳으로 가라. 지금 당신이 바라보는 곳이 곧 당신의 미래이며, 당신이 듣고 느끼는 것이 하나하나 모여 당신이라는 근사한 세계를 완성한다". 참고로 독립투쟁의 주역인 단재 신채호(申采浩), 청구 신규식(申圭植) 선생 등이 신숙주의 후손이다. 이들 역시 더 중요한 일에 자신의 모든 것을 투자한 선대의 삶과 닮았다는 사실을 알 수 있다. 그것이 바로 우리가 공부하는 이유이니까.

✚ *《연려실기술》: 조선 후기 실학자 이긍익이 조선시대의 정치 · 사회 · 문화를 기사본말체로 서술한 역사서. '기사본말체'란 역사상 사건의 전말을 밝혀 역사 전개의 진상을 정확히 파악할 수 있는 장점이 있으며, 19세기 서양 역사가들이 추구한 사실지상주의와 비견되는 역사 서술 방식이다.

9

12月

조선의 여성 자기계발서

시대는 변해도 좋은 것을 전하려는 마음은 변하지 않는다

《내훈(內訓)》은 1475년 조선의 제9대 임금인 성종(成宗)의 어머니인 소혜왕후(昭惠王后)가 오직 여성만을 위해 '편저(編著)'한 책이다. '저술'이라 말하지 않고 '편저'라고 쓴 이유는 그녀가 당시 부녀자들이 쉽게 읽을 수 있는 교양서적이 없음을 안타깝게 여겨, 중국의《열녀전(列女傳)》,《소학(小學)》,《여교(女敎)》,《명감(明鑑)》 등의 책에서 부녀자들에게 꼭 필요한 대목을 가려 뽑아서 책을 만들었기 때문이다.

소혜왕후는 이 책을 7장으로 나눠 구성했다. 1장은 '언행'에 대한 것으로 부녀자가 말과 행실에서 주의할 점 및 반드시 지켜야 할 부분에 대해서 서술했다. 2장에서는 '효'에 대해서 전하고 있는데, 친가의 부모뿐 아니라 시가 부모를 모시는 법, 부모가 살아 있을 때와 죽은 뒤의 효도법을 상세히 다루고 있다. 3장은 '혼인 예절'을 밝힌 부분으로, 혼례의 뜻과 혼인의 과정을 대하는 기본자세, 혼인 뒤의 마음가짐 등을 설명했다. 4장은 '부부 사이에 지켜야 할 도리'를 기술한 부분으로, 부부의 도를 음양의 이치로써 설명하고, 남편에 대한 예의와 마음가짐 등을 정의한 뒤 역사적인 사실을 인용하여 아내의 도리를 알기 쉽게 설명하고 있다. 5장에서는 '어머니로서의 예의범절'을 밝히고 있다. 아이를 돌보는 유모의 선택에서부터 자식의 연령에 따른 교육 방법, 훗날 필요한 시어머니로서의 마음가짐과 며느리에 대한 교육 등을 설명했다. 6장은 '사랑과 정, 그리고 화목'에 대한 것으로서 동서(同壻) 또는 친척들과 화목하게 지내는 방법을 밝혔다. 7장은 '청렴과 검소의 정신'으로 어떻게 생활하고 손님을 대접하며, 관직에 있는 남편을 어떻게 보필할 것인가 등을 밝히고 있다.

7개의 장으로 구성되었지만 주제, 또는 키워드로 구분하면 네 가지로 나눌 수 있다. 첫째는 '도덕적 행위'다. 여성은 조용하고 차분하게 행동해야 하며 예의범절에서 뛰어난 것이 어떤 재능보다 우월하다는 내용이다. 둘째는 '얌전한 말씨'인데, 말을 잘할 필요는 없으나 이보다 중요한 것이 있으니 상스러운 말이나 공격적인 말은 최대한 피하는 것이 좋다는 내용이다. 셋째는 '정숙한 외모'에 대해서인데, 여성의 아름다움은 생김새가 아닌 의복과 청결에서 나온다는 내용이다. 마지막 넷째는 '의무'에 대한 부분인데, 여성의 현명하고 지혜로운 행동은 손님을 대하는 태도에서 나온다는 내용이다.

이 책이 그저 교훈적인 글로만 그치지 않은 이유는 소혜왕후 스스로 시아버지인 세조가 왕위에 오르기 이전부터 시부모 모시는 일에 지극했고, 세자빈이 되어서는 더욱 며느리된 도리를 다하며 모범을 보였기 때문이다. 세조는 늘 그녀를 '효성스런 며느리'라 칭찬했으며, '효부도서'라고 새겨진 도장을 만들어주어 며느리의 효성을 세상에 알리기도 했다. 소혜왕후는 자식을 대할 때 늘 엄격하면서도 반듯했다. 자식들에게 조금이라도 허물이 보이면 감싸주거나 봐주지 않고 바로 정색을 하고 꾸짖어 바로잡았다. 이에 시아버지와 시어머니는 며느리인 소혜황후를 장난삼아 '폭빈(폭군 같은 며느리)'이라는 별명으로 부르곤 했다. 이런 역사적 사실은 그녀가 남긴 책이 그저 좋은 말의 향연이 아닌, 직접 실천한 것들의 역사라는 사실을 증명한다.

10

12月

궁중의 숙수

요리는 가장 창조적인 예술이다

'숙수(熟手)'란 요즘 미디어에 자주 등장하는 셰프(chef)처럼 음식을 만드는 조리사를 말한다. 그중에서 궁중에 전속된 숙수는 '대령숙수(待令熟手)*'라 불렀다. 음식을 만들고 접대해야 하는 일이 많은 궁중에는 특히 많은 숙수가 있었는데, 왕이 즐길 식사를 만들어야 한다는 부담에 늘 공부를 게을리할 수 없었다. 물론 전임자들에게 전수받은 기술이 있기는 했지만, 왕마다 식성이 달랐기 때문이었다.

연산군은 특히 식성이 까다로웠는데, 폭군의 길로 들어선 이후에는 더욱 심해졌다. 이를테면 "내가 언젠가 검은 엿 같은 것을 먹었었는데, 매우 맛이 좋았다. 중국에서 얻을 수 있다고 하니 가서 사오라. 그 재료를 우리나라에서 얻을 수도 있다고 하니, 만드는 방법도 알아오라"는 식이었다. 연산군 1년, 1495년 4월 8일의 기록이다. 이런 기록은 그 외에도 발견된다. 연산군 11년에는 이런 명령을 내리기도 했다. "시중에 왜전복이 있다 하니 구입해 대령하라. 이뿐 아니라 모든 특이하고 맛있는 것을 구해서 바쳐라". 폭정이 곧 폭식과 폭언으로까지 진화한 셈이다. 듣도 보도 못한 요리를 중국에서 구해와야 하고 조선에서도 만들 수 있게 재료를 구해야만 했다. 왜전복도 마찬가지다. 국내산이든 일본산이든 전복 자체가 귀한 것이라 제주도에서는 전복을 세금 대신으로 낼 정도였다. 그 귀한 전복을, 게다가 본 적도 없는 왜전복을 구해야 한다는 것은 요리를 떠나 고된 일이었다. 설령 구한다고 해도 식재료에 따라 조리법도 다르므로 연구하는 시간도 필요했다. 게다가 그들을 더욱 힘들게 만든 것은 모든 요리가 맛도 있어야 했고 동시에 건강에도 좋아야 했다는 사실이다. 한 가지라도 포기할 수 없었기에 더욱 힘들었다. 이처럼 왕의 밥상은 매우 까다롭고 복잡한 것이었다.

조선시대 숙수들은 마치 한 번도 가본 적 없는 미지의 세계를 탐험하는 기분으로 하루하루를 살았을 것이다. 밥상을 차려본 사람이라면 공감하겠지만, 건강을 잃지 않으면서도 동시에 맛까지 잡은 밥상은 쉽게 차려지는 것이 아니다. 그런 고난도의 기술과 연구가 필요한 수라상을 만들어 대령해야 했으니 얼마나 힘들었을까. 조선시대 때 궁중에서 일하는 숙수는 350여 명에 이르렀다. 물론 개개인의 업무는 전문적으로 나뉘어 있었다. 밥만 짓는 숙수, 고기만 삶는 숙수가 따로 있었던 것이다. 하지만 그렇게 역할을 나눈다고 주어진 책임감까지 나누어지지는 않았다. 건강에 좋으면서도 맛있는 수라를 올리기 위해 숙수들의 매일매일은 공부에 공부를 거듭하는 나날일 수밖에 없었다.

✚ *대령숙수: 조선시대 궁중에 소속된 남자 조리사. 대령(待令)이란 '왕명을 기다린다'는 뜻이다. 이들은 종6품에서 종9품까지의 품계를 지닌 조리 기술자로 중인 계급이었다. 대령숙수는 세습으로 대대로 이어졌고, 궁 밖에 살면서 궁중의 잔치인 진연(進宴)이나 진찬 때 입궐해 음식을 만들었다. 잔치 때에는 숙설소를 세웠고 파견된 감관의 감독하에 40~50명에 이르는 숙수가 음식을 담당했다.

11

12月

서경덕

때때로 멈추지 않는다면 배워도 배운 것이 아니다

화담 서경덕(徐敬德)*은 좋은 환경에서 태어나거나 부모의 열성적인 지원을 받은 적도 없이 스스로 공부해서 자신의 뜻을 이룬 대표적 인물 중 한 사람이다. 다만 '자신의 뜻을 이루었다'는 것이 세상이 말하는 성공을 의미하는 것은 아니었다. 실력이 없었던 것은 아니었다. 31세 때 현량과에, 42살 때는 생원시에, 55세 때는 능참봉에 추천을 받거나 응시해서 그것도 장원 혹은 수석으로 합격해 벼슬을 추천받았지만 모두 바람처럼 흘려버렸다. 현실 정치에 대한 환멸 등 여러 이유가 있었겠지만, 나는 그것보다는 화담이 시험을 쳤던 기간에 주목해야 한다고 생각한다. 10년 정도에 한 번씩 시험을 치룬 이유가 뭘까? 벼슬자리라야 어차피 모두 고사할 텐데, 왜 굳이 10년마다 응시한 것일까?

어린 화담은 종종 부모를 도와 산나물을 캐러 다녔는데, 그의 어머니는 화담의 광주리를 보며 늘 의문을 품고 있었다. 일찍 나가서 늦게 돌아오는데 산나물이 채워져 있지 않았기 때문이다. 그 이유를 묻자 화담은 진지한 표정으로 이렇게 답했다. "나물을 캐는데 어떤 새가 날아올랐습니다. 어린 새였지만 하루는 땅에서 한 치 높이로, 다음날은 두 치 높이로, 그 다음날은 세 치 높이로 날았습니다. 어떻게 매일 높이가 달라질까? 저는 그 새의 행동과 이치를 깊이 사색했지만 끝내 알 수 없었습니다".

화담은 무언가 하나를 알아야겠다고 결심하면, 그것을 방 안에 써 붙여두고 하루 종일 들여다보며 사색하거나 고전을 뒤져가며 탐구했다. 집중하며 사색하는 그의 공부법은 중국의 전통 산문인《상서(尙書)》를 공부할 때 훈장이 한 말에서 잘 드러난다. "훈장인 나도 잘 알지 못하는 것을 홀로 생각해서 보름 만에 알아내고 말았으니, 너는 상서를 사색으로 깨우쳤구나".《상서》는 훈장조차도 깨우치기 힘든 중국 전통 산문의 근원과도 같은 경전이었다. 훈장도 해내지 못한 일을 독습으로 해낸 것이었다. 그 시대의 많은 학자들이 대가의 학설을 모방해 말할 뿐 진심으로 터득한 것은 별로 없었기에 훈장의 감탄은 당연한 일이었다. 화담은 학인(學人)들에게 이런 조언을 남겼다. "생각하고 또 생각하면 귀신이 해준다고 옛사람들은 말했다. 하지만 그건 귀신이 통하게 해주는 것이 아니라 마음이 스스로 통한 것이다". 그는 '공부가 무엇인지' 시처럼 아름답게 표현했다.

화담의 삶과 철학이 전하는 공부의 핵심은 '전진이 아니라 멈춤'이다. 멈출 곳을 발견해서 사색하고, 마음을 움직여 진리에 도달하는 것이 그가 말하는 진짜 공부다. 우리가 공부하는 이유는 "내 말이 옳다"라는 것을 상대에게 주입하려는 것이 아닌, "그래, 네 말도 옳다"라며 상대의 말을 듣고 멈추기 위함이다. 배운다는 것은 나의 지식이 아닌 타인의 지식을 알아보는 안목을 키우기 위해 분투하는 과정이다. 끝없이 전진하기 위해서 배우는 것이 아니라, 중간중간 멈춰서 자신을 되돌아보며 성찰하기 위해 평생 공부하는 것이다.

✚ *서경덕: 조선 전기 《화담집》을 저술한 학자. 이(理)보다 기(氣)를 중시하는 기일원론을 완성한 주기론의 선구자다. 인간의 죽음도 우주의 기에 환원된다는 사생일여를 주장하여 불교의 인간생명 적멸론을 배격했다. 박연폭포, 황진이와 함께 송도삼절(松都三絕)로 불린다.

12

12月

전문성

배우려는 목적이 분명해야 결실을 맺을 수 있다

여기 위대한 지성이 한 사람 있다. 그가 오른 벼슬자리만 나열해도 그의 학문이 얼마나 다양하고 깊었는지 알 수 있다. 성균관 대사성, 홍문관과 예문관 대제학, 공조판서, 예조판서, 의정부 우찬성, 판중추부사 등의 요직을 두루두루 경험했던 그의 이름은 조선을 대표하는 학자 퇴계 이황(李滉)이다. 이게 끝이 아니다. 17세의 어린 선조가 성군이 되기를 바라는 마음에서 〈성학십도(聖學十圖)〉*를 만들어 올린 임금의 스승이기도 했다. 이 상소문은 어린 나이에 임금에 오른 선조가 성왕(聖王)이 되어 온 백성들에게 선정을 베풀도록 간절히 바라는 마음에서 쓴 문서다.

위대한 학자이자 지성인이었던 퇴계의 가치는 고려시대 때 호족의 후예인 이석(李碩)을 시조로 하고 그의 아들 이자수(李子脩)를 입향조(入鄕祖)로 하는 진성이씨(眞城李氏) 가문을 명문가로 만들었으며, 그와 가까이 지낸 사람들이 그를 어떻게 생각했는지를 들여다보면 정확하게 알 수 있다. 멀리 있는 사람은 속일 수 있지만, 가까운 사람은 속일 수 없기 때문이다. 퇴계의 아들과 조카, 처조카, 심지어 사돈 집안의 사람들까지 당시 다른 학자들에게 가지 않고 퇴계를 스승으로 모셨다. 아무리 뛰어난 사람도 가장 가까운 사람들에게까지 존경을 받는 경우는 드물다. 가까울수록 사소한 일 하나까지 알게 되어 웬만해서는 존경심이 생기지 않기 때문이다. 하지만 그는 아들들은 물론 가장 가까운 친척들에게까지 존경을 받으며 그들에게 학문을 가르쳤다.

그런데 무심코 지나칠 수 없는 사실이 하나 있다. 그렇게도 퇴계를 존경한 조카들이 딱히 이 경우만큼은 그를 철저히 외면했다는 것이다. '이 경우'란 바로 과거 시험에 관해서였다. 그들은 과거 시험 준비를 위해서는 퇴계를 떠나 다른 서당에 가서 공부했다. 퇴계의 가르침이 과거 시험 합격에는 당장 큰 도움이 되지 않았기 때문이다. 요즘 대학에 진학하려면 수학능력시험이라는 과정을 거쳐야 하고, 문제로 나올 것만 콕 집어서 알려주며 점수에 도움이 되는 부분을 강조해서 가르치는 입시 전문 학원에 가는 것과 같은 이치다. 물론 이런 공부는 넓은 의미의 학문인 철학이나 지성과는 크게 상관이 없다. 그러나 세상 모든 일에는 나름의 전문성이 있고, 경우에 따라 자신이 하려는 일에 맞는 방법을 찾아야 원하는 바를 이룰 가능성을 높일 수 있다. 아무런 생각 없이 배우면 결국 아무 것도 얻지 못하게 된다. 퇴계의 가르침을 받았기 때문에 친족들도 과거를 준비할 때는 그에 합당한 스승을 찾아가는 삶의 지혜를 얻을 수 있었을 것이다.

공부란 것이 그렇다. 목적이 분명하지 않은 상태에서 배운 모든 지식은 오히려 그간 배운 지식까지 잃게 만든다. 목적을 분명하게 정한 후 정진하면 그 공부의 끝에서 퇴계의 삶처럼 원하는 어떤 분야에서도 능력을 발휘하며 자기 삶을 살아갈 수 있게되는 것이다.

✚ *〈성학십도〉: 조선 전기 문신이자 학자인 이황이 1568년 12월 17세의 어린 나이로 왕위에 오른 선조에게 68세의 노대가(老大家)로서 즉위 원년에 올렸던 상소문. 선조가 성군이 되기를 바라는 뜻에서 군왕의 도(道, 성리학)에 관한 학문의 요체를 도식으로 설명했다.

13

12月

조선 시대 서원

한국인의 성향을 가장 선명하게 보여주는 공간

서원(書院)은 조선 중기 이후 유교 성현(聖賢)에 대한 제사를 지내고 인재를 키우기 위해 전국 곳곳에 설립한 사설 교육 기관이다. 설립된 데에는 크게 두 가지 배경이 있다. 하나는 지방의 사림들은 속세를 떠나 조용하고 한적한 곳에서 학문을 닦고 싶어도 그럴 장소가 마땅치 않았다는 것이고, 나머지 하나는 당시의 교육 기관인 성균관이나 향교는 복잡한 도시에 있어서 앞으로는 번거로운 학칙에 얽매이고 뒤로는 세상에 마음을 빼앗기기 쉬워 공부에 매진하기 어려웠다는 데 있다. 서원은 이런 요구를 반영해서 건립된 지방 교육 기관이라고 보면 된다.

서원의 역사를 말하려면 조선 전기 문신이자 학자인 주세붕(周世鵬)을 먼저 언급해야 한다. 그는 1542년 중종 37년 풍기군수가 되자 고려시대 유학의 중흥자인 안향(安珦)을 배향하고 이곳 유생들을 교육하기 위해 백운동서원(白雲洞書院)을 건립했는데, 그것이 바로 우리나라 최초의 서원이다. 백운동서원은 1550년 명종 5년에 풍기군수 이황의 요청에 의해 임금으로부터 '소수(紹修)'라는 사액을 받고, 나라로부터 논밭과 노비, 면세와 면역의 특전 등을 받게 됨으로써 사액서원(賜額書院)*의 시초가 되었다. 이후 서원은 전국적으로 약 600여 개에 이를 정도로 늘어났으며, 조정에서 공인한 사액서원만 해도 130여 곳에 달할 정도로 많았다.

주요 서원으로는 먼저 1572년 선조 5년 임진왜란 중에 대사간과 대사헌으로서 국론을 조정했던 이제민(李齊閔)이 조선시대 성리학자인 회재 이언적(李彦迪)을 기리기 위해 창건한 옥산서원(玉山書院)을 들 수 있다. 1574년 선조 7년에 왕으로부터 '옥산'이라는 이름을 받아 사액서원이 되었다. 건물의 구조를 살펴보면 강학을 하는 공간인 구인당이 앞에 있고, 제사를 지내는 체인묘가 뒤에 위치한 전학후묘(前學後墓)의 배치를 보인다. 다음으로 많은 사람에게 잘 알려진 도산서원(陶山書院)을 들 수 있는데, 이 서원은 조선시대 유학자 퇴계 이황의 학문과 덕행을 기리기 위해 창건한 곳이다. 이황이 세상을 떠난 후인 1574년 선조 7년부터 그가 거처하며 제자들을 가르치던 도산서당 뒤에 서원을 건립하기 시작해 1575년에 완공했다. 옥산서원과 마찬가지로 전학후묘의 배치를 보이며, 간결하고 검소한 느낌이어서 유학자 이황의 모습을 그대로 닮은 서원이라고 볼 수 있다. 마지막으로 유성룡의 학문과 업적을 기리기 위한 곳으로 1613년 광해군 5년에 창건된 병산서원(屛山書院)이 있다. 이곳의 만대루에 오르면 낙동강의 근사한 풍경을 조망할 수 있는데, 만대루를 지나면 마당 건너편에 강당인 입교당이 있고, 입교당 앞에는 좌우에 동재와 서재가 있어 조화롭다. 강당 뒤편에 있는 묘우(廟宇)인 존덕사에는 유성룡의 위패가 배향되어 있다.

배운다는 것은 좋은 일이다. 조선 학문의 상징인 서원도 처음의 뜻은 좋았다. 그러나 무리를 지어 모이게 되니, 서원마다 지향(志向)하는 바가 달라지고 각자 다른 성향을 띠게 되었다. 인재를 양성하고 선현의 제사를 지내며 유교적 향촌 질서를 유지하는 등의 긍정적인 역할을 하던 서원은, 시간이 지나며 차츰 본래 목적을 잃고 각 서원을 중심으로 붕당이 형성되고 면세와 면역(免役) 혜택을 악용해 나라의 살림을 어렵게 만드는 등 폐단이 극심해졌다. 이를 두고볼 수 없다고 생각한 흥선대원군은 1864년 고종 원년에 급기야 서원의 모든 특권을 박탈**하고 전국 47곳의 서원만을 남기고 모두 철폐하라는 명령을 내리기에 이른다.

서원의 탄생과 몰락은 어쩌면 지금 한국의 교육 시장 상황을 닮았다고도 볼 수 있다. 복잡한 도시에만 있던 교육 장소를 전국 각 지방에 고르게 만들고 싶다는 그 교육적 평등을 향한 조선 사대부들의 마음은, 오늘날 '지방 대학의 소멸'을 염려하는 교육계의 목소리와 결을 같이하는 것 아닐까.

*사액서원: 조선시대에 왕으로부터 서원 명현판과 노비, 서적 등을 받은 서원. 조정으로부터 현판과 함께 예관(禮官)이 파견되어 배향 인물에 대하여 제사 지내주는 특전이 베풀어졌다.

**서원의 모든 특권을 박탈 → 서원철폐령: 1871년 5월 9일 흥선대원군 이하응(李昰應)이 영의정 김병학(領議政 金炳學)과 더불어 전국 서원에 철폐령을 내린 사건. 이를 취소해 달라는 유림들의 집단 상경 집회가 있었으나, 대원군은 강제 진압하고 집회 참가자들을 노량진 밖으로 끌어냈다.

14
12月

퇴계 이황

낮에 읽은 것을 밤에 반드시 사색하라

뛰어난 인물은 흔하지 않다. 이 책을 통해서 몇몇 인물이 중복해서 언급되는 이유이기도 하다. 그러나 그들의 이름을 보며 "뭐야, 또 이 사람이야?"라며 지루함을 느끼기보다는, "이 사람에게 또 무엇이 있을까?"라는 생각으로 읽는 것이 자신에게 좋다. 남들은 못 본, 그들에게서 배울 부분을 찾을 수 있기 때문이다.

퇴계 이황(李滉)도 마찬가지다. 그는 조선 성리학의 기초를 세운 학자이지만, 자기만의 독특한 공부법을 가진 사람이기도 하다. 평생 학문을 게을리하지 않았고 사색한 것을 말로만 외치지 않고 실천하며 살았다. 생전에 남긴 '낮에 읽은 것을 밤에 반드시 사색하라'라는 글처럼 공부와 사색은 그의 삶 자체였다. 하루라도 빨리 서원을 만들어 제자를 키워 자기가 깨우친 내용을 알리고 싶다는 꿈을 가진 이유도 거기에 있다. 모든 대가가 그렇듯 공부하며 사색하는 마음은 자신이 남긴 말과 닮았다.

1. 고요히 마음을 가다듬어 쉽게 동요하지 않는 것이 배우는 마음의 근본이다.

2. 군자라면 선비의 본분과 의식을 지키며, 청렴하고 맑은 마음으로 욕심을 적게 하라.

3. 두 가지 또는 세 가지 일로 마음을 두 갈래 세 갈래 내는 일이 없어야 한다.

4. 만 가지 이치든 하나의 근원이든 쉽게 배울 수 있는 것이 아니다. 진실된 공부는 노력해서 연구하는 데 목적이 있다.

5. 모기는 산을 짊어질 수 없고 작대기는 큰 집을 버틸 수 없다. 분별할 줄 알아야 가치 있는 것을 선택할 수 있다.

6. 몸가짐을 공손하게, 사람을 만나면 공경하고, 남과의 사귐은 경건하게 하라.

7. 무릇 사람에게 사사로운 뜻이 생기는 것은 깊게 사색하지 않기 때문이다.

8. 배우는 사람은 반드시 심신을 수련해야 한다. 내면의 공간이 있어야 지성이 싹튼다.

9. 빼앗을 수 없는 뜻과 꺾이지 않는 기상과 흐르지 않는 앎을 잃지 말고 간직하라.

10. 누군가 질문을 하면 비록 하찮은 말이라도 반드시 잘 생각하였다가 답하고, 아무 생각 없이 곧장 대답해서는 안 된다.

11. 도움만 구하지 말라. 자신의 힘으로 실천하지 않는 것은 스스로 포기하는 것과 같다.

12. 마음과 신체를 함부로 굴리지 말고, 언제나 잘난 체하지 말고, 말을 함부로 하지 말라.

13. 안다는 것은 실천한다는 것이다. 알면서 실천하지 않는 것은 참된 앎이 아니다.

14. 책을 읽을 때는 책을 뛰어넘는 큰 뜻을 품고 그 바깥의 맛을 즐겨야 한다.

15. 일상생활에서의 말과 행동에 보편 타당성이 있으면 잘못이 없다. 일정한 정신이 위대하다.

퇴계는 전국 곳곳에서 찾아온 다양한 부류의 제자를 받아 가르칠 때, 먼저 그 사람의 뜻이 어떠한가를 살폈는데, 이는 그들이 가진 능력에 따라 가르치기 위해서였다. 모두에게 맞는 교육은 없기 때문이다. 이런 까닭으로 퇴계는 뜻을 세우는 일을 가장 중요하게 생각했고, 혼자 있을 때도 자신의 몸 가짐이 흐트러지지 않도록 유지하며 내면을 단련했다.

15
12月

임진왜란

3년 동안 탐구한 사람과 3년 동안 싸운 사람

1592년 일본의 도요토미 히데요시(豐臣秀吉)는 대륙과 한반도를 공격해 점령하려는 야욕을 품고 있었다. 일본의 내전을 끝낸 그가 조선을 침략하는 것은 당연한 수순이었으며, 단지 시기만 정하지 못한 상태였다. 시기를 확정하지 못한 이유는 탐구가 끝나지 않았기 때문이었다. 당시 그는 치열하게 조선을 탐구하고 있었다. 조선의 조정을 출입하는 승려 겐소(玄蘇)를 첩자로 활용해서 시시각각 변화하는 조선의 정세를 파악했고, 서양의 총포를 전쟁에 맞게 개량한 조총으로 병사들을 훈련시켰다. 보고 듣고 느낀 것을 이해하기 위해 분투했으며 그 결과를 병사들에게 전파했다. 탐구가 끝나자 그는 마지막으로 시기를 정하기 위해 조선에 이런 메시지를 보냈다. "서로 통신사를 파견해서 사이 좋게 지냅니다".

조선의 조정은 혼란에 빠졌다. 서인과 동인이 통신사를 파견해야 한다는 의견과 하지 말자는 의견으로 나뉘어 서로 다퉜고, 결국 일본의 실태를 파악하기 위해 보내야 한다는 결론이 났다. 서인의 황윤길과 동인의 김성일이 1520년 3월에 일본으로 떠나 1591년 3월에 돌아왔다. 임진왜란이 일어나기 꼭 1년 전이었다. 황윤길과 김성일은 같은 것을 보고 돌아왔음에도 서로 다른 주장을 했다. 선조(宣祖)가 도요토미 히데요시의 인상을 물으니, 서인인 황윤길은 이렇게 답했다. "눈이 반짝반짝하여 담과 지략이 있어 보입니다". 그러나 동인인 김성일은 전혀 다른 대답을 했다. "눈이 쥐와 같아 마땅히 두려워할 위인이 아닙니다". 더욱 어이없는 사실은 일본에 가본 적도 없는 전혀 다른 사람이 결론을 냈다는 것이다. 그들은 바로 당시 조정의 주류를 이루고 있는 남인들이었다. 갑론을박의 끝은 결국 가장 힘센 세력의 주장을 받아들인 것이다.

도요토미는 조선에서 온 사신들의 우스꽝스러운 태도를 보며 "1년 뒤에 전쟁을 시작하면 이긴다"라는 판단을 내렸을 것이다. 그들을 통해 분열된 조선의 조정 모습이 눈에 선하게 보였을 것이기 때문이다. 이후 조선의 왜관에 머물던 왜인들이 하나둘 본국 일본으로 소환되어 떠났지만, 그곳이 텅 빌 때까지 조선 조정은 아무런 문제를 느끼지 못했다. 어리석게도 왜란이 일어나기 직전에야 무기를 만들고 성을 쌓았으나 이미 때는 늦은 상태였다. 일본은 조선을 3년 동안 탐구하며 동태를 파악하고 준비했지만, 조선은 3년 동안 분열하며 그나마 갖고 있던 최소한의 힘마저 스스로 버렸다.

전쟁은 물론 나쁜 것이지만, 상대가 약하게 느껴지면 침략해서 빼앗고 싶은 마음이 드는 것은 피할 수 없는 인간의 욕망이기도 하다. 당시의 조선은 무모할 정도로 약하고 어리석었다. 마지막에 일본의 침략을 눈치챘지만, 그에 대한 대비라는 게 겨우 방어에 불과한 성을 보수하는 것에 그쳤다. 당당하게 나가서 싸울 의지마저 없던 것이다. 전쟁 직전의 일본과 조선의 태도는 탐구의 가치를 극명하게 대비해 보여주는 대목이다. 늘 준비하며 보고 듣고 느낀 자는 결코 누군가의 침략을 받지 않는다. 이길 수 없을 정도로 강하다는 것을 누구나 알고 있기 때문이다.

16
12月

애민
사랑하는 마음은 곧 공부하는 최고의 이유가 된다

성균관대학교 정문에 들어서면 왼편으로 커다란 비석이 하나 보인다. 정문이라 보통 무심코 지나쳐서 평소에는 인식하지 못한 경우가 많은데, 그 비석이 바로 당쟁의 시대에 '화합의 역사'를 담고 있는 '탕평비'다. 영조 18년인 1742년에 세운 이 비에는 이런 멋진 글이 쓰여 있다.

'두루 사랑하고 무리 짓지 않는 것은
공자의 공정한 마음이고,
무리 짓고 두루 사랑하지 않는 것은
소인의 사사로운 뜻이니다.'

영조가 왕에 올랐을 때 붕당정치의 폐해는 극에 달했다. 영조는 그 해결책으로 탕평을 거론했다. 사실 탕평은 영조만 거론한 것이 아니었다. 그때까지 수많은 왕이 탕평이 필요하다는 사실을 알고 있었다. 모든 문제에는 그 안에 해결할 답이 있다. 답은 사실 비밀이 아니다. 답을 알면서도 실행하지 못하는 이유는 후환이 두려워 망설이기 때문이고, 망설이는 이유는 그 진정한 가치를 몰라서다. 답의 가치를 깨달으면 누가 뭐라고 해도 결국 실천하게 된다. 영조는 어디에서 그 가치를 발견했을까? 백성을 사랑하는 마음에서 시작한 공부가 그 시작이었다. 《영조실록》의 영조 15년 1739년 1월 15일 조에는 영조 자신이 직접 농기구를 잡고 사용하는 이유에 대해 이렇게 밝혔다.

"나라는 백성에게 의지하고 백성은 먹을 것에 의지하니, 농사를 중요하게 생각하지 않을 수가 없다. 옛날에 농사의 신은 가장 먼저 인간에게 농사를 가르쳤고, 인간은 농사를 근본으로 삼았다. 조선의 시작도 그 이치와 같았다. '나는 그 예를 아낀다'라고 공자는 말했는데, 성인이 가르친 그 뜻을 이제 이해할 수 있다. 지금 세상에서는 농사를 권하는 것이 곧 실속이 없는 말이 되었지만, 몸소 농사를 짓고 밭에 가지 않는다면 내가 어찌 농사를 권할 수 있겠는가? 때때로 내가 친히 농기구를 잡아 여러 백성에게 권장하고, 각 관청의 신료들이 몸소 밭 가는 기구를 갖추어 첫 해일(亥日)에 거행하는 것이 어찌 다만 농사를 중히 여기는 이유 하나뿐이겠는가? 위로는 제사 때 쓸 곡식을 바치고 아래로는 백성에게 권하고자 한 것이다."

백성을 사랑하는 영조의 마음이 비장할 정도로 결연하다. 그는 마치 공부하듯 백성의 삶을 연구했고, 그 결과 농기구를 직접 잡고 그 쓸모를 스스로 경험한 것이다. 탕평책은 왕권을 강화하려는 목적도 있었지만, 그 시작은 백성을 사랑하는 마음이라는 사실을 알 수 있다. 그게 없었다면 주변 신하들의 반대와 음모를 견디지 못하고 결국 다른 왕이 그랬던 것처럼 중간에 멈출 수밖에 없었을 것이다. 하지만 '애민(愛民)'이라는 최고의 가치를 가슴에 품고 있었기 때문에 미움과 시기, 그리고 분노라는 감정과 유혹에 꺾이지 않았고 애써 대항하지도 않았다. 그것들은 애민보다 현격히 낮은 가치이기 때문이었다.

당시 나라의 상황은 좋지 않았다. 조선 중기인 선조와 광해군 시기에 정계에 진출한 사림은 동인과 서인으로 나뉘었고, 동인은 남인과 북인으로 나뉘었다. 조선 후기에 서인은 노론과 소론으로 나뉘었으며, 영조의 후대인 정조 초기에는 시파와 벽파로 나뉜다. 이런 복잡한 파벌 싸움을 멈추고, 백성에게 정치적 평안과 경제적 안정을 주고 싶었던 영조는 바로 이런 방식으로 탕평책을 실시한다.

- 1724년 즉위하자 당쟁의 폐단을 지적하고 탕평의 필요를 역설하는 교서(敎書)를 내려 탕평 정책의 의지를 밝힌다.
- 1730년 그가 왕이 되는 데 공이 컸던 노론의 강경파 영수 민진원(閔鎭遠)과 소론의 거두 이광좌(李光佐)를 불러 화목을 권한다.
- 그의 시책에 호응하지 않는 호조참의 이병태(李秉泰), 설서 유최기(兪最基) 등을 파면한다.
- 노론의 홍치중(洪致中)을 영의정, 소론의 조문명(趙文命)을 우의정에 임명함으로써 당파를 초월하여 인재를 등용한다.
- 일반 유생들의 당론에 관련된 상소를 금지시킨다.
- 1742년 성균관 입구에 탕평비를 세워 공론화한다.

백성을 위해 영조는 오랜 기간 공부를 멈추지 않았다. 싸우기만 하는 신하들에게 이해와 평화의 가치를 알려주기 위해서도 깊은 고뇌를 거듭하며 잠을 이루지 못했을 것이다. 물론 지금은 왕이 다스리는 나라가 아니다. 그래서 나는 여러분에게 '또 다른 애민'을 권한다. 그건 바로 손아랫사람을 사랑하고 돕는 마음인 애민(愛愍)*이다. 애민의 마음을 가진 자는 스스로 자신에게 멈출 수 없는 최고의 공부를 시작할 기회를 주는 것과 같다.

+ *애민(愛愍): 손아랫사람을 사랑하고 도와줌. '백성을 사랑함'의 뜻을 가진 애민(愛民)과 비교해볼 것.

17
12月

이순신

흔들리는 인생의 갈피를 잡아주는 다섯 가지 정신

우리가 기억하는 이순신 장군은 지금까지 이 땅에 살았던 모든 한국인을 통틀어 가장 엄격하게 자기 삶을 지키며 동시에 주변까지 평화롭게 만든 사람이다. 나는 지난 10년 이상 그의 삶을 면밀히 연구하며 깨달은 바가 있다. 누구나 아는 역사적 사실이나 정보가 아닌, 사실과 사실 그 틈에 숨어 있는 이순신의 마음에 대해서 세심하게 관찰하려고 노력한 끝에, 다음의 몇 가지 사실을 깨달았다.

- 철저하게 고독했고, 언제나 깊은 사색으로 나라를 걱정했으며, 주변 상황은 힘들었지만 백성에게 인자했기에 기품이 넘치는 일생을 보낼 수 있었다.

- 돈과 명예를 추구하지 않았기에 자유를 얻을 수 있었고, 거짓과 선동에 귀를 기울이지 않았기에 원칙을 추구할 수 있었다.

- 쉬운 길을 선택하지 않았기에 수많은 유혹과 위기 속에서 욕망을 키우지 않고 절제하며 살아갈 수 있었다.

결국 그가 보통의 한국인들이 떠올리는 '위대한 이순신'으로 살 수 있었던 것은 일상에서 '기품'와 '관점' 그리고 '지성'과 '사색', '인문' 정신을 공부하며 살았기 때문이다. 이 다섯 가지를 추구하는 자는 어떤 환경에서도 자신을 지키며 살아갈 수 있다. 중요한 건 생활에서의 실천이며 긍정의 마음이다. 《난중일기(亂中日記)》*의 1594년 9월 23일에서 26일로 이어지는 나흘 동안의 일기를 살펴보면 그가 일상과 사람을 대하는 태도와 사색의 깊이를 통해 자신의 삶에 어떻게 긍정적인 면을 유지하며 살았는지 알 수 있다.

- 9월 23일, 맑다. 여수 웅천에서 포로가 되었던 박녹수와 김희수가 찾아와 인사하며 왜적의 정세를 알려 주었다. 고마운 마음에 무명 한 필을 주어 보냈다.

- 24일, 맑다. 아침에 여러 곳에 편지 10통을 써서 보냈다.

- 25일, 맑다. 오후 2시, 하인이 실수로 불을 내는 바람에 대청과 수루 방에 옮겨붙어서 장편전(긴 화살인 장전과 아기살인 편전을 말함) 200여 개가 모두 타버렸다. 군량, 화약, 군기가 있는 창고에는 불이 붙지 않았지만, 매우 안타까운 마음이다.

- 26일, 맑다. 혼자 배 위에 긴 하루를 보냈다. 나라를 생각하니 마음이 편하지 않았다.

이 짧은 일기에서 우리는 이순신 장군의 깊은 사색과 사람을 대하는 기품, 상황을 바라보는 관점과 배운 것을 실천하는 지성과 인문 정신을 발견할 수 있다. 소중한 것이 모두 불에 탔지만 그는 하인을 질책하지 않았다. 다만 모르는 것을 공부하는 것처럼, 홀로 아파했을 뿐이다. 그 깊고 두터운 고독의 시간이 곧 이순신의 삶이었다. 그 정신을 발견해서 삶에 장착한다면 우리도 장군처럼 흔들리지 않고 살아갈 수 있지 않을까.

✚ *《난중일기》: 조선시대 명장 이순신이 임진왜란 중에 작성한 진중일기. 1592년(선조 25년) 임진왜란이 일어난 다음 달인 5월 1일부터 전사하기 전 달인 1598년 10월 7일까지의 기록으로, 친필 초고가 충남 아산 현충사에 보관되어 있다. 7책 205장. 필사본. 국보 제76호.

18

12月

선비 정신

욕구를 억제하고 지성을 확대하는 힘

조선 후기 실학자 성호 이익(李瀷)*은 말만 하는 사람이 아니라 실제로 인간의 삶에 필요한 바를 생각하고 스스로 실천하는 사람이었다. 변화를 추구했던 그는 당시 조선 사회에 팽배했던 선비 정신에 반대 의견을 내며 이런 주장을 했다. "인간은 태어나면서부터 관직이나 부귀를 몸에 지니고 나오는 것은 아니며, 천자로부터 서민에 이르기까지 모두 같은 상태로 태어난다". 유교적 전통이 깊게 자리 잡고 있던 그 시대의 현실에서는 매우 파격적인 주장이었다. 진정한 선비 정신이란 공부만 하는 것이 아니며, 아무리 양반이라도 무위도식하지 말아야 하고, 당장 논밭으로 달려가 직접 생산에 종사해야 한다는 주장은 그가 어떤 생각으로 살았는지를 선명하게 보여준다.

편안하게 살고 싶다는 욕구를 버리고 지성을 확대하며 사는 삶을 선택한 그는, 《성호사설(星湖僿說)》에서 공자의 이야기를 예로 들며 식사 철학을 빗대 지성인의 태도를 이해하기 쉽게 표현했다. "공자(성인)는 자른 고기가 반듯하지 않거나 제대로 장이 갖춰져 있지 않으면 드시지 않았다". 이 말은 음식을 대하는 까다로운 기준을 말하는 것이 결코 아니다. 사실 고기가 반듯하지 않아도, 그걸 곁들인 장이 조금 부족해도 먹지 못하는 것은 아니다. 맛에 특별히 큰 영향을 미치지는 않기 때문이다. 게다가 그것조차 없어서 먹지 못 하는 사람도 있지 않은가. 그런데 이익이 굳이 공자의 예를 강조한 이유가 뭘까? 억제하기 가장 힘든 욕망 중 하나가 바로 식탐이기 때문이다. 맛있는 음식이 있으면 무리를 해서라도 먹고 싶고, 한 번 입에 들어가면 두 번 넣고 싶은 게 인간의 욕망이다. 《성호사설》에서 이익은 그걸 '잘 자라는 풀에 비료를 주는 것과 같다'라고 표현했다. 성인들은 식탐이 인간의 본성을 잃게 만든다는 사실을 알았기 때문에 음식을 대할 때 절제를 가장 강조했다. 반듯하게 잘리지 않았거나 적절한 장이 없다는 이유를 들어 입에 넣지 않았던 것도 그것이 맛이 없어서가 아니라, 바로 식탐을 제어하는 하나의 방식이었던 셈이다.

공부의 시작은 절제다. 일상의 욕망이 가라앉으면 편안해지고, 편안한 공간이 생기면 바로 그 자리에 지성이 들어와 자신의 내면과 안목이 확대된다는 게 공자와 같은 성인들의 생각이었다. 여전히 말만 하고 움직이지 않는 사람들에게 이익은 이렇게 일갈한다. "알면 실천해야 한다. 그것은 자신을 제어하는 힘과 닿아 있다". 아는 것과 실천하는 것은 하나가 되어야 한다. 글을 읽었으되 그것을 실천하지 못한다면 학문을 닦고 연구하는 사람의 공부라고 말하기 어렵다. 학문을 닦고 연구하는 것을 중요하게 여기는 이유는 실천할 가치를 발견하기 위해서다. 자신에게 필요한 것만 극진하게 변호하며 행하기 힘든 것은 부정하며 산다면, 그것은 진정 배우는 자의 삶이 아니다.

✚ *이익: 조선 후기 《성호사설》, 《곽우록》, 《이자수어》 등을 저술한 유학자이자 실학자. 유학에 기본을 두되 개혁을 지향하고 경세실용에 중점을 둔 사상을 펼쳤다. 이맹휴 · 이중환 · 이가환 등의 후손과 문인 안정복 · 권철신 등이 성호학파를 형성하여 그의 학문을 이었고, 정약용 등에게 영향을 끼쳤다.

19

12月

관찰

해본 적이 없는 일도 할 수 있게 해주는 비법

음악을 전공하거나 공부한 적이 없는 사람에게는 낯선 악기 하나가 있다. '양금(洋琴)'이라는 악기인데, 정확한 음정을 가지고 있으면서 음높이를 표현할 수 있는 유율타악기(有律打樂器)*의 하나다. '구라철사금(歐邏鐵絲琴)**'이라고도 불리며, 조선 영조 대에 청나라에서 들어와 주로 민간의 정악 연주에 사용되었다. 양금의 구성과 연주법은 아래와 같다.

- 사다리꼴의 판면(板面) 위에 두 개의 긴 괘를 세로로 뻗어 고정시킨다.
- 괘 위에 14벌의 금속 줄을 가로로 얹는다.
- 대나무를 깎아 만든 가는 채로 줄을 때리면 맑은 금속성의 음이 울린다.

양금은 조선의 실학자 홍대용(洪大容)이 중국에서 가져왔다. 그는 1766년 영조 42년 중국 연행(燕行)에서 견문한 것을 기록한《담헌연기(湛軒燕記)》에서 양금을 이렇게 서술하고 있다.

'중국은 서양의 악기를 모방해 '양금'이라고 명명하고 사용하고 있다. 오동나무 판자에 쇠줄을 걸쳐서 소리가 맑게 울린다. 멀리서 들으면 종이나 놋쇠로 만든 타악기 소리 같은데, 소리가 지나치게 크고 세서 수명을 다한 쇠약한 소리에 가깝기 때문에 금슬(琴瑟, 거문고와 비파)의 소리를 따르려면 아직 멀었다. 작은 것은 줄이 열두 줄, 큰 것은 열일곱 줄인데, 큰 것이 훨씬 우렁차고 맑은 음을 낸다.'

홍대용이 양금을 분석한 글을 읽은 연암은 여기에 자신의 생각을 덧붙여《열하일기(熱河日記)》에 이렇게 썼다.

'양금은 서양에서 들어 왔다고 해서 우리나라에서는 '서양금(西洋琴)'이라고 부르며, 서양인들은 천금이라 하고, 중국인들은 번금(藩琴)이나 천금이라고 부른다. 우리나라에 언제 이 악기가 들어왔는지는 알 수 없으나 우리 음악의 조에 맞추어 풀어내는 것은 홍대용부터 시작되었다.'

연암의 시점을 따라가면 이런 사실들을 알 수 있다.

- 연암은 1772년 6월 18일 홍대용의 집에 방문했다.
- 오후 5시에서 7시 사이에 홍대용은 연암 앞에서 이 악기를 연주했다.
- 홍대용은 매우 섬세하게 감식했고, 연암은 그의 모든 행동을 자세히 기록해서 남겼다.

놀라운 사실은 이제부터 시작된다. 연암은 홍대용이 양금을 연주하는 모습을 자세히 관찰했다. 그리고 얼마 후 다시 홍대용의 집을 찾는다. 거실에 양금이 걸려 있는 것을 본 연암은 그것을 꺼내서 연주하려고 했다. 주변 사람들은 입을 모아 "아니, 연주하는 법도 모르면서 그걸 꺼내서 무엇을 하려고 합니까?"라고 질타했다. 홍대용마저 그를 보며 비웃자, 연암은 "내가 당신이 연주하는 모습을 봤지. 가서 가야금이나 가져오세요"라고 말했다. 연암은 시험 삼아 작은 막대기로 줄을 짚더니 놀랍게도 가야금과 완벽하게 선율을 맞춰 양금을 연주하기 시작했다. 가락을 맞추는 일을 몇 차례 반복하니 그 음조가 완벽하게 하나를 이루었다. 이 내용은 연암의 아들 박종채가 지은《과정록(過庭錄)》에 실린 기록인데 놀랍지 않을 수가 없다. 남들이 볼 때는 '한 번도 연주해본 적이 없는 악기를 어쩌면 저렇게 완벽하게 다룰 수 있을까?'라고 하며 다시 연암의 이름 앞에 '천재'라는 수식을 붙이겠지만 그 과정을 세밀하게 들여다보면 생각이 달라진다.

앞에서 길게 서술한 것처럼 연암은 홍대용이 중국에서 양금을 가져왔을 때부터 그의 행동과 양금을 대하는 태도까지 모두 꼼꼼하게 지켜보며 그 내용을 글로 남겼다. "내가 당신이 연주하는 것을 봤지"라는 말에는 "관찰했으니 내가 어찌 모를 수가 있겠소?"라는 의미가 녹아 있었던 것이다. 그렇게 연암은 마음속으로 자기도 연주하는 상상을 계속 했다. 홍대용의 음악적 이론과 지식은 누구에게도 뒤지지 않았고, 악기 연주 수준도 뛰어났다. 연암은 이를 간과하지 않았다. "아, 그렇구나, 잘하는 구나"라고 생각하며 감탄하는 데 그치지 않고, 그로부터 배울 수 있는 것이 무엇인지 짐작했고 그것을 실천해서 자신의 것으로 만들어냈다. 그 차이는 어디에서 나는 걸까? 관찰의 깊이가 다르기 때문이다. 보통 사람은 스치며 봤다고 말하지만 관찰의 깊이가 다른 사람은 스스로 이해할 수 있을 때까지 고개를 돌리지 않는다. 해본 적이 없는 일도 할 수 있게 해주는 관찰의 비법은 결국 스스로 알 때까지 고개를 돌리지 않는 의지에서 나온다.

*유율타악기: 때려서 소리를 내는 타악기 중에서 일정한 음높이를 갖는 악기. 이와 반대로 음높이를 갖지 않는 타악기는 '무율타악기'라고 한다.

**구라철사금: 양금(洋琴)의 다른 명칭. 서양(歐邏, 유럽)에서 들어온 쇠줄(鐵絲) 거문고(琴)라는 의미의 이름이다.

자기 계발

개혁으로 세상을 바꾸기는 어렵지만 나를 바꾸는 건 쉽다

자기 계발은 요즘 시대에 만들어진 성공 노하우가 아니다. 조선시대에도 만족스럽지 않은 환경에서 태어났지만, 원하는 미래를 만나기 위해 자기 계발을 멈추지 않았던 인물이 있었다. 정치(精緻)한 고증 실력과 분야를 가리지 않는 박학(博學)의 대가 이덕무(李德懋)*가 바로 그다. 그는 지성인에게 요구되는 모든 것을 갖추었지만, 단 하나 서자라는 이유로 만족할 만한 환경을 만나지 못했다. 그러나 조선의 숨은 지성인을 구했던 현군(賢君) 정조가 규장각을 설치하여 서얼 출신의 뛰어난 학자들을 등용할 때, 당대 최고 실학자 박제가, 유득공, 서이수 등과 함께 검서관(檢書官)**으로 발탁될 수 있었다.

그러나 한계는 있었다. 검서관은 규장각 내에 부설한 실무직으로, 정직(正職)이 아닌 잡직(雜職)이라 서얼 출신이 주로 임용되었던 자리였고 미래를 기대할 수 없었다. 하지만 그는 포기하지 않고 빛나는 미래를 향한 공부를 멈추지 않았다. 가난한 집에서 태어나 정규 교육은 받지 못했으나, 학문에 유독 밝고 시문에 능해 젊어서부터 이름을 떨쳤다. 책을 살 형편이 되지 않았지만, 굶주림 속에서도 수만 권의 책을 읽고 수백 권을 책을 필사했다. 가질 수 없으니 베낀 것이다. 1795년 아들 이광규(李光葵)가 아버지 이덕무의 저술을 모아 무려 33책 71권이나 되는《청장관전서(靑莊館全書)》를 펴냈는데, 그 안에는 역사와 예절, 풍속, 기행 등 다양한 분야에 대한 지식이 가득 차 있다. 이는 결코 쉽게 모을 수 있는 분량이 아니었다. 이덕무는 매일매일 공부하는 삶을 살기 위해 다음의 네 가지 태도로 삶을 일관했다. 적확(的確)한 의미 전달을 위해 현재에 맞는 문투로 고쳐 썼다.

1. 선비의 예절을 갖춰라. 남을 부를 때 조심하라. '이놈, 저놈', '이것, 저것'이라 하면 그건 스스로 수준을 낮추는 것이다. 아무리 화가 나도 '도적'이나 '개돼지', '원수', '죽일 놈'이라 욕하지 말자. "저거 언제 죽나"라고 저주하는 것도 예절에 어긋나는 말이다.

2. 교양인의 풍모를 잃지 말라. 경청해야 할 때 흥분하지 말라. 내가 아는 것과 다르다 해도 굳이 흥분해서 남을 꺾으려 들지 마라. 남의 연회에 참석했을 때도 음식의 맛을 나쁘게 평하지 말자. 남의 집에 갔을 때도 마찬가지다. 마치 증거를 찾듯 여기저기를 함부로 뒤지지 마라.

3. 언어의 쓰임에 유의하라. 온종일 모여서 이야기를 나누는 주제가 곧 거기에 모인 사람들의 수준이다. 술과 음식, 여자와 벼슬, 바둑이나 장기, 자기 집안에 대한 자랑 이야기만 나누는 것은 민망하므로 피해야 한다. 자신이 어제까지 배운 것들에 대한 이야기를 나누어 보라.

4. 어떤 경우라도 처지를 비난하지 말라. 태어나 맞게 되는 처지는 스스로 결정하기 힘들다. 자기의 처지에 만족할 줄 모른다면 아예 태어나지 않는 게 낫다. 친구가 없다면 그런 처지를 비난하기보다는 책과 함께 놀면 된다. 책이 없으면 구름과 바람이 내 친구고, 그것마저 없으면 하늘을 날아가는 새에 마음을 맡기면 된다.

이덕무가 전하는 네 가지 삶의 태도는 요즘 시대에 책으로 출간해도 무리가 없을 정도로 활용이 가능한 내용이다. 네 가지 태도를 종합해서 압축하면, 그의 말을 빌려 이렇게 적을 수 있다. "나보다 훌륭한 사람은 존경하고, 나와 같은 수준의 사람끼리는 서로 격려하며 힘을 주고, 나보나 못한 사람은 딱하게 여겨 가르쳐 준다면 천하가 태평하게 될 것이다".

지금 시대처럼 조선시대에도 마찬가지로, 세상이든 사회든 그런 것들을 바꾸기는 어려웠다. 그보다는 세상이 바뀌기를 염원하는 자신을 바꾸는 것이 가장 빠르며 현명하기까지 한 처사(處事)다.

*이덕무: 조선 후기 《관독일기》, 《편찬잡고》, 《청비록》 등을 저술한 유학자이자 실학자. 독학으로 경서와 사서 및 고금의 기문이서에 통달했다. 문장도 뛰어나 중국에까지 알려질 정도였다. 북학파 실학자들과 교유했고 중국 고증학 관련 책들도 들여왔다. 글씨와 그림에도 뛰어났다.

**검서관: 조선 후기 규장각 소속의 관원. 명문가의 서얼 가운데서 학식과 재능이 탁월한 자로 임명했다. 주요 직무는 규장각의 관료들을 보좌해 서적을 검토하고 필사하는 일이었으며, 그 외에 어진(御眞; 왕의 초상화) 관리, 절일기거(節日起居; 절일에 행하는 왕의 행사), 왕의 행차 수행 및 어제(御製) · 일력(日曆) · 일성록(日星錄) · 명령문 등을 관리했다.

21

12月

박지원

마음 공부를 위해 필요한 다섯 가지 지적 무기

관찰의 힘을 설명한 앞의 글을 통해 한 번 언급했지만, 연암 박지원(朴趾源)은 조선의 지성이자 자신만의 문체를 완성한 대문호였다. 연암의 그 힘은 대체 어디에서 나온 걸까? 그의 삶은 우리에게 "공부하는 사람은 먼저 마음을 붙잡아야 하며, 이에 다섯 가지 태도가 필요하다"고 말한다. 연암은 먼저 어려움에 대해 말한다. 첫째, 사람의 근본을 구성하는 '깊은 학문'을 갖추기가 어렵고, 둘째, 실용의 기준이 되는 '밝은 안목'을 갖추는 게 어려우며, 셋째, 불가능의 경계를 허무는 '말의 내공'을 갖추기가 어렵고, 넷째, 분명하고 명쾌한 선택을 돕는 '지적 판단력'을 갖추는 게 어렵다. 연암은 깊은 학문, 밝은 안목, 말의 내공, 지적 판단력 등 이 넷 가운데 어느 하나라도 결여되면, 다섯 번째 태도인 나를 넘어서는 단단한 마음의 힘, 즉 '내면의 강도'도 갖추지 못한다고 생각했다.

면밀히 살피면 다섯 단계로 나눈 삶의 태도가 순서에 상관없이 놓인 것이 아니라, 순서에 따라 단계를 밟아 나가야 하는 '과정'이라는 사실도 알 수 있다. 먼저 사람 구실을 할 수 있는 최소한의 학문을 배우고, 다음에는 배운 지식을 제대로 분간할 수 있는 안목을 갖춰야 한다. 다음에는 우리가 맞이하는 일상의 곳곳에서 '불가능'이라는 벽을 허물게 돕는 말의 내공을 갖춰야 하고, 그러면 자연스럽게 어떤 상황에서도 실수하지 않는 지적판단력을 갖게 된다. 이렇게 하면 마지막으로 우리가 그토록 원하는 '단단한 마음의 힘을 가진 사람'으로 다시 태어나게 된다. 어느 하나만 집중적으로 단련하는 것이 아니라, 계단을 하나하나 밟고 오르듯 나아가야 비로소 마음 공부를 완성할 수 있다는 것이다.

다음은 연암의 글을 전하려는 메시지에 집중해 편집한 것이다.

"문자로 된 것만이 책은 아니다. 그 사실을 꼭 기억하라. 물론 책에 세상 사는 지혜가 녹아 있으니, 세심하게 읽을 필요가 있다는 바를 부정하지 않는다. 그러나 그렇다고 늘 책만 본다면 물고기가 물을 인식하지 못하듯, 그 지혜가 가진 잠재력을 제대로 측정하기 힘들다."

이것이 바로 연암이 말하는 '마음 공부의 힘'이 가진 중요성이다. 그는 모든 것을 안다고 생각하지만, 아무것도 모를 수도 있는 상태를 지적하며, 우리가 요약하고 깨달아야 하는 대상은 글자로 된 책에만 존재하는 것이 아니라, 두 발을 딛고 살아가는 여기 천지만물에 흩어져 있다는 것을 강조했다. 그런 눈으로 본다면 곧 세상이 하나의 커다란 책이고, 이것을 알아야 비로소 천지만물은 우리에게 자신의 본 모습을 드러낼 것이다. 책은 좋은 지적 수단이지만, 책에서만 지식을 발견한다면 아주 조금 아는 것이다. 만약 시야를 넓혀 주변 사람에게서도 배울 수 있다면 당신은 곁에 존재하는 사람의 수 만큼 성장할 것이다. 더 나아가 당신이 자연에서 무언가를 볼 수 있다면, 세상 만물이 그대의 스승이 되어 깨달음을 줄 것이다. 시간과 공간이 아무리 변하고 흘러도, 진리는 그 자리를 떠나지 않고 지금도 우리를 지켜보고 있다. 공부의 시작과 끝에는 결국 '마음 공부'가 있다. 마음만 흔들리지 않고 그 자리를 지키고 서 있을 수 있다면, 우리는 뭐든 이룰 수 있다.

"당신의 마음이 곧 당신의 가능성이다."

일의 철학

상대의 일을 존중하라

직장이나 그 밖의 조직에서 간혹 타인에게 이런 말로 일을 시킬 때가 있다. "그걸 할 줄 알면 이것도 할 줄 알겠네? 그럼 이것도 좀 해줘". 요청을 받은 사람의 전문 분야가 아니거나 그 사람의 역할이 아닌데도 억지로 혹은 권유하는 방식으로 일을 시키는 경우다. 하지만 그게 과연 일을 제대로 하는 모습일까? 그런 방식의 일 처리가 과연 옳은 것일까?

모든 면에서 효율을 강조하며 살았던 다산은 《목민심서(牧民心書)》에 이런 말을 남겼다. "관청에서 일하는 여종이나 기생에게 바느질을 시키지 말아라. 어쩔 수 없는 이유로 남의 손을 빌려야 한다면, 그걸 전문으로 하는 침비(針婢)*를 부르거나 침가(針家)**에 직접 가져가서 비용을 내고 맡겨라". 다산은 이렇게 말하고 싶었던 것이다. "상대보다 높은 지위에 있다고, 혹은 명령할 수 있는 위치에 있다고 억지로 일을 시키는 것은 옳지 않다". 이유는 간단하다. 일단 비생산적이며 그런 과정을 통해서 수행된 일이 제대로 완수됐을 가능성이 낮기 때문이다. 더 나쁜 것은 남의 일을 존중하는 마음을 가지지 못하면 정작 자신의 일에 대한 철학도 세울 수 없다는 사실이다. 그래서 다산은 각자 자신에게 주어진 업무에 집중하는 사회를 만들어야 한다고 생각했다. 그래야 공부를 통해 더욱 각자의 전문성을 높일 수 있으며, 자기 일에 대한 철학도 만들 수 있기 때문이다.

세상에는 세 가지 일이 있다. 하나는 내가 굳이 할 필요가 없는 일, 또 하나는 내가 해도 괜찮은 일, 마지막 하나는 내가 꼭 해야 할 일이 바로 그것이다. 바느질은 사실 누구나 할 수 있는 일이라고 생각하기 쉽다. 조선시대에는 양반 여성도 기본적으로 바느질을 배웠기 때문이다. 그러나 그렇게 생각하면 개인의 성장과 발전을 도모할 수 없다. 다산이 사는 내내 자기 분야에서 활발한 창조적 활동을 할 수 있었던 것도 위에 나열한 세 가지 일 중, 자신이 꼭 해야 할 일에 전념했기 때문이다. 그런 삶을 배우고 싶다면 먼저 타인의 전문성을 인정하며 그 가치를 제대로 평가하는 자세와 안목이 필요하다. 그 과정을 통해 저절로 자기도 수양과 공부가 되는 법이니까.

+ *침비(針婢): 바늘과 실을 다루는 여종. 침선비(針線婢), 침모(針母)라고도 한다. 원래는 왕실의 의복을 전담하는 상의원(尙衣院) 소속 노비이며, 바느질뿐만 아니라 재단, 재봉, 자수, 다리미질까지 도맡았다. 대갓집은 으레 전속 침선비를 두어 의복의 제작과 관리를 맡겼다.

**침가(針家): 삯을 받고 바느질을 전문으로 해주는 집. 바느질은 여성의 기본 소양이었고, 고급 의류에 익숙한 양반 여성의 바느질 솜씨가 뛰어나 삯바느질은 대개 가난한 양반 여성의 몫이었다. 체면상 밖에 나가 돈벌이를 할 수는 없었으므로 집안에서 할 수 있는 삯바느질을 선호했다.

23

12月

출발

새롭게 시작하는 자를 위한 다섯 가지 조언

"내 나이 예순, 나의 삶은 어리석게도 모두 잘못 생각하고 행동한 것에 대한 반성으로 지낸 세월이었다. 이제 지난 일을 모두 정리하고 다시 시작하고자 한다. 이제부터 빈틈없이 나를 닦고 실천하고 내가 진정으로 해야 할 것들을 생각하며 내게 주어진 삶을 다시 살아갈 생각이다."

누가 쓴 글일까? 뭔가 인생을 잘못 살았던 사람이 후회하며 쓴 글일 듯싶다. 그러나 주인공은 의외의 인물인 다산이다. 다산은 이 구절을 18년 동안의 강진 유배 생활*을 마친 후에 썼다. 누가 봐도 훌륭했던 그의 삶에도 후회는 있었으며, 예순 이후에는 이전과 다른 삶을 살았다. 예순 이후에 보여준 그의 가르침을 정리하면 다음의 다섯 가지 금언이 된다.

1. 언제나 본질을 먼저 파악하라. 나라를 망하게 하는 것은 외적의 침략에서 오는 것이 아니라, 공직자의 부정부패에 의해 민심이 흔들리며 시작된다. 언제나 상황 그대로가 아닌 그 이면에 숨겨진 사실을 바라볼 수 있어야 한다. 바라보고 또 바라보면 본질이 자신을 드러내는 순간을 만나게 된다.

2. 넓어지고 깊어져야 다른 시선을 만날 수 있다. 겸손은 사람을 머물게 하고, 칭찬은 사람을 가깝게 한다. 마찬가지로 넓은 내면은 사람을 따르게 하고, 깊은 내면은 사람을 감동시킨다. 바뀌지 않는 상대를 탓하지 말고, 그런 수준에 도달하지 못한 자신의 현실을 바라보며 깨우쳐라. 다른 지점을 바라보고 싶다면 다른 시선으로 이동해야 한다.

3. 의지가 곧 여유를 창조한다. 여유가 생긴 뒤에 남을 도우려 하면 결코 그런 날은 오지 않을 것이고, 여유가 생긴 뒤에 책을 읽으려 하면 결코 그런 기회는 없을 것이다. 변화의 기회는 언제나 그걸 결심한 현재에 있다. 지금 하지 않는다면 영원히 하지 않게 될 것이다. 강한 의지가 곧 넉넉한 여유를 창조한다는 사실을 기억하자. 여유는 주어지는 게 아니라, 스스로 창조하는 것이다.

4. 조금 더 영원한 가치를 보라. 말은 쉽게 사라지고 글은 오랫동안 남는다. 그러므로 쉬지 말고 기록하라. 기억은 흐려지고 생각은 사라진다. 머리를 믿지 말고 손을 믿어라. 생각한 것을 바로 글로 남기지 않으면 바람과 함께 사라진다. 언제나 무언가를 조금이라도 더 오랫동안 붙잡겠다는 의지를 가져야 한다. 그게 시작을 빛나게 할 것이다.

5. 글을 읽지 않으면 세상도 읽히지 않는다. "세상은 왜 날 알아주지 않는 거야?"라고 한탄을 하는 사람들의 공통점 중 하나는 독서를 제대로 하지 않는다는 것이다. 글을 제대로 읽을 수 없는 사람은 글이 모여 만들어진 세상도 당연히 제대로 읽지 못한다. 열심히 일한 만큼 성과를 낼 수 없는 것이다. 인간으로 하여금 짐승과 벌레의 부류를 벗어나 저 광대한 우주를 꿈꾸게 만드니, 독서야말로 사람이 끝없이 추구할 본분(本分)이다.

다산은 새롭게 출발하는 제자들에게 이런 이야기를 자주 들려주었다. "우리가 배불리 먹고 따뜻하게 입으며 죽는 날까지 근심 없이 지내다가, 세상을 떠나는 날에 사람과 뼈가 함께 썩어버리고 한 상자의 글도 전할 것이 없다면, 그런 인생은 없는 것과 같다. 그런 것을 인생이라 부른다면, 그의 인생이란 짐승과 다를 바가 없을 것이다".

삶은 우리에게 기회를 주지만 실패를 더 자주 안긴다. 그래서 몇 번이고 다시 시작해야 하는 상황을 맞이하게 되는 것이다. 많은 사람이 지금도 새롭게 출발하지만, 누군가는 원하는 곳에 도착하고 다른 누군가는 실패만 반복한다. 당신의 출발을 조금 더 멋진 결과로 만들고 싶다면 다산이 조언한 것처럼, 먼저 본질을 파악한 후 다른 시선을 가져야 하며, 당장 시작할 여유를 창조해야 하고, 더 영원한 가치를 바라보며 독서를 시작하는 게 좋다. 그리고 마지막에는 그렇게 살았던 삶의 기록을 글로 남기자. 다산의 조언을 가슴에 담고 이제 당신도 당신의 역사를 쓰면 된다.

✚ *강진 유배 생활: 정약용이 신유박해(辛酉迫害) 당시 황사영 백서사건(黃嗣永帛書事件)에 연루, 유배되어 18년간의 유배 생활을 치르던 중 11년간을 보낸 시절. 정약용은 이 기간 동안 경세학(經世學)에 대한 많은 저술을 남겼으며 윤단(尹慱)의 산간 정자를 기여받아 다산초당을 세우기도 했다.

24 12月

조선왕조 최연소 급제자

면밀하게 검토하고 깊이 질문하며 살아가는 힘

조선시대에 치른 과거에서 최연소 급제자는 1866년 고종 30년에 강화도 별시문과에 뽑힌 이건창(李建昌)*이라는 선비였고 그의 나이는 14세에 불과했다. 조선시대를 통틀어도 20세 미만 급제자는 30명 정도밖에 되지 않으니 더욱 놀라운 결과라고 할 수 있다. 그는 판서 이시원(李是遠)의 손자로 다섯 살에 문장을 구사할 만큼 재주가 뛰어나 신동이라는 말을 들었지만, 조정에서는 너무 어린 나이에 급제했다는 이유로 특별히 4년 뒤인 18세가 된 후에 홍문관(弘文館)**직의 벼슬을 주었다. 요즘처럼 출판이 자유롭게 이루어진 시대였다면《14세 최연소 과거 급제 공부법》이라는 책을 써서 베스트셀러가 되었을 것이다. 그만큼 이건창의 공부 비결이 궁금할 수밖에 없다.

이건창의 성공 비결은 바로 '기본을 지키는 삶'에 있었다. 나쁜 것을 보면 용납하지 않는 성격이라, 그의 삶은 암초로 가득 찬 바다와 같았다. 암행어사 때는 충청감사 조병식(趙秉式)의 비리를 사실대로 지적하다가 오히려 모함을 받고 벽동(碧潼)으로 유배당하기도 했다. 하지만 그는 자신의 행동을 후회하지 않았다. 잘못한 것이 없이 모함을 받아 귀양을 당한 뒤에는 벼슬에 남은 뜻을 모두 버렸다. 그러나 임금이 친서를 보내 친히 그를 불렀다. "내가 그대 마음 알고 있으니, 전과 같은 마음으로 일하라". 돌아가지 않을 수 없었던 이건창은 1880년 경기도 암행어사로 다시 업무를 시작했다. 여기저기 눈치 보지 않고 관리들의 비행을 파헤쳤고, 흉년을 당한 농민들을 찾아다니면서 구휼에 힘쓰고 세금을 감면해 주어 곳곳의 백성들이 자발적으로 선정비(善政碑)를 세웠다.

우리는 왜 자꾸 서로를 비난하고 운동 경기를 하듯 승패를 나누며 살아가는가? 스스로 생각하고 정보를 면밀하게 검토할 줄 아는 사람은 세상 사람을 아군과 적군으로 나누지 않는다. 단지 나와 의견이 같은 사람과 다른 사람으로만 구분한다. 상황에 따라 의견은 언제든 달라질 수 있다는 사실을 알기에 어느 편에도 속하지 않는다. 그들에게 '편'이란 상황에 맞는 자신만의 적절한 생각이라는 공간이다. 이건창 역시 마찬가지로 친척과 친구를 비롯해 지위 고하를 막론하고 죄가 있으면 확실하게 처단했다. 그러면서도 상대를 미워하지 않고 일의 본질을 바라보려는 시선은 할아버지가 추구한, 충의(忠義)와 문학(文學)을 바탕으로 한 가학(家學)의 영향이 컸다. 뜻이 바르니 임금이 그를 얼마나 믿고 아꼈겠는가. 여건이 맞지 않아 그가 아닌 다른 사람을 지방관으로 보낼 때는 "그대가 가서 잘못하면 바로 이건창이 가게 될 것이다"라고 할 정도로 엄하게 공무를 집행하는 이건창의 자세와 철학을 굳게 믿었다.

세상 사람을 적군과 아군으로 나누면 결국 승리와 패배를 기준으로 살아가야 한다. 이기면 순식간에 숙였던 고개를 바짝 들어 의기양양해지고, 지면 일단 상황을 비난한 후 복수를 노리며 눈물을 삼킨다. 모든 평가의 기준이 이기는 게 아니면 지는 거라서 통합이나 적절한 토론은 전혀 기대할 수 없다. 이겼을 때는 심판을 지지하지만, 한 번이라도 지면 어제 지지했던 심판을 비난하며 모욕한다. 이런 태도는 그들이 근본적으로 나쁘거나 못돼서가 아니라, 어떤 사안에 대해서 스스로 사색하거나 면밀하게 관찰하고 검토하기를 게을리해서 일어나는 불행이다. 사람이 나쁜 게 아니라, 사색하고 질문하며 검토하지 못하는 삶의 태도가 사람을 그렇게 만드는 것이다. 사색과 질문, 탐구하지 못하는 사람과의 토론이나 대화는 지옥이다. 세상에 나쁘거나 못된 사람은 없다. 깊게 사색하고 면밀하게 질문하지 않는 사람만 있을 뿐이다. 이건창은 우리에게 '사색하고 질문하라'고 조언한다. 우리가 사색과 질문으로 자신의 성장을 추구하는 이유는 누군가를 내 아래에 두거나 활용하기 위해서가 아니라, 모두 동등하고 아름다운 하나로 살기 위해서다. 혼자만 앞으로 나서는 하나가 되는 것이 아니라, 모두와 아름다운 하나가 되기 위해 치열하게 사색하고 질문하며 사는 것이다.

*이건창: 개항기 한성부소윤, 안핵사, 승지 등을 역임한 문신, 학자, 문장가. 천성이 강직해 수 차례의 암행어사직을 수행했고, 개항기 청의 간섭에도 굴하지 않았다. 저서 《당의통략》은 비교적 공정한 입장에서 당쟁의 원인과 전개 과정을 기술한 명저로 이름 높다.

**홍문관: 조선시대 궁중의 경서(經書) 및 사적(史籍)의 관리와 문한(文翰)의 처리 및 왕의 각종 자문에 응하는 일을 관장하던 관서. 홍문관직은 청요직(淸要職)의 상징이었으므로 홍문관원이 되면 출세가 보장되었다. 정승과 판서 중 홍문관을 거치지 않은 사람은 거의 없었다.

25
12月

법정

스스로 변할 것인가 타인에 의해 바뀔 것인가?

법정(法頂)*은 일생을 청빈하게 산 승려이기도 하지만, 종교를 떠나 많은 사람에게 글로써 긍정적인 영향을 끼친 수필가다. 강원도 오두막에서 무소유의 삶을 몸소 실천했으며, 그런 삶을 대변하듯 《무소유(無所有)》와 《오두막 편지》 등의 수필집을 내기도 했다. 책 제목만 보면 법정이 변화와는 거리가 먼 사람처럼 느껴진다. 하지만 그는 변화와 혁신을 강조하는 조언을 자주 했던 사람이었다. "오래된 것에 매달리지 마라. 오래된 것을 찾는 사람은 없다. 지금 변하라, 언제나 변화의 기회는 바로 지금이니까". 모든 것이 다 변해도 절대 변하지 않는 명제 중 하나는 '모든 것은 결국 변한다'는 사실이다. 누구든 끊임없이 자신의 주위 환경에 맞는 변화를 시도해야만 살아남을 수 있다. 변화에는 고통이 따른다. 새우는 성장 과정에서 보호막 역할을 하는 껍질을 스스로 벗음으로써 지독한 주위의 공격을 받는다. 스스로 고통을 자처하는 셈이다. 하지만 새우는 그 고통을 견디지 못하면 한 단계 성장하지 못한다. 인간도 마찬가지다. 누구나 다음 단계로 올라가기 위해서는 변화해야 한다.

법정 역시 처음에는 열심히 수행만 하는 승려였다. 나중에는 이름이 널리 알려져 그가 머무는 곳이 아무리 험한 산속이라 할지라도 손님이 끊이지 않을 정도로 유명세를 떨쳤지만, 수행 초기의 법정은 옛것만 소중하게 생각하고 제도권 안에서만 머물던 평범한 스님 중 한 명에 불과했다. 1956년 당대의 선승인 효봉 스님의 제자로 출가한 이래 철저하게 수행자의 자세를 유지하면서 살아온 그는, 해인사 선방에서 수행하던 어느 날 자신에게 변화의 불벼락을 때린 한 사람을 만난다. 팔만대장경을 모셔 둔 장경각 쪽에서 할머니 한 분이 내려오면서 법정에게 질문을 던진 것이다. "팔만대장경이 어디에 있습니까?" 법정은 "지금 내려오신 곳에 있습니다"라고 대답했다. 그러자 할머니는 "아, 그 빨래판 같은 게 팔만대장경이군요"라고 말했다. 이 말은 법정에게는 충격 그 자체였다. 그는 불교가 옛것만 답습하고 제도권 안에만 머물러 있으면 위대한 유산인 팔만대장경도 '빨래판 같은 것'에 불과할 뿐이라는 사실을 깨달은 것이다. 할머니의 표현이 거칠기는 했지만, 법정은 그 말 속에서 '불교는 살아 있는 것 같지가 않아. 너무 고루해'라는 행간의 의미를 읽을 수 있었다. 뭔가 큰 변화가 있어야 한다는 것을 느꼈고, 지금까지와는 다른 인생을 결심하게 된다.

깊은 사색 끝에 '살아있는 언어로 불교를 전해야겠다'는 결론을 내리고 글을 쓰기 시작했고, 출가 후 그동안 쌓은 모든 것을 내려놓고 1970년대 후반부터 송광사 뒷산에 불일암(佛日庵)을 지어 홀로 살았다. 이후 《무소유》를 비롯해 《산에는 꽃이 피네》, 《살아 있는 것은 다 행복하라》 등 많은 책이 베스트셀러가 되어 대중에게 읽히게 되었다. 법정의 글이 불교라는 종교의 테두리 안에서만 읽히는 게 아니라 전 국민에게 사랑을 받을 수 있는 건 바로 '빨래판 대장경'의 가르침이 있었기 때문이고, 그 가르침에 맞춰 스스로 변화했기 때문에 가능했던 일이다.

✚ *법정: 승려이자 수필가. 1956년 당대 고승인 효봉(曉峰)을 은사로 출가했다. 《불교신문》 편집국장 등을 지냈으며 정갈하고 맑은 문체로 책마다 베스트셀러에 올랐고, 스테디셀러 작가로도 문명(文名)이 높다. 대표적인 수필집으로는 《무소유》, 《오두막 편지》 등이 있다. 2010년 3월 11일 길상사에서 78세(법랍 54세)를 일기로 입적했다. 속명은 박재철.

26
12月

창조력의 비밀

말꼬리만 잡지 말고 말 등에 올라타라

세상에는 수많은 공부 천재가 있다. 그러나 그 귀한 능력으로 얻은 것을 자신만 독점하지 않고 세상과 나누는 사람은 많지 않다. 얻은 것을 바탕으로 새로운 것을 만들어내는 창조력이 부족하기 때문이다. 창조하는 사람은 자기 성과를 남과 쉽게 나눈다. 남과 나누고 자기는 또 하나 더 창조하면 되기 때문이다. 창조 재료를 많이 가진 사람은 그래서 늘 그것을 나누며 상생하는 일상을 보낸다. 한국을 대표하는 지성 이어령 선생이 바로 '창조하고 나누는 삶'을 살다간 장본인이다. 그의 표현을 빌리자면 그는 '우물 파는 사람'이다. 그러나 그 우물에서 길어 올린 물은 마시지 않고 주변 사람들에게 양보한다. 자기는 또 우물을 파면 되니까. 그의 끊이지 않는 창조력은 대체 어디에서 나왔던 걸까?

서울올림픽이 열렸던 1988년, 미국 맨해튼 슬럼가에 방을 얻은 이어령은 랩톱 컴퓨터 하나를 사 컴퓨터를 배우는데 몰두했다. 새로 이사 온 그를 반기는 마음으로 주인이 방문에 페인트칠을 해주었는데, 그는 사흘 내내 방에서 나가지 않아 페인트가 엉겨 붙어 안에서는 문을 열 수 없는 상태가 되어버릴 정도로 컴퓨터를 공부했다. 이 만화 같은 소동 끝에 그는 영문 도스 매뉴얼 한 권을 통째 소화하는 것으로 정보화 사회에 첫발을 내디뎠다. 여기에서 우리는 그의 놀라운 집중력을 발견할 수 있다.

집중력을 발견한 후에는 새로운 질문이 생긴다. "이런 집중력은 어디에서 오는 걸까?" 하루는 허름한 차림의 시골 어른이 이어령 선생을 찾아와 몇 권의 책을 풀어놓았다. 그중 《심성록(心性錄)》이라는 책이 눈에 들어왔다. 그러나 사기에는 비싸기도 하고 한자 실력도 수준급이 아니라 읽기 힘들 듯싶어 그냥 돌려보내려다가 혹시나 해서 필사를 시작했다. 무심코 책을 읽어내려가던 도중 그는 무릎을 치며 경탄했다. 마음을 설명한 서양과 동양의 기본적 차이가 선명히 드러나는데, 이걸 기호학적으로 풀면 기가 막히겠다는 생각이 든 것이다. 그 결과로 나온 것이 바로 1988년 서울올림픽에서 굴렁쇠를 굴리며 달리는 아이의 모습이다. 세계인의 이목을 사로잡은 그 장면이 바로 이렇게 만들어진 것이다. 이 모든 것이 맨해튼에서 얻은 디지털 지식과 《심성록》에서 얻은 아날로그 지식이 융합되어 나온 것들이다. 서로 전혀 관계없는 것들에서 짐작도 못 한 새로운 것이 나온다. 다른 분야로 상상을 마음대로 펼칠 수 있기 때문에 평균 이상의 집중력을 갖게 되는 것이다. 그 후 이어령은 정보화 사회에 대한 영감을 통해 디지털(Digital) 기기에 아날로그(Analog) 감성을 더한 합성어인 디지로그(digilog)*를 선포하기도 했다.

이어령이 가진 창조력의 핵심은 세상의 온갖 것에 관심을 가지고, 가진 관심만큼이나 많이 쌓은 백과사전적 지식을 바탕으로 한 변주 능력이었다. "창조력의 핵심이 무엇이냐?"라는 질문에 그는 '말 등'을 언급했다. 트집[말꼬리]만 잡지 말고 무언가 하나[말 등]에 직접 올라타 생각하면 자신을 둘러싼 시공간이 바뀌는 기적을 만난다는 것이 그의 대답이었다.

✚ *디지로그: 디지털을 기반으로 하여 아날로그적 요소를 결합한 개념. 아날로그 사회에서 디지털 사회로 넘어가는 과도기를 겪는 시장에서 좋은 디지털 기술이란 인간적인 아날로그 감성을 포함해야 한다는 인식에서 등장했다.

27
12月

한류의 시작

욘사마가 책을 쓰며 시작한 '원 플러스 원(감성+이성)' 전략

세계인의 마음을 사로잡은 《오징어 게임》, 《미나리》, 방탄소년단(BTS) 등 '한류'와 '케이팝'은 이제 전혀 특별하게 느껴지지 않을 정도로 우리에게 익숙해진 표현이다. 한국의 문화가 해외에서 인기를 얻는다는 것은 귀한 일이다. 국적을 뛰어넘어 마음이 통한다는 사실을 의미하기 때문이다. 그러나 이런 일이 저절로 이루어진 것은 아니다. 시간을 되돌려 한류의 태동기로 가보자.

2002년 KBS TV에서 방영된 《겨울 연가》*는 젊은 연인의 감동적인 사랑 이야기를 다루고 있어서 많은 시청자로부터 사랑을 받았다. 이 드라마를 통해 배용준은 감성적인 남자의 이미지를 가질 수 있었고, 일본 NHK TV에서 방영되면서 일본 시청자들에게도 큰 인기를 끌게 되었다. 특히 일본 중년 여성들에게 그의 인기는 폭발적이어서 '욘사마'라는 애칭을 얻기도 했다. 배용준이 일본 여성들에게 인기를 얻게 된 이유는 사랑하는 여인을 위해 눈물을 흘리는 '감성적인 남자'라는 점에 있었다. 일본에서 TV를 통해 드라마 한류를 이끌며 '아시아의 신'으로 등극한 욘사마 배용준이 보여준 그 이후의 행보는 시사하느 바가 크다. 대중의 기억에 남을 연기와 누구나 공감하는 음악이나 메시지를 전하는 연예인 중에는 감성이 풍부한 우뇌형 인간이 많은데, 바로 이 지점에서 각자의 인생이 나뉘기 때문이다.

감성적인 성향만 가지고 있는 대개의 연예인이 일생 연예인으로서만 활동하는 데 반해, 배용준은 조금 달랐다. 그는 연예인뿐만 아니라 사업가로 변신하여 '키이스트'라는 엔터테인먼트 회사를 설립했다(2018년 SM엔터테인먼트에 경영권을 넘긴 이후 지금은 그 기업의 대주주로서 활동하고 있다). 사업체를 운영하기 위해서는 논리적 사고와 감성적 사고의 융합이 필요하다. 다양한 이해관계가 얽힌 비즈니스 문제를 풀어나가기 위해서는 감성 하나만으로는 성공하기 힘들기 때문이다. 여기에서 중요한 사실은 감성은 타고나는 것이지만, 논리적 사고는 공부해서 획득하는 것이라는 점이다.

배용준은 2008년에도 매우 특별한 시도를 했다. 자신이 직접 쓴 책을 출판한 것이다. 나는 그가 돈을 벌기보다는 사업에 필요한 논리력을 기르기 위해 책 쓰는 일에 도전했다고 생각한다. 책을 쓰려면 독자의 마음에 호소하는 감성도 있어야 하지만 그 이상으로 상당한 논리력이 필요하다. 300페이지 정도의 단행본 원고를 쓰려면 감성 위주의 몇 가지의 에피소드만 가지고는 한계가 있기 때문이다. 배용준은 일단 한국의 숨겨진 아름다움을 일본 사람들에게 알리기 위해 '한국의 아름다움을 찾아 떠난 여행'을 주제로 한 책을 기획했다. 자신의 가장 큰 팬인 일본의 여성 팬들에게 적극적으로 한국을 소개해서 알리겠다는 콘셉트를 들고나온 것이다. 그 후 일 년 동안은 한국의 숨겨진 여행지와 문화유산, 자연, 음식, 그리고 일본인들이 좋아하는 차(茶)를 발굴하고 다녔다. 본인이 직접 명소와 명인들을 만나기 위해 전국을 누볐으며, 자신이 한국의 아름다움을 체험하는 과정을 찍었다. 그렇게 일 년의 시간이 지나고, 다시 일 년 동안을 사진을 고르는 작업과 글 쓰는 작업을 거친 끝에 한 권의 책을 완성했다. 《한국의 아름다움을 찾아 떠난 여행》은 일본에서 출간되자마자 5만 부 이상 판매되었고 국내에서도 한 달 만에 4만 부 이상 판매되었다. 글쓰기에는 비전문가인 연예인이 처음 쓴 책임에도 단숨에 베스트셀러 반열에 올라섰다.

어떤 기자가 "살면서 지금까지 가장 힘든 일이 무엇이었냐?"라고 묻자, 그는 망설이지 않고 "책을 쓰는 일이 지금까지 경험했던 일 중에서 가장 힘든 일이었다"고 고백했다. 배용준은 책의 판매량에는 큰 관심을 두지 않았을 것이다. 그가 얻고자 한 것은 책의 판매량이 아니라 자기 사고의 논리력이었기 때문이다. 그는 책을 쓰는 작업을 통해 다른 방법으로는 가능하지 않은 논리력 훈련을 했고, 좌뇌와 우뇌를 연결하는 통섭적 사고 능력을 키웠다. 마침내 책이 출간되었을 때, 배용준은 TV드라마나 영화 촬영을 마쳤을 때와는 또 다른 창작의 기쁨을 느끼며 한 뼘 더 성장한 자신을 발견했을 것이다.

'한류'와 '케이팝' 역시 마찬가지다. 잠깐의 인기에 도취한 상태로 멈췄다면, 세계인에게 우리의 드라마와 음악이 사랑받는 지금의 현실을 맞이하기 힘들었을 것이다. 배용준을 시작으로 감성에 이성을 더하는 시도를 했기 때문에 손색없는 '비즈니스'로서 틀을 잡아 세계 시장에서도 먹히는 한국의 콘텐츠를 각인시킬 수 있던 것이다.

+ *《겨울 연가》: 2002년 1월 14일부터 2002년 3월 19일까지 KBS 2TV에서 방영된 드라마. KBS 2TV에서 《가을 동화》의 뒤를 이어 계절 시리즈 후속으로 제작되었으며, 배용준, 최지우 주연으로 총 20부작으로 방영했다.

28
12月

박찬호

성공의 지름길은 지도 위에나 존재한다

전 야구선수 박찬호와 인터뷰를 한 적이 있다. 오랜 미국 생활을 마치고 귀국한 그에게 많은 사람이 가장 궁금해 했던 것은, 한국인에서는 드문 '버터 발음'이었다. 당시에 많은 사람이 그가 미국에서 선수로 활동한 티를 내려고 일부러 이런 발음을 한다고 생각했다. 과연 사실일까? 발음에 대한 나의 질문에 대한 그의 답변은 사람들의 짐작과는 전혀 달랐다. 미국에서의 선수 생활 동안 그는 포수에게 공을 던질 때 언제나 이를 악물고 '악'이라는 기합 소리와 함께 공을 던졌다. 기합 소리가 너무 커서 방송 시청으로도 그의 기합 소리를 들을 수 있을 정도였다.

젊은 박찬호의 튼튼한 이도 공 하나하나에 실린 그 뜨거운 열정을 견뎌낼 수 없었다. 오랫동안 이를 악물고 공을 던진 탓에 아래 이빨이 닳아서 2007년부터는 권투 선수가 착용하는 마우스피스를 쓸 수밖에 없었다. 대화 중에 버터 발음이 나는 이유도 이빨이 닳아 소리가 새어나가기 때문이었다. 고통은 상상을 뛰어넘는 것이었다. 투수가 볼을 던질 때 이를 악물면 무려 3톤의 압력이 이에 가해지는데, 마우스피스를 끼고 던지기 때문에 그는 더욱 큰 압력을 견뎌내야 했다. 열정은 그를 아프게 했지만, 아픔은 그를 성장시켰다. "아랫니가 많이 닳아서 이빨 속까지 보일 정도입니다. 턱에도 통증이 있어서 음식을 씹기 어렵고요. 그래서 하루 24시간 내내, 잠을 잘 때도 마우스피스를 끼어야 합니다". 이 일화를 통해 박찬호가 성공할 수밖에 없었던 이유가 무엇인지 우리는 알 수 있다. 박찬호처럼 20년 동안 야구를 한 사람은 많다. 다만 20년 내내 자신의 한계에 도전한 사람이 없을 뿐이다.

지금도 여기저기에서 수많은 분야에 대해 공부하는 수많은 사람이 있지만, 그들이 모두 박찬호가 되지 못한 이유는 분명하다. 박찬호처럼 '이빨이 닳을 정도의 노력'을 쉼 없이 반복하지 않았기 때문이다. 그들은 몸이 견딜 수 있을 정도의 수준에서 대충 멈췄다는 얘기다. 메이저리그 통산 113승에 기적은 하나도 없었다. 박찬호는 선수 생활 내내 스스로 마이너리거로 살고 있다고 생각했다. 마이너리거라는 생각으로 살아간다는 것은 자신의 부족함을 안다는 의미다. 그 생각이 그로 하여금 쉬지 않고 공부하도록 만들었다. 모든 일 중에서 가장 어려운 것은 꾸준하게 하는 것이다. 박찬호의 삶은 우리에게 이렇게 말한다. "점수 차는 기억하지 마라. 승부는 언제나 0-0이다". 그렇다. 외부의 요인에 정신을 빼앗기지 말자. 내 앞에 있는 승부에만 집중하자. 그게 바로 박찬호의 가르침이다.

조성진

본질을 잃지 않기 위한 공부의 가치

한 사람의 의식 수준은 그 사람이 했던 말로 짐작할 수 있다. 세계적인 명성을 얻고 있는 피아니스트 조성진은 데뷔 이후로 의미 있는 말을 여러 번 해왔다. 그가 열세 살 때인 2006년에는 "영원한 1등도, 영원한 꼴찌도 없다고 배웠다. 겸손하게 피아노를 공부하겠다"라며 피아노 공부를 강조했다. 어린 나이 때부터 자신이 원하는 것이 있다면 공부를 통해 하나하나 이루어가야 한다는 의식을 갖고 있었다. 스무 살이 된 2013년에는 누가 들어도 가슴 두근거리는 말을 남겼다. "나는 꿈이 엄청 크다. 귀한 연주를 하고 싶다". '귀한'이라는 표현이 참 근사하다. 스무 살에 자기 일을 귀하다고 생각한다는 것, 그 자체가 귀하다. 두 해 뒤 스물두 살이 된 2015년에는 이런 말을 남겼다. "내 나이 때는 많이 얻어야 하는 시기가 아닐까 싶다. 그래야 나중에 버릴 게 있을 테니까". 이 정도면 공부를 통해 사색의 의미까지 발견한 자의 혜안이 녹아 있는 말이라 볼 수 있다. 공부가 그저 정보를 쌓는 것이라면 사색은 답이 될 수 있는 하나의 정보만 남기고 모두 삭제하는 것이기 때문이다. 긴 세월 자신의 일에 몰입해야 알 수 있는 사색의 원칙까지 스스로 깨달은 것이다.

마지막으로 2018년 스물다섯 살이 된 조성진은 이런 외침과도 같은 말을 남겼다. "클래식의 대중화보다는, 더 많은 대중이 '클래식화' 되었으면 좋겠다". 이제는 완전히 자기 업의 본질을 깨닫고, 일시적인 것이 아닌 영원한 것을 추구하는 음악인의 자세를 드러낸 것이다. 그는 "클래식의 대중화는 왜 위험한가?"라는 질문에 진지한 표정으로 답했다. "내가 너무 보수적일 수도 있지만 클래식의 본질을 잃어버릴 수 있을 것 같아서다. 단정 지을 수는 없지만 그럴 가능성이 있다. 그래서 대중화를 위해 특별한 노력을 하고 있지는 않다". 그는 이렇게 어릴 때부터 자신을 높은 곳으로 이동시키기 위해 적절한 질문을 던졌고, 거기에서 나온 답을 치열하게 실천하며 살았다. 지금의 멋진 조성진은 질문과 답 그리고 공부가 만든 현재인 것이다.

과거로 돌아가보자. 2011년 조성진은 서울예고 재학 중에 차이코프스키 국제 콩쿠르 피아노 부문 3위에 입상했다. 입상 순위뿐 아니라, 당시 결선 진출자들 가운데 최연소였다는 점에서도 화제를 모았다. 그런데 그가 최연소 입상을 한 이면에는 매우 흥미로운 에피소드가 하나 있다. 원래 차이코프스키 콩쿠르 피아노 부문은 만 18세 이상이 참가할 수 있었으나, 당시 지휘자 발레리 게르기예프가 조성진의 연주를 듣고 '단지 조성진의 콩쿠르 참가를 위해' 참가자 허용 연령을 만16세로 낮춘 덕에 극적으로 참가할 수 있었던 것이다. 한마디로 그의 실력이 콩쿠르의 룰까지 바꾼 것이다.

이런 그를 세상이 몰라줄 리가 없다. '1분 매진'. 조성진의 닉네임이다. 모든 공연을 단숨에 매진시키는 티켓 파워는 이제 굳이 증명할 필요가 없을 정도로 누구나 아는 사실이다. 조성진의 '조(cho)'와 쇼팽의 '팽'을 합성해 '쵸팽'으로 불리는 그는 언젠가는 '팽'마저 지우고 자신의 이름만으로 충분한 날을 맞이하고 싶다고 말하기도 한다. 지금껏 공부해 온 나날이, 그가 자신만의 이름으로 세계 중심에 설 순간이 멀지 않았음을 말해주고 있다.

30
12月

문해력

'스압'과 '신조어'에서 벗어나야 세상이 읽힌다

'사흘'을 '4일'이라고 아는 사람들에 대한 논란은 이제 더 이상 새삼스럽지도 않다. 특히 최근에는 MZ세대의 문해력에 문제가 있다는 주장이 자주 제기되기도 한다. 이런 사실을 증명이라도 하듯 하루부터 열흘까지 우리말로 날짜를 셀 줄 아는 사람이 많지 않다. 나이가 아래로 내려갈수록 그 수는 급격히 줄어든다. 하지만 우리말 날짜를 모르는 정도는 그리 중요한 문제가 아니다. 앞으로의 세상을 살기 위해 정작 필요한 것은 온라인 세상을 탐험하고 배우기 위해 필요한 '디지털 문해력'일 텐데, 이 부분에서 위험 신호가 자주 발신되고 있기 때문이다. 우리가 접하는 정보량은 점점 방대해짐에도 그걸 이해하고 흡수하는 문해력은 거꾸로 낮아져 사실과 의견의 구분조차 못하는 게 현실이다. 그 부작용으로 일상 곳곳에서 자신은 사라지고 남의 생각에 끌려다니는 모습이 자주 눈에 띄는 것이다.

이를 해결하려면 어떻게 해야 할까? 먼저 문제의 원인을 찾는 게 순서다. 온라인 디바이스(online-device; 컴퓨터나 핸드폰 등 웹 네트워크에 연결된 기기)에서 글을 읽고 이해하는 능력인 디지털 문해력을 논할 때 가장 중요한 요소는 스크롤(scroll)이다. 우리가 온라인의 글을 읽은 방식은 이렇다. 기사 제목을 한 번 읽고 스크롤하면서 순식간에 본문 부분을 넘긴다. 분량이 좀 길다 싶으면 아예 본문 전체는 스크롤로 넘어가고 댓글의 분위기로 본문 글의 내용을 추측한다. 이러니 수십 개의 기사를 읽었어도 기억에 남는 건 전혀 없다. 무엇을 왜 읽었는지도 모르는 경우가 허다하다. '읽었지만 읽지 않은 것'이다. 안타깝게도 이들은 텍스트를 천천히 생각하며 읽었던 정독(精讀) 경험이 거의 없다. 그 후과(後果)는 온갖 곳에서 현재진행형으로 '발생하는 중'이다. 제대로 읽지 않으니 자신에게 주어진 정보 중에서 필요한 부분이 어디인지 모르고, 그걸 모르니 본질이 되는 부분도 추려내지 못하고, 추려내지 못하니 비판적으로 해석하는 것도 불가능하다. 비판과 추론, 연결과 해석 등 모든 논리 과정이 제대로 이루어지지 않으니 소통에서도 어려움이 따를 수밖에……. 상대가 무슨 말을 하는지도 제대로 모르고, 심지어 자신이 무슨 말을 하는지도 모른다. 이쯤에서 우리는 문해력의 정의를 다시 상기할 필요가 있다. 문해력의 사전적 정의는 '글을 읽고 이해하는 능력'이다. 하지만 그건 문해력을 일차원적으로만 정의한 것이다. 이 시대의 문해력은 '세상을 살아가는데 반드시 필요한 생존 능력'이라고 정의되어야 한다.

이런 '문해력 퇴화'에 대해서는 이밖에도 두 가지 사항이 점검되어야 한다. 하나는 앞서 언급한 스크롤 문제다. 스크롤해서 텍스트를 내리는 속도에 따라 문해력의 차이가 생긴다고 해도 과언이 아닐 정도다. 요즘 모바일 콘텐츠를 읽다 보면 '스압'이라는 말을 자주 접하게 된다. 스압이란 '스크롤 압박'을 줄인 말인데, 주로 인터넷에 쓴 글의 내용이 긴 경우에 '이 글은 매우 내용이 길므로 주의해야 한다'라는 의미의 경고 문구로 쓴다. 실제로 길게 쓴 글을 미안하게 생각해서 다는 경우도 있고, 읽는 이는 '스압'이라는 문구를 보면 아예 본문 읽기는 포기하고 댓글만 보고 내용을 추측하는 선택을 하기도 한다. 무슨 내용인지도 모른 채 남이 쓴 댓글을 보며 자신의 머리에 '복붙(복사해서 붙여넣기)'하는 셈이다. 요즘에는 유행이 유튜브를 지나 틱톡(TikTok)이나 쇼츠(shorts)로 옮겨가며 단 10여 초 안에 모든 것을 전하라고 강요하는 세상이 됐다.

나머지 하나는 유행성 신조어(新造語)의 등장이다. 신조어는 말 그대로 '새로 만들어 낸 말'이라는 뜻으로, 약어(略語)가 그대로 어휘가 되거나 외래어로 정착된 외국어나 사회문화상의 변화 등으로 의미가 바뀐 말이 여기에 해당한다. 각자의 자유라고 말할 수도 있지만 요즘 MZ세대들 중 일부는 규정된 맞춤법이나 문법이 실용적이 아니므로 지킬 필요가 없다고 생각하기도 한다. 표현의 정확성이나 신뢰성보다는 '어떻게 하면 즉흥적으로 강렬하게 자기를 드러낼 수 있을까?'에 골몰하는 것이다. 그러다보니 적확(的確)한 자기만의 표현이 아니라 유행하는 신조어 몇 가지로 일상을 공유한다. 서로가 서로의 일상을 구체적이고 실제와 가깝게 나누지 못하니 오해가 쌓이고 멀어지게 된다. 대박, 존맛, 소름, 어쩔티비 저쩔티비, 찢었어 등의 표현이 이런 류의 신조어라고 할 수 있다. 물론 과거처럼 시간을 두고 천천히 오랫동안 대상을 바라볼 여유가 있던 때와 지금을 단순 비교할 수는 없다. 이제는 모든 것이 빨라져서 순식간에 벌어지는 사건에 대해서 즉시 언급해야 하니, 누구나 '대체로 공감하고 대충 알아듣는' 소름과 대박 등의 어휘가 효율적이기는 하다. 그러나 이처럼 휘발성이 강한 유행성 신조어는 다른 상황에서 다른 것을 경험한 각자의 개별적 느낌을 강제로 획일화하는 '어휘 폭력'이기도 하다.

다른 요인도 있겠지만 특히 디지털 시대에 많은 사람의 문해력을 망치는 대표적인 것이 '스압'과 '신조어'라는 게 내 생각이다. 디지털 콘텐츠를 읽되 스크롤은 최대한 천천히 내리면서 차분하게 글을 읽고, 읽은 내용을 유행성 신조어가 아닌 자기만의 표현으로 전할 수 있다면, 텍스트를 제대로 해석하지 못하는 사람들이 점점 늘어나는 '신문맹 시대' 속에서 홀로 빛나는 개인이 될 수 있을 것이라고 나는 믿는다.

31
12月

검색

진짜 정보는 가상 세계가 아닌 인간의 머리에서 창조된다

정보는 풀리지 않는 문제를 해결하는 데 도움을 주며, 그 사람의 창의력을 일깨우는 데도 중요한 역할을 한다. 모든 창조는 정보에서 시작되기 때문이다. 관건은 '어떤 정보를 입수하느냐'에 달려 있다. 요즘에는 보통 인터넷을 통해 많은 정보를 얻는다. 하지만 나는 인터넷을 통해 얻은 정보는 그다지 신뢰하지 않는 편이다. 정보의 정확성도 보장받을 수 없고, 더욱 큰 문제는 '그저 인터넷에서 발견한 정보일 뿐'이라는 것이다.

그럼 어떻게 해야 할까? 박학다식한 사람을 만나면 "도대체 그런 정보는 어디에서 얻으세요?"라는 질문을 던지게 된다. 이렇듯 사람들은 보통 정보를 '그냥 얻는 것'이라고 생각한다. 하지만 정보는 얻는 게 아니라, 생산해 내는 것이다. 정보를 대하는 생각을 이렇게 바꿔야 진짜 정보를 만날 수 있다. 일방적으로 주어지는 정보는 가치 있는 정보가 되기 힘들다. 많은 사람에게 이미 전해졌거나, 지금도 전해지고 있는 것이기 때문이다. 자신에게 도움이 되는 진짜 정보를 만나고 싶다면 반드시 특정한 목적을 가지고 탐색을 해서 보석을 캐내듯 발굴해야 한다. 모두에게 맞을 것 같은 수많은 것들이 아니라, 내게 딱 맞는 하나를 골라내라는 말이다. 그러므로 질문도 "도대체 그 정보를 어디에서 얻으세요?"가 아니라, "도대체 그 정보를 어떻게 생각해 내셨어요?"라고 바꿔야 한다. 이처럼 정보란 누구나 검색해서 발견할 수 있는 사실들을 조합하여 '독창적으로 해석한 것'을 말한다. 온라인에서 돌아다니는 것은 정보가 아니라 의미 없는 '지적 파편'에 불과하다.

온라인에서 떠돌아다니는 의미 없는 사실을 엮거나 변주하는 독창적인 해석은 자신의 머릿속에서 해야 한다. 독창적인 해석은 '비판적인 관점'을 가지고 있어야 가능하다. 여기에서 '비판적'이란 주어진 정보에 대해 '부정하고 트집만 잡는' 시각으로 대하라는 게 아니라, '관심'을 갖고 면밀히 들여다보라는 것이다. 예를 들어, 부동산에 관심이 없는 사람들은 세상에 얼마나 많은 부동산이 있는지 잘 모른다. 자기가 사는 집 바로 앞에 부동산 매물이 여럿 나와 있다고 해도 관심 없는 사람의 머릿속에는 그 사실이 등록되어 있지 않을 것이다. 하지만 그 사람이 어떤 이유로 집을 구하는 입장이 되면 상황은 달라진다. 집 앞 부동산은 물론 주변의 모든 부동산에 대한 정보를 파악할 것이며, 비판적인 시각으로 장단점을 따지며 가장 좋은 집을 구하기 위해 심사숙고를 거듭할 것이다. 부동산 정보의 파악과 분석 행위가 발전하면 고객의 입장에서 정말 필요한 부동산을 상정하다가 아예 부동산 중개소를 하나 차려 새로운 사업을 시작하게 될지도 모를 일이다.

어떤 일의 시작은 세상에 대한 관심으로부터 비롯된다. 관심이 모든 것을 찾게 만드는 것이다. 당신이 눈을 뜨고 바라보지 않으면 세상은 그저 암흑일 뿐이다. 지극히 평범한 인터넷 기사 하나도 이런 비판적인 관점으로 들여다보면 다른 여러 정보와 융합되어 전혀 새로운 의미를 갖는 진짜 정보가 될 수 있다. 이것이 '정보의 홍수' 속에서 나를 잃지 않고 살아남는 비법이다.

2일 **수원박물관**

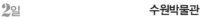

우리네 옛 선비들은 문방사우를 벗하며 난을 치고 붓 글씨를 썼다. 수원박물관 내에 들어선 한국서예박물관에서는 삼국시대 이후부터 조선 후기까지 우리 조상들이 이어온 서예 작품과 관련 이야기를 전시하고 있다. 명품 벼루 단계연(端溪硯)과 고졸(古拙)하게 꾸며진 양반댁 사랑채는 옛 선비들의 품격을 잘 보여준다. 박물관 옆에 들어선 수원역사박물관도 함께 돌아보기 좋다.

📍 경기도 수원시 영통구 청룡대로 265

8일 **사육신묘**

단종복위운동의 실패로 죽음을 당한 성삼문, 박팽년, 하위지, 이개, 유응부 등이 묻힌 곳. 신숙주와 함께 생육신으로 꼽히는 김시습이 이들의 시신을 거둬 이 묘역에 모셨다. 사육신역사공원 내에는 이들의 넋을 기리는 의절사와 신도비가 세워져 있다. 묘역 주변을 돌아본 후 언덕 위로 오르면 이곳에서 바라보는 한강 전망이 멋지다.

📍 서울시 동작구 노량진 1동 사육신역사공원 내

공주시 제공

28일 **박찬호기념관**

한국 최초의 메이저리그 영웅 박찬호의 생가에 기념관이 들어서 있다. 그의 어린 시절과 소장품, 메이저리그에서의 활약상을 소개하는 전시는 야구 경기만큼이나 흥미롭다. 체험관에서는 야구 시구도 해볼 수도 있는데, 이를 악물고 연습에 임했다는 그의 마우스피스도 감동적이다. 박찬호벽화거리와 전망대 등 야구 꿈나무, 야구팬들에게는 더없이 즐거운 여행지다.

📍 충남 공주시 산성찬호길 19

29일 **예술의전당**

예술의전당 콘서트홀에서 울려 퍼진 조성진의 피아노 선율은 환호와 박수갈채를 받았다. 예술의 전당은 대한민국 최고의 연주자들을 초빙하는 공연장으로 으뜸이다. 우면산 기슭에 위치해 전망이 좋고, 오페라극장, 한가람미술관, 국립국악원, CJ토월극장 등이 들어서 있어 우리나라 예술과 문화의 충전소로 손색없다.

📍 서울시 남부순환로 2406

INDEX 찾아보기

ㄴ

ㄷ

ㅈ